1,000,000 Books

are available to read at

---◆---

www.ForgottenBooks.com

---◆---

Read online
Download PDF
Purchase in print

ISBN 978-0-266-67349-1
PIBN 11011192

1 MONTH OF
FREE
READING

at

www.ForgottenBooks.com

By purchasing this book you are eligible for one month membership to ForgottenBooks.com, giving you unlimited access to our entire collection of over 1,000,000 titles via our web site and mobile apps.

To claim your free month visit:

www.forgottenbooks.com/free1011192

English
Français
Deutsche
Italiano
Español
Português

www.forgottenbooks.com

Mythology Photography **Fiction**
Fishing Christianity **Art** Cooking
Essays Buddhism Freemasonry
Medicine **Biology** Music **Ancient
Egypt** Evolution Carpentry Physics
Dance Geology **Mathematics** Fitness
Shakespeare **Folklore** Yoga Marketing
Confidence Immortality Biographies
Poetry **Psychology** Witchcraft
Electronics Chemistry History **Law**
Accounting **Philosophy** Anthropology
Alchemy Drama Quantum Mechanics
Atheism Sexual Health **Ancient History**
Entrepreneurship Languages Sport
Paleontology Needlework Islam
Metaphysics Investment Archaeology
Parenting Statistics Criminology
Motivational

Die Schriften

des

Alten Testaments.

Neu übersetzt

von

Johann Christian Wilhelm *Wilhelm Martin Leberecht*

J. C. W. Augusti und **W. M. L. de Wette.**

Erster Band

Die fünf Bücher Moses und Josua

Mit einem Titelkupfer.

Heidelberg,

bey Mohr und Zimmer

1809.

Vorrede.

Daß eine neue deutsche Uebersetzung der sämtlichen Schriften des Alten Testaments ein Bedürfniß unserer Zeiten sey, ist schon längst anerkannt und von Mehrern laut geäußert worden. An Uebersetzungen und Erklärungen einzelner Bücher fehlt es uns zwar so wenig, daß man vielmehr bey manchen über eine zu große Vervielfältigung derselben klagen möchte. Daß dieß namentlich beym Psalter der Fall sey, wird niemand läugnen können. Aber auch das Buch Hiob, die Solomonischen Schriften, Jesaias, die kleinen Propheten, und noch einige andere Bücher des Alten Testaments haben, besonders in den neuesten Zeiten, mehrere, zum Theil sehr vorzügliche, Uebersetzer und Erklärer gefunden. Aber nicht derselbe Fleiß ist auf eine neue Uebersetzung des ganzen Alten Testaments verwendet worden.

Außer dem Bibel-Werke von Hezel *), haben bloß Michaelis **) und Moldenhawer ***) das ganze Alt. Test. übersetzt. Allein es ist fast allgemein anerkannt, daß die Arbeiten dieser sonst achtungswerthen Gelehrten nicht das leisten, was man, auch nach gemäßigten Forderungen, von einer guten Uebersetzung erwartet. Die Mängel der Michaelis'schen Dolmetschung, in Absicht auf die Würde und den Adel der deutschen Sprache, findet man unter andern in der Jen. Allg. Lit. Zeit. 1804 Nr. 25 von einem einsichtsvollen Kunstrichter gerügt. Ueberdieß sind beyde Werke durch die hinzugefügten, den Text nur spärlich aufklärenden, Anmerkungen so bänderreich und theuer geworden, daß

---

*) Die Bibel alten und neuen Testaments, mit vollständig erklärenden Anmerkungen von W. F. Hezel. Lemgo 1780 — 91. in 10 Theilen. 8. (die 2te Ausg. von Th. 1 — 5, 1786 — 91) (19 rthlr. 6 gr.)

**) Joh. Dav. Michaelis deutsche Uebersetzung des Alten Testaments, mit Anmerkungen für Ungelehrte. Göttingen 1769 — 83. 13 Bände in 4. (die 2te Ausg. von Th. 1 — 6, 1773 — 82) (19 rthlr. 10 gr.)

***) Uebersetzung und Erläuterung der heiligen Bücher Alten Testaments von Joh. Heinr. Dan. Moldenhawer. Quedlinburg 1774 — 1787. 10 Bände in 4. (21 rthlr. 16 gr.)

se auch in dieser Hinsicht nicht wohl zum allgemeinen Gebrauche geeignet sind. Der Umstand, daß sie schon einige Decennien alt sind, kann auf das Urtheil über ihren Werth bey keinem Verständigen Einfluß haben.

In der katholischen Kirche verdient das von dem verewigten von Brentano angefangene, vom Herrn D. Dereser in Freyburg fortgesetzte, und beynah beendigte Werk *) um so mehr mit rühmlicher Auszeichnung genannt zu werden, da sonst die Theologen dieser Kirche in Ansehung der Schrifterklärung der Protestanten in der Regel nachzustehen pflegen. Diese Bearbeitung des Alten Testaments aber muß als ein wirklicher Vorzug betrachtet werden **). Zwar sind auch in unserer Kirche von Zeit zu Zeit neue Versuche theils angekündiget, theils angefangen worden; aber keiner derselben ist zur Wirk-

---

*) Die heilige Schrift des Alten Testaments. Auf Befehl des Hochw. Fürsten und Herrn, Herrn Rupert II, Abts des Hochstifts Kempten u. s. w. Zum Nutzen und Gebrauche der Hochfürstl. Unterthanen herausgegeben von Dominik. von Brentano. Fortgesetzt von Thadd. Ant. Dereser. I. Th. Frankfurt a. M. 1797. II. Th. 1. u. 2. B. 1801. 3. B. 1. Hälfte 1803. III Th. 1. u. 2. B. 1797. 1800.

**) Die von den Gebrüdern Herrn Karl van Eß und Leander van Eß angekündigte Uebersetzung des Alten Testaments ist sowohl für Katholiken als Protestanten zugleich berechnet, wie die von denselben Gelehrten besorgte Uebersetzung des Neuen Testaments, wovon jetzt die zweyte Ausgabe erscheint.

IV

lichkeit oder Vollendung gekommen *) — aus Ursachen, die ich nicht anzugeben weiß.

Ich faßte daher schon vor mehrern Jahren den Entschluß, eine neue Uebersetzung des Alten Testaments, deren Hauptabsicht die treue Darstellung der hebräischen Individualität seyn sollte, zu veranstalten, und ich fing an, auf Veranlassung meiner Vorlesungen über das Alte Testament, einzelne Bücher zu übersetzen. Allein die Ausführung des Ganzen unterblieb, theils aus Mangel an Zeit und Muße, theils, weil mich der große Umfang der Arbeit abschreckte. Wahrscheinlich würde es auch noch lange, vielleicht für immer, beym bloßen Vorsatze geblieben seyn, wenn mich nicht mein geschätzter Freund und Mitherausgeber de Wette, dem ich, während unserer freundschaftlichen Verbindung in Jena, meine Ideen mittheilte, zur Ausführung derselben ermuntert und die Arbeit mit mir zu theilen versprochen hätte. Er war es auch, der nachher diese Angelegenheit am thätigsten betrieb, und sich zur Uebernahme einiger Bücher, die ich anfangs übersetzen wollte, so wie zur Besorgung des Drucks und der Correctur, bereitwillig finden ließ. Ihm wird daher auch, wenn das Unternehmen selbst denselben

*) Die neueste wurde im Jahr 1806 von Halle aus angekündiget. Es ist aber bis jetzt noch nichts davon herausgekommen.

Beyfall des Publikums erhalten sollte, welchen man der Ankündigung desselben zu schenken die Güte gehabt hat, das meiste Verdienst dabey gebühren.

Es wird hier zugleich der schicklichste Ort seyn, die Bücher namentlich anzugeben, deren Verdeutschung jeder von uns übernommen hat. In die historischen Bücher haben wir uns so vertheilt, daß Herr Prof. de Wette die größeren Bücher, nämlich: den Pentateuch, die Bücher Samuels, der Könige und Chronik; ich aber die kleineren: Josua, Richter, Ruth, Nehemia, Esra und Esther bearbeite. Von den poetischen Büchern übersetzt mein Mitherausgeber: den Psalter und Hiob; ich aber die Salomonischen Schriften. Bey den prophetischen Büchern endlich ist die Auswahl so getroffen, daß: Jesaias, Ezechiel und Jonas von mir, die übrigen aber sämtlich vom Herrn de Wette übersetzt werden.

Da wir beyde in Ansehung der hermeneutischen Grundsätze überhaupt und der von einem gewissenhaften Uebersetzer eines classischen Werks zu befolgenden Regeln insbesondere vollkommen mit einander übereinstimmen, so muß auch daraus eine gewisse Harmonie in unserer Arbeit selbst hervorgehen. Daß demungeachtet, bey einer von einander völlig unabhängigen Bearbeitung, die Individualität ihre Rechte behaupten werde, bedarf keines Erinnerns; und wird sich bey einer genauern Vergleichung leicht ergeben. Sither wird auch in den folgenden Bänden diese Harmonie noch größer werden. Aber wäre dieß auch nicht der Fall, so würde, dünkt uns, aus dieser individuellen Verschiedenheit weiter kein großer Nachtheil entspringen. Das Alte Testament ist ja nicht das Werk Eines Schriftstellers! Und in der berühmten Alexandrinischen Version hat man ja auch, ungeachtet der Erzählung des Aristäas, durch Hülfe der Kritik große Verschiedenheiten entdeckt!

Wir haben uns schon in der besonders gedruckten Ankündigung dieses Unternehmens im Allgemeinen über unsere Grundsätze und unsern Plan erklärt, und ich glaube daher, das dort Bemerkte hier wiederholen zu müssen. Wir bekennen uns, heißt es dort, zu den allein in unserer Sprache ausführbaren und bereits schon so trefflich ausgeführten Uebersetzungs = Grundsätzen, nach welchen Form und Darstellung und selbst Sprach = Eigenheit nicht von dem Stoffe zu trennen sind. Wir wollen die Bibel nicht verschönern, aber auch nicht entstellen; nicht verdeutlichen, aber auch nicht verdunkeln. Wir glauben uns von dogmatischen oder antidogmatischen Vorurtheilen rein zu fühlen, und thun darauf Verzicht, etwas Neues, Eigenes aufzustellen, einzig zufrieden, wenn uns nur das Alte, Allgemeine wieder zu geben gelingt. Genug, nicht uns selbst und unsere Zeit, sondern die alten, heiligen Schriftsteller und ihren alten, heiligen Sinn wollen wir in deutscher Zunge reden lassen, wie sie schon Luther reden ließ.

Wir bemerken nur noch folgende Gesetze, denen wir uns, bey unserer Arbeit, zu unterwerfen gedenken:

1) Die Lutherische Uebersetzung wird zum Grunde gelegt, und überall beybehalten, wo es Richtigkeit, Treue und Ton des Ganzen erlaubt. Auch von andern Uebersetzungen nehmen wir gern das Brauchbare an, ohne daß wir dadurch Tadel zu verdienen fürchten.

2) Die poetischen Bücher werden in dem eigenthümlichen hebräischen Rhythmus — Parallelismus membrorum — übersetzt, und die Parallel-Glieder abgerückt.

3) Stellen, die mehrere Erklärungen leiden, werden zwar nach dem eigenen Urtheile des Uebersetzers gegeben, doch wird man der möglichsten Objectivität sich befleißigen, und die hauptsächlichsten anderen Erklärungen unter dem Texte anzeigen.

4) In Auswahl der Lesarten wird man sich zwar nicht scheuen, von der recipirten abzuweichen, sobald es reifliche Erwägung aller Gründe räth; aber man wird es selten thun, und immer unter dem Texte davon Rechenschaft geben.

5) Nur mit der größten Behutsamkeit wird man die Punctation ändern; und die Aenderung immer bey merken.

6) Der Text wird in schickliche, mit Inhalts-Anzeigen versehene Abschnitte zerfällt, ohne Rücksicht auf die oft so willkührliche, oder unrichtige Capitel und Vers-Abtheilung, die man jedoch anzeigen wird.

So weit die frühere Ankündigung. Hierbey wird es nöthig seyn, bloß über das Verhältniß dieser neuen Uebersetzung zur Lutherschen noch einige Bemerkungen hinzu zu fügen. Daß Luther, bey allen Vorzügen seines classischen Werks, es häufig auf Verschöne-rung des Originals angelegt habe, ist von Allen, die seine Uebersetzung kritisch geprüft haben, aner-kannt worden. Vorzüglich liebt er in den historischen Büchern die Verkürzungen, und vermeidet die meisten Wiederholungen, wodurch sich diese Bücher so eigen-thümlich auszeichnen. Der Sinn leidet zwar durch diese Auslassungen fast niemals, und der Styl wird dadurch offenbar fließender. Dennoch haben wir in der Regel für nöthig gehalten, alles auszudrücken, was das Origi-nal hat, und kein: Mose, Josua, Söhne Israels, Stamm Benjamin, Söhne Aarons u. s. w. auszulassen, wenn es auch aus dem Zusammenhange leicht ergänzt werden könnte. Auch diese Weitschweifigkeit, Breite- und ängstliche Genauigkeit gehört zum Eigenthümlichen des historischen Styls der Hebräer. Ueberdieß haben diese Eigenthümlichkeiten noch eine besondere kritische Wichtigkeit, weil man durch Aufmerksamkeit darauf in den Stand gesetzt wird, die verschiedenen Zeitalter, Verfasser und Bestandtheile dieser Bücher mit Genauigkeit zu unterscheiden.

Auch in Ansehung der Wort-Folge hat Luther öfters gegen die orientalische Manier verstoßen. Auch hier haben wir uns dem Original so genau, als möglich, anzuschließen bemühet. Wo es der Sinn nur immer gestatten wollte, haben wir das Zeitwort vorausgesetzt, und dann erst die Neben-Sätze folgen lassen. Daß uns die Beobachtung dieser Regel nicht wenig Mühe verursacht habe, wird kein Sachverständiger läugnen. Wir sind aber zufrieden, wenn man dieß für keine undankbare Mühe erklären wird.

Der in unsern Tagen oft gemachten Forderung: das alte Testament hebraismenfrey und in fließsendes Deutsch zu übersetzen, können wir freylich in dem Sinne, wie diese Forderung gewöhnlich genommen wird, nicht entsprechen. Aber wir zwei-

feln gar sehr an der Richtigkeit derselben. Das Ge-
schick zum Modernisiren dürfen wir uns ja wohl allen-
falls zutrauen, und wir glauben so viel Natur-An-
lage und Schule zu besitzen, als zur Verfertigung
eines regelmäßigen Perioden erfordert wird! Aber
wir hielten es für sehr übel gethan, diese Fertigkeit
an unserer Uebersetzung des Alten Testaments, auf
Kosten der Treue, an den Tag legen zu wollen.

Uebrigens sind wir weit davon entfernt, unser
Werk schon jetzt für vollkommen zu halten. Wir fühlen nur allzu wohl die mancherley Mängel desselben,
rechnen aber dabey auf unser eigenes Fortschreiten zu
größerer Vollkommenheit eben so sehr, als auf die
belehrende Kritik Anderer, welche uns, auch wenn sie
minder günstig für uns ausfiele, willkommen seyn wird.
Auf keinen Fall aber fürchten wir, uns durch diese
Dolmetschung an den Manen der alten, heiligen
Schriftsteller zu versündigen, deren Geist und Buch-
staben wir mit gewissenhafter Treue wieder zu geben
uns bestrebten. Eben so wenig besorgen wir, daß uns
ein Kritiker durch Klopstocks kräftiges Epiphonem:

Heiliger Luther, bitte für die Armen,
Denen Geistes-Beruf nicht scholl, und die doch
Nachdolmetschen — daß sie zur Selbsterkenntniß
Endlich genesen! —

Arten. Und Gott sahe, daß es gut war. 26. Und Gott sprach: lasset uns Menschen machen nach unserm Bild und Gleichniß, die da herrschen über die Fische des Meeres und über die Vögel des Himmels und über das Vieh und über die ganze Erde und über alles Gewürm, das da kriechet auf der Erde. 27. Und Gott schuf die Menschen nach seinem Bilde, nach dem Bilde Gottes schuf er sie, Mann und Weib schuf er sie. 28. Und Gott segnete sie, und sprach zu ihnen: seyd fruchtbar und mehret euch, und erfüllet die Erde und machet sie euch unterthan, und herrschet über die Fische des Meeres und über die Vögel des Himmels und über alle Thiere, die sich regen auf der Erde. 29. Und Gott sprach: siehe! ich gebe euch alles Kraut, das da Samen säet, auf der ganzen Erde, und alle Bäume, auf welchen Baumfrüchte, die da Samen säen; euer sollen sie seyn zur Speise. 30. Und allen Thieren der Erde und allen Vögeln des Himmels und allem, was da kriechet auf der Erde, in welchem eine lebendige Seele, gebe ich alles grüne Kraut zu essen. Und es ward so. 31. Und Gott sahe alles, was er gemacht; und siehe! es war sehr gut. Und es war Abend und war Morgen, der sechste Tag.

II. 1. Also ward vollendet Himmel und Erde und ihr ganzes Heer. 2. Und Gott vollendete am siebenten Tage seine Werke, die er gemacht, und ruhete am siebenten Tage von allen seinen Werken, die er gemacht. 3. Und Gott segnete den siebenten Tag und heiligte ihn, weil er an ihm ruhete von allen seinen Werken, die er geschaffen und gemacht.

Cap. II, 4. III.

Schöpfung des Mannes und Weibes, Paradies, Sündenfall, Austreibung der Menschen,

4. Dieß ist der Ursprung des Himmels und der Erde, da sie geschaffen wurden, da Gott Jehova Himmel und Erde machte. 5. Da war noch kein Gesträuch auf der Erde, und kein Kraut des Feldes war noch gesproßet, denn Gott Jehova

ließ nicht regnen auf der Erde, und kein Mensch war da, das Land zu bauen. 6. Da stieg ein Dunst auf von der Erde, und tränkete das ganze Land. 7. Und Gott Jehova bildete den Menschen aus Staub von der Erde, und hauchete in seine Nase den Odem des Lebens, und also ward der Mensch ein lebendiges Wesen. 8. Und Gott Jehova pflanzete einen Garten in Eden gegen Morgen, und setzte darein den Menschen, den er gebildet. 9. Und Gott Jehova ließ sprossen aus der Erde allerley Bäume, lieblich zu schauen und gut zu essen, und den Baum des Lebens mitten im Garten und den Baum der Erkenntniß des Guten und Bösen. 10. Und ein Strom ging aus von Eden, den Garten zu tränken, und von da an theilete er sich, und ward zu vier Flüßen. 11. Der Name des einen ist Pison, der umfließet das ganze Land Hevila, woselbst das Gold, 12. und das Gold dieses Landes ist gut, daselbst ist Bdellion und der Stein Onyr. 13. Und der Name des zweyten Flußes ist Gihon, der umfließet das ganze Land Cusch. 14. Und der Name des dritten Hiddekel, der gehet gen Assur, und der Name des vierten ist Phrath. 15. Und Gott Jehova nahm den Menschen, und setzte ihn in den Garten Eden, ihn zu bebauen und zu bewahren. 16. Und Gott Jehova gebot dem Menschen und sprach: von allen Bäumen des Gartens sollst du essen, 17. aber vom Baume der Erkenntniß des Guten und Bösen, davon sollst du nicht essen; denn welches Tages du davon issest, wirst du sterben. 18. Und Gott Jehova sprach: es ist nicht gut, daß der Mensch allein sey, ich will ihm Gesellschaft*) machen neben ihm **). 19. Da bildete Gott Jehova aus der Erde alle Thiere des Feldes und alle Vögel des Himmels, und brachte sie zu dem Menschen, zu sehen, wie er sie nennete, und wie der Mensch die lebendigen Wesen nennete, so sollte ihr Name seyn. 20 Und der Mensch nannte die Namen von allem Vieh und von allen Vögeln des Him-

---

*) Gew. Gehülfin. **) And. ihm gleich. And. zur Eh-

meis und von allen Thieren des Feldes, aber für den Menschen fand er keine Gesellschaft neben sich. 21. Da ließ Gott Jehova einen tiefen Schlaf fallen auf den Menschen, daß er entschlief, und nahm eine seiner Rippen, und schloß das Fleisch an ihrer Stelle. 22. Und Gott Jehova bauete aus der Rippe, die er von dem Menschen genommen, ein Weib, und brachte sie zu dem Menschen. 23. Da sprach der Mensch: diese endlich ist Bein von meinen Beinen und Fleisch von meinem Fleisch! Diese soll heißen Männin, denn vom Mann ist sie genommen! 24. Darum wird ein Mann seinen Vater und seine Mutter verlassen und an seinem Weibe hangen, und sie werden seyn Ein Fleisch. 25. Und sie waren beyde nacket, der Mensch und sein Weib, und schämeten sich nicht.

III. 1. Und die Schlange war listiger, denn alle Thiere des Feldes, welche Gott Jehova gebildet, und sie sprach zu dem Weibe: sollte wohl Gott gesagt haben, ihr sollt nicht essen von allen Bäumen des Gartens? 2. Da sprach das Weib zu der Schlange: von den Früchten der Bäume des Gartens essen wir, 3. aber von den Früchten des Baumes, welcher mitten im Garten stehet, hat Gott gesagt: esset nicht davon, rühret ihn nicht an, damit ihr nicht sterbet! 4. Da sprach die Schlange zum Weibe: keinesweges werdet ihr sterben! 5. Denn Gott weiß, daß, welches Tages ihr davon esset, so werden eure Augen aufgethan, und werdet seyn wie Gott, erkennend Gutes und Böses. 6. Und das Weib sahe, daß der Baum gut zu essen, und daß er eine Lust für die Augen und lieblich anzuschauen, und sie nahm von seiner Frucht und aß, und gab auch ihrem Manne, und er aß. 7. Da wurden ihnen beyden die Augen aufgethan, und sie erkannten, daß sie nacket waren, und sie flochten Feigenblätter, und machten sich Schurze. 8. Und sie höreten die Stimme Gottes Jehovas, der im Garten wandelte in der Kühle des Tages, und der Mensch und sein Weib verbargen sich vor Gott Jehova unter den Bäumen des Gartens. 9. Und Gott Jehova rief den Menschen und sprach zu ihm: wo bist du? 10. Und er sprach: Ich hörte deine Stimme

im Garten; und ich fürchtete mich, weil ich nacket bin, und verbarg mich. 11. Und er sprach: wer hat dir gesagt, daß du
nacket bist? Du hast wohl von dem Baume, wovon ich dir
gebot nicht zu essen, gegessen? 12. Da sprach der Mensch:
das Weib, das du zu mir gegeben, sie gab mir von dem
Baume, und ich aß. 13. Da sprach Gott Jehova zum Weibe:
warum hast du das gethan? Und das Weib sprach: die
Schlange verführete mich, und ich aß. 14. Da sprach Gott Jehova zur Schlange: weil du dieß gethan, so sey verflucht
unter allem Vieh und unter allen Thieren des Feldes, auf deinem Bauche sollst du gehen und Staub essen dein Leben lang.
15. Und ich setze Feindschaft zwischen dich und das Weib und
zwischen deinen Saamen und ihren Saamen, derselbe wird dir
den Kopf zertreten, und du wirst ihn in die Ferse stechen.
16. Zum Weibe sprach er: ich will dir viel Schmerzen schaffen
in deiner Schwangerschaft, mit Schmerzen sollst du Kinder
gebären, und nach deinem Manne soll dein Verlangen seyn,
und er soll über dich herrschen. 17. Und zum Menschen sprach
er: weil du gehorchet der Stimme deines Weibes und gegessen
von dem Baume, davon ich dir geboten, du sollst nicht von ihm
essen: so sey verflucht das Land um deinetwillen, mit Beschwerde
sollst du davon essen dein Leben lang, 18. und Dorn und
Disteln soll es dir tragen, und das Kraut des Feldes sollst du
essen; 19. im Schweiß deines Angesichts sollst du das Brod
essen, bis daß du zurück kehrest zur Erde, woher du genommen,
denn Staub bist du und zum Staube sollst du zurück kehren.
20. Und der Mensch nannte sein Weib Heva, denn sie ist die
Mutter alles Lebendigen. 21. Und Gott Jehova machte dem
Menschen und seinem Weibe Röcke von Fell, und bekleidete sie
damit. 22. Und Gott Jehova sprach: siehe! der Mensch ist
geworden wie unser einer, so daß er Gutes und Böses erkennet,
und nun daß er nicht seine Hand ausstrecke und nehme vom
Baume des Lebens und esse und lebe ewiglich.... 23. Da trieb
ihn Gott Jehova aus dem Garten Eden, die Erde zu
bebauen, woher er genommen worden, 24. er trieb den

Menschen aus, und stellete vor den Garten Eden die Cherubs mit der Flamme des zuckenden Schwertes, zu bewahren den Weg zum Baume des Lebens.

Cap. IV.

Des ersten Menschen Söhne, Kains Brudermord und seine Nachkommen.

IV. 1. Und der Mensch [Adam] erkannte Heva sein Weib, und sie ward schwanger und gebar Kain, und sprach: einen Mann habe ich geboren mit Hilfe Jehovas! 2. Und sie gebar ferner seinen Bruder Habel. Und Habel ward ein Schäfer, und Kain ward ein Ackermann. 3. Und es geschah am Ende des Jahres, da brachte Kain von den Früchten des Landes Jehova ein Opfer. 4. Und Habel brachte auch von den Erstlingen seiner Heerde und von ihrem Fett. Und Jehova blickete auf Habel und auf sein Opfer, 5. aber auf Kain und sein Opfer blickete er nicht, und Kain ward sehr zornig, und schlug den Blick zur Erde. 6. Da sprach Jehova zu Kain: warum bist du zornig und schlägst den Blick zur Erde? 7. Nicht wahr, wenn du gutes thuest, so blickest du auf? und wenn du nicht gutes thuest, so lieget vor der Thüre die Sünde, und hat Verlangen zu dir, aber du herrsche über sie! 8. Und Kain sprach zu Habel seinem Bruder: laß uns aufs Feld gehen. *) Und als sie auf dem Felde waren, erhob sich Kain gegen Habel seinen Bruder und tödtete ihn. 9. Da sprach Jehova zu Kain: wo ist Habel dein Bruder? Und er sprach: ich weiß nicht! bin ich der Hüter meines Bruders? 10 Und er sprach: was hast du gethan? die Stimme von deines Bruders Blut schreiet zu mir von der Erde. 11 So sey nun verflucht [und vertrieben] von dem Lande, welches seinen Mund aufgethan, und das Blut deines Bruders von deiner Hand empfangen. 12 Wenn du das Land bauest, soll es dir nicht mehr sein

---

*) Nach *Sam. LXX. Syr. Vulg. ec.*

Vermögen geben, unstät und flüchtig sollst du seyn auf der Erde. 13. Und Kain sprach zu Jehova: meine Schuld ist zu groß zu vergeben! 14. Siehe! du treibest mich heute aus dem Lande, und ich muß mich vor deinem Angesicht bergen, und bin unstät und flüchtig auf der Erde. So wirds nun geschehen, daß jeder, der mich findet, mich wird tödten. 15. Da sprach zu ihm Jehova: darum wer Kain tödtet, soll siebenfältige Rache büßen. Und Jehova machte an Kain ein Zeichen, damit ihn nicht tödtete, wer ihn fände. 16. Also ging Kain weg vom Angesicht Jehovas und wohnete im Lande Nod [Verbannung], Eden gegen Morgen. 17. Und Kain erkannte sein Weib, und sie ward schwanger und gebar Hanoch. Und er bauete eine Stadt, und nannte den Namen der Stadt nach dem Namen seines Sohnes Hanoch. 18. Und dem Hanoch ward geboren Irad, und Irad zeugte Mahujael, und Mahujael zeugte Methusael, und Methusael zeugte Lamech. 19. Und Lamech nahm sich zwey Weiber, der Name der einen Ada, und der Name der anderen Zilla. 20. Und Ada gebar Jabal, dieser ist der Vater der Bewohner der Zelte und Heerden. 21 Und der Name seines Bruders war Jubal, der ist der Vater aller Spieler der Zither und Harfe. 22. Und Zilla gebar auch den Thubalkain, welcher allerley Werkzeug von Erz und Eisen schärfete *). Und die Schwester Tubalkains war Naema. 23. Und Lamech sprach zu seinen Weibern:

Ada und Zilla höret meine Stimme,
    Ihr Weiber Lamechs merket auf meine Rede!
Wenn einen Jüngling ich schlüge mit Wunden,
    Und einen Jüngling mit Beulen **):
24. Wenn siebenmal gerochen ward Kain,
    So Lamech sieben und siebenzigmal.

---

*) And. Der da alles schärfte und Erz nnd Eisen schmiedete.

**) And. Ich habe einen Mann er= schlagen mir zur Wunde, Und einen Jüngling mir zur Beule.

der flog hin und wieder, bis das Wasser vertrocknete von
der Erde. 8. Darnach sandte er eine Taube aus, zu sehen,
ob das Wasser abgenommen von der Erde. 9. Und die Taube
fand keine Ruhe für ihren Fuß, und kehrete zu ihm zurück
in das Schiff, denn das Gewässer war noch auf der ganzen
Erde, und er streckete die Hand aus, und nahm sie zu sich in
das Schiff. 10. Da harrete er noch sieben andere Tage, und
sandte wiederum die Taube aus dem Schiffe. 11. Und die
Taube kam zu ihm zur Abendzeit, und siehe! sie hatte ein
frisches Oelblatt in ihrem Schnabel, da merkte Noah, daß
das Wasser abgenommen von der Erde. 12. Und er harrete
noch sieben andere Tage, und sandte die Taube aus, und sie
kehrete nicht wieder zu ihm zurück. 13. Und es geschah im
sechs hundert und ersten Jahr am ersten Tage des ersten
Mondes, da vertrockneten die Wasser von der Erde, und Noah
that die Decke vom Schiffe, und schauete, und siehe! trocken
war der Erdboden. 14. Und am siebzehnten Tage des zweyten
Mondes war die Erde völlig trocken.

15. Da redete Gott zu Noah und sprach: 16. gehe aus
dem Schiffe du und dein Weib, und deine Söhne und die
Weiber deiner Söhne mit dir. 17. Auch alle Thiere, welche
bey dir sind, von allem Fleische, an Vögeln, und Vieh, und
allem Gewürm, das da kriechet auf der Erde, laß herausgehen
mit dir, und sie mögen sich regen auf der Erde und fruchtbar
seyn und sich mehren auf der Erde. 18. Also ging Noah heraus
und seine Söhne, und sein Weib und die Weiber seiner Söhne
mit ihm. 19. Auch alle Thiere, alles Gewürm und alle Vögel, alles, was sich reget auf der Erde, nach ihren Geschlechtern,
gingen heraus aus dem Schiffe.

20. Da bauete Noah Jehova einen Altar, und nahm
von allen reinen Thieren und allen reinen Vögeln, und opferte
Brandopfer auf dem Altar. 21. Und Jehova roch den lieblichen Geruch, und sprach in seinem Herzen: nie wieder will
ich die Erde verfluchen um des Menschen willen, denn das
Dichten des menschlichen Herzens ist böse von Jugend auf,

und nie wieder will ich alles Lebendige schlagen, so wie ich gethan.   22. So lang die Erde stehet, soll nicht aufhören Saame und Ernte, Frost und Hitze, Sommer und Winter, Tag und Nacht.

Cap. IX, 1—29.
Bund Gottes mit Noah.

IX. 1. Und Gott segnete Noah und seine Söhne und sprach zu ihnen: seyd fruchtbar und mehret euch und erfüllet die Erde.   2. Und eure Furcht und Schrecken sey auf allen Thieren der Erde, und auf allen Vögeln des Himmels, und auf allem, was da kriechet auf dem Erdboden, und auf allen Fischen des Meeres; in eure Hand sind sie gegeben. 3. Alles, was sich reget und lebet, das sey eure Speise, wie das grüne Kraut geb ich euch alles.   4. Nur das Fleisch in seiner Seele, seinem Blute, esset nicht.   5. Denn auch euer Blut, als eure Seele, will ich fodern, von jeglichem Thiere will ichs fordern, und vom Menschen, von jeglichem seiner Brüder will ich die Seele des Menschen fordern.   6. Wer Menschen-Blut vergießet, durch Menschen soll sein Blut vergossen werden, denn nach seinem Bilde machte Gott den Menschen.   7. So seyd nun fruchtbar und mehret euch, und reget euch auf der Erde und erfüllet sie.   8. Und Gott sprach zu Noah und zu seinen Söhnen mit ihm: 9. Siehe, ich schließe einen Bund mit euch und mit euerm Saamen nach euch,   10. und mit allem lebendigen Wesen bey euch, an Vögeln und an Vieh und allen Thieren der Erde bey euch, von allem, was aus dem Schiffe gegangen, von allen Thieren der Erde.   11. Ich schließe meinen Bund mit euch, nie wieder soll alles Fleisch ausgerottet werden durch das Wasser der Fluth, und nie wieder soll eine Fluth seyn, die Erde zu verderben.   12. Und Gott sprach: das ist das Zeichen des Bundes, welchen ich mache zwischen mir und euch, und allem lebendigen Wesen bey euch, auf ewige Geschlechter: 13. meinen Bogen hab ich in die Wolken gestellt, daß er das

Zeichen des Bundes sey zwischen mir und der Erde. 14. Und es soll geschehen, wenn ich Wolken führe über die Erde, so soll mein Bogen erscheinen in den Wolken, 15. und ich will des Bundes gedenken zwischen mir und euch und allen lebendigen Seelen in allem Fleisch, und nie wieder soll eine Wasserfluth seyn, die Erde zu verderben. 16. Mein Bogen soll in den Wolken stehen, und ich will ihn schauen, und des ewigen Bundes gedenken zwischen Gott und allen lebendigen Seelen in allem Fleisch, welches auf der Erde ist. 17. Und Gott sprach zu Noah: das ist das Zeichen des Bundes, welchen ich schließe zwischen mir und allem Fleisch, welches auf der Erde ist.

18. Und die Söhne Noahs, die aus dem Schiffe gingen, waren Sem, Ham und Japhet, und Ham ist der Vater Canaans. 19. Das sind die drey Söhne Noahs, und von diesen ist bevölkert die ganze Erde.

Cap. IX, 20—29.
Canaans Verfluchung; Noahs Tod.

20. Und Noah fing an und ward ein Landmann, und pflanzete Weinberge. 21. Und er trank von dem Weine, und ward trunken und lag entblößt in seinem Zelt. 22. Da sahe Ham, der Vater Canaans, die Blöße seines Vaters, und sagete es seinen beyden Brüdern draußen. 23. Da nahmen Sem und Japhet ein Gewand, und legtens auf ihre Schulter, und gingen rücklings hinzu, und bedeckten die Blöße ihres Vaters, und ihr Antlitz war abgewandt, und sie sahen nicht die Blöße ihres Vaters. 24. Als nun Noah erwachte von seinem Weine, und erfuhr, was ihm sein jüngster Sohn gethan, 25. da sprach er:

Verflucht sey Canaan,

Ein Knecht der Knechte sey er seinen Brüdern!
26. Und er sprach:

Gesegnet sey Jehova, der Gott Sems,

Und Canaan sey sein Knecht!

27. Japhet breite Gott aus,

Er wohne in den Zelten des Ruhms,

Und Canaan sey sein Knecht.

28. Und Noah lebete nach der Fluth drey hundert und funfzig Jahr, 29. und das Alter Noahs war neun hundert und funfzig Jahr, und er starb.

Cap. X.

Geschlecht und Nachkommen der Söhne Noahs.

X. 1. Und das ist das Geschlecht der Söhne Noahs, Sems, Hams und Japhets, und es wurden ihnen Söhne geboren nach der Fluth. 2. Die Söhne Japhets sind: Gomer und Magog und Madai und Javan und Thubal und Mesech und Thiras. 3. Und die Söhne Gomers: Askenas und Riphat und Thogarma. 4. Und die Söhne Javans: Elisa und Tharsis, Chithim und Dodanim. 5. Von diesen haben sich ausgebreitet die Inseln der Völker nach ihren Ländern, nach ihren Sprachen, nach ihren Geschlechtern und Völkerschaften. 6. Und die Söhne Hams: Cusch und Mizraim und Phut und Canaan. 7. Und die Söhne Cuschs: Seba und Hevila und Sabtha und Raema und Sabtecha. Und die Söhne Raemas: Scheba und Dedan. 8. Und Cusch zeugete Nimrod, der fing an Held zu seyn auf der Erde. 9. Der war ein gewaltiger Jäger vor Jehova, darum spricht man: wie Nimrod ein gewaltiger Jäger vor Jehova. 10. Und der Anfang seines Reiches war Babel und Erech und Acad und Chalne im Lande Sinear. 11. Von diesem Lande ging er aus nach Assur, und bauete Ninive und Rehoboth-Ir und Calah, 12. und Resen zwischen Ninive und Calah, das ist eine große Stadt. 13. Und Mizraim zeugete Ludim, Anamim, Lehabim und Naphthuhim, 14. Patrusim und Casluhim, woher ausgegangen Philistim, und Caphthorim. 15. Und Canaan zeugte Zidon, seinen Erstgebornen, und Heth, 16. und Jebusi, und Amori und Gergesi, 17. und Hivi und Arki und Sini, 18. und Arvadi und Zemari und Hamathi, und nachher brei-

teten sich aus die Geschlechter der Cananiter. 19. Und die
Grenzen der Cananiter erstrecken sich von Zidon bis gen
Gerar und Gasa und weiter bis gen Sodoma und Gomorra
und Adama und Zeboim und bis gen Lasa. 20. Das sind
die Söhne Hams nach ihren Geschlechtern, nach ihren Sprachen,
in ihren Ländern und Völkerschaften. 21. Und Sem wurden auch Söhne geboren, dem ältern Bruder Japhets,
der da ist der Vater aller Söhne Ebers. 22. Die Söhne
Sems: Elam und Assur und Arphachsad und Lud und Aram.
23. Und die Söhne Arams: Uz und Hul und Gether und
Mas. 24. Und Arphachsad zeugete Selah, und Selah zeugete
Eber. 25. Und Eber wurden zween Söhne geboren, der Name
des einen Peleg, weil zu seiner Zeit die Erde vertheilt ward,
und der Name seines Bruders Joktan. 26. Und Joktan
zeugete Almodad und Saleph und Hazarmapheth und Jarah,
27. und Hadoram und Usal und Dikla, 28. und Obal und
Abimael und Seba, 29. und Ophir und Hevila und Jabat,
diese alle sind Söhne Joktans. 30. Und ihre Wohnung war von
Mesa bis gen Sephar, das Gebirg gegen Osten. 31. Das sind
die Söhne Sems nach ihren Geschlechtern, nach ihren Sprachen,
nach ihren Ländern und Völkerschaften. 32. Das sind die
Geschlechter der Söhne Noahs nach ihren Geschlechtern und
Völkern, und von denen sind ausgebreitet die Völker auf der
Erde nach der Fluth.

Cap. XI, 1—9.
Thurm zu Babel, Verwirrung der Sprachen.

XI. 1. Und es war die ganze Erde Eine Sprache und Eine
Rede. 2. Und es geschah, da sie zogen von Morgen, da fanden
sie eine Ebene im Lande Sinear, und wohneten daselbst. 3. Und
sie sprachen einer zu dem andern: Wohlauf! wir wollen Ziegel
machen und brennen. Und die Ziegel brauchten sie zu Steinen,
und Erdharz brauchten sie zu Mörtel. 4. Und sie sprachen:
Wohlauf! wir wollen eine Stadt bauen und einen Thurm,
dessen Spitze reiche bis an den Himmel, und wollen uns

einen Namen machen, damit wir nicht zerstreut werden über die ganze Erde. 5. Da kam Jehova herab, um die Stadt und den Thurm zu sehen, welche die Söhne der Menschen baueten. 6. Und Jehova sprach: Siehe, es ist Ein Volk und Eine Sprache unter ihnen allen, und das haben sie begonnen zu thun, und nunmehr werden sie von nichts ablassen, was sie ersinnen zu thun. 7. Wohlauf! wir wollen niedersteigen, und daselbst ihre Sprache verwirren, daß sie nicht verstehen einer des andern Sprache. 8. Also zerstreuete sie Jehova von dannen über die ganze Erde, und sie höreten auf die Stadt zu bauen. 9. Daher heißt man ihren Namen Babel: denn daselbst verwirrete Jehova die Sprache der ganzen Erde, und von dannen zerstreuete sie Jehova über die ganze Erde.

Cap., XI 10—32.
Geschlechtsregister der Patriarchen von Sem bis Abraham.

10. Dies ist das Geschlecht Sems: Sem war hundert Jahr alt, da zeugete er Arphachsad, zwey Jahre nach der Fluth. 11. Und Sem lebte nach Erzeugung Arphachsads fünf hundert Jahr, und zeugete Söhne und Töchter.

12. Und Arphachsad war fünf und dreyßig Jahr alt, da zeugete er Selah. 13. Und Arphachsad lebte nach Erzeugung Selahs vier hundert und drey Jahr, und zeugete Söhne und Töchter.

14. Und Selah war dreyßig Jahr alt, da zeugete er Eber. 15. Und Selah lebte nach Erzeugung Ebers vierhundert und drey Jahr, und zeugete Söhne und Töchter.

16. Und Eber war vier und dreyßig Jahr alt, da zeugete er Peleg. 17. Und Eber lebte nach Erzeugung Pelegs vierhundert und dreyßig Jahr, und zeugete Söhne und Töchter.

18. Und Peleg war dreyßig Jahr alt, da zeugete er Regu. 19. Und Peleg lebte nach Erzeugung Regus zweyhundert und neun Jahr, und zeugete Söhne und Töchter.

20. Und Regu war zwey und dreyßig Jahr alt, da zeugete er Serug. 21. Und Regu lebte nach Erzeugung Serugs zweyhundert und sieben Jahr, und zeugete Söhne und Töchter.

von Bela, das ist Zoar, und stelleten sich gegen sie zur Schlacht im Thale Siddim, 9. gegen Kedorlaomer, König von Elam, und gegen Thideal, König der Gojiten, und gegen Amraphel, König von Sinear, und gegen Arioch, König von Elasar, vier Könige gegen fünf. 10. Im Thale Siddim aber waren viele Quellen von Erdharz. Und der König von Sodom und Gomorra wurden geschlagen, und sie fielen daselbst *), und die Uebrigen flohen auf das Gebirge. 11. Da nahmen sie alle Habe von Sodom und Gomorra, und alle Speise, und zogen davon, 12. und nahmen Lot und seine Habe, den Bruderssohn Abrams, und zogen davon; denn er wohnete zu Sodom. 13. Da kam ein Entronnener und berichtete es Abram dem Ebräer, der da wohnete unter den Terebinthen Mamres, des Amoriters, des Bruders Eskols und Aners, welche Verbündete von Abram waren. 14. Als nun Abram hörete, daß sein Bruder weggeführet worden, zog er aus mit seinen Gewaffneten, den Hausgebornen, drey hundert und achtzehn, und jagte nach bis gen Dan, 15. und theilete sich, und überfiel sie des Nachts mit seinen Knechten, und schlug sie, und verfolgete sie bis gen Hoba, welches nördlich von Damast lieget. 16. Und brachte alle Habe zurück, und auch Lot seinen Bruder und seine Habe, und auch die Weiber und das Volk. 17. Und als er nun zurückkehrete von der Schlacht des Kedorlaomer und der Könige, welche mit ihm waren, zog ihm der König von Sodom entgegen ins Thal Save, das ist das Königsthal. 18. Und Melchisedek, König von Salem, brachte Brod und Wein, und er war ein Priester Gottes des Höchsten, 19. und er segnete ihn, und sprach:

Gesegnet sey Abram von Gott dem Höchsten,
Vom Herrn des Himmels und der Erde!

20. Und gepriesen sey Gott der Höchste,
Der die Feinde gab in deine Hände!

---

*) Oder: Und sie fielen hinein (in die Naphthaquellen).

Und Abram gab ihm den Zehnten von allem. 21. Und der König
von Sodom sprach zu Abram: gib mir die Leute, die Habe
nimm für dich. 22. Da sprach Abram zum Könige von Sodom:
ich erhebe meine Hand zu Jehova, dem höchsten Gott, dem
Herrn des Himmels und der Erde, 23. daß ich nicht einen
Faden, nicht einen Schuhriemen nehme von allem, was dein
ist! Du sollst nicht sagen, ich habe Abram reich gemacht.
24. Ausgenommen, was die Knechte gegessen, und den Antheil
der Männer, welche mit mir gezogen, Aners, Escols, Mamres, sie mögen ihren Antheil nehmen.

Cap. XV.

Bund Jehovas mit Abram, Verheißung des Landes Canaan.

XV. 1. Nach diesen Dingen kam das Wort Jehovas zu Abram
im Gesichte, und sprach: fürchte dich nicht, Abram, ich bin dein
Schild; großen Lohn sollst du haben! 2. Und Abram sprach:
Herr, Jehova, was willst du mir geben? und ich gehe dahin
kinderlos, und der Sohn meines Hauses*) ist dieser Damascener
Elieser. 3. Und sprach: siehe! du hast mir keinen Saamen
gegeben, und mein Hausgeborner wird mich beerben. 4. Da
redete Jehova zu ihm und sprach: nicht dieser soll dich beerben,
sondern der aus deinen Lenden kommt, soll dich beerben. 5. Und
er führete ihn hinaus, und sprach: schaue gen Himmel, und zähle
die Sterne, wenn du vermagst sie zu zählen, und er sprach zu
ihm: so soll dein Same seyn. 6. Und Abram glaubete Jehova,
und er rechnete es ihm an als Gerechtigkeit. 7. Und er sprach
zu ihm: ich bin Jehova, der dich geführet aus Ur in Chaldäa,
um dir dieß Land zu geben zum Besitz. 8. Da sprach Abram: Herr,
Jehova, woran kann ichs wissen, daß ichs besitzen werde? 9. Und
er sprach zu ihm: bringe mir eine dreyjährige Kuh und eine dreyjährige Ziege und einen dreyjährigen Widder und eine Turtel-

---

*) Das unverständliche דמשק ausgelassen.

taube und eine junge Taube. 10 Und er brachte alle diese Thiere, und zertheilete sie in der Mitte, und legte ein Stück dem andern gegen über, aber die Vögel zertheilete er nicht. 11. Und die Raubvögel fielen auf die Stücke, aber Abram scheuchete sie weg. 12. Und die Sonne neigte sich zum Untergang, da fiel ein tiefer Schlaf auf Abram, und Schrecken und große Finsterniß fiel auf ihn. 13. Und Jehova sprach zu Abram: vernimm und wisse, daß dein Saame Fremdling seyn wird in einem Lande, das nicht sein ist, und man wird sie zu dienen zwingen und plagen vierhundert Jahr. 14. Aber ich will das Volk richten, welchem sie dienen werden, und darnach sollen sie ausziehen mit großer Habe. 15. Und du sollst zu deinen Vätern gehen in Frieden, und begraben werden in gutem Alter. Sie aber sollen im vierten Geschlecht hieher zurückkehren, denn noch ist nicht voll die Vergehung der Amoriter bis hieher. 17. Als nun die Sonne untergegangen und es finster war, siehe! da war es wie ein rauchender Ofen und eine Feuerflamme, welche zwischen jene Stücken hindurchfuhr. 18. An diesem Tage machte Jehova mit Abram einen Bund, und sprach: deinem Saamen gebe ich dieses Land vom Strom Aegyptens an bis zum großen Strome, dem Strom Euphrat, 19. das Land der Keniter, und der Kinisiter, und der Kadmoniter, 20. und der Hethiter, und der Pheresiter, und der Rephäer, 21. und der Amoriter; und der Cananiter, und der Gergesiter und der Jebusiter.

Cap. XVI.

Hagar, Abrams Kebsweib, gebiert Ismael

XVI. 1. Und Sarai, Abrams Weib, gebar ihm nicht, und sie hatte eine ägyptische Magd, ihr Name Hagar. 2. Und Sarai sprach zu Abram: siehe! verschloßen hat mich Jehova, so daß ich nicht gebäre, lege dich zu meiner Magd, vielleicht werd' ich aus ihr erbauet. Und Abram gehorchte der Stimme Sarais. 3. Da nahm Sarai, Abrams Weib, die

Aegypterin Hagar ihre Magd, zehen Jahre nachdem Abram sich niedergelassen im Lande Canaan, und gab sie ihrem Mann Abram zum Weibe. 4. Und er legte sich zu Hagar, und sie ward schwanger, und da sie sahe, daß sie schwanger geworden, verachtete sie ihre Gebieterin. 5. Da sprach Sarai zu Abram: ich leide Unrecht deinethalben, ich habe meine Magd dir beygelegt, und nun, da sie siehet, daß sie schwanger geworden, verachtet sie mich; Jehova sey Richter zwischen mir und dir! 6. Und Abram sprach zu Sarai: siehe! deine Magd ist in deiner Hand, thue mit ihr, wie es dir gutdünket. Da nun Sarai sie demüthigte, floh sie weg von ihr. 7. Da fand sie der Engel Jehovas an einer Wasserquelle in der Wüste, an der Quelle auf dem Wege nach Sur, 8. und sprach: Hagar, Sarais Magd, wo kommst du her, und wo willst du hin? Und sie sprach: ich bin geflohen von meiner Gebieterin Sarai. 9. Und der Engel Jehovas sprach zu ihr: kehre zurück zu deiner Gebieterin, und demüthige dich unter ihre Hand. 10. Und der Engel sprach zu ihr: ich will deinen Saamen mehren, daß er nicht gezählet werde vor Menge. 11. Und der Engel Jehovas sprach zu ihr: Siehe! du bist schwanger, und wirst einen Sohn gebären, deß Namen sollst du Ismael [Gotthört] nennen, denn erhöret hat Jehova dein Elend. 12. Und er wird ein Mensch seyn, dem wilden Esel gleich, seine Hand gegen Alle, und Aller Hand gegen ihn, und östlich von allen seinen Brüdern wird er wohnen. 13. Und sie nannte den Namen Jehovas, der mit ihr geredet: du bist der Gott des Schauens, und sprach: schaut' ich ihn noch hier nach dem Schauen? 14. Daher heißt man den Brunnen: Brunnen des Lebens, des Schauens; siehe! er ist zwischen Kades und zwischen Bared. 15. Und Hagar gebar Abram einen Sohn, und Abram nannte den Namen seines Sohnes, welchen ihm Hagar gebar, Ismael. 16. Und Abram war sechs und achtzig Jahr alt, als Hagar ihm Ismael gebar.

Cap. XVII.

Gottes Bund mit Abraham, Isaaks Verheißung,
Einsetzung der Beschneidung.

XVII. 1. Und Abram war neun und neunzig Jahr alt, da erschien ihm Jehova, und sprach zu ihm: Ich bin Gott der Allmächtige, wandele vor mir und sey fromm. 2. Und ich will einen Bund machen zwischen mir und zwischen dir, und will dich gar sehr mehren. 3. Da fiel Abram auf sein Angesicht, und Gott redete mit ihm und sprach: 4. Siehe! ich mache einen Bund mit dir, und du sollst Vater eines Haufens von Völkern werden. 5. Und dein Name soll nicht mehr A b r a m heißen, sondern A b r a h a m soll dein Name seyn, denn zum Vater eines Haufens von Völkern mach' ich dich; 6. und ich mache dich gar sehr fruchtbar, und Könige sollen von dir kommen. 7. Und ich schließe einen Bund zwischen mir und zwischen dir und deinem Saamen nach dir auf künftige Geschlechter, einen ewigen Bund, daß ich dein Gott sey und deines Saamens nach dir. 8. Und ich gebe dir und deinem Saamen nach dir das Land deines Aufenthalts, das ganze Land Canaan, zu ewiger Besitzung, und ich will ihr Gott seyn. 9. Und Gott sprach zu Abraham: So halte denn meinen Bund, du und dein Saame nach dir auf künftige Geschlechter. 10. Das ist mein Bund, welchen ihr halten sollt zwischen mir und zwischen euch und deinem Saamen nach dir, daß bey euch alles Fleisch beschnitten werde; 11. beschneiden sollt ihr das Fleisch eurer Vorhaut, und dieß soll das Zeichen meines Bundes seyn zwischen mir und euch. 12. Acht Tage alt soll bey euch alles Fleisch beschnitten werden, auf künftige Geschlechter, der Hausgeborne und der mit Silber erkaufte von allen fremden Völkern, wer nicht von eurem Saamen ist; 13. beschnitten werde der Hausgeborne und der mit Silber erkaufte. Also soll mein Bund an eurem Fleische seyn, ein ewiger Bund. 14. Und ein Unbeschnittener männlichen Geschlechts, der nicht beschnitten worden an dem Fleische seiner Vorhaut, dieselbe Seele soll ausgerottet werden aus ihrem Volke, denn meinen Bund hat er gebrochen. 15. Und

Gott sprach zu Abraham: Sarai, dein Weib, sollst du nicht mehr Sarai nennen, sondern Sara soll ihr Name seyn. 16. Und ich will sie segnen, und auch von ihr will ich dir einen Sohn geben, ich will sie segnen, und sie soll zu Völkern werden, Könige von Völkern sollen aus ihr kommen. 17. Da fiel Abraham auf sein Angesicht, und lachte, und sprach in seinem Herzen: wird wohl einem Hundertjährigen ein Kind geboren, und wird wohl Sara, neunzig Jahr alt, gebären? 18. Und Abraham sprach zu Gott: wenn nur Ismael lebet vor dir! 19. Da sprach Gott: Ja gewiß! Sara dein Weib gebiert einen Sohn, und du sollst seinen Namen Isaak nennen, und ich will einen Bund mit ihm schließen, einen ewigen Bund auf seinen Saamen nach ihm. 20. Und um Ismael habe ich dich auch erhöret, siehe! ich will ihn segnen, und ihn fruchtbar machen und ihn gar sehr mehren, zwölf Fürsten soll er zeugen, und ich will ihn zu einem großen Volke machen. 21. Aber einen Bund will ich mit Isaak schließen, welchen dir Sara gebären wird um diese Zeit im andern Jahr. 22. Und als Gott vollendet mit ihm zu reden, stieg er auf von Abraham. 23. Da nahm Abraham Ismael, seinen Sohn, und all seine Hausgebornen, und alle mit Silber erkaufte, alles, was männlich war unter den Leuten seines Hauses, und beschnitt das Fleisch ihrer Vorhaut an demselbigen Tage, so wie Gott ihm gesagt. 24. Und Abraham war neun und neunzig Jahr alt, als er beschnitten ward am Fleische seiner Vorhaut, 25. und Ismael war dreyzehn Jahr alt, als er beschnitten ward am Fleische seiner Vorhaut. 26. An dem selbigen Tage noch ward beschnitten Abraham und Ismael sein Sohn; 27. und alle Leute seines Hauses, Hausgeborne und mit Silber erkaufte von fremden Völkern, wurden beschnitten mit ihm.

Cap. XVIII.

Erscheinung Jehovas und zweyer Engel bey Abraham; Isaak wird nochmals verheißen, die Zerstörung Sodoms offenbaret.

XVIII. 1. Und es erschien ihm Jehova bey den Terebinthen Mamre, da er an der Thüre seines Zeltes saß zur heißen Tageszeit. 2. Und er erhob seine Augen und schauete, und siehe! drey Männer standen vor ihm. Und da er sie sahe, lief er ihnen entgegen aus der Thüre seines Zeltes, und bückete sich nieder zur Erde, 3. und sprach: mein Herr, hab' ich Gnade gefunden vor deinen Augen, o! so gehe nicht vorüber vor deinem Knechte. 4. Man soll ein wenig Wasser bringen, daß ihr eure Füsse waschet, und lasset euch nieder unter dem Baume. 5. Und ich will einen Bissen Brods bringen, daß ihr euer Herz stärket, und dann möget ihr weiter gehen: denn darum seyd ihr zu eurem Knecht gekommen. Und sie sprachen: thue also, wie du gesagt hast. 6. Da eilete Abraham in das Zelt zu Sara, und sprach: eile und knete drey Maas Weiß-Mehl, und backe Kuchen. 7. Und er lief zu den Rindern, und nahm ein Kalb, zart und gut, und gabs dem Knaben, der eilete es zuzubereiten. 8. Und er nahm Rahm und Milch und das Kalb, welches er zubereitet, und setzte es ihnen vor, und stand vor ihnen unter dem Baume, und sie aßen. 9. Da sprachen sie zu ihm: wo ist Sara, dein Weib? Und er sprach: siehe! im Zelte! 10. Und er [Jehova] sprach: Ich werde wieder kommen zu dir um die Zeit im andern Jahre, und siehe! dann wird Sara, dein Weib, einen Sohn haben. Und Sara hörete es in der Thüre des Zeltes hinter ihm. 11. (Und Abraham und Sara waren alt und betaget, und es ging Sara nicht mehr nach der Weiber Weise.) 12. Und Sara lachete in ihrem Herzen und sprach: nun ich alt bin, soll ich noch Wolluft pflegen, und auch mein Herr ist alt! 13. Da sprach Jehova zu Abraham: warum lachet Sara und spricht: werd ich auch wol gebären, da ich alt bin? 14. Sollte Jehova etwas unmöglich seyn? Um diese Zeit werd ich wieder zu dir kommen im andern Jahre, und Sara wird einen Sohn haben. 15. Da leugnete Sara und sprach: ich habe nicht gelacht, denn sie fürchtete sich. Und er sprach: nein! du hast gelacht. 16. Da machten sich die Männer auf von dannen, und wandten sich gen Sodom, und Abraham ging mit ihnen, sie zu geleiten. 17. Da sprach Jehova: soll ich verbergen vor Abraham, was

1ter Theil.   3

ich thun will? 18. Und Abraham wird ein groß und mäch=
tig Volk werden, und durch ihn sollen gesegnet werden alle
Völker der Erde. 19. Denn ich weiß, daß er seinen Söhnen
und seinem Hause nach ihm gebieten wird, daß sie den Weg
Jehovas halten und Gerechtigkeit und Recht thun, damit
Jehova auf Abraham kommen lasse, was er ihm verheißen.
20. Und Jehova sprach: das Geschrey über Sodom und Go=
morra ist groß, und ihre Sünden sind sehr schwer. 21. Darum
steige ich herab, und will sehen, ob sie nach dem Geschrey, das
vor mich gekommen, völlig gethan? oder ob nicht? will ich wissen.
22. Und die andern [Männer] wandten sich von dannen, und
gingen gen Sodom, Abraham aber blieb noch stehen vor
Jehova, 23. und er nahete ihm, und sprach: wirst du auch den
Gerechten wegraffen mit dem Gottlosen? 24. Vielleicht sind
funfzig Gerechte in der Stadt, willst du sie wegraffen, und
nicht dem Ort vergeben um der funfzig Gerechten willen,
welche darinnen sind? 25. Fern sey von dir, dergleichen zu
thun, die Gerechten zu tödten mit den Gottlosen, daß der Ge=
rechte wie der Gottlose sey, fern sey es von dir! wird der Rich=
ter der ganzen Welt nicht Gerechtigkeit üben? 26. Da sprach
Jehova: wenn ich zu Sodom funfzig Gerechte finde in der
Stadt, so will ich dem ganzen Ort vergeben um ihret willen.
27. Und Abraham antwortete, und sprach: ach siehe! ich
habe mich unterwunden zu reden mit meinem Herrn,
und ich bin Staub und Asche! 28. Vielleicht fehlen
an den funfzig Gerechten fünf, wolltest du wegen der
fünf die ganze Stadt verderben? Und er sprach: ich will sie
nicht verderben, wenn ich daselbst fünf und vierzig finde.
29. Und er fuhr fort mit ihm zu reden, und sprach: vielleicht
werden daselbst vierzig gefunden. Und er sprach: ich wills nicht
thun um der vierzig willen. 30. Und er sprach: ach! mein
Herr zürne nicht, wenn ich rede: vielleicht werden daselbst
dreyßig gefunden. Und er sprach: ich wills nicht thun, wenn
ich daselbst dreyßig finde. 31. Und er sprach: ach siehe! ich
habe mich unterwunden zu reden mit meinem Herrn! vielleicht

werden daselbst zwanzig gefunden. Und er sprach: ich will sie
nicht verderben um der zwanzig willen. 32. Und er sprach:
ach! mein Herr zürne nicht, wenn ich nur noch einmal rede:
vielleicht werden daselbst zehen gefunden. Und er sprach: ich
will sie nicht verderben um der zehen willen. 33. Und Jehova
ging weg, nachdem er vollendet mit Abraham zu reden, und
Abraham kehrete an seinen Ort.

Cap. XIX.

Vertilgung Sodoms, Lots Errettung und Verbrechen.

XIX. 1. Und es kamen die zween Engel gen Sodom des Abends,
und Lot saß im Thore von Sodom, und da er sie sahe, stand er
auf ihnen entgegen, und bückete sich mit dem Angesichte zur Erde,
2. und sprach: meine Herren, o! kehret doch ein zum Hause
eures Knechtes, und übernachtet, und waschet eure Füße; und
dann stehet ihr des Morgens früh auf, und ziehet eure Straße!
Und sie sprachen: nein! sondern wir wollen auf der Gaße
übernachten. 3. Da drang er sehr in sie, und sie kehreten zu
ihm ein und traten in sein Haus, und er machte ihnen ein
Mahl, und buck ungesäuerte Kuchen, und sie aßen. 4. Noch
hatten sie sich nicht gelegt, da kamen die Männer der Stadt,
die Männer von Sodom, und umgaben das Haus vom Knaben bis zum Greis, das ganze Volk zusammen. 5. Und riefen Lot und sprachen zu ihm: wo sind die Männer, welche zu
dir gekommen diese Nacht? führe sie heraus zu uns, daß wir
sie erkennen. 6. Und Lot ging heraus zu ihnen vor die Thüre,
und schloß die Thüre hinter sich zu, 7. und sprach: o! meine
Brüder, thuet doch nicht so übel! 8. Siehe! ich habe zwo
Töchter, die noch keinen Mann erkannt, ich will sie herausbringen zu euch, und thuet mit ihnen, wie es euch gutdünkt,
nur diesen Männern thuet nichts, denn darum sind sie einge-
gangen unter den Schatten meines Daches. 9. Und sie sprachen:
komm hieher! und sprachen: der Eine Mann, der Fremdling, der zu uns gekommen, will den Richter machen? Jetzt

wollen wir es ärger machen mit dir, als mit jenen! Und sie
drangen hart ein auf den Mann Lot, und naheten, die Thüre
zu erbrechen. 10. Da streckten die Männer die Hand heraus,
und zogen Lot zu sich herein ins Haus, und verschloßen die
Thüre. 11. Und die Männer, welche vor der Thüre des
Hauses waren, wurden mit Blindheit geschlagen vom Kleinen bis
zum Großen, und sie mühten sich ab, die Thüre zu finden.
12. Da sprachen die Männer zu Lot: wen hast du noch hier?
Eydam, und Söhne und Töchter, und all die dir angehören in
der Stadt, führe sie heraus aus diesem Orte! 13. Denn wir
wollen diesen Ort verderben, denn das Geschrey über diese
Menschen ist groß vor Jehova; und er hat uns gesandt, die
Stadt zu verderben. 14. Da ging Lot hinaus, und redete mit
seinen Eydamen, die seine Töchter genommen, und sprach:
machet euch auf, und gehet aus diesem Orte, denn Jehova wird
diese Stadt verderben, und er schien zu scherzen in den Augen
seiner Eydame. 15. Da nun die Morgenröthe aufging, dräng-
geten die Engel Lot, und sprachen: mache dich auf, nimm dein
Weib und deine zwo Töchter, die vorhanden sind, damit du
nicht umkommest in der Schuld dieser Stadt. 16. Und da er
zauderte, ergriffen ihn die Männer und sein Weib und seine
zwo Töchter bey der Hand, weil Jehova seiner schonen wollte,
und führeten ihn hinaus, und ließen ihn außen vor der Stadt.
17. Und als sie ihn hinausgebracht, sprach [einer von ihnen]:
errette deine Seele, und schaue nicht hinter dich, und bleibe nicht
stehen in der ganzen Aue des Jordans, fliehe nach dem Gebirge, damit du nicht umkommest. 18. Da sprach Lot zu ihnen:
ach nein! meine Herren! 19. Siehe! dein Knecht hat Gnade
gefunden in deinen Augen, und groß war deine Huld, die du
mir erzeiget, mich lebendig zu erhalten; aber ich kann nicht auf
das Gebirge fliehn, es möchte mich das Verderben erreichen,
daß ich stürbe. 20. Siehe! hier ist eine Stadt, nahe genug
um dahin zu fliehen, es ist ja wenig [was ich bitte], dahin will
ich fliehen, ist es nicht wenig? — daß meine Seele lebe. 21. Da
sprach er zu ihm: siehe, ich nehme Rücksicht auf dich auch

in diesem Stücke, daß ich nicht die Stadt umkehre, von welcher
du redest. 22. Eile, rette dich dahin, denn ich kann nichts
thun, bis daß du dahin gekommen. (Daher nennt man den
Namen dießer Stadt Zoar [wenig]). 23. Und die Sonne ging
auf über der Erde, als Lot einging in Zoar. 24. Da ließ Jehova Schwefel und Feuer regnen über Sodom und Gomorra,
von Jehova herab vom Himmel, 25. und kehrete diese Städte
um und die ganze Aue des Jordans und alle Bewohner der
Städte und das Gewächs des Landes. 26. Und Lots Weib
schauete hinter sich, und ward zu einer Säule von Salz. 27. Und
Abraham machte sich des Morgens früh auf an den Ort, da
er gestanden vor Jehova, 28. und blickete hin nach Sodom und
Gomorra, und nach der ganzen Aue des Jordans, und schauete,
und siehe! ein Rauch stieg auf von der Erde, wie der Rauch
eines Ofens.

29. Und als Gott die Städte der Jordanaue verderbete,
da gedachte er an Abraham, und geleitete Lot aus der Umkehrung,
da die Städte umgekehret wurden, in welchen Lot wohnete.

30. Und Lot zog weg aus Zoar, und wohnete auf dem Gebirge, und seine beyden Töchter mit ihm, denn er fürchtete sich
zu Zoar zu bleiben, und er wohnete in einer Höhle, er und
seine beyden Töchter. 31. Da sprach die ältere zu der jüngern:
unser Vater ist alt, und es ist kein Mann mehr auf Erden,
uns zu beschlafen nach der Weise aller Welt, 32. auf! laß uns
unserm Vater Wein zu trinken geben, und bey ihm schlafen,
daß wir uns Saamen erwecken von unserm Vater. 33. Also
gaben sie ihrem Vater Wein zu trinken in derselbigen Nacht,
und die ältere ging hinein, und legte sich zu ihrem Vater, und
er wards nicht gewahr, da sie sich legte, und da sie aufstand.
34. Und am andern Morgen sprach die ältere zur jüngern: siehe!
ich habe gestern bey meinem Vater gelegen, laß uns ihm Wein
zu trinken geben auch diese Nacht, und gehe hinein und lege
dich zu ihm, daß wir uns Saamen erwecken von unserm Vater.
35. Also gaben sie auch diese Nacht ihrem Vater Wein zu trinken. Und die jüngere machte sich auf, und legte sich zu ihm,

und er wards nicht gewahr, da sie sich legte und da sie aufstand. 36. Und die beyden Töchter Lots wurden schwanger von
ihrem Vater. 37. Und die älteste gebar einen Sohn, und nannte
seinen Namen Moab [vom Vater], das ist der Vater der Moabiter bis auf diesen Tag. 38. Und die jüngere gebar auch einen
Sohn, und nannte seinen Namen Ben Ammi [Sohn meines
Volks], das ist der Vater der Söhne Ammons bis auf diesen Tag.

Cap. XX.

Abrahams Aufenthalt zu Gerar, Sara wird von
Abimelech genommen und wieder gegeben.

XX. 1. Und Abraham brach auf von dannen nach dem Lande
gegen Mittag, und ließ sich nieder zwischen Kades und Sur,
und hielt sich zu Gerar auf. 2. Und er sprach von Sara, seinem
Weibe: sie ist meine Schwester. Da sandte Abimelech, König von
Gerar, und nahm Sara weg. 3. Aber Gott kam zu Abimelech im
Traum des Nachts, und sprach zu ihm: siehe! du bist des Todes
um des Weibes willen, die du genommen, denn sie ist eines
Mannes Eheweib.. 4. Und Abimelech hatte sich ihr nicht genahet.
Und er sprach: Herr, willst du auch ein gerechtes Volk tödten?
5. Hat er nicht zu mir gesagt: sie ist meine Schwester, und
auch sie hat gesagt: er ist mein Bruder? In Unschuld meines Herzens und Reinheit meiner Hände habe ich deß gethan.
6. Da sprach Gott zu ihm im Traum: auch ich weiß, daß du
in Unschuld deines Herzens dieß gethan, und ich hinderte dich
auch, gegen mich zu sündigen, darum ließ ich dirs nicht zu,
sie zu berühren. 7. So gieb nun das Weib dem Manne zurück,
denn er ist ein Prophet, und er wird für dich beten, daß du
lebest; wo du aber sie nicht zurück giebst, so wisse, daß du
sterben mußt, du und alles, was dein ist. 8. Da stand Abimelech des Morgens früh auf, und rief alle seine Knechte, und
sagte ihnen alle diese Dinge, und die Männer fürchteten sich sehr.
9. Und Abimelech rief Abraham, und sprach zu ihm: was hast
du uns gethan, und was haben wir gegen dich gesündigt, daß
du auf mich und auf mein Reich eine so große Schuld gebracht?

Du haſt an mir gehandelt, nicht wie man handlen ſoll!
10. Und Abimelech ſprach zu Abraham: was haſt du geſehen,
daß du ſolches gethan? 14. Da ſprach Abraham: ich dachte,
gewiß iſt keine Furcht Gottes an dieſem Orte, und ſie werden
mich tödten um meines Weibes willen. 12. Und wahrhaftig
auch iſt ſie meine Schweſter, die Tochter meines Vaters, aber
nicht die Tochter meiner Mutter, und iſt mein Weib geworden.
13. Und da Gott mich wandern ließ aus meines Vaters Hauſe,
ſprach ich zu ihr: dieſe Liebe thue an mir, an jedem Orte,
wo wir hinkommen, ſage von mir: er iſt mein Bruder. 14. Da
nahm Abimelech Schafe und Rinder, Knechte und Mägde,
und ſchenkete ſie Abraham, und gab ihm wieder ſein Weib Sara.
15. Und ſprach: ſiehe! mein Land lieget offen vor dir, wohne,
wo es dir gutdünkt. 16. Und zu Sara ſprach er: ſiehe! ich habe
Tauſend Seckel Silbers deinem Bruder gegeben, dafür kaufe
dir einen Schleyer, und trage ihn vor allen, die mit dir ſind,
und vor allen andern, damit du ausgezeichnet ſeyeſt. 17. Und
Abraham betete zu Gott, und Gott heilete Abimelech und ſein
Weib, und ſeine Mägde, und ſie gebaren. 18. Denn Jehova
hatte jeden Mutterleib im Hauſe Abimelechs verſchloſſen, um
Saras, Abrahams Weibes, willen.

Cap. XXI. 1 — 21.
Iſaaks Geburt, Austreibung Iſmaels.

XXI. 1. Und Jehova ſahe nach Sara, ſo wie er geredet, und
that ihr, ſo wie er geredet. 2. Und Sara ward ſchwanger, und
gebar Abraham einen Sohn in ſeinem Alter, um die Zeit,
welche Gott geſagt. 3. Und Abraham nannte den Namen ſeines Sohnes, der ihm geboren, welchen ihm Sara geboren, Iſaak. 4. Und Abraham beſchnitt Iſaak, ſeinen Sohn,
da er acht Tage alt war, ſo wie ihm Gott geboten. 5. Und
Abraham war hundert Jahr alt, als ihm Iſaak ſein Sohn
geboren ward. 6. Und Sara ſprach: Gott hat mir ein Lachen
gemacht, jeder, der es höret, wird mein lachen. 7. Und

sprach: wer sagte das Abraham: Söhne wird Sara säugen? daß ich einen Sohn geboren in seinem Alter! 8. Und es wuchs der Knabe, und ward entwöhnet, und Abraham machte ein großes Mahl am Tage, da Isaak entwöhnet ward.

9. Und Sara sahe den Sohn Hagárs der Aegypterin, welchen sie Abraham geboren, spotten, 10. und sprach zu Abraham: treibe diese Magd aus mit ihrem Sohne, denn der Sohn dieser Magd soll nicht erben mit meinem Sohne, mit Isaak. 11. Und das Wort mißfiel Abraham sehr um seines Sohnes Willen. 12. Aber Gott sprach zu Abraham: es mißfalle dir nicht um des Knabens und um deiner Magd willen; alles, was Sara dir sagt, gehorche ihrer Stimme, denn nach Isaak soll dein Saame genennet werden. 13. Und auch den Sohn der Magd will ich zu einem Volke machen, denn dein Saame ist er. 14. Da stand Abraham des Morgens frühe auf, und nahm Brod und einen Schlauch Wasser, und gabs der Hagar, und legte es auf ihre Schulter, und auch den Knaben gab er ihr, und entließ sie. Und sie ging, und irrete umher in der Wüste Berseba. 15. Und es ging das Wasser aus im Schlauche, und sie warf den Knaben unter eines der Gesträuche, 16. und ging weg und setzte sich gegenüber einen Bogenschuß weit, denn sie sprach: ich kann nicht dem Sterben des Knaben zusehen, und sie saß gegenüber, und erhob ihre Stimme, und weinete. 17. Da hörete Gott die Stimme des Knaben, und der Engel Gottes rief Hagar vom Himmel, und sprach zu ihr: was ist dir, Hagar? Fürchte dich nicht! denn Gott höret die Stimme des Knaben, wo er ist. 18. Stehe auf, nimm den Knaben, und faß ihn bey der Hand, denn ich will ihn zu einem großen Volke machen. 19. Und Gott öffnete ihr die Augen, und sie sah einen Wasserbrunnen, und ging hin, und füllete den Schlauch mit Wasser, und tränkete den Knaben. 20. Und Gott war mit dem Knaben, und er wuchs, und wohnete in der Wüste, und ward, als er erwachsen, ein Bogenschütze. 21. Und er wohnete in der Wüste Pharan, und seine Mutter nahm ihm ein Weib aus dem Land Aegypten.

Cap. XXI, 22 — 34.
Abrahams Bund mit Abimelech.

22. Und es geſchah zu derſelben Zeit, da ſprach Abimelech und Phichol, ſein Heerführer, zu Abraham: Gott
iſt mit dir in Allem, was du thuſt. 23. So ſchwöre mir
nun hier bey Gott, daß du die Freundſchaft nicht brecheſt mit
mir und meinen Kindern und Enkeln; nach der Liebe, die ich
an dir gethan, thue an mir und an dem Lande, in welchem du
dich aufhältſt. 24. Da ſprach Abraham: ich will ſchwören.
25. Und Abraham ſtrafte Abimelech um eines Waſſerbrunnens
willen, den die Knechte Abimelechs weggenommen. 26. Da
ſprach Abimelech: ich weiß nicht, wer ſolches gethan, auch
haſt du mirs nicht angeſagt, noch hab ich es gehöret auſſer
heute. 27. Und Abraham nahm Schafe und Rinder, und
gab ſie Abimelech, und ſie ſchloßen einen Bund mit einander.
28. Und Abraham ſtellete ſieben Lämmer beſonders. 29. Da
ſprach Abimelech zu Abraham: was ſollen hier dieſe ſieben
Schafe, die du beſonders geſtellet? 30. Und er ſprach: die
ſieben Schafe ſollſt du nehmen aus meiner Hand, damit dieß
mir zum Zeugniß ſey, daß ich dieſen Brunnen gegraben. 31. Daher heißt man dieſen Ort Berſaba [Brunnen des Schwures],
weil ſie beyde daſelbſt geſchworen. 32. Alſo ſchloßen ſie einen
Bund zu Berſaba, und darnach machten ſich auf Abimelech
und Phichol, ſein Heerführer, und kehreten zurück ins Land
der Philiſter. [33. Und Abraham pflanzte Tamarisken zu
Berſaba, und rief daſelbſt den Namen Jehovas an, des ewigen Gottes. 34. Und er hielt ſich auf im Lande der Philiſter
eine lange Zeit.

Cap. XXII, 1 — 19.
Verſuchung Abrahams, Iſaak zu opfern; neue Ver-
heiſſungen an Abraham.

XXII. 1. Und es geſchah nach dieſen Dingen, da verſuchete
Gott Abraham, und ſprach zu ihm: Abraham! Und er ſprach:
hier bin ich! 2. Und er ſprach: nimm deinen Sohn, deinen

einzigen, welchen du liebeſt, Iſaak, und ziehe hin ins Land
Morijah, und opfere ihn daſelbſt als Brandopfer auf einem
der Berge, welchen ich dir werde ſagen. 3. Da ſtand Abraham
des Morgens frühe auf, und gürtete ſeinen Eſel, und nahm
zween Knechte mit ſich und Iſaak ſeinen Sohn, und ſpaltete
Holz zum Brandopfer, und machte ſich auf, und zog hin an den
Ort, welchen ihm Gott geſagt. 4. Am dritten Tage erhob
Abraham ſeine Augen, und ſahe den Ort von ferne. 5. Da
ſprach Abraham zu ſeinen Knechten: bleibet hier mit dem Eſel,
ich und der Knabe wir wollen dorthin gehen und anbeten, und
kehren dann zu euch zurück. 6. Und er nahm das Holz zum
Brandopfer, und legte es auf Iſaak, ſeinen Sohn, und nahm
das Feuer und das Meſſer in ſeine Hand, und ſie gingen beyde
mit einander. 7. Da ſprach Iſaak zu Abraham ſeinem Vater:
mein Vater! Und er ſprach: hier bin ich, mein Sohn! Und
er ſprach: ſiehe! hier iſt Feuer und Holz, aber wo iſt das
Schaf zum Brandopfer? 8. Und Abraham ſprach: Gott
wird ſich ein Schaf erſehen zum Brandopfer, mein Sohn!
und ſie gingen beyde mit einander. 9. Und ſie kamen an den
Ort, welchen ihm Gott geſagt, und Abraham bauete daſelbſt
einen Altar, und legte das Holz darauf, und band Iſaak ſeinen Sohn, und legte ihn auf den Altar über das Holz. 10. Und
Abraham ſtreckete ſeine Hand aus, und nahm das Meſſer, um
ſeinen Sohn zu ſchlachten. 11. Da rief ihn der Engel Jehovas vom Himmel und ſprach: Abraham, Abraham! Und er
ſprach: hier bin ich! 12. Und er ſprach: lege deine Hand
nicht an den Knaben, und thue ihm nichts, denn nun weiß ich,
daß du Gott fürchteſt, und haſt mir nicht deinen eigenen Sohn
verweigert. 13. Da erhob Abraham ſeine Augen, und ſchauete,
und ſiehe, hinter ihm war ein Widder verwickelt im Dickicht
mit ſeinen Hörnern, und Abraham ging hin, und nahm den
Widder, und opferte ihn zum Brandopfer an ſeines Sohnes
Statt. 14. Und Abraham nannte den Namen dieſes Ortes: Jehova ſiehet, daher man heutiges Tages ſagt: auf dem Berge
wird Jehova geſehen. 15. Und der Engel Jehovas rief Abra-

ham zum zweytenmale vom Himmel, 16. und sprach: ich schwöre bey mir, spricht Jehova, dieweil du solches gethan, und deinen einzigen Sohn nicht verweigert, 17. so will ich dich segnen, und deinen Saamen mehren, wie die Sterne des Himmels, und wie den Sand am Ufer des Meeres; und dein Saame soll besitzen die Thore seiner Feinde. 18. Und durch deinen Saamen sollen alle Völker der Erde gesegnet werden, darum weil du meiner Stimme gehorchet. 19. Da kehrete Abraham zu seinen Knechten, und sie machten sich auf, und zogen mit einander gen Bersaba, und Abraham wohnete zu Bersaba.

Cap. XXII, 20—24.

Nachricht von Nahors Familie.

20. Und es geschah nach diesen Dingen, da ward Abraham berichtet: siehe! auch Milca hat Söhne geboren Nahor, deinem Bruder: 21 Uz, seinen Erstgeborenen, und Bus, seinen Bruder, und Kemuel, den Vater Arams, 22. und Chesed und Haso und Pildas und Jedlaph und Bethuel. 23. Und Bethuel zeugete Rebecca. Diese acht gebar Milca dem Nahor, Abrahams Bruder. 24. Und sein Kebsweib, ihr Name Reuma, gebar auch: Thebah, Gaham, Thahas und Maacha.

Cap. XXIII.

Tod und Begräbniß der Sara, Erkaufung der Höle Makphela.

XXIII. 1. Und das Alter Saras war hundert und sieben und zwanzig Jahr. 2. Und sie starb zu Kirjat-Arba, das ist Hebron, im Lande Canaan, und Abraham kam, sie zu beklagen und zu beweinen. 3. Darnach stand er auf von seiner Leiche, und redete zu den Söhnen Heths, und sprach: 4. ich halte mich auf bey euch und wohne unter euch, gebet mir ein Eigenthums-Begräbniß bey euch, damit ich meine Leiche begrabe, und von mir thue. 5. Da antworteten die Söhne Heths Abraham, und sprachen zu Ihm: 6. höre uns, mein Herr! du bist ein

Fürst-Gottes unter uns, begrabe deine Leiche in dem besten unserer Gräber, keiner von uns wird sein Begräbniß dir versagen, deine Leiche zu begraben. 7. Da stand Abraham auf, und neigete sich vor dem Volke des Landes, den Söhnen Heths, 8. und redete mit ihnen und sprach: wenn es euch gefällt, daß ich meine Leiche begrabe, und von mir thue, so höret mich, und leget Fürsprache für mich ein bey Ephron, dem Sohne Zoars, 9. daß er mir die Höle Makphela gebe, die er besitzt, am Ende seines Ackers, für volles Geld gebe er sie mir unter euch zum Eigenthums-Begräbniß. 10. Und Ephron wohnete unter den Söhnen Heths. Da antwortete Ephron, der Hethiter, Abraham vor den Ohren der Söhne Heths, aller, die zum Thore seiner Stadt eingingen, und sprach: 11. nein, mein Herr, höre mich! ich schenke dir das Feld, und die Höle, welche darinnen ist, schenke ich dir; vor den Augen der Söhne Heths schenke ich sie dir, begrabe deine Leiche! 12. Da neigete sich Abraham vor dem Volke des Landes, 13. und redete zu Ephron vor den Ohren des Volkes des Landes, und sprach: möchtest nur du mich hören! Ich gebe das Geld für das Feld, nimm es von mir, so begrabe ich daselbst meine Leiche. 14. Und Ephron antwortete Abraham, und sprach zu ihm: 15. mein Herr, höre mich! das Land ist werth vierhundert Sekel Silbers, was ist das zwischen mir und dir? So begrabe nur deine Leiche! 16. Und Abraham gehorchte Ephron und wog ihm das Geld dar, das er gesagt vor den Ohren der Söhne Heths, vierhundert Sekel Silbers, das gäng und gebe im Handel war. 17. Also ward der Acker Ephrons zu Makphela, morgenwärts von Mamre, der Acker und die Höle darinnen und alle Bäume, welche auf dem Acker und rings auf seinem ganzen Umkreise waren, 18. Abraham als Eigenthum bestätiget vor den Augen der Söhne Heths, aller, die zu dem Thore der Stadt eingingen. 19. Und darnach begrub Abraham Sara, sein Weib, in der Höle des Feldes zu Makphela, morgenwärts von Mamre, das ist Hebron im Lande Canaan. 20. Also ward das Feld und die

Höle darinnen Abraham zum Eigenthums=Begräbniß bestätiget von den Söhnen Heths.

Cap. XXIV.

Werbung der Rebecca, des Weibes Isaak.

XXIV. 1. Und Abraham war alt und wohl betaget, und Jehova hatte ihn geseguet allenthalben. 2. Da sprach er zum ältesten Knechte seines Hauses, dem Aufseher über alles, was sein war: lege deine Hand unter meine Hüfte, 3. und schwöre mir bey Jehova, dem Gott des Himmels und dem Gott der Erde, daß du meinem Sohne kein Weib nehmest von den Töchtern der Cananiter, unter denen ich wohne, 4. sondern daß du in mein Vaterland und meine Heimat ziehest, und ein Weib meinem Sohne Isaak nehmest. 5. Da sprach der Knecht zu ihm: vielleicht aber will das Weib mir nicht folgen in dieses Land, soll ich dann deinen Sohn wieder zurückführen in das Land, daraus du weggezogen? 6. Und Abraham sprach zu ihm: hüte dich, daß du meinen Sohn nicht wieder dahin zurückbringest! 7. Jehova, der Gott des Himmels, der mich genommen aus meines Vaters Hause, und aus dem Lande meiner Heimat, der mir verheißen und geschworen: deinem Saamen will ich dieses Land geben, er wird seinen Engel vor dir her senden, daß du meinem Sohne daselbst ein Weib nehmest. 8. Und wenn das Weib nicht wollte dir folgen, so bist du quitt dieses Eides, nur bringe meinen Sohn nicht wieder dahin zurück. 9. Da legte der Knecht seine Hand unter die Hüfte Abrahams seines Herrn, und schwur ihm solches. 10. Und er nahm zehen Kameele von den Kameelen seines Herrn, und zog aus, und nahm allerley Güter seines Herrn mit sich, und machte sich auf, und zog gen Mesopotamien zur Stadt Nahors. 11. Da ließ er die Kameele sich lagern auffen vor der Stadt an einem Wasserbrunnen zur Abendzeit, zur Zeit, wenn die Wasserschöpferinnen pflegten herauszugehen. 12. Und sprach: Jehova, Gott meines Herrn Abraham, laß sie mir begegnen heute, und thue Gnade an meinem Herrn Abraham! 13. Siehe, ich stehe hier am Wasserbrunnen, und die Töchter der Stadt werden herauskommen, um Wasser zu schöpfen. 14. Wenn nun eine Dirne kommt, zu der ich spreche: neige deinen Krug, ich will trinken, und sie spricht: trinke, und auch deine Kameele will ich tränken: so sey es die, welche du deinem Knechte Isaak bestimmet, und daran werde ich erkennen, daß du Gnade thuest an meinem Herrn. 15. Und es geschah, bevor er ausgeredet, siehe! da kam heraus Rebecca, die Tochter Bethuels, des Sohnes der Milca, des Weibes Nahors, des Bruders Abrahams, ihr Krug auf ihrer Achsel. 16. Und die Dirne war schön von Ansehen, noch eine Jungfrau, und kein Mann hatte sie erkannt, und sie stieg hinab zum Brunnen, und füllete ihren Krug, und stieg herauf. 17. Da lief ihr der Knecht entgegen und sprach: laß mich ein wenig Wasser trinken aus deinem Kruge! 18. Und sie sprach: trinke, mein Herr! und eilends hob sie den Krug hernieder auf ihre Hand, und gab ihm zu trinken. 19. Und da sie ihm zu trinken gegeben, sprach sie: auch deinen Kameelen will ich schöpfen, bis sie genug getrunken. 20. Und eilends goß sie den Krug aus in die Tränke, und lief wieder zum Brunnen zu schöpfen, und schöpfete allen seinen Kameelen. 21. Und der Mann staunete über sie schweigend, bis er wußte, ob Jehova Glück zu seiner Reise gegeben, oder nicht. 22. Da nun die Kameele alle getrunken, nahm der Mann einen güldenen Ring, einen halben Seckel schwer, und zwey Armbänder an ihre Arme, zehen Seckel Goldes schwer, 23. und sprach: wessen Tochter bist du? Sage mir doch, ist in deines Vaters Hause Raum für uns zu herbergen? 24. Und sie sprach zu ihm: ich bin Bethuels Tochter, des Sohnes der Milca, den sie Nahor geboren, 25. und sie sprach zu ihm: auch Stroh und Futter ist genug bey uns, und Raum zu herbergen. 26. Da neigete sich der Mann, und betete an vor Jehovah, 27. und sprach: gesegnet sey Jehova, der Gott meines Herrn Abraham, dessen Gnade und Treue nicht abläßt von meinem Herrn! denn er hat mich den Weg geführt zum Hause der Brüder meines

Herrn! 28. Und die Dirne lief, und berichtete solches alles im Hause ihrer Mutter. 29. Und Rebecca hatte einen Bruder, sein Name Laban. Und Laban lief zu dem Mann hinaus zum Brunnen. 30. Und als er den Ring und die Arm- bänder gesehen an den Armen seiner Schwester, und als er die Worte Rebeccas seiner Schwester gehöret, die da sagte: also hat zu mir der Mann geredet: so kam er zu dem Manne; und siehe! er stand bey den Kameelen am Brunnen. 31. Und er sprach: komm herein, gesegneter Jehovas! warum stehest du draussen? Ich habe das Haus zugerichtet, und Raum für die Kameele! 32. Also kam der Mann ins Haus, und Laban sattelte die Kameele ab, und gab ihnen Stroh und Futter, und Wasser seine Füße zu waschen und die Füße der Männer, welche bey ihm waren, 33. und setzte ihm Essen vor. Er aber sprach: ich esse nicht, bevor ich meine Worte geredet. Und Laban sprach: so rede! 34. Und er sprach: ich bin der Knecht Abrahams. 35. Und Jehova hat meinen Herrn reichlich gesegnet, und er ist groß geworden, und hat ihm Schafe und Ochsen und Silber und Gold, Knechte und Mägde und Kameele und Esel gegeben. 36. Und Sara, das Weib meines Herrn, hat meinem Herrn einen Sohn geboren in seinem Alter, und er hat ihm gegeben alles, was sein ist. 37. Und mein Herr hat einen Eid von mir genommen und gesagt: du sollst meinem Sohne kein Weib nehmen von den Töchtern der Cananiter, in deren Land ich wohne; 38. sondern zeuch hin zu meines Vaters Hause und zu meinem Geschlechte, und nimm daselbst meinem Sohne ein Weib. 39. Und ich sprach zu meinem Herrn: vielleicht aber will das Weib mir nicht folgen? 40. Da sprach er zu mir: Jehova, vor dem ich gewan- delt bin, wird seinen Engel mit dir senden, und Glück zu deiner Reise geben, daß du meinem Sohne ein Weib nehmest von meinem Geschlechte und aus meines Vaters Hause. 41. Als- dann sollst du quitt seyn meines Eides, wenn du zu mei- nem Geschlecht kommst, und wenn sie dir sie nicht geben; dann bist du quitt meines Eides. 42. Also kam ich heute zum Brunnen, und sprach: Jehova, Gott meines Herrn Abraham, wenn du Glück gegeben zu meiner Reise, die ich gemacht habe, 43. siehe! ich stehe hier bey dem Wasserbrunnen, und wenn nun eine Jungfrau herauskommet zu schöpfen, und ich zu ihr spreche: laß mich doch ein wenig Wassers trinken aus deinem Kruge, 44. und sie spricht: trinke du, und auch deinen Kameelen will ich schöpfen: so sey diese das Weib, welche Jehova dem Sohne meines Herrn bestimmt hat. 45. Ehe ich vollendet diese Worte zu reden in meinem Herzen, siehe! da kommet Rebecca heraus, ihr Krug auf ihrer Achsel, und sie stieg hinab zum Brunnen, und schöpfete, und ich sprach: laß mich trinken! 46. Und eilends hub sie den Krug herab auf ihre Hand, und sprach: trinke, und auch deine Kameele will ich tränken, und ich trank, und auch die Kameelen tränkete sie. 47. Und ich fragte sie, und sprach: wessen Tochter bist du? und sie sprach: die Tochter Bethuels, des Sohnes Nahors, welchen ihm Milca geboren, und ich that den Ring in ihre Nase und die Armbänder an ihre Arme. 48. Und ich bückete mich, und betete an vor Jehova, und prieß Jehova, den Gott meines Herrn Abraham, der mich den rechten Weg geführet, daß ich die Tochter des Bruders meines Herrn für seinen Sohn nehme. 49. Und nun, wenn ihr Liebe und Treue üben wollt an meinem Herrn, so saget mirs, wo aber nicht, so saget mirs auch, damit ich mich wende zur Rechten oder zur Linken. 50. Da antworteten Laban und Bethuel, und sprachen: das kommt von Jehova, wir können nichts zu dir sagen, weder Gutes noch Böses. 51. Siehe! da ist Rebecca, nimm sie und zeuch hin, und sie werde das Weib des Sohnes deines Herrn, wie Jehova geredet. 52. Und als der Knecht Abrahams diese Worte hörete, neigete er sich nieder zur Erde vor Jehova. 53. Und zog silberne und güldene Kleinode und Kleider hervor, und gab sie Rebecca, und auch ihrem Bruder und ihrer Mutter gab er Kostbarkeiten. 54. Und sie aßen und tranken, er und die Männer, welche mit ihm waren, und legten sich schlafen, und standen auf am andern Morgen. Da

sprach er: laſſet mich ziehen zu meinem Herrn! 55. Und ihr
Bruder und ihre Mutter sprachen: laß die Dirne noch
bey uns bleiben einige Tage, oder doch zehen, darnach
magſt du ziehen. 56. Da sprach er zu ihnen: haltet mich
nicht auf, Jehova hat Glück zu meiner Reiſe gegeben, ent-
laſſet mich, daß ich zu meinem Herrn ziehe. 57. Und ſie
sprachen: wir wollen die Dirne rufen, und ſie fragen, was ſie
dazu ſaget. 58. Da riefen ſie Rebecka, und sprachen zu ihr:
willſt du mit dieſem Manne ziehen? Und ſie sprach: ich will
mit ihm ziehen. 59. Alſo ließen ſie Rebecka ihre Schweſter
ziehen, nebſt ihrer Amme, mit Abrahams Knechte und ſeinen
Männern. 60. Und ſie ſegneten Rebecka und sprachen zu ihr:
du, unſre Schweſter, werde zu tauſendmaltauſenden, und
dein Same beſitze die Thore ſeiner Feinde! 61. Alſo machte
ſich Rebecka auf mit ihren Dirnen, und ſie ſetzten ſich auf die
Kameele, und zogen dem Manne nach. Und der Knecht nahm
Rebecka, und zog fort. 62. Und Iſaak kam vom Brunnen des
Lebens des Schauens, denn er wohnete im Lande gen Mittag.
63. Und er war ausgegangen umherzuwandeln auf dem Felde
gegen Abend, und erhob ſeine Augen und ſchauete, und ſiehe!
es kamen Kameele daher. 64. Und Rebecka erhob ihre Augen,
und ſahe Iſaak, und warf ſich herab *) vom Kameele, 65. und
sprach zu dem Knechte: wer iſt der Mann, der da auf dem
Felde kommt uns entgegen? Und der Knecht sprach: das iſt
mein Herr! Da nahm ſie ihren Schleyer und verhüllete ſich.
66. Und der Knecht erzählete Iſaak alles, was er ausgerichtet. 67. Und Iſaak führete Rebecka in das Zelt Saras
ſeiner Mutter, und nahm ſie, und ſie ward ſein Weib, und
er gewann ſie lieb, und tröſtete ſich über ſeine Mutter.

Cap. XXV. 1 — 11.
Abrahams andere Ehe, andere Söhne und Tod.

XXV. 1, Und Abraham nahm wieder ein Weib, ihr Name
Ketura. 2. Und ſie gabar ihm Simran und Jokſan und

---

*) Und. fiel.

Medan und Midian und Jesbak und Suah. 3. Und Jok=
san zeugete Seba und Dedan, und die Söhne Dedans waren
Assur, Letus und Leom. 4. Und die Söhne Midians waren:
Epha und Epher und Hanoch und Aida und Eldaa. Diese
alle sind Söhne Keturas. 5. Und Abraham gab alles, was
sein war, Isaak. 6. Und den Söhnen der Kebsweiber,
die er hatte, gab er Geschenke, und ließ sie wegziehen von
seinem Sohne Isaak, weil er noch lebete, östlich in das Land
gegen Morgen. 7. Und das ist das Alter Abrahams, das
er gelebt: hundert und fünf und siebenzig Jahr. 8. Und
er starb und verschied in gutem Alter, alt und lebenssatt, und
ging weg zu seinen Vätern. 9. Und es begruben ihn Isaak
und Ismael, seine Söhne, in die Höle zu Makphela, auf den
Acker Ephrons des Sohnes Zoars, des Hethiters, morgen=
wärts von Mamre, 10. auf den Acker, welchen Abraham ge=
kauft von den Söhnen Heths, dahin wurde Abraham begraben
und Sara sein Weib. 11. Und nach dem Tode Arahams
segnete Gott Isaak seinen Sohn, und er wohnete bey dem
Brunnen des Lebens des Schauens.

Cap. XXV. 12—18.

Ismaels Söhne.

12. Und dies ist das Geschlecht Ismaels, des Sohnes
Abrahams, welchen Hagar, die ägyptische Magd Saras, Abra=
ham geboren. 13. Und das sind die Namen der Söhne Is=
maels, nach ihren Namen und Geschlechtern: der Erstgeborne
Ismaels Nebajoth und Kedar und Adbeel und Mibsam
15. und Hadar und Thema und Jedur und Naphis und
Kedma. 16. Dies sind die Söhne Ismaels, und dies ihre
Namen nach ihren Höfen und Lägern, zwölf Fürsten ihrer
Stämme. 17. Und das Alter Ismaels war hundert und
sieben und dreyßig Jahr, und er starb und verschied, und
ging weg zu seinem Volk. 18. Und sie wohnten von Hevila
bis gen Sur vor Aegypten und bis gen Assur, östlich von allen
seinen Brüdern ließ er sich nieder.

Cap. XXV. 19—34.

Isaaks beyde Söhne.   Esau verkauft seine Erstgeburt.

19. Dies ist das Geschlecht Isaaks, des Sohnes Abrahams. Abraham zeugete Isaak. 20. Und Isaak war vierzig Jahr alt, da er Rebecka zum Weibe nahm, die Tochter Bethuels, des Aramäers, aus Mesopotamien, die Schwester Labans des Aramäers. 21. Und Isaak betete zu Jehova für sein Weib, denn sie war unfruchtbar, und Jehova ließ sich ihm erbitten, und Rebecka sein Weib ward schwanger. 22. Und es stießen sich die Kinder in ihrem Leibe. Da sprach sie, wenn es also ist, warum ward ichs? *) Und sie ging Jehova zu befragen. 23. Und Jehova sprach zu ihr:

Zwey Völker sind in deinem Leibe,

Zwo Nationen werden sich scheiden aus deinem Schooße,

Und ein Volk wird dem andern überlegen seyn,

Und der größere wird dem kleinern dienen.

24. Und ihre Zeit war voll, daß sie gebären sollte, und siehe da waren Zwillinge in ihrem Leibe. 25. Und der erste kam heraus, röthlich, ganz rauch wie ein Pelz, und sie nannten ihn Esau [bedecket]. 26. Und darnach kam sein Bruder heraus, dessen Hand hielt die Ferse Esaus, und man nannte seinen Namen Jakob [Fersehalter], und Isaak war sechszig Jahr alt, da sie geboren wurden. 27. Und die Knaben wurden groß, und Esau war kundig der Jagd, und ging aufs Feld, und Jakob war ein ruhiger Mann, und blieb bey seinen Zelten. 28. Und Isaak liebte Esau, denn er aß gern von seinem Weidwerk, und Rebecka liebte Jakob. 29. Eines Tages machte Jakob ein Gericht, da kam Esau vom Felde, und war müde, 30. und sprach zu Jakob: laß mich kosten von dem rothen, dem rothen da, denn ich bin müde! Daher nennet man seinen Namen Edom [der Rothe]. 31. Und Jakob sprach: verkaufe mir sogleich deine Erstgeburt. 32. Und Esau sprach:

---

*) Luther. Da mirs also sollt gehen, warum bin ich schwanger worden.

siehe! ich gehe stets dem Tod entgegen *), wozu mir die
Erstgeburt? 33. Und Jakob sprach: schwöre mir sogleich, und
er schwur ihm, und verkaufte also Jakob seine Erstgeburt.
34. Und Jakob gab ihm Brod und das Linsen-Gericht, und
er aß und trank, und stand auf und ging davon. Also verachtete Esau seine Erstgeburt.

Cap. XXVI. 1—33.

Isaaks Aufenthalt zu Gerar und Vertrag mit Abimelech.

XXVI. 1. Und es war eine Hungersnoth im Lande, ausser der
vorigen, welche zu Abrahams Zeiten war, und Isaak zog zu
Abimelech, König der Philister, gen Gerar. 2. Da erschien
ihm Jehova, und sprach: ziehe nicht hinab in Aegypten, bleibe
in dem Lande, das ich dir sage. 3. Halte dich auf in
diesem Lande, und ich will mit dir seyn, und dich segnen, denn
dir und deinem Samen will ich alle diese Länder geben, und
ich halte den Schwur, den ich Abraham deinem Vater geschworen. 4. Und ich will deinen Samen mehren, wie die
Sterne des Himmels, und will deinem Samen alle diese Länder geben, und durch deinen Samen sollen alle Völker der
Erde gesegnet werden, 5. darum daß Abraham meiner Stimme
gehorchte und beobachtete, was gegen mich zu beobachten, meine
Gebote, meine Vorschriften und meine Gesetze. 6. Also blieb
Isaak zu Gerar. 7. Und wenn die Leute des Ortes nach
seinem Weibe fragten, so sprach er: sie ist meine Schwester,
denn er fürchtete sich zu sagen, sie ist mein Weib, damit
nicht die Leute des Ortes ihn tödteten um Rebeckas willen,
denn sie war schön von Ansehen. 8. Als er nun eine Zeit
lang daselbst war, schauete Abimelech, König der Philister,
durchs Fenster, und ward gewahr, daß Isaak mit Rebecka
ei nem Weibe scherzete. 9. Da rief Abimelech Isaak, und
sprach: gewiß ist das dein Weib! Und wie konntest du sagen,
sie ist meine Schwester? Und Isaak sprach zu ihm: ich ge-

---

*) S.w. ich muß doch sterben.

dachte, ich möchte vielleicht sterben müssen um ihret willen!
10. Und Abimelech sprach: warum hast du uns das gethan!
Es konnte leicht geschehen, daß einer aus dem Volke bey
deinem Weibe lag, und so hättest du über uns eine Schuld
gebracht. 11. Da gebot Abimelech allem Volk und sprach:
wer diesen Mann und sein Weib antastet, der soll sterben.
12. Und Isaak säete in demselben Lande, und erntete in
demselben Jahre hundertfältig, denn ihn segnete Jehova.
13. Und der Mann war reich, und wurde immerfort reicher,
so daß er sehr reich ward. 14. Und er hatte Schafvieh und
Rindvieh, und viel Gesinde, und es beneideten ihn die Philister. 15. Und sie verstopften alle die Brunnen, welche die
Knechte seines Vaters gegraben, zu den Zeiten Abrahams seines Vaters, und fülleten sie mit Erde. 16. Und Abimelech
sprach zu Isaak: ziehe von uns weg, denn du bist uns zu
mächtig worden. 17. Da zog Isaak von dannen, und schlug
sein Lager auf im Grunde Gerar, und wohnete allda. 18. Und
Isaak grub die Wasserbrunnen wieder auf, welche sie gegraben
zu den Zeiten Abrahams seines Vaters, und welche die Philister verstopfet nach dem Tode Abrahams, und gab ihnen
die Namen, welche ihnen sein Vater gegeben. 19. Und die
Knechte Isaaks gruben im Grunde, und fanden daselbst einen
Brunnen lebendiges Wassers. 20. Und die Hirten von Gerar
zankten mit den Hirten Isaaks, und sprachen: das Wasser ist
unser. Und er nannte den Brunnen Esek [Zank], weil sie mit
ihm gezankt hatten. 21. Und sie gruben einen andern Brunnen,
und sie zanketen auch über diesen, und er nannte seinen Namen
Sitna [Streit]. 22. Da brach er auf von dannen, und grub
einen andern Brunnen, und sie zankten nicht über denselben,
und er nannte ihn Rehoboth [Raum], und sprach: jetzt hat
uns Jehova Raum gemacht, und wir werden wachsen im Lande.
23. Darnach zog er von dannen gen Bersaba. 24. Und es
erschien ihm Jehova in derselben Nacht, und sprach: ich bin
der Gott Abrahams, deines Vaters, fürchte dich nicht, denn
ich bin mit dir, und segne dich, und mehre deinen Samen

um Abrahams willen, meines Knechtes. 25. Und er bauete daselbst einen Altar, und rief den Namen Jehovas an, und schlug daselbst sein Zelt auf, und seine Knechte gruben daselbst einen Brunnen. 26. Da kam Abimelech zu ihm von Gerar, nebst Achusath, seinem Freunde, und Phichol, seinem Feldherrn. 27. Und Isaak sprach zu ihnen: warum kommet ihr zu mir? Ihr hasset mich doch, und habt mich von euch getrieben! 28. Und sie sprachen: wir sehen, daß Jehova mit dir ist, darum sprachen wir: es soll ein Eid zwischen uns seyn, zwischen uns und zwischen dir, und wir wollen einen Bund mit dir machen, 29. daß du uns keinen Schaden thuest, gleichwie wir dich nicht angetastet, und wie wir an dir lauter Gutes gethan, und dich haben ziehen lassen in Frieden. Du aber bist nun gesegnet von Jehova! 30. Da machte er ihnen ein Mahl, und sie aßen und tranken. 31. Und des Morgens frühe standen sie auf, und schwuren einer dem andern, und Isaak entließ sie, und sie gingen von ihm in Frieden. 52. Und desselben Tages kamen Isaaks Knechte, und berichteten ihm von einem Brunnen, welchen sie gegraben, und sprachen zu ihm: wir haben Wasser gefunden. 33. Und er nannte ihn Siba, daher ist der Name Berseba bis auf diesen Tag.

Cap. XXVI, 34. 35.

Esaus Weiber.

34. Und Esau war vierzig Jahr alt, da nahm er zum Weibe Judith, die Tochter Beris, des Hethiters, und Basemeth, die Tochter Elons des Hethiters. 35. Und sie waren ein Herzenskummer für Isaak und Rebecka.

Cap. XXVII.

Jakob entwendet Esau den Segen Isaaks.

XXVII. 1. Und es geschah, als Isaak alt geworden, und seine Augen schwach waren zu sehen, rief er Esau! seinen älteren Sohn, und sprach zu ihm: mein Sohn! Und er sprach zu ihm: hie bin ich, 2. Und er sprach: siehe! ich bin alt, und

weiß nicht den Tag meines Todes. 3. So nimm nun dein
Jagdgeräthe, deinen Köcher und Bogen, und gehe aufs Feld,
und jage mir ein Wildpret,   4. und mache mir ein Essen, wie
ichs gern habe, und bringe mirs herein, daß ichs esse, auf daß
meine Seele dich segne, bevor ich sterbe. 5. Und Rebecka
hörete, wie Isaak zu Esau, seinem Sohn, redete, und Esau ging
aufs Feld, ein Wildpret zu jagen und zu bringen. 8. Da
sprach Rebecka zu Jakob, ihrem Sohne: siehe! ich habe gehöret deinen Vater reden mit Esau, deinem Bruder, und sagen:
7. bringe mir ein Wildpret, und mache mir ein Essen, daß
ich esse, und dich segne vor Jehova vor meinem Tode. 8. So
gehorche nun, mein Sohn, meiner Stimme, was ich dich heiße:
9. gehe zur Heerde, und hole mir von da zwey gute Ziegenböcklein, die will ich zurichten zu einem Essen für deinen Vater,
wie ers gern hat.   10. Und du sollst es deinem Vater hinein
tragen, daß ers esse, auf daß er dich segne vor seinem Tode.
11. Da sprach Jakob zu Rebecka, seiner Mutter: siehe! Esau,
mein Bruder, ist behaart, und ich glatt! 12. Vielleicht wird
mein Vater mich begreifen, dann wäre ich in seinen Augen wie
ein Betrüger, und brächte einen Fluch über mich, und nicht einen
Segen. 13. Da sprach seine Mutter zu ihm: der Fluch sey
auf mir, mein Sohn! gehorche nur meiner Stimme, und gehe
und hole mir! 14. Und er ging und holete, und brachts seiner
Mutter, und sie machte ein Essen, wie es sein Vater gern
hatte. 15. Und Rebecka nahm die Kleider Esaus ihres älteren
Sohnes, köstliche, welche sie bey sich hatte im Hause, und
zog sie Jakob an, ihrem jüngern Sohne, 16. und die Felle
der Ziegenböcklein that sie ihm um seine Hände, und wo er
glatt war an seinem Halse. 17. Und sie gab das Essen und
das Brod, welches sie zubereitet, in die Hand Jakobs ihres
Sohnes. 18. Und er ging hinein zu seinem Vater, und sprach:
mein Vater! Und er sprach: hie bin ich! Wer bist du, mein
Sohn? 19. Und Jakob sprach zu seinem Vater: ich bin Esau,
dein Erstgeborner, ich habe gethan, wie du mir gesagt; stehe
auf, setze dich, und iß von meinem Wildpret, auf daß mich

deine Seele segne. 20. Da sprach Isaak zu seinem Sohne: wie hast du's so bald gefunden, mein Sohn? Und er sprach: Jehova, dein Gott, ließ mirs begegnen. 21. Da sprach Isaak zu Jakob: tritt herzu, mein Sohn, daß ich dich begreife, ob du seyest mein Sohn Esau, oder nicht. 22. Also trat Jakob hinzu zu Isaak, seinem Vater, und er begriff ihn, und sprach: die Stimme ist Jakobs Stimme, aber die Hände sind Esaus Hände. 23. Und er erkannte ihn nicht, denn seine Hände waren, wie die Hände Esaus, seines Bruders, behaart, und er segnete ihn. 24. Und er sprach: bist du mein Sohn Esau? Und er sprach: ich bins. 25. Da sprach er: so bringe mirs, daß ich esse von deinem Wildpret, mein Sohn, auf daß dich meine Seele segne. Da brachte ers ihm, und er aß, und er brachte ihm auch Wein, und er trank. 26. Und Isaak, sein Vater, sprach zu ihm: komm her, und küsse mich, mein Sohn! 27. Und er trat hinzu, und küssete ihn. Da roch er den Geruch seiner Kleider, und segnete ihn und sprach:

Siehe! der Geruch meines Sohnes
  Ist wie der Geruch eines Feldes, das Jehova
        gesegnet!

28. Gott gebe dir vom Thau des Himmels,
  Und von der Fettigkeit der Erde,
  Und Fülle von Korn und Most!

29. Völker müssen dir dienen,
  Und Nationen vor dir niederfallen!
  Sey ein Herr über deine Brüder,
  Und vor dir fallen nieder die Söhne deiner
        Mutter!
  Verflucht sey, wer dir fluchet,
  Und gesegnet sey, wer dich segnet!

30. Und es geschah, als Isaak vollendet Jakob zu segnen, und Jakob kaum hinausgegangen von Isaak, seinem Vater, da kam Esau, sein Bruder, von seiner Jagd. 31. Und er machte

auch ein Essen, und trugs hinein zu seinem Vater, und sprach
zu seinem Vater: mein Vater stehe auf, und esse vom Wildpret
seines Sohnes, auf daß deine Seele mich segne. 32. Da sprach
zu ihm Isaak, sein Vater: wer bist du? Und er sprach: ich
bin dein Erstgeborner, Esau. 33. Da erschrak Isaak über
die Maßen sehr, und sprach: wer war denn der Jäger mit dem
Wildpret, das er mir brachte? und ich aß von allem, bevor
du kamest, und segnete ihn, und er wird auch gesegnet bleiben!
34. Als Esau die Worte seines Vaters hörete, erhob er ein großes Geschrey, und klagte bitterlich über die Maßen, und sprach
zu seinem Vater: segne auch mich, mein Vater! 35. Und
er sprach: dein Bruder ist gekommen mit List, und hat deinen Segen hinweggenommen. 36. Da sprach er: also weil
sein Name Jakob heißet, hat er mir das Bein unterschlagen
nun das zweyte Mal! Meine Erstgeburt hat er hinweg, und
siehe! nun hat er mir auch den Segen genommen! Und er
sprach: hast du mir keinen Segen vorbehalten? 37. Und
Isaak antwortete und sprach zu Esau: siehe! ich habe ihn
zum Herrn über dich gesetzt, und all seine Brüder habe ich
ihn zu Knechten gegeben, mit Korn und Wein habe ich ihn
versehen: was kann ich dir noch thun, mein Sohn? 38.
Und Esau sprach zu seinem Vater: hast du denn nur Einen
Segen, mein Vater? Segne mich auch, mein Vater. Und
Esau erhob seine Stimme, und weinete. 39. Da antwortete
Isaak, sein Vater, und sprach zu ihm:

Siehe! ohne Fett des Bodens wird seyn dein Wohnsitz,
    Und ohne Thau des Himmels von oben her; *)
40. Aber von deinem Schwerte wirst du dich nähren!
Deinem Bruder wirst du dienen,
    Aber wenn du entgegenstrebst,
        Wirst du sein Joch abreißen von deinem Halse.

---

*) Gew. Siehe, fett von Boden wird seyn dein Wohnsitz,
    Getränkt vom Thau des Himmels von oben her.

41. Und Esau ward Jakob feind wegen des Segens, womit ihn sein Vater gesegnet, und sprach in seinem Herzen: es werden Tage der Trauer kommen für meinen Vater, tödten will ich Jakob, meinen Bruder! 42. Da berichtete man Rebecka die Worte Esaus, ihres älteren Sohnes, und sie sandte und ließ Jakob, ihren jüngeren Sohn, rufen, und sprach zu ihm: siehe! Esau, dein Bruder, schnaubet dich zu tödten. 43. So gehorche nun, mein Sohn, meiner Stimme, mache dich auf und fliehe zu Laban, meinem Bruder, nach Haran, 4. und bleibe bey ihm einige Zeit, bis daß der Grimm deines Bruders nachläßt. 45. Wenn der Zorn deines Bruders nachläßt, und er vergißt, was du ihm gethan, so will ich senden und dich von dannen holen lassen. Warum sollte ich eurer beyder beraubt werden an einem Tage?

Cap. XXVII, 46. XXVIII.

Jakobs Entlassung, Reise nach Mesopotamien, sein Traum zu Bethel.

46. Und Rebecka sprach zu Isaak: es verdreußt mich zu leben mit den Töchtern Heths, wenn Jacob ein Weib nähme von den Töchtern Heths, wie diese von den Töchtern des Landes, wozu mir das Leben?

XXVIII. 1. Da rief Isaak Jakob, und segnete ihn, und gebot ihm, und sprach zu ihm: nimm nicht ein Weib von den Töchtern Canaans. 2. Mache dich auf und ziehe nach Mesopotamien ins Haus Bethuels, des Vaters deiner Mutter, und nimm dir von da ein Weib von den Töchtern Labans, des Bruders deiner Mutter. 3. Und Gott der Allmächtige segne dich, und mache dich fruchtbar, und mehre dich, daß du ein Haufen Völker werdest, 4. und gebe dir den Segen Abrahams dir und deinem Samen mit dir, daß du das Land deines Aufenthaltes besitzest, welches Gott Abraham gegeben. 5. Also entließ Isaak Jakob, und er zog nach Mesopotamien zu Laban, dem Sohne Bethuels des Aramäers, dem Bruder

Rebeckas, der Mutter Jakobs und Esaus. 6. Da nun
Esau sahe, daß Isaak Jakob gesegnet, und ihn nach Mesopotamien gesandt, um sich von da ein Weib zu holen, (denn
beym Segen gebot er ihm und sprach: nimm kein Weib von
den Töchtern Canaans! 7. und Jakob gehorchte seinem Vater
und seiner Mutter, und zog nach Mesopotamien), 8. und
da Esau sahe, daß die Töchter Canaans seinem Vater miß-
fielen: 9. so ging er hin zu Ismael, und nahm Mahalath, die
Tochter Ismaels, des Sohnes Abrahams, die Schwester Ne-
bajoths, sich zum Weibe, außer den Weibern, die er schon
hatte.

10. Und Jakob ging aus von Bersaba, und reisete gen Haran. 11. Und er kam an einen Ort, und übernachtete daselbst,
denn die Sonne war untergegangen. Und er nahm einen von
den Steinen des Orts, und legte ihn unter sein Haupt, und
legte sich schlafen an demselbigen Orte. 12. Und ihm träumete,
und siehe! eine Leiter stand auf der Erde, und ihre Spitze
rührete an den Himmel, und siehe! die Engel Gottes stiegen
auf und nieder auf derselben. 13. Und siehe! Jehova stand
über derselben, und sprach: ich bin Jehova, der Gott Abrahams, deines Vaters; und der Gott Isaaks, das Land,
darauf du ruhest, will ich dir und deinem Samen geben.
14. Und dein Same soll werden wie der Staub der Erde, und
sollst dich ausbreiten gegen Abend und gegen Morgen und gegen
Mitternacht und gegen Mittag, und durch dich sollen gesegnet
werden alle Geschlechter der Erde, und durch deinen Samen.
15. Und siehe! ich bin mit dir, und behüte dich, wo du hin-
ziehest, und führe dich zurück in dieses Land, denn nicht lassen
will ich dich, bis daß ich alles gethan, was ich dir geredet.
16. Da erwachte Jakob von seinem Schlafe, und sprach: wahrhaftig, Jehova ist an diesem Orte, und ich wußte es nicht!
17. Und er fürchtete sich, und sprach: wie furchtbar ist dieser
Ort, hier ist nichts anders, denn Gottes Haus, und hier ist
die Pforte des Himmels! 16. Und Jakob stand des Morgens
frühe auf, und nahm den Stein, den er unter sein Haupt

gelegt, und richtete ihn auf zu einem Maal, und goß Oel
oben darauf, 19. und nannte den Namen deſſelben Ortes
Bethel [Gotteshaus], (aber Lus war der Name der Stadt
ehedem). 20. Und Jakob gelobete ein Gelübde, und ſprach:
wenn Gott mit mir iſt, und mich behütet auf dieſem Wege,
welchen ich ziehe, und mir Brod zu eſſen gibt und Kleider
anzuziehen, 21. und ich zurückkehre in Frieden zum Hauſe
meines Vaters: ſo ſoll Jehova mein Gott ſeyn, 22. und
dieſer Stein, welchen ich zum Maal aufgerichtet, ſoll ein
Gotteshaus werden, und alles, was du mir gibſt, davon will
ich dir den Zehnten geben.

Cap. XXIX.

Jakobs Ankunft bey Laban, ſeine Heyrath mit deſſen zwey
Töchtern, und ſeine erſten Kinder von der Lea.

XXIX. 1. Und Jakob erhob ſeine Füße, und ging fort nach dem
Morgenland. 2. Und er ſchauete, und ſiehe! da war ein
Brunnen auf dem Felde, und ſiehe! drey Heerden Schafe
lagen dabey, denn aus demſelben Brunnen tränketen ſie die
Heerden, und ein großer Stein lag vor dem Loche des Brunnens. 3. Und wenn alle Heerden verſammelt waren, ſo
wälzeten ſie den Stein weg von dem Loche des Brunnens, und
tränketen die Heerde, und thaten alsdann den Stein wieder
vor das Loch an ſeinen Ort. 4. Und Jakob ſprach zu ihnen:
meine Brüder, woher ſeyd ihr? Und ſie ſprachen: von
Haran ſind wir. 5. Und er ſprach zu ihnen: kennet ihr
Laban, den Sohn Nahors? Und ſie ſprachen: wir kennen
ihn! 6. Und Jakob ſprach zu ihnen: gehets ihm wohl?
Und ſie ſprachen: es gehet ihm wohl, und ſiehe! da kommt
Rahel, ſeine Tochter, mit den Schafen. 7. Und er
ſprach: noch iſts hoch am Tage, und noch nicht Zeit, das
Vieh zuſammenzutreiben, tränket die Schafe, und treibet
hin und weidet. 8. Und ſie ſprachen: wir können nicht, bis
daß alle Heerden verſammelt ſind, dann wälzen ſie den Stein
vom Loche des Brunnens, und wir tränken die Schafe.

9. Noch redete er mit ihnen, da kam Rahel mit den Schafen ihres Vaters, denn sie war Schäferin. 10. Und als Jakob Rahel sahe, die Tochter Labans, des Bruders seiner Mutter, und die Schafe des Bruders seiner Mutter, trat er hinzu, und wälzete den Stein von dem Loche des Brunnens, und tränkte die Schafe Labans, des Bruders seiner Mutter. 11. Und Jakob küssete Rahel, und erhob seine Stimme, und weinete, 12. und Jakob sagte Rahel, daß er ein Verwandter ihres Vaters, und der Sohn Rebeckas sey, und sie lief, und verkündete es ihrem Vater. 13. Und als Laban von Jakob hörete, dem Sohne seiner Schwester, lief er ihm entgegen, und umarmete ihn und küßete ihn, und führete ihn in sein Haus; und er erzählete dem Laban alle diese Dinge. 14. Da sprach Laban zu ihm: ja! du bist mein Fleisch und Bein! Und er blieb bey ihm einen Monat. 15. Da sprach Laban zu Jakob: weil du mein Verwandter bist, solltest du mir umsonst dienen? Sage mir, was dein Lohn soll seyn? 16. Laban aber hatte zwo Töchter, der Name der ältern Lea, und der Name der jüngern Rahel; 17. und Lea war hager von Ansehen, und Rahel war schön von Gestalt und schön von Ansehen, 14. und Jakob liebete Rahel, und sprach: ich will dir sieben Jahre dienen um Rahel, deine jüngere Tochter. 19. Und Laban sprach: es ist besser, daß ich sie dir gebe, als daß ich sie einem andern gebe, bleibe bey mir! 20. Und Jakob dienete um Rahel sieben Jahr, und sie waren in seinen Augen wie einzelne Tage, weil er sie liebete. 21. Und Jakob sprach zu Laban: gib mir mein Weib, denn meine Zeit ist voll, daß ich bey ihr liege. 22. Da lud Laban alle Leute des Ortes, und machte ein Mahl, 23. und des Abends nahm er Lea, seine Tochter, und führete sie zu ihm, und er lag bey ihr. 24. Und Laban gab Silpa, seine Magd, Lea, seiner Tochter, zur Magd. 25. Und es geschah am Morgen, siehe! da war es Lea, und er sprach zu Laban: warum hast du mir das gethan, habe ich nicht um Rahel dir gedienet, und warum hast du mich betrogen? 26. Und Laban sprach: an unserm Orte geschiehet es nicht, daß man die jüngere weggiebet vor der erstgebornen.

27. Halte mit dieser die Woche aus, und dann will ich dir auch jene geben um den Dienst, den du bey mir noch dienen sollst andere sieben Jahre. 28. Und Jakob that also, und hielt mit dieser die Woche aus, und darnach gab ihm Laban Rahel, seine Tochter, zum Weibe. 29. Und Laban gab Rahel, seiner Tochter, Bilha, seine Magd, zur Magd. 30. Und er lag auch bey Rahel, und liebete Rahel mehr als Lea, und dienete bey ihm noch andere sieben Jahre. 31. Da aber Jehova sahe, daß Lea gehaßt ward, that er ihren Mutterleib auf, und Rahel war unfruchtbar. 32. Und Lea ward schwanger, und gebar einen Sohn, und nannte seinen Namen Ruben, denn sie sprach: Jehova hat angesehen mein Elend, und nun wird mich mein Mann lieben! 33. Und sie ward wiederum schwanger, und gebar einen Sohn, und sprach: Jehova hat gehöret, daß ich verachtet bin, und hat mir auch diesen gegeben!, und sie nannte seinen Namen Simeon. 34. Und sie ward wiederum schwanger, und gebar einen Sohn, und sprach: nun endlich wird mein Mann sich zu mir thun, denn ich habe ihm drey Söhne geboren; darum nennt man seinen Namen Levi. 35. Und sie ward wiederum schwanger, und gebar einen Sohn, und sprach: nun will ich Jehova preißen, darum nannte sie seinen Namen Juda, und sie hielt inne mit gebären.

Cap. XXX.

Jakobs übrige Kinder und Reichthum.

XXX. Und da Rahel sahe, daß sie Jakob nicht gebar, neidete sie ihre Schwester, und sprach zu Jakob: schaffe mir Kinder, wo nicht, so sterbe ich! 2. Und Jakob ward zornig über Rahel, und sprach: steh' ich nicht selbst unter Gott, der dir deines Leibes Frucht versagt? 3. Und sie sprach: siehe! da ist meine Magd Bilha, lege dich zu ihr, damit sie gebäre auf meinem Schooß, und ich erbauet werde aus ihr. 4. Und sie gab ihm Bilha, ihre Magd, zum Weibe, und Jakob legte sich zu ihr. 5. Und Bilha ward schwanger, und gebar Jakob einen Sohn. 6. Und Rahel sprach: Gott ist mein

Richter gewesen, und hat auf meine Stimme gehöret, und mir einen Sohn gegeben! daher nannte sie seinen Namen Dan. 7. Und Bilha, Rahels Magd, ward wiederum schwanger, und gebar Jakob den zweyten Sohn. 8. Da sprach Rahel: mit Hilfe Gottes habe ich gestritten mit meiner Schwester, und gesieget!, und sie nannte seinen Namen Naphthali. 9. Und da Lea sahe, daß sie inne hielt mit gebären, nahm sie Silpa, ihre Magd, und gab sie Jakob zum Weibe. 10. Und Silpa, Leas Magd, gebar Jakob einen Sohn. 11. Und Lea sprach: Wohlauf!, und sie nannte seinen Namen Gad. 12. Und Silpa, die Magd Leas, gebar Jakob den zweyten Sohn. 13. Und Lea sprach: zu meinem Glücke, denn mich werden glücklich preißen die Töchter! und nannte seinen Namen Asser.

14. Und Ruben ging aus zur Zeit der Weizenernte, und fand Alraun auf dem Felde, und brachte ihn zu Lea, seiner Mutter. Da sprach Rahel zu Lea: gib mir von dem Alraun deines Sohnes! 15. Und sie sprach zu ihr: ist es nicht genug, daß du mir meinen Mann genommen, willst du auch den Alraun meines Sohnes nehmen? Und Rahel sprach: darum mag er bey dir liegen diese Nacht für den Alraun deines Sohnes! 16. Da nun Jakob vom Felde kam des Abends, ging Lea hinaus ihm entgegen, und sprach: bey mir sollst du schlafen, denn ich habe dich erkauft um den Alraun meines Sohnes! Und er lag bey ihr in derselben Nacht. 17. Und Gott erhörete Lea, und sie ward schwanger, und gebar Jakob den fünften Sohn. 18. Und Lea sprach: Gott hat mir gelohnet, daß ich meine Magd meinem Manne gegeben! und sie nannte seinen Namen Issaschar. 19. Und Lea ward wiederum schwanger, und gebar Jakob den sechsten Sohn. 20. Und sie sprach: ein schönes Geschenk hat mir Gott geschenket, nun wird mein Mann bey mir wohnen, da ich ihm sechs Söhne geboren! und sie nannte seinen Namen Sebulon. 21. Und darnach gebar sie eine Tochter, und nannte ihren Namen Dina. 22. Und Gott gedachte an Rahel, und erhörete sie, und that ihren Mutterleib auf. 23. Und sie ward schwanger, und gebar

einen Sohn, und sprach: weggenommen hat Gott meine Schmach. 24. Und sie nannte seinen Namen Joseph, und sprach: Gott füge hinzu einen zweyten Sohn!

25. Als nun Rahel Joseph geboren, sprach Jakob zu Laban, entlasse mich, daß ich wegziehe an meinen Ort, und in mein Land! 26. Gib mir meine Weiber und meine Kinder, um welche ich dir gedienet, daß ich wegziehe, denn du kennest meinen Dienst, wie ich dir gedienet. 27. Da sprach Laban zu ihm: möchte ich doch Gnade finden in deinen Augen! Ich merke, daß mich Jehova segnet um deinetwillen. 28. Und er sprach: bestimme deinen Lohn von mir, und ich will ihn geben. 29. Und er sprach zu ihm: du weißt, wie ich dir gedienet, und was deine Heerde geworden bey mir. 30. Denn wenig war es, was du hattest vor mir, und es hat sich ausgebreitet und vermehret, und Jehova segnete dich, wo ich meinen Fuß hinsetzte, und nun, wenn soll ich auch sorgen für mein Haus? 31. Und Laban sprach: was soll ich dir geben? Und Jakob sprach: du sollst mir nichts geben, wenn du mir dieses thun willst, so will ich wiederum deine Schafe weiden und hüten. 32. Ich will heute durch alle deine Heerden gehen, und aussondern alle sprenklichte und gefleckete und alle schwarze unter den Schafen, und alle sprenklichte und gefleckete unter den Ziegen, das soll mein Lohn seyn. 33. Und meine Gerechtigkeit wird für mich zeugen in der Zukunft, wenn du zu meinem Lohne kommst, und ihn beschauest: alles was nicht sprenklich und gefleckt unter den Ziegen, und schwarz unter den Schafen ist, das soll gestohlen seyn bey mir. 34. Da sprach Laban: siehe! es mag geschehen wie du gesagt hast! 35. Und er sonderte an demselben Tage aus die bunten und gefleckten Böcke und alle sprenklichten und gefleckten Ziegen, alle, an denen etwas weißes war, und alles schwarze unter den Schafen, und übergabs seinen Söhnen. 36. Und machte einen Zwischenraum von drey Tagereisen zwischen sich und Jakob, und Jakob weidete die übrige Heerde Labans. 37. Und Jakob nahm frische Stäbe von Storax, Mandelbäumen und Plata=

nen, und schälte an denselben weiße Streifen, entblößend das Weiße an den Stäben, 38. und legte die Stäbe, die er geschälet, in die Rinnen, in die Tränken, wohin die Schafe kamen zu trinken, vor die Schafe hin, und sie begatteten sich, wenn sie kamen zu trinken. 39. Und die Schafe begatteten sich bey den Stäben, und gebaren darnach bunte, sprenklichte und gefleckete. 40. Und Jakob scheidete die Lämmer, und that sie zu allen bunten und farbigen aus der Heerde Labans, und machte sich besondere Heerden, und that sie nicht zu den Heerden Labans. 41. Und so oft die starken Schafe sich begatteten, legte Jakob die Stäbe vor die Schafe hin in die Rinnen, damit sie sich begatteten bey den Stäben. 42. Wenn aber die Schafe schwächlich waren, legte er sie nicht hin, und es wurden die schwächlichen Labans, und die starken Jakobs. 43. Und der Mann breitete sich gar sehr aus, und besaß viel Schafe und Mägde und Knechte und Kameele und Esel.

Cap. XXXI.

Jakobs Flucht mit Weib und Kindern und Heerde; sein Bündniß mit Laban.

XXXI. 1. Und Jakob hörete die Reden der Söhne Labans, die da sagten: Jakob hat alles Gut unsers Vaters genommen, und vom Gute unsers Vaters hat er all diesen Reichthum erworben. 2. Und Jakob schauete das Angesicht Labans, und siehe! es war nicht gegen ihn wie vordem. 3. Und Jehova sprach zu Jakob: kehre zurück ins Land deiner Väter, und zu deiner Heimat, ich will mit dir seyn. 4. Da sandte Jakob hin, und ließ Rahel und Lea rufen aufs Feld zu seiner Heerde, 5. und sprach zu ihnen: ich sehe, daß das Angesicht euers Vaters nicht gegen mich ist, wie vordem. Der Gott meines Vaters ist mit mir gewesen, 6. und ihr selbst wisset, daß ich mit allen meinen Kräften eurem Vater gedienet, 7. und euer Vater hat mich getäuschet, und meinen Lohn geändert zehenmal, aber Gott hat ihm nicht zugelassen mir zu schaden. 8. Wenn er so sagte: die sprenklichten sollen dein Lohn seyn, so trug

die ganze Heerde sprenklichte; und wenn er so sprach: die
bunten sollen dein Lohn seyn, so trug die ganze Heerde bunte,
9. und Gott nahm die Heerden eures Vaters, und gab sie
mir. 10. Und zur Zeit, wenn sich die Schafe begatteten, da
erhob ich meine Augen, und schauete im Traume, und siehe!
die Böcke, welche die Schafe besprungen, waren bunt, sprenklicht und geflecket. 11. Und der Engel Jehovas sprach zu mir
im Traume: Jakob! und ich sprach: hie bin ich! 12. Und
er sprach: erhebe deine Augen, und schaue! Alle die Böcke,
welche die Schafe besringen, sind bunt, sprenklicht und geflecket, denn ich habe alles gesehen, was Laban dir thuet.
13. Ich bin der Gott von Beth El, wo du das Maal gesalbet,
wo du mir Gelübde gelobet. Nun mache dich auf, und zeuch
aus diesem Lande, und kehre ins Land deiner Heimat. 14. Da
antwortete Rahel und Lea, und sprachen zu ihm: haben wir
Theil und Erbe im Hause unsers Vaters? 15. Waren wir
nicht als Fremde von ihm angesehen? denn er hat uns verkauft, und verzehret unsern Preiß. 16. Aller Reichthum,
welchen Gott unserem Vater entzogen, ist doch unser und
unsern Kindern, so thue nun alles, was Gott zu dir gesprochen.
17. Also machte sich Jakob auf, und lud seine Söhne und
seine Weiber auf Kameele, 18. und führete weg all seine
Heerden, und all seine Habe, die er erworben, die Heerden,
die er sich erworben in Mesopotamien, um zu Isaak, seinem
Vater, zu kommen ins Land Canaan. 19. Und Laban war
gegangen seine Schafe zu scheeren. Und Rahel stahl die
Hausgötzen ihres Vaters. 20. Und Jakob stahl sich weg von
Laban, dem Aramäer, indem er ihm nicht berichtete, daß er
flöhe. 21. Also floh er mit allem, was sein war, und machte
sich auf und ging über den Strom, und richtete sich nach dem Gebirge Gilead. 22. Da ward Laban berichtet am dritten Tage,
daß Jakob geflohen. 23. Und er nahm seine Brüder mit
sich, und jagte ihm nach sieben Tagereisen, und ereilete ihn
auf dem Gebirge Gilead. 24. Da kam Gott zu Laban, dem
Aramäer, im Traume des Nachts, und sprach zu ihm: hüte

dich, daß du mit Jakob nicht anders redeſt denn freundlich! 25. Alſo
erreichte Laban den Jakob, und Jakob hatte ſein Gezelt auf dem
Gebirge aufgeſchlagen, und Laban lagerte ſich auch mit ſeinen
Brüdern auf dem Gebirge Gilead. 26. Da ſprach Laban zu Jakob: was haſt du gethan, daß du dich weggeſtohlen, und meine
Töchter weggeführet, als wenn ſie mit dem Schwert erbeutet
wären? 27. Warum flohest du ſo heimlich, und ſtahleſt dich
weg, und haſt es mir nicht berichtet, daß ich dich hätte geleitet
in Freuden, mit Liedern und Pauken und Harfen, 28. und
haſt mich nicht laſſen meine Söhne und Töchter küſſen? Dießmal haſt du thöricht gethan! 29. Ich habe wohl die Macht
in Händen Böſes an euch zu thun, aber der Gott euers Vaters
hat geſtern zu mir geſagt: hüte dich, daß du mit Jakob nicht
anders redeſt denn freundlich. 30. Aber, wenn du denn
zogeſt, weil du dich nach dem Hauſe deines Vaters ſehnteſt,
warum ſtahleſt du mir meine Götter? 31. Da antwortete
Jakob und ſprach zu Laban: ich fürchtete mich, und dachte,
du würdeſt deine Töchter mir entreißen. 32. Bey wem du
aber deine Götter findeſt, der ſoll ſterben! hier vor unſern
Brüdern durchſuche alles bey mir, und nimm ſie dir. Jakob
wußte aber nicht, daß Rahel ſie geſtohlen. 33. Da ging Laban
ins Zelt Jakobs und ins Zelt Leas und ins Zelt der beyden
Mägde, und fand nichts, und er ging aus dem Zelte Leas,
und kam ins Zelt Rahels. 34. Und Rahel nahm die Götzen,
und legte ſie unter einen Kameelſattel, und ſetzte ſich darauf,
und Laban durchtaſtete das ganze Zelt, und fand nichts.
35. Und ſie ſprach zu ihrem Vater: mein Herr werde nicht
zornig, daß ich nicht kann vor dir aufſtehen, denn es gehet
mir nach der Weiber Weiſe. Alſo durchſuchte er, und fand
die Götzen nicht. 36. Da ward Jakob zornig, und ſchalt
Laban, und ſprach zu ihm: was iſt mein Vergehen und meine
Sünde, daß du mir ſo hitzig nachgeſetzet, 37. und daß du alle
meine Geräthe betaſteſt? was haſt du gefunden von den Geräthen deines Hauſes? legs hieher vor die Augen deiner und
meiner Brüder, ſie mögen richten zwiſchen uns! 38. Dieſe

zwanzig Jahr bin ich bey dir gewesen; deine Schafe und deine Ziegen haben nicht verworfen, und die Widder deiner Heerde habe ich nicht gegessen; 39. was zerrissen war, brachte ich dir nicht, ich mußte es büßen, du fordertest es von meiner Hand, es mochte mir gestohlen seyn bey Tag oder bey Nacht; 40. des Tages verzehrte mich die Hitze, und der Frost des Nachts, und der Schlaf floh von meinen Augen.   41. Diese zwanzig Jahr habe ich in deinem Hause gedienet, vierzehn Jahr um deine beyden Töchter, und sechs Jahr um deine Heerde, und du hast meinen Lohn geändert zehen Mal; 42. wo nicht der Gott meines Vaters, der Gott Abrahams und der, den Isaak fürchtet, für mich gewesen, leer ließest du mich jetzo ziehen; aber Gott hat mein Elend und die Arbeit meiner Hände an gesehen, und hat gestern für mich geredet.   43. Da antwortete Laban und sprach zu Jakob: die Töchter sind meine Töchter, und die Söhne sind meine Söhne, und die Heerde ist meine Heerde, und alles, was du siehest, ist mein. Meinen Töchtern, was kann ich ihnen jetzo thun, oder ihren Söhnen, welche sie geboren? 44. So komme nun, und laß uns ein Bündniß machen, ich und du, daß es Zeuge sey zwischen mir und zwischen dir. 45. Da nahm Jakob einen Stein, und rich= tete ihn auf zu einem Maal, 46. und sprach zu seinen Brüdern: leset Steine auf! Und sie nahmen Steine, und machten viel Haufen, und sie aßen daselbst auf dem Haufen. 47. Und Laban nannte ihn Jegar Sahadutha, und Jakob nannte ihn Galed [Haufe des Zeugnisses]. 48. Und Laban sprach: dieser Haufe sey Zeuge zwischen mir und dir heute. Darum heißt sein Name Galed, 49. und Mizpa [Warte], weil er sagte: Jehova sey Wächter zwischen mir und dir, wenn wir getrennt sind einer von dem andern, 50. daß du meine Töchter nicht mißhandelst, und keine Weiber nehmest, außer meinen Töchtern. Kein Mensch ist bey uns, aber siehe! Gott ist Zeuge zwischen mir und dir. 51. Und Laban sprach zu Jakob: siehe! dieser Haufe da, und diese Warte da, welche ich aufgerichtet zwischen mir und dir! 52. Zeuge sey dieser Haufe und Zeuge diese Warte, daß ich nicht über diesen Haufen gehen werde zu dir, und daß du nicht über diesen Haufen und diese Warte gehen wirst zu mir in böser Absicht. 53. Der Gott Abrahams und der Gott Nahors sey Richter zwischen uns, der Gott ihrer Väter. 54. Und Jakob schwur bey dem Gott seines Vaters Isaak, und opferte ein Opfer auf dem Berge, und lud seine Brüder zum Essen, und sie aßen, und übernachteten auf dem Berge. 55. Und des Morgens stand Laban frühe auf, und küssete seine Söhne und Töchter, und segnete sie, und zog weg, und kehrete an seinen Ort.

XXXII. 1. Und Jakob zog seinen Weg, da begegneten ihm Engel Gottes. 2. Und er sprach, da er sie sahe: das ist das Lager Gottes! Und er nannte den Namen desselben Ortes Mahanaim [doppeltes Lager].

Cap. XXXII.

Jakobs Gesandtschaft an Esau, seine Furcht, Gebeth und nächtlicher Kampf.

3. Und Jakob sandte Boten vor sich her an Esau, seinen Bruder, ins Land Seir, in die Gefilde von Edom, 4. und gebot ihnen und sprach: so sollt ihr sagen zu meinem Herrn Esau: so spricht dein Knecht Jakob: bey Laban hab ich mich aufgehalten bis jetzo, 5. und ich besitze Ochsen und Esel, Schafe und Knechte und Mägde, und ich sende an meinen Herrn, es zu berichten, um Gnade zu finden in deinen Augen. 6. Und die Boten kehreten zurück zu Jakob, und sprachen: wir kamen zu deinem Bruder, zu Esau, und er ziehet dir auch entgegen mit vierhundert Mann. 7. Da fürchtete sich Jakob sehr, und es ward ihm bange, und er theilete das Volk, welches mit ihm war, und die Schafe und die Rinder und die Kameele, in zwey Lager, 8. und sprach: wenn Esau über das eine Lager kommt, und schlägt es, so wird das übergebliebene Lager entrinnen. 9. Und Jakob sprach: Gott meines Vaters Abraham und Gott meines Vaters Isaak, Jehova,

der du zu mir gesagt: kehre zurück in dein Land und zu deiner
Heimat, ich will wohlthun an dir! 10. Zu gering bin ich aller
Gnade und aller Treue, welche du gethan an deinem Knechte,
denn mit einem Stabe ging ich über den Jordan hier, und
nun bin ich geworden zu zwey Lagern. 11. Errette mich aus
der Hand meines Bruders, aus der Hand Esaus, denn ich
fürchte ihn, er möchte kommen und mich schlagen, Mutter und
Kinder. 12. Du hast gesagt: ich will wohlthun an dir, und
deinen Samen machen wie den Sand des Meeres, der nicht
gezählet wird vor Menge. 13. Und er blieb daselbst in derselben
Nacht, und nahm von dem, was vorhanden war, ein Geschenk für Esau, seinen Bruder: 14. zwey hundert Ziegen,
zwanzig Böcke, zwey hundert Schafe und zwanzig Widder,
15. dreißig säugende Kameele mit ihren Füllen, vierzig Kühe
und zehen Stiere, zwanzig Eselinnen und zehen Esel. 16. Und
gab sie seinen Knechten, je eine Heerde besonders, und sprach
zu seinen Knechten: ziehet vor mir her, und lasset Raum
zwischen einer Heerde und der andern. 17. Und er gebot
dem ersten und sprach: wenn dir Esau, mein Bruder, begegnet,
und dich fraget und spricht: wem gehörest du an, und wohin
gehest du, und wem gehöret das vor dir her? 18. so sprich:
deinem Knechte Jakob; es ist ein Geschenk für meinen Herrn
Esau, und er ziehet hinter uns her. 19. Und er gebot auch
dem zweyten und dem dritten und allen, welche hinter den
Heerden hergingen, und sprach: wie ich euch sage, so sollt
ihr sagen zu Esau, wenn ihr ihm begegnet, 20. und sprechet:
auch folget dein Knecht Jakob hinter uns. Denn er gedachte,
ich will ihn versöhnen mit dem Geschenke, das vor mir hergehet, und darnach will ich ihn sehen, vielleicht wird er mich
annehmen. 21. Also ging das Geschenk vor ihm her, und
er blieb in derselben Nacht im Lager. 22. Und er stand auf
in derselben Nacht, und nahm seine zwey Weiber und seine
zwo Mägde und seine eilf Kinder, und ging über die Furth
des Jabok, 23. und nahm sie und führete sie über den Bach,
und brachte hinüber was er hatte, 24. und blieb allein.

Da rang ein Mann mit ihm, bis die Morgenröthe anbrach.
25. Und da er sahe, daß er ihn nicht übermochte, schlug er
ihn auf das Gelenk seiner Hüfte, und das Gelenk der Hüfte
Jakobs ward verrenket, indem er mit ihm kämpfte. 26. Und
er sprach: laß mich los, denn die Morgenröthe bricht an.
Und er antwortete: ich lasse dich nicht, du segnest mich denn.
27. Und er sprach: welches ist dein Name? Und er sprach:
Jakob. 28. Da sprach er: Jakob soll nicht mehr dein Name
heißen, sondern Israel, denn du hast gekämpft mit Gott
und mit Menschen, und obgesieget. 29. Und Jakob fragte ihn
und sprach: sage mir doch deinen Namen! Da sprach er: warum fragest du nach meinem Namen? und er segnete ihn daselbst. 30. Und Jakob nannte den Namen des Ortes Pniel
[Antlitz Gottes], „denn gesehen hab ich Gott von Angesicht
zu Angesicht, und meine Seele ward errettet." 31. Und die
Sonne ging auf, als er von Pniel weiter ging, und er hin-
kete an einer Hüfte. 32. Darum essen die Söhne Israels
nicht den Muskel am Gelenk der Hüfte, bis auf diesen Tag,
weil Jakob am Gelenk der Hüfte, an dem Muskel, geschlagen worden.

Cap. XXXIII, 1 — 17.

Zusammenkunft und Versöhnung Jakobs mit Esau.

XXXIII. 1. Und Jakob erhob seine Augen, und schauete,
und siehe! Esau kam, und mit ihm vierhundert Mann. Da
theilete er seine Kinder zu Lea und zu Rahel und zu den beyden
Mägden, 2. und stellete die Mägde und ihre Kinder vorn an,
und Lea und ihre Kinder hernach, und Rahel und Joseph zuletzt. 3. Und er selbst ging voran, und neigete sich siebenmal zur Erde, bis er zu seinem Bruder kam. 4. Und Esau
lief ihm entgegen, und umarmete ihn, und fiel ihm um den
Hals, und küssete ihn, und sie weineten. 5. Und er erhob
seine Augen, und sahe die Weiber und die Kinder, und sprach:
wer sind diese da bey dir? Und er sprach: die Kinder, welche
Gott deinem Knechte gegeben. 6. Und die Mägde traten

herzu mit ihren Kindern, und neigeten sich zur Erde. 7. Und
auch Lea trat herzu mit ihren Kindern, und sie neigeten sich
zur Erde, und darnach trat auch Joseph herzu und Rahel, und
sie neigeten sich zur Erde. 8. Und Esau sprach: wozu soll die
ganze Heerde, welcher ich begegnete? Und er sprach: um
Gnade zu finden in den Augen meines Herrn! 9. Und Esau
sprach: ich habe genug, mein Bruder, behalte, was dein ist!
10. Und Jakob sprach: ach nein! hab' ich Gnade gefunden in
deinen Augen, so nimm mein Geschenk von meiner Hand,
denn ich schauete dein Angesicht, wie wenn ich das Angesicht
eines Gottes schauete, und du warest huldreich gegen mich.
11. O! nimm mein Geschenk, das dir gebracht worden, denn
Gott ist mir gnädig gewesen, und ich habe viel! Und er drang
in ihn, und er nahms. 12. Und Esau sprach: laß uns aufbrechen und ziehen, ich will vor dir herziehen. 13. Und er
sprach zu ihm: mein Herr weiß, daß zarte Kinder und mel-
kende Schafe und Kühe bey mir sind; wenn man sie
triebe nur einen Tag, so würde die ganze Heerde sterben.
14. Mein Herr ziehe vor seinem Knechte her, und ich will all-
mählich nachtreiben, so wie es Heerde und Kinder vermögen,
bis daß ich zu meinem Herrn komme gen Seir. 15. Und Esau
sprach: so will ich doch von dem Volke bey dir lassen, das bey
mir ist. Und er sprach: wozu das? Möchte ich doch Gnade
finden in den Augen meines Herrn! 16. Also zog Esau desselben Tages wiederum seines Weges gen Seir.

Cap. XXXIII, 17 — 20.

Jakobs Ankunft in Sichem.

17. Und Jakob brach auf gen Suchoth, und bauete sich
ein Haus, und seinem Vieh machte er Hütten, darum nennet
man den Ort Suchoth [Hütten]. 18. Und Jakob kam
wohlbehalten zur Stadt Sichem, welche im Lande Canaan lieget,
nachdem er aus Mesopotamien gekommen, und lagerte sich
vor der Stadt. 19. Und er kaufte das Stück Feldes, wo er

sein Zelt aufgeschlagen, von den Kindern Hemors, des Vaters Sichems, für hundert Kesita, 20. und errichtete daselbst einen Altar, und nannte ihn: Gott ist der Gott Israels.

Cap. XXXIV.

Schwächung der Dina, und dadurch verursachtes Blutbad.

XXXIV. 1. Und Dina, die Tochter Leas, welche sie Jakob geboren, ging aus, die Töchter des Landes zu sehen. 2. Da sahe sie Sichem, der Sohn Hemors, des Heviters, des Fürsten des Landes, und nahm sie, und schlief bey ihr, und schwächete sie. 3. Und sein Herz hing an Dina, Jakobs Tochter, und er liebte die Dirne, und redete freundlich mit ihr. 3. Und Sichem sprach zu Hemor, seinem Vater, und sagte: nimm mir das Mägdlein zum Weibe. 5. Und Jakob hörete, daß er Dina, seine Tochter, geschändet, und seine Söhne waren mit dem Vieh auf dem Felde, und er schwieg, bis sie kamen. 5. Da ging Hemor, der Vater Sichems, heraus zu Jakob, mit ihm zu reden. 7. Und die Söhne Jakobs kamen vom Felde, da sie es höreten; und die Männer waren aufgebracht und sehr zornig, daß er eine Thorheit begangen an Israel, und bey der Tochter Jakobs gelegen, denn also sollte es nicht seyn. 8. Da redete Hemor mit ihnen, und sprach: siehe! mein Sohn, sein Herz hänget an eurer Tochter, o! gebet sie ihm zum Weibe! 9. Und befreundet euch mit uns, gebet uns eure Töchter, und nehmet euch unsere Töchter, 10. und wohnet bey uns, das Land stehet euch offen, wohnet und verkehret darin, und erwerbet euch Eigenthum. 11. Und Sichem sprach zu ihrem Vater und zu ihren Brüdern: möchte ich doch Gnade finden in euren Augen! was ihr mir sagen werdet, das will ich geben. 12. Fordert von mir Heyraths-Gaben und Geschenke, soviel ihr wollt, ich wills geben, so wie ihr es saget; gebet mir nur die Dirne zum Weibe! 13. Da antworteten die Söhne Jakobs Sichem betrüglich, darum weil er Dina, ihre Schwester, geschändet, 14. und sprachen zu ihm: wir können das nicht thun, unsere Schwester einem

unbeschnittenen Manne zu geben, denn eine Schande wäre das
für uns. 15. Doch unter dem Beding wollen wir euch zu Willen
seyn, wenn ihr werdet wie wir, und bey euch alles, was
männlich ist, beschnitten wird; 16. dann wollen wir euch
unsere Töchter geben, und eure Töchter uns nehmen, und
Ein Volk werden. 17. Wo ihr aber uns nicht zu Willen
seyd, euch beschneiden zu lassen, so nehmen wir unsere Töchter, und ziehen weg. 18. Und es gefielen diese Reden Hemor
und Sichem, dem Sohne Hemors, 19. und der Jüngling
zauderte nicht, solches zu thun, denn er hatte Gefallen an
der Tochter Jakobs, und er war geehrt über alle im Hause
seines Vaters. 20. Und Hemor und Sichem, sein Sohn, kamen
in das Thor ihrer Stadt, und redeten zu den Männern ihrer
Stadt, und sprachen: 21. diese Männer sind friedlich gegen
uns, und wohnen im Lande, und verkehren darin, und das
Land, siehe! breit lieget es vor ihnen; laßt uns ihre Töchter
uns zu Weibern nehmen, und unsere Töchter ihnen geben!
22. Aber nur unter dem Beding wollen die Männer uns zu
Willen seyn, bey uns zu wohnen, und Ein Volk zu seyn,
wenn bey uns alles, was männlich ist, beschnitten wird, so wie
sie beschnitten sind. 23. Ihre Heerden und ihre Habe, und
ihr Vieh, wird es nicht alles unser seyn? Nur müssen wir
ihnen zu Willen seyn, so daß sie bey uns wohnen. 24. Und
sie gehorchten Hemor und Sichem, seinem Sohne, alle die
aus- und eingingen zum Thore seiner Stadt, und sie ließen sich
beschneiden, alles, was männlich war, die da aus- und eingingen zum Thore seiner Stadt. 25. Und es geschah am dritten
Tage, als sie Schmerzen litten, da nahmen die beyden Söhne
Jakobs, Simeon und Levi, die Brüder Dinas, ein jeglicher
sein Schwert, und kamen in die Stadt unversehens, und
tödteten alles, was männlich war, 26. und auch Hemor und
Sichem, seinen Sohn, tödteten sie mit der Schärfe des
Schwertes, und nahmen Dina aus dem Hause Sichems, und
gingen davon. 27. Darnach kamen die Söhne Jakobs über
die Erschlagenen, und plünderten die Stadt, darum daß sie

ihre Schwester geschändet, 28. und nahmen ihre Schafe und ihre Rinder und ihre Esel und alles, was in der Stadt und was auf dem Felde war; 29. und alle ihre Habe und alle ihre Kinder und ihre Weiber führeten sie weg gefangen, und plünderten alles, was im Hause war. 30. Da sprach Jakob zu Simeon und zu Levi: ihr bekümmert mich, weil ihr mir den Haß der Einwohner des Landes, der Cananiter und Pherefiter, zugezogen! Ich bin ein geringer Haufe, und sie werden sich versammeln gegen mich, und mich schlagen, und ich werde ausgetilget werden samt meinem Hause! 31. Und sie sprachen: sollte er denn mit unserer Schwester thun, wie mit einer Hure?

Cap. XXXV, 1 — 8.

Jakobs Zug nach Bethel.

XXXV. 1. Und Gott sprach zu Jakob: mache dich auf, und zeuch gen Bethel, und wohne daselbst, und mache daselbst einen Altar dem Gott, der dir erschien auf deiner Flucht vor Esau, deinem Bruder. 2. Da sprach Jakob zu seinem Hause, und zu allen, die mit ihm waren: thut von euch die fremden Götter, so unter euch sind, und reiniget euch, und wechselt eure Kleider, 3. und wir wollen uns aufmachen, und gen Bethel ziehen, und ich will daselbst einen Altar machen dem Gott, der mich erhöret zur Zeit meiner Noth, und der mit mir war auf dem Wege, den ich gezogen. 4. Da gaben sie Jakob alle fremde Götter, welche sie hatten, und die Ringe aus ihren Ohren, und er vergrub sie unter der Terebinthe, die bey Sichem stand. 5. Und sie brachen auf. Und die Furcht Gottes kam über alle Städte ringsumher, daß sie die Söhne Jakobs nicht verfolgeten. 5. Also kam Jakob gen Lus, welches im Lande Canaan lieget, das ist Bethel, samt allem Volke, welches mit ihm war. 7. Und er bauete daselbst einen Altar, und nannte den Ort El Beth El, weil daselbst Gott sich ihm offenbaret auf seiner Flucht vor seinem Bruder. 8. Da starb Debora, die Amme Rebeckas, und ward begraben unterhalb Bethel unter einer Eiche, und er nannte ihren Namen Allon Bachus [Klageeiche].

Cap. XXXV, 9 — 15.

Erscheinung Gottes, Namensänderung Jakobs.

9. Und Gott erschien Jakob abermal, nachdem er aus Mesopotamien gekommen, und segnete ihn, 10. und sprach zu ihm: dein Name ist Jakob; nicht mehr soll dein Name Jakob heißen, sondern Israel soll dein Name seyn, und er nannte seinen Namen Israel. 11. Und Gott sprach zu ihm: ich bin der Allmächtige, sey fruchtbar und mehre dich, ein Volk, ein Haufe Völker soll aus dir kommen, und Könige sollen hervorgehen aus deinen Lenden. 12. Und das Land, welches ich Abraham und Isaak gegeben, auch dir will ich geben, und deinem Samen nach dir will ich dieß Land geben. 13. Und Gott stieg auf von ihm, von dem Orte, wo er mit ihm geredet. 14. Und Jakob richtete ein Maal auf an dem Orte, wo er mit ihm geredet, ein Maal von Stein, und goß darauf Trankopfer, und salbete es mit Oele. 15. Und Jakob nannte den Namen des Ortes, woselbst Gott mit ihm geredet, Beth-El.

Cap. XXXV, 16 — 22.

Rahels Tod.

16. Und sie brachen auf von Bethel, und es war noch eine Meile Weges nach Ephratha, da gebar Rahel, und sie hatte eine schwere Geburt. 17. Und da die Geburt schwer war, sprach zu ihr die Wehmutter: fürchte dich nicht, denn du hast wieder einen Sohn! 18. Und da ihr die Seele ausging, daß sie starb, nannte sie seinen Namen Ben-Oni [mein Schmerzenssohn], und sein Vater nannte ihn Benjamin [glücklicher Sohn]. 19. Also starb Rahel, und ward begraben auf dem Wege gen Ephratha, das ist Beth-

lehem. 20. Und Jakob errichtete ein Maal über ihrem Grabe, das ist das Grabmaal Rahels bis auf diesen Tag. 21. Und Israel brach auf, und schlug sein Zelt jenseit des Heerden= thurmes. 22. Und als Israel in demselben Lande wohnete, ging Ruben hin, und beschlief Bilha, das Kebsweib seines Vaters, und Israel hörete es.

Cap. XXXV, 23 — 26.

Jakobs Söhne.

Und die Söhne Jakobs waren zwölfe: 23. die Söhne Leas: der Erstgeborne Jakobs Ruben und Simeon und Levi, und Juda und Issaschar und Sebulon. 24. Die Söhne Rahels: Joseph und Benjamin. 25. Und die Söhne Bilhas, der Magd Rahels: Dan und Naphthali. 26. Und die Söhne Silpas, der Magd Leas: Gad und Asser. Dieß sind die Söhne Jakobs, die ihm geboren worden in Mesopotamien.

Cap. XXXV, 27 — 29.

Ankunft Jakobs bey Isaak; dessen Tod.

27. Und Jakob kam zu Isaak, seinem Vater, gen Mamre, Kiriath Arba, das ist Hebron, woselbst Abraham und Isaak gewohnet. 28. Und das Alter Isaaks war hun= dert und achtzig Jahr. 29. Und Isaak verschied und starb, und ging weg zu seinem Volke, alt und lebenssatt, und es begruben ihn Esau und Jakob, seine Söhne.

Cap. XXXVI.

Geschlechtsregister Esaus, und Listen der edomitischen Fürsten und Könige.

XXXVI. 1. Dieß ist das Geschlecht Esaus, das ist Edom. 2. Esau nahm seine Weiber von den Töchtern Canaans: Ada, Tochter Elons, des Hethiters, und Ahalibama, Töchter Anas, des Sohnes Zibeons, des Hethiters, 3. und Basmath, Tochter Ismals, Schwester Nabajoths. 4. Und Ada gebar dem Esau Eliphas, und Basmath gebar Reguel. 5. Und Aha=

libama gebar Jehus, Jaelam und Korah. Dieß sind die
Söhne Esaus, die ihm geboren worden im Lande Canaan.
6. Und Esau nahm seine Weiber und seine Söhne und
seine Töchter und alle Seelen seines Hauses, seine Heerden und alles sein Vieh, und alles sein Eigenthum, das er
erworben im Lande Canaan, und zog in ein ander Land, weg
von Jakob, seinem Bruder. 7. Denn ihre Habe war zu groß,
um bey einander zu wohnen, und das Land ihres Aufenthaltes
vermochte nicht sie zu tragen, wegen ihrer Heerden. 8. Und
Esau wohnete auf dem Gebirge Seir. Esau ist Edom.

9. Das ist das Geschlecht Esaus, des Vaters der Edomiter auf dem Gebirge Seir. 10. Dieß sind die Namen der
Söhne Esaus: Eliphas, Sohn Adas, des Weibes Esaus,
Reguel, Sohn Basmaths, des Weibes Esaus. 11. Und die
Söhne des Eliphas waren: Theman, Omar, Zepho und Gaetham und Kenas. 12. Und Thimna war das Kebsweib des
Eliphas, des Sohnes Esaus, und sie gebar dem Eliphas Amalek.
Dieß sind die Söhne Adas, des Weibes Esaus. 13. Und
dieß sind die Söhne Reguels: Nahath und Serah, Samma
und Missa. Dieß sind die Söhne Basmaths, des Weibes Esaus.
14. Und dies sind die Söhne Ahalibamas, der Tochter Anas,
des Sohnes Zibeons, des Weibes Esaus; und sie gebar dem
Esau Jehus und Jaelam und Korah.

15. Dieß sind die Fürsten der Söhne Esaus. Die Söhne
Eliphas, des Erstgebornen Esaus: der Fürst von Theman,
der Fürst von Omar, der Fürst von Zepho, der Fürst von
Kenas, 16. der Fürst von Korah, der Fürst von Gaetham,
der Fürst von Amalek. Dieß sind die Fürsten von Eliphas
im Lande Edom, dieß sind die Söhne Adas. 17. Und dieß
sind die Söhne Reguels, des Sohnes Esaus: der Fürst von
Nahath, der Fürst von Serah, der Fürst von Samma, der
Fürst von Missa. Dieß sind die Fürsten von Reguel, im
Lande Edom, das sind die Söhne Basmaths des Weibes
Esaus. 18. Dieß sind die Söhne Ahalibamas, des Weibes
Esaus: der Fürst von Jehus, der Fürst von Jaelam, der Fürst

von Korah. Dieß sind die Fürsten von Ahalibama, der Tochter Anas, des Weibes Esaus. 19. Das sind die Söhne Esaus und dieß ihre Fürsten. Esau ist Edom.

20. Dieß sind die Söhne Seirs, des Horiters, die Bewohner des Landes: Lotan und Sobal und Zibeon und Ana und Dison und Ezer und Disan. 21. Dieß sind die Fürsten der Horiter, der Söhne Seirs im Lande Edom. 22. Und die Söhne Lotans waren: Hori und Heman, und die Schwester Lotans Thimna. 23. Und dieß sind die Söhne Sobals: Alwan und Manahath und Ebal, Sepho und Onam. 24. Und das sind die Söhne Zibeons: . . . . . . und Aja und Ana, welcher das Wasser *) fand in der Wüste, als er die Esel Zibeons, seines Vaters, hütete. 25. Und das sind die Söhne Anas: Dison und Ahalibama, die Tochter Anas. 26. Und dieß sind die Söhne Disons: Hemdan und Esban und Jethran und Caran. 27. Dieß sind die Söhne Ezers: Bilhan und Sawan und Akan. 28. Dieß sind die Söhne Disans: Uz und Aran. 29. Dieß sind die Fürsten der Horiter: der Fürst von Lotan, der Fürst von Sobal, der Fürst von Zibeon, der Fürst von Ana, 30. der Fürst von Dison, der Fürst von Ezer, der Fürst von Disan. Dieß sind die Fürsten der Horiter, ihre Fürsten im Lande Seir.

31. Und dieß sind die Könige, welche geherrschet im Lande Edom, bevor Könige herrschten über die Söhne Israels. 32. Und es war König in Edom Bela, Sohn Beors, und der Name seiner Stadt Dinhaba. 33. Und Bela starb, und es ward König an seiner Statt Jobab, Sohn Serahs aus Bozra. 34. Und Jobab starb, und es ward König an seiner Statt Husam, aus dem Lande der Themaniter. 35. Und Husam starb, und es ward König an seiner Statt Hadad, Sohn Bedads, der die Midianiter schlug auf dem Gefilde von Moab, und der Name seiner Stadt war Awith. 36. Und Hadad starb, und es ward König an seiner Statt Samla von Mas-

—————————

*) And. Maulesel.

reka. 37. Und Samla starb, und es ward König an seiner Statt Saul von Rehoboth am Strome. 38. Und Saul starb, und es ward König an seiner Statt Baal Hanan, Sohn Achbors. 39. Und Baal Hanan, Sohn Achbors, starb, und es ward König an seiner Statt Hadar, und der Name seiner Stadt war Pagu, und der Name seines Weibes Mehetabeel, Tochter Matreds, der Tochter Mesahabs.

40. Und dieß sind die Namen der Fürsten Esaus, nach ihren Stämmen, nach ihren Wohnplätzen, nach ihren Namen: der Fürst von Thimna, der Fürst von Alwa, der Fürst von Jetheth, 41. der Fürst von Ahalibama, der Fürst von Ela, der Fürst von Pinon, 42. der Fürst von Kenas, der Fürst von Theman, der Fürst von Mibzar, 43. der Fürst von Maadiel, der Fürst von Iram. Dieß sind die Fürsten von Edom nach ihren Wohnplätzen, im Lande ihrer Besitzung. Esau ist der Vater der Edomiter.

Cap. XXXVII.

Joseph wird aus Neid von seinen Brüdern verkauft.

XXXVII. 1. Und Jakob wohnete im Lande des Aufenthaltes seines Vaters, im Lande Canaan. 2. Das ist die Geschichte Jakobs. Joseph war siebzehn Jahr alt, da er mit seinen Brüdern die Schafe hütete, und der Knabe war bey den Söhnen Bilhas und bey den Söhnen Silpas, der Weiber seines Vaters, und Joseph brachte die übeln Gerüchte von ihnen vor ihren Vater. 3. Und Israel liebte Joseph mehr denn alle seine Brüder, weil er der Sohn seines Alters war, und er machte ihm einen bunten Rock. 4. Da nun seine Brüder sahen, daß ihr Vater ihn mehr liebte denn alle seine Brüder, haßten sie ihn, und konnten nicht mit ihm freundlich reden. 5. Und Joseph träumete einen Traum, und erzählte ihn seinen Brüdern, und sie haßten ihn darum noch mehr. 6. Und er sprach: o! höret den Traum, welchen ich geträumet! 7. Siehe! wir banden Garben auf dem Felde, und siehe! meine Garbe richtete sich auf, und stand,

und ſiehe! eure Garben ringsumher neigten ſich zur Erde vor
meiner Garbe. 8. Da ſprachen ſeine Brüder zu ihm: willſt
du König werden über uns, willſt du herrſchen über uns?
Und ſie haßten ihn noch mehr um ſeines Traumes und ſeiner
Reden willen. 9. Und er träumete abermal einen andern
Traum, und erzählte ihn ſeinen Brüdern, und ſprach: ſiehe!
ich habe abermal einen Traum geträumet: ſiehe! die Sonne
und der Mond und eilf Sterne neigten ſich vor mir. 10. Und
er erzählete es ſeinem Vater und ſeinen Brüdern, da ſchalt
ihn ſein Vater, und ſprach zu ihm: was iſt das für ein Traum,
welchen du geträumet? Soll ich und deine Mutter und deine
Brüder kommen, uns zu neigen vor dir? 11. Und ſeine
Brüder beneideten ihn, aber ſein Vater bewahrete dieſe Worte.
12. Und ſeine Brüder zogen aus, das Vieh ihres Vaters zu
weiden in Sichem, 13. und Iſrael ſprach zu Joſeph: weiden
nicht deine Brüder zu Sichem? Komm, ich will dich zu ihnen
ſenden! Und er ſprach: hie bin ich! 14. Und er ſprach zu
ihm: gehe hin, und ſiehe, ob es wohl ſtehet um deine Brüder
und um die Heerden, und bringe mir Nachricht! Und er ſandte
ihn aus dem Thale Hebron, und er ging gen Sichem. 51. Da
fand ihn ein Mann irregehend auf dem Felde, und der Mann
fragte ihn und ſprach: was ſucheſt du? 16. Und er ſprach:
meine Brüder ſuche ich, ſage mir doch, wo ſie weiden? 17. Da
ſprach der Mann: ſie ſind aufgebrochen von hier, denn ich hörete
ſie ſagen: laßt uns gen Dothan ziehen! Und Joſeph ging ſeinen
Brüdern nach, und fand ſie zu Dothan. 18. Und ſie ſahen
ihn von ferne, und bevor er ihnen nahete, machten ſie den
Anſchlag, ihn zu tödten. 19. Und es ſprach einer zu dem andern: ſiehe! da kommt der Träumer! 20. So kommt nun,
und laßt uns ihn tödten, und ihn in eine Grube werfen, und
dann ſagen wir: ein böſes Thier hat ihn gefreſſen; da wollen
wir ſehen, was aus ſeinen Träumen wird. 21. Und Ruben hörete
es, und ſuchte ihn zu retten aus ihren Händen, und ſprach:
laſſet uns ihn nicht tödten! 22. Und Ruben ſprach zu ihnen:
vergießet nicht Blut, werfet ihn in dieſe Grube hier in der

Wüste, und leget nicht Hand an ihn — in der Absicht ihn zu retten aus ihren Händen, und ihn dem Vater wieder zu geben. 23. Als nun Joseph zu seinen Brüdern kam, zogen sie ihm seinen Rock aus, den bunten Rock, den er trug, 24. und nahmen ihn und warfen ihn in eine Grube; die Grube aber war leer, und kein Waſſer darin. 25. Und sie ſetzten ſich nieder zu eſſen. Da erhoben sie ihre Augen und ſchaueten, und ſiehe! eine Geſellſchaft Ismaeliter kam von Gilead, und ihre Kameele trugen Gewürze, Balſam und Ladanum, und sie zogen hinab gen Aegypten. 26. Da ſprach Juda zu seinen Brüdern: was hilfts uns, wenn wir unſern Bruder tödten, und ſein Blut verhehlen? 27. Kommt! laßt uns ihn verkaufen an die Ismaeliter, damit wir unſre Hand nicht an ihn legen, denn er iſt ja unſer Bruder, unſer Fleiſch. Und ſeine Brüder gehorchten ihm. 28. Und als die Midianitiſchen Männer, die Kaufleute, vorüberzogen, nahmen sie Joseph aus der Grube, und verkauften ihn an die Ismaeliter um zwanzig Seckel Silber, und dieſelben führten Joseph nach Aegypten. 29. Da nun Ruben wieder zur Grube kam, ſiehe! da war Joseph nicht mehr in der Grube, und er zerriß ſeine Kleider, 30. und kam wieder zu ſeinen Brüdern, und ſprach: der Knabe iſt nicht mehr da, wo soll ich hin? 31. Und sie nahmen den Rock Josephs, und ſchlachteten einen Ziegenbock, und tauchten den Rock in das Blut, 32. und ſandten den bunten Rock hin, und ließen ihn ihrem Vater bringen, und ſagen: dieß haben wir gefunden, ſiehe, obs der Rock deines Sohnes ſey oder nicht? 33. Und er erkannte ihn, und ſprach: der Rock meines Sohnes, ein böſes Thier hat ihn gefreſſen, zerriſſen iſt Joseph! 34. Und Jakob zerriß ſeine Kleider, und legte Trauerkleider um ſeine Lenden, und weinete um Joseph lange Zeit. 35. Und es kamen alle ſeine Söhne und alle ſeine Töchter, ihn zu tröſten, und er wollte ſich nicht tröſten laſſen, und ſprach: hinab will ich traurend gehen zu meinem Sohne in die Grube! Alſo beweinete ihn ſein Vater. 36. Und die Midianiter verkauften ihn nach Aegypten an Potiphar, einen Verschnittenen Pharaos, den Obersten der Trabanten.

Cap. XXXVIII.
Judas Blutschande mit der Thamar.

XXXVIII. 1. Und es geschah um dieselbe Zeit, daß Juda hinab zog von seinen Brüdern, und hielt sich zu einem Mann von Adullam, sein Name Hira. 2. Und Juda sahe daselbst die Tochter eines Cananiters, sein Name Suah, und nahm sie, und lag bey ihr. 3. Und sie ward schwanger, und gebar einen Sohn, und er nannte seinen Namen Ger. 4. Und sie ward abermal schwanger, und gebar einen Sohn, und nannte seinen Namen Onan. 5. Und sie gebar abermal einen Sohn, und nannte seinen Namen Sela, und er war zu Chesib, als sie ihn gebar. 6. Und Juda nahm ein Weib für Ger, seinen Erstgebornen, ihr Name Thamar. 7. Und Ger, der Erstgeborne Judas, war böse in den Augen Jehovas, und Jehova tödtete ihn. 8. Da sprach Juda zu Onan: lege dich zu dem Weibe deines Bruders, und nimm sie zur Ehe, daß du deinem Bruder Samen erweckest. 9. Und Onan wußte, daß der Same nicht sein eigen seyn sollte, und wenn er nun bey dem Weibe seines Bruders lag, so ließ ers auf die Erde fallen und verderben, auf daß er seinem Bruder nicht Samen gäbe. 10. Und es mißfiel Jehova, was er that, und er tödtete auch ihn. 11. Da sprach Juda zu Thamar, seiner Schnur: bleibe Wittwe im Hause deines Vaters, bis Sela, mein Sohn, groß wird. Denn er gedachte, er möchte auch sterben, wie seine Brüder. Also ging Thamar hin, und blieb im Hause ihres Vaters. 12. Und es verging eine lange Zeit, und es starb die Tochter Suas, das Weib Judas, und nachdem Juda sich getröstet, ging er hinauf zu seinen Schafscheerern, mit Hira, seinem Freunde, dem Adullamiter, gen Thimna. Und es ward Thamar berichtet: siehe! dein Schwiegervater gehet hinauf gen Thimna, seine Schafe zu scheeren. 14. Da legte sie ihre Wittwenkleider ab, und deckte sich mit einem

Schleyer, und verhüllete ſich, und ſetzte ſich ins Thor von
Enaim, welches am Wege nach Thimna lieget. Denn ſie
ſahe, daß Sela groß geworden, und ſie ward ihm nicht zum
Weibe gegeben. 15. Und Juda ſahe ſie, und hielt ſie für
eine Hure, denn ſie hatte ihr Angeſicht verdecket. 16. Und er
bog aus zu ihr vom Wege, und ſprach: laß mich bey dir lie‐
gen! denn er wußte nicht, daß ſie ſeine Schnur war. Und ſie
ſprach: was willſt du mir geben, daß du bey mir liegeſt? 17. Und
er ſprach: ich will dir einen Ziegenbock ſenden von der Heerde.
Und ſie ſprach: wenn du ein Pfand gibſt, bis du ſendeſt.
18. Und er ſprach: was iſt das Pfand, welches ich dir geben
ſoll? Und ſie ſprach: dein Siegel und deine Schnur und dei‐
nen Stab, den du in der Hand haſt. Und er gabs ihr, und
lag bey ihr, und ſie ward ſchwanger von ihm. 19. Und ſie
machte ſich auf, und ging, und legte ihren Schleyer ab, und zog
ihre Wittwenkleider an. 20. Und Juda ſandte den Ziegenbock
durch ſeinen Freund, den Adullamiter, um das Pfand zu
empfangen aus der Hand des Weibes, und er fand ſie nicht.
21. Und er fragte die Leute des Ortes, und ſprach: wo iſt
die Hure zu Enaim am Wege? Und ſie ſprachen: es iſt keine
Hure da geweſen. 22. Und er kehrte zu Juda zurück, und
ſprach: ich habe ſie nicht gefunden, auch ſagten die Leute des
Ortes: es iſt keine Hure da geweſen. 23. Da ſprach Juda:
ſie mags behalten, damit wir nicht zum Geſpötte werden.
Siehe! ich habe den Bock geſandt, und du haſt ſie nicht ge‐
funden. 24. Und es geſchahe nach ungefähr drey Monden,
da ward Juda berichtet: Thamar, deine Schnur, hat gehuret,
und ſiehe! ſie iſt auch ſchwanger worden von der Hurerey.
Und Juda ſprach: führet ſie hinaus, daß ſie verbrannt werde.
25. Als ſie nun hinausgeführet wurde, ſchickte ſie zu ihrem
Schwiegervater, und ließ ſagen: von dem Manne, dem das
gehöret, bin ich ſchwanger. Erkenne doch, wem dieſes Siegel
und dieſe Schnur und dieſer Stab gehöret! 26. Da erkannte
es Juda, und ſprach: ſie iſt gerechter als ich, denn ich habe ſie
nicht meinem Sohne Sela gegeben. Und er erkannte ſie nicht mehr

27. Als sie nun gebären sollte, siehe! da waren Zwillinge in ihrem Leibe. 28. Und als sie gebar, that der eine die Hand heraus, und die Wehmutter nahm sie, und band einen rothen Faden an seine Hand, und sprach: dieser ist zuerst herausgekommen! 29. Und als er seine Hand wieder hineinzog, siehe! da kam sein Bruder heraus, und sie sprach: was für einen Riß reißest du! Und man nannte seinen Namen Perez [Riß]. 30. Und darnach kam sein Bruder heraus, an dessen Hand der rothe Faden war, und man nannte seinen Namen Serah [Anfang].

Cap. XXXIX.

Josephs Dienst, Keuschheit und Gefängniß.

XXXIX. 1. Und Joseph ward hinabgeführt gen Aegypten, und ihn kaufte Potiphar, ein Verschnittener Pharaos, der Oberste der Leibwache, ein ägyptischer Mann, von den Ismaeliten, welche ihn hinabgebracht. 2. Und Jehova war mit Joseph, und es gelang ihm alles, und er war im Hause seines Herrn, des Aegypters, 3. und sein Herr sahe, daß Jehova mit ihm war, und alles, was er that, gelingen ließ in seiner Hand, 4. und Joseph fand Gnade in seinen Augen, und ward sein Diener, und sein Herr setzte ihn über sein Haus, und alles, was sein war, gab er in seine Hand. 5. Und seitdem er ihn über sein Haus gesetzt und über alles, was sein war, segnete Jehova das Haus des Aegypters um Josephs willen, und der Segen Jehovas war auf allem, was sein war, im Hause und auf dem Felde. 6. Und er überließ Joseph alles, was sein war, und er wußte um nichts, ausser um die Speise, die er aß. Und Joseph war schön von Gestalt, und schön von Ansehen. 7. Und es geschahe nach diesen Dingen, da warf das Weib seines Herrn ihre Augen auf Joseph, und sprach: schlafe bey mir! 8. Und er weigerte sich, und sprach zum Weibe seines Herrn: siehe! mein Herr weiß um nichts im Hause, und alles, was sein ist, hat er in meine Hand gegeben, 9. auch ist nichts zu groß im Hause vor mir, und er versagt mir nichts, außer dir, indem du sein Weib bist. Wie sollte ich nun dieses große Unrecht thun, und gegen Gott sündigen? 10. Und es geschahe, als sie zu Joseph so redete Tag für Tag, und er ihr nicht gehorchte, bey ihr zu liegen und bey ihr zu seyn, 11. und es geschahe eines Tages, daß er ins Haus ging, um sein Geschäft zu verrichten, und es war kein Mensch da von den Leuten des Hauses, 12. da ergriff sie ihn bey seinem Kleide, und sprach: schlafe bey mir! und er ließ sein Kleid in ihrer Hand, und flohe, und lief hinaus. 13. Und als sie sahe, daß er sein Kleid in ihrer Hand ließ, und hinaus flohe, 14. rief sie den Leuten des Hauses, und sprach zu ihnen: sehet, da hat er einen Ebräer zu uns gebracht, um uns zu schänden! Er kam zu mir herein, um bey mir zu liegen; ich aber rief mit lauter Stimme, 15. und da er hörete, daß ich meine Stimme erhob und rief, ließ er sein Kleid bey mir, und flohe, und lief hinaus. 16. Und sie legte sein Kleid neben sich, bis sein Herr zu Hause kam, 17. und sie sprach zu ihm auf solche Weise, und sagte: es kam zu mir der ebräische Knecht, den du zu uns gebracht, um uns zu schänden, 18. und als ich meine Stimme erhob, und rief, ließ er sein Kleid bey mir, und flohe hinaus. 19. Und es geschahe, als sein Herr die Worte seines Weibes hörete, die sie ihm sagte, indem sie auf solche Weise zu ihm sprach, und sagte: also hat mir dein Knecht gethan: da entbrannte sein Zorn, 20. und er nahm Joseph, und legte ihn ins Gefängniß an den Ort, wo die Gefangenen des Königs gefangen lagen, und er war allda im Gefängniß. 21. Aber Jehova war mit Joseph, und ließ ihm Huld gewinnen, und gab ihm Gnade in den Augen des Obersten des Gefängnisses. 22. Und der Oberste des Gefängnisses übergab Joseph alle die Gefangenen, welche im Gefängniß waren, und alles, was daselbst geschahe, das geschahe durch ihn. 23. Der Oberste des Gefängnisses sahe nach nichts, was er unter seiner Hand hatte, weil Jehova mit ihm war, und was er that, das ließ Jehova gelingen.

Cap. XL.

Joseph legt den Gefangnen ihren Traum aus.

XL. 1. Und es geschahe nach diesen Dingen, daß der Schenke des Königs von Aegypten und der Becker sich vergingen gegen ihren Herrn, den König von Aegypten. 2. Und Pharao zürnete auf seine Verschnittenen, auf den Obersten der Schenken, und auf den Obersten der Becker, 3. und gab sie in Verhaft in das Haus des Obersten der Trabanten, ins Gefängniß, an den Ort, wo Joseph gefangen war. 4. Und der Oberste der Trabanten setzte Joseph über sie, und er bediente sie, und sie saßen einige Zeit im Verhaft. 5. Und sie träumeten beyde ein jeglicher seinen Traum in einer Nacht, ein jeglicher nach besonderer Deutung, der Schenke und der Becker des Königs von Aegypten, welche gefangen waren im Kerker. 6. Und Joseph kam zu ihnen hinein des Morgens, und sahe, daß sie traurig waren. 7. Und er fragte die Verschnittenen Pharaos, welche mit ihm in Verhaft waren im Hause seines Herrn, und sprach: warum ist euer Ansehen heute so traurig? 8. Und sie sprachen zu ihm: wir haben einen Traum geträumet, und keiner ist, der ihn auslege. Da sprach Joseph zu ihnen: Gott gehören die Auslegungen! Aber erzählet mir! 9. Da erzählete der Oberste der Schenken Joseph seinen Traum, und sprach zu ihm: in meinem Traume stand ein Weinstock vor mir. 10. Und an dem Weinstock waren drey Reben, und er knospete, die Blüthe kam, und es reiften die Trauben. 11. Und ich hatte den Becher Pharaos in meiner Hand, und nahm die Trauben, und zerdrückte sie in den Becher Pharaos, und gab den Becher Pharao in die Hand. 12. Da sprach Joseph zu ihm: das ist seine Deutung: drey Reben sind drey Tage; 13. in drey Tagen wird Pharao dein Haupt erheben, und dich wieder setzen an deine Stelle, und du wirst Pharao den Becher in die Hand geben nach der vorigen Weise, da du sein Schenke warest. 14. Aber gedenke meiner, wenn dirs wohl gehet, und übe an mir Liebe, und erwähne mich vor Pharao, und hilf mir aus diesem Hause. 15. Denn ich bin gestohlen

aus dem Lande der Ebräer, und auch hier habe ich nichts
gethan, warum sie mich in den Kerker gesetzt. 16. Da nun
der Oberste der Becker sahe, daß er gut deutete, sprach er zu
Joseph: in meinem Traume trug ich drey gegitterte Körbe auf
meinem Haupte. 17. Und im oberen Korbe war von allerley
Eßwaaren Pharaos, Backwerk, und die Vögel aßen es aus
dem Korbe von meinem Haupte. 18. Da antwortete Joseph,
und sprach: das ist seine Deutung: drey Körbe sind drey
Tage; 19. in drey Tagen wird Pharao dein Haupt erheben,
und dich an einen Baum henken, und die Vögel werden dein
Fleisch essen. 20. Und es geschahe am dritten Tage, dem
Geburtstage des Königs, da gab er allen seinen Knechten ein
Mahl, und erhob das Haupt des Obersten der Schenken,
und das Haupt des Obersten der Becker unter seinen Knechten,
21. und machte den Obersten der Schenken wieder zu seinem
Schenken, daß er Pharao den Becher in die Hand gab,
22. und den Obersten der Becker ließ er henken, so wie ihnen
Joseph gedeutet. 23. Aber der Oberste der Schenken gedachte
nicht an Joseph, und vergaß ihn.

Cap. XLI.

Joseph legt dem Pharao einen Traum aus, und wird zu
hoher Würde erhoben.

LXI. 1. Und es geschahe nach zwey Jahren, da träumete
Pharao, und siehe! er stand am Nilstrome. 2. Und siehe!
aus dem Nilstrome stiegen sieben Kühe, schön von Ansehen und
fett von Fleisch, und weideten im Schilfe. 3. Und siehe! sieben
andere Kühe stiegen nach ihnen aus dem Strome, häßlich von
Ansehen und mager von Fleisch, und traten neben die Kühe
am Ufer des Stromes. 4. Und es fraßen die häßlichen und
magern Kühe die sieben andern schönen und fetten Kühe.
Da erwachte Pharao. 5. Und er schlief ein, und träumete
zum zweyten Mal, und siehe! sieben Aehren wuchsen auf einem
Halme, fett und schön. 6. Und siehe! sieben andere Aehren,
mager und verbrannt vom Wind, sproßeten nach ihnen. 7. Und

es verschlangen die magern Aehren die sieben fetten und vollen
Aehren. Da erwachte Pharao, und siehe! es war ein Traum.
8. Und am Morgen ward sein Geist beunruhiget, und er
sandte und ließ rufen alle Zeichendeuter und Weisen von Aegyp=
ten, und erzählete ihnen seinen Traum; aber keiner war, der
ihn Pharao deutete. 9. Da redete der Oberste der Schenken zu
Pharao, und sprach: ich gedenke jetzo meines Vergehens. 10. Pha=
rao zürnete auf seine Knechte, und legte mich in Verhaft ins
Haus des Obersten der Trabanten, samt dem Obersten der Becker.
11. Da träumeten wir einen Traum in einer Nacht, ich und
er, ein jeglicher nach besonderer Deutung. 12. Und es war
daselbst ein ebräischer Jüngling, Knecht des Obersten der
Trabanten, dem erzähleten wir unsere Träume, und er deutete
sie uns, einem jeglichen seinen Traum. 13. Und so wie er
uns gedeutet, so geschahe es: mich setzte Pharao wieder an
meine Stelle, und ihn henkete er. 14. Da sandte Pharao
hin, und ließ Joseph rufen, und sie holeten ihn eilend aus
dem Kerker, und er ließ sich scheeren, und legte andere Klei=
der an, und kam hinein vor Pharao. 15. Und Pharao
sprach zu Joseph: ich habe einen Traum geträumet, und keiner
ist, der ihn auslege, und ich habe von dir gehöret, daß du
Träume hörest, sie zu deuten. 16. Da antwortete Joseph
Pharao, und sprach: das stehet nicht bey mir! Gott möge
Pharao Heil antworten. 17. Und Pharao sprach zu Joseph:
in meinem Traume stand ich am Ufer des Nilstroms. 18. Und
siehe! aus dem Strome stiegen sieben Kühe auf, fett von Fleisch,
und schön von Gestalt, und weideten im Schilfe. 19. Und
siehe! sieben andere Kühe stiegen auf nach ihnen, sehr dürr
und häßlich von Ansehen und mager von Fleisch, wie sie habe
ich keine gesehen im ganzen Lande Aegypten so häßlich. 20. Und
es fraßen die magern und häßlichen Kühe die sieben ersten
fetten Kühe, 21. und sie verschlangen sie, und man merkte es
nicht, daß sie sie verschlungen, denn ihr Ansehen war häßlich,
wie vorhin. Da erwachte ich. 22. Und ich schauete aber=
mal in meinem Traume, und siehe! sieben Aehren wuchsen auf

einem Halme, voll und schön. 23. Und siehe! sieben andere Aehren,
dürr und dünn und verbrannt vom Winde, sproßeten nach ihnen,
24. und es verschlangen die dürren Aehren die sieben schönen
Aehren. Und ich erzählete es den Zeichendeutern, und keiner
war, der mir es deutete. 25. Da sprach Joseph zu Pharao: der
Traum Pharaos ist einer. Gott verkündet Pharao, was er thun
will. 26. Die sieben schönen Kühe sind sieben Jahre, und
die sieben schönen Aehren sind sieben Jahre, Ein Traum ist es.
27. Und die sieben andern magern und häßlichen Kühe, die
nach ihnen aufstiegen, sind sieben Jahre, und die sieben andern
leeren und vom Wind verbrannten Aehren sind sieben Jahre des
Hungers. 28. Das ists nun, was ich zu Pharao sagte, Gott zei=
get Pharao, was er thun will. 29. Siehe! es kommen sieben
Jahre, in welchen großer Ueberfluß seyn wird im ganzen
Lande Aegypten. 30. Und nach ihnen werden Jahre des Hun=
gers kommen, und der Ueberfluß wird vergessen seyn im Lande
Aegypten, und der Hunger wird das Land verzehren. 31. Und
man wird nichts wissen vom Ueberfluß im Lande, vor dem=
selben Hunger, nachher, denn er wird sehr schwer seyn.
32. Daß aber der Traum Pharaos zweymal wiederholet worden,
ist darum, daß die Sache fest von Gott beschlossen ist, und
er eilet solches zu thun. 33. Und nun ersehe sich Pharao einen
verständigen und weisen Mann, und setze ihn über das Land
Aegypten, 34. dieß thue Pharao, und setze auch Aufseher
über das Land, und nehme den Fünften im Lande Aegypten in den
sieben Jahren des Ueberflusses, 35. und lasse sie sammeln alle
Früchte der guten Jahre, die da kommen sollen, und Getraide
aufschütten in Pharaos Namen und Früchte in den Städten,
und aufbewahren, 36. auf daß die Früchte zum Vorrath seyen
für das Land für die sieben Jahre des Hungers, welche im
Lande Aegypten seyn werden, damit das Land nicht vertilgt
werde durch Hunger. 37. Und die Rede gefiel Pharao und
seinen Knechten, 38. und Pharao sprach zu seinen Knechten:
findet sich wohl ein Mann wie dieser, auf welchem der Geist
Gottes ist? 39. Und Pharao sprach zu Joseph: da dir Gott

dieß alles kund gethan, so ist keiner so einsichtsvoll und weise wie du. 40. Du sollst über mein Haus gesetzt seyn, und deinem Munde soll mein ganzes Volk gehorchen, nur um den Thron will ich höher seyn denn du. 41. Und Pharao sprach zu Joseph: siehe! ich setze dich über das ganze Land Aegypten. 42. Und Pharao zog seinen Ring ab von seiner Hand, und that ihn an die Hand Josephs, und bekleidete ihn mit Kleidern von Byssus, und legte eine goldene Kette an seinen Hals, 43. und ließ ihn auf seinem zweyten Wagen fahren, und ließ vor ihm her rufen: Abrech [beuget euch]. Und er setzte ihn über das ganze Land Aegypten. 44. Und Pharao sprach zu Joseph: ich bin Pharao, und ohne dich soll kein Mensch seine Hand oder seinen Fuß erheben im ganzen Lande Aegypten. 45. Und Pharao nannte den Namen Josephs Zaphnathphaneach, und gab ihm Asnath, Tochter Potipheras, des Priesters zu On, zum Weibe. Und Joseph ging aus, das Land Aegypten zu besehen. 46. Und Joseph war dreißig Jahre alt, als er vor Pharao stand, dem Könige von Aegypten. Und Joseph ging weg von Pharao, und zog durchs ganze Land Aegypten. 47. Und das Land trug in den sieben Jahren des Ueberflusses überschwenglich. 48. Und er sammlete alle Früchte der sieben guten Jahre, welche im Lande Aegypten waren, und legte die Früchte in die Städte, die Früchte des Feldes einer jeglichen Stadt ringsum legte er in dieselben. 49. Und Joseph schüttete Getraide auf wie den Sand des Meeres über die Maßen viel, bis er aufhören mußte zu zählen, denn es war unzählig. 50. Und Joseph wurden zween Söhne geboren, bevor das Jahr des Hungers kam, welche ihm gebar Asnath, Tochter Potipheras, des Priesters zu On. 51. Und Joseph nannte den Namen des Erstgebornen Manasse: denn Gott, sprach er, hat mich lassen vergessen alles meines Unglücks und des Hauses meines Vaters. 52. Und den Namen des zweyten nannte er Ephraim, „denn fruchtbar hat mich Gott gemacht im Lande meines Elends." 53. Und es vergingen die sieben Jahre des Ueberflusses, welche im Lande Aegypten waren, 54. und

es begannen die sieben Jahre des Hungers zu kommen, so wie
Joseph gesagt, und es war Hunger in allen Landen, aber im
ganzen Lande Aegypten war Brod. 55. Da nun das ganze Land
Aegypten hungerte, schrie das Volk zu Pharao um Brod,
und Pharao sprach zu allen Aegyptern: gehet zu Joseph, was
er euch sagen wird, das thuet! 56. Und als nun Hunger war
im ganzen Lande, that Joseph die Vorräthe von Korn auf,
und verkaufte den Aegyptern Getraide, und der Hunger war
stark im Lande Aegypten, 57. und alle Lande kamen nach
Aegypten, Getraide zu kaufen, denn der Hunger war groß
in allen Landen.

Cap. XLII.

Erste Reise der Söhne Jakobs in Aegypten.

XLII. 1. Und Jakob sahe, daß Getraide in Aegypten war,
und sprach zu seinen Söhnen: was sehet ihr euch unter ein
ander an? 2. Und er sprach: siehe! ich höre, daß Getraide
in Aegypten ist, ziehet hinab, und kaufet uns von da, damit
wir leben und nicht sterben. 3. Da zogen die zehen Brüder
Josephs hinab, um Getraide zu kaufen in Aegypten. 4. Aber
Benjamin, den Bruder Josephs, schickte Jakob nicht mit sei
nen Brüdern, denn er gedachte, es möchte ihm ein Unfall be
gegnen. 5. Also kamen die Söhne Israels, Getraide zu kau
fen, samt den andern, die da kamen, denn es war Hunger
im Lande Canaan. 6. Und Joseph war Gebieter im Lande,
und verkaufte Getraide allem Volk des Landes. Und es kamen
die Brüder Josephs, und neigeten sich vor ihm mit dem An
tlitz zur Erde. 7. Und Joseph sahe seine Brüder, und erkannte
sie, und verstellete sich vor ihnen, und redete hart mit ihnen,
und sprach zu ihnen: woher kommet ihr? Und sie sprachen:
vom Lande Canaan, um Speise zu kaufen. 8. Und Joseph
erkannte seine Brüder, aber sie erkannten ihn nicht. 9. Und
Joseph gedachte an die Träume, welche er von ihnen geträu
met, und sprach zu ihnen: ihr seyd Kundschafter, und seyd

gekommen, die Blöße des Landes zu sehen. 10. Und sie sprachen zu ihm: nein! mein Herr, deine Knechte sind gekommen, Speise zu kaufen. 11. Wir alle sind Söhne Eines Mannes, wir sind redlich, deine Knechte sind nicht Kundschafter. 12. Und er sprach zu ihnen: nein! sondern die Blöße des Landes seyd ihr gekommen zu sehen. 13. Und sie sprachen: zwölf Brüder sind wir, deine Knechte, die Söhne Eines Mannes im Lande Canaan, und siehe! der jüngste ist jetzt bey unserm Vater, und der eine ist nicht mehr. 14. Und Joseph sprach zu ihnen: das ist's, was ich zu euch sagte: ihr seyd Kundschafter. 11. Daran sollt ihr geprüfet werden, beym Leben Pharaos, ihr sollt nicht von dannen kommen, ausser wenn euer jüngster Bruder hieher kommt. 16. Sendet einen von euch hin, der euren Bruder hole, und ihr sollt gefangen seyn: also sollen eure Reden geprüft werden, ob ihr mit Wahrheit umgehet, oder nicht? Beym Leben Pharaos, ihr seyd Kundschafter! 17. Und er ließ sie zusammen in Verhaft bringen drey Tage lang. 18. Und am dritten Tage sprach er zu ihnen: wollt ihr leben, so thut also: denn ich fürchte Gott! 19. Seyd ihr redlich, so bleibe einer eurer Brüder gebunden in eurem Gefängnisse, und ihr ziehet hin und bringet, was ihr gekauft habt zur Nothdurft eurer Häuser, 20. und bringet dann euren jüngsten Bruder zu mir. Also werden eure Reden bestätiget werden, und ihr nicht sterben. Und sie thaten also. 21. Und sie sprachen einer zu dem andern: fürwahr! das haben wir verschuldet an unserm Bruder, dessen Seelen-Angst wir sahen, als er uns um Erbarmen bat, und wir höreten nicht; darum kommet über uns diese Noth! 22. Und Ruben antwortete ihnen, und sprach: hab' ich's euch nicht gesagt, als ich sprach: vergehet euch nicht an dem Knaben, und ihr höretet nicht? Nun wird sein Blut gefordert! 23. Und sie wußten nicht, daß Joseph sie verstand, denn es war ein Dolmetscher zwischen ihnen. 24. Und er wandte sich von ihnen, und weinete; und er kehrete sich wieder zu ihnen, und redete mit ihnen, und nahm aus ihnen Simeon, und band ihn vor ihren Augen. 25. Und

Joseph gebot, ihre Säcke mit Getraide zu füllen, und ihr Geld wieder hinein zu legen in eines jeglichen Sack, und ihnen Zehrung zu geben auf den Weg. Und man that also. 26. Und sie luden ihr Getraide auf ihre Esel, und zogen von dannen. 27. Und in der Herberge that einer seinen Sack auf, um seinem Esel Futter zu geben, und erblickte sein Geld, und siehe! es lag oben in seinem Sacke. 28. Und er sprach zu seinen Brüdern: mein Geld ist wieder da, siehe! es liegt in meinem Sacke. Da fiel ihnen der Muth, und sie sagten erschrocken einer zu dem andern: warum hat uns Gott das gethan? 29. Und sie kamen zu Jakob, ihrem Vater, ins Land Canaan, und erzähleten ihm alles, was ihnen begegnet war, und sprachen: 30. Der Mann, der Herr im Lande, redete hart mit uns, und hielt uns für Kundschafter des Landes. 31. Und wir sagten zu ihm: wir sind redlich, wir sind nicht Kundschafter, 32. zwölf Brüder sind wir, Söhne unsers Vaters, der eine ist nicht mehr, und der jüngste ist jetzt bey unserm Vater, im Lande Canaan. 33. Da sprach zu uns der Mann, der Herr des Landes: daran will ich erkennen, daß ihr redlich seyd: lasset einen Bruder von euch bey mir, und nehmet die Nothdurft eures Hauses, und ziehet hin, 34. und bringet dann euren jüngsten Bruder zu mir: dann werde ich erkennen, daß ihr nicht Kundschafter, daß ihr redlich seyd, und will euch euren Bruder zurückgeben, und ihr sollt im Lande verkehren. 35. Und da sie die Säcke ausleerten, siehe! da fand ein jeglicher sein Geldbündlein in seinem Sacke; und da sie ihre Geldbündlein sahen, erschraken sie samt ihrem Vater. 35. Da sprach zu ihnen Jakob, ihr Vater: ihr machet mich kinderlos! Joseph ist nicht mehr, und Simeon ist nicht mehr, und Benjamin wollt ihr auch nehmen, auf mich fällt alles Unglück! 37. Und Ruben sprach zu seinem Vater: meine beiden Söhne sollst du tödten, wenn ich dir ihn nicht zurückbringe, gib ihn mir in meine Hand, ich will dir ihn zurückbringen! 38. Und er sprach: mein Sohn soll nicht hinabziehen mit euch, denn sein Bruder ist todt, und er ist allein übrig. Wenn ihm ein Unfall begegnete auf dem Wege, welchen ihr ziehet, so brächtet ihr meine grauen Haare mit Schmerzen in die Grube.

Cap. XLIII.

Zweyte Reise der Söhne Jakobs nach Aegypten mit Benjamin.

XLIII. 1. Und der Hunger drückte schwer das Land. 2. Und als sie das Getraide aufgegessen, welches sie aus Aegypten gebracht, sprach zu ihnen ihr Vater: ziehet wieder hin, und kaufet uns etwas Speise. 3. Da sprach zu ihm Juda und sagte: der Mann hat uns betheuert und gesagt: ihr sollt mein Angesicht nicht sehen, es sey denn euer Bruder mit euch. 4. Willst du nun unsern Bruder mit uns senden, so wollen wir hinabziehen, und dir Speise kaufen; 5. willst du ihn aber nicht mit senden, so ziehen wir nicht hinab, denn der Mann hat zu uns gesagt: ihr sollt mein Angesicht nicht sehen, es sey denn euer Bruder mit euch. 6. Und Israel sprach: warum habt ihr so übel gethan an mir, dem Manne zu sagen, daß ihr noch einen Bruder habt? 7. Und sie sprachen: der Mann fragte und forschte nach uns und nach unserm Geschlechte, und sprach: lebet euer Vater noch? habt ihr noch einen Bruder? Und wir sagtens ihm nach der Wahrheit. Konnten wir wissen, daß er sagen würde: bringet euren Bruder herab? 8. Und Juda sprach zu Israel, seinem Vater: laß den Knaben mit mir ziehen, daß wir uns aufmachen und reisen, und unser Leben erhalten und nicht sterben, wir und du und unsere Kinder. 9. Ich will Bürge für ihn seyn, von meiner Hand sollst du ihn fordern; wenn ich ihn dir nicht bringe, und vor dich hinstelle, so will ich die Schuld gegen dich tragen mein Leben lang. 10. Denn wo wir nicht gezögert, so wären wir schon jetzt zurückgekehret das zweyte Mal. 11. Da sprach Israel, ihr Vater, zu ihnen: wenn es denn also ist, so thuet dieß: nehmet von den besten Früchten des Landes in eure Säcke, und bringet dem Manne ein Geschenk, etwas Balsam, etwas Honig, Gewürze, Ladanum, Pistacien und Mandeln. 12. Und

nehmet anderes Geld mit euch, und das Geld, das wieder in
euren Säcken war, nehmet auch wieder mit euch, vielleicht ist
es ein Irrthum, 13. und nehmet also euren Bruder, und
machet euch auf, und ziehet wieder zu dem Manne, 14. und
Gott der Allmächtige gebe euch Barmherzigkeit bey dem Manne,
daß er euch euren andern Bruder und Benjamin entlasse, und
ich keines Sohnes mehr beraubet werde. *) 15. Also nahmen
die Männer diese Geschenke und das doppelte Geld und Benjamin, und machten sich auf und zogen hinab nach Aegypten,
und traten vor Joseph. 16. Und als Joseph bey ihnen Benjamin sahe, sprach er zu dem, der über sein Haus gesetzt war:
führe diese Männer zu Hause, und laß schlachten und zurichten,
denn die Männer sollen mit mir essen zu Mittag. 17. Und
der Mann that, so wie Joseph gesagt, und führete die Männer ins Haus Josephs. 18. Und es fürchteten sich die Männer,
daß sie ins Haus Josephs geführet wurden, und sprachen:
um des Geldes willen, das wieder in unsern Säcken war vordem, werden wir herein geführet, damit er über uns herfalle,
und uns zu Knechten nehme samt unsern Eseln. 19. Und
sie traten zu dem Manne, welcher über das Haus Josephs gesetzt war, und redeten zu ihm vor der Thüre des Hauses, 20.
und sprachen: höre, mein Herr, wir sind vordem schon herab
gekommen, Speise zu kaufen. 21. Und als wir in die Herberge kamen, und unsere Säcke aufthaten, siehe! da war eines
jeglichen Geld oben in seinem Sacke, sein Geld nach seinem Gewicht, und wir haben es wieder mit uns gebracht,
22. und auch anderes Geld haben wir mitgebracht, um Speise
zu kaufen. Wir wissen nicht, wer unser Geld in unsere Säcke
gelegt. 23. Und er sprach: seyd ohne Sorgen, fürchtet euch
nicht! euer Gott und der Gott eures Vaters hat euch einen
Schatz gegeben in eure Säcke, euer Geld ist an mich gekommen.
Und er führete zu ihnen Simeon heraus, 24. und führete sie

---

*) Und. Ich aber bin ein der Kinder beraubter Vater, wie ich es schon
gewesen bin.

in das Haus Josephs, und gab ihnen Waſſer, ihre Füße zu waſchen, und Futter ihren Eſeln. 25. Und ſie richteten das Geſchenk zu, bis Joseph kam am Mittag, denn ſie hatten gehöret, daß ſie daſelbſt eſſen ſollten. 26. Und Joseph kam zu Hauſe, und ſie brachten ihm das Geſchenk, das ſie bey ſich hatten, in das Haus, und neigeten ſich vor ihm zur Erde. 27. Und er fragte nach ihrem Wohlbefinden, und ſprach: gehet es eurem alten Vater wohl, von dem ihr mir ſagtet? Lebet er noch? 28. Und ſie ſprachen: es gehet deinem Knechte, unſerm Vater, wohl, er lebet noch, und ſie bückten und neigten ſich. 29. Und er erhob ſeine Augen, und ſahe Benjamin, ſeinen Bruder, den Sohn ſeiner Mutter, und ſprach: iſt das euer jüngſter Bruder, von welchem ihr mir ſagtet? Und er ſprach: Gott ſey dir gnädig, mein Sohn! 30. Und Joseph eilete, denn ſein Herz entbrannte gegen ſeinen Bruder, und ſuchte, wo er weinen konnte, und ging in das innere Gemach, und weinete daſelbſt. 30. Darnach wuſch er ſein Angeſicht, und ging heraus, und nahm ſich zuſammen, und ſprach: traget das Eſſen auf! 32. Und man trug für ihn beſonders auf, und für ſie beſonders, und auch für die Aegypter, welche mit ihm aßen, beſonders, denn die Aegypter dürfen nicht eſſen mit den Ebräern, denn das iſt den Aegyptern ein Greuel. 33. Und man ſetzte ſie vor ihm, den Erſtgebornen nach ſeiner Erſtgeburt, und den Jüngſten nach ſeiner Jugend, 34. und die Männer verwunderten ſich unter einander. Und man trug ihnen Speiſen auf von Josephs Tiſch, aber dem Benjamin fünfmal mehr als den andern, und ſie tranken und wurden trunken bey ihm.

Cap. XLIV.

Joſeph will Benjamin zurückbehalten; Verlegenheit ſeiner Brüder, beſonders Judas.

XLIV. 1. Und Joseph gebot dem, der über ſein Haus geſetzt war, und ſprach: fülle die Säcke der Männer mit Speiſe, ſo viel ſie führen können, und eines jeglichen Geld lege oben in seinen Sack, 2. und meinen silbernen Becher lege oben in den Sack des jüngsten, und auch das Geld für sein Getraide. Und er that, so wie ihm Joseph gesagt. 3. Als nun der Morgen anbrach, ließen sie die Männer ziehen mit ihren Eseln. 4. Und da sie zur Stadt hinaus und noch nicht fern waren, sprach Joseph zu dem, der über sein Haus gesetzt war: mache dich auf, jage den Männern nach, und ereile sie, und sprich zu ihnen: warum habt ihr Gutes vergolten mit Bösem? 5. Habt ihr nicht den Becher, woraus mein Herr trinket? — Er konnte es wohl errathen! .... Ihr habt übel daran gethan! 6. Und er erreichte sie, und redete zu ihnen auf solche Weise. 7. Und sie sprachen zu ihm: warum redet mein Herr auf solche Weise? Fern sey von deinen Knechten, dergleichen zu thun! 8. Stehe! das Geld, das wir oben in unsern Säcken gefunden, haben wir dir wiedergebracht aus dem Lande Canaan: wie sollten wir nun aus dem Hause deines Herrn gestohlen haben Silber oder Gold? 9. Bey wem er gefunden wird unter deinen Knechten, der sterbe, und wir wollen Knechte unsers Herrn werden. 10. Und er sprach: ja, wie ihr geredet, so soll es seyn, bey wem er gefunden wird, der soll mein Knecht seyn, ihr aber sollt ledig seyn. 11. Und sie eileten, und legten ein jeglicher seinen Sack ab auf die Erde, und ein jeglicher that seinen Sack auf. 12. Und er suchte, und hub an beym ältesten, und hörte auf beym jüngsten: da fand sich der Becher im Sacke Benjamins. 13. Da zerrißen sie ihre Kleider, und lud ein jeglicher auf seinen Esel, und zogen wieder in die Stadt. 14. Und Juda und seine Brüder gingen ins Haus Josephs, und er war noch daselbst, und sie fielen vor ihm nieder zur Erde. 15. Und Joseph sprach zu ihnen: was ist das für eine That, die ihr gethan? Wisset ihr nicht, daß es ein Mann, wie ich bin, wohl errathen konnte? 16. Und Juda sprach: was sollen wir sagen zu unserm Herrn? was sollen wir reden, und wie uns rechtfertigen? Gott hat die Missethat deiner Knechte gefunden: siehe! wir sind die Knechte meines Herrn, sowohl wir, als der, bey welchem der Becher gefunden worden. 17. Und er sprach: fern sey von mir, also zu thun! der Mann, bey welchem der Becher gefunden worden, der sey mein Knecht, ihr aber ziehet in Frieden hinauf zu eurem Vater. 18. Da trat Juda zu ihm, und sprach: höre mich, mein Herr! laß deinen Knecht ein Wort reden vor deinen Ohren, und dein Zorn entbrenne nicht gegen deinen Knecht, denn du bist gleich Pharao! 19. Mein Herr fragte seine Knechte, und sprach: habt ihr einen Vater oder Bruder? 20. Da sprachen wir zu unserm Herrn: wir haben einen alten Vater und einen jungen Bruder, in seinem Alter geboren, und sein Bruder ist todt, und er ist allein übergeblieben von seiner Mutter, und sein Vater hat ihn lieb. 21. Da sprachest du zu deinen Knechten: bringet ihn herab zu mir, ich will ihn mit meinen Augen betrachten. 22. Und wir sprachen zu meinem Herrn: der Knabe kann nicht seinen Vater verlassen; verließe er seinen Vater, so würde er sterben. 23. Da sprachest du zu deinen Knechten: wenn euer jüngster Bruder nicht herabkommt mit euch, so sollt ihr nicht mehr mein Angesicht sehen. 24. Und als wir hinaufzogen zu deinem Knechte, unserm Vater, so sagten wir ihm die Reden meines Herrn. 25. Da sprach unser Vater: ziehet wieder hin, und kaufet uns etwas Speise. 26. Und wir sprachen: wir können nicht hinabziehen; wenn unser jüngster Bruder mit uns ist, so wollen wir hinabziehen, denn wir können nicht das Angesicht des Mannes sehen, wo unser jüngster Bruder nicht mit uns ist. 27. Da sprach dein Knecht, mein Vater, zu uns: ihr wisset, daß mein Weib mir zween Söhne geboren. 28. Der eine ging hinaus von mir, und ich glaube, er ist zerrissen, und ich habe ihn nicht mehr gesehen bis hieher. 29. Nehmet ihr nun auch diesen hinweg von mir, und begegnet ihm ein Unglück, so bringet ihr meine grauen Haare mit Jammer hinunter in die Grube. 30. Nun, so ich käme zu deinem Knechte, meinem Vater, und der Knabe wäre nicht bey uns, da seine Seele an ihm hanget: 31. so wirds geschehen, wenn er siehet, daß der Knabe nicht da ist, so stirbt er, und deine Knechte bringen die grauen Haare deines Knechtes, unsers Vaters, mit Schmerzen in die Grube. 32. Denn dein Knecht ist für den Knaben Bürge geworden bey meinem Vater, und ich sprach: wenn ich ihn nicht zu dir bringe, so will ich die Schuld tragen gegen meinen Vater mein Leben lang. 33. So laß nun deinen Knecht anstatt des Knaben bleiben, als Knecht meines Herrn, und den Knaben hinauf ziehen mit seinen Brüdern. 34. Denn wie soll ich hinauf ziehen zu meinem Vater, wenn der Knabe nicht mit mir ist? Ich möchte nicht den Jammer sehen, welcher meinen Vater treffen würde.

Cap. XLV.

Joseph gibt sich seinen Brüdern zu erkennen, und entläßt sie mit einer Einladung an seinen Vater, nach Aegypten zu kommen.

XLV. 1. Da konnte Joseph sich nicht länger zurückhalten vor allen, die um ihn standen, und rief: lasset alle hinaus= gehen! Und es stand kein Mensch bey ihm, als Joseph sich zu erkennen gab vor seinen Brüdern. 2. Und er weinete laut, so daß es die Aegypter höreten, und daß es die Knechte Pha= raos höreten. 3. Und Joseph sprach zu seinen Brüdern: ich bin Joseph! lebet mein Vater noch? Und seine Brüder konnten ihm nicht antworten, denn sie waren bestürzt vor ihm. 4. Und Joseph sprach zu seinen Brüdern: tretet her zu mir! Und sie traten hinzu. Und er sprach: ich bin Joseph, euer Bruder, den ihr verkauft habt nach Aegypten. 5. Und nun ängstiget euch nicht, und entrüstet euch nicht, daß ihr mich verkauft habt hieher, denn zur Erhaltung eures Lebens hat mich Gott vor euch her gesandt. 6. Denn diese zwey Jahre ist Hunger gewesen im Lande, und noch sind fünf Jahre, in welchen weder Saat noch Ernte seyn wird. 7. Aber Gott hat mich vor euch her gesandt, um euer Leben zu fristen auf Erden, und euch zu erhalten durch eine große Errettung. 8. So habt nun nicht ihr mich hieher gesandt, sondern

Gott, und er hat mich zum Vater Pharaos und seines ganzen Hauses gemacht, und zum Herrscher des ganzen Landes
Aegypten. 9. Eilet und ziehet hinauf zu meinem Vater, und
saget ihm: also spricht dein Sohn Joseph: Gott hat mich
gemacht zum Herrn von ganz Aegypten, komme zu mir herab,
und säume nicht! 10. Du sollst im Lande Gosen wohnen,
und nahe bey mir seyn, du und deine Söhne und die Söhne
deiner Söhne und deine Schafe und deine Rinder und alles,
was dein ist. 11. Und ich will dich versorgen daselbst, denn
noch sind fünf Jahre Hunger, auf daß du nicht verderbest mit
deinem Hause und allem, was dein ist. 12. Siehe! eure
Augen sehen und die Augen meines Bruders Benjamin, daß
mein Mund mit euch redet. 13. Erzählet meinem Vater
alle meine Herrlichkeit in Aegypten, und alles, was ihr sehet,
und eilet, und bringet meinen Vater herab hieher. 14. Und
er fiel Benjamin, seinem Bruder, an den Hals, und weinete, und Benjamin weinete auch an seinem Halse. 15. Und
er küssete alle seine Brüder, und weinete an ihnen, und darnach redeten seine Brüder mit ihm.

16. Und das Gerücht kam ins Haus Pharaos, daß man
sagte: die Brüder Josephs sind gekommen. Und es gefiel
Pharao und seinen Knechten, 17. und Pharao sprach zu
Joseph: sage deinen Brüdern: thut also: beladet eure
Thiere, und ziehet hinauf ins Land Canaan, 18. und nehmet euren Vater und eure Familien, und kommet zu mir, ich
will euch das Beste des Landes Aegypten geben, und ihr sollt
das Mark des Landes essen. 19. Und dir ist es geboten;
thut also: nehmet euch aus dem Lande Aegypten Wagen für
eure Kinder und für eure Weiber, und führet euren Vater,
und kommet. 20. Und schonet nicht euer Geräthe,
denn das Beste des ganzen Landes soll euer seyn. 21. Und
die Söhne Israels thaten also, und Joseph gab ihnen Wagen
nach dem Wort Pharaos, und gab ihnen Zehrung auf den
Weg, 22. und gab ihnen allen einem jeglichen ein Ehren-
kleid, aber Benjamin gab er dreyhundert Seckel Silbers und

fünf Ehrenkleider. 23. Und seinem Vater sandte er gleichfalls
zehen Esel, beladen mit Gütern Aegyptens, und zehen Ese=
linnen, beladen mit Getraide und Brod und andern Speisen,
für seinen Vater auf den Weg. 24. Also entließ er seine
Brüder, und sie zogen hin, und er sprach zu ihnen: fürchtet
euch nicht unterweges *). 25. Also zogen sie hinauf aus
Aegypten, und kamen ins Land Canaan zu Jakob, ihrem
Vater. 26. Und sie erzähleten ihm, und sprachen: Joseph
lebet noch! und er ist Herrscher im ganzen Lande Aegypten.
Aber sein Herz blieb kalt, denn er glaubete ihnen nicht.
27. Und sie sagten ihm alle Worte Josephs, die er zu ihnen
gesagt, und er sahe die Wagen, die Joseph gesandt, um
ihn zu führen, da lebte der Geist Jakobs, ihres Vaters, auf.
28. Und Israel sprach: genug! Joseph, mein Sohn, lebet
noch! ich will hinziehen, und ihn sehen, bevor ich sterbe.

Cap. XLVI, 1 — 7.

Jakobs Abreise aus Canaan.

XLVI. 1. Und Israel brach auf mit allem, was sein
war, und kam nach Bersaba, und opferte dem Gott seines
Vaters Isaak. 2. Und Gott sprach zu Israel im Gesicht des
Nachts, und sagte: Jakob, Jakob! Und er sprach: hie bin ich!
3. Und er sprach: ich bin Gott, der Gott deines Vaters,
fürchte dich nicht hinabzuziehen nach Aegypten, denn daselbst
will ich dich zu einem großen Volke machen. 4. Ich will
mit dir hinabziehen nach Aegypten, und will dich auch her=
aufführen, und Joseph soll dir die Augen zudrücken. 5. Da
machte sich Jakob auf von Bersaba, und die Söhne Israels
führeten Jakob, ihren Vater, und ihre Kinder und ihre
Weiber auf den Wagen, welche Pharao gesandt, ihn zu
führen. 6. Und sie nahmen ihr Vieh und ihre Habe, welche
sie erworben im Lande Canaan, und kamen nach Aegypten,

---

*) And. Zanket euch nicht.

Jakob und all sein Same mit ihm; 7. seine Söhne und
die Söhne seiner Söhne mit ihm, seine Töchter und die
Töchter seiner Söhne und all seinen Samen brachte er mit
sich nach Aegypten.

Cap. LXVI, 8 — 27.
Liste der Familie Jakobs.

8. Und dies sind die Namen der Söhne Israels, die
nach Aegypten kamen: Jakob und seine Söhne: der Erstge-
borne Jakobs Ruben. 9. Und die Söhne Rubens: Hanoch,
Pallu, Hezron und Charmi. 10. Und die Söhne Simeons:
Jemuel, Jamin, Ohad, Jachin, Zohar und Saul, Sohn
einer Cananiterin. 11. Und die Söhne Levis: Gerson,
Kahath und Merari. 12. Und die Söhne Judas: Ger und
Onan und Sela und Perez und Serah. Aber Ger und
Onan starben im Lande Canaan. Und es waren die Söhne
Perez: Hezron und Hamul. 13. Und die Söhne Issaschars:
Thola und Phuwa und Job und Simron. 14. Und die
Söhne Sebulons: Sered und Elon und Jahleel. 15. Das
sind die Söhne Leas, die sie Jakob gebar in Mesopotamien,
nebst Dina, seiner Tochter. Alle Seelen seiner Söhne und
seiner Töchter waren drey und dreyßig. 16. Und die Söhne
Gads: Ziphion und Haggi, Suni und Ezbon, Eri und Arodi
und Areli. 17. Und die Söhne Assers: Jimna und Jesua
und Jesui und Bria und Sera, ihre Schwester. Und die
Söhne Brias: Heber und Malchiel. 18. Das sind die
Söhne Silpas, welche Laban Lea, seiner Tochter, gab, und
sie gebar diese dem Jakob, sechszehn Seelen. 19. Die Söhne
Rahels, des Weibes Jakobs: Joseph und Benjamin. 20. Und
Joseph wurden geboren im Lande Aegypten, welche ihm gebar
Asnath, die Tochter Potipheras, des Priesters zu On:
Manasse und Ephraim. 21. Und die Söhne Benjamins:
Bela und Becher, und Asbel, Gera und Naaman, Ehi und
Ros, Muppim und Huppim und Ard. 22. Das sind
die Söhne Rahels, welche Jakob geboren worden, allesamt

vierzehn Seelen.   23. Und die Söhne Dans: Husim.
24. Und die Söhne Naphthalis: Jahzeel und Guni und Jezer
und Sillem. 25. Das sind die Söhne Bilhas, welche Laban
Rahel, seiner Tochter, gab, und sie gebar diese dem Jakob,
allesamt siebzehen Seelen. 26. Alle Seelen, die mit Jakob nach
Aegypten kamen, die aus seinen Lenden hervorgegangen, (ausgenommen die Weiber seiner Söhne) alle Seelen waren sechs und
sechszig; 27. und die Söhne Josephs, welche ihm geboren worden
in Aegypten, waren zwo Seelen, also daß alle Seelen des Hauses Jakobs, die nach Aegypten kamen, siebenzig Seelen waren.

Cap. XLVI, 28 — XLVII, 12.

Ankunft Jakobs in Aegypten.   Er erhält Wohnung im
Lande Gosen.

28. Und er sandte Juda vor sich her zu Joseph, um es
vorher anzuzeigen, gen Gosen, und sie kamen ins Land Gosen.
29. Da spannete Joseph seinen Wagen an, und zog Israel
seinem Vater entgegen gen Gosen. Und da er ihn sahe, fiel
er um seinen Hals, und weinete an seinem Halse lange.
30. Da sprach Israel zu Joseph: nun will ich sterben, nachdem ich dein Angesicht gesehen, daß du noch lebest! 31. Und
Joseph sprach zu seinen Brüdern und zu seines Vaters Hause:
ich will hinauf ziehen, und es Pharao berichten, und zu ihm
sprechen: meine Brüder und meines Vaters Haus, die im
Lande Canaan waren, sind zu mir gekommen. 32. Und sie
sind Vieh-Hirten, und treiben Viehzucht, und ihre Schafe
und ihre Rinder und alles, was ihr ist, haben sie mitgebracht.
33. Wenn euch nun Pharao rufen lässet, und sagt: was ist
euer Gewerbe? 34. so saget: Viehzucht treiben deine Knechte
von Jugend auf bisher, sowohl wir als unsere Väter, auf daß
ihr wohnen möget im Lande Gosen. Denn alle Vieh-Hirten
sind den Aegyptern ein Greuel.

XLVII. 1. Also kam Joseph, und berichtete Pharao, und
sprach: mein Vater und meine Brüder und ihre Schafe und ihre
Rinder und alles, was ihr ist, sind gekommen aus dem Lande
Canaan, und siehe! sie sind im Lande Gosen. 2. Und er nahm

von seinen Brüdern fünf, und stellete sie vor Pharao. 3. Da sprach Pharao zu seinen Brüdern: was ist euer Gewerbe? Und sie sprachen zu Pharao: Vieh-Hirten sind deine Knechte, sowohl wir als unsere Väter. 4. Und sie sprachen zu Pharao: wir sind gekommen, uns im Lande aufzuhalten, denn es gibt keine Weide für die Schafe, so deine Knechte haben, denn der Hunger drücket schwer das Land Canaan; so laß nun deine Knechte im Lande Gosen wohnen. 5. Und Pharao sprach zu Joseph: dein Vater und deine Brüder sind zu dir gekommen. 6. Das Land Aegypten lieget offen vor dir, laß deinen Vater und deine Brüder im Besten des Landes wohnen, sie mögen im Lande Gosen wohnen, und wenn du weißt, daß wackere Männer unter ihnen sind, so mache sie zu Obersten der Heerde, welche ich habe. 7. Und Joseph brachte auch Jakob, seinen Vater, und stellete ihn vor Pharao, und Jakob segnete Pharao. 8. Und Pharao sprach zu Jakob: welches ist dein Alter? 9. Und Jakob sprach zu Pharao: die Tage meiner Wallfahrt sind hundert und dreißig Jahre, wenig und böse waren die Tage meines Lebens, und erreichen nicht die Lebenstage meiner Väter in ihrer Wallfahrt. 10. Und Jakob segnete Pharao, und ging weg von Pharao.

11. Also schaffte Joseph seinem Vater und seinen Brüdern Wohnung, und gab ihnen Besitzung im Lande Aegypten im Besten des Landes, im Lande Ramses, so wie Pharao geboten. 12. Und Joseph versorgte seinen Väter und seine Brüder und das ganze Haus seines Vaters mit Brod, nach Verhältniß der Kinder.

Cap. XLVII, 13 — 26.

Joseph erwirbt dem Könige das Eigenthum aller Länderenen in Aegypten.

13. Und es war kein Brod im ganzen Lande; denn der Hunger war sehr schwer, und es schmachtete das Land Aegypten und das Land Canaan vor Hunger. 14. Und Joseph brachte alles Geld zusammen, das sich fand im Lande Aegypten

und im Lande Canaan, für das Getraide, das sie kauften, und Joseph that alles Geld in den Schatz Pharaos. 15. Und das Geld nahm ab im Lande Aegypten und im Lande Canaan, da kamen alle Aegypter zu Joseph, und sprachen: gib uns Brod, warum sollen wir sterben vor deinen Augen? denn wir haben kein Geld mehr. 16. Und Joseph sprach: bringet euer Vieh, so will euch für euer Vieh Brod geben, wenn ihr kein Geld mehr habt. 17. Da brachten sie ihr Vieh zu Joseph, und er gab ihnen Brod für Pferde, für Schafvieh und für Rindvieh und für Esel, und also ernährete er sie mit Brod für ihr Vieh in demselben Jahre. 18. Und als dasselbe Jahr um war, kamen sie zu ihm im andern Jahre, und sprachen zu ihm: wir können es nicht verhehlen vor unserm Herrn, daß, da all unser Geld und unser Vieh dahin ist an unsern Herrn, nichts mehr übrig bleibt für unsern Herrn, denn unsere Leiber und unser Land. 19. Warum sollen wir sterben vor deinen Augen, wir und unser Land? Kaufe uns unser Land für Brod, und wir wollen die Knechte Pharaos seyn samt unserm Feld, und gib uns Samen, daß wir leben und nicht sterben, und das Land nicht wüste werde. 20. Also kaufte Joseph alles Land der Aegypter für Pharao, denn die Aegypter verkauften ein jeglicher sein Feld, denn es drängete sie der Hunger. 21. Also ward das Land Pharao eigen, und er versetzte das Volk in andere Städte, von einem Ende Aegyptens bis zum andern Ende. 22. Nur das Land der Priester kaufte er nicht, denn die Priester hatten ein Bestimmtes von Pharao, und sie aßen ihr Bestimmtes, welches ihnen Pharao gab, und verkauften nicht ihr Land. 23. Da sprach Joseph zum Volke: siehe! ich habe jetzo gekauft euch und euer Feld für Pharao, hier habt ihr Samen, und besäet das Feld. 24. Und bey der Ernte gebet den Fünften an Pharao, und vier Theile sollen euer seyn zum Samen des Feldes und zu eurer Speise und für euer Haus und Kinder. 25. Und sie sprachen: du erhältst uns beym Leben, möchten wir Gnade finden in den Augen unsers Herrn, wir wollen die Knechte Pharaos seyn! 26. Also machte es Joseph zu einem Rechte bis auf diesen Tag, daß die Aegypter den Fünften vom Lande Pharao geben; nur das Land der Priester allein ward nicht Pharao eigen.

Cap. XLVII, 27 — 31.

Jakob läßt Joseph schwören, ihn in Canaan zu begraben.

27. Und Israel wohnete im Lande Aegypten, im Lande Gosen, und sie faßten Besitz darinne, und waren fruchtbar, und mehreten sich sehr. 28. Und Jakob lebte im Lande Aegypten siebzehn Jahr, und das Alter Jakobs war hundert und sieben und vierzig Jahr. 29. Da nun die Tage Israels sich dem Tode naheten, rief er seinen Sohn Joseph, und sprach zu ihm: hab ich Gnade gefunden in den Augen, so lege deine Hand unter meine Hüfte, und thue an mir Liebe und Treue, und begrabe mich nicht in Aegypten; 30. sondern ich will liegen bey meinen Vätern, führe mich weg aus Aegypten, und begrabe mich in ihrem Begräbniße. Und er sprach: ich will thun, wie du gesagt. 31. Und er sprach: schwöre mir. Und er schwur ihm. Und Israel betete an zu Häupten seines Bettes.

Cap. XLVIII.

Jakobs Adoption des Ephraim und Manaffe; sein Segen; und Prophezeyung über sie.

XLVIII. 1. Und es geschahe nach diesen Dingen, da sagte man Joseph: siehe! dein Vater ist krank, und er nahm seine beyden Söhne mit sich, Manaffe und Ephraim. 2. Und man berichtete es Jakob, und sprach: siehe! dein Sohn Joseph kommt zu dir. Und Israel nahm sich zusammen, und setzte sich im Bette. 3. Und Jakob sprach zu Joseph: Gott der Allmächtige erschien mir zu Lus im Lande Canaan, und segnete mich, 4. und sprach zu mir: siehe! ich mache dich fruchtbar, und mehre dich, und mache dich zu einem Haufen Völker, und gebe dieses Land deinem Samen nach dir zur ewigen Besitzung. 5. So sollen nun deine beyden Söhne, die dir geboren sind im Lande Aegypten, ehe ich zu dir kam nach Aegypten, mein seyn; Ephraim und Manasse sollen mein seyn, wie Ruben und Simeon. 6. Aber deine Söhne, welche du gezeuget nach ihnen, sollen dein seyn, und nach dem Namen ihrer Brüder genannt werden in ihrer Besitzung. 7. Und da ich aus Mesopotamien kam, starb mir Rahel im Lande Canaan auf dem Wege, eine Meile Weges von Ephrath, und ich begrub sie daselbst auf dem Wege gen Ephrath (das ist Bethlehem). 8. Und Israel sahe die beyde Söhne Josephs, und sprach: wer sind diese? 9. Und Joseph sprach zu seinem Vater: meine Söhne sind es, welche mir Gott hier gegeben. Und er sprach: bringe sie zu mir, ich will sie segnen. 10. Denn die Augen Israels waren schwer vor Alter, er konnte nicht sehen. Und er brachte sie zu ihm. Und er küssete sie, und umarmete sie. 11. Und Israel sprach zu Joseph: ich hoffte nicht dein Angesicht zu sehen, und siehe! Gott hat mich auch deinen Samen sehen lassen. 12. Und Joseph führete sie weg von seinem Schooße, und sie neigeten sich *) vor seinem Angesicht zur Erde. 13. Und Joseph nahm sie beyde, Ephraim in seine Rechte, Israel zur Linken, und Manasse in seine Linke, Israel zur Rechten, und brachte sie zu ihm. 14. Aber Israel streckte seine Rechte aus, und legte sie auf das Haupt Ephraims, der war der jüngste, und seine Linke auf das Haupt Manasses, er legte mit Wissen seine Hand so **), obgleich Manasse der Erstgeborne war. 15. Und er segnete Joseph, und sprach: Gott, vor dem meine Väter Abraham und Isaak gewandelt, der Gott, der mich geleitet mein Leben lang bis auf diesen Tag, 16. der Engel, der mich erlöset von allem Uebel, segne die Knaben, es daure in ihnen mein Name und der Name meiner Väter Abrahams und Isaaks, und sie mögen sich mehren und ausbreiten im Lande! 17. Und Joseph sahe, daß sein Vater seine rechte Hand auf das Haupt Ephraims legte, und es mißfiel ihm, und er faßte die Hand seines Vaters, um sie vom Haupte

---

*) Nach Sam. LXX. Syr. Hebr. und er neigte sich.
**) And. und er überkreuzte die Hände.

Ephraims wegzuthun aufs Haupt Manasses, 18. und sprach
zu seinem Vater: nicht also mein Vater! denn dieser ist
der älteste, lege deine Rechte auf sein Haupt. 19. Aber
sein Vater weigerte sich, und sprach: ich weiß es mein Sohn,
ich weiß es! auch er wird ein Volk werden, auch er wird
groß seyn, aber sein jüngerer Bruder wird größer seyn denn
er, und sein Same wird eine Menge Völker werden! 20. Also
segnete er sie an demselben Tage, und sprach: mit deinem
Namen wird man in Israel segnen, und sagen: Gott mache
dich wie Ephraim und wie Manasse! und setzte also Ephraim
vor Manasse. 21. Und Israel sprach zu Joseph: siehe! ich
sterbe, und Gott wird mit euch seyn, und wird euch zurückführen ins Land eurer Väter. 22. Und ich gebe dir ein Theil
vor deinen Brüdern, das ich erobert von den Amoritern mit
meinem Schwert und meinem Bogen.

Cap. XLIX.

**Jakobs Segen an seine zwölf Söhne, sein letzter Wille in
Absicht seines Begräbnisses und sein Tod.**

XLIX. 1. Und Jakob rief seine Söhne, und sprach:

Versammlet euch, ich will euch verkünden,
  Was euch begegnen wird in der Folge der Zeiten.

2. Kommet zusammen, und höret, Söhne Jakobs,
  Höret auf Israel, euren Vater!

3. Ruben, mein Erstgeborner bist du,
  Meine Jugendkraft, Erstling meiner Stärke.
  Dein Vorzug an Würde, dein Vorzug an Macht —

4.   Dunst ist er wie Wasserdunst, *)
  Du sollst nicht vorgezogen seyn:
  Denn du bestiegest das Bette deines Vaters,
  Entweihtest mein Lager besteigend.

5. Simeon und Levi, Brüder sind sie,
  Werkzeuge des Frevels ihre Schwerter **).

---

*) Und. blähet sich wie Wasser auf.
**) Und. Werkzeuge des Frevels in ihren Anschlägen.

6. In ihren Rath gehe nicht ein meine Seele,
   Mit ihrer Versammlung eine sich nicht mein Herz!
   Denn in ihrem Zorn tödteten sie den Mann,
   Und in ihrem Gelüst entnervten sie den Stier.

7. Verflucht ihr Zorn, der so gewaltsam,
   Und ihr Grimm, der so hart!
   Ich vertheile sie unter Jakob,
   Und zerstreue sie unter Israel.

8. Juda, dich werden preißen deine Brüder,
   Deine Hand liegt auf dem Nacken deiner Feinde,
   Vor dir neigen sich die Söhne deines Vaters.

9. Ein junger Löwe ist Juda,
   Vom Raube, mein Sohn, wirst du wachsen,
   Er liegt, ruhet wie ein Löwe, eine Löwin,
   Wer reitzet ihn aufzustehen?

10. Nicht weichet das Scepter von Juda,
    Noch der Herrscherstab von seinen Füßen,
    Bis daß er kommt, dem es gebühret *),
    Und ihm gehorchen die Völker.

11. Er bindet an den Weinstock seinen Esel,
    An edle Reben seiner Eselin Sohn,
    Er wäschet in Wein sein Kleid,
    Und im Blut der Trauben sein Gewand:
    Roth sind seine Augen vom Wein,
    Und weiß seine Zähne von Milch.

13. Sebulon, am Gestade des Meeres wohnt er,
    Er wohnet am Gestade der Schiffe,
    Seine Hüfte lehnet an Sidon.

14. Issaschar, ein starkknochiger Esel,
    Ruhend zwischen Tränkrinnen,

15. Und er siehet, daß gut ist die Ruhe,
    Und daß lieblich das Land,

---

*) And. Bis man nach Silo kommt. And. Bis die Ruhe kommt And. So
lange Nachkommenschaft kommt.

Und er beuget seine Schulter zum Tragen,
Und wird ein Tagelöhner.

16. Dan wird richten sein Volk,
Wie einer der Stämme Israels.

17. Dan ist gleich der Schlange am Wege,
Dem Cerasten am Pfade,
Der da zersticht die Fersen des Pferdes,
Und es stürzet sein Reuter rücklings. —

18. Auf deine Hilfe hoffe ich, o Jehova! —

19. Gad, Haufen dringen auf ihn ein,
Und er dränget sie rückwärts.

20. Von Asser kommt fettes Brod,
Er gibt die Leckergerichte des Königs.

21. Naphthali, eine ausgebreitete Terebinthe ist er,
Er treibet prangende Zweige *).

22. Sohn eines fruchtbaren Baums ist Joseph,
Sohn eines Baums am Quell,
Seine Sproßen schießen über die Mauer **).

23. Und es befeinden ihn und schießen,
Und es hassen ihn die Meister der Pfeile.

24. Aber es bleibet fest sein Bogen,
Kraftvoll Arme und Hände. —
Aus der Hand des gewaltigen Jakobs,
Vom Führer, vom Felsen Israels,

25. Vom Gott deines Vaters, er half dir,
Vom Allmächtigen, er segnete dich,
Komme dir Segen des Himmels von obenher,
Segen der Tiefe unten,
Segen der Brüste und des Mutterleibs!

---

*) Nach Conject: Text: Naphthali eine ausgesandte Hindin, schöne Rede gebend.

**) Und. Sohn des fruchtbaren Schafes ist Joseph,
Sohn des fruchtbaren am Quell,
Die Töchter der Wüste belauern ihn.

26. Der Segen deines Vaters übersteige den Segen der
Berge,

Die Lust und Zierde der ewigen Hügel!

Er komme aufs Haupt Josephs,

Auf die Scheitel des Auserwählten seiner Brüder!

27. Benjamin, gleich dem Wolf raubt er,

Des Morgens verzehret er den Raub,

Am Abend theilt er die Beute.

28. Das sind die zwölf Stämme Israels, und das ist, was
ihr Vater zu ihnen geredet, und also segnete er sie, einen
jeglichen mit seinem besonderen Segen. 29. Und er gebot
ihnen, und sprach zu ihnen: ich gehe weg zu meinem Volke,
begrabet mich zu meinen Vätern in die Höle auf dem Felde
Ephrons, des Hethiters, 30. in die Höle auf dem Felde Makphela, vor Mamre, im Lande Canaan, welche Abraham gekauft samt dem Felde von Ephron, dem Hethiter, zum Eigenthum s Begräbniß. 31. Daselbst haben sie Abraham begraben
und Sara sein Weib, daselbst haben sie Isaak begraben und
Rebecka sein Weib, und daselbst habe ich Lea begraben,
32. auf das Feld und in die Höle darauf, erkauft von den
Söhnen Heths. 33. Und als Jakob vollendet, seinen Söhnen
zu gebieten, that er seine Füße zusammen aufs Bett, und verschied, und ging weg zu seinem Volke.

Cap. L.

Jakob wird bekrauert und begraben. Joseph stirbt.

L. 1. Da fiel Joseph auf seines Vaters Angesicht, und
weinete auf ihm, und küssete ihn. 2. Und Joseph gebot seinen
Knechten, den Aerzten, seinen Vater einzubalsamiren. Und
die Aerzte balsamirten Israel ein. 3. Und es vergingen vierzig
Tage, denn es vergehen vierzig Tage beym Balsamiren. Und
die Aegypter beweineten ihn siebenzig Tage. 4. Da nun die
Tage der Trauer vorüber waren, redete Joseph zu den Knechten Pharaos, und sprach: hab ich Gnade gefunden in euren
Augen, so redet mit Pharao, und sprecht: 5. mein Vater hat

mich schwören lassen, und gesagt: siehe! ich sterbe, begrabe
mich in meinem Begräbniße, welches ich mir gegraben im
Lande Canaan. So will ich nun hinauf ziehen, und meinen
Vater begraben, und zurückkehren. 6. Und Pharao sprach:
ziehe hinauf, und begrabe deinen Vater, wie du ihm geschworen. 7. Also zog Joseph hinauf, seinen Vater zu begraben, und es zogen mit ihm alle Knechte Pharaos, die
Aeltesten seines Hauses, und alle Aeltesten des Landes Aegypten, 8. und das ganze Haus Josephs und seine Brüder und
das Haus seines Vaters, nur ihre Kinder und ihre Schafe
und ihre Rinder ließen sie im Lande Gosen. 9. Und es zogen
auch mit ihm Wagen und Reuter, und der Zug war sehr
groß. 10. Und sie kamen an die Tenne Atad, welche jenseit
des Jordans lieget, und sie hielten daselbst eine sehr große
und feyerliche Klage, und er betrauerte seinen Vater sieben Tage.
11. Und da die Bewohner des Landes, die Cananiter, die
Klage bey der Tenne Atad sahen, sprachen sie: das ist eine
große Klage der Aegypter; darum nennt man den Namen
der Tenne: Klage der Aegypter, welche jenseit des
Jordans lieget. 12. Und es thaten ihm seine Söhne also,
wie er ihnen geboten. 13. Und seine Söhne führeten ihn
ins Land Canaan, und begruben ihn in die Höle des Feldes
Makphela, welche Abraham gekauft mit dem Felde zum Eigen-
thum-Begräbniß, von Ephron, dem Hethiter, vor Mamre.

14. Und Joseph kehrete zurück nach Aegypten, er und seine
Brüder und alle, die mit ihm hinaufgezogen, seinen Vater
zu begraben, nachdem er seinen Vater begraben. 15. Und als
die Brüder Josephs sahen, daß ihr Vater gestorben, dachten
sie: wenn nur Joseph uns nicht feind wird, und uns alles
Böse vergilt, was wir an ihm gethan! 16. Und sie ließen
Joseph sagen: dein Vater hat vor seinem Tode geboten, und
gesagt: 17. also sollt ihr sagen zu Joseph; o! vergib doch
das Vergehen deiner Brüder und ihre Sünde, daß sie Böses
an dir gethan. Und so vergib nun das Vergehen der Diener
des Gottes deines Vaters. Und Joseph weinete, als sie solches

ihm sagen ließen. 18. Und es kamen auch seine Brüder
selbst, und fielen vor ihm nieder, und sprachen: siehe! wir
sind deine Knechte! 19. Da sprach Joseph zu ihnen: fürchtet
euch nicht, denn stehe ich nicht selbst unter Gott? 20. Ihr
ersannet Böses gegen mich, Gott aber wandte es zum Guten,
indem er that, wie es jetzo ist, um viel Volk beym Leben
zu erhalten. 21. So fürchtet euch nun nicht, ich will euch
versorgen samt euren Kindern. Und er tröstete sie, und
redete freundlich mit ihnen. 22. Also wohnete Joseph in
Aegypten, samt dem Hause seines Vaters, und er lebte hundert und zehen Jahr. 23. Und er sahe von Ephraim Söhne
bis ins dritte Glied, und die Söhne Machirs, des Sohnes
Manasses, wurden auf seinem Schooße geboren. 24. Und
Joseph sprach zu seinen Brüdern: ich sterbe, und Gott wird
nach euch sehen, und euch hinaufführen aus diesem Lande
ins Land, das er Abraham, Isaak und Jakob geschworen.
25. Und Joseph ließ die Söhne Israels schwören, und
sprach: wenn Gott nach euch sehen wird, so führet meine Gebeine hinauf von hier. 26. Also starb Joseph, alt hundert und
zehen Jahr, und sie balsamirten ihn ein, und legten ihn in
eine Lade in Aegypten.

Ende des ersten Buchs Mose.

Das zweyte

Buch Mose.

~~~~~~~~

Cap. I.

Namen der Söhne Israels, ihre Vermehrung und
Unterdrückung.

I. 1. Dieß sind die Namen der Söhne Israels, die nach
Aegypten kamen mit Jakob, ein jeglicher kam mit seinem
Hause: 2. Ruben, Simeon, Levi, Juda, 3. Issaschar, Sebulon, Benjamin, 4. Dan, Naphthali, Gad, Asser. 5. Und
es waren alle Seelen, die hervorgegangen aus den Lenden
Jakobs, siebenzig Seelen, und Joseph war schon in Aegypten.
6. Und Joseph starb, und alle seine Brüder und dasselbige
ganze Geschlecht. 7. Und die Söhne Israels waren fruchtbar, und mehreten sich, und breiteten sich aus, und wurden
sehr stark, und das Land ward voll von ihnen. 8. Da stand
ein neuer König auf in Aegypten, welcher nichts wußte von
Joseph. 9. Und er sprach zu seinem Volke: siehe! das Volk
der Söhne Israels ist größer und stärker denn wir; 10. wohlan!
wir wollen klug seyn gegen sie, daß sie sich nicht mehren,
und daß sie nicht, wenn ein Krieg gegen uns entstände, sich
mit unsern Feinden verbinden, und wider uns streiten, und
wegziehen aus dem Lande. 11. Und sie setzten über sie Frohn-

vögte, um sie zu unterdrücken durch schwere Arbeiten, und sie mußten dem Pharao Städte bauen, in denen er seine Vorrathshäuser hatte, Pithom und Ramses. 12. Aber so wie sie das Volk drückten, also mehrete es sich, und breitete sich aus, und sie fürchteten sich vor den Söhnen Israels. 13. Und die Aegypter zwangen die Söhne Israels zur Arbeit mit Grausamkeit, 14. und verbitterten ihnen das Leben mit harter Arbeit in Thon und Ziegeln, mit allerley Arbeit auf dem Felde, und mit allerley anderer Arbeit, welche sie ihnen auflegten mit Grausamkeit. 15. Und der König von Aegypten sprach zu den ebräischen Wehmüttern, der Name der einen Siphra, und der Name der andern Pua, 16. und sprach: wenn ihr den Ebräerinnen bey der Geburt helfet, und sehet über der Badewanne *), daß es ein Sohn ist, so tödtet ihn, wenn es aber eine Tochter ist, so mag sie leben. 17. Aber es fürchteten die Wehmütter Gott, und thaten nicht, wie der König von Aegypten zu ihnen gesagt, und ließen die Kinder leben. 18. Da rief der König von Aegypten die Wehmütter, und sprach zu ihnen: warum thut ihr solches, und lasset die Kinder leben? 19. Und die Wehmütter sprachen zu Pharao: die Ebräerinnen sind nicht wie die ägyptischen Weiber, denn sie sind kräftig, ehe die Wehmutter zu ihnen kommt, haben sie geboren. 20. Und Gott that den Wehmüttern Gutes, und es mehrete sich das Volk, und ward sehr stark. 21. Und da die Wehmütter Gott fürchteten, so bauete er ihnen Häuser. 22. Da gebot Pharao seinem ganzen Volke, und sprach: alle Söhne, die geboren werden, werfet in den Nilstrom, aber alle Töchter sollen leben.

Cap. II.

Moses Geburt, Auferziehung, Flucht und Heyrath.

II. 1. Und es ging hin ein Mann vom Hause Levis, und nahm eine Tochter Levis. 2. Und das Weib ward schwanger,

---

*) Gew. Geburtsstuhl.

und gebar einen Sohn, und da sie sahe, daß er schön war, verbarg sie ihn drey Monden. 3. Und da sie ihn nicht länger verbergen konnte, nahm sie ein kleines Schiff von Rohr, und verklebete es mit Harz und Pech, und legte den Knaben hinein, und setzte es ins Schilf am Ufer des Nilstromes. 4. Und seine Schwester stellete sich von ferne, zu sehen, was ihm geschähe. 5. Da kam die Tochter Pharaos herab, um im Strome zu baden, und ihre Jungfrauen gingen am Ufer des Stromes, und sie sahe das kleine Schiff im Schilf, und sandte eine Magd, und ließ es holen. 6. Und sie that es auf, und sahe das Kind, und siehe! der Knabe weinete, und sie erbarmte sich seiner, und sprach: das ist eins von den Kindern der Ebräer! 7. Da sprach seine Schwester zur Tochter Pharaos: soll ich gehen, und dir ein säugendes Weib rufen von den Ebräerinnen, daß sie den Knaben säuge? 8. Und die Tochter Pharaos sprach zu ihr: gehe! Und die Jungfrau ging hin, und rief die Mutter des Kindes. 9. Und die Tochter Pharaos sprach zu ihr: nimm dieses Kind, und säuge es mir, ich will dir deinen Lohn geben. Und das Weib nahm das Kind, und säugete es. 10. Und da das Kind groß war, brachte sie es zur Tochter Pharaos, und es ward ihr Sohn, und sie nannte seinen Namen Mose, denn sie sprach: aus dem Wasser habe ich ihn gezogen. 11. Und es geschähe in jenen Tagen, als Moses groß war, da ging er aus zu seinen Brüdern, und sahe ihre schwere Arbeit, und sahe einen ägyptischen Mann, wie er einen Ebräer, einen seiner Brüder, schlug. 12. Und er sahe sich um ringsher, und da er sahe, daß kein Mensch da war, erschlug er den Aegypter, und verbarg ihn im Sande. 13. Und am andern Tage ging er wieder aus, und siehe! zween ebräische Männer zanketen sich, und er sprach zu dem, der Unrecht hatte: warum schlägest du deinen Bruder? 14. Und er sprach: wer hat dich zum Obersten und Richter gesetzt über uns? Gedenkest du mich auch zu tödten, so wie du den Aegypter getödtet? Da fürchtete sich Mose, und sprach: sicher ist die Sache bekannt worden! 15. Und Pharao hörete die Sache, und trachtete Mose zu tödten, und Mose flohe vor Pharao, und wohnete im Lande Midian, und wohnete an einem Brunnen. 16. Und der Priester in Midian hatte sieben Töchter, die kamen, und schöpften, und fülleten die Rinnen, um die Schafe ihres Vaters zu tränken. 17. Da kamen die Hirten, und trieben sie weg, und Mose stand auf, und half ihnen, und tränkete ihre Schafe. 18. Da sie nun zu Reguel, ihrem Vater, kamen, sprach er: warum kommet ihr so bald heute? 19. Und sie sprachen: ein ägyptischer Mann half uns von den Hirten, und schöpfte uns auch, und tränkete die Schafe. 20. Da sprach er zu seinen Töchtern: und wo ist er? Warum habt ihr den Mann zurückgelassen? Rufet ihn, daß er mit uns esse! 21. Und Mose gefiel es bey dem Manne zu bleiben, und er gab Mosen Zippora, seine Tochter. 22. Und sie gebar einen Sohn, und er nannte seinen Namen Gersom, denn er sprach: Fremdling bin ich in einem fremden Lande. 23. Und es geschahe nach langer Zeit, da starb der König von Aegypten, und die Söhne Israels seufzeten über die Arbeit, und schrieen, und ihr Geschrey stieg empor zu Gott über ihre Arbeit. 24. Und Gott hörete ihr Wehklagen, und Gott gedachte seines Bundes mit Abraham, mit Isaak und mit Jakob. 25. Und Gott sahe auf die Kinder Israels, und wußte um sie.

Cap. III. IV, 1 — 18.

Mose wird von Jehova, der ihm erscheint, berufen, die Kinder Israel aus Aegypten zu führen, und geht, mit Wundern ausgerüstet, nach Aegypten.

III. 1. Und Mose hütete die Schafe Jethros, seines Schwiegervaters, des Priesters in Midian, und er führete die Schafe hinter in die Wüste, und kam an den Berg Gottes Horeb. 2. Da erschien ihm der Engel Jehovas in einer Feuerflamme aus einem Dornbusche, und er schauete, und siehe! der Dornbusch brannte mit Feuer, und ward nicht verzehret. 3. Da sprach Mose: ich will doch hingehen, und diese große

Erscheinung schauen, warum der Dornbusch nicht verbrennet! 4. Da aber Jehova sahe, daß er hinging zu sehen, rief ihm Gott aus dem Dornbusche, und sprach: Mose, Mose! und er sprach: hie bin ich. 5. Und er sprach: nahe nicht herzu, zeuch deine Schuhe aus von deinen Füßen, denn der Ort, worauf du stehest, ist heiliges Land. 6. Und er sprach: ich bin der Gott deines Vaters, der Gott Abrahams, der Gott Isaaks und der Gott Jakobs. Da verhüllete Mose sein Antlitz, denn er fürchtete sich Gott anzuschauen. 7. Und Jehova sprach: ich habe das Elend meines Volkes in Aegypten gesehen, und habe ihr Geschrey gehöret über ihre Treiber, ich kenne ihre Leiden. 8. Und ich komme herab, sie zu erretten von den Aegyptern, und sie hinwegzuführen aus diesem Lande in ein gut und geräumig Land, in ein Land, fließend von Milch und Honig, in den Wohnplatz der Cananiter, Hethiter, Amoriter, Pheresiter, Heviter und Jebusiter. 9. Und nun, da das Geschrey der Söhne Israels vor mich gekommen, und ich den Druck gesehen, wie sie die Aegypter drücken: 10. so gehe nyn hin, ich will dich zu Pharao senden, und führe mein Volk, die Söhne Israels, hinweg aus Aegypten, 11. Da sprach Mose zu Gott: wer bin ich, daß ich soll zu Pharao gehen, und die Söhne Israels aus Aegypten führen? 12. Und Gott sprach: ich will mit dir seyn; und dieß sey dir das Zeichen, daß ich dich sende: wenn du das Volk aus Aegypten geführet, so werdet ihr Gott dienen auf diesem Berge. 13. Und Mose sprach zu Gott: siehe! wenn ich zu den Söhnen Israels komme, und spreche zu ihnen: der Gott eurer Väter sendet mich zu euch, und sie sagen zu mir: welches ist sein Name? was soll ich ihnen antworten? 14. Und Gott sprach zu Mose: ich bin, der ich bin: und er sprach: so sollst du sagen zu den Söhnen Israels: ich bin, [der ich bin] hat mich gesandt zu euch. 15. Und Gott sprach wiederum zu Mose: so sollst du sagen zu den Söhnen Israels: Jehova, der Gott eurer Väter, der Gott Abrahams, der Gott Isaaks und der Gott Jakobs, sendet mich zu euch, das ist mein Name in

Ewigkeit, so soll man mich nennen auf Geschlecht und Geschlecht.
16. Gehe hin und versammle die Aeltesten Israels, und sprich
zu ihnen: Jehova, der Gott eurer Väter, ist mir erschienen,
der Gott Abrahams, Isaaks und Jakobs, und hat gesagt:
ich habe nach euch gesehen, und gesehen, was euch geschieht in
Aegypten. 17. Und ich will euch wegführen aus dem Elend
Aegyptens ins Land der Cananiter, Hethiter, Amoriter, Pheresiter, Heviter und Jebusiter, in ein Land, fließend von
Milch und Honig. 18. Und hören sie deine Stimme, so gehe
du und die Aeltesten Israels zum Könige von Aegypten, und
saget zu ihm: Jehova, der Gott der Ebräer, ist uns erschienen, und nun laß uns drey Tagereisen wegziehen in
die Wüste, und Jehova, unserm Gott, opfern. 19. Aber
ich weiß, daß der König von Aegypten euch nicht ziehen lassen
wird, außer durch starke Hand. 20. Und ich werde meine
Hand ausstrecken, und Aegypten schlagen mit allerley Wundern, welche ich darinnen thun werde, und darnach wird er
euch ziehen lassen. 21. Und ich will diesem Volke Huld bey
den Aegyptern geben, und wenn ihr ziehen werdet, sollt ihr
nicht leer ziehen. 22. Denn jegliches Weib soll von ihrer
Nachbarin oder Hausgenossin silberne und güldene Gefäße und
Kleider fordern, die sollt ihr auf eure Söhne und Töchter legen,
und so die Aegypter berauben.

IV. 1. Und Mose antwortete und sprach: siehe! sie werden
mir nicht glauben, und meine Stimme nicht hören, denn sie
werden sagen: Jehova ist dir nicht erschienen. 2. Da sprach
Jehova zu ihm: was ist das in deiner Hand? Und er sprach:
ein Stab! 3. Und er sprach: wirf ihn auf die Erde. Und
er warf ihn auf die Erde, da ward er zur Schlange, und
Mose floh vor ihr. 4. Und Jehova sprach zu Mose: strecke
deine Hand aus, und ergreife sie beym Schwanze, da streckete
er seine Hand aus, und ergriff sie, und sie ward zum Stabe
in seiner Hand. 5. Damit sie glauben [sprach Gott], daß
dir Jehova erschienen, der Gott ihrer Väter, der Gott
Abrahams, der Gott Isaaks und der Gott Jakobs. 6. Und

Jehova sprach zu ihm wiederum: stecke deine Hand in deinen
Busen! Und er steckete seine Hand in seinen Busen, und zog
sie heraus, und siehe! seine Hand war aussätzig wie Schnee.
7. Und er sprach: stecke deine Hand wieder in deinen Busen!
Und er steckete seine Hand wieder in seinen Busen, und zog sie
heraus aus seinem Busen, und siehe! sie war wieder wie sein
Fleisch. 8. Und wenn sie dir nicht glauben, und nicht auf
das erste Zeichen hören, so werden sie dem andern Zeichen
glauben. 9. Und wenn sie auch diesen beyden Zeichen nicht
glauben, und nicht deine Stimme hören, so nimm vom Wasser des Nilstroms, und geuß es aufs Trockene, und das Wasser, welches du aus dem Strome nimmst, wird zu Blut werden auf dem Trockenen. 10. Und Mose sprach zu Jehova:
ach! Herr, ich bin kein Mann von Worten von jeher, und
seit du redest zu deinem Knechte, denn schwer von Mund und
schwer von Zunge bin ich! 11. Da sprach Jehova zu ihm:
wer gibt dem Menschen den Mund, oder wer macht stumm
oder taub oder sehend oder blind? nicht ich Jehova? 12. So
gehe nun hin, ich will mit deinem Munde seyn, und will
dich lehren, was du sagen sollst. 13. Und er sprach: ach!
Herr, sende einen andern, wen du senden willst. 14. Da
entbrannte der Zorn Jehovas über Mose, und er sprach:
weiß ich nicht von Aaron, deinem Bruder, dem Leviten, daß
er beredt ist? Und siehe! er wird dir entgegenkommen, und
wenn er dich siehet, wird er sich von Herzen freuen. 15. Zu
diesem sollst du reden, und die Worte in seinen Mund legen,
und ich will mit deinem Munde seyn und mit seinem Munde,
und will euch lehren, was ihr thun sollt. 16. Und er soll für
dich reden zum Volke, und dein Mund seyn, und du sollst
sein Gott seyn. 17. Und diesen Stab nimm in deine Hand,
mit welchem du die Zeichen thun sollst. 18. Da ging Mose hin,
und kam zurück zu Jethro, seinem Schwiegervater, und sprach
zu ihm: laß mich ziehen und zurückkehren zu meinen Brüdern
in Aegypten, daß ich sehe, ob sie noch am Leben sind. Und
Jethro sprach zu Mose: ziehe hin in Frieden.

Cap. IV, 19 — 31.

Neue Eröffnungen Jehovas an Mose, seine Abreise und Ankunft in Aegypten.

19. Und Jehova sprach zu Mose in Midian: zeuch hin, und kehre wieder nach Aegypten, denn es sind gestorben alle die Leute, die nach deinem Leben standen.

20. Und Mose nahm sein Weib und seine Söhne, und setzte sie auf einen Esel, und kehrete ins Land Aegypten, und nahm den Stab Gottes in seine Hand.

21. Und Jehova sprach zu Mose: wenn du wegziehest, und nach Aegypten zurückkehrest, so siehe zu, daß du alle die Wunder, die ich in deine Hand geleget, vor Pharao thuest; ich aber will sein Herz verstocken, daß er das Volk nicht ziehen lassen wird. 22. Und du sollst zu Pharao sagen: so spricht Jehova: Israel ist mein erstgeborner Sohn, 23. und ich gebiete dir: laß meinen Sohn ziehen, daß er mir diene; weigerst du dich, ihn ziehen zu lassen, siehe! so tödte ich deinen erstgebornen Sohn.

24. Und es geschah unterweges in der Herberge, da kam Gott über ihn [Mose], und wollte ihn tödten. 25. Da nahm Zippora ein Messer, und beschnitt die Vorhaut ihres Sohnes, und berührete seine Scham *), und sprach: ein Blutbräutigam bist du mir! 26. Da ließ er ab von ihm. Sie sprach aber Blutbräutigam der Beschneidung halber.

27. Und Jehova sprach zu Aaron: gehe Mosen entgegen in die Wüste. Und er ging, und begegnete ihm am Berge Gottes, und küssete ihn. 28. Und Mose erzählete Aaron alle Worte Jehovas, wie er ihn gesandt, und alle die Zeichen, die er ihm befohlen. 29. Und sie zogen hin, Mose und Aaron, und versammleten alle die Aeltesten der Söhne Israels. 30. Und Aaron redete alle die Worte, welche Jehova geredet zu Mose, und er that die Zeichen vor dem Volke. 31. Und das Volk

---

*) Und. und warfs vor seine Füße.

glaubete, und da sie höreten, daß Jehova nach den Söhnen Israels sehe, und daß er ihr Elend schaue, bückten sie sich und beteten an.

Cap. V.

Mose gehet zu Pharao, wird von ihm abgewiesen, und das Volk noch mehr gedrückt.

V. 1. Und darnach gingen Mose und Aaron zu Pharao, und sprachen: so spricht Jehova, der Gott Israels: laß mein Volk ziehen, daß sie mir ein Fest feyern in der Wüste. 2. Und Pharao sprach: wer ist Jehova, daß ich seiner Stimme gehorchen soll, und Israel ziehen lassen? Ich kenne Jehova nicht, und lasse Israel nicht ziehen. 3. Und sie sprachen: der Gott der Ebräer ist uns erschienen, laß uns drey Tagereisen wegziehen in die Wüste, und Jehova opfern, unserm Gott, damit er nicht über uns komme mit Pestilenz oder Schwert. 4. Da sprach der König von Aegypten zu ihnen: warum, Mose und Aaron, wollt ihr das Volk frey machen von seiner Arbeit? Gehet hin an eure Dienste! 5. Und Pharao sprach: siehe! des Volks ist schon zu viel im Lande, und ihr wollt sie noch feyern lassen von ihrem Dienst! 6. Und Pharao gebot desselben Tages den Vögten des Volks und seinen Vorstehern, und sprach: 7. ihr sollt nicht mehr dem Volke Stroh geben, Ziegeln zu machen, wie seither, sie sollen selbst gehen, und sich das Stroh zusammenstoppeln. 8. Aber das Maaß der Ziegeln, welche sie gemacht seither, sollt ihr ihnen auflegen, ihr sollt nichts davon mindern, denn sie sind müssig, darum schreyen sie, und sagen: wir wollen hinziehen, und unserm Gott opfern. 9. Die Arbeit muß die Leute drücken, daß sie zu schaffen haben, und sich nicht kehren an Worte des Truges. 10. Da gingen die Vögte des Volkes und seine Vorsteher aus, und sprachen zum Volke: so spricht Pharao: man gibt euch nicht mehr Stroh; 11. ihr selbst sollt gehen, und euch Stroh holen, wo ihrs findet, aber nichts wird gemindert an eurer Arbeit. 12. Da zerstreuete sich das Volk im ganzen Lande

Aegypten, um Stoppeln zu stoppeln zu Stroh. 13. Und die Vögte trieben sie, und sprachen: vollendet eure Arbeit Tag für Tag, so wie, da ihr Stroh hattet. 14. Und man schlug die Vorsteher der Söhne Israels, welche die Vögte Pharaos über sie gesetzt, und sprach: warum habt ihr nicht euer Maaß Ziegeln vollendet weder heute, noch gestern, wie seither? 15. Da kamen die Vorsteher der Söhne Israels, und schrieen zu Pharao, und sprachen: warum thust du also an deinen Knechten? 16. Man gibt deinen Knechten kein Stroh, und doch sagen sie zu uns: ihr müßt Ziegeln machen, und siehe! deine Knechte werden geschlagen, und es ist die Schuld deines Volkes. 17. Und er sprach: müssig seyd ihr, darum saget ihr, wir wollen gehen, und Jehova opfern. 18. So gehet nun hin und arbeitet, Stroh soll man euch nicht geben, aber das Maaß der Ziegeln müßt ihr liefern. 19. Da sahen die Vorsteher der Söhne Israels, daß es ihnen schlimm ging, weil man sagte: es soll nichts an euren Ziegeln fehlen Tag für Tag. 20. Und sie trafen zu Mose und Aaron, die da standen, und sie erwarteten, wenn sie herauskämen von Pharao, 21. und sie sprachen zu ihnen: Jehova sehe auf euch, und richte es, daß ihr uns den Haß Pharaos und seiner Knechte zugezogen, und ihnen das Schwert in die Hand gegeben, uns zu tödten! 22. Da kam Mose wieder zu Jehova, und sprach: Herr, warum thust du so übel an diesem Volke, warum hast du mich gesandt? 23. Denn seitdem ich zu Pharao gegangen, zu reden in deinem Namen, thut er ärger an dem Volke, und du hast dein Volk nicht errettet! VI. 1. Und Jehova sprach zu Mose: nun sollst du sehen, was ich thun will an Pharao, durch eine starke Hand soll er sie ziehen lassen, durch eine starke Hand soll er sie wegtreiben aus seinem Lande.

Cap. VI, 6 — 13.
Wiederholte Befehle Gottes an Mose.

2. Und Gott redete zu Mose, und sprach zu ihm: ich bin Jehova. 3. Und ich erschien Abraham, Isaak und Jakob als

Gott der Allmächtige, aber mein Name Jehova ward ihnen nicht bekannt. 4. Und ich habe einen Bund mit ihnen geschlossen, ihnen das Land Canaan zu geben, das Land ihres Aufenthaltes, worin sie sich aufgehalten. 5. Und ich habe die Wehklage der Söhne Israels gehöret, welche die Aegypter zu arbeiten zwingen, und ich gedenke meines Bundes. 6. Darum sprich zu den Söhnen Israels: ich bin Jehova, und ich will euch wegführen vom Dienst Aegyptens, und will euch erretten von ihren Arbeiten, und will euch erlösen mit ausgerecktem Arme und mit großen Gerichten, 7. und ich will euch annehmen zu meinem Volke, und will euer Gott seyn, und ihr sollt wissen, daß ich es bin, Jehova, euer Gott der euch wegführet vom Dienst Aegyptens. 8. Und ich will euch in das Land bringen, welches ich meine Hand erhoben Abraham, Isaak und Jakob zu geben, und will es euch geben zur Besitzung, ich Jehova. 9. Und Mose redete also zu den Söhnen Israels, aber sie hörten nicht auf Mose vor Angst des Herzens, und vor harter Arbeit.

10. Und Jehova redete zu Mose, und sprach: gehe zu Pharao, dem Könige von Aegypten, und rede mit ihm, daß er die Söhne Israels ziehen lasse aus seinem Lande. 12. Und Mose redete vor Jehova, und sprach: siehe! die Söhne Israels hören nicht auf mich, wie soll mich Pharao hören? Auch bin ich von unbeschnittenen Lippen.

13. Und Jehova redete zu Mose und Aaron, und ordnete sie ab an die Söhne Israels, und an Pharao, König von Aegypten, um die Söhne Israels wegzuführen aus Aegypten.

Cap, VI, 14 — 27.
Moses und Aarons Genealogie.

14. Dieß sind die Häupter ihrer Stammhäuser. Die Söhne Rubens, des Erstgebornen Israels: Hanoch, Pallu, Hezron, Charmi. Dieß sind die Geschlechter Rubens. 15. Und die Söhne Simeons: Jemuel, Jamin, Ohad, Jachin, Zohar, und Saul, Sohn einer Cananiterin. Dieß sind die

Geschlechter Simeons. 16. Und dieß sind die Namen der Söhne Levis nach ihren Geschlechtern: Gerson, Kahath, Merari. Und das Alter Levis war hundert und sieben und dreißig Jahr. 18. Die Söhne Gersons: Libni und Simei nach ihren Geschlechtern. 18. Und die Söhne Kahaths: Amram, Jezear, Hebron, Ussel. Und das Alter Kahaths war hundert und drey und dreißig Jahr. 19. Und die Söhne Meraris: Maheli und Musi. Dieß sind die Geschlechter Levis nach ihrer Abstammung. 20. Und Amram nahm Jochebed, seine Muhme, sich zum Weibe, und sie gebar ihm Aaron und Mose. Und das Alter Amrams war hundert und sieben und dreißig Jahr. 21. Und die Söhne Jezears: Korah, Nepheg und Sichri. 22. Und die Söhne Ussels: Miseel, Elzaphan und Sithri. 23. Und Aaron nahm Eliseba, die Tochter Amminadabs, die Schwester Nahassons, sich zum Weibe, und sie gebar ihm Nadab und Abihu, Eleasar und Ithamar. 24. Und die Söhne Korahs: Assir und Elkana, und Abiassaph, dieß sind die Geschlechter der Korahiter. 25. Und Eleasar, ein Sohn Aarons, nahm sich eine von den Töchtern Putiels zum Weibe, und sie gebar ihm Pinehas. Dieß sind die Stammhäupter der Leviten nach ihren Geschlechtern. 26. Das ist der Mose und Aaron, zu welchen Jehova sprach: führet die Söhne Israels aus dem Lande Aegypten mit ihrem Heer. 27. Sie sind es, welche zu Pharao, dem Könige von Aegypten, redeten, um die Söhne Israels wegzuführen aus Aegypten, das ist der Mose und Aaron.

Cap. VI, 28 — VII, 7.
Wiederholte Beauftragung Moses und Aarons.

28. Und es geschahe, als Jehova zu Mose redete im Lande Aegypten, 29. da redete Jehova zu Mose, und sprach: ich bin Jehova. Rede zu Pharao, König von Aegypten, alles, was ich zu dir rede. 30. Und Mose sprach vor Jehova: siehe! ich bin von unbeschnittenen Lippen, wie wird mich Pharao hören?

VII. 1. Und Jehova sprach zu Mose: siehe! ich habe dich zum Gott gesetzt über Pharao, und Aaron, dein Bruder, soll dein Prophet seyn. 2. Du sollst ihm sagen alles, was ich dir gebiete, und Aaron, dein Bruder, soll es zu Pharao sagen, damit er die Söhne Israels ziehen lasse aus seinem Lande. 3. Aber ich will Pharaos Herz verhärten, daß ich meiner Zeichen und meiner Wunder viel thue im Lande Aegypten. 4. Pharao wird nicht auf euch hören, und ich will meine Hand auf Aegypten legen, und mein Heer, mein Volk, die Söhne Israels, wegführen aus dem Lande Aegypten durch große Gerichte. 5. Und die Aegypter sollen erfahren, daß ich Jehova bin, wenn ich meine Hand ausstrecke über Aegypten, und die Söhne Israels wegführe aus ihrer Mitte. 6. Und Mose und Aaron thaten es; so wie Jehova ihnen geboten, also thaten sie. 7. Und Mose war achtzig Jahr alt, und Aaron drey und achtzig Jahr alt, als sie mit Pharao redeten.

Cap. VII, 8 — 25.

Verwandlung des Stabes in eine Schlange und des Wassers in Blut.

8. Und Jehova sprach zu Mose und zu Aaron: 9. wenn Pharao zu euch redet, und spricht: thuet ein Wunder, so sprich zu Aaron: nimm deinen Stab, und wirf ihn hin vor Pharao, daß er zur Schlange werde. 10. Da gingen Mose und Aaron zu Pharao, und thaten also, so wie ihnen Jehova geboten, und Aaron warf seinen Stab hin vor Pharao und vor seinen Knechten, und er ward zur Schlange. 11. Da rief Pharao die Weisen und Zauberer, und auch sie, die Zeichendeuter Aegyptens, thaten mit ihren Künsten also. 12. Und sie warfen ein jeglicher seinen Stab hin, und sie wurden zu Schlangen, aber der Stab Aarons verschlang ihre Stäbe. 13. Und Pharaos Herz blieb hart, und er hörete sie nicht, so wie Jehova geredet. 14. Da sprach Jehova zu Mose: Pharaos Herz ist hart, er weigert sich, das Volk ziehen zu lassen. 15. Gehe zu Pharao am Morgen, siehe! er wird ans Wasser gehen, und tritt ihm

entgegen ans Ufer des Stromes, und den Stab, der zur Schlange verwandelt worden, nimm in deine Hand, 16. und sprich zu ihm: Jehova, der Gott der Ebräer, hat mich zu dir gesandt, und dir sagen lassen, laß mein Volk ziehen, daß sie mir dienen in der Wüste; aber du hast nicht gehöret bisher. 17. So spricht nun Jehova: daran sollst du erfahren, daß ich Jehova bin, siehe! ich will mit dem Stabe in meiner Hand auf das Wasser im Strome schlagen, und es soll in Blut verwandelt werden, 18. und die Fische im Strome sollen sterben, und der Strom stinken, und den Aegyptern ekeln, Wasser zu trinken aus dem Strome. 19. Und Jehova sprach zu Mose, sprich zu Aaron: nimm deinen Stab, und recke deine Hand aus über das Wasser Aegyptens, über die Flüsse, über die Ströme und über die Seen und über alle Wassersammlungen, daß es zu Blut werde, und das Blut sey im ganzen Lande Aegypten, beyde in Holz und in Stein. 20. Und Mose und Aaron thaten also, so wie Jehova befohlen, und er erhob den Stab, und schlug auf das Wasser im Strome vor den Augen Pharaos und seiner Knechte, und alles Wasser im Strome ward in Blut verwandelt. 21. Und die Fische im Strome starben, und der Strom stank, und die Aegypter konnten kein Wasser trinken aus dem Strome, und es war Blut im ganzen Land Aegypten. 22. Und es thaten auch also die Zeichendeuter Aegyptens mit ihren Künsten, und Pharaos Herz blieb hart, und er hörete sie nicht, so wie Jehova geredet. 23. Und Pharao wandte sich, und ging in sein Haus, und nahm auch dieß nicht zu Herzen. 24. Und alle Aegypter gruben rings um den Strom her nach Wasser zu trinken, denn sie konnten nicht von dem Wasser des Stromes trinken. 25. Und es vergingen sieben Tage, nachdem Jehova den Strom geschlagen.

Cap. VIII.

Plage der Frösche, und der Mücken und Fliegen.

VIII. 1. Und Jehova sprach zu Mose: gehe zu Pharao, und sprich zu ihm: so spricht Jehova: laß mein Volk ziehen, daß sie mir dienen. 2. Und wo du dich weigerst es ziehen zu lassen, siehe! so will ich alle deine Gränzen mit Fröschen schlagen, 3. und der Strom soll wimmeln von Fröschen, und sie sollen heraufkommen in dein Haus, in deine Schlafkammer, und auf dein Bett, und in die Häuser deiner Knechte und deines Volkes, und in deine Oefen und in deine Backtröge; 4. und auf dich und dein Volk und alle deine Knechte sollen die Frösche kommen. 5. Und Jehova sprach zu Mose: sprich zu Aaron: recke aus deine Hand mit deinem Stabe über die Flüsse und Ströme und über die Seen, und laß Frösche kommen über das Land Aegypten. 6. Da reckete Aaron seine Hand aus über die Wasser Aegyptens, und es kamen Frösche, und bedeckten das ganze Land Aegypten. 7. Und es thaten auch also die Zeichendeuter mit ihren Künsten, und ließen Frösche kommen über das Land Aegypten. 8. Da rief Pharao Mose und Aaron, und sprach: betet zu Jehova, daß er die Frösche wegnehme von mir und von meinem Volke, so will ich das Volk ziehen lassen, daß sie Jehova opfern. 9. Und Mose sprach zu Pharao: gebiete mir, wenn ich beten soll für dich und für deine Knechte und für dein Volk, daß die Frösche von dir und von deinen Häusern vertrieben werden, und nur im Strome bleiben. 10. Und er sprach: morgen. Und Mose sprach: wie du gesagt hast, auf daß du erfahrest, daß kein Gott ist, wie Jehova, unser Gott. 11. Es sollen die Frösche weichen von dir und von deinen Häusern und von deinen Knechten und von deinem Volke, nur im Strome sollen sie bleiben. 12. Also ging Mose und Aaron von Pharao, und Mose schrie zu Jehova der Frösche halben, welche er geschickt über Pharao. 13. Und Jehova that, wie Mose gesagt, und die Frösche starben in den Häusern, in den Höfen und auf den Feldern. 14. Und man trug sie zusammen Haufenweise, und es stank das Land. 15. Da aber Pharao sahe, daß er Luft bekommen, verhärtete er sein Herz, und hörte sie nicht, so wie Jehova geredet.

16. Und Jehova sprach zu Mose: sprich zu Aaron: recke aus deinen Stab, und schlage in den Staub der Erde, daß

er zu Mücken werde im ganzen Lande Aegypten. 17. Und sie thaten also, und Aaron reckete seine Hand aus mit dem Stabe, und schlug in den Staub der Erde, und er ward zu Mücken an Menschen und an Vieh; aller Staub der Erde ward zu Mücken im ganzen Lande Aegypten. 18. Und es thaten auch also die Zeichendeuter mit ihren Künsten, um Mücken hervorzubringen, aber sie konnten nicht, und die Mücken waren an Menschen und an Vieh. 19. Da sprachen die Zeichendeuter zu Pharao: das ist der Finger Gottes! Aber Pharaos Herz blieb hart, und er hörete sie nicht, so wie Jehova geredet.

20. Und Jehova sprach zu Mose: mache dich auf am Morgen, und tritt vor Pharao, siehe! er wird ans Wasser gehen, und sprich zu ihm: so spricht Jehova: laß mein Volk ziehen, daß sie mir dienen. 21. Denn wo du nicht mein Volk ziehen lässest, siehe! so sende ich über dich und deine Knechte und über dein Volk und über deine Häuser Fliegenschwärme, und die Häuser der Aegypter sollen voll seyn von Fliegenschwärmen, und das Land worauf sie wohnen. 22. Und ich will desselben Tages das Land Gosen aussondern, in welchem mein Volk sich befindet, daß nicht die Fliegen daselbst seyen, auf daß du erfahrest, daß ich Jehova im Lande bin, 23. und ich will eine Rettung *) setzen zwischen meinem Volke und deinem Volke. Morgen soll dieses Zeichen geschehen. 24. Und Jehova that also, und es kamen große Fliegenschwärme ins Haus Pharaos und in die Häuser seiner Knechte und ins ganze Land Aegypten, das ganze Land ward verheeret von den Fliegen. 25. Da rief Pharao Mose und Aaron, und sprach: gehet, opfert eurem Gott im Lande. 26. Und Mose sprach: es ist nicht schicklich, also zu thun. Denn einen Greuel für die Aegypter würden wir Jehova, unserm Gott, opfern. Siehe! wenn wir einen Greuel für die Aegypter opferten in ihren Augen, würden sie uns nicht steinigen? 27. Drey Tagereisen wollen wir wegziehen in die Wüste, und Jehova, unserm Gott,

---

*) Conject. Unterschied.

opfern, so wie er uns sagen wird. 28. Und Pharao sprach:
ich will euch ziehen lassen, daß ihr Jehova, eurem Gott, opfert
in der Wüste, nur daß ihr nicht weiter euch entfernet, und
betet für mich. 29. Und Mose sprach: siehe! wenn ich weg-
gehe von dir, so will ich zu Jehova beten, und es werden
morgen die Fliegen weichen von Pharao, von seinen Knechten
und von seinem Volke. Nur täusche uns Pharao nicht mehr,
daß du das Volk nicht ziehen lassest, Jehova zu opfern.
30. Also ging Mose weg von Pharao, und betete zu Jehova.
31. Und Jehova that, wie Mose geredet, und es wichen die
Fliegen von Pharao, von seinen Knechten und von seinem
Volke, es blieb nicht eine. 32. Aber Pharao verhärtete sein
Herz auch dieses Mal, und ließ das Volk nicht ziehen.

Cap. IX.

Pestilenz, schwarze Blattern, Hagel.

IX. 1. Und Jehova sprach zu Mose: gehe zu Pharao, und
sprich zu ihm: so spricht Jehova, der Gott der Ebräer: laß
mein Volk ziehen, daß sie mir dienen. 2. Wo du aber dich
weigerst, es ziehen zu lassen, und noch länger sie zurückhältst:
3. siehe! so wird die Hand Jehovas kommen auf dein Vieh
auf dem Felde, auf Pferde, auf Esel, auf Kameele, auf Rinder und auf Schafe, mit einer schweren Pest. 4. Und Jehova
wird einen Unterschied machen zwischen dem Viehe Israels
und zwischen dem Viehe der Aegypter, und von allem, was
die Söhne Israels haben, soll nichts sterben. 5. Und Jehova
setzte eine Zeit, und sprach: morgen wird Jehova solches thun
im Lande. 6. Und Jehova that solches am morgenden Tage,
und es starb alles Vieh der Aegypter, und vom Viehe der
Söhne Israels starb auch nicht eins. 7. Und Pharao sandte
hin, und siehe! es war nichts gestorben vom Viehe Israels,
auch nicht eins. Aber Pharaos Herz blieb hart, und er ließ
das Volk nicht ziehen.

8. Da sprach Jehova zu Mose und Aaron: nehmet eure
beyden Fäuste voll Ruß aus dem Ofen, und Mose streue ihn

gen Himmel vor den Augen Pharaos. 9. Und er wird zu
Staub werden über das ganze Land Aegypten, und wird auf
Menschen und auf Vieh zu Ausschlag werden mit ausbrechen=
den Blattern im ganzen Lande Aegypten. 10. Und sie nahmen
Ruß aus dem Ofen, und traten vor Pharao, und Mose
streuete ihn gen Himmel, und er ward zu Ausschlag mit Blat=
tern ausbrechend an Menschen und an Vieh. 11. Und die
Zeichendeuter konnten nicht vor Mose stehen vor den Blattern,
denn es waren Blattern an den Zeichendeutern, so wie an
allen Aegyptern. 12. Aber Jehova verhärtete das Herz Pha=
raos, und er hörete sie nicht, so wie Jehova geredet zu Mose.

13. Da sprach Jehova zu Mose: mache dich auf am
Morgen, und tritt vor Pharao, und sprich zu ihm: so
spricht Jehova, der Gott der Ebräer: laß mein Volk
ziehen, daß sie mir dienen. 14. Denn dieses Mal will
ich alle meine Wunder senden gegen dich und gegen deine
Knechte und gegen dein Volk, auf daß du erfahrest, daß keiner
ist auf Erden wie ich. 15. Denn ich könnte jetzt meine Hand
ausrecken, und dich schlagen und dein Volk mit Pestilenz,
daß du vertilgt würdest von der Erde. 16. Aber um deß=
willen lasse ich dich leben, damit ich dich meine Kraft sehen
lasse, und damit man meinen Namen erzähle auf der ganzen
Erde. 17. Noch immer widersetzest du dich gegen mein Volk,
daß du es nicht ziehen lässest. 18. Siehe! morgen lasse ich
einen schweren Hagel regnen, deßgleichen nicht gewesen in
Aegypten seit der Zeit seiner Gründung bis jetzt. 19. Und
nun sende hin, und laß dein Vieh und alles, was du auf dem
Felde hast, flüchten, denn alle Menschen und alles Vieh, das
auf dem Felde getroffen wird, und nicht nach Haus versammlet
ist, und es fällt auf sie der Hagel, so werden sie sterben.
20. Wer nun das Wort Jehovas fürchtete unter den Knechten
Pharaos, der ließ seine Knechte und sein Vieh nach Hause
fliehen. 21. Wer aber das Wort Jehovas nicht zu Herzen
nahm, der ließ seine Knechte und sein Vieh auf dem Felde.

22. Da sprach Jehova zu Mose: recke aus deine Hand gen Himmel, daß Hagel komme auf das ganze Land Aegypten auf Menschen und auf Vieh und auf alles Kraut des Feldes im Lande Aegypten. 23. Also reckete Mose seinen Stab aus gen Himmel, und Jehova ließ donnern und hageln, und es fuhr Feuer zur Erde, und Jehova ließ Hagel regnen auf das Land Aegypten. 24. Und es fuhr Hagel und Feuer untereinander, sehr heftig, deßgleichen nicht gewesen im Lande Aegypten, seit es bewohnet gewesen. 25. Und der Hagel schlug im ganzen Lande Aegypten alles, was auf dem Felde war, vom Menschen bis zum Vieh, und alles Kraut des Feldes schlug der Hagel, und alle Bäume des Feldes zerbrach er. 26. Nur im Lande Gosen, wo die Söhne Israels waren, da hagelte es nicht. 27. Da sandte Pharao hin, und ließ Mose und Aaron rufen, und sprach zu ihnen: ich habe gesündigt dieß Mal, Jehova ist gerecht, und ich und mein Volk haben Unrecht. 28. Betet zu Jehova, es ist genug des Donners und des Hagels, ich will euch ziehen lassen, und ihr sollt nicht länger bleiben. 29. Und Mose sprach zu ihm: wenn ich hinaus gehe zur Stadt, so will ich meine Hände ausbreiten zu Jehova, und der Donner soll aufhören, und der Hagel nicht mehr seyn, auf daß du erfahrest, daß Jehovas das Land sey. 30. Aber ich weiß, daß du und deine Knechte noch nicht Gott Jehova fürchtet. (31. Und es ward geschlagen der Flachs und die Gerste, denn die Gerste hatte Aehren, und der Flachs Knoten. 32. Aber der Waizen und Spelt wurden nicht geschlagen, denn die kommen später.) 33. Also ging Mose von Pharao zur Stadt hinaus, und breitete seine Hände aus zu Jehova, da hörete der Donner und der Hagel auf, und der Regen fiel nicht mehr zur Erde. 34. Da aber Pharao sahe, daß der Regen aufhörte und der Hagel und der Donner, fuhr er fort zu sündigen, und verhärtete sein Herz, er und seine Knechte. 35. Und Pharaos Herz blieb hart, und er ließ die Söhne Israels nicht ziehen, so wie Jehova geredet durch Mose.

Cap. X.

Heuschrecken und Finsterniß.

X. 1. Und Jehova sprach zu Mose: gehe zu Pharao, denn ich habe sein Herz verhärtet und das Herz seiner Knechte, auf daß ich diese meine Zeichen thue unter ihnen, 2. und daß ihr erzählet euren Söhnen und den Söhnen eurer Söhne, was ich ausgerichtet in Aegypten, und meine Zeichen, die ich gethan unter ihnen, und auf daß ihr wisset, daß ich Jehova bin. 3. Also gingen Mose und Aaron zu Pharao, und sprachen zu ihm: so spricht Jehova, der Gott der Ebräer: wie lange weigerst du dich, dich zu demüthigen vor mir? laß mein Volk ziehen, daß sie mir dienen! 4. Wo du aber dich weigerst, mein Volk ziehen zu lassen, siehe! so führe ich morgen Heuschrecken über deine Grenze. 5. Und sie sollen das Land bedecken, daß man nicht das Land sehen könne, und sollen fressen, was noch übrig und errettet ist vom Hagel, und sollen alle Bäume fressen, die euch grünen auf dem Felde. 6. Und sollen erfüllen deine Häuser und die Häuser deiner Knechte und die Häuser aller Aegypter, deßgleichen nicht gesehen deine Väter und die Väter deiner Väter, seit der Zeit sie auf der Erde gewesen bis auf diesen Tag. Und er wandte sich, und ging weg von Pharao. 7. Da sprachen die Knechte Pharaos zu ihm: wie lange soll uns der zum Verderben seyn? Laß die Leute ziehen, daß sie Jehova dienen, ihrem Gott. Siehest du noch nicht, daß Aegypten zu Grunde gehet! 8. Und man brachte Mose und Aaron zurück zu Pharao, und er sprach zu ihnen: ziehet hin, dienet eurem Gott. Aber wer sind die, welche hinziehen? 9. Und Mose sprach: mit Jungen und Alten wollen wir ziehen, mit unsern Söhnen und mit unsern Töchtern, mit unsern Schafen und mit unsern Rindern wollen wir ziehen, denn wir haben ein Fest Jehovas. 10. Da sprach er zu ihnen: Jehova sey so mit euch, als ich euch ziehen lassen will mit euren Kindern! Sehet da, daß ihr Böses im Sinne habt! 11. Nicht also! ziehet ihr Männer hin, und dienet Jehova, denn dieß habt ihr gesucht. Und man trieb sie hinaus von Pharao.

12. Da sprach Jehova zu Mose: recke deine Hand aus über das Land Aegypten um die Heuschrecken, daß sie kommen über das Land Aegypten, und fressen alles Kraut des Landes, alles, was der Hagel übrig gelassen. 13. Also reckete Mose seinen Stab aus über das Land Aegypten, und Jehova brachte einen Ostwind ins Land den ganzen selbigen Tag und die ganze Nacht, und als der Morgen kam, da brachte der Ostwind die Heuschrecken. 14. Und sie kamen über das ganze Land Aegypten, und ließen sich nieder in allen Gränzen Aegyptens, in großer Menge, vordem waren nicht solche Heuschrecken gewesen, und hinfort werden nicht wieder solche seyn. 15. Und sie bedeckten das ganze Land, daß das Land finster war, und sie fraßen alles Kraut des Feldes und alle Früchte der Bäume, welche der Hagel übrig gelassen, und nichts Grünes blieb übrig an Bäumen, am Kraut des Feldes, im ganzen Lande Aegypten. 16. Da rief Pharao eilend Mose und Aaron, und sprach: ich habe gesündigt gegen Jehova, euren Gott, und gegen euch. 11. So vergieb mir nun meine Sünde nur dießmal, und betet zu Jehova, eurem Gott, daß er nur dieses Verderben von mir nehme. 18. Und er ging von Pharao, und betete zu Jehova. Da wendet Jehova einen sehr starken Westwind, der hob die Heuschrecken auf, und warf sie ins Schilfmeer, nicht eine Heuschrecke blieb übrig in allen Gränzen Aegyptens. 20. Aber Jehova verhärtete das Herz Pharaos, und er ließ die Söhne Israels nicht ziehen.

21. Und Jehova sprach zu Mose: recke aus deine Hand gen Himmel, daß eine Finsterniß komme über das Land Aegypten, daß man die Finsterniß greife. 22. Und Mose reckete seine Hand aus gen Himmel, da ward eine dicke Finsterniß im ganzen Lande Aegypten drey Tage lang. 23. Keiner sahe den andern, und keiner stand auf von seinem Orte

drey Tage lang, aber bey allen Söhnen Israels war Licht in
ihren Wohnungen. 24. Da rief Pharao Mose, und sprach:
ziehet hin, dienet Jehova, nur eure Schafe und Rinder sollen
bleiben, auch eure Kinder mögen mit euch ziehen. 25. Und
Mose sprach: auch Opfer und Brandopfer mußt du uns geben,
daß wir sie unserm Gott Jehova opfern. 26. Auch unser Vieh
muß mit uns gehen, nicht eine Klaue darf zurückbleiben, denn
davon müssen wir nehmen, um unserm Gott Jehova zu opfern,
und wir wissen nicht, was wir Jehova opfern, bis wir das
selbst hinkommen. 27. Aber Jehova verhärtete das Herz Pharaos, und er wollte nicht sie ziehen lassen. 28. Und Pharao
sprach zu ihm: gehe weg von mir, hüte dich, daß du nicht
wieder vor meine Augen kommest, denn welches Tages du vor
meine Augen kommst, sollst du sterben. 29. Und Mose
sprach: so wie du gesagt hast, ich will nicht mehr vor deine
Augen kommen.

Cap. XI.

Androhung des Sterbens aller Erstgeburt.

XI. 1. Und Jehova sprach zu Mose: noch eine Plage will
ich kommen lassen über Pharao und über Aegypten, und darnach wird er euch ziehen lassen, und euch sogar wegtreiben
von hinnen. 2. Rede zu dem Volke, daß sie fordern ein
jeglicher von seinem Nächsten, und eine jegliche von ihrer
Nächstin, silberne und güldene Gefäße. 3. Und Jehova gab
dem Volke Huld bey den Aegyptern. Auch war der Mann
Mose sehr angesehen im Lande Aegypten, in den Augen der
Knechte Pharaos und in den Augen des Volkes. 4. Und Mose
sprach: so spricht Jehova: um Mitternacht werde ich ausziehen in Aegypten, 5. und es soll alles Erstgeborne sterben im
Lande Aegypten, vom Erstgebornen Pharaos, der auf seinem
Throne sitzt, bis zum Erstgebornen der Magd, welche hinter
der Mühle ist, und alles Erstgeborne des Viehes. 6. Und
es soll ein groß Wehklagen seyn im ganzen Lande Aegypten,
deßgleichen nicht gewesen, und deßgleichen nie mehr seyn wird.

7. Und die Söhne Israels soll kein Hund anbellen, vom Menschen bis zum Vieh, auf daß ihr erfahret, daß Jehova einen Unterschied macht zwischen Aegypten und Israel. 8. Dann werden herabkommen alle deine Knechte zu mir, und vor mir niederfallen, und sagen: zeuch aus, du und alles Volk, das dir folget, und darnach werde ich ausziehen. Und er ging weg von Pharao mit glühendem Zorne. 9. Und Jehova sprach zu Mose: Pharao höret euch nicht, auf daß meiner Wunder viel werden im Lande Aegypten.

10. Und Mose und Aaron thaten alle diese Wunder, aber Jehova verhärtete das Herz Pharaos, und er ließ die Söhne Israels nicht ziehen aus seinem Lande.

Cap. XII, 1—28.
Einsetzung des Passah.

XII. 1. Und Jehova sprach zu Mose und zu Aaron im Lande Aegypten: 2. dieser Monat sey euch der erste der Monde, und von ihm sollt ihr die Monden des Jahres anheben. 3. Redet zu der ganzen Gemeine Israels, und sprecht: am zehnten dieses Mondes nehme sich ein jeglicher Hausvater ein Lamm, je ein Lamm für ein Haus. 4. Wo ihrer aber in einem Hause zu wenig sind für ein Lamm, so nehme derselbe und der nächste Nachbar seines Hauses eins, nach der Zahl der Seelen; einen jeglichen sollt ihr nach Verhältniß deß, was er isset, zum Lamme zählen. 5. Ein fehlloses männliches Lamm, ein Jahr alt, soll es seyn, von den Schafen oder von den Ziegen sollt ihrs nehmen. 6. Und ihr sollt es aufbewahren bis zum vierzehnten Tage dieses Monden, dann soll es die ganze versammelte Gemeine Israels schlachten gegen Abend. 7. Und sie sollen vom Blute nehmen, und es an die beyden Pfosten und die Ueberschwelle des Hauses streichen, worin sie es essen, 8. und sollen das Fleisch essen in derselben Nacht, gebraten am Feuer, und ungesäuertes Brod mit bittern Kräutern sollen sie dazu essen. 9. Ihr sollt nichts ungar davon essen, oder im Wasser gesotten, sondern gebraten am Feuer, sein Haupt mit seinen

Beinen und mit seinem Eingeweide. 10. Und sollt nichts übrig
lassen bis zum Morgen, und was davon überbleibt bis zum Mor=
gen, sollt ihr mit Feuer verbrennen. 11. Und also sollt ihr
es essen: um eure Lenden gegürtet, eure Schuhe an euren
Füßen, und euren Stab in eurer Hand, in Eilfertigkeit sollt
ihrs essen, das ist das Passah Jehovas. 12. Und ich will
durch das ganze Land Aegypten gehen in derselben Nacht, und
alles Erstgeborne schlagen im Lande Aegypten vom Menschen
bis zum Vieh, und will an allen Göttern Aegyptens Gerichte
üben, ich Jehova. 13. Und das Blut soll euer Zeichen seyn
an den Häusern, in welchen ihr seyd; wenn ich das Blut
sehe, so schone ich euch, und es soll euch nicht die Plage
treffen zum Verderben, wenn ich das Land Aegypten schlage.
14. Und dieser Tag soll euch zum Gedächtniß seyn, und sollt
ihn feyern als Fest Jehovas auf eure künftigen Geschlechter, als
ewige Satzung. 15. Sieben Tage sollt ihr ungesäuertes Brod
essen, am ersten Tage sollt ihr das Gesäuerte wegthun aus
euren Häusern; denn wer gesäuertes Brod isset, vom ersten
Tage bis zum siebenten Tage, dieselbe Seele soll ausgerottet
werden aus Israel. 16. Und am ersten Tage soll heiliger Aus=
ruf seyn, und am siebenten Tage heiliger Ausruf, keine Arbeit
soll gethan werden an denselben Tagen, nur was von jeder=
mann gegessen wird, das allein soll gethan werden bey euch.
17. Und haltet das Essen des ungesäuerten Brodes, denn an
dem nämlichen Tage habe ich euer Heer aus dem Lande Aegypten
geführet, und haltet diesen Tag auf eure künftigen Geschlechter
als ewige Satzung. 18. Im ersten Mond, am vierzehnten
Tage des Monden, am Abend sollt ihr ungesäuertes Brod essen,
bis an den ein und zwanzigsten Tag des Monden am Abend.
19. Sieben Tage soll kein Gesäuertes gefunden werden in euren
Häusern, und wer Gesäuertes isset, dieselbe Seele soll ausge=
rottet werden aus der Gemeine Israel, es sey ein Fremdling
oder Einheimischer des Landes. 20. Nichts Gesäuertes sollt
ihr essen, in allen euren Wohnungen sollt ihr Ungesäuertes
essen.

21. Also rief Mose alle Aeltesten Israels, und sprach zu ihnen: nehmet euch Schafe nach euren Geschlechtern, und schlachtet das Passah. 22. Und nehmet einen Büschel Ysop, und tauchet in das Blut im Becken, und streichet an die Ueberschwelle und an die beyden Pfosten von dem Blute im Becken, und keiner gehe heraus zur Hausthüre bis an den Morgen. 23. Denn Jehova wird umher gehen, und die Aegypter schlagen, und wenn er das Blut siehet an der Ueberschwelle und an den beyden Pfosten, so wird Jehova der Thüre schonen, und nicht das Verderben eingehen lassen in eure Häuser zur Plage. 24. Und haltet dieß als Satzung für euch und eure Kinder in Ewigkeit. 25. Und wenn ihr in das Land kommet, das Jehova euch geben wird, so wie er geredet, so haltet diesen Dienst. 26. Und wenn eure Kinder zu euch sagen: was ist das für ein Dienst? 27. so saget: es ist das Passahopfer Jehovas, weil er der Häuser der Söhne Israels geschonet in Aegypten, als er Aegypten schlug, aber unsere Häuser rettete er. Da bückete sich das Volk, und neigete sich. 28. Und die Söhne Israels gingen und thaten es, so wie Jehova Mosen und Aaron geboten, also thaten sie.

Cap. XII, 29 — 42.
Das Sterben aller Erstgeburt, Auszug der Israeliten.

29. Und es geschah um Mitternacht, da schlug Jehova alles Erstgeborne im Lande Aegypten vom Erstgebornen Pharaos, der auf seinem Throne saß, bis zum Erstgebornen des Gefangenen im Kerker, und alles Erstgeborne des Viehes. 30. Da stand Pharao auf des Nachts, er und alle seine Knechte und alle Aegypter, und es war ein großes Wehklagen in Aegypten, denn es war kein Haus, worin nicht ein Todter war. 31. Und er rief Mose und Aaron des Nachts, und sprach: machet euch auf, ziehet aus von meinem Volke, ihr und die Söhne Israels, und ziehet hin, und dienet Jehova, wie ihr geredet. 32. Auch eure Schafe und eure Kinder neh-

met mit, so wie ihr geredet, und ziehet hin, und segnet auch mich. 33. Und die Aegypter drängeten das Volk, und trieben es eilend aus dem Lande, denn sie sprachen: wir sind alle des Todes! 34. Und das Volk trug seinen Teig, ehe er gesäuert war, in ihren Backtrögen, in ihre Kleider gebunden, auf ihren Schultern. 35. Und die Söhne Israels thaten, wie Mose gesagt, und forderten von den Aegyptern silberne und güldene Gefäße und Kleider, 35. und Jehova gab dem Volke Huld bey den Aegyptern, und sie liehen es ihnen, und also beraubten sie die Aegypter.

37. Also zogen die Söhne Israels aus von Ramses nach Suchoth, ohngefähr sechsmal hundert tausend Mann zu Fuß, ohne die Kinder. 38. Auch zog mit ihnen eine große Menge von allerley Leuten und Schafe und Rinder, gar sehr viel Vieh. 39. Und sie buken den Teig, den sie mitnahmen aus Aegypten, zu ungesäuerten Kuchen, denn er war noch nicht gesäuert, denn sie wurden weggetrieben aus Aegypten, und konnten nicht verziehen, und hatten sich auch keine Zehrung bereitet. 40. Und die Zeit, welche die Söhne Israels in Aegypten gewohnet, ist vierhundert und dreyßig Jahr. 41. Und am Ende der vierhundert und dreyßig Jahr zog das ganze Heer Jehovas an jenem selben Tage aus dem Lande Aegypten. 42. Dieselbe Nacht ist eine Nacht der Feyer, Jehova heilig, weil er sie weggeführet aus dem Lande Aegypten, dieselbe Nacht ist Jehova heilig, eine Feyer aller Söhne Israels auf künftige Geschlechter.

Cap. XII, 43 — 50.

Verordnung über die, welche das Passah essen dürfen.

43. Und Jehova sprach zu Mose und Aaron: das ist die Satzung des Passahs: kein Fremder darf davon essen. 44. Und jeglichen Knecht, der mit Geld erkauft ist, sollst du beschneiden, dann mag er davon essen. 45. Ein Beysaß und Miethling sollen nicht davon essen. 46. In Einem Hause soll mans essen,

iht sollt nichts von dem Fleische hinaustragen aus dem Hause
über die Straße, und sollt kein Bein an ihm zerbrechen.
47. Die ganze Gemeine Israels soll es feyern. 48. Und so
ein Fremdling sich bey dir aufhält, und will das Passah Jehova
feyern, so werde bey ihm beschnitten alles, was männlich ist,
und dann mag er hinzunahen, es zu feyern, und soll seyn
wie ein Einheimischer des Landes, aber kein Unbeschnittener
soll davon essen. 49. Einerley Gesetz soll seyn dem Einheimi=
schen und dem Fremdling unter euch. 50. Und alle Söhne
Israels thaten es; so wie ihnen Mose und Aaron geboten,
so thaten sie. 51. Und es geschah an jenem selben Tage,
da führete Jehova die Söhne Israels aus dem Lande Aegypten
mit ihrem Heere.

Cap. XIII, 1 — 16.
Nochmalige Anordnung des Passahs; Heiligung der Erstgeburt.

XIII. 1. Und Jehova redete zu Mose, und sprach: 2. hei=
lige mir alles Erstgeborne, alles was die Mutter bricht, unter
den Söhnen Israels, an Menschen und an Vieh; mein soll
es seyn. 3. Da sprach Mose zum Volke: gedenket dieses Tages,
an welchem ihr ausgezogen aus Aegypten aus dem Hause der
Knechtschaft, denn mit Stärke der Hand hat Jehova euch weg=
geführet von dannen, und es soll nichts Gesäuertes gegessen
werden. 3. Diesen Tag ziehet ihr aus im Aehrenmond. 5. Und
wenn nun Jehova dich bringt in das Land der Cananiter und
der Hethiter und der Amoriter und der Heviter und der Jebu=
siter, welches er deinen Vätern geschworen dir zu geben, ein
Land, fließend von Milch und Honig: so sollst du diesen
Dienst halten in diesem Monde. 6. Sieben Tage sollst du
ungesäuertes Brod essen, und am siebenten Tage ist ein Fest
Jehovas. 7. Ungesäuertes Brod soll gegessen werden sieben
Tage, und es soll bey dir nichts Gesäuertes, noch Sauerteig
gesehen werden in allen deinen Gränzen. 8. Und sollst deinem
Sohn erzählen an demselben Tage, und sagen: dieß ist um

deß willen, was mir Jehova gethan, da ich auszog aus Aegypten. 9. Und es sey dir ein Zeichen davon auf deiner Hand,
und ein Denkzettel zwischen deinen Augen, auf daß das Gesetz
Jehovas in deinem Munde sey, denn durch starke Hand hat
dich Jehova ausgeführet aus Aegypten. 10. So halte nun diese
Satzung zu ihrer Zeit von Jahr zu Jahr. 11. Und wenn
nun Jehova dich bringet in das Land der Cananiter, so wie
er dir geschworen und deinen Vätern, und dir es gibt: 12. so
sollst du alles, was die Mutter bricht, vor' Jehova bringen,
und alles Erstgeborne des Viehes, das du hast, das Männliche,
soll Jehovas sey. 13. Aber alles Erstgeborne vom Esel sollst
du lösen mit einem Schafe, und wo du es nicht lösest, so
bring es um, und alle Erstgebornen von Menschen unter deinen
Söhnen sollst du lösen. 14. Und wenn nun dein Sohn dich
fraget in Zukunft, und saget: was ist das? so sollst du ihm
sagen: Jehova hat uns mit starker Hand ausgeführet aus Aegypten, aus dem Hause der Knechtschaft; 15. und weil Pharao
hartnäckig war, uns nicht ziehen zu lassen, so tödtete Jehova
alles Erstgeborne im Lande Aegypten, vom Erstgebornen der
Menschen bis zum Erstgebornen des Viehes: darum opfere
ich Jehova alles, was die Mutter bricht, das Männliche, und
alle Erstgebornen meiner Söhne löse ich. 16. Und es sey
dir ein Zeichen davon auf deiner Hand, und ein Denkzettel
zwischen deinen Augen, daß mit starker Hand Jehova uns
ausgeführet aus Aegypten.

Cap. XIII, 17 — 22.
Zug der Israeliten bis nach Etham.

17. Und als Pharao das Volk ziehen ließ, führete sie
Gott nicht auf die Straße nach dem Lande der Philistäer, welches
die nächste war: denn Gott gedachte, es möchte das Volk gereuen, wenn sie den Streit vor sich sähen, daß sie zurückkehr-
ten nach Aegypten, 18. und Gott ließ das Volk sich wenden
auf die Straße nach der Wüste am Schilfmeere. Und die
Söhne Israels zogen gerüstet aus dem Lande Aegypten.

19. Und Mose nahm die Gebeine Josephs mit sich, denn er hatte die Söhne Israels schwören lassen, und gesprochen: Gott wird nach euch sehen, dann führet meine Gebeine von dannen mit euch.

20. Und sie brachen auf von Suchoth, uud lagerten sich in Etham, am Anfange der Wüste. 21. Und Jehova ging vor ihnen her, des Tages in einer Wolkensäule, sie zu leiten auf dem Wege, und des Nachts in eine Feuersäule, ihnen zu leuchten, so daß sie ziehen konnten Tag und Nacht. 22. Es wich nicht die Wolkensäule des Tages, noch die Feuersäule des Nachts vorn vom Volke.

Cap. XIV.

Pharao jagt den Israeliten nach, und findet samt seinem Heere den Untergang im rothen Meere.

XIV. 1. Und Jehova redete zu Mose, und sprach: 2. rede zu den Söhnen Israels, daß sie sich wenden und sich lagern östlich von Pichachiroth zwischen Migdol und zwischen dem Meer, Baal Zephon gegen über; vor diesem Orte sollen sie sich lagern am Meere. 3. Und Pharao wird denken von den Söhnen Israels: sie sind verirret im Lande, es schließt sie die Wüste ein. 4. Und ich will ihm Muth machen, daß er euch nachjage, und will mich verherrlichen an Pharao und an seiner ganzen Macht, und die Aegypter sollen erfahren, daß ich Jehova bin. Und sie thaten also. 5. Als nun dem Könige von Aegypten berichtet ward, daß das Volk fliehe, so verwandelte sich das Herz Pharaos und seiner Knechte gegen das Volk, und sie sprachen: was haben wir gethan, daß wir Israel haben ziehen lassen aus unserm Dienst! 6. Und er spannete seinen Wagen an, und nahm sein Volk mit sich, 7. und nahm sechshundert auserlesene Wagen, und was sonst von Wagen in Aegypten war, und alle Hauptleute über all sein Heer. 8. Und Jehova machte Pharao, dem Könige von Aegypten, Muth, daß er den Söhnen Israels nachjagte. Die Söhne Israels aber waren ausgezogen durch eine hohe Hand. 9. Und

die Aegypter jagten ihnen nach, und ereileten sie, da sie gelagert waren am Meer, mit Rossen und Wagen und Reutern;
alles Heer Pharaos, bey Pichachiroth, Baalzephon gegen über.
10. Da nun Pharao nahe kam, erhoben die Söhne Israels
ihre Augen, und siehe! die Aegypter zogen hinter ihnen her,
da fürchteten sie sich sehr, und schrieen zu Jehova. 11. Und
sie sprachen zu Mose: waren nicht Gräber in Aegypten, daß du
uns wegführtest, um zu sterben in der Wüste? Warum hast du
uns das gethan, daß du uns aus Aegypten führetest? 12. War
es nicht das, was wir dir sagten in Aegypten: laß uns, daß
wir den Aegyptern dienen, denn besser ists uns, den Aegyptern zu dienen, als zu sterben in der Wüste? 13. Da sprach
Mose zum Volke: fürchtet euch nicht, bleibet stehen, und sehet
die Hilfe Jehovas, welche er euch heute erweisen wird: denn
die Aegypter, die ihr heute sehet, werdet ihr nimmermehr
sehen ewiglich. 14. Jehova wird für euch streiten, und ihr
sollt ruhig seyn.

15. Und Jehova sprach zu Mose: was schreyest du zu mir?
sprich zu den Söhnen Israels, daß sie aufbrechen. 16. Du
aber erhebe deinen Stab, und recke deine Hand über das Meer,
und theile es von einander, so werden die Söhne Israels
mitten durchs Meer gehen auf dem Trockenen. 17. Und ich will
den Aegyptern Muth machen, daß sie euch nachziehen, und
will mich verherrlichen an Pharao und an aller seiner Macht,
an seinen Wagen und an seinen Reutern. 18. Und die Aegypter sollen erfahren, daß ich Jehova bin, wenn ich mich ver-
herrliche an Pharao und an seinen Wagen und seinen Reutern.
19. Da erhob sich der Engel Jehovas, der vor dem Heere
Israels herzog, und ging hinter sie, und es erhob sich die
Wolkensäule von vorne, und trat hinter sie, 20. und kam
zwischen das Heer der Aegypter und zwischen das Heer Israels,
und sie war eine finstre Wolke [von der einen Seite], und er-
leuchtete die Nacht [von der andern], daß diese nicht zu den
andern kommen konnten die ganze Nacht. 21. Da nun Mose
seine Hand reckete über das Meer, ließ Jehova das Meer,

wegtreiben durch einen starken Ostwind die ganze Nacht, und
machte das Meer zu trockenem Boden, und es theilete sich
das Gewässer. 22. Da gingen die Söhne Israels ins Meer
hinein auf dem Trockenen, und das Wasser war ihnen als
Mauer zur Rechten und zur Linken. 23. Und die Aegypter
jagten nach, und gingen hinter ihnen hinein ins Meer, alle
Rosse Pharaos, seine Wagen und seine Reuter. 24. Und es
geschahe zur Zeit der Morgenwache, da schauete Jehova auf
das Heer der Aegypter aus der Wolken- und Feuersäule, und
verwirrete das Heer der Aegypter, 25. und stieß die Räder
von ihren Wagen, und machte ihren Weg beschwerlich. Da
sprachen die Aegypter: laßet uns fliehen vor Israel, denn
Jehova streitet für sie wider die Aegypter! 26. Und Jehova
sprach zu Mose: recke deine Hand über das Meer, damit das
Wasser zurückkomme über die Aegypter, über ihre Wagen und
über ihre Reuter. 27. Da reckete Mose seine Hand über das
Meer, und das Meer kam gegen Morgen wieder in seinen
Strom, und die Aegypter flohen ihm entgegen, und Jehova
trieb die Aegypter mitten in das Meer. 28. Und das Wasser
kam wieder, und bedeckete die Wagen und die Reuter vom
Heere Pharaos, die hinter ihnen ins Meer gegangen waren,
es blieb von ihnen auch nicht einer übrig. 29. Aber die
Söhne Israels gingen trocken mitten durchs Meer, und das
Wasser war ihnen als Mauer zur Rechten und zur Linken.
30. Also rettete Jehova an demselben Tage Israel aus der
Hand der Aegypter, und Israel sah die Aegypter todt am Ufer
des Meeres. 21. Und Israel sah die große Hand, die Jehova
ihnen erwiesen wider die Aegypter, und das Volk fürchtete
Jehova, und vertrauete Jehova und Mosen, seinem Knechte.

Cap. XV, 1 — 21.

Lobgesang Moses.

XV, 1. Da sang Mose und die Söhne Israels Jehova dieses
Lied, und sprachen also:

Singen will ich Jehova, denn großes that er,
Roſſe und Wagen ſtürzt' er ins Meer.

2. Mein Preiß und Geſang ſey Jah, mein Retter,
Er iſt mein Gott, ihn will ich preißen,
Meines Vaters Gott, ihn will ich erheben!

3. Jehova iſt ein Kriegesheld; Jehova ſein Name.

4. Die Wagen Pharaos und ſeine Macht warf er ins
Meer,
Der Kern ſeiner Hauptleute verſank im Schilfs
meer.

5. Die Fluthen deckten ſie,
Sie ſanken in den Abgrund gleich Steinen.

6. Deine Rechte, Jehova, herrlich an Kraft,
Deine Rechte, Jehova, zerſchmetterte die Feinde.

7. In deiner Erhabenheit verderbteſt du die Empörer,
Du ließeſt aus deinen Zorn, er zerfraß ſie wie
Stoppel.

8. Vor deinem Hauch thürmten ſich auf die Waſſer,
Es ſtanden wie Haufen die Fluthen,
Es ſtarreten die Wellen mitten im Meer.

9. Der Feind ſprach: ich will nachſetzen, ſie einholen,
Will Beute austheilen, meinen Muth an ihnen
kühlen,
Will ausziehen mein Schwert, ſie vertilgen.

10. Da wehte dein Hauch, und ſie bedeckte das Meer,
Sie ſanken wie Bley im ſtrömenden Waſſer.

11. Wer iſt dir gleich unter den Göttern, Jehova?
Wer dir gleich, ſo herrlich an Majeſtät,
So furchtbar an Ruhm, Wunder übend!

12. Du recketeſt aus deine Rechte,
Da verſchlang ſie die Erde.

13. Du leiteſt gnädig das Volk, das du gelöſet.
Führeſt es kräftig zu deiner heiligen Wohnung.

14. Es hörens die Völker, sie beben,
    Schrecken ergreift die Bewohner Philistäas.

15. Bestürzt sind die Fürsten Edoms,
    Die Gewaltigen Moabs, sie ergreift Zittern,
    Es schmelzen vor Furcht die Bewohner Canaans.

16. Laß auf sie fallen Schrecken und Furcht,
    Ob deiner Thaten Größe laß sie starren gleich
    Steinen,

    Bis hindurchgezogen dein Volk, Jehova,
    Bis hindurchgezogen das Volk, das du dir erworben.

17. Bringe sie hin, pflanze sie auf dein heiliges Gebirg,
    Dahin, wo du deine Wohnung gemacht, Jehova!
    Wo du, o Herr! dein Heiligthum bereitet.

18. Jehova ist König in Ewigkeit und immerdar!

19. Denn Pharaos Rosse und seine Wagen und Reuter
    kamen ins Meer,
    Und Jehova ließ über sie kommen die Wasser des
    Meeres,
    Und die Söhne Israels gingen trocken mitten
    durchs Meer.

20. Und Mirjam, die Prophetin, Schwester Aarons,
nahm die Pauke in ihre Hand, und es folgten ihr alle Frauen
mit Pauken und mit Reigen. 21. Und sie antwortete den
Männern:

    Singet Jehova, denn großes that er,
    Pferde und Wagen stürzt' er ins Meer.

Cap. XV, 22 — 27.
Fortsetzung des Zuges bis nach Mara und Elim.

22. Und Mose ließ Israel aufbrechen vom Schilfmeere,
und sie kamen in die Wüste Sur, und zogen drey Tage in der
Wüste, und fanden kein Wasser. 23. Da kamen sie gen
Mara, und sie konnten das Wasser von Mara nicht trinken,
denn es war bitter, darum nennt man den Namen des Ortes

Mara [Bitterkeit]. 24. Da murrete das Volk wider Mose, und sprach: was sollen wir trinken? 25. Und er schrie zu Jehova, und Jehova zeigte ihm ein Holz, und er warf es ins Wasser, da wurde das Wasser süß. Daselbst stellete er ihnen Gesetz und Recht, daselbst versuchte er sie, 26. und sprach: wenn du der Stimme Jehovas, deines Gottes, gehorchest, und thust, was recht ist in seinen Augen, und merkest auf seine Gebote, und beobachtest alle seine Gesetze: so will ich keine der Krankheiten, welche ich auf Aegypten gelegt, auf dich legen: denn ich bin Jehova, dein Arzt.

27. Und sie kamen gen Elim, und daselbst waren zwölf Wasserbrunnen und siebenzig Palmbäume, und sie lagerten sich daselbst am Wasser.

Cap. XVI.

Gabe des Manna und der Wachteln.

XVI. 1. Und sie brachen auf von Elim, und es kam die ganze Gemeine der Söhne Israels in die Wüste Sin, die da lieget zwischen Elim und zwischen dem Sinai, am funfzehnten Tag des zweyten Mondes, seit ihrem Ausgang aus dem Lande Aegypten. 2. Da murrete die ganze Gemeine der Söhne Israels wider Mose und wider Aaron in der Wüste, 3. und sprachen zu ihnen: wollte Gott, wir wären in Aegypten gestorben durch die Hand Jehovas, da wir bey den Fleischtöpfen saßen, und Brod aßen in Fülle, denn ihr habt uns geführet in diese Wüste, um dieses ganze Volk sterben zu lassen durch Hunger. 4. Da sprach Jehova zu Mose: siehe! ich will euch Brod regnen lassen vom Himmel, und das Volk soll ausgehen und sammeln, was es bedarf Tag für Tag, auf daß ich es versuche, ob es nach meinem Gesetze wandelt, oder nicht? 5. Und am sechsten Tage sollen sie aufheben, was sie eingebracht, und es soll doppelt so viel seyn, als sie sonst gesammelt haben Tag für Tag. 6. Und Mose und Aaron sprachen zu allen Söhnen Israels: am Abend sollt ihr erfahren, daß Jehova euch ausgeführet aus dem Lande Aegypten. 7. Und des Morgens werdet ihr die Herrlichkeit Jehovas sehen, denn er hat euer Murren wider ihn gehöret. Denn was sind wir, daß ihr murret wider uns? 8. Und Mose sprach: Jehova wird euch am Abend Fleisch geben zu essen und Brod am Morgen die Fülle, denn Jehova hat euer Murren gehöret, wie ihr wider ihn gemurret. Denn was sind wir? Nicht wider uns ist euer Murren, sondern wider Jehova. 9. Und Mose sprach zu Aaron: sprich zu der ganzen Gemeine der Söhne Israels: kommet vor Jehova, denn er hat euer Murren gehöret. 10. Und es geschah, als Aaron redete zu der ganzen Gemeine der Söhne Israels, da wandten sie sich gegen die Wüste, und siehe! es erschien die Herrlichkeit Jehovas in einer Wolke. 11. Und Jehova redete zu Mose, und sprach: 12. ich habe das Murren der Söhne Israels gehöret, rede zu ihnen, und sprich: gegen Abend sollt ihr Fleisch essen, und am Morgen mit Brod euch sättigen, und sollt erfahren, daß ich Jehova bin, euer Gott. 13. Und am Abend kamen Wachteln, und bedeckten das Lager, und am Morgen lag Thau rings um das Lager. 14. Und als der Thau weg war, siehe! da lag auf der Oberfläche der Wüste etwas kleines, schneeförmiges, klein wie Reif, auf der Erde. 15. Da das die Söhne Israels sahen, sprachen sie einer zu dem andern: was ist das? Denn sie wußten nicht, was es war. Und Mose sprach zu ihnen: das ist das Brod, welches Jehova euch gibt zur Speise. 16. Also hat Jehova geboten: sammelt davon ein jeglicher, so viel er essen mag; einen Gomer für jegliches Haupt, nach der Zahl eurer Seelen; ein jeglicher nach der Zahl derer, die in seinem Zelte sind, sollt ihr nehmen. 17. Und die Söhne Israels thaten also, und sammelten, einer viel, der andere wenig. 18. Und da sie es maßen mit dem Gomer, da hatte, wer viel gesammelt, nicht übrig, und wer wenig gesammelt, dem mangelte es nicht, ein jeglicher hatte gesammelt, so viel er essen mochte. 19. Und Mose sprach zu ihnen: niemand lasse davon übrig bis morgen. 20. Aber sie gehorchten Mosen nicht, und etliche ließen davon übrig bis an den Morgen, da wuchsen Würmer darinnen, und es ward stinkend. Und Mose ward zornig auf sie. 21. Und sie sammelten es Morgen für Morgen, ein jeglicher, so viel er essen mochte, und wenn die Sonne heiß schien, verschmelzte es. 22. Und am sechsten Tage sammelten sie des Brodes zweyfältig, je zwey Gomer für einen. Da kamen alle Fürsten der Gemeine, und berichteten es Mosen. 23. Und er sprach zu ihnen: also hat Jehova geredet: morgen ist Sabbath, Ruhetag, Jehova heilig, was ihr backen wollt, das backet, und was ihr kochen wollt, das kochet, und was übrig ist, das hebet euch auf, und bewahret es bis morgen. 24. Und sie hoben es auf bis an den Morgen, so wie Mose geboten, und es ward nicht stinkend, und waren keine Würmer darinnen. 25. Und Mose sprach: esset es heute, denn heute ist Ruhetag Jehovas, heute findet ihr es nicht auf dem Felde. 26. Sechs Tage sollt ihr es sammeln, aber am siebenten ist der Ruhetag, und an dem wird es nicht seyn. 27. Und am siebenten Tage gingen vom Volke hinaus, zu sammeln, und fanden nichts. 28. Da sprach Jehova zu Mose: wie lange weigert ihr euch, zu halten meine Gebote und Gesetze? 29. Sehet! Jehova hat euch den Ruhetag gegeben, darum gibt er euch am sechsten Tage Brod für zween Tage. Bleibet ein jeglicher an seiner Stelle, niemand gehe heraus von seinem Ort am siebenten Tage. 30. Also feyerte das Volk am siebenten Tage. 31. Und das Haus Israels nannte es Man, und es war wie Coriandersamen, weiß, und sein Geschmack wie Kuchen mit Honig. 32. Und Mose sprach: also hat Jehova geboten; füllet einen Gomer davon zur Aufbewahrung auf eure künftigen Geschlechter, auf daß sie das Brod sehen, womit ich euch gespeiset in der Wüste, da ich euch ausführte aus dem Lande Aegypten. 33. Und Mose sprach zu Aaron: nimm ein Gefäß, und thue einen Gomer voll Man hinein, und stelle es vor Jehova zur Aufbewahrung auf eure künftigen Geschlechter. 34. Wie Jehova Mosen geboten, stellete es Aaron vor das Gesetz zur Aufbewahrung. 35. Und die Söhne Israels aßen das Man vierzig Jahre, bis sie ins Land ihrer Wohnung kamen;

bis sie an die Gränze des Landes Canaan kamen, aßen sie Man.
36. Ein Gomer ist der zehente Theil des Epha.

Cap. XVII, 1—7.
Wasser aus dem Felsen bey Massa und Meriba.

XVII. 1. Und es brach die ganze Gemeine Israels auf aus
der Wüste Sin, und zog weiter nach Befehl Jehovas, und
lagerte sich in Rhaphidim, und es war kein Wasser da zu
trinken für das Volk. 2. Da zankete das Volk mit Mose, und
sie sprachen: gieb uns Wasser zu trinken! Und Mose sprach:
was zanket ihr mit mir? Warum versuchet ihr Jehova? 3. Und
das Volk durstete daselbst nach Wasser, und sprach: warum
hast du uns heraufgeführet aus Aegypten, um uns sterben zu
lassen samt unsern Söhnen und unserm Vieh vor Durst. 4. Da
schrie Mose zu Jehova, und sprach: was soll ich thun mit diesem Volk? Wenig fehlet, so steinigen sie mich! 5. Und Jehova
sprach zu Mose: gehe hin vor dem Volke her, und nimm
mit dir von den Aeltesten Israels, und deinen Stab, womit
du den Nilstrom geschlagen, nimm in deine Hand, und gehe hin.
6. Siehe! ich will vor dir stehen daselbst auf einem Fels auf
Horeb, und du sollst den Felsen schlagen, so wird Wasser her-
ausfließen, daß das Volk trinke. Und Mose that also vor den
Augen Israels. 7. Und man nannte den Namen des Ortes
Massa und Meriba [Versuchung und Zank], um des
Zankes willen der Söhne Israels, und weil sie Jehova versuchet und gesagt: ist Jehova in unserer Mitte, oder nicht?

Cap. XVII, 8—16.
Besiegung der Amalekiter.

8. Und es kam Amalek, und stritt mit Israel in Raphidim. 9. Und Mose sprach zu Josua: wähle Männer aus,
und zeuch aus, und streite mit Amalek, morgen will ich auf
der Spitze des Hügels stehen, den Stab Gottes in meiner
Hand. 10. Und Josua that, so wie ihm Mose gesagt, daß
er stritte mit Amalek. Und Mose, Aaron und Hur stiegen

auf die Spitze des Hügels. 11. Und es geschah, so wie Mose seine Hand erhob, so siegete Israel, und so wie er seine Hand sinken ließ, siegete Amalek. 12. Aber die Hände Moses wurden schwer, und sie nahmen einen Stein, und legten ihn unter ihn, und er saß darauf, und Aaron und Hur unterstützten seine Hände, der eine von der einen Seite, der andere von der andern. Also waren seine Hände fest bis zum Untergang der Sonne. 13. Und Josua schlug Amalek und sein Volk mit der Schärfe des Schwertes.

14. Und Jehova sprach zu Mose: schreibe dieses zum Gedächtniß in ein Buch, und befiehl es den Ohren Josuas, daß ich das Andenken Amaleks vertilgen will unter dem Himmel. 15. Und Mose bauete einen Altar, und nannte seinen Namen: Jehova mein Panier, und sprach: in meiner Hand das Panier *) Jahs, Krieg Jehovas gegen Amalek von Geschlecht zu Geschlecht!

Cap. XVIII.

Ankunft Jethros im Lager Moses, sein Rath.

XVIII. 1. Und es hörete Jethro, Priester in Midian, der Schwiegervater Moses, alles, was Gott gethan an Mose und an Israel seinem Volke, daß Jehova Israel ausgeführet aus Aegypten. 2. Da nahm Jethro, der Schwiegervater Moses, Zippora, das Weib Moses, nachdem er sie zurückgesandt 3. und ihre beyden Söhne (deren einer Gersom hieß, denn er sprach: Fremdling bin ich in einem fremden Lande, 4. und der andere Elieser, denn der Gott meines Vaters war meine Hilfe, und rettete mich vom Schwerte Pharaos). 5. Und es kam Jethro, der Schwiegervater Moses, und seine Söhne und sein Weib zu Mose in die Wüste, wo er sich gelagert, am Berge Gottes, 6. und ließ Mosen sagen: ich, dein Schwiegervater, Jethro komme zu dir, und dein Weib und deine beyden Söhne mit ihr. 7. Da ging Mose hinaus seinem

---

*) Conzelt.

Schwiegervater entgegen, und neigete sich vor ihm, und küssete ihn, und es fragte einer den andern nach dem Wohlseyn, und sie gingen in das Zelt. 8. Und Mose erzählete seinem Schwiegervater alles, was Jehova gethan an Pharao und an den Aegyptern, Israels halben, und alle die Mühseligkeit, die sie getroffen auf dem Wege, und wie sie Jehova errettet. 9. Und Jethro freuete sich über alles gute, was Jehova gethan an Israel, daß er es errettet aus der Hand der Aegypter. 10. Und Jethro sprach: gepriehen sey Jehova, daß er euch gerettet aus der Hand der Aegypter und aus der Hand Pharaos, daß er das Volk gerettet aus der Hand der Aegypter. 11. Nunmehr weiß ich, daß Jehova größer ist denn alle Götter, ja darinnen, weßwegen sie sich auf sie brüsten. 12. Und Jethro, der Schwiegervater Moses, nahm Brandopfer und andere Opfer für Gott, und Aaron und alle Aeltesten Israels kamen, und speiseten mit dem Schwiegervater Moses vor Gott. 13. Und am andern Morgen satzte sich Mose, das Volk zu richten, und das Volk stand vor Mose vom Morgen bis zum Abend. 14. Und da der Schwiegervater Moses sahe alles, was er that mit dem Volke, sprach er: was ist das, was du thust mit dem Volke? Warum sitzest du allein, und das ganze Volk stehet vor dir vom Morgen bis zum Abend? 15. Und Mose sprach zu seinem Schwiegervater: das Volk kommt zu mir, Gott zu fragen. 16. Wenn sie einen Handel haben, so kommen sie zu mir, und ich bin Richter zwischen dem einen und dem andern, und lehre sie die Rechte Gottes und seine Gesetze. 17. Und es sprach der Schwiegervater Moses zu ihm: es ist nicht gut, was du thuest! 18. Denn du ermüdest dich selbst und auch dein Volk, denn das Geschäft ist dir zu schwer, du kannst es nicht verrichten allein. 19. Jetzt gehorche meiner Stimme, ich will dir rathen, und Gott sey mit dir! Diene du dem Volke vor Gott, und bringe die Händel vor Gott, 20. und thue ihnen kund die Rechte und Gesetze, und lehre sie den Weg, auf dem sie wandeln sollen, und die Thaten, die sie thun sollen. 21. Du aber suche aus dem ganzen

Volke tüchtige Männer, die da Gott fürchten, Männer von
Treue, Feinde des Gewinnes, und setze sie über sie, als Obere
über tausend, als Obere über hundert, und als Obere über
funfzig, und als Obere über zehen. 22. Und laß sie das
Volk richten allezeit, und wo ein großer Handel ist, den
mögen sie an dich bringen, aber alle kleine Händel mögen sie
selbst richten. Also erleichtere dir die Last, und laß sie mit
dir tragen. 23. Wenn du also thuest, und Gott dir gebietet, so kannst du bestehen, und auch das ganze Volk wird
an seinen Ort kehren in Frieden. 24. Und Mose gehorchte
der Stimme seines Schwiegervaters, und that alles, was er
sagte. 25. Und Mose wählete tüchtige Männer aus ganz
Israel, und setzte sie zu Häuptern über das Volk, als Obere
über tausend, als Obere über hundert, als Obere über funfzig und als Obere über zehen. 26. Und sie richteten das
Volk allezeit, die schweren Händel brachten sie vor Mose,
und alle kleine Händel richteten sie selbst. 27. Und Mose
entließ seinen Schwiegervater, und er zog zurück in sein
Land.

Cap. XIX. XX, 18.

Erscheinung Jehovas auf Sinai; Offenbarung
der zehen Gebote.

XIX. 1. Im dritten Monde, nach dem Auszuge der Söhne
Israels aus dem Lande Aegypten, an diesem Tage kamen sie
in die Wüste Sinai. 2. Sie brachen auf von Raphidim,
und kamen in die Wüste Sinai, und lagerten sich in der
Wüste, Israel lagerte sich daselbst dem Berge gegen über.
3. Und Mose stieg hinauf zu Gott, und Jehova rief ihm zu
vom Berge, und sprach: also sprich zu dem Hause Jakobs,
und verkündige den Söhnen Israels: 4. ihr habt gesehen,
was ich gethan an Aegypten, und wie ich euch getragen auf
Adlersflügeln, und euch zu mir gebracht. 5. Wenn ihr nun
meiner Stimme gehorchet, und meinen Bund haltet, so sollt
ihr mein Eigenthum seyn aus allen Völkern, denn die ganze

Erde ist mein, 6. und ihr sollt mir ein Priester-Königreich seyn, und ein heiliges Volk. Das sind die Worte, die du den Söhnen Israels sagen sollst. 7. Und Mose kam, und rief die Aeltesten des Volkes, und legte ihnen alle diese Worte vor, welche ihm Jehova geboten. 8. Und es antwortete das ganze Volk allzumahl, und sprach: alles was Jehova geredet, wollen wir thun! Und Mose sagte die Worte des Volkes Jehova wieder. 9. Und Jehova sprach zu Mose: siehe! ich will zu dir kommen in einer dicken Wolke, auf daß das Volk es höre, wenn ich mit dir rede, und an dich glaube ewiglich. Und Mose berichtete Jehova die Worte des Volkes. 10. Und Jehova sprach zu Mose: gehe hin zu dem Volke, und heilige es heute und morgen, und laß sie ihre Kleider waschen. 11. Und sie sollen bereit seyn auf den dritten Tag, denn am dritten Tage wird Jehova herabkommen vor den Augen des ganzen Volkes auf den Berg Sinai. 12. Und umhege das Volk ringsum, und sprich: hütet euch auf den Berg zu steigen, und sein Ende zu berühren, wer den Berg berühret, soll sterben. 13. Keine Hand soll ihn berühren, sondern er soll gesteinigt werden, oder mit Geschoß geschossen, ob Mensch ob Vieh, er soll sterben. Beym Blasen der Posaune aber sollen sie auf den Berg steigen. 14. Und Mose stieg herab vom Berge zu dem Volke, und heiligte das Volk, und sie wuschen ihre Kleider. 15. Und er sprach zum Volke: seyd bereit auf den dritten Tag, nahet euch nicht zum Weibe. 16. Und es geschah am dritten Tage, als es Morgen ward, da erhob sich Donner und Blitz und eine dicke Wolke auf dem Berge und ein starker Schall einer Posaune, und es zitterte das ganze Volk, welches im Lager war. 17. Und Mose führete das Volk aus dem Lager Gott entgegen, und sie traten an den Fuß des Berges. 18. Und der ganze Berg Sinai rauchte, darum weil Jehova auf ihn herabstieg im Feuer, und es stieg Rauch von ihm auf, wie der Rauch eines Ofens, und der ganze Berg bebete sehr. 19. Und der Schall der Posaune ward immer stärker, Mose redete, und

Gott antwortete ihm im Donner. 20. Als nun Jehova herabgestiegen auf den Berg Sinai auf die Spitze des Berges, rief Jehova Mosen auf die Spitze des Berges, und Mose stieg hinauf. 21. Und Jehova sprach zu Mose: steig hinab, und warne das Volk, daß sie nicht heraufbrechen zu Jehova, um zu schauen, und viele aus ihnen fallen. 22. Auch die Priester, die zu Jehova nahen, sollen sich heiligen, damit Jehova sie nicht zerschmettere. 23. Und Mose sprach zu Jehova: das Volk kann nicht heraufsteigen zum Berge Sinai, denn du hast uns geboten und gesagt: umhege den Berg, und heilige ihn. 24. Und Jehova sprach zu ihm: gehe, steige hinab, und komme wieder herauf mit Aaron, die Priester aber und das Volk sollen nicht herzubrechen, und zu Jehova heraufsteigen, damit er sie nicht zerschmettere. 25. Und Mose stieg herab zum Volke, und sagte es ihnen.

XX. 1. Und Gott redete alle diese Worte, und sprach: 2. Ich bin Jehova, dein Gott, der dich ausgeführet aus dem Lande Aegypten, aus dem Hause der Knechtschaft. 3. Du sollst keine anderen Götter haben neben mir. 4. Du sollst dir kein Bildniß machen, kein Gleichniß von irgend etwas, das im Himmel oben, oder auf der Erde unten, oder im Wasser unter der Erde ist. 5. Du sollst dergleichen nicht anbeten, noch ihnen dienen: denn ich bin Jehova, dein Gott, ein eifersüchtiger Gott, strafend das Vergehen der Väter an den Söhnen, bis ins dritte und vierte Glied derer, die mich hassen, 6. und übend Gnade bis ins tausendste Glied derer, die mich lieben, und meine Gebote halten. 7. Du sollst den Namen Jehovas, deines Gottes, nicht zur Unwahrheit aussprechen: denn nicht ungestraft wird Jehova den lassen, der seinen Namen zur Unwahrheit ausspricht. 8. Gedenke des Sabbaths-Tages, ihn zu heiligen. 9. Sechs Tage sollst du arbeiten, und thun alle deine Geschäfte; 10. aber der siebente Tag ist der Sabbath Jehovas, deines Gottes, kein Geschäft sollst du thun, noch dein Sohn, noch deine Tochter, noch dein Knecht, noch deine Magd, noch dein Vieh, noch der Fremdling in deinen

Thoren. 11. Denn in sechs Tagen hat Jehova den Himmel und die Erde und das Meer gemacht und alles, was in denselben ist, aber am siebenten Tage ruhete er, darum segnete Jehova den Sabbaths Tag, und heiligte ihn. 12. Ehre deinen Vater und deine Mutter, auf daß du lange lebest im Lande, das Jehova, dein Gott, dir gibt. 13. Du sollst nicht tödten. 14. Du sollst nicht ehebrechen. 15. Du sollst nicht stehlen. 16. Du sollst kein falsch Zeugniß geben wider deinen Nächsten. 17. Du sollst nicht begehren das Haus deines Nächsten. 18. Du sollst nicht begehren das Weib deines Nächsten, noch seinen Knecht, noch seine Magd, noch seinen Ochsen, noch seinen Esel, noch alles was deines Nächsten ist.

Cap. XX, 19. XXIII.

Mose nahet sich zu Gott; Offenbarung anderer vermischter Gesetze, nebst einer Warnung vor der Gemeinschaft mit den Cananitern.

19. Und das ganze Volk sahe den Donner und die Flammen und den Schall der Posaune und den rauchenden Berg. Da sie aber solches sahen, flohen sie, und traten von ferne, und sprachen zu Mose: rede du mit uns, und wir wollen gehorchen, aber nicht Gott rede mit uns, daß wir nicht sterben! 20. Und Mose sprach zum Volke: fürchtet euch nicht, denn um euch zu versuchen, ist Gott gekommen, und damit seine Furcht vor euren Augen wäre, daß ihr nicht sündiget. 21. Also trat das Volk von ferne, und Mose nahete sich zum Dunkel, worin Gott war.

22. Und Jehova sprach zu Mose: so sollst du sagen zu den Söhnen Israels: Ihr habt gesehen, daß ich vom Himmel mit euch geredet. 23. Ihr sollt euch nichts neben mir machen, silberne und güldene Götter sollt ihr euch nicht machen. 24. Einen Altar von Erde mache mir, und darauf opfere deine Brandopfer und deine Freudenopfer, deine Schafe und deine Rinder, an jeglichem Orte, wo ich meinen Namen ehren lassen werde

will ich zu dir kommen, und dich segnen. 25. Und so du mir einen Altar von Steinen macheſt, ſo ſollſt du ihn nicht von gehauenen Steinen bauen. Denn ſchwingeſt du dein Eiſen darüber, ſo entweiheſt du ihn. 26. Und nicht auf Stufen ſollſt du zu meinem Altar ſteigen, daß nicht deine Blöße enthüllet werde vor ihm.

XXI. 1. Und dieß ſind die Rechte, die du ihnen ſollſt vorlegen.

2. So du einen ebräiſchen Knecht kaufeſt, ſo ſoll er ſechs Jahre dienen, und im ſiebenten ſoll er als Freyer ausgehen unentgeltlich. 3. Wenn er allein gekommen, ſo ſoll er allein ausgehen, wenn er aber verheyrathet geweſen, ſo ſoll ſein Weib mit ihm ausgehen. 4. Wenn ſein Herr ihm ein Weib gegeben, und ſie ihm Söhne oder Töchter geboren, ſo ſoll das Weib und ihre Kinder dem Herrn ſeyn, und er ſoll allein ausgehen. 5. Wenn aber der Knecht ſpricht: ich liebe meinen Herrn, mein Weib und meine Söhne, ich will nicht frey ausgehen: 6. ſo ſoll ihn ſein Herr vor Gott bringen, und an die Thüre ſtellen oder an die Pfoſte, und ſein Herr ſoll ihn ſein Ohr durchbohren mit einer Pfrieme, daß er ihm diene auf ewig. 7. Wenn jemand ſeine Tochter verkaufet zur Magd, ſoll ſie nicht ausgehen, wie die Knechte ausgehen. 8. Wenn ſie dem Herrn mißfällt, daß er ſie nicht für ſich beſtimmet, ſo ſoll er ſie loskaufen laſſen. Unter ein fremdes Volk hat er nicht Macht, ſie zu verkaufen, wenn er ſie auch verſchmähet. 9. Und wenn er ſie ſeinem Sohne beſtimmet, ſo ſoll er ihr thun nach dem Rechte der Tochter. 10. Wenn er ihm eine andere nimmt, ſo ſoll er von ihrem Unterhalte, Kleidung und Beywohnung nichts abbrechen. 11. Und wenn er ihr dieſe drey Dinge nicht leiſtet, ſo ſoll ſie ausgehen unentgeltlich, ohne Löſegeld.

12. Wer einen Menſchen ſchlägt, daß er ſtirbt, der ſoll ſterben. 13. Hat er aber ſein Blut nicht verlanget, und Gott hat ihn von ungefähr in ſeine Hand fallen laſſen, ſo will ich dir einen Ort beſtimmen, wohin er fliehen ſoll. 14. Wo aber

jemand frevelt gegen den anderen, und ihn tödtet mit Hinterlist, den sollst du von meinem Altar nehmen, daß er sterbe. — 15. Wer Vater oder Mutter schlägt, der soll sterben. — 16. Wer einen Menschen stiehlt, und ihn verkaufet, oder behält, der soll sterben. — 17. Wer seinem Vater oder seiner Mutter fluchet, der soll sterben. — 18. Wenn Leute sich zanken, und einer den andern schlägt mit einem Steine oder mit der Faust, und er stirbt nicht, und fällt darnieder aufs Lager; 19. wenn er aufstehet und gehet aus an seinem Stabe: so soll, der ihn schlug, unschuldig seyn; nur seine Versäumniß soll er bezahlen, und ihn heilen lassen. — 20. Wenn jemand seinen Knecht oder seine Magd schlägt mit dem Stabe, und sie sterben unter seiner Hand, so soll er gestraft werden. 21. Wenn sie aber einen oder zween Tage leben bleiben, so soll er nicht gestraft werden, denn sie sind sein Geld. — 22. Wenn Leute sich mit einander schlagen, und verletzen eine schwangere Frau, und ihre Furcht gehet ab, und ihr ist kein Schade geschehen: so soll er um Geld gestraft werden, wie viel ihm der Mann des Weibes auflegt, und er soll es vor Schiedsrichtern geben. 23. Wenn aber Schade geschehen, so soll er Leben geben um Leben, 24. Auge um Auge, Zahn um Zahn, Hand um Hand, Fuß um Fuß, 25. Brandmahl um Brandmahl, Wunde um Wunde, Beule um Beule. — 26. Wenn jemand das Auge seines Knechtes oder das Auge seiner Magd schlägt, und es beschädiget, so soll er sie als frey entlassen für ihr Auge. 27. Und wenn er den Zahn seines Knechtes oder den Zahn seiner Magd ausschlägt, so soll er sie als frey entlassen für ihren Zahn. — 28. Wenn ein Ochse einen Mann stößet oder eine Frau, daß sie sterben, so soll der Ochse gesteiniget werden, und sein Fleisch soll man nicht essen, aber der Herr des Ochsen ist unschuldig. 29. Wenn aber der Ochse stößig gewesen, und man hat es seinem Herrn zu wissen gethan, und er hat ihn nicht verwahret, und er tödtet einen Mann oder ein Weib: so soll der Ochse gesteiniget werden, und auch sein Herr soll sterben. 30. Wenn ein Lösegeld ihm auferlegt wird, so soll er die Lösung seines Lebens bezahlen, wie viel ihm auferlegt ist. 31. Mag er einen Sohn oder eine Tochter stoßen, so soll ihm nach diesem Rechte geschehen. 32. Und wenn der Ochse einen Knecht oder eine Magd stößet, so soll er dreyßig Seckel Silber seinem Herrn zahlen, und der Ochse soll gesteiniget werden. — 33. Wenn jemand eine Grube aufthut, oder wenn jemand eine Grube gräbt, und sie nicht bedecket, und es fällt ein Ochse oder Esel hinein: 24. so soll der Herr der Grube erstatten, er soll dem Herrn Geld bezahlen, und das todte Thier soll sein seyn. — 35. Wenn jemandes Ochse den Ochsen des andern stößet, so daß er stirbt, so soll man den lebendigen Ochsen verkaufen, und seinen Preiß unter beyde theilen, und auch den todten Ochsen soll man theilen. 36. Ist es aber bekannt, daß der Ochse stößig gewesen vorher, und sein Herr ihn nicht verwahret: so soll er Ochsen für Ochsen erstatten, der todte Ochse soll sein seyn. —

XXII. 1. Wenn jemand einen Ochsen stiehlt oder ein Schaf, und schlachtet es, oder verkauft es, so soll er fünf Ochsen erstatten für den Ochsen, und vier Schafe für das Schaf. — 2. Wenn beym Einbruch ein Dieb betroffen wird, und geschlagen, daß er stirbt, so ist es keine Blutschuld. 3. Wenn aber die Sonne aufgegangen über ihm, so ist es Blutschuld. Er soll wieder erstatten; wenn er nichts hat, so soll er verkauft werden um seinen Diebstahl. 4. Wenn sich aber das Gestohlene in seiner Hand findet, es sey Ochse oder Esel oder Schaf, lebendig: so soll er das Doppelte erstatten. — 5. Wenn jemand ein Feld oder Weinberg abweidet, und sein Vieh hintreibt, und es weiden läßt auf dem Felde eines andern: so soll er das Beste von seinem Felde und das Beste vom seinem Weinberge erstatten. — 6. Wenn Feuer auskommt, und ergreift die Dornen, und verzehret die Garben oder die Saat oder das Feld: so soll, wer das Feuer angezündet, das Verbrannte erstatten. — 7. Wenn jemand dem andern Geld oder Geräthe gegeben zur Verwahrung, und es wird gestohlen aus dem Hause des Mannes: so soll der Dieb, wenn er gefunden wird, doppelt erstatten. 8. Wenn aber der Dieb nicht gefunden wird, so soll der Herr des Hauses vor Gott kommen, ob er nicht seine Hand gelegt an die Habe des andern. 9. Bey jedem Handel, der eine Veruntreuung betrifft, sey es von Ochs oder Esel oder Schaf oder Kleidung, oder sonst etwas Verlornem, wovon man sagt, daß es dieß sey: ein solcher Handel soll vor Gott kommen; wen Gott verdammet, der soll das Doppelte dem andern erstatten. 10. Wenn jemand dem andern einen Esel oder Ochsen oder Schaf oder irgend ein Thier gibt zur Verwahrung, und es stirbt, oder wird beschädiget, oder weggetrieben, ohne daß es jemand siehet: 11. so soll der Eid bey Jehova zwischen beyden entscheiden, ob er nicht seine Hand gelegt an die Habe des andern, und der Herr solls annehmen, und er soll nicht erstatten. 12. Wenn es aber gestohlen worden in seiner Gegenwart, so soll ers dem Herrn erstatten. 13. Wenn es zerrissen worden, so soll er Zeugen bringen, das Zerrissene soll er nicht erstatten. — 14. Wenn jemand ein Vieh von dem andern entlehnet, und es wird beschädiget, oder stirbt, da der Herr nicht dabey ist, so soll er es erstatten. 15. Wenn aber sein Herr dabey ist: so soll ers nicht erstatten. Wenn es gemiethet ist, so kommt es für das Miethgeld. — 16. Wenn emand eine Jungfrau verführet, welche nicht versprochen ist, und liegt bey ihr: so soll er sie sich kaufen zum Weibe. 17. Wenn ihr Vater sich weigert, sie ihm zu geben, soll er so viel Geld zahlen, als der Kaufpreiß der Jungfrau. — 18. Eine Zauberin sollst du nicht leben lassen. — 19. Wer bey einem Vieh liegt, soll sterben. — 20. Wer andern Göttern opfert außer Jehova allein, soll verbannt werden. — 21. Den Fremdling sollst du nicht drücken und schinden, denn auch ihr seyd Fremdlinge gewesen im Lande Aegypten. 22. Wittwen und Waisen sollt ihr nicht unterdrücken. 23. Wenn du sie unterdrückest, und sie schreyen zu mir: so werde ich ihr Geschrey erhören, 24. und mein Zorn wird entbrennen, und ich werde euch tödten durchs

Schwert, und eure Weiber werden Wittwen seyn, und eure Söhne Waisen. — 25. Wenn du Geld leihest einem von meinem Volke, dem Armen neben dir, so sollst du nicht seyn wie der Wucherer, und ihm nicht Zinsen auflegen. 26. Wenn du den Mantel deines Nächsten zum Pfand nimmst, so sollst du ihn bis zum Untergang der Sonne zurückgeben. 27. Denn seine einzige Decke seiner Haut ist sein Mantel, worauf soll er liegen? Und wenn er zu mir schreyet, so werde ich ihn erhören, denn ich bin gnädig. — 28. Gott sollst du nicht fluchen, und den Fürsten deines Volkes nicht lästern. — 29. Das Erstling von deiner Tenne und von deiner Kelter *) sollst du nicht verzögern. Die Erstgeburt deiner Söhne sollst du mir geben. 30. Also sollst du thun mit deinem Ochsen, mit deinem Schafe, sieben Tage sollen sie bey der Mutter seyn, am achten sollst du mir sie geben. — 31. Heilige Leute sollt ihr mir seyn. Und sollt kein Fleisch, das auf dem Felde zerrissen worden, essen, den Hunden sollt ihr es vorwerfen.

XXIII. 1. Du sollst nicht falsches Gerücht ausbreiten, du sollst dich nicht zu dem Ungerechten halten, und ihm Zeuge des Unrechts seyn. 2. Du sollst der Menge nicht folgen zum Bösen, du sollst nicht vor Gericht antworten, daß du der Menge nach von der Wahrheit abweichest, und das Recht beugest. 3. Auch dem Armen sollst du nicht zu Gunst reden in seinem Handel. — 4. Wenn du den Ochsen deines Feindes oder seinen Esel irrend triffst, so sollst du ihm denselben zurückführen. 5. Wenn du den Esel des, der dich hasset, siehest unter seiner Last liegen, so sollst du dich hüten, ihn zu lassen, lassen sollst du ihn mit ihm. — 6. Du sollst das Recht des Armen nicht beugen in seinem Handel. — 7. Von der Sache der Lüge sey ferne, und den Unschuldigen und Gerechten sollst du nicht morden, denn ich lasse den Schuldigen nicht ungestraft. — 8. Du sollst nicht Geschenke nehmen, denn Geschenke blenden die Sehenden, und verkehren die Sache der

---

*) Eig. dein Volles und dein Bestes.

Gerechten. — 9. Den Fremdling sollst du nicht drücken, denn ihr wisset, wie es dem Fremdling zu Muthe ist, denn auch ihr seyd Fremdlinge gewesen im Lande Aegypten. — 10. Sechs Jahre sollst du dein Land besäen, und seine Früchte einsammeln. 11. Aber im siebenten sollst du es ruhen und liegen lassen, und die Armen deines Volkes sollen davon essen, und was sie übrig lassen, soll das Wild des Feldes essen, also sollst du thun mit deinem Weinberg und Oelgarten. — 12. Sechs Tage sollst du dein Geschäft thun, aber am siebenten sollst du feyern, auf daß dein Ochse und dein Esel ruhe, und der Sohn deiner Magd und der Fremdling sich erhole.

13. Alles, was ich euch gesagt, sollt ihr halten, und den Namen anderer Götter sollt ihr nicht nennen, und ihn nicht hören lassen aus eurem Munde.

14. Dreymal sollst du mir Fest halten im Jahre. 15. Das Fest des Ungesäuerten sollst du halten, sieben Tage sollst du Ungesäuertes essen, so wie ich dir geboten, zur Zeit des Aehren-Mondes, denn in demselben bist du aus Aegypten gezogen. Aber ihr sollt nicht vor mich kommen mit leerer Hand. 16. Und das Erntefest, der Erstlinge deiner Früchte, die du auf dem Felde gesäet, und das Fest der Einsammlung im Ausgang des Jahres, wenn du deine Früchte eingesammelt vom Felde. 17. Drey Mal im Jahre sollen alle deine Mannsbilder erscheinen vor dem Herrn, Jehova. — 18. Das Blut meines Opfers sollst du nicht opfern bey Sauerteig, und nicht bleiben soll das Fett von meinem Feste bis zum Morgen. — 19. Die Erstlinge von der frühen Frucht deines Landes sollst du bringen ins Haus Jehovas, deines Gottes. — Du sollst das Böckchen nicht kochen in der Milch seiner Mutter.

20. Siehe! ich sende einen Engel vor dir her, dich zu bewahren auf dem Wege, und dich zu bringen an den Ort, den ich bereitet. 21. Hab Acht auf ihn, und gehorche seiner Stimme, und widersetze dich ihm nicht: denn er wird eure Vergehungen nicht vergeben, denn mein Name ist in ihm. 22. Wenn du aber seiner Stimme gehorchest, und thuest

alles, was ich rede: so will ich der Feind deiner Feinde seyn, und der Widersacher deiner Widersacher. 23. Denn mein Engel soll vor dir hergehen, und dich bringen in das Land der Amoriter und der Hethiter und der Phresiter, und der Cananiter und der Heviter und der Jebusiter, und ich will sie vertilgen. 24. Bete nicht ihre Götter an, und diene ihnen nicht, und thue nicht nach ihrem Thun, sondern zerstöre ihre Götter, und zerbrich ihre Bildsäulen. 25. Dienet Jehova, eurem Gott, und er wird dein Brod und dein Wasser segnen, und ich will alle Krankheit von dir entfernen. 26. Keine unzeitige Geburt, noch Unfruchtbarkeit soll in deinem Lande seyn, und ich will die Zahl deiner Tage voll werden lassen. 27. Mein Schrecken will ich vor dir hersenden, und will alle Völker bestürzt machen, zu denen du kommst, und will alle deine Feinde vor dir in die Flucht jagen. 28. Und ich sende Landplagen *) vor dir her, und sie sollen vertreiben die Heviter, die Cananiter und die Hethiter vor dir her. 29. Ich will sie nicht vor dir vertreiben in Einem Jahre, auf daß das Land nicht wüste werde, und nicht gegen dich sich mehre das Wild des Feldes. 30. Nach und nach will ich sie vertreiben vor dir, bis daß du dich ausbreitest, und das Land besitzest. 31. Und ich setze deine Gränze vom Schilfmeer bis ans Meer der Philister, und von der Wüste bis an den Strom, denn ich will in deine Hand geben die Einwohner des Landes, und will sie vertreiben vor dir. 32. Schließe mit ihnen und mit ihren Göttern keinen Bund; 33. sie sollen nicht wohnen in deinem Lande, damit sie dich nicht verführen wider mich: denn wo du ihren Göttern dienest, wird dirs ein Fallstrick seyn.

---

*) Gew. Hornisse. And. Bestürzung.

Cap. XXIV.

Feyerliche Bestätigung und Annahme der
Gesetze vom Volker Mose besteigt aber-
mals den Berg.

XXIV. 1. Und zu Mose sprach er: steige herauf zu Jehova, du und Aaron, Nadab und Abihu und siebenzig von
den Aeltesten Israels, und betet an von ferne. 2. Aber
Mose nahe sich allein zu Jehova, und jene sollen sich nicht
nahen, und auch das Volk komme nicht mit ihm herauf.
3. Und Mose kam, und erzählte dem Volke alle Worte Jehovas, und alle die Gesetze, da antwortete das Volk mit
Einer Stimme, und sprach: alle Worte, welche Jehova geredet, wollen wir thun. 4. Da schrieb Mose alle Worte
Jehovas, und machte sich am Morgen frühe auf, und bauete
einen Altar unten am Berge, mit zwölf Säulen, nach den
zwölf Stämmen Israels. 5. Und er sandte Jünglinge aus
den Söhnen Israels, und sie opferten Jehova Brandopfer
und Freudenopfer von Rindern. 6. Und Mose nahm die
Hälfte des Blutes, und thats in eine Schale, und die
Hälfte des Blutes sprengete er an den Altar, 7. und nahm
das Buch des Bundes, und las es dem Volke vor, und sie
sprachen: alles, was Jehova geredet, wollen wir thun und
gehorchen. 8. Und Mose nahm das Blut, und sprengete es
auf das Volk, und sprach: siehe! das ist das Blut des
Bundes, welchen Jehova schließet mit euch über alle diese
Gesetze.

9. Da stiegen Mose und Aaron, Nadab und Abihu und
siebenzig von den Aeltesten Israels hinauf. 10. Und sie
schaueten den Gott Israels, und unter seinen Füßen war es,
wie Arbeit von durchsichtigem Sapphir und wie der Himmel
selbst in Klarheit. 11. Und er legte nicht seine Hand an die
Fürsten der Söhne Israels, und sie schaueten Gott, und
aßen und tranken.

12. Und Jehova sprach zu Mose: steige herauf zu mir
auf den Berg, und bleibe daselbst, ich will dir steinerne

Tafeln geben, und Gesetz und Gebot, das ich geschrieben, ihnen zu lehren. 13. Da machte sich Mose auf, und Josua, sein Diener, und stieg auf den Berg Gottes. 14. Und er sprach zu den Aeltesten: bleibet hier, bis daß wir zurückkehren zu euch. Siehe! Aaron und Hur sind bey euch, wer einen Handel hat, der trete vor sie. 15. Und Mose stieg auf den Berg, und eine Wolke bedeckte den Berg, 16. und die Herrlichkeit Jehovas ruhete auf dem Berge Sinai, und eine Wolke bedeckte ihn sechs Tage. Und am siebenten Tage rief er Mosen aus der Wolke. 17. Und das Ansehen der Herrlichkeit Jehovas war wie fressend Feuer auf der Spitze des Berges vor den Augen der Söhne Israels. 18. Und Mose ging hinein in die Wolke, und stieg auf den Berg, und Mose war auf dem Berge vierzig Tage und vierzig Nächte.

Cap. XXV.

Jehova befiehlt eine Beysteuer zum Bau der Stiftshütte; die Verfertigung der Lade, des Tisches, des Leuchters.

XXV. 1. Und Jehova redete zu Mose, und sprach: 2. rede zu den Söhnen Israels, daß sie mir eine Gabe bringen; von einem jeglichen, den sein Herz treibt, sollt ihr meine Gaben annehmen. 3. Und das sind die Gaben, welche ihr von ihnen annehmen sollt: 4. Gold und Silber und Kupfer und Hyacinth und Purpur und Carmosin und Byssus und Ziegenhaare 5. und rothes Widderfell und Seehundfell und Acazienholz; 6. Oel für den Leuchter, Specereyen zum Salböl und zum wohlriechenden Räucherwerk; 7. Onychsteine und andere eingefaßte Steine zum Oberkleid und zum Schildlein. 8. Und sie sollen mir ein Heiligthum machen, daß ich unter ihnen wohne. 9. So wie ich dir ein Vorbild der Wohnung zeige, und ein Vorbild aller ihrer Geräthe, also sollt ihrs machen.

10. Machet eine Lade von Acazienholz, zwo Ellen und eine halbe ihre Länge, und eine Elle und eine halbe ihre

Breite, und eine Elle und eine halbe ihre Höhe. 11. Und
überziehe sie mit feinem Golde, inwendig und auswendig über=
ziehe sie, und mache daran einen Kranz von Gold ringsum.
12. Und geuß vier Rinken von Gold, und thue sie an ihre
vier Ecken, zween Rinken an ihrer einen Seite, und zween
Rinken an ihrer andern Seite. 13. Und mache Stangen von
Acazienholz, und überziehe sie mit Golde, 14. und stecke die
Stangen in die Rinken an den Seiten der Lade, um die
Lade zu tragen mit denselben. 15. In den Rinken der Lade
sollen die Stangen seyn, sie sollen nicht herausgenommen werden.
16. Und in die Lade lege das Gesetz, welches ich dir geben
werde. 17. Und einen Deckel mache von feinem Golde, zwo
Ellen und eine halbe seine Länge, und eine Elle und eine
halbe seine Breite. 18. Und mache zween Cherubs von Gold;
aus dem Ganzen mache sie an den beyden Enden des Deckels.
19. Und mache einen Cherub an diesem Ende, und einen
Cherub an dem andern Ende; an dem Deckel mache die Che=
rubs, an seinen beyden Enden. 20. Und die Cherubs sollen
ihre Flügel ausbreiten darüber hin, überdeckend mit ihren
Flügeln den Deckel, mit ihren Angesichtern gegen einander
über, auf den Deckel sollen die Angesichter der Cherubs ge=
richtet seyn. 21. Und thue den Deckel auf die Lade darüber,
und in die Lade lege das Gesetz, welches ich dir geben werde.
22. Daselbst will ich mit dir zusammenkommen, und will mit
dir reden vom Deckel herab zwischen den zween Cherubs auf
der Lade des Gesetzes, alles, was ich dir gebieten werde an
die Söhne Israels.

23. Und mache einen Tisch von Acazienholz, zwo Ellen
seine Länge, und eine Elle seine Breite, und eine Elle und
eine halbe seine Höhe. 24. Und überziehe ihn mit feinem
Golde, und mache daran einen Kranz ringsum. 25. Und
mache daran einen Leisten, eine Hand breit hoch, und mache
einen Kranz von Gold an den Leisten ringsum. 26. Und
mache daran vier Rinken von Gold, und setze die Rinken
an die vier Ecken an seinen vier Füßen. 27. Nahe unter

dem Leisten sollen die Rinken seyn, als Behälter der Stangen, um den Tisch zu tragen. 28. Und mache Stangen von Acazienholz, und überziehe sie mit Golde, mit denselben soll der Tisch getragen werden. 29. Und mache Schalen und Rauchpfannen und Becher und Kannen, mit welchen aus und eingeschenket werde, von feinem Golde sollst du sie machen. 30. Und lege auf den Tisch Schaubrode vor mich allezeit.

31. Und mache einen Leuchter von feinem Golde, aus dem Ganzen mache den Leuchter, seinen Schaft und seine Arme; Kelche und Knäufe und Arme sollen an ihm seyn. 32. Sechs Arme sollen hervorgehen aus seinen Seiten, drey Arme aus seiner einen Seite, und drey Arme aus seiner andern Seite. 33. Je drey mandelförmige Kelche sollen an einem Arme seyn mit Knauf und Blume, also an den sechs Armen, die aus dem Leuchter hervorgehen, 34. und an dem Leuchter sollen vier Kelche seyn, mandelförmig, mit ihren Knäufen und Blumen, 35. und je ein Knauf unter zween Armen an demselben, also unter den sechs Armen, die aus dem Leuchter hervorgehen. 36. Knäufe und Arme sollen an demselben seyn, alles aus dem Ganzen, von feinem Golde. 37. Und mache sieben Lampen, und setze sie darauf, daß sie vorwärts scheinen, 38. und Lichtschneuzen und Zangen dazu von feinem Golde. 39. Aus einem Talent feinen Goldes sollst du ihn machen mit allen diesen Geräthen. 40. Schaue, und mache es nach dem Vorbilde, welches dir gezeiget worden auf dem Berge.

Cap. XXVI.

Entwurf der Stiftshütte.

XXVI. 1. Und die Wohnung mache aus zehen Teppichen, von gezwirntem Byssus, von Hyacinth, Purpur und Carmosin; mit Cherubs, künstlicher Arbeit, mache sie. 2. Die Länge eines Teppichs acht und zwanzig Ellen, und die Breite vier Ellen eines Teppichs, Ein Maaß sollen alle Teppiche haben. 3. Je fünf Teppiche sollen zusammengefüget

werden, einer an den andern. 4. Und mache Schleifen von
Hyacinth an dem Saume des einen äußersten Teppichs bey der
Zusammenfügung, und also thue am Saume des andern
äußersten Teppichs bey der zweyten Zusammenfügung. 5. Fünf=
zig Schleifen mache an dem einen Teppich, und funfzig
Schleifen mache an das Ende des Teppichs bey der zweyten
Zusammenfügung; die Schleifen sollen zu einander passen,
eine zu der andern. 6. Und mache funfzig Haken von Gold,
und füge die Teppiche zusammen, einen an den andern, mit
den Haken, daß die Wohnung ein Ganzes werde.

7. Und mache Teppiche von Ziegenhaaren, zum Zelt
über die Wohnung, eilf Teppiche mache. 8. Die Länge
eines Teppichs dreyßig Ellen, und die Breite vier Ellen eines
Teppichs. Ein Maaß sollen die eilf Teppiche haben. 9. Und
füge sie zusammen, fünf Teppiche besonders, und sechs Tep=
piche besonders, und den sechsten Teppich schlage doppelt über
einander vorn beym Eingang des Zeltes. 10. Und mache
funfzig Schleifen an den Saum des äußersten Teppichs
bey der Zusammenfügung, und funfzig Schleifen an den
Saum des Teppichs bey der zweyten Zusammenfügung.
11. Und mache funfzig Haken von Kupfer, und thue
die Haken in die Schleifen, und füge das Zelt zusam=
men, daß es ein Ganzes werde. 12. Und das Ueberflüssige
an den Teppichen des Zeltes, der halbe Teppich, der über=
flüssig ist, soll überhängen an der Hinterseite des Zeltes.
13. Und die Elle von der einen Seite, und die Elle von
der andern Seite, die überflüssig ist an der Länge der Tep=
piche des Zeltes, soll überhängen an den beyden Seiten der
Wohnung, sie zu bedecken. 14. Und mache eine Decke dem
Zelte von rothem Widderfell, und eine Decke von Seehunds=
fell oben drüber.

15. Und mache Breter zu der Wohnung, von Acazien=
holz, stehende. 16. Zehen Ellen die Länge eines Bretes, und
eine Elle und eine halbe die Breite eines Bretes. 17. Zween
Zapfen soll ein Bret haben, in einander gepaßt, einer in den

andern, also mache an allen Bretern der Wohnung. 18. Und mache der Breter der Wohnung zwanzig an der Seite gegen Mittag südlich, 19. und vierzig silberne Füße mache unter die zwanzig Breter, je zween Füße unter ein Bret, für seine zween Zapfen; 20. und an der andern Seite der Wohnung gegen Mitternacht zwanzig Breter, 21. und vierzig silberne Füße, je zween Füße unter ein Bret; 22. und an der Hinterseite der Wohnung gegen Abend mache sechs Breter, 23. und zween Breter mache an den Ecken der Wohnung an der Hinterseite. 24. Und sie sollen zweyseitig *) seyn unten und oben, am ersten Rinken, also mache sie beyde, an den beyden Ecken. 25. Und also sollen acht Breter mit sechszehn silbernen Füßen seyn, je zween Füße unter einem Brete.

26. Und mache Riegel von Acazienholz, fünf zu den Bretern der einen Seite der Wohnung, 27. und fünf Riegel zu den Bretern der andern Seite der Wohnung, und fünf Riegel zu den Bretern der Hinterseite der Wohnung gegen Abend. 28. Und der mittelste Riegel soll mitten durch die Breter gehen, von einem Ende zum andern. 29. Und die Breter überziehe mit Gold, und ihre Rinken mache von Gold, als Behälter der Riegel, 30. und die Riegel überziehe mit Gold. Und also richte die Wohnung auf nach der Weise, wie dir gezeiget worden auf dem Berge.

31. Und mache einen Vorhang von Hyacinth und Purpur und Carmosin und gezwirntem Byssus, mit künstlicher Arbeit mache ihn, mit Cherubs. 32. Und hänge ihn an vier Säulen von Acazienholz, überzogen mit Gold, und mit güldenen Nägeln, stehend auf vier Füßen von Silber. 33. Und stelle den Vorhang unter die Haken [mit welchen die Teppiche zusammengefüget werden], und bringe innerhalb des Vorhangs die Lade des Gesetzes, so daß der Vorhang ein Unterschied sey zwischen dem Heiligen und zwischen dem Allerheiligsten. 34. Und thue den Deckel auf die Lade des Gesetzes im Aller-

---

*) Nach Sam.

heiligſten. 35. Und ſtelle den Tiſch außen vor den Vorhang, und den Leuchter dem Tiſche gegenüber, an die Seite der Wohnung gegen Süden, und den Tiſch ſtelle an die Seite gegen Mitternacht.

36. Und mache einen Vorhang in die Thüre des Zeltes, von Hyacinth und Purpur und Carmoſin und gezwirntem Byſſus, von geſtickter Arbeit. 37. Und mache zu dem Vor= hang fünf Säulen von Acazienholz, und überziehe ſie mit Gold= und Nägel dazu von Gold, und gieße zu denſelben fünf Füße von Kupfer.

Cap. XXVII.

Vom Brandopferaltar, Vorhof und heiligem Oele.

XXVII. 1. Und mache einen Altar von Acazienholz, fünf Ellen die Länge, und fünf Ellen die Breite, und viereckig ſoll er ſeyn, und drey Ellen ſeine Höhe. 2. Und mache Hör= ner an ſeine vier Ecken, an ihm mache Hörner, und über= ziehe ihn mit Kupfer. 3. Und mache Töpfe dazu, die Aſche wegzuthun, und Schaufeln und Schalen und Gabeln und Kohlpfannen, alle ſeine Geräthe ſollſt du von Kupfer machen. 4. Und mache dazu ein Gitter, netzförmig, von Kupfer, und mache an das Gitter vier Rinken von Kupfer, an ſeine vier Enden. 5. Und ſetze es unter die Einfaſſung des Altars unterhalb, ſo daß das Netz bis an die Hälfte des Altars gehe. 6. Und mache Stangen an den Altar, Stangen von Acazien= holz, und überziehe ſie mit Kupfer. 7. Und man thue ſeine Stangen in die Rinken, ſo daß die Stangen an beyden Seiten des Altars ſeyen, um ihn zu tragen. 8. Hohl von Bretern mache ihn; ſo wie dirs gezeigt worden auf dem Berge, alſo ſollen ſie es machen.

9. Und mache einen Vorhof der Wohnung, an der Seite gegen Mittag ſüdlich, die Umhänge des Vorhofs von ge= zwirntem Byſſus, hundert Ellen die Länge, an der einen Seite, 10. und dazu zwanzig Säulen und zwanzig Füße von Kupfer, die Nägel der Säulen und ihre Stäbe von Silber.

11. Und also an der Seite gegen Mitternacht, die Länge der Vorhänge hundert Ellen, und dazu zwanzig Säulen und zwanzig Füße von Kupfer, und die Nägel der Säulen und ihre Stäbe von Silber. 12. Und die Breite des Vorhofes an der Seite gegen Abend funfzig Ellen Umhänge, und dazu zehen Säulen und zehen Füße. 13. Und die Breite des Vorhofes an der Seite gegen Morgen östlich funfzig Ellen: 14. funfzehn Ellen Umhänge auf der einen Seite, dazu drey Säulen und drey Füße, 15. und auf der andern Seite funfzehn Ellen Umhänge, dazu drey Säulen und drey Füße, 16. und am Thore des Vorhofes ein Vorhang von zwanzig Ellen, von Hyacinth und Purpur und Carmosin und gezwirntem Byssus, von gestickter Arbeit, dazu vier Säulen und vier Füße. 17. Alle Säulen des Vorhofes ringsum sollen silberne Stäbe haben, und silberne Nägel und kupferne Füße. 18. Die Länge des Vorhofes hundert Ellen, die Breite funfzig, und die Höhe fünf Ellen, die Umhänge von gezwirntem Byssus, und ihre Füße von Kupfer. 19. Alle Geräthe der Wohnung zu allerley Verrichtung, und alle Pfähle und alle Pfähle der Wohnung von Kupfer.

20. Und du sollst den Söhnen Israels gebieten, daß sie zu dir reines gepreßtes Baumöl bringen zum Leuchter, um die Lampen aufzuthun allezeit. 21. Im Versammlungszelt außen vor dem Vorhang, der vor dem Gesetze hänget, soll ihn Aaron und seine beyden Söhne zurichten, von Abend bis Morgen, vor Jehova. Das sey ein ewiges Recht, auf künftige Geschlechter, daß die Söhne Israels dieses geben.

Cap. XXVIII.

Priesterliche Kleidung.

XXVIII. 1. Und laß vor dich treten Aaron, deinen Bruder, und seine Söhne mit ihm, aus den Söhnen Israels, um sie zu meinen Priestern zu weihen, Aaron und Nadab und Abihu, Eleasar und Ithamar, die Söhne Aarons. 2. Und mache heilige Kleider für Aaron, deinen Bruder, zur Pracht und Zierde. 3. Und rede mit allen Kunſtverſtändigen, die ich erfüllet mit Geiſt der Einſicht, daß ſie die Kleider Aarons machen, um ihn zu heiligen und zum Prieſter zu weihen. 4. Und dieß ſind die Kleider, die ſie machen ſollen: Schildlein und Oberkleid und Rock und Unterkleid *), Kopfband und Gürtel. Diese heiligen Kleider sollen sie Aaron und seinen Söhnen machen, um ſie zu meinen Prieſtern zu weihen. 5. Und ſie ſollen dazu nehmen Gold und Hyacinth und Purpur und Carmoſin und Byſſus.

6. Das Oberkleid ſollen ſie machen von Gold, Hyacinth und Purpur, Carmoſin und gezwirntem Byſſus, mit künſtlicher Arbeit. 7. Zwey Schulterſtücke ſoll es haben an ſeinen beyden Enden, womit es zuſammengefüget werde. 8. Und an ihm ſoll ein Band ſeyn, womit es umgürtet wird, von gleicher Arbeit, von Gold, Hyacinth, und Purpur und Carmoſin und gezwirntem Byſſus. 9. Und nimm zween Onychiſteine, und grabe darauf die Namen der Söhne Israels, 10. sechs ihrer Namen auf den einen Stein, und die sechs übrigen Namen auf den zweyten Stein, nach ihren Geſchlechtern. 11. Mit SteinſchneiderArbeit, mit Siegelſtecherey grabe auf die beyden Steine die Namen der Söhne Israels, und umgib ſie mit Einfaſſungen von Gold. 12. Und ſetze die beyden Steine auf die Schulterſtücke des Oberkleides, als Steine des Gedächtniſſes für die Söhne Israels, daß Aaron ihre Namen trage vor Jehova auf ſeinen beyden Schultern zum Gedächtniß. 13. Und mache Einfaſſungen von Gold daran, 14. und zwo Ketten von feinem Golde, von gleicher Länge, geflochtener Arbeit, und ſetze die Ketten, die geflochtenen, an die Einfaſſungen.

15. Und mache das Schildlein des Rechts mit künſtlicher Arbeit; wie die Arbeit des Oberkleides mache es; von Gold, Hyacinth, Purpur, Carmoſin und gezwirntem Byſſus mache es. 16. Viereckig ſoll es ſeyn und doppelt, eine Spanne ſeine

---

*) Ausgel. eng oder eingefaßt.

Länge, und eine Spanne seine Breite. 17. Und beseße es mit eingefaßten Steinen; vier Reihen von Steinen sollen es seyn: die Reihe des Carniols, des Topasen, des Smaragds die erste Reihe; 18. und die zweyte Reihe ein Carfunkel, ein Sapphir, und ein Jahalom; 19. und die dritte Reihe ein Opal, ein Achat, und ein Amethist; 20. und die vierte Reihe ein Chrysolith und ein Onych und ein Jaspis; eingefaßt mit Gold sollen sie seyn. 21. Und die Steine sollen nach den Namen der Söhne Israels zwölf seyn, und mit Siegelstecherey soll in jeglichem sein Name eingegraben seyn, nach den zwölf Stämmen. 22. Und mache an das Schildlein Ketten von gleicher Länge, geflochtener Arbeit, von feinem Golde. 23. Und mache an das Schildlein zween Ringe von Gold, und seße die zween Ringe an die beyden Enden des Schildleins. 24. Und thue die zwo goldenen Ketten in die beyden Ringe an den Enden des Schildleins. 25. Und die beyden andern Enden der beyden Ketten thue in die beyden Einfassungen, und seße sie an die Schulterstücke des Oberkleides, nach vorne hin. 26. Und mache zween andere Ringe von Gold, und seße sie an die beyden Enden des Schildleins an seinen Rand, der gegen das Oberkleid zu inwendig. 27. Und mache wieder zween andere Ringe von Gold, und seße sie an die beyden Schulterstücke des Oberkleides, unterhalb nach vorne hin, gerade bey seiner Zusammenfügung über dem Gürtelbande. 28. Und sie sollen das Schildlein mit seinen Ringen an die Ringe des Oberkleides binden mit Schnüren von Hyacinth, daß es über dem Gürtelbande sey, und nicht wegrücke von dem Oberkleide. 29. Also soll Aaron die Namen der Söhne Israels tragen an dem Schildlein des Rechts auf der Brust, wenn er ins Heiligthum gehet, zum Gedächtniß vor Jehova allezeit. 30. Und thue auf das Schildlein des Rechts Licht und Recht, daß es auf der Brust Aarons sey, wenn er vor Jehova gehet, und Aaron das Recht der Söhne Israels auf seiner Brust trage vor Jehova allezeit.

31. Und mache den Rock unter dem Oberkleide ganz von Hyacinth. 32. Und er soll oben eine Oeffnung haben in der Mitte, eine Borte soll an seiner Oeffnung seyn ringsum von Weber-Arbeit, wie die Oeffnung eines Panzers soll er haben, daß er nicht zerreiße. 33. Und mache an seinem Saume ringsum Granatäpfel von Hyacinth und Purpur und Carmosin, an seinem Saume ringsum, und Schellen von Gold zwischen denselben ringsum. 34. Je eine güldene Schelle und je ein Granatapfel sey an dem Saume des Kleides ringsum. 35. Und Aaron soll ihn anhaben beym Dienste, daß sein Schall gehöret werde, wenn er ins Heiligthum kommt vor Jehova, und wenn er herausgehet, auf daß er nicht sterbe.

36. Und mache ein Blech von feinem Golde, und stich darauf mit Siegelstecherey: Jehova heilig. 37. Und thue es an eine Schnur von Hyacinth, und hänge es an den Kopfbund, an die Vorderseite des Kopfbundes hänge es. 38. Also soll es Aaron an der Stirne haben, und soll die Schuld alles Geheiligten tragen, welches die Söhne Israels heiligen, aller ihrer heiligen Gaben, und er soll es an seiner Stirne haben allezeit, zum Wohlgefallen vor Jehova. 39. Und mache das Unterkleid von Byssus, und mache den Bund von Byssus, und einen Gürtel mache von gestickter Arbeit. 40. Und den Söhnen Aarons mache Unterkleider, und Gürtel und Kopfbunde mache ihnen zur Pracht und zur Zierde. 41. Und ziehe sie an Aaron, deinen Bruder, und seine Söhne mit ihm, und salbe sie, und weihe und heilige sie, daß sie meine Priester seyen. 42. Und mache ihnen Niederkleider von Linnen, das Fleisch ihrer Blöße zu decken, von den Lenden bis an die Schenkel sollen sie gehen. 43. Und Aaron und seine Söhne sollen sie anhaben, wenn sie in das Versammlungszelt kommen, oder wenn sie dem Altar nahen, zu dienen im Heiligthum, damit sie nicht eine Schuld tragen, und sterben. Dieß sey eine ewige Satzung für ihn und seinen Samen nach ihm.

Cap. XXIX.

Einweihung der Priester.

XXIX. 1. Und also sollst du mit ihnen thun, um sie zu weihen zu meinen Priestern. Nimm einen jungen Stier und zween Widder, fehlerlos, 2. und ungesäuerte Brode und ungesäuerte Kuchen, begossen mit Oel, und ungesäuerte Fladen, gesalbt mit Oel, vom Weißmehl des Waizens mache sie. 3. Und thue sie in einen Korb, und bringe sie herzu in dem Korbe, und zugleich den Stier und die zween Widder. 4. Und Aaron und seine Söhne führe herzu zur Thüre des Versammlungszeltes, und wasche sie mit Wasser. 5. Und nimm die Kleider, und ziehe Aaron an das Unterkleid und den Rock und das Oberkleid und das Schildlein, und gürte ihn mit dem Bande des Oberkleides. 6. Und setze den Bund auf sein Haupt, und thue das heilige Blech an den Bund. 7. Und nimm das Salböl, und gieße es auf sein Haupt, und salbe ihn. 8. Und seine Söhne führe herzu, und ziehe ihnen die Unterkleider an. 9. Und umgürte sie mit dem Gürtel, Aaron und seine Söhne, und binde ihnen die Bunde um. Also soll ihnen das Priesterthum eigen werden, als ewiges Recht, und weihe sie also ein, Aaron und seine Söhne. 10. Und bringe den Stier herzu vor das Versammlungszelt, und laß Aaron und seine Söhne ihre Hände auf das Haupt des Stieres legen. 11. Und schlachte den Stier vor Jehova, vor der Thüre des Versammlungszeltes. 12. Und nimm vom Blute des Stieres, und streiche es an die Hörner des Altars mit deinem Finger, und das übrige Blut gieße an den Boden des Altars. 13. Und nimm alles Fett, welches die Eingeweide decket, und das Netz über der Leber und die beyden Nieren und das Fett an denselben, und zünde es an auf dem Altar. 14. Und das Fleisch des Stieres und seine Haut und seinen Mist verbrenne mit Feuer außerhalb des Lagers. Dieß ist ein Sündopfer. 15. Und den einen Widder nimm, und laß Aaron und seine Söhne ihre Hände auf das Haupt des

Widders legen. 16. Und schlachte den Widder, und nimm sein Blut, und sprenge es an den Altar ringsum. 17. Und den Widder zerstücke in seine Stücke, und wasche seine Eingeweide und Beine, und lege sie auf seine Stücke und auf seinen Kopf. 18. Und verbrenne den ganzen Widder auf dem Altar, als Brandopfer für Jehova, zum lieblichen Geruch, als Feuerung Jehovas. 19. Und nimm den andern Widder, und laß Aaron und seine Söhne ihre Hände auf das Haupt des Widders legen. 20. Und schlachte den Widder, und nimm von seinem Blute, und streiche es an den rechten Ohrknörpel Aarons und an den rechten Ohrknörpel seiner Söhne und an den rechten Daumen ihrer Hände und an ihren rechten großen Fußzehen, und sprenge das Blut an den Altar ringsum. 21. Und nimm von dem Blute auf dem Altare und von dem Salböl, und sprenge es auf Aaron und auf seine Kleider und auf seine Söhne und auf ihre Kleider, so wird er geweihet und seine Kleider, und seine Söhne und ihre Kleider. 22. Und nimm das Fett von dem Widder und den Fett-Schwanz und das Fett, welches die Eingeweide decket, und das Netz über der Leber und die zwo Nieren und das Fett an denselben und die rechte Schulter, denn das ist der Einweihungswidder, 23. und einen Laib Brod und einen Brodkuchen, bereitet mit Oel, und einen Fladen aus dem Korbe des Ungesäuerten, der vor Jehova stehet, 24. und lege das Alles in die Hände seiner Söhne, und webe es, als Webe vor Jehova. 25. Darnach nimm es aus ihren Händen, und zünde es an auf dem Altar über dem Brandopfer zum lieblichen Geruch für Jehova, als Feuerung Jehovas. 26. Und nimm die Brust vom Einweihungs-Widder Aarons, und webe sie als Webe vor Jehova, und dann soll sie dir gehören, als dein Theil. 27. Also heilige die Webe-Brust und die Hebe-Schulter, welche gewebet und gehebet worden vor Jehova vom Einweihungs-Widder Aarons und seiner Söhne. 28. Und sie sollen Aaron und seinen Söhnen gehören, als ewiges Recht von den Söhnen Israels, denn das ist ein Hebe-

Opfer, und ein Hebe-Opfer soll von den Söhnen Israels dargebracht werden von ihren Freudenopfern, ihre Hebe-Opfer für Jehova.

29. Und die heiligen Kleider Aarons sollen an seine Söhne kommen nach ihm; um gesalbt und eingeweihet zu werden in denselben. 30. Sieben Tage soll sie anziehen, wer Priester ist an seiner Statt von seinen Söhnen, welcher in das Versammlungszelt kommt zum Dienst im Heiligthum. 31. Und den Einweihungs-Widder nimm, und laß sein Fleisch kochen an heiligem Orte. 32. Und Aaron und seine Söhne sollen den Widder essen, und das Brod, welches im Korbe ist, vor der Thüre des Versammlungszeltes. 33. Und sie sollen es essen, womit sie versöhnet worden zu ihrer Einweihung und zu ihrer Heiligung, und ein Fremder darf nicht davon essen, denn es ist heilig. 34. Und wo etwas überbleibet von dem Fleische der Einweihung und von dem Brode bis an den andern Morgen, so sollst du das Uebrige verbrennen mit Feuer, es soll nicht gegessen werden, denn es ist heilig. 35. Und thue also Aaron und seinen Söhnen, so wie ich dir geboten, sieben Tage sollst du sie einweihen. 36. Und schlachte einen Stier zum Sündopfer täglich zur Sühnung, und entsündige und versöhne den Altar, und salbe ihn, daß er geheiliget werde. 37. Sieben Tage sollst du den Altar versöhnen und ihn heiligen, daß er hochheilig sey. Wer den Altar anrühret, soll heilig seyn.

38. Und das ist das Opfer, das du opfern sollst auf dem Altar, zwey jährige Lämmer täglich allezeit. 39. Das eine Lamm opfere am Morgen, und das zweyte Lamm opfere gegen Abend, 40. und ein Zehntheil Weiß-Mehl, begossen mit gepreßtem Oel, einem Viertheil-Hin, und ein Trankopfer, ein Viertheil-Hin Wein, zu dem einen Lamme. 41. Und das zweyte Lamm opfere gegen Abend, ein Speisopfer und ein Trankopfer, wie des Morgens, opfere dazu, zum lieblichen Geruch, als Feuerung Jehovas. 42. Das ist das tägliche Brandopfer auf eure künftigen Geschlechter, vor der Thüre des Versammlungszeltes vor Jehova, wo ich will mit euch zusammen-

kommen, und mit euch reden. 43. Zusammenkommen will ich daselbst mit den Söhnen Israels, und es soll geheiliget werden durch meine Herrlichkeit. 44. Und ich will das Zelt der Versammlung und den Altar heiligen, und Aaron und seine Söhne will ich mir heiligen zu meinen Priestern. 45. Und ich will unter den Söhnen Israels wohnen, und will ihr Gott seyn, 46. und sie sollen wissen, daß ich Jehova bin, ihr Gott, welcher sie ausgeführet aus dem Lande Aegypten, um zu wohnen unter ihnen. Ich, Jehova, bin ihr Gott.

Cap. XXX.

Räucheraltar, Besteurung des Volkes, Waschbecken der Priester, Salböl, Räucherwerk.

XXX. 1. Und mache einen Räucheraltar von Acazienholz, 2. eine Elle seine Länge, und eine Elle seine Breite, viereckig soll er seyn, und zwo Ellen seine Höhe, es sollen an ihm Hörner seyn. 3. Und überziehe ihn mit feinem Golde, seine Oberfläche, seine Seiten rings um, und seine Hörner, und mache daran einen Kranz von Gold rings um. 4. Und zween güldene Rinken mache daran unter seinem Kranze an seinen beyden Seiten, daß sie Behälter seyen für die Stangen, um ihn damit zu tragen. 5. Und mache die Stangen von Acazienholz, und überziehe sie mit Gold. 6. Und stelle den Räucheraltar vor den Vorhang, welcher vor der Lade des Gesetzes hänget, vor dem Deckel auf dem Gesetze, wo ich mit dir zusammenkomme. 7. Und Aaron soll darauf wohlriechendes Räucherwerk anzünden; jeglichen Morgen, wenn er die Lampen reiniget, soll er es anzünden. 8. Und auch, wenn er die Lampen aufsetzet gegen Abend, soll er es anzünden: das ist das Räucherwerk vor Jehova auf eure künftigen Geschlechter. 9. Ihr sollt nicht fremdes Räucherwerk auf ihn bringen, noch Brandopfer, noch Speisopfer; auch nicht Trankopfer sollt ihr darauf gießen. 10. Und Aaron soll ihn versöhnen an seinen Hörnern einmal im Jahre mit dem Blute des Sündopfers der Versöhnung; einmal im Jahre soll er ihn versöhnen auf eure künftigen Geschlechter. Er ist ein Hochheiliges Jehovas.

11. Und Jehova redete zu Mose, und sprach: 12. wenn du die Söhne Israels bey ihrer Musterung zählest, so soll ein jeglicher ein Lösegeld seines Lebens Jehova geben bey der Musterung, auf daß nicht über sie eine Plage komme bey ihrer Musterung. 13. Das sollen sie geben, alle, welche die Musterung durchgehen, die Hälfte eines Seckels, nach dem Seckel des Heiligthums; zwanzig Gera auf einen Seckel, die Hälfte eines Seckels soll die Gabe für Jehova seyn. 14. Jeglicher, wer die Musterung durchgehet, von zwanzig Jahren und drüber, soll die Gabe Jehova geben. 15. Der Reiche soll nicht mehr geben, und der Arme soll nicht weniger geben, als die Hälfte des Seckels zur Gabe für Jehova, zur Versöhnung eures Lebens. 16. Und also nimm das Geld der Versöhnung von den Söhnen Israels, und gieb es zur Arbeit des Versammlungszeltes, und es soll den Söhnen Israels zum Gedächtniß seyn vor Jehova, zur Versöhnung ihres Lebens.

17. Und Jehova redete zu Mose, und sprach: 18. auch mache ein Becken von Kupfer, und sein Gestell von Kupfer, zum Waschen, und setze es zwischen das Versammlungszelt und zwischen den Altar, und thue Wasser darein. 19. Und Aaron und seine Söhne sollen sich daraus waschen an ihren Händen und ihren Füßen. 20. Wenn sie zum Versammlungszelt kommen, sollen sie sich mit Wasser waschen, auf daß sie nicht sterben, oder wenn sie zum Altar nahen beym Dienste, um Feuerung anzuzünden für Jehova. 21. Sie sollen sich waschen an ihren Händen und an ihren Füßen, auf daß sie nicht sterben, und es soll ihnen eine ewige Satzung seyn, ihm und seinem Samen, auf ihre künftigen Geschlechter.

22. Und Jehova redete zu Mose, und sprach: 23. nimm Spezereyen, die besten, der edelsten Myrrhe fünfhundert Theile und würzigen Zimmet, die Hälfte, zweyhundert und funfzig Theile, und würzigen Kalmus zweyhundert und funfzig Theile, 24. und Kasien, fünfhundert, nach dem Seckel des

Heiligthums, und Olivenöl ein Hin, 25. und mache daraus das heilige Salböl mit künstlicher Mischung; das soll das heilige Salböl seyn. 26. Und salbe damit das Versammlungszelt und die Lade des Gesetzes, 27. und den Tisch und alle seine Geräthe und den Leuchter und seine Geräthe und den Räucheraltar, 28. und den Brandopferaltar und alle seine Geräthe und das Becken und sein Gestell. 29. und heilige sie also alle, daß sie hochheilig seyen: wer sie berühret, soll heilig seyn. 30. Und auch Aaron und seine Söhne salbe, und heilige sie zu meinen Priestern. 31. Und zu den Söhnen Israels rede, und sprich: das heilige Salböl soll mein seyn auf eure künftigen Geschlechter: 32. auf keines Menschen Leib soll es gegossen werden, und ihr sollt nach seiner Zubereitung nichts deßgleichen machen; es ist heilig, und soll euch heilig seyn. 33. Wer deßgleichen mischet, und wer davon einem fremden gibt, der soll ausgerottet werden aus seinem Volke.

34. Und Jehova sprach zu Mose: nimm Specereyen, Stakte, Galban und reinen Weihrauch; alles zu gleichen Theilen soll es seyn. 35. Und mache daraus Räucherwerk mit künstlicher Mischung, gesalzen, rein, heilig. 36. Und zerstoße es zu Pulver, und lege davon vor das Gesetz in das Versammlungszelt, wo ich mit dir zusammenkomme; hochheilig soll es euch seyn. 37. Und deßgleichen Räucherwerk sollt ihr euch nicht machen nach seiner Zubereitung, heilig soll es Jehova seyn. 38. Wer deßgleichen macht, damit zu räuchern, der soll ausgerottet werden aus seinem Volke.

Cap. XXXI.

Werkmeister der Stiftshütte.

XXXI. 1. Und Jehova redete zu Mose, und sprach: siehe! ich berufe namentlich Bezaleel, Sohn Uris, des Sohnes Hurs, vom Stamm Juda, 3. und habe ihn erfüllet mit dem Geiste Gottes, mit Verstand und Einsicht und Kunde in allerley Arbeit, 4. künstlich zu arbeiten in Gold und in Silber und in

Kupfer, 5. künstlich Steine zu schneiden und zu fassen, und zu zimmern in Holz, zu machen allerley Werk. 6. Und siehe! ich habe ihm zugegeben Ahaliab, Sohn Ahisamachs, vom Stamm Dan, und habe allerley Verständigen Verstand gegeben, daß sie arbeiten alles, was ich geboten: 7. das Versammlungszelt und die Lade des Gesetzes und den Deckel darauf und alle Geräthe des Zeltes; 8. und den Tisch und sein Geräthe und den Leuchter von feinem Golde, und alle seine Geräthe, und den Räucheraltar, 9. und den Brandopferaltar und alle seine Geräthe und das Becken und sein Gestell; 10. und die Amtskleider und heiligen Kleider Aarons, des Priesters, und seiner Söhne, zum Priesterthum, 11. und das Salböl und das wohlriechende Räucherwerk zum Heiligthum; alles, was ich dir geboten, werden sie arbeiten.

Cap. XXXI, 12—17.

Ein Gesetz vom Sabbath.

12. Und Jehova sprach zu Mose, und sagte: 13. rede zu den Söhnen Israels, und sprich: meine Sabbathe beobachtet, denn sie sind ein Zeichen zwischen mir und zwischen euch, auf eure künftigen Geschlechter, daß ihr wisset, daß ich es bin, Jehova, der euch heiliget. 14. So haltet nun den Sabbath, denn er soll euch heilig seyn; wer ihn entweihet, soll sterben, wer an demselben ein Geschäft thut, dieselbe Seele soll ausgerottet werden aus ihrem Volke. 15. Sechs Tage soll man Geschäfte thun, aber am siebenten Tage ist Ruhetag, Jehova heilig; wer ein Geschäfte thut am siebenten Tage, der soll sterben. 16. Also sollen die Söhne Israels den Sabbath halten und feyern auf ihre künftigen Geschlechter, als einen ewigen Bund. 17. Er ist ein Zeichen zwischen mir und zwischen den Söhnen Israels ewiglich. Denn in sechs Tagen hat Gott Himmel und Erde gemacht, und am siebenten Tage ruhete er und erquickete sich.

Cap. XXXI, 18.

Ueberreichung der Gesetztafeln.

18. Und er gab Mosen, als er vollendet mit ihm zu reden auf dem Berge Sinai, zwo Tafeln des Gesetzes, steinerne Tafeln, geschrieben mit dem Finger Gottes.

Cap. XXXII.

Gegossenes Kalb, Strafe der Abgötterey.

XXXII. 1. Und als das Volk sahe, daß Mose verzog, herabzukommen vom Berge, versammelte es sich wider Aaron, und sprach zu ihm: auf! mache uns einen Gott, der vor uns hergehe, denn dieser Mann, Mose, der uns ausgeführet aus Aegypten, wir wissen nicht, was aus ihm geworden. 2. Und Aaron sprach zu ihnen: reißet die güldenen Ringe ab, die eure Weiber und eure Söhne und eure Töchter in den Ohren tragen, und bringet sie zu mir. 3. Da riß das Volk alle güldenen Ringe ab, die sie in den Ohren trugen, und brachten sie zu Aaron. 4. Und er nahm sie aus ihren Händen, und bildete mit einem Meißel, und machte daraus ein gegossenes Kalb, und sie sprachen: das ist dein Gott, Israel, welcher dich ausgeführet aus dem Lande Aegypten! 5. Da das Aaron sahe, bauete er einen Altar vor demselben, und ließ ausrufen: morgen ist ein Fest Jehovas. 6. Und sie standen des Morgens frühe auf, und opferten Brandopfer, und brachten Freudenopfer, und das Volk satzte sich, zu essen und zu trinken, und standen auf, zu tanzen. 7. Da sprach Jehova zu Mose: auf! steige hinab, denn dein Volk handelt übel, das ich ausgeführet aus dem Lande Aegypten: 8. sie sind schnell abgewichen von dem Wege, welchen ich ihnen geboten, sie haben sich ein gegossenes Kalb gemacht, und haben es angebetet, und ihm geopfert, und gesprochen: das ist dein Gott, Israel, welcher dich heraufgeführet aus dem Lande Aegypten. 9. Und Jehova sprach zu Mose: ich sehe, daß dieses Volk ein hartnäckiges Volk ist.

10. und nun laß mich, daß mein Zorn über sie entbrenne, und ich sie auffresse, und dann will ich, dich machen zu einem großen Volke. 11. Da flehete Mose zu Jehova, seinem Gott, und sprach: warum, Jehova, soll dein Zorn entbrennen gegen dein Volk, welches du ausgeführet aus dem Lande Aegypten mit großer Kraft und starker Hand? 12. Warum sollen die Aegypter sagen: zu ihrem Unglück hat er sie ausgeführet, um sie zu tödten im Gebirge, und sie zu vertilgen vom Erdboden? Laß ab von dem Grimme deines Zornes, und laß dich des Bösen gereuen, das du gedräuet deinem Volke. 13. Gedenke an Abraham, an Isaak und an Israel, deine Diener, denen du geschworen bey dir, und ihnen gesaget: ich will euren Samen mehren, wie die Sterne des Himmels, und dieses ganze Land, wovon ich geredet, will ich eurem Samen geben, daß sie es besitzen ewiglich. 14. Da bereuete Jehova das Böse, das er dräuete, seinem Volke zu thun. 15. Und Mose wandte sich, und stieg herab vom Berge, die zwo Tafeln des Gesetzes in seiner Hand, Tafeln, beschrieben an ihren beyden Seiten, an dieser und an der andern Seite beschrieben. 16. Und die Tafeln waren ein Werk Gottes, und die Schrift war Schrift Gottes, gegraben auf die Tafeln. 17. Da hörete Josua das Geschrey des Volkes, und sprach zu Mose: es ist ein Kriegesgeschrey im Lager. 18. Und Mose sprach: das ist nicht der Schall des Geschreyes von Siegern auf der einen Seite, und von Besiegten auf der andern, ich höre den Schall eines Gesanges. 19. Und als er dem Lager nahe kam, sahe er das Kalb und die Reigentänze. Da entbrannte der Zorn Moses, und er warf aus seiner Hand die Tafeln, und zerbrach sie am Fuße des Berges. 20. Und er nahm das Kalb, das sie gemacht, und verbrannte es mit Feuer, und zermalmete es zu Staub, und streuete es auf das Wasser, und ließ es die Söhne Israels trinken. 21. Und Mose sprach zu Aaron: was hat dir dieß Volk gethan, daß du auf dasselbe eine so große Sünde gebracht? 22. Und Aaron sprach: mein Herr lasse seinen Zorn nicht

entbrennen, du kennest das Volk, daß es böse ist, 23. und sie sprachen zu mir: mache uns einen Gott, der vor uns hergehe, denn dieser Mann, Mose, der uns heraufgeführet aus dem Lande Aegypten, wir wissen nicht, was aus ihm geworden. 24. Und ich sprach zu ihnen: wer hat Gold? der reiße es ab. Und sie gaben es mir, und ich warf es ins Feuer, und es ward daraus dieses Kalb. 25. Da nun Mose sahe, daß das Volk zügellos war (denn Aaron hatte es zügellos gemacht), so daß, wer gegen sie aufstände, sie schlagen könnte: 26. so trat er in das Thor des Lagers, und sprach: zu mir, wer Jehova angehöret! Da versammleten sich zu ihm alle Söhne Levis. 27. Und er sprach zu ihnen: so spricht Jehova, der Gott Israels: thue ein jeglicher sein Schwert an seine Seite, und gehet hin und her von einem Thor zum andern Thor des Lagers, und tödte ein jeglicher seinen Bruder und seinen Freund und seinen Nachbar. 28. Und die Söhne Levis thaten, so wie Mose gesagt, und es fielen von dem Volke an demselben Tage bey dreytausend Mann. 29. (Und Mose sprach: weihet euch heute Jehova, ein jeglicher mit seinem Sohn und mit seinem Bruder, und bringet heute Segen auf euch.) 30. Und am andern Morgen sprach Mose zum Volke: ihr habt eine große Sünde gesündigt, und nun will ich zu Jehova hinaufsteigen, ob ich vielleicht eure Sünde versöhne. 31. Also kehrete Mose zurück zu Jehova, und sprach: ach! dieß Volk hat eine große Sünde gesündigt, sie haben sich einen Gott von Gold gemacht. 32. Und nun vergieb ihre Sünde, wo nicht, so lösche mich aus deinem Buche, das du geschrieben. 33. Und Jehova sprach zu Mose: wer gesündiget gegen mich, den will ich auslöschen aus meinem Buche. 34. So gehe nun hin, und führe das Volk, wohin ich dir gesagt, siehe! mein Engel soll vor dir herziehen, und wenn meine Zeit kommt, zu strafen, will ich an ihnen ihre Sünde strafen. 35. Und Jehova schlug das Volk mit einer Plage, darum, daß sie das Kalb gemacht, welches Aaron gemacht.

Cap. XXXIII, 1 — 6.
Drohung Jehovas; Trauer der Israeliten.

XXXIII. 1. Und Jehova redete zu Mose: gehe, zeuch von dannen, du und das Volk, das du heraufgeführt aus dem Lande Aegypten, in das Land, das ich Abraham, Isaak und Jakob geschworen, indem ich sagte: deinem Samen will ich es geben. 2. Und ich will einen Engel senden vor dir her, und will vertreiben die Cananiter, die Amoriter und die Hethiter und die Pheresiter und die Heviter und die Jebusiter, 3. ins Land, welches fließet von Milch und Honig: ich will nicht mit dir hinaufziehen: denn du bist ein hartnäckiges Volk, ich möchte dich auffressen unterweges. 4. Und da das Volk diese böse Rede hörete, trauerten sie, und keiner legte seinen Schmuck an. 5. Und Jehova sprach zu Mose: sprich zu den Söhnen Israels: ihr seyd ein hartnäckiges Volk, wenn ich einen Augenblick mit dir zöge, so würde ich dich vertilgen. So thue nun deinen Schmuck ab von dir, und ich will überlegen, was ich dir thun will. 6. Also thaten die Söhne Israels ihren Schmuck von sich vom Berge Horeb an.

Cap. XXXIII. 7 — 11.
Errichtung des Versammlungszeltes aussen vor dem Lager.

7. Und Mose nahm ein Zelt, und schlug es auf aussen vor dem Lager, fern vom Lager, und nannte es Versammlungszelt. Und wer Jehova suchte, ging hinaus zum Versammlungszelt, das aussen vor dem Lager stand. 8. Und wenn Mose herausging zu dem Zelte, so stand alles Volk auf, und es trat ein jeglicher in die Thüre seines Zeltes, und schauete Mose nach, bis er zum Zelte kam. 9. Und wenn Mose zum Zelte kam, so stieg die Wolkensäule hernieder, und stand in der Thüre des Zeltes, und redete mit Mose. 10. Und alles Volk sahe die Wolkensäule, stehend in der Thüre des Zeltes, und alles Volk stand auf, und es neigete sich ein jeglicher in der Thüre seines Zeltes. 11. Und Jehova redete mit Mose Angesicht zu Angesicht, so wie ein Mann

redet mit seinem Freund, und er kehrete dann zum Lager
zurück. Aber sein Diener Josua, Sohn Nuns, der Knabe,
entfernte sich nicht vom Zelte.

Cap. XXXIII, 12—23.

Mose begehret Jehova in seiner Herrlichkeit zu sehen.

12. Und Mose sprach zu Jehova: siehe! du sprichst zu
mir: führe dieses Volk hinauf, und lässest mich nicht wissen,
wen du senden willst mit mir, so du doch gesagt: ich kenne
dich mit Namen, und du hast Gnade gefunden in meinen
Augen. 13. Habe ich denn Gnade gefunden in deinen Augen, so laß mich deinen Weg wissen, und dich erkennen, damit ich Gnade finde in deinen Augen, und siehe, daß dieß
Volk dein Volk ist! 14. Und er sprach: mein Angesicht
soll mitgehen, und ich will dich leiten. 15. Und er sprach
zu ihm: wo nicht dein Angesicht mitgehet, so führe uns nicht
hinauf von dannen. 16. Woran soll doch erkannt werden, daß
ich Gnade gefunden in deinen Augen, ich und dein Volk, nicht
wahr daran, wenn du mit uns gehest, und uns also aussonderst
mich und dein Volk von allen Völkern auf dem Erdboden?
17. Und Jehova sprach zu Mose: auch dieses, was du gesagt,
will ich thun, denn du hast Gnade gefunden in meinen Augen,
und ich kenne dich mit Namen. 18. Und Mose sprach: laß mich
deine Herrlichkeit sehen. 19. Und er sprach: ich will all
meine Schöne vorüberführen vor dir, und will den Namen
Jehovas ausrufen vor dir. Wem ich gnädig bin, dem bin ich
gnädig, und wen ich liebe, den liebe ich. 20. Und er sprach:
mein Angesicht kannst du nicht sehen, denn kein Mensch siehet
mich, und lebet. 21. Und Jehova sprach: siehe! es ist ein
Ort bey mir, da sollst du auf einem Felsen stehen. 22. Wenn
nun meine Herrlichkeit vorübergehet, so will ich dich verbergen in eine Kluft des Felsens, und will meine Hand über
dich decken, bis ich vorübergegangen. 23. Und dann will ich
meine Hand wegthun, und du sollst mich von hinten sehen;
aber mein Angesicht kann man nicht sehen.

Cap. XXXIV.

Mose sieht die versprochene Erscheinung Jehovas; neue
Gesetze und Gesetztafeln; Moses glänzendes
Angesicht.

XXXIV. 1. Und Jehova sprach zu Mose: haue dir zwo
steinerne Tafeln, wie die vorigen, und ich will auf die Tafeln
die Worte schreiben, welche auf den vorigen Tafeln waren,
welche du zerbrochen. 2. Und sey bereit am Morgen, und
steige am Morgen auf den Berg Sinai, und erwarte mich
auf der Spitze des Berges. 3. Und niemand soll mit dir
hinaufsteigen, und niemand soll gesehen werden auf dem ganzen
Berge, auch kein Schaf, noch Rind soll weiden gegen den
Berg hin. Da hieb Mose zwo steinerne Tafeln, wie die
vorigen, und machte sich am Morgen frühe auf, und stieg
auf den Berg Sinai, so wie ihm Jehova geboten, und nahm
in die Hand die zwo steinernen Tafeln. 5. Und Jehova stieg
herab in einer Wolke, und trat neben ihn, und rief den Namen Jehovas aus. 6. Und Jehova ging vorüber vor ihm,
und rief: Jehova Jehova, ein barmherziger und gnädiger
Gott, langmüthig, groß an Gnade und Treue, 6. bewah-
rend seine Gnade bis ins tausendste Glied, vergebend Vergehen, Uebertretung und Sünde, der aber nicht immer los-
spricht, strafend das Vergehen der Väter an Söhnen und Kin-
deskindern, bis ins dritte Glied und ins vierte. 8. Und Mose
bückete sich eilend nieder, und betete an, 9. und sprach: hab
ich Gnade gefunden in deinen Augen, o Herr, so ziehe der
Herr mit uns, denn es ist ein hartnäckiges Volk, und vergib
unser Vergehen und unsere Sünde, und nimm uns an zum
Eigenthum. 10. Und er sprach: siehe! ich schließe einen Bund,
daß ich vor den Augen deines ganzen Volkes Wunder thun will,
dergleichen nicht geschehen sind auf der ganzen Erde und bey
allen Völkern, und das ganze Volk, darunter du bist, soll die
Thaten Jehovas sehen, denn fürchterlich soll es seyn, was
ich mit dir thun will. 11. Bewahre, was ich dir heute gebiete! Siehe! ich treibe aus vor dir die Amoriter und die

Cananiter und die Hethiter und die Pheresiter und die Hevi-
ther und die Jebusiter. 12. Hüte dich, daß du nicht einen
Bund schließest mit den Einwohnern des Landes, in welches
du kommst, damit sie dir nicht zum Fallstrick seyen; 13. sondern zerstöret ihre Altäre, und zerbrechet ihre Bildsäulen, und
rottet ihre Haine aus: 14. denn du sollst keinen andern Gott
anbeten, denn Jehova. Eiferer ist sein Name, er ist ein
eifersüchtiger Gott, 15. auf daß du nicht einen Bund schließest
mit den Einwohnern des Landes, und wenn sie ihren Göttern
nachhuren, und ihren Göttern opfern, daß sie dich nicht ein-
laden, und du nicht essest von ihrem Opfer, 16. und daß du
nicht von ihren Töchtern nehmest für deine Söhne, und ihre
Töchter ihren Göttern nachhuren, und machen deine Söhne
ihren Göttern nachhuren. 17. Du sollst dir keine gegossenen
Götter machen. 18. Das Fest des Ungesäuerten sollst du halten, sieben Tage sollst du Ungesäuertes essen, wie ich dir geboten, zur Zeit des Aehrenmondes, denn im Aehrenmond bist
du ausgezogen aus Aegypten. 19. Alles was die Mutter
bricht, ist mein, von allem deinen Vieh, was männlich ist, das
Erstgeborne von Ochs und Schaf. 20. Aber das Erstgeborne
vom Esel sollst du lösen mit einem Schafe, und wenn du es
nicht lösest, so bring es um. Alles Erstgeborne deiner Söhne
mußt du lösen, und vor meinem Angesicht soll man nicht erscheinen mit leerer Hand. 21. Sechs Tage sollst du arbeiten,
aber am siebenten sollst du ruhen, bey der Saat und der
Ernte sollst du ruhen. 22. Und das Fest der Wochen sollst du
halten, das Fest der Erstlinge der Waizenernte, und das Fest
der Einsammlung gegen den Ausgang des Jahres. 23. Drey Mal
im Jahr sollen alle deine Mannsbilder erscheinen vor dem
Angesicht des Herrn, Jehovas, des Gottes Israels. 24. Denn
ich werde die Völker austreiben vor dir, und deine Grenze
erweitern, und niemand soll deines Landes begehren, wenn
du hinaufziehest, zu erscheinen vor dem Angesicht Jehovas,
deines Gottes, drey Mal im Jahr. 25. Du sollst das Blut
meines Opfers nicht vergießen bey Sauerteig, und nicht bis

zum Morgen soll bleiben das Opfer des Passahfestes.
26. Die Erstlinge von den frühen Früchten deines Landes
sollst du darbringen ins Haus Jehovas, deines Gottes. Du
sollst nicht das Böckchen kochen in der Milch seiner Mutter.
27. Und Jehova sprach zu Mose: schreibe dir diese Worte,
denn nach diesen Worten schließe ich mit dir einen Bund und
mit Israel. 28. Und Mose war daselbst bey Jehova vierzig
Tage und vierzig Nächte, er aß kein Brod und trank kein
Wasser, und er schrieb auf die Tafeln die Worte des Bundes,
zehen Worte. 29. Und als Mose herabstieg vom Berge
Sinai, und er hatte die zwo Tafeln des Gesetzes in seiner
Hand, als er herabstieg vom Berge, so wußte er nicht, daß
die Haut seines Angesichts glänzete, weil Gott mit ihm geredet. 30. Und da Aaron und alle Söhne Israels Mosen
sahen, wie die Haut seines Angesichts glänzete, so fürchteten
sie sich, ihm zu nahen. 31. Da rief ihnen Mose, und sie
wandten sich zu ihm, Aaron und alle Fürsten der Gemeine,
und Mose redete mit ihnen. 32. Und darnach naheten alle
Söhne Israels, und er gebot ihnen alles, was Jehova mit
ihm geredet auf dem Berge Sinai. 33. Und als Mose vollendet, mit ihnen zu reden, legte er auf sein Angesicht eine
Decke. 34. Und wenn Mose hineinging vor Jehova, mit
ihm zu reden, that er die Decke ab, bis er herausging, und
dann ging er heraus, und redete zu den Söhnen Israels, was
er ihm geboten, 35. und die Söhne Israels sahen das Angesicht Moses, wie die Haut seines Angesichts glänzete, und
dann that Mose wieder die Decke auf sein Angesicht, bis er
hineinging, mit ihm zu reden.

Cap. XXXV, 1—3.

Ein Sabbathsgesetz.

XXXV. 1. Und Mose versammelte die ganze Gemeine der
Söhne Israels, und sprach zu ihnen: also hat Jehova geboten zu thun. 2. Sechs Tage soll man Geschäfte thun, aber
am siebenten Tage soll heilige Sabbathsruhe Jehovas seyn;

wer an demselben ein Geschäft thut, soll sterben. 3. Ihr sollt kein Feuer anzünden in allen euren Wohnungen am Tage des Sabbaths.

Cap. XXXV, 4 — 35.

Erhebung der gebotenen Steuer, Berufung der Werkmeister.

4. Und Mose sprach zu der ganzen Gemeine der Söhne Israels, und sagte: also hat Jehova geboten, und gesagt: 5. bringet Jehova Gaben, jeglicher, den sein Herz treibt, bringe Jehova Gaben, Gold und Silber und Kupfer, 6. und Hyacinth und Purpur und Carmosin und Byssus und Ziegenhaare, 7. und rothes Widderfell und Seehundfell und Acazienholz, 8. und Oel zum Leuchter und wohlriechendes Räucherwerk, 9. und Onychsteine und andere eingefaßte Steine zum Oberkleid und zum Schildlein. 10. Und wer verständigen Sinnes unter euch ist, der komme und fertige alles, was Jehova geboten: 11. die Wohnung mit ihrem Zelt und ihrer Decke, ihren Haken und ihren Bretern, ihren Riegeln, ihren Säulen und ihren Füßen, 12. die Lade mit ihren Stangen, den Deckel und den innern Vorhang, 13. den Tisch mit seinen Stangen und all seinem Geräthe und die Schaubrode, 14. und den Leuchter mit seinem Geräthe uud seinen Lampen und das Oel des Leuchters, 15. und den Räucheraltar mit seinen Stangen und das Salböl und das wohlriechende Räucherwerk und den Vorhang der Thüre, der Thüre der Wohnung, 16. den Brandopferaltar mit seinem kupfernen Gitter, seinen Stangen und all seinem Geräthe, das Becken mit seinem Gestell, 17. die Umhänge des Vorhofes, seine Säulen und seine Füße und den Vorhang des Thores des Vorhofes, 18. die Pfähle der Wohnung und die Pfähle des Vorhofes mit ihren Stricken, 19. die Amtskleider zum Dienst im Heiligthum, die heiligen Kleider für Aaron, den Priester, und die Kleider seiner Söhne zum Priesterthum.

20. Da ging die ganze Gemeine der Söhne Israels hinweg von Mose. 21. Und es kamen alle, welche ihr Herz trieb, und alle, deren Gemüth willig war, und brachten Jehova Gaben zum Werk des Versammlungszeltes und zu aller Arbeit desselben und zu den heiligen Kleidern. 22. Und es kamen die Männer mit den Weibern, wen sein Herz trieb, und brachten Nasenringe und Ohrenringe und Reife und Gehänge, allerley güldene Geräthe, und wer eine Gabe von Gold Jehova bringen wollte, 23. und bey wem sich fand Hyacinth und Purpur und Carmosin und Byssus und Ziegenhaare, und rothes Widderfell und Seehundfell, der brachte es, 24. und wer eine Gabe von Silber und Kupfer Jehova bringen wollte, der brachte es, und bey wem sich fand Acazienholz zu allerley Werk und Arbeit, der brachte es. 25. Und alle Weiber verständigen Sinnes webeten mit ihren Händen, und brachten das Gewebe von Hyacinth und Purpur, von Carmosin und Byssus. 26. Und alle Weiber, welche ihr Herz trieb, wirkten mit Verstand die Ziegenhaare. 27. Und die Fürsten brachten Onychsteine und andere eingefaßte Steine zum Oberkleid und zum Schildlein, 28. und Spezerey und Oel zum Leuchter und zum Salböl und zum wohlriechenden Räucherwerk. 29. Alle Männer und Weiber, welche ihr Herz trieb, etwas zu bringen zum Werke, welches Jehova zu machen geboten durch Mose, die brachten Jehova freywillige Geschenke.

30. Und Mose sprach zu den Söhnen Israels: sehet, Jehova hat namentlich berufen Bezaleel, Sohn Uris, des Sohnes Hurs, vom Stamme Juda, 31. und hat ihn erfüllet mit dem Geiste Gottes, mit Verstand, mit Einsicht und mit Kunde und allerley Arbeit, 32. Kunstwerke auszusinnen und zu arbeiten in Gold und Silber und Kupfer, 33. und Steine zu schneiden und zu fassen, und in Holz zu zimmern, und zu arbeiten in allerley Kunstarbeit, 34. und auch zu unterrichten hat er ihm ins Herz gegeben, und mit ihm Ahaliab, Sohn Ahisamachs, vom Stamme Dan; 35. beyde hat er mit verständigem Sinne erfüllet, zu arbeiten allerley Werk des

Schmiedes und Zimmerers und des Künstlers und des Stickers in Hyacinth und Purpur und Carmosin und Byssus, und des Webers, so daß sie allerley Arbeit machen, und Kunstwerke ersinnen.

Cap. XXXVI.

Die Werkmeister beginnen ihre Arbeit, Verfertigung des heiligen Zeltes.

XXXVI. 1. Da arbeiteten Bezaleel und Ahaliab und alle Männer verständigen Sinnes, welchen Jehova Verstand und Einsicht gegeben, zu arbeiten alles Werk und alle Arbeit des Heiligthums, alles, so wie Jehova geboten. 2. Und Mose rief Bezaleel und Ahaliab und alle Männer verständigen Sinnes, denen Jehova Verstand in ihren Sinn gegeben, und alle, welche ihr Herz trieb, zum Werk zu treten und zu arbeiten, 3. und sie empfingen von Mose alle die Gaben, welche die Söhne Israels dargebracht zum Werk und zur Arbeit des Heiligthums, um es zu arbeiten. Und das Volk brachte ihm noch immer freywillige Geschenke jeglichen Morgen. 4. Da kamen alle die Verständigen, welche das Werk des Heiligthums arbeiteten, ein jeglicher von seiner Arbeit, welche sie machten, 5. und sprachen zu Mose: das Volk bringet zu viel, mehr als nöthig zum Werk, welches Jehova geboten, zu arbeiten. 6. Da gebot Mose, daß man ausrief im Lager: Niemand, weder Mann noch Weib, soll noch etwas machen zur heiligen Gabe. Da hörete das Volk auf zu bringen. 7. Und der Sachen war genug da zu allerley Werk, das zu machen war, und war übrig.

8. Also machten alle die Verständigen, welche die Arbeit machten, die Wohnung, zehen Teppiche von gezwirntem Byssus und Hyacinth und Purpur und Carmosin; mit Cheruba, künstlicher Arbeit, machten sie sie. 9. Die Länge eines Teppichs acht und zwanzig Ellen, und die Breite vier Ellen eines Teppichs, Ein Maß allen Teppichen. 10. Und er fügte fünf Teppiche zusammen einen an den andern, und wieder fünf Tep-

piche fügte er einen an den andern, 11. und machte Schleifen von Hyacinth an den Saum des einen Teppichs am Ende bey der Zusammenfügung, also that er an dem Saume des äußersten Teppichs bey der zweyten Zusammenfügung; 12. funfzig Schleifen machte er an den einen Teppich, und funfzig Schleifen machte er an den Saum des Teppichs bey der zweyten Zusammenfügung, und die Schleifen paßten eine zur andern, 13. und machte funfzig Hacken von Gold, und fügte die Teppiche zusammen einen an den andern mit den Hacken, daß die Wohnung ein Ganzes ward.

14. Und er machte Teppiche von Ziegenhaaren, zum Zelt über die Wohnung, eilf Teppiche. 15. Die Länge eines Teppichs dreißig Ellen, und vier Ellen die Breite eines Teppichs, Ein Maß den eilf Teppichen. 16. Und er fügte sie zusammen, fünf Teppiche besonders, und sechs Teppiche besonders, 17. und machte funfzig Schleifen an den Saum des äußersten Teppichs bey der Zusammenfügung, und funfzig Schleifen machte er an den Saum des Teppichs bey der zweyten Zusammenfügung, 18. und machte funfzig Hacken von Kupfer, um das Zelt zusammenzufügen, daß es ein Ganzes ward.

19. Und er machte eine Decke über das Zelt von rothem Widderfell, und eine Decke von Seehundfell oben drüber.

20. Und er machte die Breter für die Wohnung, von Acaztenholz, stehende. 21. Zehen Ellen die Länge eines Bretes, und eine und eine halbe Elle die Breite eines Bretes, 22. zween Zapfen an jedes Bret, in einander gepaßt, einen in den andern, also machte er alle Breter zur Wohnung. 23. Und er machte die Breter zur Wohnung: zwanzig an der Seite gegen Mittag südlich. 24. Und vierzig Füße von Silber machte er unter die zwanzig Breter, je zween Füße unter ein Bret für seine zween Zapfen. 25. Und an der andern Seite der Wohnung gegen Mitternacht machte er zwanzig Breter, 26. und vierzig Füße von Silber, je zween Füße unter ein Bret. 27. Und an der Hinterseite der Wohnung gegen Abend machte er sechs Breter. 28. Und zwey

Breter machte er an den Ecken der Wohnung an der Hinter=
seite. 29. Und sie waren zweyseitig unten und oben am ersten
Rinken, also machte er beyde an den beyden Ecken. 30. Und
also waren acht Breter mit sechszehn silbernen Füßen, je zween
Füße unter einem Brete.

31. Und er machte Riegel von Acazienholz, fünf zu den
Bretern der einen Seite der Wohnung, 32. und fünf Riegel
zu den Bretern der andern Seite der Wohnung, und fünf
Riegel zu den Bretern der Wohnung an der Hinterseite gegen
Abend. 33. Und er machte den mittelsten Riegel, daß er
mitten durch die Breter ging, von einem Ende zum andern.
34. Und die Breter überzog er mit Gold, und ihre Rinken
machte er von Gold, als Behälter der Riegel, und überzog
die Riegel mit Gold.

35. Und er machte den Vorhang von Hyacinth und Pur=
pur und Carmosin und gezwirntem Byssus; mit künstlicher Ar=
beit machte er ihn, mit Cherubs. 36. Und er machte dazu
vier Säulen von Acazienholz, und überzog sie mit Gold und Nä=
gel dazu von Gold, und goß zu denselben vier Füße von Silber.

37. Und er machte den Vorhang in die Thüre des Zel=
tes von Hyacinth und Purpur und Carmosin und gezwirntem
Byssus, gestickte Arbeit. 38. Und fünf Säulen dazu und
Nägel dazu, und überzog ihre Köpfe und ihre Stäbe mit
Gold, und fünf kupferne Füße dazu.

Cap. XXXVII.

Verfertigung der Lade, des Tisches, des Leuch= ters, des Räucheraltars, der Salbe.

1. Und Bezaleel machte die Lade von Acazienholz, zwo
Ellen und eine halbe ihre Länge, und eine Elle und eine hal=
be ihre Breite, und eine Elle und eine halbe ihre Höhe. 2.
Und er überzog sie mit feinem Golde, inwendig und auswen=
dig, und machte daran einen Kranz von Gold ringsum. 3.
Und goß vier Rinken von Gold an ihre vier Ecken, zween
Rinken an ihrer einen Seite und zween Rinken an ihrer an=

dern Seite. 4. Und machte Stangen von Acazienholz, und
überzog sie mit Gold; 5. und steckte die Stangen in die Rin=
ken an den Seiten der Lade, die Lade zu tragen. 6. Und
machte den Deckel von feinem Golde, zwo Ellen und eine
halbe seine Länge, und eine Elle und eine halbe seine Breite;
7. und machte zween Cherubs von Gold, aus dem Ganzen
machte er sie, an den beyden Enden des Deckels, 8. einen
Cherub an diesem Ende und einen Cherub an dem andern En=
de, an dem Deckel machte er die Cherubs an seinen beyden
Enden; 9. und die Cherubs breiteten ihre Flügel darüber, über=
deckend mit ihren Flügeln den Deckel, mit ihren Angesichtern
gegen einander über, auf den Deckel waren die Angesichter der
Cherubs gerichtet.

10. Und er machte den Tisch von Acazienholz, zwo Ellen
seine Länge, und eine Elle seine Breite, und eine Elle und
eine halbe seine Höhe. 11. Und er überzog ihn mit feinem
Golde, und machte daran einen Kranz von Gold ringsum, 12. und
machte daran einen Leisten, eine Hand breit hoch, ringsum, und
machte einen Kranz von Gold an seinen Leisten ringsum, 13.
und goß daran vier Rinken von Gold, und setzte die
vier Rinken an die vier Ecken an seinen vier Füßen. 14.
Nahe unter dem Leisten waren die Rinken, als Behälter der
Stangen, um den Tisch zu tragen. 15. Und machte die Stangen
von Acazienholz, und überzog sie mit Gold, den Tisch zu tra=
gen. 16. Und machte die Geräthe auf den Tisch, die Scha=
len und Rauchpfannen und Becher und Kannen, mit welchen
aus und eingeschenkt wird, von feinem Golde.

17. Und er machte den Leuchter von feinem Golde, aus
dem Ganzen machte er den Leuchter, seinen Schaft und seine
Arme; Kelche und Knäufe und Blumen waren an ihm;
18. Und sechs Arme gingen hervor aus seinen Seiten, drey
Arme aus seiner einen Seite, und drey aus seiner andern Seite.
19. Je drey mandelförmige Kelche waren an einem Arme mit
Knauf und Blume, also an den sechs Armen, die aus dem
Leuchter hervorgingen, 20. und an dem Leuchter waren vier

Kelche, mandelförmig, mit ihren Knäufen und Blumen, 21. und je ein Knauf unter zween Armen an demselben, also unter den sechs Armen, die aus demselben hervorgingen. 22. Knäufe und Arme waren an demselben, alles aus dem Ganzen, von feinem Golde. 23. Und er machte die Lampen dazu, sieben, und Lichtschneuzen und Zangen dazu von feinem Golde. 24. Aus einem Talent feinen Goldes machte er den Leuchter und all sein Geräthe.

25. Und er machte den Räucheraltar von Acazienholz, eine Elle seine Länge, und eine Elle seine Breite, viereckig, und zwo Ellen seine Höhe; an ihm waren Hörner. 26. Und überzog ihn mit feinem Golde, seine Oberfläche, seine Seiten ringsum und seine Hörner, und machte daran einen Kranz von Gold ringsum. 27. Und zween Rinken von Gold machte er daran unter seinem Kranze an seinen beiden Seiten, als Behälter für die Stangen, ihn zu tragen mit denselben. 28. Und er machte die Stangen von Acazienholz, und überzog sie mit Golde.

29. Und er machte das Salböl des Heiligthums und das reine wohlriechende Räucherwerk mit künstlicher Mischung.

Cap. XXXVIII, 1 — 20.

Verfertigung des Brandopferaltares, des Beckens, des Vorhofes u. s. w.

1. Und er machte den Brandopferaltar von Acazienholz, fünf Ellen seine Länge, und fünf Ellen seine Breite, viereckig, und drey Ellen seine Höhe. 2. Und machte Hörner an seine vier Ecken, an ihm waren Hörner, und er überzog ihn mit Kupfer. 3. Und machte all die Geräthe des Altars, Töpfe und Schaufeln und Schalen und Gabeln und Kohlpfannen, alle seine Geräthe machte er von Kupfer. 4. Und machte dazu ein Gitter, netzförmig, von Kupfer, unter seiner Einfassung unterhalb bis an seine Hälfte, 5. und goß vier Rinken an die vier Enden des kupfernen Gitters, als Behälter für die Stangen. 6. Und machte die Stangen von Acazienholz, und überzog sie mit Kupfer, 7. und steckte die Stangen in die

Rinken an den Seiten des Altars, ihn zu tragen mit denselben; hohl von Bretern machte er ihn.

8. Und er machte das Becken von Kupfer, und sein Gestell von Kupfer, zum Behuf der Weiber, welche dienten vor der Thüre des Versammlungszeltes.

9. Und er machte den Vorhof an der Seite gegen Mittag südlich, die Umhänge des Vorhofs von gezwirntem Byssus hundert Ellen, 10. dazu zwanzig Säulen und zwanzig Füße von Kupfer, die Nägel der Säulen und ihre Stäbe von Silber; 11. und an der Seite gegen Mitternacht hundert Ellen, dazu zwanzig Säulen und zwanzig Füße von Kupfer, die Nägel der Säulen und ihre Stäbe von Silber; 12. und an der Seite gegen Abend funfzig Ellen Umhänge, dazu zehen Säulen und zehen Füße, die Nägel der Säulen und ihre Stäbe von Silber; 13. und an der Seite gegen Morgen funfzig Ellen, 14. funfzehn Ellen Umhänge auf der einen Seite, dazu drey Säulen und drey Füße, 15. und auf der andern Seite (also auf beyden Seiten des Thores des Vorhofes) funfzehn Ellen Umhänge, dazu drey Säulen und drey Füße; 16. alle Umhänge, des Vorhofs ringsum von gezwirntem Byssus; 17. und die Füße zu den Säulen von Kupfer, die Nägel der Säulen und ihre Stäbe von Silber, ihre Köpfe überzogen mit Silber, und die Stäbe von Silber an allen Säulen des Vorhofs; 18. und den Vorhang im Thor des Vorhofs von gestickter Arbeit von Hyacinth und Purpur und Carmosin und gezwirntem Byssus, zwanzig Ellen die Länge, und die Höhe oder Breite fünf Ellen, so wie die Umhänge des Vorhofs; 19. dazu vier Säulen und vier Füße von Kupfer, ihre Nägel von Silber, und ihre Köpfe und Stäbe überzogen mit Silber; 20. und alle Pfähle der Wohnung und des Vorhofs ringsum von Kupfer.

Cap. XXXVIII, 21 — 31.

Berechnung des zum heiligen Zelt verarbeiteten Metalles.

21. Das ist die Rechnung über das Gold und Silber und Kupfer, zur Wohnung des Gesetzes, wie es den Leviten

zugezählet worden zur Besorgung unter Aufsicht Ithamars, des Sohnes Aarons, des Priesters nach dem Worte Moses. 22. Und Bezaleel, Sohn Uris des Sohnes Hurs, vom Stamm Juda, machte alles, was ihnen Moses geboten, 23. und mit ihm Ahaliab, Sohn Ahisamachs vom Stamm Dan, Schmied und Zimmerer und Künstler und Sticker in Hyacinth und Purpur und Carmosin und Byssus. 24. Alles Gold, verarbeitet zum Werk, zu allerley heiligem Werk, das Gold der Gaben, war neun und zwanzig Talente und sieben hundert und dreyßig Seckel, nach dem Seckel des Heiligthums. 25. Und das Silber von der Musterung des Volkes hundert Talente und tausend siebenhundert und fünf und siebenzig Seckel, nach dem Seckel des Heiligthums. 26. Ein halber Seckel auf den Kopf, nach dem Seckel des Heiligthums, von jeglichem, der die Musterung durchging, von zwanzig Jahren und drüber, von sechs mal hundert und drey tausend fünf hundert und funfzig Mann. 27. Und hundert Talente Silbers brauchte man zum Gießen der Füße des Heiligthums und der Füße des Vorhangs, hundert Füße auf hundert Talente, je ein Talent auf einen Fuß. 28. Und aus den tausend siebenhundert fünf und siebenzig Seckeln machte er die Nägel für die Säulen, und überzog ihre Köpfe, und machte daran Stäbe. 29. Und das Kupfer der Gaben war siebenzig Talente und tausend und vierhundert Seckel. 30. Und er machte daraus die Füße der Thüre des Versammlungszeltes und den kupfernen Altar und das kupferne Netz an demselben und alle Geräthe des Altars, 31. und die Füße des Vorhofs ringsum und die Füße des Thores des Vorhofs und alle Pfähle der Wohnung und alle Pfähle des Vorhofs ringsum.

Cap. XXXIX, 1 — 31.

Verfertigung der Priesterkleidung.

1. Und aus Hyacinth und Purpur und Carmosin machten sie die Amts-Kleider zum Dienst im Heiligthum, und machten die heiligen Kleider für Aaron, so wie Jehova Mo-

sen geboten. 2. Und er machte das Oberkleid von Gold, Hyacinth und Purpur und Carmosin und gezwirntem Byssus. 3. Und sie schlugen Gold-Blech breit, und schnitten es in Faden, um es zu setzen zwischen Hyacinth und Purpur und Carmosin und Byssus, mit künstlicher Arbeit. 4. Und sie machten Schulterstücke daran, die es zusammenfügten, an seinen beiden Enden, 5. und an ihm das Band, womit es umgürtet wird, von gleicher Arbeit, von Gold und Hyacinth und Purpur und Carmosin und gezwirntem Byssus, so wie Jehova Mosen geboten.

6. Und sie machten die Onychsteine, mit Einfassungen von Gold, mit Siegelstecherey darauf eingegraben die Namen der Söhne Israels. 7. Und er setzte sie auf die Schulter- stücke des Oberkleides, als Steine des Gedächtnisses für die Söhne Israels, so wie Jehova Mosen geboten.

8. Und er machte das Schildlein, künstlicher Arbeit, wie die Arbeit des Oberkleides, von Hyacinth und Purpur und Carmosin und gezwirntem Byssus. 9. Viereckig und doppelt machten sie das Schildlein, eine Spanne seine Länge und eine Spanne seine Breite, doppelt. 10. Und sie besetzten es mit vier Reihen Steinen: die Reihe des Carniols, des To- pasen und des Smaragds die erste Reihe, 11. und die zweite Reihe ein Carfunkel, ein Sapphir und ein Jahalom, 12. und die dritte Reihe ein Opal, ein Achat und ein Amethyst, 13. und die vierte Reihe ein Chrysolith, ein Onych und ein Jaspis; eingefaßt mit Gold waren sie. 14. Und die Steine waren nach den Namen der Söhne Israels zwölf, mit Sie- gelstecherey war in jeglichen sein Name eingegraben, nach den zwölf Stämmen. 15. Und sie machten an das Schild- lein Ketten von gleicher Länge, geflochtener Arbeit, von fei- nem Golde, 16. und machten zwo Einfaßungen von Gold und zween Ringe von Gold, und setzten die zwee Ringe an die beiden Enden des Schildleins, 17. und thaten die zwo güldenen Ketten in die beiden Ringe an den Enden des

Schildleins, · 18. und die beiden andern Enden der zwo Ketten thaten sie in die beiden Einfassungen, und setzten sie an die Schulterstücke des Oberkleides nach vorne hin. 19. Und sie machten zween andere Ringe von Gold, und setzten sie an die beiden Enden des Schildleins an seinen Rand, der gegen das Oberkleid zu inwendig. 20. Und sie machten wieder zween andere Ringe von Gold, und setzten sie an die beiden Schulterstücke des Oberkleides unterhalb nach vorne hin, gerade bey seiner Zusammenfügung über dem Gürtelbande. 21. Und sie banden das Schildlein mit seinen Ringen an die Ringe des Oberkleides mit Schnüren von Hyacinth, daß es über dem Gürtelbande war, und nicht wegrückte vom Oberkleide, so wie Jehova Mosen geboten.

22. Und er machte den Rock unter dem Oberkleid, Weberarbeit, ganz von Hyacinth, 23. und eine Oeffnung in der Mitte des Rockes, wie die Oeffnung eines Panzers, eine Borte an seiner Oeffnung ringsum, daß er nicht zerriß. 24. Und sie machten an dem Saume des Rockes Granatäpfel von Hyacinth und Purpur und Carmosin, gezwirnt, 25. und machten Schellen von feinem Golde, und setzten die Schellen zwischen die Granatäpfel an dem Saume des Rockes ringsum zwischen die Granatäpfel, 26. je eine Schelle und ein Granatapfel an dem Saume des Rockes ringsum, zum Dienst, so wie Jehova Mosen geboten.

27. Und sie machten die Unterkleider von Byssus, Weberarbeit, für Aaron und seine Söhne, 28. und den Kopfbund von Byssus und den Tulband von Byssus, und die leinenen Niederkleider von gezwirntem Byssus; 29. und den Gürtel von gezwirntem Byssus und Hyacinth und Purpur und Carmosin, gestickte Arbeit, so wie Jehova Mosen geboten.

30. Und sie machten das Blech, den heiligen Schmuck, von feinem Golde, und schrieben darauf mit Siegelstecherey Jehova heilig; 31. und thaten daran eine Schnur von

Hyacinth, um es an den Kopfbund zu thun, oberhalb, so wie Jehova Mosen geboten.

Cap. XXXIX, 32—43.

Die ganze Arbeit ist vollendet und wird vor Mose gebracht.

32. Also ward vollendet das ganze Werk der Wohnung des Versammlungszeltes, und die Söhne Israels machten es alles, so wie Jehova Mosen geboten, also machten sie es. 33. Und sie brachten die Wohnung zu Mose, das Zelt mit all seinen Geräthen, mit seinen Haken, seinen Bretern, seinen Riegeln und seinen Säulen und seinen Füßen, 34. und die Decke von rothem Widderfell und die Decke von Seehundfell und den Vorhang, 35. die Lade des Gesetzes mit ihren Stangen, und den Deckel, 36. den Tisch mit all seinem Geräthe, und das Schaubrod, 37. den Leuchter von feinem Golde, mit seinen Lampen, den nach der Ordnung aufzusetzenden Lampen, und all seinem Geräthe, und das Oel des Leuchters, 38. und den goldenen Altar und das Salböl und das wohlriechende Räucherwerk und den Vorhang vor die Thüre des Zeltes, 39. den kupfernen Altar mit dem kupfernen Gitter daran, seinen Stangen und all seinem Geräthe, das Becken mit seinem Gestell, 40. die Umhänge des Vorhofs mit ihren Säulen und ihren Füßen, und den Vorhang vor das Thor des Vorhofs, seine Stricke und seine Pfähle, und alle Geräthe des Dienstes der Wohnung des Versammlungszeltes; 41. die Amtskleider zum Dienst im Heiligthum, die heiligen Kleider für Aaron, den Priester, und die Kleider seiner Söhne zum Priesterthum. 42. So wie Jehova Mosen geboten, also machten die Söhne Israels die ganze Arbeit. 43. Und Mose sahe das ganze Werk, und siehe! sie hatten es gemacht, so wie Jehova Mosen geboten, also hatten sie es gemacht, und Mose segnete sie.

Cap. XL.

Errichtung und Einweihung des Versammlungszeltes.

1. Und Jehova redete zu Mose, und sprach: 2. im ersten Mond am ersten Tage des Monden richte die Wohnung des Versammlungszeltes auf. 3. Und stelle hinein die Lade des Gesetzes, und hänge vor die Lade den Vorhang, 4. und thue den Tisch hinein, und lege zurecht sein Zubehör, und thue den Leuchter hinein, und setze seine Lampen auf, 5. und stelle den goldenen Räucheraltar vor die Lade des Gesetzes, und hänge den Vorhang auf in der Thüre der Wohnung. 6. Und stelle den Brandopferaltar vor die Thüre der Wohnung des Versammlungszeltes, 7. und stelle das Becken zwischen das Versammlungszelt und zwischen den Altar, und thue Wasser darein. 8. Und richte den Vorhof auf ringsum, und hänge den Vorhang auf im Thor des Vorhofes. 9. Und nimm das Salböl, und salbe die Wohnung und alles, was darinnen ist, und heilige sie und alle ihre Geräthe, daß sie heilig sey. 10. Und salbe den Brandopferaltar und alle seine Geräthe, und heilige den Altar, daß er hochheilig sey. 11. Und salbe das Becken und sein Gestell, und heilige es. 12. Und führe Aaron herzu und seine Söhne zur Thüre des Versammlungszeltes, und wasche sie mit Wasser. 13. Und ziehe Aaron die heiligen Kleider an, und salbe ihn, und heilige ihn zu meinem Priester. 14. Und führe seine Söhne herzu, und ziehe ihnen die Unterkleider an, 15. und salbe sie, so wie du ihren Vater gesalbet, daß sie meine Priester seyen, und diese Salbung heiliget sie zum ewigen Priesterthum auf ihre künftigen Geschlechter.

16. Und Mose that alles; so wie Jehova ihm geboten, also that er. 17. Und es geschah im ersten Mond im zweyten Jahr am ersten des Monden, da ward aufgerichtet die Wohnung, 18. und Mose richtete die Wohnung auf, und setzte ihre Füße, und stellte ihre Breter, und that ihre Riegel an,

und richtete ihre Säulen auf, 19. und spannete das Zelt
über die Wohnung, und breitete die Decke des Zeltes darüber
oben hin, so wie Jehova Mosen geboten; 20. und nahm
und that das Gesetz in die Lade, und steckte die Stangen an
die Lade, und that den Deckel auf die Lade oben darauf,
21. und brachte die Lade in die Wohnung, und hing den Vorhang auf, und verhüllete die Lade des Gesetzes, so wie Jehova
Mosen geboten. 22. Und er stellete den Tisch in das Versammlungszelt an die Seite der Wohnung gegen Norden, auß-
serhalb des Vorhangs, 23. und legte darauf zurechte Brod
vor Jehova, so wie Jehova Mosen geboten; 24. und stellete
den Leuchter in das Versammlungszelt dem Tische gegen über, an
die Seite der Wohnung gegen Mittag, 25. und setzte die
Lampen auf vor Jehova, so wie Jehova Mosen geboten;
und stellete den goldenen Altar in das Versammlungszelt vor
den Vorhang, 27. und verbrannte darauf wohlriechendes
Räucherwerk, so wie Jehova Mosen geboten. 28. Und er
hing den Vorhang auf in der Thüre der Wohnung, 29. und den
Brandopferaltar stellete er vor die Thüre der Wohnung des
Versammlungszeltes, und opferte darauf Brandopfer und Speisopfer, so wie Jehova Mosen geboten. 30. Und er stellete
das Becken zwischen das Versammlungszelt und zwischen den
Altar, und that darein Wasser zum Waschen. 31. Und es
wuschen sich daraus Mose und Aaron und seine Söhne ihre
Hände und ihre Füße; 32. wenn sie eingingen zum Versammlungszelt, und wenn sie naheten zum Altar, wuschen sie sich,
so wie Jehova Mosen geboten. 33. Und er richtete den Vorhof auf rings um die Wohnung und um den Altar, und
hing den Vorhang auf im Thor des Vorhofs, und also vollendete Mose das Werk.

34. Da bedeckte eine Wolke das Versammlungszelt, und
die Herrlichkeit Jehovas erfüllte die Wohnung. 35. Und Mose
konnte nicht in das Versammlungszelt gehen, denn es ruhete
auf ihm eine Wolke, und die Herrlichkeit Jehovas erfüllte
die Wohnung. 36. Und wenn sich die Wolke erhob von der

Wohnung, so brachen die Söhne Israels auf, auf all ihren Zügen. 37. Und wenn die Wolke sich nicht erhob, so brachen sie nicht auf, bis daß sie sich erhob. 38. Denn die Wolke Jehovas war auf der Wohnung des Tages, und Feuer war in ihr des Nachts, vor den Augen des ganzen Hauses Israels, auf all ihren Zügen.

Ende des zweyten Buchs Mose.

Das dritte

Buch Mose.

~~~~~~~~

Cap. I — VII.

Gesetze von den verschiedenen Opfern, als Brand-, Speis-
Freuden-Sünd-und Schuldopfern.

I. 1. Und Jehova rief Mose, und redete zu ihm aus
dem Versammlungszelt, und sprach: 2. rede zu den Söhnen
Israels, und sprich zu ihnen: Wenn jemand unter euch
Jehova ein Opfer bringen will, so soll ihr vom Vieh, von
den Rindern und Schafen, eure Opfer bringen. 3. Ist sein
Opfer ein Brandopfer von den Rindern, so soll er ein Männchen, fehlerlos, bringen, vor die Thüre des Versammlungszeltes, daß es wohlgefällig sey vor Jehova. 4. Und er soll
seine Hand auf das Haupt des Brandopfers legen, so wird
es wohlgefällig seyn, und ihn versöhnen. 5. Und er soll
das junge Rind schlachten vor Jehova, und die Söhne Aarons,
die Priester, sollen das Blut herzubringen, und das Blut
auf den Altar sprengen ringsum, der vor der Thüre des Versammlungszeltes stehet. 6. Und er soll das Brandopfer abziehen,
und es zerstücken in Stücke, 7. Und die Söhne Aarons,

des Priesters, sollen Feuer auf dem Altar thun, und Holz aufs Feuer legen. 8. Und die Söhne Aarons, des Priesters, sollen die Stücke, den Kopf und das Fett, auf das Holz legen, über dem Feuer auf dem Altar. 9. Und den Bauch und die Beine soll er abwaschen mit Wasser, und der Priester soll das Ganze anzünden auf dem Altar, als Brandopfer, als Feuerung, zum lieblichen Geruch für Jehova. — 10. Und wenn sein Opfer vom Kleinvieh ist, von Schafen oder Ziegen, ein Brandopfer, so soll er ein Männchen, fehlerlos, bringen. 11. Und soll es schlachten an der Seite des Altars gegen Mitternacht vor Jehova, und die Söhne Aarons, des Priesters, sollen das Blut auf den Altar sprengen ringsum. 12. Und er soll es zerstücken in Stücke, und den Kopf und das Fett soll der Priester auf das Holz legen, über dem Feuer auf dem Altar. 13. Und den Bauch und die Beine soll er abwaschen mit Wasser, und der Priester soll es anzünden auf dem Altar, als Brandopfer, als Feuerung, zum lieblichen Geruch für Jehova. — 14. Und wenn sein Opfer von den Vögeln ist, ein Brandopfer für Jehova, so soll er von den Turteltauben oder von jungen Tauben sein Opfer bringen. 15. Und der Priester soll es zum Altar bringen, und den Kopf abkneipen, daß es angezündet werde auf dem Altar, und das Blut soll auslaufen an der Wand des Altars. 16. Und Kropf und Unrath *) soll er absondern, und neben den Altar werfen gegen Morgen, auf den Aschenhaufen, 17. und soll es spalten an seinen Flügeln, aber nicht zertheilen, und der Priester soll es anzünden auf dem Altar, auf dem Holze über dem Feuer, als Brandopfer, als Feuerung, zum lieblichen Geruch für Jehova.

Cap. II. 1. Und wenn jemand Jehova ein Speisopfer bringen will, so soll sein Opfer Weißmehl seyn, und er soll darauf Oel gießen, und Weihrauch darauf thun. 2. Und soll's bringen zu den Söhnen Aarons, den Priestern, und der Priester soll eine Handvoll nehmen von dem Mehl und

---

*) Gem. Federn.

von dem Oel nebst allem Weihrauch, und soll es als Opfertheil anzünden auf dem Altar, als Feuerung, zum lieblichen
Geruch für Jehova. 3. Und das Uebrige vom Speisopfer
soll Aaron und seinen Söhnen gehören, als das Hochheilige
von den Opfern Jehovas. — 4. Und wenn du ein Speisopfer bringen willst von Gebackenem im Ofen, so sollen es
Kuchen von Weißmehl seyn, ungesäuert, begossen mit Oel,
und ungesäuerte Fladen, bestrichen mit Oel. 5. Und wenn
dein Speisopfer aus der Pfanne ist, soll es von Weißmehl
seyn, begossen mit Oel, ungesäuert. 6. Du sollst es in
Stücke zerstücken, und darauf Oel gießen, so ist es ein Speisopfer. 7. Und ist ein Speisopfer vom Rost dein Opfer, so
soll es von Weißmehl · mit Oel bereitet werden. 8. Und du
sollst das Speisopfer, was von solcherley bereitet ist, Jehova
bringen vor den Priester, und der solls auf den Altar bringen.
9. Und der Priester soll von dem Speisopfer das Opfertheil
nehmen, und es anzünden auf dem Altar, als Feuerung, zum
lieblichen Geruch für Jehova. 10. Und das Uebrige von
dem Speisopfer soll Aaron und seinen Söhnen gehören, als
das Hochheilige von den Opfern Jehovas. 11. Alle Speisopfer, welche ihr Jehova darbringen wollt, sollt ihr ungesäuert machen, denn keinen Sauerteig, noch Honig sollt ihr
anzünden als Feuerung Jehovas. 12. Als Erstlingsopfer dürft
ihr sie Jehova darbringen, aber auf den Altar sollen sie nicht
kommen zum lieblichen Geruch. 13. Und alle deine Speisopfer sollst du mit Salz salzen, du sollst das Bundessalz deines Gottes nicht fehlen lassen an deinem Speisopfer, an all
deine Opfer sollst du Salz thun. 14. Und wenn du ein Speisopfer von den ersten Früchten Jehova bringen willst, so sollst
du Aehren, am Feuer geröstet und zerstoßen, bringen, als
Speisopfer von deinen ersten Früchten, 15. Und sollst Oel
darauf thun, und Weihrauch darauf streuen, so ists ein Speisopfer. 16. Und der Priester soll das Opfertheil von den zer-
stoßenen Körnern und von dem Oel nebst allem Weihrauch anzünden, als Feuerung Jehovas.

Cap. III. 1. Und wenn sein Opfer ein Freudenopfer ist, wenn er es von den Rindern bringet, es sey Männchen oder Weibchen: so soll er es fehlerlos bringen vor Jehova. 2. Und er soll seine Hand auf das Haupt seines Opfers legen, und es schlachten vor der Thüre des Versammlungszeltes. Und die Söhne Aarons, die Priester, sollen das Blut auf den Altar sprengen ringsum. 3. Und er soll von dem Freudenopfer Jehova eine Feuerung darbringen, nämlich das Fett, das die Eingeweide decket, und alles Fett an den Eingeweiden, 4. und die beyden Nieren und das Fett an denselben bis an die Lenden, und das Netz an der Leber; bey den Nieren soll er es wegschneiden. 5. Und die Söhne Aarons sollen es anzünden auf dem Altar, auf dem Brandopfer, auf dem Holz über dem Feuer, als Feuerung, zum lieblichen Geruch für Jehova.— 6. Und wenn sein Freudenopfer vom Kleinvieh ist, Männchen oder Weibchen, so soll er es fehlerlos bringen. 7. Wenn er ein Schaf als Opfer bringet, so soll er es darbringen vor Jehova, 8. und soll seine Hand auf das Haupt seines Opfers legen, und es schlachten vor dem Versammlungszelt, und die Söhne Aarons sollen das Blut auf den Altar sprengen ringsum. 9. Und er soll von dem Freudenopfer eine Feuerung Jehova darbringen, nämlich das Fett, den ganzen Fettschwanz, gleich beym Rückgrad soll er ihn wegschneiden, und das Fett, das die Eingeweide decket, und alles Fett an den Eingeweiden, 10. und die beyden Nieren und das Fett an denselben bis an die Lenden, und das Netz an der Leber; bey den Nieren soll er es wegschneiden. 11. Und der Priester soll es anzünden auf dem Altar, als Speise, als Feuerung Jehovas. — 12. Wenn sein Opfer eine Ziege ist, so soll er es darbringen vor Jehova, 13. und soll seine Hand auf sein Haupt legen, und es schlachten vor dem Versammlungszelt, und die Söhne Aarons sollen das Blut auf den Altar sprengen ringsum. 14. Und er soll von seinem Opfer Jehova eine Feuerung darbringen, nämlich das Fett, das die Eingeweide decket, und alles Fett an den Eingeweiden, 15. und

die beyden Nieren und das Fett an denselben bis an die Len,
den, und das Netz an der Leber; bey den Nieren soll er's
wegschneiden. 16. Und der Priester soll dieß anzünden auf
dem Altar, als Speise und Feuerung Jehovas, zum lieblichen
Geruch alles Fett für Jehova. 17. Das sey eine ewige
Satzung auf eure künftigen Geschlechter in allen euren Woh,
nungen, kein Fett noch Blut sollt ihr essen.

Cap. IV. 1. Und Jehova redete zu Mose, und sprach:
2. rede zu den Söhnen Israels, und sprich: Wenn jemand
sündiget aus Versehen, und von allen Verboten Jehovas,
welche nicht gethan werden sollen, eins davon thuet: 3. wenn
der gesalbte Priester sündiget zur Schuld des Volkes, so soll
er für seine Sünde, die er begangen, einen jungen Stier,
fehlerlos, Jehova darbringen zum Sündopfer. 4. Und er
soll den Stier vor die Thüre des Versammlungszeltes bringen
vor Jehova, und seine Hand auf das Haupt des Stieres
legen; und den Stier schlachten vor Jehova. 5. Und der
gesalbte Priester soll vom Blute des Stieres nehmen, und
es in das Versammlungszelt bringen, 6. und der Priester
soll seinen Finger in das Blut tauchen, und damit sieben Mal
sprengen vor Jehova gegen den Vorhang des Allerheiligsten.
7. Und der Priester soll von dem Blute an die Hörner des
Räucheraltars streichen vor Jehova im Versammlungszelt, und
alles übrige Blut des Stieres soll er an den Boden des
Brandopferaltars gießen, der vor der Thüre des Versamm,
lungszeltes stehet. 8. Und er soll alles Fett vom Stiere des
Sündopfers nehmen, nämlich das Fett, das die Eingeweide
decket, und alles Fett an den Eingeweiden, 9. und die bey,
den Nieren und das Fett an denselben bis an die Lenden, und
das Netz an der Leber; bey den Nieren soll er's wegschneiden,
10. so wie es genommen wird vom Stiere des Freudenopfers,
und der Priester soll dieß anzünden auf dem Brandopferaltar.
11. Und das Fell des Stieres mit all seinem Fleische und
Kopf und Beinen und Eingeweide und Mist, 12. den gan,
zen Stier soll er hinaustragen außerhalb des Lagers an einen

reinen Ort, wo die Asche hingeschüttet wird, und soll es ver=
brennen auf Holz mit Feuer, auf dem Aschenhaufen soll es
verbrannt werden.

13. Und wenn die ganze Gemeine Israels ein Versehen
begehet, und die Sache verborgen ist vor den Augen der Ge=
meine, und sie eines thun von allen Verboten Jehovas, welche
nicht gethan werden sollen, und sich verschulden, 14. und die
Sünde wird bekannt, welche sie begangen: so soll die Gemeine
einen jungen Stier darbringen zum Sündopfer, und sie sollen
ihn vor das Versammlungszelt bringen. 15. Und die Aeltesten
der Gemeine sollen ihre Hände auf das Haupt des Stieres
legen vor Jehova, und man soll den Stier schlachten vor Jehova.
16. Und der gesalbte Priester soll vom Blute des Stieres in das
Versammlungszelt bringen, 17. und der Priester soll seine Finger
in das Blut tauchen, und sieben Mal sprengen vor Jehova gegen
den Vorhang. 18. Und soll von dem Blute an die Hörner
des Altars streichen vor Jehova im Versammlungszelt, und
alles übrige Blut soll er an den Boden des Brandopferaltars
gießen, welcher vor der Thüre des Versammlungszeltes stehet.
19. Und er soll alles Fett nehmen, und es anzünden auf dem
Altar, 20. und soll mit dem Stiere thun, so wie er thut
mit dem Stiere des Sündopfers, also soll damit gethan werden,
und also soll der Priester sie versöhnen, daß ihnen vergeben
werde. 21. Und er soll den Stier hinaustragen außerhalb des
Lagers, und ihn verbrennen, so wie er verbrennet den vorigen
Stier; das ist das Sündopfer der Gemeine. —

22. Wenn ein Fürst sündiget, und eins von allen Ver=
boten Jehovas, seines Gottes, thut, das nicht gethan wer=
den sollte, aus Versehen, und sich verschuldet, 23. und
seine Sünde wird ihm bekannt, welche er begangen: so soll
er sein Opfer bringen, einen Ziegenbock, fehlerlos. 24. Und
soll seine Hand auf das Haupt des Bockes legen, und ihn
schlachten an dem Orte, wo man das Brandopfer schlachtet
vor Jehova, zum Sündopfer. 25. Und der Priester soll von
dem Blute des Sündopfers nehmen mit seinem Finger, und

es auf die Hörner des Brandopferaltars streichen, und das
übrige Blut soll er an den Boden des Brandopferaltars gießen,
26. und alles Fett soll er anzünden auf dem Altar, wie das
Fett des Freudenopfers, und also soll ihn der Priester ver=
söhnen wegen seiner Sünde, daß ihm vergeben werde.

27. Und wenn jemand sündiget aus Versehen vom ge=
meinen Volke, daß er eins von den Verboten Jehovas thut,
das nicht gethan werden sollte, und sich verschuldet, 28. und
seine Sünde wird ihm bekannt, die er begangen: so soll er
als Opfer eine Ziege bringen, fehlerlos, für die Sünde, die
er begangen. 29. Und er soll seine Hand auf das Haupt des
Sündopfers legen, und das Sündopfer schlachten an dem
Orte der Brandopfer. 30. Und der Priester soll von dem
Blute nehmen mit seinem Finger, und es auf die Hörner
des Brandopferaltars streichen, und alles übrige Blut soll er
an den Boden des Altars gießen. 31. Und alles Fett soll er
absondern, so wie das Fett vom Brandopfer abgesondert
wird, und der Priester soll es anzünden auf dem Altar zum
lieblichen Geruch für Jehova; und also soll ihn der Priester
versöhnen, daß ihm vergeben werde. 32. Und wenn er ein
Schaf bringet zum Sündopfer, so soll er ein Weibchen, feh=
lerlos, bringen. 33. Und er soll die Hand auf das
Haupt des Sündopfers legen, und es schlachten zum Sünd=
opfer, an dem Orte, wo man die Brandopfer schlachtet.
34. Und der Priester soll vom Blute des Sündopfers neh=
men mit seinem Finger, und es auf die Hörner des Brand=
opferaltars streichen, und alles übrige Blut soll er an den
Boden des Altars gießen. 35. Und alles Fett soll er abson=
dern, so wie das Fett des Schafes zum Freudenopfer abge=
sondert wird, und der Priester soll es anzünden auf dem
Altar, als Feuerung Jehovas, und also soll ihn der Priester
versöhnen wegen seiner Sünde, die er begangen, daß ihm
vergeben werde.

Cap. V. 1. Und wenn jemand sündiget, und höret
einen Fluch, und ist deß Zeuge, und hats gesehen, und weiß.

es, und er zeigt es nicht an, und trägt seine Schuld; 2. oder wenn jemand irgend etwas unreines anrühret, es sey das Aas eines unreinen Wildes, oder das Aas eines unreinen Viehes, oder das Aas eines unreinen Gewürmes, und es ist ihm verborgen, und er ist unrein und verschuldet; 3. oder wenn er die Unreinigkeit eines Menschen anrühret, irgend eine Unreinigkeit, durch welche man verunreinigt wird, und es ist ihm verborgen, und er wirds inne, und ist verschuldet; 4. oder wenn jemand hat ohne Bedacht einen Schwur über die Lippen fahren lassen, böses oder gutes zu thun, so wie man unbedacht ist im Schwören, und es ist ihm verborgen, und er wirds inne, und ist verschuldet durch solches; 5. wenn er also verschuldet ist durch eines von diesen Dingen: so soll er bekennen, worin er gesündiget, 6. und soll sein Schuld= opfer Jehova bringen für seine Sünde, die er begangen, ein Weibchen vom Kleinvieh, ein Schaf oder eine Ziege, zum Sündopfer, und der Priester soll ihn versöhnen wegen seiner Sünde. 7. Und wenn er nicht ein Schaf vermag, so soll er für seine Schuld, die er begangen, zwo Turteltauben oder zwo junge Tauben Jehova bringen, die eine zum Sündopfer, und die andere zum Brandopfer. 8. Und er soll sie zum Priester bringen, und der Priester soll die erste zum Sünd= opfer opfern, und ihren Kopf abkneipen hinter dem Genicke, aber nicht abbrechen. 9. Und soll von dem Blute des Sünd= opfers an die Wand des Altars sprengen, und das übrige Blut soll auslaufen an den Boden des Altars, das ist das Sündopfer. 10. Und die andere soll er zum Brandopfer opfern, nach dem Gebrauch, und also soll ihn der Priester versöhnen wegen seiner Sünde, die er begangen, daß ihm vergeben werde. 11. Und wenn er nicht zwo Turteltauben vermag, oder zwo junge Tauben, so soll er zum Opfer für seine Sünde das Zehntheil eines Epha Weißmehl bringen zum Sündopfer; er soll kein Oel darauf thun, und keinen Weih= rauch darauf streuen, denn es ist ein Sündopfer. 12. Und er soll es dem Priester bringen, und der Priester soll eine

Handvoll davon nehmen, als Opfertheil, und es anzünden auf dem Altar, als Feuerung Jehovas; das ist ein Sündopfer. 13. Und also soll ihn der Priester versöhnen wegen seiner Sünde, die er begangen, daß ihm vergeben werde, und es soll dem Priester gehören wie ein Speisopfer.

14. Und Jehova redete zu Mose, und sprach: 15. Wenn jemand sich vergehet, und sündiget aus Versehen an den Heiligthümern Jehovas: so soll er sein Schuldopfer Jehova darbringen, einen Widder, fehlerlos, von den Schafen, den du schätzen sollst nach Seckeln Silbers, nach dem Seckel des Heiligthums. 16. Und was er gesündiget an dem Heiligthum, soll er erstatten, und das Fünftheil dazu legen, und es dem Priester geben, und der Priester soll ihn versöhnen mit dem Widder des Schuldopfers, daß ihm vergeben werde. — 17. Und wenn jemand sündiget, und eines von den Verboten Jehovas thut, welche nicht gethan werden sollen, und er weiß es nicht, und verschuldet sich, und trägt sein Vergehen: 18. so soll er einen Widder, fehlerlos, von den Schafen, bringen, den du schätzen sollst, als Schuldopfer, zu dem Priester, und der Priester soll ihn versöhnen wegen seines Versehens, das er begangen, und das er nicht gewußt, damit ihm vergeben werde. 19. Das ist ein Schuldopfer, weil er eine Schuld verschuldet gegen Jehova. —

Cap. VI. 1. Und Jehova redete zu Mose, und sprach: 2. Wenn jemand sündiget, und sich vergehet gegen Jehova, und seinem Nebenmenschen ableugnet, was er in Aufsicht oder Verwahrung genommen, oder was er entwendet, oder sonst mit Unrecht an sich gebracht; 3. oder wenn er etwas verlornes gefunden, und es ableugnet, und einen falschen Eid geschworen über eines der Dinge, womit ein Mensch sündiget; 4. wenn er also gesündiget, und sich verschuldet: so soll er das entwendete, das er entwendet, oder das mit Unrecht an sich gebrachte, oder das in Aufsicht genommene, was man ihm anvertraute, oder das verlorne, das er gefunden, zurückgeben; 5. oder was es auch sey, worüber er falſch geſchworen, ſo ſoll er es erſtatten, die Summe ſelbſt, und ſoll das Fünftheil dazu legen, und ſoll es dem, welchem es gehöret, geben, wenn er ſein Schuldopfer bringet. 6. Und ſein Schuldopfer ſoll er Jehova bringen, einen Widder, feh⸗ lerlos, von den Schafen, den du ſchätzen ſollſt, als Schuld⸗ opfer, zu dem Prieſter. 7. Und der Prieſter ſoll ihn ver⸗ ſöhnen vor Jehova, damit ihm vergeben werde wegen irgend etwas, das er gethan, und ſich damit verſchuldet.

8. Und Jehova redete zu Moſe, und ſprach: 9. gebeut Aaron und ſeinen Söhnen, und ſprich: das iſt das Geſetz des Brandopfers: Das Brandopfer ſoll im Brande bleiben auf dem Altar die ganze Nacht bis zum Morgen, und das Feuer des Altars ſoll darunter brennen. 10. Und der Prieſter ſoll ſein leinenes Kleid anziehen und ſeine leinenen Nieder⸗ kleider an ſeinen Leib, und ſoll die Aſche wegthun, welche das Feuer gebrannt vom Brandopfer auf dem Altar, und ſoll ſie neben den Altar thun. 11. Und ſoll ſeine Kleider ausziehen, und andere Kleider anziehen, und die Aſche hinaustragen außer⸗ halb des Lagers an einen reinen Ort. 12. Das Feuer auf dem Altar ſoll brennen, nimmer ſoll es verlöſchen, und auf dem⸗ ſelben ſoll der Prieſter Holz anbrennen jeglichen Morgen, und darauf das Brandopfer legen, und darauf das Fett der Freu⸗ denopfer anzünden. 13. Ein ewiges Feuer ſoll auf dem Altar brennen, nimmer ſoll es verlöſchen.

22. Und das iſt das Geſetz des Speisopfers: die Söhne Aarons ſollen es vor Jehova bringen, vor den Altar, 15. und ſie ſollen davon eine Handvoll nehmen, vom Weißmehl des Speisopfers und vom Oel, nebſt allem Weihrauch, der auf dem Speisopfer iſt, und ſollen es anzünden auf dem Altar zum lieblichen Geruch, als Opfertheil Jehovas. 16. Und das Uebrige davon ſollen Aaron und ſeine Söhne eſſen, ungeſäuert ſoll es gegeſſen werden an heiligem Orte, im Vorhofe des Ver⸗ ſammlungszeltes ſollen ſie es eſſen. 17. Es ſoll nicht geſäuert gebacken werden; als ihren Theil hab ichs ihnen gegeben von meinen Feuerungen, es iſt heilig, wie das Sündopfer und wie

das Schuldopfer. 18. Was männlich ist unter den Söhnen Aarons, soll es essen. Dieß sey eine ewige Gebühr auf eure künftigen Geschlechter von den Feuerungen Jehovas; wer es anrühret, soll heilig seyn.

19. Und Jehova redete zu Mose, und sprach: 20. Das ist das Opfer Aarons und seiner Söhne, welches sie Jehova darbringen sollen am Tage ihrer Salbung: das Zehntheil eines Epha Weißmehl, als tägliches Speisopfer, die Hälfte desselben am Morgen, und die Hälfte am Abend. 21. In der Pfanne, bereitet mit Oel, getränket mit Oel, sollst du es darbringen, in Stücken, wie das Speisopfer in Stücken, sollst du es bringen, zum lieblichen Geruch für Jehova. 22. Und der Priester, der gesalbt ist an seiner Stelle unter seinen Söhnen, soll es bereiten, eine ewige Gebühr Jehovas; ganz soll es verbrannt werden. 23. Alles Speisopfer eines Priesters soll ganz verbrannt werden, man soll es nicht essen.

24. Und Jehova redete zu Mose, und sprach: 25. rede zu Aaron und zu seinen Söhnen, und sprich: Das ist das Gesetz des Sündopfers: an dem Orte, wo das Brandopfer geschlachtet wird, soll das Sündopfer geschlachtet werden vor Jehova; es ist hochheilig. 26. Der Priester, der das Sündopfer thut, solls essen; an heiligem Orte solls gegessen werden, im Vorhofe des Versammlungszeltes. 27. Wer das Fleisch davon anrühret, soll heilig seyn, und wer von dem Blute auf das Kleid sprenget, der soll das, worauf er es gesprenget, waschen an heiligem Orte. 28. Und das irdene Gefäß, darin es gekocht worden, soll zerbrochen werden, und wenn es in kupfernem Gefäß gekocht worden, so soll es gescheuert und gespület werden mit Wasser. 29. Was männlich ist unter den Priestern, soll es essen; es ist hochheilig. 30. Und alles Sündopfer, von dessen Blut in das Versammlungszelt gebracht worden, um im Heiligthum zu versöhnen, soll nicht gegessen werden; mit Feuer soll es verbrannt werden.

Cap. VII. 1. Und das ist das Gesetz vom Schuldopfer, es ist hochheilig. 2. An dem Orte, wo man das Brandopfer schlachtet, soll man das Schuldopfer schlachten, und das Blut davon soll man auf den Altar sprengen ringsum. 3. Und alles Fett soll man davon darbringen, nämlich den Fettschwanz und das Fett, welches die Eingeweide decket, 4. und die beiden Nieren und das Fett an denselben bis an die Lenden, und das Netz an der Leber; bey den Nieren soll mans wegschneiden. 5. Und dieß soll der Priester anzünden auf dem Altar, als Feuerung Jehovas; das ist ein Schuldopfer. 6. Was männlich ist unter den Priestern, soll es essen; an heiligem Orte soll es gegessen werden, es ist hochheilig. 7. Wie das Sündopfer, also das Schuldopfer, Ein Gesetz ist beiden; dem Priester, der damit versöhnet, ihm soll es gehören. 8. Und der Priester, der das Brandopfer von jemand darbringet, ihm soll das Fell des Brandopfers, das er dargebracht, gehören. 9. Und alles Speisopfer, das gebacken wird im Ofen, und alles bereitete auf dem Rost und in der Pfanne soll dem Priester, der es darbringet, gehören. 10. Und alles Speisopfer begossen mit Oel und trocken, soll allen Söhnen Aarons gehören, einem wie dem andern.

11. Und das ist das Gesetz vom Freudenopfer, das man Jehova darbringet. 12. Wenn man es wegen eines Dankes darbringet, so soll man noch zu diesem Opfer bringen ungesäuerte Kuchen, begoßen mit Oel, und ungesäuerte Fladen, bestrichen mit Oel, und Weißmehl, getränket mit Oel, Kuchen, begoßen mit Oel. 13. Mit gesäuerten Kuchen soll er sein Opfer darbringen, als Zugabe zum Dankopfer. 14. Und er soll einen Kuchen vom ganzen Opfer darbringen, als Hebe für Jehova; der soll dem Priester, der das Blut des Dankopfers sprenget, gehören. 15. Und das Fleisch des Dankopfers soll am Tage, da es gebracht wird, gegessen werden, man soll davon nichts übrig laßen bis zum Morgen. 16. Und ist sein Opfer ein Gelübd oder freywilliges, so soll es am Tage, da es dargebracht wird, gegessen werden, und am andern Morgen soll das übrige gegessen werden. 17. Und was übergeblieben vom Fleisch des Opfers, das soll am dritten Tage mit Feuer verbrennt werden.

18. Und wenn vom Fleische des Freudenopfers am dritten Tage gegessen würde, so wird es nicht wohlgefällig seyn; wer es geopfert, dem wird es nicht zugerechnet werden, ein Greuel wirds seyn, und wer davon isset, trägt eine Schuld auf sich. 19. Und das Fleisch, das von etwas unreinem berühret wird, soll nicht gegessen werden, mit Feuer soll es verbrannt werden; jeglicher Reine kann das Fleisch essen. 20. Wer aber Fleisch isset vom Freudenopfer Jehovas, während Unreinigkeit an ihm ist, dieselbe Seele soll ausgerottet werden aus ihrem Volke. 21. Und wer irgend etwas unreines anrühret, Unreinigkeit des Menschen oder ein unreines Vieh oder irgend ein unreines Gewürm, und isset von dem Fleische des Freudenopfers Jehovas, dieselbe Seele soll ausgerottet werden aus ihrem Volke.

22. Und Jehova redete zu Mose, und sprach: 23. rede zu den Söhnen Israels, und sprich: Kein Fett von Stieren und Schafen und Ziegen sollt ihr essen. 24. Und Fett von gefallenen und Fett von zerrissenen Thieren kann genutzt werden zu allerley Gebrauch, aber essen sollt ihr es nicht: 25. denn wer Fett isset vom Vieh, wovon man dargebracht zur Feuerung Jehovas, dieselbe Seele, die gegessen, soll ausgerottet werden aus ihrem Volke. 26. Und kein Blut sollt ihr essen in allen euren Wohnungen, weder von Vogel noch vom Vieh. 27. Wer irgend Blut isset, dieselbe Seele soll ausgerottet werden aus ihrem Volke.

28. Und Jehova redete zu Mose, und sprach: 29. rede zu den Söhnen Israels, und sprich: Wer ein Freudenopfer Jehova darbringet, der soll seine Gabe Jehova bringen von dem Freudenopfer. 30. Mit seinen Händen soll er die Feuerung Jehovas darbringen, das Fett nebst der Brust soll er bringen, die Brust, daß sie gewebet werde als Webe vor Jehova. 31. Und der Priester soll das Fett anzünden auf dem Altar, und die Brust soll Aaron und seinen Söhnen gehören. 32. Und die rechte Schulter sollt ihr als Hebe dem Priester geben von euren Freudenopfern. 33. Wer das Blut der Freudenopfer und das Fett darbringet von den Söhnen Aarons, dem soll die

rechte Bruſt gehören als ſein Theil. 34. Denn die Bruſt der Webe und die Schulter der Hebe nehme ich von den Söhnen Israels von den Freudenopfern, und gebe ſie Aaron und ſeinen Söhnen, als ewige Gebühr von den Söhnen Israels. 35. Das iſt der Antheil Aarons und ſeiner Söhne an den Feuerungen Jehovas, ſo oft ſie Opfer darbringen als Prieſter vor Jehova, 36. welchen Jehova geboten ihnen zu geben, am Tage ihrer Salbung, von den Söhnen Israels, eine ewige Gebühr, auf ihre künftigen Geſchlechter.

37. Das iſt das Geſetz vom Brandopfer, vom Speisopfer und vom Sündopfer und vom Schuldopfer und vom Einweihungsopfer und vom Freudenopfer, 38. welches Jehova Moſen geboten auf dem Berge Sinai, da er ihm das Gebot gab an die Söhne Israels, ihre Opfer Jehova darzubringen, in der Wüſte Sinai.

Cap. VIII — X.

Einweihung Aarons und ſeiner Söhne; erſtes Opfer Aarons, Nadabs und Abihus Verſündigung und Tod; ein Verſehen Aarons und ſeiner Söhne.

Cap. VIII, 1. Und Jehova redete zu Moſe, und ſprach: 2. Nimm Aaron und ſeine Söhne mit ihm, und die Kleider und das Salböl und den Stier zum Sündopfer und die zween Widder und den Korb des Ungeſäuerten, 3. und verſammle die ganze Gemeine vor die Thüre des Verſammlungszeltes. 4. Und Moſe that, ſo wie ihm Jehova geboten, und es verſammlete ſich die Gemeine vor die Thüre des Verſammlungszeltes. 5. Und Moſe ſprach zur Gemeine: alſo hat Jehova geboten zu thun. 6. Und er ließ Aaron und ſeine Söhne herzutreten, und wuſch ſie mit Waſſer, 7. und legte ihm das Unterkleid an, und umgürtete ihn mit dem Gürtel, und zog ihm den Rock an, und legte ihm das Oberkleid an, und umgürtete ihn mit dem Band des Oberkleides, 8. und legte ihm das Schildlein an, und that auf das Schildlein das Licht und Recht, 9. und ſetzte den Kopfbund auf ſein Haupt, und that an den Kopfbund vorne hin das goldene Blech, den heiligen Schmuck, so wie Jehova Mosen geboten. 10. Und Mose nahm das Salböl, und salbete die Wohnung und alles was darinnen war, und weihete sie, 11. und sprengete damit auf den Altar sieben Mal, und salbete den Altar und alle seine Geräthe und das Becken und sein Gestell, und weihete es, 12. und goß von dem Salböl auf das Haupt Aarons, und salbete und weihete ihn. 13. Und Mose ließ die Söhne Aarons herzutreten, und zog ihnen die Unterkleider an, und umgürtete sie mit dem Gürtel, und umband ihnen Kopfbunde, so wie Jehova Mosen geboten. 14. Und er brachte herzu den Stier des Sündopfers, und Aaron und seine Söhne legten ihre Hände auf das Haupt des Stieres des Sündopfers, 15. und Mose schlachtete ihn, und nahm von dem Blute, und strich es an die Hörner des Altars ringsum mit seinem Finger, und entsündigte den Altar, und das übrige Blut goß er an den Boden des Altars, und weihete und versöhnte ihn. 16. Und er nahm alles Fett am Eingeweide und das Netz der Leber und die beyden Nieren und ihr Fett, und zündete es an auf dem Altar. 17. Und den Stier und sein Fell und sein Fleisch und seinen Mist verbrannte er mit Feuer ausserhalb des Lagers, so wie Jehova Mosen geboten. 18. Und er brachte herzu den Widder des Brandopfers, und Aaron und seine Söhne legten ihre Hände auf das Haupt des Widders, 19. und Mose schlachtete ihn, und sprengete das Blut auf den Altar ringsum, 20. und den Widder zerstückete er in Stücke, und zündete das Haupt und die Stücke und das Fett an, 21. und die Eingeweide und die Beine wusch er mit Wasser, und zündete den ganzen Widder an auf dem Altar, als Brandopfer, zum lieblichen Geruch, als Feuerung Jehovas, so wie Jehova Mosen geboten. 22. Und er brachte herzu den zweyten Widder, den Widder der Einweihung, und Aaron und seine Söhne legten ihre Hände auf das Haupt des Widders, 23. und Mose schlachtete ihn, und nahm von seinem Blut, und strich an den rechten Ohrknörpel Aarons und an seinen rechten Daumen und an seinen rechten großen Fußzehen. 24. Und er ließ die Söhne Aarons herzutreten, und strich von dem Blut an ihren rechten Ohrknorpel und an ihren rechten Daumen und an ihren rechten großen Fußzehen, und das übrige Blut sprengete er auf den Altar ringsum. 25. Und er nahm das Fett und den Fettschwanz und alles Fett an den Eingeweiden und das Netz der Leber und die beyden Nieren und ihr Fett und die rechte Schulter, 26. und aus dem Korbe des Ungesäuerten, der vor Jehova stand, nahm er einen ungesäuerten Kuchen und einen Brodkuchen mit Oel und einen Fladen, und legte sie auf die Fettstücke und auf die rechte Schulter, 27. und legte das alles in die Hände Aarons und in die Hände seiner Söhne, und webete es als Webe vor Jehova. 28. Und Mose nahm es wieder von ihren Händen, und zündete es an auf dem Altar auf dem Brandopfer, als Einweihungsopfer zum lieblichen Geruch, als Feuerung für Jehova. 29. Und Mose nahm die Brust, und webete sie als Webe vor Jehova, von dem Einweihungswidder, und sie gehörte Mosen als sein Theil, so wie Jehova Mosen geboten. 30. Und Mose nahm von dem Salböl und von dem Blut auf dem Altar, und sprengete es auf Aaron und seine Kleider und auf seine Söhne und die Kleider seiner Söhne, und weihete also Aaron und seine Kleider und seine Söhne und die Kleider seiner Söhne mit ihm.

31. Und Mose sprach zu Aaron und zu seinen Söhnen: kochet das Fleisch vor der Thüre des Versammlungszeltes, und esset es daselbst, und das Brod, das im Einweihungskorbe ist, so wie ich es geboten, und gesagt: Aaron und seine Söhne sollen es essen. 32. Und das Uebrige vom Fleisch und vom Brode sollt ihr mit Feuer verbrennen. 33. Und ihr sollt von der Thüre des Versammlungszeltes nicht weggehen sieben Tage, bis daß die Tage der Einweihung voll sind, denn sieben Tage sollt ihr eingeweihet werden. 34. So wie an diesem Tage gethan worden, also hat Jehova geboten ferner zu thun, euch zu versöhnen. 35. Und ihr sollt vor der Thüre des Versammlungszeltes bleiben Tag und Nacht sieben Tage, und sollt den Dienst Je-

hovas beobachten, daß ihr nicht sterbet, denn also ist mir geboten. 36. Und Aaron und seine Söhne thaten alles, was Jehova geboten durch Mose.

IX. 1. Und am achten Tage rief Mose Aaron und seine Söhne und die Aeltesten Israels, 2. und sprach zu Aaron: nimm dir ein junges Kalb zum Sündopfer und einen Widder zum Brandopfer, beyde fehlerlos, und bringe sie dar vor Jehova. 3. Und rede zu den Söhnen Israels, und sprich: nehmet einen Ziegenbock zum Sündopfer und ein Kalb und ein Lamm, beyde jährig, fehlerlos, zum Brandopfer, 4. und einen Ochsen und einen Widder zu Freudenopfern, sie zu opfern vor Jehova, und Speisopfer, begossen mit Oel: denn heute wird euch Jehova erscheinen. 5. Und sie brachten, was Mose geboten, zur Thüre des Versammlungszeltes, und es nahete die ganze Gemeine, und traten vor Jehova. 6. Und Mose sprach: also hat Jehova geboten, daß ihr thun sollt, so wird euch erscheinen die Herrlichkeit Jehovas. 7. Und Mose sprach zu Aaron: tritt zum Altar, und verrichte dein Sündopfer und dein Brandopfer, und versöhne dich und das Volk, und verrichte das Opfer des Volkes, und versöhne sie, so wie Jehova geboten. 8. Da trat Aaron zum Altar, und schlachtete das Kalb des Sündopfers für sich. 9. Und die Söhne Aarons brachten ihm das Blut, und er tauchte seinen Finger ins Blut, und strich es an die Hörner des Altars, und das übrige Blut goß er an den Boden des Altars. 10. Und das Fett und die Nieren und das Netz von der Leber vom Sündopfer zündete er an auf dem Altar, so wie Jehova Mosen geboten. 11. Und das Fleisch und das Fell verbrannte er mit Feuer ausserhalb des Lagers. 12. Darnach schlachtete er das Brandopfer, und die Söhne Aarons brachten ihm das Blut, und er sprengete es auf den Altar ringsum. 13. Und sie brachten ihm das Brandopfer in Stücken und den Kopf, und er zündete es an auf dem Altar. 14. Und er wusch die Eingeweide und die Beine, und zündete sie an auf dem Brandopfer auf dem Altar. 15. Darnach brachte er das Opfer des Volkes dar, und nahm den Bock

des Sündopfers für das Volk, und schlachtete ihn und opferte
ihn als Sündopfer, wie das vorige. 16. Und er brachte das
Brandopfer dar, und verrichtete es nach dem Gebrauch. 17.
Und er brachte das Speisopfer dar, und nahm eine Handvoll
davon, und zündete es an auf dem Altar; alles ausser dem
Brandopfer des Morgens. 18. Und er schlachtete den Ochsen
und den Widder, als Freudenopfer für das Volk, und die
Söhne Aarons brachten ihm das Blut, und er sprengete es auf
den Altar ringsum. 19. Und sie brachten die Fettstücke von
dem Ochsen und von dem Widder, den Fettschwanz und das Fett,
das die Eingeweide decket, und die Nieren und das Netz der
Leber, 20. und legten die Fettstücke auf die Bruststücke, und er
zündete sie an auf dem Altar. 21. Und die Bruststücke und
die rechte Schulter webete Aaron als Wébe vor Jehova, so
wie Mose geboten. 22. Und Aaron erhob seine Hand gegen
das Volk, und segnete es, und stieg herab, nachdem er das
Sündopfer und das Brandopfer und die Freudenopfer verrichtet. 23. Und Mose und Aaron gingen in das Versammlungszelt, und gingen heraus und segneten das Volk, da erschien die
Herrlichkeit Jehovas dem ganzen Volke. 24. Und es ging
Feuer aus von Jehova, und fraß auf dem Altar das Brandopfer und die Fettstücke, und das ganze Volk sah es, und sie
jauchzten, und fielen auf ihr Antlitz.

X. 1. Und die Söhne Aarons, Nadab und Abihu,
nahmen ein jeglicher seine Rauchpfanne, und thäten Feuer darein,
und legten Räucherwerk darauf, und brachten fremdes Feuer
vor Jehova, das er ihnen nicht geboten. 2. Da ging Feuer
aus von Jehova, und fraß sie, und sie starben vor Jehova.
3. Und Mose sprach zu Aaron: also hat Jehova geredet und
gesprochen: ich will heilig gehalten seyn von denen, welche
mir nahen, und verherrlichet seyn vor dem Angesicht des ganzen
Volkes *). Und Aaron schwieg. 4. Und Mose rief Misael

*) Und. Ich will mich heilig beweisen an denen, die mir nahen, und mich
verherrlichen vor dem ganzen Volke.

und Elzaphan, die Söhne Usiels, des Vatersbruders Aarons, und sprach zu ihnen: tretet hinzu, und traget eure Brüder aus dem Heiligthum hinweg hinaus vor das Lager. 5. Und sie traten hinzu, und trugen sie hinweg in ihren Kleidern hinaus vor das Lager, so wie Mose geboten.

6. Und Mose sprach zu Aaron und zu Eleasar und Ithamar, seinen Söhnen: ihr sollt eure Häupter nicht entblößen, und eure Kleider nicht zerreißen, daß ihr nicht sterbet, und nicht ein Zorn komme über die ganze Gemeine. Eure Brüder, das ganze Haus Israel, mögen weinen über diesen Brand, welchen Jehova gethan. 7. Und ihr sollt nicht aus der Thüre des Versammlungszeltes gehen, daß ihr nicht sterbet, denn das Salböl Jehovas ist auf euch. Und sie thaten nach dem Worte Moses.

8. Und Jehova redete zu Aaron, und sprach: 9. du sollst nicht Wein noch starkes Getränke trinken, noch deine Söhne mit dir, wenn ihr ins Versammlungszelt gehet, auf daß ihr nicht sterbet — eine ewige Satzung auf eure künftigen Geschlechter — 10. und auf daß ihr unterscheiden könnet das Heilige vom Unheiligen, und das Reine vom Unreinen, 11. und daß ihr den Söhnen Israels kund thun könnet alle Gebote, welche Jehova zu euch redet durch Mose.

12. Und Mose redete zu Aaron und zu Eleasar und zu Ithamar, seinen Söhnen, die übergeblieben: nehmet das Speisopfer, das übergeblieben von den Feuerungen Jehovas, und esset es ungesäuert, neben dem Altar: denn es ist hochheilig: 13. Ihr sollt es essen an heiligem Orte: denn es ist deine Gebühr und die Gebühr deiner Söhne von den Feuerungen Jehovas, denn also ist mir geboten. 14. Und die Brust der Webe, und die Schulter der Hebe, sollt ihr essen an reinem Orte, du und deine Söhne und deine Töchter mit dir: denn als deine Gebühr und die Gebühr deiner Söhne werden sie gegeben von den Freudenopfern der Söhne Israels. 15. Die Schulter der Hebe und die Brust der Webe sollen sie darbringen

mit der Feuerung der Fettstücke, und weben als Webe vor
Jehova, und sie sollen dir und deinen Söhnen mit dir gehören als ewige Gebühr, so wie Jehova geboten.

16. Und Mose suchte den Bock des Sündopfers, und
siehe! er war verbrannt. Da zürnete er auf Eleasar und auf
Ithamar, die übergebliebenen Söhne Aarons, und sprach:
17. warum habt ihr das Sündopfer nicht gegessen an heiligem
Orte? denn es ist hochheilig, und er hat es euch gegeben, daß
ihr die Schuld der Gemeine tragen sollt und sie versöhnet vor
Jehova. 18. Siehe! das Blut davon ist nicht in das Heiligthum hinein gebracht, ihr sollet es also essen an heiligem
Orte, so wie mir geboten. 19. Und Aaron redete zu Mose:
siehe! heute haben sie ihr Sündopfer und ihr Brandopfer Jehova
dargebracht, und es ist mir also ergangen; wenn ich nun das
Sündopfer heute äße, könnte es Jehova gefallen? 20. Da
das Mose hörete, ließ ers sich gefallen.

Cap. XI.

Gesetz von reinen und unreinen Thieren.

1. Und Jehova redete zu Mose und zu Aaron, und sprach
zu ihnen: 2. redet zu den Söhnen Israels, und sprecht:
Das sind die Thiere, die ihr essen sollt von allen Thieren auf
der Erde. 3. Alles, was gespaltene Klauen hat, ganz durchgespalten, und wiederkäuet unter den Thieren, das sollt
ihr essen. 4. Nur diese sollt ihr nicht essen von den wiederkäuenden und von denen mit gespaltenen Klauen: das Kamel,
denn es wiederkäuet, aber es hat keine gespaltenen Klauen, unrein soll es euch seyn; 5. und die Bergmaus, denn sie wiederkäuet,
aber sie hat keine gespaltenen Klauen, unrein soll sie euch seyn;
6. und den Hasen, denn er wiederkäuet, aber er hat keine gespaltenen Klauen, unrein soll er euch seyn; 7. und das Schwein,
denn es hat gespaltene Klauen, und ganz durchgespalten, aber
es wiederkäuet nicht, unrein soll es euch seyn. 8. Von ihrem

Fleiſche ſollt ihr nicht eſſen, und ihr Aas nicht anrühren, unrein ſollen ſie euch ſeyn.

9. Dieſe ſollt ihr eſſen von allem, was im Waſſer iſt:
alles was Floßfedern und Schuppen hat im Waſſer, im Meer
und in Bächen, das ſollt ihr eſſen. 10. Aber alles, was keine
Floßfedern und Schuppen hat im Meer und in Bächen, von
allem, was im Waſſer wimmelt von allem Lebendigen im Waſſer,
ein Abſcheu ſollen ſie euch ſeyn. 11. Ein Abſcheu ſollen ſie
euch ſeyn, von ihrem Fleiſch ſollt ihr nicht eſſen, und ihr
Aas ſollt ihr verabſcheuen. 12. Alles, was nicht Floßfedern
und Schuppen hat im Waſſer, ſoll euch ein Abſcheu ſeyn.

13. Und dieſe ſollt ihr verabſcheuen von den Vögeln, ſie
ſollen nicht gegeſſen werden, ein Abſcheu ſollen ſie ſeyn: der
Adler, und der Geyer und der Meeradler, 14. und der Falke,
und der Habicht nach ſeinen Arten, 15. alle Raben nach ihren
Arten, 16. und der Strauß und die Eule und die Steineule und der Sperber nach ſeinen Arten, 17. und der Waſſer-
rabe und die Meeve und der Ibis, 18. und der Schwan
und der Pelikan und der Storch, 19. und der Reiher und die
Anapha nach ihren Arten und der Wiedehopf und die Fleder-
maus. 20. Alles Ungeziefer mit Flügeln, was da gehet auf
vieren, ſoll euch ein Abſcheu ſeyn. 21. Nur dieſe ſollt ihr
eſſen von dem Ungeziefer mit Flügeln, was da gehet auf vieren:
welche Schenkel haben über den Füßen, damit zu hüpfen auf
der Erde. 22. Dieſe von denſelben ſollt ihr eſſen, die Arbe
nach ihren Arten, die Solam nach ihren Arten und die Har-
gol nach ihren Arten und die Hagab nach ihren Arten. 23.
Aber alles übrige Ungeziefer mit Flügeln, was vier Füße hat,
ſoll euch ein Abſcheu ſeyn. 24. Und durch dieſe ſollt ihr euch
für verunreinigt halten, wer ihr Aas anrühret, ſoll unrein ſeyn
bis an den Abend. 25. Und wer ihr Aas trägt, ſoll ſeine Kleider waſchen, und unrein ſeyn bis an den Abend. 26. Alles
Thier, das geſpaltene Klauen hat, aber nicht ganz durchgeſpalten, und nicht wiederkäuet, ſoll euch unrein ſeyn; wer es anrühret, ſoll unrein ſeyn. 27. Und alles, was auf Tatzen gehet,

von allen Thieren, die auf vieren gehen, soll euch unrein seyn, wer ihr Aas anrühret, soll unrein seyn bis an den Abend. 28. Und wer ihr Aas trägt, soll seine Kleider waschen, und soll unrein seyn bis an den Abend; unrein sollen sie euch seyn.

29. Und diese sollen euch unrein seyn von den Thieren, die auf der Erde kriechen: der Maulwurf und die Maus und die Eideren nach ihren Arten, 30. und die Anaka und die Coch und die Letaa und die Schnecke und das Chamäleon. 31. Diese sollen euch unrein seyn unter allem Ungeziefer, wer sie anrühret, wenn sie todt sind, soll unrein seyn bis an den Abend. 32. Und alles, worauf eins von denselben todt fällt, soll unrein seyn, alle Geräthe von Holz, oder Kleider oder Fell oder Sack, alles Geräthe, womit man etwas schaffet, es soll ins Wasser gethan werden, und unrein seyn bis an den Abend, dann ist es rein. 33. Und alles irdene Gefäß, in welches ein Aas von denselben hineinfällt, alles was darinnen ist, soll unrein seyn, und ihr sollt es zerbrechen. 34. Alle Speise, die man isset, worauf solch Wasser kommt, soll unrein seyn, und alles Getränke, das man trinket aus einem solchen Gefäße, soll unrein seyn. 35. Und alles, worauf ein Aas von denselben fällt, soll unrein seyn, Ofen und Heerd soll zerbrochen werden; unrein sind sie, und unrein sollen sie euch seyn. 36. Nur Brunnen und Gruben und Wasserbehälter sollen rein seyn. Wer aber ihr Aas anrühret, soll unrein seyn. 37. Und wenn ein Aas von demselben auf Samen fällt, der gesäet werden soll, so ist er rein; 38. wenn aber Wasser auf den Samen gethan ist, und es fällt ein Aas von denselben darauf, so soll er euch unrein seyn. — 39. Und wenn eins von dem Vieh stirbt, das euch zu essen erlaubt ist, und es rühret jemand sein Aas an, so soll er unrein seyn bis an den Abend. 40. Und wer von dem Aas isset, soll seine Kleider waschen, und unrein seyn bis an den Abend, und wer ein Aas trägt, soll seine Kleider waschen, und unrein seyn bis an den Abend.

41. Und alles Ungeziefer, was auf der Erde kriecht, soll ein Abscheu seyn, und nicht gegessen werden. 42. Alles, was auf dem Bauche gehet, und alles, was auf vieren gehet, oder auf einer Menge von Füßen, von allem, was kriechet auf der Erde, das sollt ihr nicht essen; es soll ein Abscheu seyn. 43. Machet euch nicht abscheulich durch solches Ungeziefer, und verunreiniget euch nicht dadurch, daß ihr dadurch unrein werdet. 44. Denn ich bin Jehova, euer Gott, ihr sollt euch heiligen, und heilig seyn, denn ich bin heilig, darum verunreiniget euch nicht mit irgend einem Ungeziefer, das auf der Erde kriechet. 45. Denn ich Jehova habe euch heraufgeführet aus dem Lande Aegypten, um euer Gott zu seyn: so seyd denn heilig, denn ich bin heilig.

46. Dieß ist das Gesetz vom Vieh, von den Vögeln und von allem Lebendigen, was im Wasser wimmelt, und von allem, was auf Erden kriechet, 47. um zu unterscheiden das unreine von dem reinen, und das eßbare Thier von dem Thiere, das nicht gegessen werden soll.

Cap. XII.
Von der Unreinigkeit der Kindbetterinnen.

1. Und Jehova redete zu Mose, und sprach: 2. rede zu den Söhnen Israels, und sprich: Ein Weib, wenn sie besamet wird, und gebieret ein Knäblein, so soll sie unrein seyn sieben Tage, die Zeit der Reinigung ihrer Krankheit soll sie unrein seyn. 3. Und am achten Tage soll das Fleisch seiner Vorhaut beschnitten werden. 4. Und drey und dreyßig Tage soll sie das heim bleiben im Blute ihrer Reinigung, nichts heiliges soll sie anrühren, und zum Heiligthum soll sie nicht kommen, bis die Tage ihrer Reinigung voll sind. 5. Und wenn sie ein Mägdlein gebieret, so soll sie unrein seyn zwo Wochen in ihrer Krankheit, und sechs und sechzig Tage soll sie daheim bleiben im Blute ihrer Reinigung. 6. Und wenn die Tage ihrer Reinigung voll sind bey dem Sohne oder bey der Tochter, so soll

sie ein jährig Lamm zum Brandopfer und eine junge Taube oder eine Turteltaube zum Sündopfer bringen, vor die Thüre des Versammlungszeltes, zum Priester. 7. Und er soll darbringen vor Jehova, und sie versöhnen, daß sie rein werde vom Fluß ihres Blutes.   Das ist das Gesetz von Gebärerinnen, eines Knäbleins oder eines Mägdleins. 8. Und wenn sie kein Schaf vermag, so soll sie zwo Turteltauben oder zwo junge Tauben nehmen, eine zum Brandopfer und eine zum Sündopfer, und der Priester soll sie versöhnen, daß sie rein werde.

Cap. XIII. XIV.
Gesetz vom Aussatz.

1. Und Jehova redete zu Mose und zu Aaron, und sprach: 2. Wenn einem Menschen an der Haut seines Leibes eine Geschwulst oder Schurf oder Flecken kommt, und es ist an der Haut seines Leibes wie Aussatz: so soll er zu Aaron, dem Priester, gebracht werden, oder zu einem von seinen Söhnen, den Priestern. 3. Und wenn der Priester das Maal an der Haut seines Leibes siehet, und das Haar in dem Maal ist in weiß verwandelt, und das Ansehen des Maales ist tiefer als die Haut des Leibes: so ist es der Aussatz, und siehet es der Priester, so soll er ihn für unrein urtheilen. 4. Wenn aber ein weißer Flecken auf der Haut seines Leibes ist, und das Ansehen desselben ist nicht tiefer als die Haut, und sein Haar ist nicht in weiß verwandelt: so soll der Priester den Aussätzigen einschließen sieben Tage. 5. Und besiehet ihn der Priester am siebenten Tage, und ist das Maal geblieben, wie er es gesehen, und ist nicht gewachsen auf der Haut: so soll ihn der Priester verschließen sieben Tage zum andern Mal. 6. Und besiehet er ihn am siebenten Tage zum andern Mal, und ist das Maal blasser geworden, und ist nicht gewachsen auf der Haut: so soll der Priester ihn für rein urtheilen, es ist ein Schurf; und er soll seine Kleider waschen, so ist er rein. 7. Wenn aber der Schurf gewachsen ist auf der Haut, nachdem er vom Priester besehen und reingesprochen ist: so soll er vom Priester

befehen werden zum andern Mal. 8. Und beſiehet ihn der Prieſter,. und iſt der Schurf gewachſen auf der Haut: ſo ſoll ihn der Prieſter für unrein urtheilen; es iſt der Ausſatz.

9. Wenn ein Maal des Ausſatzes an einem Menſchen iſt, ſo ſoll er zum Prieſter gebracht werden. 10. Und beſiehet ihn der Prieſter, und es iſt eine weiße Blatter, und das Haar iſt in weiß verwandelt, und rohes Fleiſch iſt in der Blatter: 11. ſo iſt es ein alter Ausſatz an der Haut ſeines Leibes, und der Prieſter ſoll ihn für unrein urtheilen, er ſoll ihn nicht einſchließen; denn er iſt unrein. 12. Wenn aber der Ausſatz in der Haut ausblühet, und die ganze Haut des Ausſätzigen bedecket, vom Haupt bis zu den Füßen, ſo weit ihn der Prieſter ſiehet: 13. und der Prieſter ſiehet, daß der Ausſatz ſeinen ganzen Leib bedecket: ſo ſoll er den Ausſätzigen für rein urtheilen; alles iſt in Weiß verwandelt, er iſt rein. 14. Sobald aber ſich rohes Fleiſch darin ſehen läßet, ſo iſt er unrein. 15. Und ſiehet der Prieſter das rohe Fleiſch, ſo ſoll er ihn für unrein urtheilen; das rohe Fleiſch iſt unrein, es iſt Ausſatz. 16. Wenn aber das Fleiſch ſich ändert, und in weiß verwandelt wird, ſo ſoll er zum Prieſter kommen; 17. und beſiehet ihn der Prieſter, und iſt das Maal in weiß verwandelt: ſo ſoll der Prieſter den Ausſätzigen für rein urtheilen; er iſt rein.

18. Und wenn am Leibe auf der Haut ein Geſchwür wird, und wieder heilet, 19. und es iſt an der Stelle des Geſchwüres eine weiße Geſchwulſt, oder ein weißer röthlicher Flecken: ſo ſoll er beſehen werden vom Prieſter. 20. Und ſiehet der Prieſter, daß das Anſehen davon tiefer iſt als die Haut, und iſt das Haar in weiß verwandelt: ſo ſoll ihn der Prieſter für unrein urtheilen; es iſt der Ausſatz, im Geſchwür iſt er ausgebrochen. 21. Siehet aber der Prieſter kein weißes Haar darin, und es iſt nicht tiefer, als die Haut, und es iſt blaß: ſo ſoll ihn der Prieſter einſchließen ſieben Tage. 22. Und wenn es gewachſen auf der Haut, ſo ſoll ihn der Prieſter für unrein urtheilen; es iſt der Ausſatz. 23. Wenn aber der Flecken an ſeiner Stelle ſtehen bleibet, und nicht wächſet: ſo iſt es

die Narbe eines Geschwüres, und der Priester soll ihn für rein urtheilen.

24. Und wenn am Leibe auf der Haut ein Brandflecken ist, und es ist rohes Fleisch in dem Brandflecken, ein weißer röthlicher Flecken; 25. und der Priester besiehet es, und es ist das Haar in weiß verwandelt im Flecken, und das Ansehn davon ist tiefer als die Haut: so ist es Aussatz; im Brand= flecken ist er ausgebrochen, und der Priester soll ihn für unrein urtheilen; es ist der Aussatz. 26. Siehet aber der Priester im Flecken das Haar nicht weiß, und er ist nicht tiefer als die Haut, und ist blaß: so soll ihn der Priester einschließen sieben Tage. 27. Und besiehet er ihn am siebenten Tage, und ist der Flecken gewachsen auf der Haut: so soll ihn der Priester für unrein urtheilen; es ist der Aussatz. 28. Wenn aber der Flecken an seiner Stelle stehen bleibet, und nicht wächset auf der Haut, und ist blaß: so ist es die Geschwulst eines Brandes, und der Priester soll ihn für rein urtheilen; denn es ist die Narbe eines Brandes.

29. Und wenn ein Mann oder ein Weib ein Maal hat am Haupte oder am Barte, 30. und es besiehet der Priester das Maal, und das Ansehen davon ist tiefer als die Haut, und es ist darin dünnes goldgelbes Haar: so soll ihn der Priester für unrein urtheilen; es ist Grind, es ist Aussatz des Hauptes oder des Bartes. 31. Wenn aber der Priester den Grind besiehet, und das Ansehen davon ist nicht tiefer als die Haut, aber es ist kein schwarzes Haar darin: so soll der Priester den, welcher den Grind an sich hat, einschließen sieben Tage. 32. Und besiehet der Priester das Maal am siebenten Tage, und der Grind ist nicht gewachsen, und es ist kein goldgelbes Haar darin, und das Ansehen des Grindes ist nicht tiefer als die Haut: 33. so soll er sich scheeren, aber den Grind soll er nicht scheeren, und der Priester soll den, welcher den Grind an sich hat, einschließen sieben Tage zum zweyten Mal. 34. Und besiehet der Priester den Grind am siebenten Tage, und er ist nicht gewachsen auf der Haut, und

das Ansehen davon ist nicht tiefer als die Haut: so soll ihn der Priester für rein urtheilen, und er soll seine Kleider waschen, so ist er rein. 35. Und wenn der Grind wüchse auf der Haut, nachdem er reingesprochen ist, 36. und es besiehet ihn der Priester, und der Grind ist gewachsen auf der Haut: so soll der Priester nicht untersuchen, ob das Haar goldgelb sey; er ist unrein. 37. Wenn aber der Grind stehen bleibet, und es ist schwarzes Haar darin aufgegangen: so ist der Grind geheilet; er ist rein, und der Priester soll ihn für rein urtheilen.

38. Und wenn ein Mann oder ein Weib Flecken haben auf der Haut ihres Leibes, weiße Flecken, 39. und der Priester besiehet sie, und es sind auf der Haut ihres Leibes blaße weiße Flecken: so ist ein Zittermahl ausgebrochen an der Haut; sie sind rein.

40. Und wenn einem Manne das Haupt kahl wird, der ist ein Kahlkopf; er ist rein. 41. Und wenn sein Haupt kahl wird vorne gegen die Stirne zu: so ist er ein Glatzkopf; er ist rein. 42. Wenn aber an seinem Kahlkopf oder an seiner Glatze ein weißes oder röthliches Maal ist, so ist es der Aussatz, der an seinem Kahlkopf oder an seiner Glatze ausbricht. 43. Und besiehet ihn der Priester, und es ist eine weiße oder röthliche Geschwulst an seinem Kahlkopf oder an seiner Glatze, vom Ansehen des Aussatzes an der Haut: 44. so ist er ein Aussätziger, er ist unrein, für unrein soll ihn der Priester urtheilen; an seiner Haut ist der Aussatz.

45. Und wer aussätzig ist, deß Kleider sollen zerrißen seyn, und sein Haupt entblößet, und sein Kinn verhüllet, und unrein! unrein! soll er rufen. 46. Die ganze Zeit, da er den Aussatz hat, soll er unrein seyn, und abgesondert wohnen, außerhalb des Lagers soll seine Wohnung seyn.

47. Und wenn an einem Kleide das Maal eines Aussatzes ist, an einem Kleide von Wolle oder von Linnen, 48. an Tuch oder Zeug*) von Linnen oder Wolle, oder an einem Felle oder an allem, was aus Fell gemacht ist; 49. und es ist das Maal

---

*) Gew. im Aufzug oder im Einschlag.

grünlich oder röthlich an einem Kleid oder Fell, an Tuch oder Zeug, oder an irgend einem Geräthe von Fell: so ist es ein Maal des Aussatzes, und man soll es den Priester sehen lassen. 50. Und siehet der Priester das Maal, so soll er das Maal einschließen sieben Tage. 51. Und siehet der Priester am siebenten Tage, daß das Maal gewachsen ist am Kleide, am Tuch oder Zeug, oder am Fell, oder an allem, was aus Fell gemacht wird: so ist es ein fressender Aussatz; es ist unrein. 52. Und man soll das Kleid verbrennen, oder das Tuch oder das Zeug, von Wolle oder von Linnen, oder irgend ein Geräth, woran das Maal des Aussatzes ist; denn es ist ein fressender Aussatz, mit Feuer soll es verbrannt werden. 53. Wenn es aber der Priester besiehet, und das Maal ist nicht gewachsen am Kleide, oder am Tuch, oder am Zeug, oder an irgend einem Geräthe von Fell: 54. so soll der Priester gebieten, daß man es wasche, woran das Maal ist, und einschließe sieben Tage zum andern Mal. 55. Und besiehet der Priester das Maal, nachdem es gewaschen worden, und hat das Maal seine Gestalt nicht geändert, und ist nicht gewachsen: so ist es unrein, mit Feuer sollst du es verbrennen; es ist ein Fraß auf der kahlen obern oder untern Seite. 56. Siehet aber der Priester, daß das Maal blaß wird, nachdem es gewaschen worden; so soll ers abreißen vom Kleid oder vom Fell oder vom Tuch oder vom Zeuge. 57. Und wenn es ferner gesehen wird am Kleid oder am Tuch oder am Zeug oder an irgend einem Geräthe von Fell: so ist es ein ausbrechender Aussatz, mit Feuer sollst du verbrennen, woran das Maal ist. 58. Wenn aber das Kleid oder das Tuch oder das Zeug oder irgend ein Geräth von Fell gewaschen wird, und das Maal weichet daraus: so soll es zum andern Mal gewaschen werden, dann ist es rein.

59. Das ist das Gesetz vom Aussatz der Kleider, von Wolle oder von Linnen, des Tuches oder des Zeuges oder irgend eines Geräthes von Fell, um es für rein oder unrein zu urtheilen.

XIV. 1. Und Jehova redete zu Mose, und sprach: 2. Das ist das Gesetz über den Aussätzigen, wenn er rein wird. Er soll zum Priester gebracht werden, 3. und der Priester soll herausgehen vor das Lager, und wenn er siehet, daß der Aussatz geheilet ist am Aussätzigen: 4. so soll der Priester gebieten, daß man für den zu reinigenden zween Vögel bringe, lebendige, reine, und Cedernholz und einen purpurnen Faden und Ysop. 5. Und der Priester soll gebieten, daß man den einen Vogel schlachte in ein irdenes Gefäß über lebendigem Wasser. 6. Und den lebendigen Vogel soll er nehmen und das Cedernholz und den purpurnen Faden und den Ysop, und es samt dem lebendigen Vogel in das Blut des Vogels tauchen, der geschlachtet über lebendigem Wasser, 7. und soll auf den zu reinigenden vom Aussatz sprengen sieben Mal, und ihn also reinigen, und soll den lebendigen Vogel fliegen lassen ins freye Feld. 8. Und der zu reinigende soll seine Kleider waschen, und sein Haar scheeren, und sich baden in Wasser, so ist er rein, und darnach darf er ins Lager kommen, aber er soll außerhalb seines Zeltes wohnen sieben Tage. 9. Und am achten Tage soll er all sein Haar scheeren, sein Haupt und seinen Bart und seine Augenbrauen, all sein Haar soll er scheeren, und soll seine Kleider waschen, und seinen Leib baden in Wasser, so ist er rein. 10. Und am achten Tage soll er zwey Lämmer bringen, fehlerlos, und ein jährig weiblich Lamm, fehlerlos, und drey Zehntheile Weißmehl, zum Speisopfer, begossen mit Oel, und ein Log Oel. 11. Und der Priester, der da reiniget, soll den zu reinigenden Mann und diese Opfer vor Jehova stellen, vor die Thüre des Versammlungszeltes. 12. Und der Priester soll das eine Lamm nehmen, und es als Schuldopfer darbringen samt dem Log Oel, und soll beydes weben als Webe vor Jehova, 13. und soll das Lamm schlachten an dem Orte, wo man das Sündopfer und das Brandopfer schlachtet, an heiligem Orte; denn wie ein Sündopfer gehöret dieses Schuldopfer dem Priester; es ist hochheilig. 14. Und der Priester soll von dem Blute des Schuldopfers nehmen, und auf den rechten Ohrknorpel des zu reinigenden

ſtreichen, und auf ſeinen rechten Daumen, und auf ſeinen
rechten großen Fußzehen, 15. und der Prieſter ſoll von dem
Log Oel nehmen, nnd in ſeine, des Prieſters, linke Hand
gießen, 16. und der Prieſter ſoll ſeinen rechten Finger in
das Oel tauchen, das in ſeiner linken Hand iſt, und ſoll von
dem Oele mit ſeinem Finger ſprengen vor Jehova ſieben Mal.
17. Und vom übrigen des Oels, das in ſeiner Hand iſt,
ſoll der Prieſter auf den rechten Ohrknorpel des ſich reinigenden ſtreichen, und auf ſeinen rechten Daumen und auf ſeinen
rechten großen Fußzehen, auf das Blut des Schuldopfers,
18. und das übrige vom Oele, welches in der Hand des
Prieſters iſt, ſoll er auf das Haupt des ſich reinigenden
thun, und ihn verſöhnen vor Jehova. 19. Und der
Prieſter ſoll das Sündopfer opfern, und den ſich reinigenden
verſöhnen ſeiner Unreinigkeit halben, und darnach ſoll er das
Brandopfer ſchlachten. 20. Und ſoll das Brandopfer auf
den Altar bringen, ſamt dem Speisopfer, und ihn verſöhnen,
daß er rein ſey.

21. Wenn er aber arm iſt, und vermag nichts, ſo ſoll
er Ein Lamm zum Schuldopfer zur Webe bringen, ſich zu
verſöhnen, und Ein Zehntheil Weißmehl, begoßen mit Oel,
zum Speisopfer, und ein Log Oel, 22. und zwo Turteltauben oder zwo junge Tauben, die er vermag, eine ſoll
zum Sündopfer ſeyn, und eine zum Brandopfer. 23. Und
er ſoll ſie am achten Tage nach ſeiner Reinigung zum Prieſter bringen, vor die Thüre des Verſammlungszeltes, vor
Jehova. 24. Und der Prieſter ſoll das Lamm des Schuldopfers nehmen und den Log Oel, und ſoll es weben als
Webe vor Jehova, 25. und ſoll das Lamm des Schuldopfers
ſchlachten, und von dem Blute des Schuldopfers nehmen,
und auf den rechten Ohrknorpel des zu reinigenden ſtreichen, und auf ſeinen rechten Daumen und auf ſeinen rechten
großen Fußzehen. 26. Und vom Oele ſoll der Prieſter in ſeine,
des Prieſters, linke Hand gießen, 27. und ſoll mit ſeinem
rechten Finger von dem Oele, das in ſeiner linken Hand iſt,

sprengen vor Jehova sieben Mal,   28. und der Priester soll
von dem Oele, das in seiner Hand ist, auf den rechten Ohrknorpel des zu reinigenden streichen und auf seinen rechten
Daumen und auf seinen rechten großen Fußzehen, auf die
Stelle des Blutes des Schuldopfers. 29. Und das übrige
vom Oele, das in der Hand des Priesters ist, soll er auf das
Haupt des zu reinigenden thun, ihn zu versöhnen vor Jehova.
30. Und darnach soll er die eine von den Turteltauben opfern,
oder von den jungen Tauben, was der zu reinigende vermogt
hat, 31. was er vermogt, eine zum Sündopfer, und
eine zum Brandopfer, samt dem Speisopfer, und also
soll der Priester den zu reinigenden versöhnen vor Jehova.
32. Das ist das Gesetz über den Aussätzigen, der nichts vermag bey seiner Reinigung.

33. Und Jehova redete zu Mose und zu Aaron, und
sprach: 34. Wenn ihr ins Land Canaan kommt, das ich euch
gebe zur Besitzung, und ich mit dem Aussatz ein Haus strafe
im Lande eurer Besitzung: 35. so soll der kommen, deß das
Haus ist, und es dem Priester anzeigen, und sagen: es zeigt
sich mir wie ein Maal am Hause. 36. Und der Priester soll
gebieten, daß man das Haus räume, ehe der Priester hineingehet, das Maal zu besehen, auf daß nicht unrein werde alles,
was im Hause ist, und darnach soll der Priester hineingehen,
das Haus zu besehen. 37. Und bestehet er das Maal, und ist
ein Maal an den Wänden, grünliche oder röthliche Flecken,
und ist ihr Ansehen tiefer als die Wand: 38. so soll der
Priester aus dem Hause herausgehen vor die Thüre des Hauses, und das Haus verschließen sieben Tage. 39. Und kommt
er wieder am achten Tage, und siehet, daß das Mahl gewachsen an den Wänden des Hauses: 40. so soll der Priester
gebieten, daß man die Steine, an welchen das Maal ist, aus-
breche, und sie hinauswerfe vor die Stadt an einen unreinen
Ort. 41. Und das Haus soll man inwendig schaben ringsum,
und den Schutt, den sie abgekratzt, sollen sie hinausschütten
vor die Stadt an einen unreinen Ort.   42. Und man soll aus

dere Steine nehmen, und sie an die Stelle der Steine thun, und anderen Lehm nehmen, und das Haus bewerfen. 43. Und wenn das Maal wiederkommt, und ausbricht am Hause, nachdem man die Steine ausgerissen, und nachdem man das Haus abgeschabt, und es beworfen; 44. und es kommt der Priester, und siehet, daß das Maal gewachsen am Hause: so ist es fressender Aussatz am Hause; es ist unrein. 45. Man soll das Haus abbrechen, seine Steine und sein Holz und allen Lehm des Hauses, und soll alles hinausschaffen vor die Stadt an einen unreinen Ort. 46. Und wer in das Haus gehet, so lange es verschlossen ist, soll unrein seyn bis an den Abend. 47. Und wer im Hause schläft, soll seine Kleider waschen, und wer im Hause isset, soll seine Kleider waschen. 48. Wenn aber der Priester kommt, und siehet, daß das Maal nicht gewachsen am Hause, nachdem das Haus beworfen worden, so soll der Priester das Haus für rein urtheilen; denn das Maal ist geheilet. 49. Und er soll, um das Haus zu entsündigen, zween Vögel nehmen und Cedernholz und einen purpurnen Faden und Ysop, 50. und soll den einen Vogel schlachten in ein irdenes Gefäß über lebendigem Wasser, 51. und soll das Cedernholz nehmen und den Ysop und den purpurnen Faden, und soll dieß alles in das Blut des Vogels tauchen, der geschlachtet über lebendigem Wasser, und an das Haus sprengen sieben Mal. 52. Und soll das Haus entsündigen mit dem Blute des Vogels und mit dem lebendigen Wasser und mit dem lebendigen Vogel und mit dem Cedernholz und mit dem Ysop und mit dem purpurnen Faden, 53. und soll den lebendigen Vogel fliegen lassen hinaus vor die Stadt ins freye Feld, und soll also das Haus versöhnen, daß es rein sey.

54. Das ist das Gesetz über allerley Mäler von Aussatz und Grind, 55. und über den Aussatz der Kleider und der Häuser, 56. und über Geschwulst und Schurf und Flecken, 57. zu bestimmen, wenn etwas unrein, und wenn etwas rein sey; das ist das Gesetz vom Aussatz.

Cap. XV.

XV. 1. Und Jehova redete zu Mose und zu Aaron, und sprach:
2. redet zu den Söhnen Israels, und sprechet zu ihnen: Wenn
ein Mann an seinem Fleische einen Fluß hat, derselbe ist bey
seinem Flusse unrein. 3. Und also ist er unrein bey seinem
Flusse, sein Fleisch mag seinen Fluß gehen lassen, oder es mag
verstopft seyn in seinem Flusse; er ist unrein. 4. Alles Lager,
worauf der mit dem Fluß behaftete lieget, soll unrein seyn,
und alles Geräth, worauf er sitzet, soll unrein seyn. 5. Und
wer an sein Lager rühret, soll seine Kleider waschen, und sich
baden in Wasser, und soll unrein seyn bis an den Abend.
6. Und wer auf einem Geräthe sitzet, worauf der mit dem
Fluß behaftete gesessen, soll seine Kleider waschen, und sich
baden in Wasser, und soll unrein seyn bis an den Abend.
7. Und wer das Fleisch des mit dem Fluß behafteten anrühret,
soll seine Kleider waschen, und sich baden in Wasser, und soll
unrein seyn bis an den Abend. 8. Und wenn der mit dem
Fluß behaftete seinen Speichel wirft auf einen reinen, so soll
er seine Kleider waschen, und sich baden in Wasser, und soll
unrein seyn bis an den Abend. 9. Und alles, worauf der
mit dem Fluß behaftete reitet, soll unrein seyn. 10. Und wer
irgend etwas anrühret, was unter ihm ist, der soll unrein seyn
bis an den Abend, und wer etwas davon trägt, soll seine
Kleider waschen, und sich baden in Wasser, und soll unrein
seyn bis an den Abend. 11. Und wer den mit dem Fluß behafteten anrühret, ehe er seine Hände in Wasser getaucht, der
soll seine Kleider waschen, und sich baden in Wasser, und soll
unrein seyn bis an den Abend. 12. Und alles irdene Gefäß,
was der mit dem Fluß behaftete anrühret, soll zerbrochen werden, und alles hölzerne Gefäß soll in Wasser gespület werden.
13. Und wenn der mit dem Fluß behaftete rein wird von seinem Flusse, so soll er sieben Tage zählen von seiner Reinigung an, und soll seine Kleider waschen, und sein Fleisch baden

in lebendigem Wasser, so ist er rein. 14. Und am achten Tage soll er zwo Turteltauben nehmen, oder zwo junge Tauben, und vor Jehova kommen vor die Thüre des Versammlungszeltes, und sie dem Priester geben. 15. Und der Priester soll sie opfern, eine als Sündopfer, und eine als Brandopfer, und soll ihn versöhnen vor Jehova seines Flusses halben.

16. Wenn einem Manne die Samenergießung entgehet, so soll er seinen ganzen Leib baden in Wasser, und soll unrein seyn bis an den Abend. 17. Und alles Kleid und alles Fell, worauf die Samenergießung gekommen, soll gewaschen werden mit Wasser, und soll unrein seyn bis an den Abend.

18. Und wenn ein Mann bey einem Weibe lieget, und sie beschläfet: so sollen sie sich baden in Wasser, und sollen unrein seyn bis an den Abend.

19. Und ein Weib, welche ihren Fluß hat, so daß ihr Blut fließet an ihrem Fleische, die soll sieben Tage in ihrer Reinigung seyn, und wer sie anrühret, soll unrein seyn bis an den Abend. 20. Und alles, worauf sie lieget in ihrer Reinigung, soll unrein seyn, und alles, worauf sie sitzet, soll unrein seyn. 21. Und wer ihr Lager anrühret, soll seine Kleider waschen, und sich baden in Wasser, und soll unrein seyn bis an den Abend. 22. Und wer irgend ein Geräth anrühret, worauf sie gesessen, soll seine Kleider waschen, und sich baden in Wasser, und soll unrein seyn bis an den Abend. 23. Es sey etwas auf dem Lager oder auf dem Geräthe, worauf sie sitzet, wer es anrühret, soll unrein seyn bis an den Abend. 24. Und wenn ein Mann bey ihr lieget, und ihre Reinigung kommt an ihn, so soll er unrein seyn sieben Tage, und alles Lager, worauf er lieget, soll unrein seyn.

25. Und wenn ein Weib ihren Blutfluß lange Zeit hat, nicht zur Zeit ihrer Reinigung, oder wenn sie ihren Fluß hat über ihre Reinigung: so soll sie die ganze Zeit ihres Flußes wie zur Zeit ihrer Reinigung unrein seyn. 26. Alles

Lager, worauf sie lieget die ganze Zeit ihres Flußes, soll seyn wie zur Zeit ihrer Reinigung, und alles Geräth, worauf sie sitzet, soll unrein seyn wie bey ihrer Reinigung. 27. Und wer es anrühret, soll unrein seyn, und seine Kleider waschen, und sich baden in Wasser, und soll unrein seyn bis an den Abend. 28. Und wenn sie rein ist von ihrem Flußse, so soll sie sieben Tage zählen, und darnach soll sie rein seyn. 29. Und am achten Tage soll sie zwo Turteltauben nehmen, oder zwo junge Tauben, und sie dem Priester bringen vor die Thüre des Versammlungszeltes. 30. Und der Priester soll eine opfern zum Sündopfer, und eine zum Brandopfer, und der Priester soll sie also versöhnen vor Jehova wegen des Flußes ihrer Unreinigkeit.

31. Also warnet die Söhne Israels vor ihrer Unreinigkeit, auf daß sie nicht sterben in ihrer Unreinigkeit, wenn sie meine Wohnung verunreinigen unter denselben.

32. Dieß ist das Gesetz über den, der mit einem Fluße behaftet ist, und dem eine Samenergießung entgehet, daß er davon verunreiniget wird, 33. und über die, die krank ist an ihrer Reinigung, und über die, so mit einem Flußse behaftet sind, es sey Mann oder Weib, und über den Mann, der bey einer unreinen lieget.

Cap. XVI.

Vom großen Versöhnungstage.

1. Und Jehova sprach zu Mose, nach dem Tode der beiden Söhne Aarons, als sie sich vor Jehova naheten, und starben. 2. Und Jehova sprach zu Mose: rede zu Aaron, deinem Bruder, daß er nicht zu aller Zeit ins Heiligthum gehe, innerhalb des Vorhangs vor den Deckel auf der Lade, auf daß er nicht sterbe, denn in der Wolke erscheine ich über dem Deckel. 3. Damit soll Aaron in das Heiligthum kommen: mit einem jungen Stiere zum Sündopfer, und mit einem Widder zum Brandopfer. 4. Und er soll ein heiliges Kleid von Linnen anziehen, und Niederkleider von Linnen soll er

an seinem Fleische haben, und mit einem Gürtel von Linnen soll er sich umgürten, und mit einem Kopfbund von Linnen umbinden; das sind die heiligen Kleider; und er soll seinen Leib baden in Wasser, und sie anziehen. 5. Und soll von der Gemeine der Söhne Israels zween Ziegenböcke nehmen zum Sündopfer, und einen Widder zum Brandopfer. 6. Und Aaron soll den Stier des Sündopfers für sich darbringen, und sich versöhnen und sein Haus. 7. Und darnach soll er die zween Böcke nehmen, und sie vor Jehova stellen vor die Thüre des Versammlungszeltes. 8. Und Aaron soll das Loos werfen über die zween Böcke, ein Loos für Jehova, und ein Loos für den weglaufenden Bock. 9. Und Aaron soll den Bock, auf welchen das Loos für Jehova gefallen, darbringen, und ihn opfern zum Sündopfer. 10. Und den Bock, auf welchen das Loos des weglaufenden Bocks gefallen, soll er lebendig vor Jehova stellen, daß er ihn versöhne, und ihn entlasse als weglaufenden Bock in die Wüste. 11. Also soll Aaron den Stier des Sündopfers für sich darbringen, und sich versöhnen und sein Haus, und soll den Stier des Sündopfers für sich schlachten. 12. Und soll eine Räucher- pfanne voll Kohlen nehmen vom Altar vor Jehova, und seine beyden Hände voll wohlriechendes Räucherwerk, kleingestoßen, und soll es hineintragen innerhalb des Vorhangs, 13. und soll das Räucherwerk auf das Feuer thun vor Jehova, daß die Wolke des Räucherwerks den Deckel auf dem Gesetz bedecke, daß er nicht sterbe. 14. Und er soll vom Blute des Stieres nehmen, und mit seinem Finger gegen den Deckel sprengen vörne hin, gegen den Deckel soll er sprengen sieben Mal von dem Blute mit seinem Finger. 15. Darnach soll er den Bock des Sündopfers für das Volk schlachten, und sein Blut hinein- tragen innerhalb des Vorhangs, und mit dem Blute thun, so wie er mit dem Blute des Stieres gethan, und soll es auf den Deckel sprengen und vor den Deckel, 16. und soll also das Heiligthum versöhnen wegen der Unreinigkeiten der Söhne Israels und wegen ihrer Uebertretungen und aller ihrer Sünden; also soll er thun dem Versammlungszelte, das unter ihnen ist unter ihren Unreinigkeiten. 17. Und kein anderer Mensch soll in dem Versammlungszelte seyn, wenn er hineingehet, das Heiligthum zu versöhnen, bis er herausgehet, und also soll er sich versöhnen und sein Haus und die ganze Gemeine der Söhne Israels. 18. Darnach soll er hinausgehen zum Altar, der vor Jehova stehet, und soll ihn versöhnen, und vom Blute des Stiers und vom Blute des Bockes nehmen, und auf die Hörner des Altars streichen ringsum. 19. Und soll darauf vom Blute sprengen mit seinem Finger sieben Mal, und soll ihn reinigen und ihn heiligen von den Unreinigkeiten der Söhne Israels. 20. Und wenn er vollendet, das Heiligthum zu versöhnen und das Versammlungszelt und den Altar, so soll er den lebendigen Bock herzubringen, 21. und Aaron soll seine beyden Hände auf das Haupt des lebendigen Bockes legen, und auf ihn bekennen alle Schuld der Söhne Israels und ihre Uebertretungen und alle ihre Sünden, und soll sie auf das Haupt des Bockes legen, und soll ihn durch einen dazu bestellten Mann in die Wüste treiben lassen, 22. daß der Bock alle ihre Schuld forttrage in die Wildniß, und also soll er den Bock in die Wüste entlassen. 23. Und Aaron soll in das Versammlungszelt gehen, und die Kleider von Linnen ausziehen, die er angezogen beym Eingehen ins Heiligthum, und soll sie daselbst lassen, 24. und soll seinen Leib baden in Wasser an heiligem Orte, und seine Kleider anziehen, und soll herausgehen, und sein Brandopfer verrichten und das Brandopfer des Volkes, und sich versöhnen und das Volk. 25. Und das Fett des Sündopfers soll er anzünden auf dem Altar. 26. Und der, der den Bock weggetrieben, den fortlaufenden Bock, soll seine Kleider waschen, und seinen Leib baden in Wasser, und darnach kann er ins Lager kommen. 27. Und den Stier des Sündopfers und den Bock des Sündopfers, deren Blut ins Heiligthum gebracht ist zum Versöhnen, soll man hinaustragen außerhalb des Lagers, und ihr Fell und ihr Fleisch und ihren Mist mit Feuer verbrennen. 28. Und der sie verbrannt, soll feine Kleider waschen, und seinen Leib baden in Wasser, und darnach kann er ins Lager kommen. 29. Und das soll euch eine ewige Satzung seyn: im siebenten Mond, am zehenten des Monden sollt ihr euch casteyen, und kein Geschäft sollt ihr thun, weder der Einheimische, noch der Fremdling unter euch. 30. Denn an demselben Tage werdet ihr versöhnet und gereiniget von allen euren Sünden, daß ihr rein seyd vor Jehova. 31. Ein Sabbathtag soll es euch seyn, und ihr sollt euch casteyen; eine ewige Satzung. 32. Es soll aber versöhnen der Priester, der gesalbet und eingeweihet worden zum Priesterthum anstatt seines Vaters. Er soll die Kleider von Linnen anziehen, die heiligen Kleider, 33. und soll das Heiligthum versöhnen, und das Versammlungszelt und den Altar soll er versöhnen, und die Priester und das ganze Volk der Gemeine soll er versöhnen. 34. Und dieß soll euch eine ewige Satzung seyn, die Söhne Israels zu versöhnen wegen aller ihrer Sünden Ein Mal im Jahre. Und er that, wie Jehova Mosen geboten.

Cap. XVII.

Gesetz von der Einheit des Gottesdienstes; Verbot des Blutessens.

XVII. 1. Und Jehova redete zu Mose, und sprach: 2. rede zu Aaron und zu seinen Söhnen, und zu allen Söhnen Israels, und sprich zu ihnen: also hat Jehova geboten, und gesprochen: 3. Wer aus dem Hause Israels einen Ochsen oder Schaf oder Ziege schlachtet im Lager, oder wer außerhalb des Lagers schlachtet, 4. und es nicht vor die Thüre des Versammlungszeltes bringet, es Jehova darzubringen als Opfer vor der Wohnung Jehovas: demselben Manne soll Blut zugerechnet werden, er hat Blut vergoßen, und derselbe Mann soll ausgerottet werden aus seinem Volke, 5. auf daß die Söhne Israels ihre Opfer, die sie opfern wollen auf dem freyen Felde, vor Jehova bringen vor die Thüre des Versammlungszeltes zum Priester, und sie als Freudenopfer Jehova opfern. 6. Und

der Priester soll das Blut an den Altar Jehovas sprengen, vor
der Thüre des Versammlungszeltes, und soll das Fett anzünden
zum lieblichen Geruch für Jehova. 7. Und sie sollten nicht mehr
ihre Opfer den Böcken opfern, welchen sie nachhuren. Eine
ewige Satzung soll ihnen dieß seyn, auf ihre künftigen Geschlechter.

8. Auch sollst du zu ihnen sagen: wer aus dem Hause
Israels und von den Fremdlingen, welche unter ihnen sich aufhalten, ein Brandopfer oder anderes Opfer opfert, 9. und
es vor die Thüre des Versammlungszeltes nicht bringet, es
Jehova zu opfern: derselbe Mann soll ausgerottet werden aus
seinem Volke. 10. Und wer aus dem Hause Israels und von
den Fremdlingen, welche sich aufhalten unter ihnen, Blut isset,
wider einen solchen, der Blut isset, will ich mein Angesicht
setzen, und ihn ausrotten aus seinem Volke. 11. Denn die
Seele des Fleisches ist im Blute, und ich habe es euch auf den
Altar gegeben, eure Seelen zu versöhnen; denn Blut versöhnet das Leben. 12. Darum habe ich zu den Söhnen Israels
gesprochen: niemand unter euch soll Blut essen, und auch
der Fremdling, der sich aufhält unter euch, soll nicht Blut
essen. 13. Und wer aus dem Hause Israels, oder von den
Fremdlingen, die sich aufhalten unter ihnen, ein Wildpret
jaget, oder einen Vogel, der gegessen wird, der soll sein
Blut auslaufen lassen, und es bedecken mit Erde. 14. Denn
das Leben alles Fleisches ist sein Blut, und ich habe zu den
Söhnen Israels gesprochen: ihr sollt von keinem Fleische das Blut
essen, denn das Leben alles Fleisches ist sein Blut; wer es isset,
soll ausgerottet werden. 15. Und jeglicher, der ein Gefallenes
oder Zerrißenes isset, von Einheimischen oder Fremdlingen,
der soll seine Kleider waschen, und sich baden in Wasser, und
soll unrein seyn bis an den Abend, dann ist er rein. 16. Und
wo er seine Kleider nicht wäschet, und sich nicht badet, so
trägt er seine Schuld.

Cap. XVIII.

XVIII. 1. Und Jehova redete zu Mose, und sprach: 2. rede zu den Söhnen Israels, und sprich zu ihnen: Ich bin Jehova, euer Gott. 3. Ihr sollt nicht thun, wie man im Lande Aegypten thut, worin ihr gewohnet, und sollt nicht thun, wie man im Lande Canaan thut, wohin ich euch führe, und sollt nicht nach ihren Satzungen wandeln. 4. Meine Rechte sollt ihr thun, und meine Satzungen sollt ihr halten, und darin wandeln. Ich bin Jehova, euer Gott. 5. Haltet meine Satzungen und meine Rechte; welcher Mensch sie thut, derselbe wird leben. Ich bin Jehova.

6. Kein Mensch soll zu seinem Blutsverwandten nahen, die Schaam zu blößen. Ich bin Jehova. 7. Die Schaam deines Vaters, nämlich die Schaam deiner Mutter, sollst du nicht blößen, sie ist deine Mutter, du sollst ihre Schaam nicht blößen. 8. Die Schaam des Weibes deines Vaters sollst du nicht blößen, es ist die Schaam deines Vaters. 9. Die Schaam deiner Schwester, der Tochter deines Vaters, oder der Tochter deiner Mutter, daheim geboren, oder draußen geboren, ihre Schaam sollst du nicht blößen. 10. Die Schaam der Tochter deines Sohnes, oder der Tochter deiner Tochter sollst du nicht blößen, denn es ist deine Schaam. 11. Die Schaam der Tochter des Weibes deines Vaters, erzeugt von deinem Vater, sie ist deine Schwester, ihre Schaam sollst du nicht blößen. 12. Die Schaam der Schwester deines Vaters sollst du nicht blößen, sie ist die Blutsverwandte deines Vaters. 13. Die Schaam der Schwester deiner Mutter sollst du nicht blößen, denn sie ist die Blutsverwandte deiner Mutter. 14. Die Schaam des Bruders deines Vaters sollst du nicht blößen, zu seinem Weibe sollst du nicht nahen, sie ist deine Base. 15. Die Schaam deiner Schnur sollst du nicht blößen, sie ist das Weib deines Sohnes, ihre Schaam

follst du nicht blößen. 16. Die Schaam des Weibes deines Bruders follst du nicht blößen, es ist die Schaam deines Bruders. 17. Die Schaam des Weibes und ihrer Tochter follst du nicht blößen, die Tochter ihres Sohnes und die Tochter ihrer Tochter follst du nicht nehmen, ihre Schaam zu blößen, sie sind ihre Blutsverwandten; es ist ein Laster. 18. Ein Weib zu ihrer Schwester follst du nicht nehmen zur Nebenbuhlerin, ihre Schaam zu blößen neben ihr bey ihrem Leben.

19. Zum Weibe in ihrer Reinigung follst du nicht nahen, ihre Schaam zu blößen. 20. Das Weib deines Nächsten follst du nicht beschlafen, damit du dich nicht verunreinigest. 21. Von deinem Samen follst du nicht dem Molech weihen zum Verbrennen, damit du nicht den Namen Jehovas, deines Gottes, entweihest. Ich bin Jehova. 22. Beym Manne follst du nicht liegen, wie man beym Weibe lieget; es ist ein Greuel.

23. Kein Thier follst du beschlafen, und dich damit verunreinigen, und ein Weib soll nicht einem Thiere sich preiß geben, und sich mit ihm begatten; es ist Schande.

23. Verunreiniget euch durch keines von diesem, denn durch alles dieses haben sich die Völker verunreiniget, welche ich vertreibe vor euch. 25. Und das Land ward verunreiniget, und ich sahe nach seiner Schuld, die auf demselben war, und das Land spie seine Bewohner aus. 26. Ihr aber, beobachtet meine Satzungen und meine Rechte, und thut nichts von allen diesen Greueln, weder der Einheimische, noch der Fremdling, der sich aufhält unter euch, 27. denn alle diese Greuel thaten die Menschen des Landes, die vor euch waren, und das Land ward verunreiniget, 28. damit das Land nicht euch auch ausspeye, wenn ihr es verunreiniget, so wie es die Völker ausgespien, die vor euch waren. 29. Denn wer etwas von diesen Greueln thut, diese Seelen sollen ausgerottet werden auf ihrem Volke. 30. Haltet, was ich euch zu halten gebiete, daß ihr nicht diese greuelhaften Satzungen thut, welche vor euch gethan wurden, und euch nicht damit verunreiniget. Ich bin Jehova.

Cap. XIX.

Vermischte Geseze und gute Lehren.

XIX, 1. Und Jehova redete zu Mose, und sprach: 2. rede zu der ganzen Gemeine der Söhne Israels, und sprich zu ihnen: Ihr sollt heilig seyn, denn ich bin heilig, Jehova, euer Gott. 3. Ihr sollt ein jeglicher seinen Vater und Mutter ehren. Ihr sollt meine Sabbathe halten. Ich bin Jehova, euer Gott. 4. Ihr sollt euch nicht zu den Götzen wenden, und sollt euch nicht gegoßene Götter machen. Ich bin Jehova, euer Gott. 5. Und wenn ihr ein Freudenopfer Jehova bringet, so sollt ihr es zu seinem Wohlgefallen bringen. 6. Am Tage, da es gebracht wird, soll es gegessen werden und am andern Tage, und das übergebliebene bis zum dritten Tage soll mit Feuer verbrannt werden. 7. Und wenn es gegessen wird am dritten Tage, so ist es ein Greuel, es ist nicht wohlgefällig. 8. Und wer es isset, trägt seine Schuld, denn das Heilige Jehovas hat er entweihet, und dieselbe Seele soll ausgerottet werden aus ihrem Volke.

9. Und wenn ihr die Ernte eures Landes erntet, so sollst du nicht die Ecken deines Feldes abernten, und sollst nicht die einzelnen Aehren auflesen. 10. In deinem Weinberge sollst du nicht Nachlese halten, und sollst nicht die abgefallenen Beeren auflesen; dem Armen und dem Fremdling sollst du sie lassen. Ich bin Jehova, euer Gott.

11. Ihr sollt nicht stehlen, und nicht lügen und trügen einer gegen den andern. 12. Ihr sollt nicht falsch schwören bey meinem Namen, und sollst nicht den Namen deines Gottes entweihen. Ich bin Jehova. 13. Du sollst deinem Nächsten nicht Unrecht thun, und sollst nicht rauben. Es soll nicht der Lohn des Tagelöhners bey dir bleiben bis an den Morgen.

14. Du sollst den Tauben nicht schelten, und dem Blinden sollst du nichts in Weg legen, und sollst deinen Gott fürchten. Ich bin Jehova.

15. Ihr sollt nicht Unrecht thun im Gericht, nicht die Person des Geringen ansehen, und nicht den Großen ehren; nach dem Rechte sollst du deinen Nächsten richten.

16. Du sollst nicht als Verräther herumschleichen unter deinem Volke, und nicht auftreten gegen das Leben deines Nächsten. Ich bin Jehova. 17. Du sollst deinen Bruder nicht hassen in deinem Herzen, du sollst deinen Nächsten warnen, auf daß du nicht seinethalben Schuld tragest. 18. Du sollst nicht rachgierig und nachtragend seyn gegen die Söhne deines Volkes, und sollst deinen Nächsten lieben, wie dich selber. Ich bin Jehova.

19. Meine Satzungen sollt ihr halten, dein Vieh sollst du nicht begatten lassen von zweyerley Art, dein Feld sollst du nicht besäen mit zweyerley Samen, und Kleider von zweyerley Zeug sollen nicht auf dich kommen.

20. Wenn ein Mann bey einem Weibe lieget, und sie beschläft, und sie ist eine Magd, und einem Manne vertrauet, und sie ist nicht losgekauft, oder die Freyheit ist ihr nicht gegeben: so sollen Schläge die Strafe seyn, sie sollen nicht sterben; denn sie ist nicht frey. 21. Und er soll sein Schuldopfer Jehova bringen vor die Thüre des Versammlungszeltes, einen Widder zum Schuldopfer. 22. Und der Priester soll ihn versöhnen mit dem Widder des Schuldopfers vor Jehova, wegen seiner Sünde, die er begangen, damit ihm vergeben werde wegen seiner Sünde, die er begangen.

23. Und wenn ihr ins Land kommt, und allerley eßbare Bäume pflanzet, so sollt ihr als Vorhaut achten ihre Früchte, drey Jahre sollen sie euch unbeschnitten seyn, und nicht gegessen werden; 24. und im vierten Jahre sollen alle ihre Früchte heilig seyn, zu Dankfesten für Jehova; 25. aber im fünften Jahre sollt ihr ihre Früchte essen, auf daß ihr euch ihren Ertrag vermehret. Ich bin Jehova euer Gott.

26. Ihr sollt nichts mit Blut essen. Ihr sollt nicht zaubern und gaukeln. 27. Ihr sollt das Aeußerste eures Hauptes nicht rund abschneiden, und das Aeußerste deines Bartes sollst

du nicht abscheeren. 28. Ihr sollt keine Schnitte machen um einen Todten an eurem Leibe, und kein buntes Maal an euch machen. Ich bin Jehova.

29. Du sollst deine Tochter nicht entweihen, daß du sie huren lassest, damit das Land nicht Hurerey treibe, und voll Lasters werde.

30. Meine Ruhetage sollt ihr halten, und mein Heiligthum ehren. Ich bin Jehova.

31. Ihr sollt euch nicht wenden zu den Todtenbeschwörern noch zu den Zauberern; fraget sie nicht, und verunreiniget euch nicht mit ihnen. Ich bin Jehova euer Gott.

32. Vor grauen Haaren sollst du aufstehn, und die Greise ehren, und sollst dich fürchten vor deinem Gott. Ich bin Jehova.

33. Wenn ein Fremdling bey dir sich aufhält in eurem Lande, so sollst du ihn nicht unterdrücken; 34. wie ein Einheimischer soll euch der Fremdling seyn, der sich aufhält bey euch, und du sollst ihn lieben, wie dich selbst; denn auch ihr seyd Fremdlinge gewesen im Lande Aegypten. Ich bin Jehova euer Gott.

35. Ihr sollt nicht Unrecht thun im Gericht, im Maaß, im Gewicht, in der Theilung; 36. richtige Waage, richtige Pfunde, richtiges Epha und richtiges Hin sollen bey euch seyn. Ich bin Jehova, euer Gott, der euch ausgeführet aus dem Lande Aegypten. 37. So haltet denn alle meine Satzungen und alle meine Rechte, und thut sie. Ich bin Jehova.

Cap. XX.

Mehrere Strafgesetze besonders gegen die Blutschande, nebst Ermahnungen.

1. Und Jehova redete zu Mose, und sprach: 2. sprich zu den Söhnen Israels: Wer vom Hause Israels und von den Fremdlingen, die sich aufhalten in Israel, von seinem Samen dem Molech gibt, der soll sterben, das Volk des Landes soll ihn steinigen. 3. Und ich will mein Angesicht setzen wider den

selben Menschen, und ihn ausrotten aus seinem Volke, weil er von seinem Samen dem Molech gegeben, und mein Heiligthum verunreiniget, und meinen heiligen Namen entweihet. 4. Und wo das Volk des Landes die Augen verschließen würde vor demselben Menschen, wenn er von seinem Samen dem Molech gibt, daß sie ihn nicht tödteten: 5. so will ich mein Angesicht setzen wider denselben Menschen und wider sein Geschlecht, und will ihn ausrotten und alle, die ihm nachhuren, und mit dem Molech huren, aus ihrem Volke. 6. Und wer sich wendet zu den Todtenbeschwörern und Zauberern, und ihnen nachhuret, wider den will ich mein Angesicht setzen, und ihn ausrotten aus seinem Volke. 7. Haltet euch heilig, und seyd heilig, denn ich bin Jehova, euer Gott. 8. Und haltet meine Satzungen, und thut sie, ich Jehova habe euch geheiliget.

9. Wer seinem Vater oder seiner Mutter fluchet, der soll sterben: seinem Vater und seiner Mutter hat er geflucht, sein Blut sey auf ihm.

10. Wenn jemand Ehebruch treibet mit dem Weibe eines andern, wenn er Ehebruch treibet mit dem Weibe seines Nächsten: so soll sterben der Ehebrecher und die Ehebrecherin. 11. Wenn jemand bey dem Weibe seines Vaters lieget, und die Schaam seines Vaters blößet: so sollen beyde sterben; ihr Blut sey auf ihnen. 12. Wenn jemand bey seiner Schnur lieget, so sollen beyde sterben: eine Schande haben sie begangen; ihr Blut sey auf ihnen. 13. Wenn jemand beym Manne lieget, wie man beym Weibe lieget, so haben beyde einen Greuel gethan: sie sollen sterben; ihr Blut sey auf ihnen. 14. Wenn jemand ein Weib nimmt und ihre Mutter, so ist es ein Laster: mit Feuer soll man ihn und sie verbrennen, auf daß kein Laster unter euch sey. 15. Wenn jemand ein Vieh beschläft, so soll er sterben, und auch das Thier sollt ihr tödten. 16. Und wenn ein Weib sich zu irgend einem Thiere thut und sich mit ihm begattet: so sollst du das Weib und das Thier tödten; sie sollen sterben; ihr Blut sey auf ih-

nen. 17. Wenn jemand seine Schwester nimmt, die Tochter seines Vaters oder die Tochter seiner Mutter, und ihre Schaam schauet, und sie schauet seine Schaam: so ist es Blutschande, und sie sollen ausgerottet werden vor den Augen der Söhne ihres Volkes; die Schaam seiner Schwester hat er geblößet, er trägt seine Schuld. 18. Wenn jemand bey einem Weibe lieget in ihrer Krankheit, und ihre Schaam blößet, und ihren Brunn enthüllet, und sie blößet den Brunn ihres Blutes: so sollen beyde ausgerottet werden aus ihrem Volke. 19. Die Schaam der Schwester deiner Mutter und der Schwester deines Vaters sollst du nicht blößen; denn ein solcher enthüllet seine Blutsverwandte; sie tragen ihre Schuld. 20. Wer bey seines Oheims Frau lieget, der blößet die Schaam seines Oheims: sie tragen ihre Schuld, kinderlos sollen sie sterben. 21. Wer das Weib seines Bruders nimmt, das ist eine Unreinigkeit: die Schaam seines Bruders hat er geblößet, sie sollen kinderlos seyn.

22. So haltet nun alle meine Satzungen und alle meine Rechte, und thut sie, auf daß euch das Land nicht ausspeye, wohin ich euch führe, daß ihr darin wohnet. 23. Und wandelt nicht in den Satzungen der Völker, welche ich vor euch vertreibe; denn alles dieß thaten sie, und ich hatte Abscheu vor ihnen. 24. Und ich sprach zu euch: ihr sollt ihr Land besitzen, und ich will es euch geben einzunehmen; ein Land, fließend von Milch und Honig. Ich bin Jehova, euer Gott, der euch ausgeschieden aus den Völkern. 25. Darum sollt ihr auch unterscheiden reine Thiere und unreine und unreine Vögel und reine, und sollt euch nicht abscheulich machen mit Vieh und Vögeln und allem, was auf der Erde kriechet, was ich euch ausgeschieden als unrein. 26. Und ihr sollt mir heilig seyn, denn ich bin heilig, ich Jehova, und ich habe euch ausgeschieden aus den Völkern, mein zu seyn. 27. Und ein Mann oder ein Weib, die unter euch Todtenbeschwörer oder Zauberer wären, die sollen sterben; steinigen soll man sie; ihr Blut sey auf ihnen.

Cap. XXI. XXII, 16.

Gesetze, die Priester, besonders ihre Enthaltung von Unreinigkeiten betreffend.

1. Und Jehova sprach zu Mose: sprich zu den Priestern, den Söhnen Aarons, und sage zu ihnen; Keiner unter ihnen soll sich an einer Leiche verunreinigen in seinem Volke, 2. außer an seinen nächsten Blutsverwandten, an seiner Mutter und an seinem Vater und an seinem Sohn und an seiner Tochter und an seinem Bruder, 3. und an seiner Schwester, die noch eine Jungfrau und bey ihm ist, die noch keines Mannes ist, an der mag er sich verunreinigen. 4. Er soll sich nicht verunreinigen als Ehemann in seiner Familie *), und sich nicht entweihen. 5. Sie sollen ihr Haupt nicht kahl scheeren, und die Ecken ihres Bartes nicht scheeren, und an ihrem Leibe sollen sie keine Schnitte machen. 6. Heilig sollen sie ihrem Gott seyn, und nicht entweihen den Namen ihres Gottes, denn die Feuerungen Jehovas, das Brod ihres Gottes, bringen sie dar, darum sollen sie heilig seyn. 7. Und keine Hure und keine Geschwächte sollen sie nehmen, und keine Verstoßene vom Manne sollen sie nehmen, denn sie sind heilig ihrem Gott. 8. Und du sollst sie für heilig halten, denn das Brod deines Gottes bringen sie dar, heilig sollen sie dir seyn, denn ich bin heilig, Jehova, der euch heiliget. 9. Wenn die Tochter eines Priesters anfängt zu huren, so entweihet sie ihren Vater; mit Feuer soll sie verbrannt werden. 10. Aber der Hohepriester, dem unter seinen Brüdern auf sein Haupt das Salböl gegossen worden, und der eingeweihet ist, und der die Kleider angezogen: der soll sein Haupt nicht blößen, und seine Kleider nicht zerreißen, 11. und soll zu keiner Leiche kommen, an seinem Vater und an seiner Mutter soll er sich nicht verunreinigen; 12. und aus dem Heiligthum soll er nicht herausgehen, damit er nicht das Heiligthum seines Got-

---

*) Gew. das Haupt seines Volks.

tes entweihe: denn die Weihe des Salböls seines Gottes ist
auf ihm. Ich bin Jehova. 13. Und er soll ein Weib als
Jungfrau nehmen. 14. Keine Wittwe, keine Verstoßene,
keine Geschwächte, keine Hure, keine von diesen soll er neh=
men; sondern eine Jungfrau von seinem Volke soll er neh=
men zum Weibe: 15. er soll seinen Samen nicht entweihen
unter seinem Volke; denn ich bin Jehova, der ihn heiliget.

16. Und Jehova redete zu Mose, und sprach: 17. rede
zu Aaron und sprich: Ein Mann von deinem Samen in künf=
tigen Geschlechtern, der einen Leibesfehler an sich hat, der
soll nicht hinzunahen, das Brod Jehovas darzubringen: 18.
denn keiner, an welchem ein Leibesfehler ist, soll hinzunahen,
kein Blinder, kein Lahmer, keiner mit seltsamer Nase oder
mit ungewöhnlichem Glied, 19. keiner der ein Gebrechen an
Hand oder Fuß hat, 20. kein Höckeriger, oder der ein un=
natürlich dünnes Glied, oder der ein Fell auf dem Auge hat,
keiner der die trockne oder eiternde Krätze hat, keiner der ei=
nen Bruch hat; 21. wer einen Fehler hat vom Samen Aa=
rons, des Priesters, soll nicht hinzunahen, die Feuerungen
Jehovas darzubringen; ein Fehler ist an ihm, er soll nicht
hinzunahen, das Brod seines Gottes darzubringen. 22. Aber
das Brod seines Gottes von dem Hochheiligen und von dem
Heiligen soll er essen. 23. Nur zum Vorhang soll er nicht
kommen, und zum Altar soll er nicht nahen, denn ein Fehler
ist an ihm, daß er nicht meine Heiligthümer entwethe; denn
ich bin Jehova, der sie heiliget. 24. Und Mose redete also
zu Aaron und zu seinen Söhnen und zu allen Söhnen Israels.

XXII. 1. Und Jehova redete zu Mose, und sprach:
2. rede zu Aaron und zu seinen Söhnen, daß sie sich ent=
halten von dem, was die Söhne Israels mir heiligen, und
nicht meinen heiligen Namen entweihen. Ich bin Jehova.
3. Sprich zu ihnen: Auf eure künftigen Geschlechter, wer
von eurem Samen sich dem Heiligen nahet, was die Söhne
Israels Jehova weihen, und ist unrein, derselbe soll ausge=

rottet werden von meinem Angesicht. Ich bin Jehova. 4. Wer
vom Samen Aarons den Aussatz oder den Fluß hat, der
soll nicht essen vom Heiligen, bis er rein ist, und wer etwas
von einer Leiche verunreinigtes anrühret, oder wem die Samenergießung entgangen, 5. oder wer irgend ein Ungeziefer
anrühret, das ihm unrein ist, oder einen Menschen, der ihm
unrein ist, es sey irgend eine Uneinigkeit: 6. wer desglei-
chen anrühret, der soll unrein seyn bis an den Abend, und
soll nicht essen vom Heiligen, sondern soll seinen Leib baden
in Wasser, 7. und wenn die Sonne untergegangen, so ist er
rein, und darnach mag er essen vom Heiligen, denn es ist
sein Brod. 8. Gefallenes und zerrißenes soll er nicht essen,
und sich nicht damit verunreinigen. Ich bin Jehova. 9. Und
sie sollen halten, was ich zu halten gebiete, und nicht Sünde
auf sich laden, und darum sterben, weil sie es entweihen.
Ich bin Jehova, der sie heiliget.

10. Und kein Fremder soll das Heilige essen, weder ein
Beysaß des Priesters noch Miethling sollen das Heilige essen.
11. Wenn aber ein Priester einen Leibeigenen kaufet um
Geld, derselbe soll davon essen, sowie der Hausgeborne; diese
mögen von seinem Brode essen. 12. Wenn die Tochter eines
Priesters das Weib eines fremden Mannes wird, so soll sie
nicht von der Hebe des Heiligen essen. 13. Wenn aber die
Tochter eines Priesters Wittwe oder verstoßen wird, und hat
keinen Samen, und kehret zum Hause ihres Vaters, wie in
ihrer Jugend: so soll sie vom Brode ihres Vaters essen, aber
kein Fremder soll davon essen. 14. Und wenn jemand Heiliges isset aus Versehen, so soll er das Fünftheil darauf legen,
und dem Priester das Heilige wiedergeben. 15. Sie sollen
das Heilige der Söhne Israels nicht entweihen, was sie Jehova heben, 16. und sollen nicht andern Schuld aufladen lassen, wenn sie das Heilige essen; denn ich bin Jehova, der
sie heiliget.

Cap. XXII, 17 — 33.

Ueber die Beschaffenheit der Opferthiere.

17. Und Jehova redete zu Mose, und sprach: 18. rede zu Aaron und zu seinen Söhnen und zu allen Söhnen Israels, und sprich zu ihnen: Wenn jemand vom Hause Israels und von den Fremdlingen in Israel ein Opfer darbringt, es sey irgend ein Gelübde oder freywilliges, was er Jehova darbringet als Brandopfer: so soll es wohlgefällig seyn, fehlerlos, männlich, von Rindern, von Schafen und Ziegen, 20. keines, woran ein Fehl ist, sollt ihr darbringen, denn es wird nicht wohlgefällig seyn. 21. Und wenn jemand ein Freudenopfer Jehova bringet, es sey ein Gelübde oder freywilliges, von Rindern oder vom Kleinvieh: so sey es fehlerlos, daß es wohlgefällig sey, kein Fehl soll an ihm seyn. 22. Weder Blindes, noch Beschädigtes, noch Zerrißenes, noch krankes, noch das die trockene oder eiternde Krätze hat, sollt ihr Jehova darbringen, keine Feuerung sollt ihr davon auf den Altar thun für Jehova. 23. Ein Rind und ein Schaf, das ein ungewöhnliches Glied hat, oder verstümmelt ist, magst du als freywilliges opfern, aber zum Gelübde ist es nicht wohlgefällig. 24. Auch kein Zerdrücktes oder Zerquetschtes oder Zerrißenes oder Verschnittenes sollt ihr Jehova darbringen, und sollt in eurem Lande solches nicht thun. 25. Auch von einem Ausländer sollt ihr dergleichen nicht zum Opfer eures Gottes darbringen, denn ein Verderben, ein Fehl ist an ihnen, sie werden nicht wohlgefällig seyn.

26. Und Jehova redete zu Mose, und sprach: 27. Wenn ein Rind oder Schaf oder Ziege geboren ist, so soll es sieben Tage unter seiner Mutter seyn, und vom achten Tage an und weiter hin ist es wohlgefällig zur Gabe der Feuerung Jehovas. 28. Aber ein Rind und ein Schaf sollt ihr nicht mit seinem Jungen schlachten an einem Tage.

29. Und wenn ihr ein Dankopfer Jehova opfert, so sollt ihrs wohlgefällig opfern. 30. An demselben Tage soll es ge-

geſſen werden, ihr ſollt nichts übrig laſſen bis zum Morgen.
Ich bin Jehova. 31. So haltet nun meine Gebote, und thut
ſie. Ich bin Jehova. 32. Und entweihet nicht meinen heiligen
Namen, damit ich geheiliget ſey unter den Söhnen Iſraels.
Ich bin Jehova, der euch heiliget, 33. der euch ausgeführet aus
dem Lande Aegypten, um euer Gott zu ſeyn. Ich bin Jehova.

Cap. XXIII.

Geſetze von den ſämtlichen Feſten der Iſraeliten.

XXIII. 1. Und Jehova redete zu Moſe, und ſprach:
rede zu den Söhnen Iſraels, und ſprich zu ihnen: dieß ſind
die Feſte Jehovas, die ihr ausrufen ſollt mit heiligem Ausruf,
dieſes ſind meine Feſte.

3. Sechs Tage ſoll man Geſchäfte thun, aber am ſieben=
ten Tage iſt der Sabbath, Ruhetag, heiliger Ausruf, kein
Geſchäft ſollt ihr thun, es iſt der Sabbath Jehovas, in
allen euren Wohnungen.

4. Dieß ſind die Feſte Jehovas, die ihr ausrufen ſollt
mit heiligem Ausruf zu ihrer Zeit. 5. Im erſten Mond, am
vierzehnten des Monden gegen Abend, iſt das Paſſah Jehovas.
6. Und am funfzehnten dieſes Monden iſt das Feſt des Unge=
ſäuerten. Sieben Tage ſollt ihr Ungeſäuertes eſſen. 7. Am
erſten Tage ſoll heiliger Ausruf ſeyn; kein Geſchäft noch Ar=
beit ſollt ihr thun, 8. und ſollt Opfer Jehova bringen ſieben
Tage; und am ſiebenten Tage iſt heiliger Ausruf, kein Ge=
ſchäft noch Arbeit ſollt ihr thun.

9. Und Jehova redete zu Moſe, und ſprach: 10. rede
zu den Söhnen Iſraels, und ſprich zu ihnen: Wenn ihr ins
Land kommet, das ich euch gebe, und ihr die Ernte erntet,
ſo ſollt ihr eine Garbe von den Erſtlingen eurer Ernte zum
Prieſter bringen. 11. Und er ſoll die Garbe weben vor
Jehova, daß es wohlgefällig ſey; am andern Tage nach
dem Sabbath ſoll ſie der Prieſter weben. 12. Und ihr ſollt,
wenn ihr die Garbe webet, ein Lamm opfern, fehlerlos,

jährig, zum Brandopfer für Jehova, 13. und ein Speis:
opfer dazu, . zwey Zehntheile Weißmehl, begoßen mit Oel,
als Feuerung Jehovas zum lieblichen Geruch, und ein Trank:
opfer dazu, Wein, ein Viertheil: Hin. 14. Und ihr sollt
kein Brod, noch Geröstetes, noch Kleingestoßenes essen bis an
diesen Tag, bis ihr die Gabe eures Gottes dargebracht. Dieß
sey eine ewige Satzung auf eure künftigen Geschlechter, in allen
euren Wohnungen.

15. Und ihr sollt zählen vom andern Tage an nach dem
Sabbath, vom Tage, da ihr die Webe:Garbe dargebracht,
sieben volle Sabbathe, 16. bis an den andern Tag nach dem
siebenten Sabbath sollt ihr zählen, funfzig Tage, und dann
sollt ihr ein neues Speisopfer Jehova darbringen. 17. Aus
euren Wohnungen sollt ihr Webe:Brode darbringen, zwey,
von zwey Zehntheilen Weißmehl, gesäuert, gebacken, als Erst:
linge für Jehova. 18. Und sollt zu dem Brode sieben Läm:
mer darbringen, fehlerlos, jährig, und einen jungen Stier
und zween Widder, als Brandopfer für Jehova, und Speis:
opfer und Trankopfer dazu, als Feuerung zum lieblichen Geruch
für Jehova. 19. Und sollt einen Ziegenbock opfern zum Sünd:
opfer, und zwey jährige Lämmer zum Freudenopfer 20. Und
der Priester soll jene Opfer weben, samt dem Brode der Erst:
linge, vor Jehova, und den zwey Lämmern; heilig sollen sie
Jehova seyn für den Priester. 21. Und ihr sollt diesen Tag
ausrufen lassen mit heiligem Ausruf, kein Geschäft noch Ar:
beit sollt ihr thun. Dieß sey eine ewige Satzung in allen eu:
ren Wohnungen auf eure künftigen Geschlechter. 22. Und
wenn ihr die Ernte eures Landes erntet, sollst du die Ecken
deines Feldes nicht abernten, und die einzelnen Aehren nicht
auflesen; dem Fremden und dem Aermen sollst du sie lassen.
Ich bin Jehova, euer Gott.

23. Und Jehova redete zu Mose, und sprach: 24. rede
zu den Söhnen Israels, und sprich: im siebenten Mond,
am ersten des Monden, soll euch Ruhetag seyn, Feyer mit

Jubelklang, heiliger Ausruf. 25. Kein Geschäft noch Arbeit sollt ihr thun, und sollt Jehova Opfer darbringen.

26. Und Jehova redete zu Mose, und sprach: 27. vor allem am zehnten Tage dieses siebenten Monden soll der Tag der Versöhnung seyn, es soll euch heiliger Ausruf seyn; und ihr sollt euch casteyen, und Jehova Opfer darbringen. 28. Und kein Geschäft sollt ihr thun an demselben Tage, denn es ist der Tag der Versöhnung, euch zu versöhnen vor Jehova, eurem Gott. 29. Denn jegliche Seele, die sich nicht casteyet an demselben Tage, die soll ausgerottet werden aus ihrem Volke. Und jegliche Seele, die irgend ein Geschäft thut an demselben Tage, dieselbe will ich vertilgen aus ihrem Volke. 31. Kein Geschäft sollt ihr thun. Dieß sey eine ewige Satzung auf eure künftigen Geschlechter, in allen euren Wohnungen. 32. Sabbath und Ruhetag soll euch seyn, und ihr sollt euch casteyen, am neunten des Monden am Abend; vom Abend bis zum Abend sollt ihr ruhen euren Ruhetag.

33. Und Jehova redete zu Mose, und sprach: 34. rede zu den Söhnen Israels, und sprich: am funfzehnten Tage dieses siebenten Monden ist das Fest der Laubhütten Jehovas, sieben Tage. 35. Am ersten Tage soll heiliger Ausruf seyn, kein Geschäft noch Arbeit sollt ihr thun. 36. Sieben Tage sollt ihr Jehova Opfer darbringen, am achten Tage soll heiliger Ausruf seyn, und sollt Jehova Opfer darbringen, es ist ein hoher Festtag, kein Geschäft noch Arbeit sollt ihr thun. 37. Dieß sind die Feste Jehovas, die ihr ausrufen sollt mit heiligem Ausruf, um Jehova Opfer darzubringen, Brandopfer und Speisopfer und andere Opfer und Trankopfer, ein jegliches an seinem Tage. 38. Außer den Sabbathen Jehovas und außer euren andern Gaben und außer euren Gelübden und außer euren freywilligen Opfern, welche ihr Jehova gebet. 39. Vor allem am funfzehnten Tage des siebenten Monden, wenn ihr die Früchte des Landes eingesammelt, sollt ihr ein Fest Jehova feyern sieben Tage, am ersten Tage Ruhetag, und am achten Tage Ruhetag. 40. Und

Gerechten. — 9. Den Fremdling sollst du nicht drücken, denn ihr wisset, wie es dem Fremdling zu Muthe ist, denn auch ihr seyd Fremdlinge gewesen im Lande Aegypten. — 10. Sechs Jahre sollst du dein Land besäen, und seine Früchte einsammeln. 11. Aber im siebenten sollst du es ruhen und liegen lassen, und die Armen deines Volkes sollen davon essen, und was sie übrig lassen, soll das Wild des Feldes essen; also sollst du thun mit deinem Weinberg und Oelgarten. — 12. Sechs Tage sollst du dein Geschäft thun, aber am siebenten sollst du feyern, auf daß dein Ochse und dein Esel ruhe, und der Sohn deiner Magd und der Fremdling sich erhole.

13. Alles, was ich euch gesagt, sollt ihr halten, und den Namen anderer Götter sollt ihr nicht nennen, und nicht hören lassen aus eurem Munde.

14. Dreymal sollst du mir Fest halten im Jahre. 15. Das Fest des Ungesäuerten sollst du halten, sieben Tage sollst du Ungesäuertes essen, so wie ich dir geboten, zur Zeit des Aehren-Mondes, denn in demselben bist du aus Aegypten gezogen. Und vor meinem Angesicht soll man nicht erscheinen mit leerer Hand. 16. Und das Ernte-Fest, der Erstlinge deiner Früchte, die du auf dem Felde gesäet, und das Fest der Einsammlung im Ausgang des Jahres, wenn du deine Früchte eingesammelt vom Felde. 17. Drey Mal im Jahr sollen alle deine Mannsbilder erscheinen vor dem Angesicht des Herrn, Jehovas. — 18. Du sollst das Blut meines Opfers nicht opfern bey Sauerteig, und nicht soll bleiben das Fett von meinem Feste bis zum Morgen. — 19. Die Erstlinge von der frühen Frucht deines Landes sollst du darbringen ins Haus Jehovas, deines Gottes. — Du sollst nicht das Böckchen kochen in der Milch seiner Mutter.

20. Siehe! ich sende einen Engel vor dir her, dich zu bewahren auf dem Wege, und dich zu bringen an den Ort, den ich bereitet. 21. Hab Acht auf ihn, und gehorche seiner Stimme, und widersetze dich ihm nicht: denn er wird eure Vergehungen nicht vergeben, denn mein Name ist in ihm.

22. Wenn du aber seiner Stimme gehorcheft, und thuest alles, was ich rede: so will ich der Feind deiner Feinde seyn, und der Widersacher deiner Widersacher. 23. Denn mein Engel soll vor dir hergehen, und dich bringen in das Land der Amoriter und der Hethiter und der Pherefiter und der Cananiter und der Heviter und der Jebufiter, und ich will fie vertilgen. 24. Bete nicht ihre Götter an, und diene ihnen nicht, und thue nicht nach ihrem Thun, sondern zerftöre ihre Götter, und zerbrich ihre Bildfäulen. 25. Dienet Jehova, eurem Gott, und er wird dein Brod und dein Waffer segnen, und ich will alle Krankheit von dir entfernen. 26. Keine unzeitige Geburt, noch Unfruchtbarkeit soll in deinem Lande seyn, und ich will die Zahl deiner Tage voll werden laffen. 27. Mein Schrecken will ich vor dir herfenden, und will alle Völker beftürzt machen, zu denen du kommft, und will alle deine Feinde vor dir in die Flucht jagen. 28. Und ich sende Landplagen *) vor dir her, und fie sollen vertreiben die Heviter; die Cananiter und die Hethiter vor dir her. 29. Ich will fie nicht vor dir vertreiben in Einem Jahre, auf daß das Land nicht wüfte werde, und nicht gegen dich fich mehre das Wild des Feldes. 30. Nach und nach will ich fie vertreiben vor dir, bis daß du dich ausbreiteft, und das Land befitzeft. 31. Und ich setze deine Gränze vom Schilfmeer bis ans Meer der Philifter, und von der Wüfte bis an den Strom [Euphrat], denn ich will in deine Hand geben die Einwohner des Landes, und will fie vertreiben vor dir. 32. Schließe mit ihnen und mit ihren Göttern keinen Bund; 33. fie sollen nicht wohnen in deinem Lande, damit fie dich nicht verführen wider mich: denn wo du ihren Göttern dieneft, wird dirs ein Fallftrick seyn.

---

*) Gew. Horniffe. And. Beftürzung.

7. Und die Söhne Israels soll kein Hund anbellen, vom Menschen bis zum Vieh, auf daß ihr erfahret, daß Jehova einen Unterschied macht zwischen Aegypten und Israel. 8. Dann werden herabkommen alle deine Knechte zu mir, und vor mir niederfallen, und sagen: zeuch aus, du und alles Volk, das dir folget, und darnach werde ich ausziehen. Und er ging weg von Pharao mit glühendem Zorne. 9. Und Jehova sprach zu Mose: Pharao höret euch nicht, auf daß meiner Wunder viel werden im Lande Aegypten.

10. Und Mose und Aaron thaten alle diese Wunder, aber Jehova verhärtete das Herz Pharaos, und er ließ die Söhne Israels nicht ziehen aus seinem Lande.

Cap. XII, 1 — 28.
Einsetzung des Passah.

XII, 1. Und Jehova sprach zu Mose und zu Aaron im Lande Aegypten: 2. dieser Mond sey euch der erste der Monden, und von ihm sollt ihr die Monden des Jahres anheben. 3. Redet zu der ganzen Gemeine Israels, und sprecht: am zehnten dieses Monden nehme sich ein jeglicher Hausvater ein Lamm, je ein Lamm für ein Haus. 4. Wo ihrer aber in einem Hause zu wenig sind für ein Lamm, so nehme derselbe und der nächste Nachbar seines Hauses eins, nach der Zahl der Seelen; einen jeglichen sollt ihr nach Verhältniß deß, was er isset, zum Lamme zählen. 5. Ein fehloses männliches Lamm, ein Jahr alt, soll es seyn, von den Schafen oder von den Ziegen sollt ihrs nehmen. 6. Und ihr sollt es aufbewahren bis zum vierzehnten Tage dieses Monden, dann soll es die ganze versammelte Gemeine Israels schlachten gegen Abend. 7. Und sie sollen vom Blute nehmen, und es an die beyden Pfosten und die Ueberschwelle des Hauses streichen, worin sie es essen, 8. und sollen das Fleisch essen in derselben Nacht, gebraten am Feuer, und ungesäuertes Brod mit bittern Kräutern sollen sie dazu essen. 9. Ihr sollt nichts ungar davon essen, oder im Wasser gesotten, sondern gebraten am Feuer, sein Haupt mit seinen

Beinen und mit seinem Eingeweide. 10. Und soll nichts übrig lassen bis zum Morgen, und was davon überbleibt bis zum Morgen, sollt ihr mit Feuer verbrennen. 11. Und also sollt ihr es essen: um eure Lenden gegürtet, eure Schuhe an euren Füßen, und euren Stab in eurer Hand, in Eilfertigkeit sollt ihr es essen, das ist das Passah Jehovas. 12. Und ich will durch das ganze Land Aegypten gehen in derselben Nacht, und alles Erstgeborne schlagen im Lande Aegypten vom Menschen bis zum Vieh, und will an allen Göttern Aegyptens Strafe üben, ich Jehova. 13. Und das Blut soll euer Zeichen seyn an den Häusern, in welchen ihr seyd; wenn ich das Blut sehe, so schone ich euch, und es soll euch nicht die Plage treffen zum Verderben, wenn ich das Land Aegypten schlage. 14. Und dieser Tag soll euch zum Gedächtniß seyn, und sollt ihn feyern als Fest Jehovas auf eure künftigen Geschlechter, als ewige Satzung. 15. Sieben Tage sollt ihr ungesäuertes Brod essen, am ersten Tage sollt ihr das Gesäuerte wegthun aus euren Häusern; denn wer gesäuertes Brod isset, vom ersten Tage bis zum siebenten Tage, dieselbe Seele soll ausgerottet werden aus Israel. 16. Und am ersten Tage soll heiliger Ausruf seyn, und am siebenten Tage heiliger Ausruf, keine Arbeit soll gethan werden an denselben Tagen, nur was von jedermann gegessen wird, das allein soll gethan werden bey euch. 17. Und haltet das Essen des ungesäuerten Brodes, denn an diesem selben Tage habe ich euer Heer aus dem Lande Aegypten geführet, und haltet diesen Tag auf eure künftigen Geschlechter als ewige Satzung. 18. Im ersten Mond, am vierzehnten Tage des Monden, am Abend sollt ihr ungesäuertes Brod essen, bis an den ein und zwanzigsten Tag des Monden am Abend. 19. Sieben Tage soll kein Gesäuertes gefunden werden in euren Häusern, und wer Gesäuertes isset, dieselbe Seele soll ausgerottet werden aus der Gemeine Israel, es sey Fremdling oder Einheimischer des Landes. 20. Nichts Gesäuertes sollt ihr essen, in allen euren Wohnungen sollt ihr Ungesäuertes essen.

und gebar einen Sohn, und da sie sahe, daß er schön war,
verbarg sie ihn drey Monden. 3. Und da sie ihn nicht länger
verbergen konnte, nahm sie ein kleines Schiff von Rohr, und
verklebete es mit Harz und Pech, und legte den Knaben hinein, und setzte es ins Schilf am Ufer des Nilstromes. 4. Und
seine Schwester stellete sich von ferne, zu sehen, was ihm
geschähe. 5. Da kam die Tochter Pharaos herab, um im
Strome zu baden, und ihre Jungfrauen gingen am Ufer des
Stromes, und sie sahe das kleine Schiff im Schilfe, und sandte
eine Magd, und ließ es holen. 6. Und sie that es auf, und
sahe das Kind, und siehe! der Knabe weinete, und sie erbarmte
sich seiner, und sprach: das ist eins von den Kindern der
Ebräer! 7. Da sprach seine Schwester zur Tochter Pharaos: soll ich gehen, und dir ein säugendes Weib rufen
von den Ebräerinnen, daß sie den Knaben säuge? 8. Und
die Tochter Pharaos sprach zu ihr: gehe! Und die Jungfrau
ging hin, und rief die Mutter des Kindes. 9. Und die Tochter Pharaos sprach zu ihr: nimm dieses Kind, und säuge es
mir, ich will dir deinen Lohn geben. Und das Weib nahm das
Kind, und säugete es. 10. Und da das Kind groß war,
brachte sie es zur Tochter Pharaos, und es ward ihr Sohn,
und sie nannte seinen Namen Mose, denn sie sprach: aus
dem Wasser habe ich ihn gezogen. 11. Und es geschahe in
jenen Tagen, als Mose groß war, da ging er aus zu seinen
Brüdern, und sahe ihre schwere Arbeit, und sahe einen ägyptischen Mann, wie er einen Ebräer, einen seiner Brüder,
schlug. 12. Und er sahe sich um ringsher, und da er sahe,
daß kein Mensch da war, erschlug er den Aegypter, und verbarg ihn im Sande. 13. Und am andern Tage ging er wieder
aus, und siehe! zween ebräische Männer zanketen sich, und
er sprach zu dem, der Unrecht hatte: warum schlägest du
deinen Bruder? 14. Und er sprach: wer hat dich zum Obersten
und Richter gesetzt über uns? Gedenkest du mich auch zu tödten,
so wie du den Aegypter getödtet? Da fürchtete sich Mose, und
sprach: fürwahr ist die Sache bekannt worden! 15. Und Pharao

hörete die Sache, und trachtete Mosen zu tödten, und Mose flohe vor Pharao, und wohnete im Lande Midian, und wohnete an einem Brunnen. 16. Und der Priester in Midian hatte sieben Töchter, die kamen, und schöpften, und fülleten die Rinnen, um die Schafe ihres Vaters zu tränken. 17. Und es kamen die Hirten, und trieben sie weg, da stand Mose auf, und half ihnen, und tränkete ihre Schafe. 18. Da sie nun zu Reguel, ihrem Vater, kamen, sprach er: warum kommet ihr so bald heute? 19. Und sie sprachen: ein ägyptischer Mann half uns von den Hirten, und schöpfte uns auch, und tränkete die Schafe. 20. Und er sprach zu seinen Töchtern: und wo ist er? Warum habt ihr den Mann zurückgelassen? Rufet ihn, daß er mit uns esse! 21. Und Mosen gefiel es bey dem Manne zu bleiben, und er gab Mosen Zippora, seine Tochter. 22. Und sie gebar einen Sohn, und er nannte seinen Namen G e r s o m, denn er sprach: Fremdling bin ich in einem fremden Lande *). 23. Und es geschahe nach langer Zeit, da starb der König von Aegypten, und die Söhne Israels seufzeten über die Arbeit, und schrieen, und ihr Geschrey stieg empor zu Gott über ihre Arbeit. 24. Und Gott hörete ihr Wehklagen, und Gott gedachte seines Bundes mit Abraham, mit Isaak und mit Jakob. 25. Und Gott sahe auf die Söhne Israels, und wußte um sie.

Cap. III. VI, 1 — 18.

Mose wird von Jehova berufen, die Israeliten zu befreyen.

III, 1. Und Mose hütete die Schafe Jethros, seines Schwiegervaters, des Priesters in Midian, und er führete die Schafe hinter in die Wüste, und kam an den Berg Gottes Horeb. 2. Da erschien ihm der Engel Jehovas in einer Feuerflamme aus einem Dornbusche, und er schauete, und siehe! der Dornbusch brannte mit Feuer, und ward nicht verzehret. 3. Da sprach Mose: ich will doch hingehen, und diese große

---

*) Vulg. rc. haben noch: und sie gebar den andern, und er nannte seinen Namen Elieser, denn er sprach: der Gott meines Vaters war meine Hilfe, und rettete mich aus der Hand Pharaos.

Verbesserungen.

Seite   4 Zeile 11 v. unten l. gefiederte statt gefiedertes.
—   26   —   8 v. oben l. Saame st. Saamen.
—   34   — 10 v. oben l. die [andern] Männer st. die
                                  andern [Männer].
—   38   — 13 v. unten l. dieß st. deß.
—   57   — 12 v. unten l. ihm st. ihn.
— 107 — 12 v. oben l. deinen st. den.
— 142 —   6 v. unten l. Philister st. Philistäer.
— 159 — 16 v. oben l. Frucht st. Furcht.
— 198 — 15 v. unten streiche man das Komma weg.
— 235 —   8 und 10 v. unten l. zu st. sich.
— 254 —   3 v. unten l. andere st. andern.
— 306 Note l. Riesen st. Riese.
— 314 — 14 v. unten l. darein st. darin.
— 320 — 18 v. oben l. mit st. mir.
— 394 — 13 v. oben l. euch st. auch.
— 397 — 14 v. oben l. wenn st. wann.
— 418 — 12 v. unten l. du nach: sollst.
— 420 zu Anfang der zweyten Note l. Und.
— 430 —   6 v. oben l. nach st. noch.
— 440 —   2 v. unten l. verwerfen mich st. mich verwerfen.
— 476 —   9 v. oben l. [Reisebündel] st. (Reisebündel).
— 479 — 13 v. unten l. Bethhoron st. Bethhorono.

und legte die Tafeln in die Lade, welche ich gemacht, daß sie
daselbst wären, so wie Jehova mir geboten. 6. Und die Söhne Israels brachen auf von Beeroth-Bne-Jakan nach Moser.
Daselbst starb Aaron; und ward daselbst begraben, und Eleasar, sein Sohn, ward Priester an seiner Statt. 7. Von
dannen brachen sie auf nach Gudegoda, und von Gudegoda
nach Jatbath, ein Land mit Wasserbächen. 8. Zu derselben
Zeit sonderte Jehova den Stamm Levi aus, die Lade des
Bundes Jehovas zu tragen, und vor Jehova zu stehen, ihm
zu dienen, und zu segnen in seinem Namen, bis auf diesen
Tag. 9. Darum ward Levi kein Theil noch Besitzung mit seinen Brüdern, Jehova ist seine Besitzung, so wie Jehova,
dein Gott, ihm geredet. 10. Und ich stand auf dem Berge,
wie vorher, vierzig Tage und vierzig Nächte; und Jehova erhörete mich auch dieß Mal, Jehova wollte dich nicht verderben. 11. Und Jehova sprach zu mir: mache dich auf, und
gehe hin, und ziehe vor dem Volke her, daß sie hinkommen,
und das Land einnehmen, welches ich ihren Vätern geschworen, ihnen zu geben.

Cap. X, 12.—XI, 32.

Ermahnung, alle Gebote Gottes zu beobachten, vor allem die Abgötterey zu fliehen.

12. Und nun, Israel, was fodert Jehova, dein Gott,
von dir, als daß du Jehova, deinen Gott fürchtest, daß du
wandelst in allen seinen Wegen, und ihn liebest, und Jehova, deinem Gott, dienest mit ganzem Herzen und mit ganzer
Seele; 13. daß du die Gebote Jehovas haltest und seine
Satzungen, welche ich dir heute gebiete, zu deinem Wohl.
14. Siehe! Jehovas, deines Gottes, ist der Himmel und aller
Himmel Himmel, die Erde und alles, was darinnen ist; 15. und
doch nur deine Väter hat Jehova auserkohren zu seiner Liebe,
und hat ihren Samen erwählet nach ihnen, euch aus allen
Völkern, wie es anjetzt ist. 16. So beschneidet nun die Vor-

haut eures Herzens, und seyd nicht weiter halsstarrig. 17. Denn Jehova, euer Gott, ist der Gott der Götter und der Herr der Herren, ein großer Gott, mächtig und furchtbar, welcher keine Person ansiehet, und keine Geschenke nimmt, 18. Recht schaffend Waisen und Wittwen, liebend den Fremdling, daß er ihnen Brod und Kleider gibt. 19. So liebet nun die Fremdlinge, denn ihr seyd auch Fremdlinge gewesen im Lande Aegypten. 20. Jehova, deinen Gott, fürchte, ihm diene, ihm hange an, und bey seinem Namen schwöre. 21. Er sey dein Ruhm, und er dein Gott; welcher an dir jene großen und schrecklichen Dinge gethan, welche deine Augen gesehen. 22. Mit siebenzig Seelen zogen deine Väter hinab nach Aegypten, und nun hat dich, Jehova, dein Gott, gemacht wie die Sterne des Himmels an Menge.   —

XI, 1. So liebe nun Jehova, deinen Gott, und beobachte, was gegen ihn zu beobachten, seine Satzungen und seine Rechte und seine Gebote, dein Leben lang. 2. Ihr wisset und kennet (denn nicht zu euren Söhnen, welche nichts wissen, und nichts gesehen, rede ich) die Züchtigungen Jehovas, eures Gottes, seine Herrlichkeit, seine starke Hand und seinen ausgereckten Arm, 3. und seine Zeichen und seine Thaten, die er gethan unter den Aegyptern, an Pharao, dem Könige von Aegypten, und an seinem ganzen Lande; 4. und was er gethan an der Macht der Aegypter, an ihren Rossen und ihren Wagen, über die er das Wasser des Schilfmeeres führete, da sie euch nachjageten, und Jehova sie vertilgete bis auf diesen Tag; 5. und was er euch gethan in der Wüste, bis ihr kamet bis an diesen Ort; 6. und was er gethan an Dathan und Abiram, den Söhnen Eliabs, des Sohnes Rubens, wie die Erde ihren Mund aufthat, und sie verschlang mit ihren Familien und Zelten und allem, was ihnen angehörete, mitten unter ganz Israel. 7. Denn eure Augen haben alle die großen Thaten Jehovas gesehen, welche er gethan. 8. Darum haltet alle Gebote, welche ich euch heute gebiete, auf

Ephraim; Elisama, Sohn Ammihuds; von Manasse: Gamliel, Sohn Pedazurs; 11. von Benjamin: Abidan, Sohn Gideonis; 12. von Dan: Ahieser, Sohn Ammisadais; 13. von Asser: Pagiel, Sohn Ochrans; 14. von Gad: Eliasaph, Sohn Deguels; 15. von Naphthali: Ahira, Sohn Enans. 16. Diese waren Berufene zur Versammlung, Fürsten ihrer Stämme, Häupter der Geschlechter Israels. 17. Und Mose und Aaron nahmen diese Männer, welche angegeben sind mit Namen, 18. und versammelten die ganze Gemeine am ersten des zweyten Monden. Und sie gaben sich an nach ihren Geschlechtern und Stammhäusern, nach den einzelnen Namen, von zwanzig Jahren und drüber; Kopf für Kopf. 19. So wie Jehova Mosen geboten, musterte er sie in der Wüste Sinai.

20. Und es waren die Söhne Rubens, des Erstgebornen von Israel, nach ihrer Abstammung, nach ihren Geschlechtern und Stammhäusern, nach den einzelnen Namen, Kopf für Kopf, alles, was männlich war, von zwanzig Jahren und drüber, alles, was auszog mit dem Heere: 21. die Gemusterten vom Stamme Ruben waren sechs und vierzig tausend fünfhundert.

22. Von den Söhnen Simeons, nach ihrer Abstammung, nach ihren Geschlechtern und Stammhäusern, die Gemusterten nach den einzelnen Namen, Kopf für Kopf, alles, was männlich war, von zwanzig Jahren und drüber, alles, was auszog mit dem Heere: 23. die Gemusterten vom Stamme Simeon waren neun und funfzig tausend dreyhundert.

24. Von den Söhnen Gads, nach ihrer Abstammung, nach ihren Geschlechtern, nach ihren Stammhäusern, nach den einzelnen Namen, von zwanzig Jahren und drüber, alles, was auszog mit dem Heere: 25. die Gemusterten vom Stamme Gad waren fünf und vierzig tausend sechshundert und funfzig.

26. Von den Söhnen Judas, nach ihrer Abstammung, nach ihren Geschlechtern, nach ihren Stammhäusern, nach den einzelnen Namen, von zwanzig Jahren und drüber, alles,

was auszog mit dem Heere: 27. die Gemusterten vom Stamm Juda waren vier und siebenzig tausend sechshundert.

28. Von den Söhnen Issaschars, nach ihrer Abstammung, nach ihren Geschlechtern, nach ihren Stammhäusern, nach den einzelnen Namen, von zwanzig Jahren und drüber, alles, was auszog mit dem Heere; 29. die Gemusterten vom Stamme Issaschar waren vier und funfzig tausend vierhundert.

30. Von den Söhnen Sebulons, nach ihrer Abstammung, nach ihren Geschlechtern, nach ihren Stammhäusern, nach den einzelnen Namen, von zwanzig Jahren und drüber, alles, was auszog mit dem Heere; 31. die Gemusterten vom Stamme Sebulon waren sieben und funfzig tausend vierhundert.

32. Von den Söhnen Josephs, von den Söhnen Ephraims, nach ihrer Abstammung, nach ihren Geschlechtern, nach ihren Stammhäusern, nach den einzelnen Namen, von zwanzig Jahren und drüber, alles, was auszog mit dem Heere: 33. die Gemusterten vom Stamme Ephraim waren vierzig tausend fünfhundert.

34. Von den Söhnen Manasses, nach ihrer Abstammung, nach ihren Geschlechtern, nach ihren Stammhäusern, nach den einzelnen Namen, von zwanzig Jahren und drüber, alles, was auszog mit dem Heere: 35. die Gemusterten vom Stamme Manasse waren zwey und dreyßig tausend zweyhundert.

36. Von den Söhnen Benjamins, nach ihrer Abstammung, nach ihren Geschlechtern, nach ihren Stammhäusern, nach den einzelnen Namen, von zwanzig Jahren und drüber, alles, was auszog mit dem Heere: 37. die Gemusterten vom Stamme Benjamin waren fünf und dreyßig tausend vierhundert.

38. Von den Söhnen Dans, nach ihrer Abstammung, nach ihren Geschlechtern, nach ihren Stammhäusern, nach den einzelnen Namen, von zwanzig Jahren und drüber, alles, was auszog mit dem Heere: 39. die Gemusterten vom Stamme Dan waren zwey und sechzig tausend siebenhundert.

40. Von den Söhnen Assers, nach ihrer Abstammung, nach ihren Geschlechtern, nach ihren Stammhäusern, nach

den einzelnen Namen, von zwanzig Jahren und drüber, alles,
was auszog mit dem Heere: 41. die Gemusterten vom Stamme
Asser waren ein und vierzig tausend fünfhundert.

42. Die Söhne Naphthalis, nach ihrer Abstammung,
nach ihren Geschlechtern, nach ihren Stammhäusern, nach
den einzelnen Namen, von zwanzig Jahren und drüber, alles,
was auszog mit dem Heere: 43. die Gemusterten vom Stamme
Naphthali waren drey und funfzig tausend vierhundert.

44. Das sind die Gemusterten, welche Mose und Aaron
und die Fürsten von Israel musterten, die zwölf Männer, je
ein Mann von ihrem Stamme. 45. Und es waren alle die
Gemusterten der Söhne Israels, nach ihren Stammhäusern,
von zwanzig Jahren und drüber, alles, was mit dem Heere
auszog in Israel, 46. alle die Gemusterten wären sechshundert und drey tausend fünfhundert und funfzig. 47. Aber die
Leviten nach ihrem Stamme waren nicht gemustert unter ihnen.

48. Und Jehova redete zu Mose, und sprach: 29. nur
den Stamm Levi sollst du nicht mustern, und sollst sie nicht zählen unter den Söhnen Israels; 50. sondern ordne die Leviten
zu der Wohnung des Gesetzes und zu all ihrem Geräthe und zu
allem, was dazu gehöret, sie sollen die Wohnung tragen und
all ihr Geräthe, und sie besorgen, und rings um die Wohnung sich lagern. 51. Und beym Aufbrechen der Wohnung
sollen die Leviten sie abnehmen, und beym Aufschlagen der
Wohnung sollen die Leviten sie aufrichten; der Fremde, der
sich nahet, soll sterben. 52. Die Söhne Israels sollen sich
lagern ein jeglicher bey seinem Lager, und ein jeglicher bey
seinem Panier, nach ihren Heeren. 53. Aber die Leviten sollen sich lagern rings um die Wohnung des Gesetzes, auf daß
nicht ein Zorn komme über die Gemeine der Söhne Israels,
und die Leviten sollen besorgen, was zu besorgen ist um die
Wohnung des Gesetzes. 54. Und die Söhne Israels thaten
es; so wie Jehova Mosen geboten, also thaten sie:

Cap. II.
Anordnung des Lagers.

1. Und Jehova redete zu Mose und zu Aaron, und sprach: 2. jeglicher bey seinem Panier, bey den Zeichen ihrer Stammhäuser, sollen sich die Söhne Israels lagern, rings um das Versammlungszelt sollen sie sich lagern. 3. Es lagere sich aber gegen Morgen, gegen den Aufgang, das Panier des Lagers Judas mit seinen Heeren; (der Fürst der Söhne Judas Naheffon, Sohn Amminadabs, 4. und sein Heer und seine Gemusterten, vier und siebenzig tausend sechshundert). 5. Und neben ihm soll sich lagern der Stamm Issaschar; (der Fürst der Söhne Issaschars Nethaneel, Sohn Zuars, 6. und sein Heer und seine Gemusterten vier und funfzig tausend vierhundert); 7. und der Stamm Sebulon, (der Fürst der Söhne Sebulons Eliab, Sohn Helons, 8. und sein Heer und seine Gemusterten sieben und funfzig tausend vierhundert; 9. alle Gemusterten des Lagers Judas einhundert sechs und achtzig tausend vierhundert nach ihren Heeren); sie sollen zuerst aufbrechen.

10. Das Panier des Lagers Rubens gegen Mittag, mit seinen Heeren; (der Fürst der Söhne Rubens Elizur, Sohn Sedeurs, 11. und sein Heer und seine Gemusterten sechs und vierzig tausend fünfhundert). 12. Und neben ihm lagere sich der Stamm Simeon; (der Fürst der Söhne Simeons Selumiel, Sohn Zurisadais, 13. und sein Heer und seine Gemusterten neun und funfzig tausend dreyhundert); 14. und der Stamm Gad; (der Fürst der Söhne Gads Eliasaph, Sohn Reguels, 15. und sein Heer und seine Gemusterten fünf und vierzig tausend sechs hundert und funfzig; alle die Gemusterten des Lagers Rubens einhundert ein und funfzig tausend vierhundert und funfzig nach ihren Heeren); sie sollen die zweyten aufbrechen.

17. Darnach soll aufbrechen das Versammlungszelt, das Lager der Leviten mitten unter den Lagern, so wie sie sich gelagert, so sollen sie aufbrechen, ein jeglicher an seinem Orte bey ihren Panieren.

18. Das Panier des Lagers Ephraims mit seinen Heeren gegen Abend; (der Fürst der Söhne Ephraims Elisama, Sohn Ammihuds, . 19. und sein Heer und seine Gemusterten vierzig tausend fünfhundert); 20. und neben ihm der Stamm Manasse; (der Fürst der Söhne Manasses Gamliel, Sohn Pedazurs, 21. und sein Heer und seine Gemusterten zwey und dreyßig tausend zweyhundert); 22. und der Stamm Benjamin; (der Fürst der Söhne Benjamins Abidan, Sohn Gideonis, 23. und sein Heer und seine Gemusterten fünf und dreyßig tausend vierhundert: 24. alle Gemusterten des Lagers Ephraims einhundert und acht tausend einhundert nach ihren Heeren); sie sollen die dritten aufbrechen.

25. Das Panier des Lagers Dans gegen Mitternacht mit seinen Heeren; (der Fürst der Söhne Dans Ahieser, Sohn Ammisadais, 26. und sein Heer und seine Gemusterten zwey und sechzig tausend siebenhundert). 27. Und neben ihm lagere sich der Stamm Asser; (der Fürst der Söhne Assers Pagiel, Sohn Ochrans, 28. und sein Heer und seine Gemusterten ein und vierzig tausend fünfhundert); 29. und der Stamm Naphthali; (der Fürst der Söhne Naphthalis Ahira, Sohn Enans, 30. und sein Heer und seine Gemusterten drey und funfzig tausend vierhundert: 31. alle Gemusterten vom Lager Dans einhundert sieben und funfzig tausend sechshundert); sie sollen zuletzt aufbrechen mit ihren Panieren.

32. Das sind die Gemusterten der Söhne Israels nach ihren Stammhäusern, alle Gemusterten der Lager nach ihren Heeren waren sechshundert und drey tausend fünf hundert und funfzig. 33. Aber die Leviten wurden nicht gemustert unter den Söhnen Israels, so wie Jehova Mosen geboten. 34. Und die Söhne Israels thaten es; so wie Jehova Mosen geboten, also lagerten sie sich nach ihren Panieren, und brachen auf, ein jeglicher nach seinem Geschlecht, nach seinem Stammhaus.

Cap. III.

Zählung der Leviten und ihr Amt; Auslösung der Erstgebornen.

1. Und das ist das Geschlecht Aarons und Moses, zu der Zeit, da Jehova mit Mose redete auf dem Berge Sinai. 2. Und dieß sind die Namen der Söhne Aarons: der Erstgeborne Nadab und Abihu, Eleasar und Ithamar. 3. Dieß sind die Namen der Söhne Aarons, der gesalbten Priester, welche eingeweihet worden zum Priesterthum. 4. Aber Nadab und Abihu starben vor Jehova, als sie fremdes Feuer darbrachten vor Jehova, in der Wüste Sinai, und sie hatten keine Söhne, und Eleasar und Ithamar waren Priester unter Aaron, ihrem Vater.

5. Und Jehova redete zu Mose, und sprach: 6. bringe den Stamm Levi herzu, und laß ihn treten vor Aaron, den Priester, daß sie ihm dienen. 7. Und sie sollen besorgen, was zu besorgen ist für ihn und für die ganze Gemeine vor dem Versammlungszelt, daß sie den Dienst der Wohnung thun, 8. und sie sollen alle Geräthe des Versammlungszeltes besorgen, und was zu besorgen ist für die Söhne Israels, daß sie den Dienst der Wohnung thun. 9. Und du sollst die Leviten Aaron und seinen Söhnen zu eigen geben, aus den Söhnen Israels seyen sie ihm zu eigen gegeben. 10. Und Aaron und seine Söhne sollst du bestellen, daß sie ihr Priesterthum besorgen, und der Fremde, der sich nahet, soll sterben.

11. Und Jehova redete zu Mose, und sprach: 12. siehe! ich habe mir die Leviten genommen aus den Söhnen Israels, anstatt alles Erstgebornen, was die Mutter bricht, unter den Söhnen Israels, daß sie mein seyen die Leviten. 13. Denn mein ist alles Erstgeborne; zu der Zeit, da ich alles Erstgeborne im Lande Aegypten schlug, habe ich mir alles Erstgeborne in Israel geweihet, vom Menschen an bis zum Vieh, daß es mir gehöre, mir, Jehova.

14. Und Jehova redete zu Mose in der Wüste Sinai, und sprach: 15. zähle die Söhne Levis nach ihren Stammhäusern

und ihren Geschlechtern; alles, was männlich ist, von einem
Monden und drüber, zähle sie. 16. Und Mose zählete sie nach
dem Worte Jehovas, so wie er geboten. 17. Und dieß sind
die Söhne Levis nach ihren Namen: Gerson und Kahath und
Merari. 18. Und dieß sind die Namen der Söhne Gersons nach
ihren Geschlechtern: Libni und Simei. 19. Und die Söhne
Kahaths nach ihren Geschlechtern: Amram und Jezehar und
Hebron und Usiel. 20. Und die Söhne Meraris nach ihren
Geschlechtern: Mahali und Musi. Dieß sind die Geschlechter
Levis nach ihren Stammhäusern.

21. Von Gerson das Geschlecht der Libniter und das Geschlecht der Simeiter. Dieß sind die Geschlechter der Gersoniter.
22. Ihre Gezählten, alles, was männlich war, von einem
Monden und drüber, waren sieben tausend fünfhundert. 23. Die
Geschlechter der Gersoniter lagerten sich hinter der Wohnung
gegen Abend. 24. Und der Fürst des Stammhauses der Gersoniter war Eliasaph, Sohn Laels. 25. Und die Besorgung
der Söhne Gersons bey dem Versammlungszelt, war die
Wohnung und das Zelt, seine Decke und der Vorhang der
Thüre des Versammlungszeltes, 26. und die Umhänge des
Vorhofs und der Vorhang der Thüre des Vorhofs, welcher
um die Wohnung und um den Altar ringsum, und seine
Stricke, all sein Zubehör.

27. Und von Kahath das Geschlecht der Amramiter und
das Geschlecht der Jezehariter und das Geschlecht der Hebroniter
und das Geschlecht der Usieliter, dieß sind die Geschlechter der
Kahathiter. 28. Alles, was männlich war, von einem Monden und drüber, waren achttausend sechshundert, die da besorgten die Besorgung des Heiligthums. 29. Die Geschlechter
der Söhne Kahaths lagerten sich an der Seite der Wohnung
gegen Mittag. 30. Und der Fürst des Stammhauses der
Geschlechter der Kahathiter war Elizaphan, Sohn Usiels.
31. Und ihre Besorgung war die Lade und der Tisch und der
Leuchter und die Altäre und die heiligen Gefäße, mit welchen
sie dienen, und der Vorhang und all sein Zubehör. 32. Und

der Fürst der Fürsten Levis war Eleafar, Sohn Aarons, des Priesters, er hatte die Auffsicht über die, welche beforgten die Beforgung des Heiligthums.

33. Von Merari das Geschlecht der Maheliter und das Geschlecht der Musiter, dieß sind die Geschlechter der Meraiter. 34. Und ihre Gezählten, alles, was männlich war, von einem Monden und drüber, waren sechstausend zweyhundert. 35. Und der Fürst des Stammhaufes der Geschlechter der Meraiter war Zuriel, Sohn Abihails. An der Seite der Wohnung lagerten sie sich gegen Mitternacht. 36. Und die Auffsicht und Beforgung der Söhne Meraris waren die Breter der Wohnung und ihre Riegel und ihre Säulen und ihre Füße und alle ihre Geräthe und all ihr Zubehör; 37. und die Säulen des Vorhofs ringsum und ihre Füße und ihre Pfähle und ihre Stricke. 38. Und vor der Wohnung gegen Morgen vor dem Verfammlungszelt, gegen den Aufgang, lagerten sich Mose und Aaron und feine Söhne, welche die Beforgung des Heiligthums beforgten für die Söhne Israels, und der Fremde, der sich nahete, follte sterben.

39. Alle Gezählten der Leviten, welche Mose und Aaron zähleten nach dem Worte Jehovas, nach ihren Geschlechtern, alles, was männlich war, von einem Monden und drüber, waren zwey und zwanzig taufend.

40. Und Jehova sprach zu Mose: zähle alle Erstgebornen, was männlich ist unter den Söhnen Israels, von einem Monden und drüber, und zähle sie nach den einzelnen Namen. 41. Und nimm mir die Leviten, mir, Jehova, anstatt aller Erstgebornen der Söhne Israels, und das Vieh der Leviten anstatt alles Erstgebornen unter dem Vieh der Söhne Israels. 42. Und Mose zählete, so wie Jehova ihm geboten, alle Erstgebornen der Söhne Israels. 43. Und es waren alle Erstgebornen, was männlich war, nach den einzelnen Namen, von einem Monden und drüber, zwey und zwanzig taufend zweyhundert drey und siebenzig.

44. Und Jehova redete zu Mose, und sprach: 45. nimm die Leviten anstatt aller Erstgebornen unter den Söhnen Israels, und das Vieh der Leviten anstatt ihres Viehes, daß die Leviten mir gehören, mir, Jehova. 46. Und zur Lösung der zwey= hundert drey und siebenzig, welche über die Zahl der Leviten sind, von den Erstgebornen der Söhne Israels, 47. nimm je fünf Seckel auf den Kopf; nach dem Seckel des Heiligthums nimm es, zwanzig Gera auf den Seckel. 48. Und gib das Geld Aaron und seinen Söhnen, die Lösung der Ueberzähligen. 49. Also nahm Mose das Lösegeld von den Ueberzähligen über die Lösung der Leviten, 50. von den Erstgebornen der Söhne Israels nahm er das Geld, eintausend dreyhundert fünf und sechzig Seckel, nach dem Seckel des Heiligthums, 51. und Mose gab das Lösegeld Aaron und seinen Söhnen, nach dem Worte Jehovas, so wie Jehova Mosen geboten.

Cap. IV.

Neue Zählung der Leviten zwischen dreyßig und funfzig Jahren, und ihre Bestellung zum Dienst des Heiligthums.

1. Und Jehova redete zu Mose und zu Aaron, und sprach: 2. zähle die Söhne Kahaths unter den Söhnen Levis, nach ihren Geschlechtern, nach ihren Stammhäusern, 3. von dreyßig Jahren und drüber bis zu funfzig Jahren, alles, was zum Heer kommt, um Dienst zu thun bey dem Versamm= lungszelt.

4. Der Dienst der Söhne Kahaths bey dem Versamm= lungszelt ist das Allerheiligste. 5. Und Aaron und seine Söhne sollen hineingehen beym Aufbruch des Heeres, und den Vor= hang abnehmen, und damit bedecken die Lade des Gesetzes, 6. und sollen drüber eine Decke von Seehundsfell thun, und eine Decke von Hyacinth oben darüber breiten, und die Stangen daran thun. 7. Und auf den Tisch der Schaubrode sollen sie eine Decke von Hyacinth breiten, und auf ihn die Schalen und Rauchpfannen und Kannen und Becher zum Aus= und Einschenken legen, und das tägliche Brod soll darauf seyn.

8. Und sollen über das alles ein Tuch von Carmosin breiten, und es mit einer Decke von Seehundsfell bedecken, und die Stangen daran thun. 9. Und sie sollen ein Tuch von Hyacinth nehmen, und den Leuchter und seine Lampen bedecken, und seine Lichtschneuzen und Zangen und alle seine Oelgefäße, mit welchen man den Dienst bey ihm verrichtet, 10. und sollen ihn und alle seine Geräthe in eine Decke von Seehundsfell thun, und auf eine Trage legen. 11. Und auf den goldenen Altar sollen sie ein Tuch von Hyacinth breiten, und ihn bedecken mit einer Decke von Seehundsfell, und die Stangen daran thun. 12. Und sie sollen alle Geräthe nehmen, mit welchen man den Dienst verrichtet im Heiligthum, und in ein Tuch von Hyacinth legen, und bedecken mit einer Decke von Seehundsfell, und auf eine Trage legen. 13. Und sie sollen den Altar von Asche reinigen, und über ihn ein Tuch von Purpur breiten, 14. und auf ihn alle seine Geräthe thun, mit welchen man den Dienst bey ihm verrichtet, die Kohlpfannen und Gabeln und Schaufeln und Schalen, alle Geräthe des Altars, und sollen über ihn eine Decke von Seehundsfell breiten, und seine Stangen daran thun. 15. Wenn nun Aaron und seine Söhne vollendet, das Heiligthum zu bedecken, und alle Geräthe des Heiligthums, beym Aufbruch des Lagers: so sollen darnach die Söhne Kahaths kommen, es zu tragen, aber sie sollen das Heiligthum nicht anrühren, daß sie nicht sterben. Dieß ist die Last der Söhne Kahaths von dem Versammlungszelt. 16. Und Eleasar, dem Sohne Aarons, des Priesters, ist zur Aufsicht anvertrauet das Oel des Leuchters und das wohlriechende Räucherwerk und das tägliche Speisopfer und das Salböl. Also ist zur Aufsicht anvertrauet die ganze Wohnung und alles, was darin ist, das Heiligthum und seine Geräthe.

17. Und Jehova redete zu Mose und zu Aaron, und sprach: 18. lasset nicht den Stamm der Kahathiter umkommen aus den Leviten, 19. sondern thuet dieses mit ihnen, damit sie leben und nicht sterben, wenn sie zum Allerheiligsten nahen: Aaron und seine Söhne sollen hineingehen, und einen jeglichen

stellen zu seinem Dienst und zu seiner Last, 20. aber sie selbst
sollen nicht hinein gehen, und das Heiligthum sehen beym
Bedecken, daß sie nicht sterben.

21. Und Jehova redete zu Mose, und sprach: 22. zähle
die Söhne Gersons, auch sie, nach ihren Stammhäusern, nach
ihren Geschle.htern, 23. von dreyßig Jahren und drüber bis
zu funfzig Jahren mustere sie, alles was zum Heere kommt, um
den Dienst zu thun am Versammlungszelt. 24. Das ist der
Dienst der Geschlechter der Gersoniter zu thun und zu tragen:
25. sie sollen die Teppiche der Wohnung tragen und das Versammlungszelt, seine Decke und die Decke von Seehund oben
drüber und den Vorhang der Thüre des Versammlungszeltes, 26. und die Umhänge des Vorhofs und den Vorhang des
Thores des Vorhofs, welcher um die Wohnung und um den Altar ringsum, und ihre Stricke und alle Geräthe ihres Zubehörs,
und alles, was damit zu thun ist, sollen sie thun. 27. Nach
dem Worte Aarons und seiner Söhne soll aller Dienst der Söhne
der Gersoniter geschehen, alles, was sie zu tragen, und alles,
was sie zu thun haben, und ihr sollt sie bestellen zur Besorgung
alles dessen, was sie zu tragen haben. 28. Das ist der Dienst
der Geschlechter der Söhne der Gersoniter beym Versammlungszelt und ihre Besorgung unter der Aufsicht Ithamars, des
Sohnes Aarons, des Priesters.

29. Die Söhne Meraris, nach ihren Geschlechtern, nach
ihren Stammhäusern zähle auch; 30. von dreißig Jahren und
drüber bis zu funfzig Jahren mustere sie, alles was zum Heere
kommt, um den Dienst des Versammlungszeltes zu thun. 31.
Und das ist ihre Besorgung und Last und ihr ganzer Dienst
beym Versammlungszelt: die Breter der Wohnung und ihre
Riegel und ihre Säulen und ihre Füße, 32. und die Säulen
des Vorhofs ringsum und ihre Füße und ihre Pfähle und ihre
Stricke, alle ihre Geräthe und all ihr Zubehör, und Stück für
Stück zähle ihnen die Geräthe zu, die sie zu besorgen und zu
tragen haben. 33. Das ist der Dienst der Geschlechter der

Söhne Meraris, all ihr Dienst beym Versammlungszelt, unter Aufsicht Ithamars, des Sohnes Aarons, des Priesters.

34. Also musterten Mose und Aaron und die Fürsten der Gemeine die Söhne der Kahathiter nach ihren Geschlechtern, und nach ihren Stammhäusern, 35. von dreyßig Jahren und drüber bis zu funfzig Jahren, alles was zum Heere kam, zum Dienste beym Versammlungszelt. 36. Und die Gemusterten waren nach ihren Geschlechtern: zwey tausend sieben hundert und funfzig. 37. Das sind die Gemusterten der Geschlechter der Kahathiter, die da dieneten am Versammlungszelt, welche Mose und Aaron musterten nach dem Worte Jehovas durch Mose. 38. Und die Gemusterten der Söhne Gersons nach ihren Geschlechtern und nach ihren Stammhäusern, 39. von dreyßig Jahren und drüber bis zu funfzig Jahren, alles was zum Heere kam, zum Dienste beym Versammlungszelt, 40. die Gemusterten nach ihren Geschlechtern und nach ihren Stammhäusern waren zwey tausend sechs hundert und dreyßig. 41. Das sind die Gemusterten der Geschlechter der Söhne Gersons, die da dieneten beym Versammlungszelt, welche Mose und Aaron musterten nach dem Worte Jehovas. 42. Und die Gemusterten der Söhne Meraris nach ihren Geschlechtern und nach ihren Stammhäusern, 43. von dreyßig Jahren und drüber bis zu funfzig Jahren, alles was zum Heere kam, zum Dienste beym Versammlungszelt, 44. die Gemusterten waren nach ihren Geschlechtern drey tausend zwey hundert. 45. Das sind die Gemusterten der Geschlechter Meraris, welche Mose und Aaron musterten nach dem Worte Jehovas durch Mose. 46. Alle die Gemusterten, welche Mose und Aaron und die Fürsten Israels musterten, die Leviten nach ihren Geschlechtern und nach ihren Stammhäusern, 47. von dreyßig Jahren und drüber bis zu funfzig Jahren, alles was zum Heere kam, um Dienst zu thun und Last beym Versammlungszelt, 48. die Gemusterten waren acht tausend fünf hundert und achtzig. 49. Nach dem Worte Jehovas musterte man sie unter Aufsicht Moses, einen jeglichen zu seinem Dienste und zu seiner Last, so wie Jehova Mosen geboten.

Cap. V, 1 — 4.

Fortschaffung der Unreinen aus dem Lager.

1. Und Jehova redete zu Mose, und sprach: 2. gebiete den Söhnen Israels, daß sie aus dem Lager schaffen alle Aussätzigen, alle mit einem Fluß behafteten und alle durch Leichen verunreinigten; 3. beyde Mann und Weib sollt ihr sie fortschaffen, hinaus vor das Lager sollt ihr sie schaffen, damit sie nicht ihr Lager verunreinigen, darinnen ich unter ihnen wohne. 4. Und es thaten also die Söhne Israels, und schafften sie fort hinaus vor das Lager; so wie Jehova geredet zu Mose, also thaten die Söhne Israels.

Cap. V, 5 — 10.

Von Erstattung der Verschuldungen.

5. Und Jehova redete zu Mose und sprach: 6. sprich zu den Söhnen Israels: Wenn ein Mann oder ein Weib irgend eine Sünde thun, womit sich Menschen versündigen, und sich vergehen wider Jehova, und sich verschulden: 7. so sollen sie ihre Sünde bekennen, die sie gethan, und sollen ihre Schuld erstatten die Summe selbst, und das Fünftheil sollen sie dazu thun, und sollen es bezahlen dem, wider den sie sich verschuldet. 8. Und wenn der Mann keinen nächsten Verwandten hat, dem sie die Schuld erstatten könnten, so gehöret die erstattete Schuld Jehova, dem Priester, außer dem Widder der Versöhnung, mit welchem sie versöhnet werden. 9. Und alle Heben von allen Opfern der Söhne Israels, die sie dem Priester bringen, sollen ihm gehören. 10. Und wenn jemand seine Opfer.... so sollen sie ihm gehören, wenn jemand etwas dem Priester geben wird, so soll es ihm gehören.

Cap. V, 11 — 31.

Gebräuche, im Fall ein Mann eifersüchtig ist auf sein Weib.

11. Und Jehova redete zu Mose, und sprach: 12. rede zu den Söhnen Israels, und sprich zu ihnen: Wenn einem

Manne sein Weib untreu wird, und sich an ihm vergehet,
13. und ein anderer beschläfet sie, und es ist verborgen vor
den Augen ihres Mannes, und sie ist heimlich verunreiniget,
und es ist kein Zeuge da gegen sie, und sie ist nicht ergriffen
worden; 14. und es kommt über ihn der Geist der Eifersucht,
daß er eifersüchtig ist auf sein Weib, sie sey verunreiniget
oder sey nicht verunreiniget: 15. so soll der Mann sein Weib
zum Priester führen, und soll sein Opfer bringen ihrethalben,
ein Zehntheil Epha Gerstenmehl, kein Oel soll er darauf gießen, und keinen Weihrauch soll er darauf thun, denn es ist
ein Speisopfer der Eifersucht, ein Speisopfer der Rüge, rü-
gend Vergehung. 16. Und der Priester soll sie hinzuführen,
und vor Jehova stellen, 17. und soll heiliges Wasser nehmen
in irdenem Gefäß, und soll Staub vom Boden der Wohnung
nehmen und ins Wasser thun, 18. und soll das Weib vor Jehova stellen, und das Haupt des Weibes entblößen, und in
ihre Hände das Speisopfer der Rüge thun, das Speisopfer
der Eifersucht, und in seiner Hand soll er das fluchbringende
Wasser des Wehes haben. 19. Und der Priester soll sie beschwören, und zu dem Weibe sprechen: hat kein Mann bey
dir gelegen, und bist du nicht untreu gewesen gegen deinen
Mann, und hast dich nicht verunreiniget: so soll dir dieses
fluchbringende Wasser des Wehes nicht schaden. 20. Wo du
aber untreu gewesen gegen deinen Mann, und hast dich verunreiniget, und hat ein Mann dich beschlafen außer deinem
Manne. ... 21. Da soll der Priester das Weib beschwören
mit diesem Schwure, und soll zu dem Weibe sagen: so mache
dich Jehova zum Fluch und Schwur unter deinem Volke, und
Jehova mache deine Hüfte schwinden, und deinen Leib einfallen*), 22. und es bringe dieß fluchbringende Wasser in deine Eingeweide, daß der Leib einfalle, und die Hüfte schwinde.
Und das Weib soll sagen: es geschehe! 23. Und der Priester

_____

*) Gew. schwellen.

soll diese Flüche aufschreiben auf eine Rolle, und sie abwaschen
in das Wasser des Wehes, 24. und soll dem Weibe das fluchbringende Wasser des Wehes zu trinken geben, daß das fluchbringende Wasser in sie dringe zum Weh. 25. Und der Priester soll aus der Hand des Weibes das Speisopfer der Eifersucht nehmen, und es weben vor Jehova, und es darbringen
zum Altar, 26. und soll eine Hand voll vom Speisopfer nehmen als Opfertheil, und es anzünden auf dem Altar, und darnach soll er dem Weibe das Wasser zu trinken geben. 27.
Und hat er das Wasser ihr zu trinken gegeben, und hat sie
sich verunreiniget, und hat sich vergangen an ihrem Manne;
so wird das fluchbringende Wasser in sie dringen zum Weh,
und es wird ihr Leib einfallen, und ihre Hüfte schwinden,
und das Weib wird zum Fluche werden unter ihrem Volke.
28. Hat sich aber das Weib nicht verunreiniget, und ist sie
rein: so wird es ihr nicht schaden, und sie wird Samen erhalten.

29. Dieß ist das Gesetz über die Eifersucht. Wenn ein
Weib gegen ihren Mann untreu ist, und sich verunreiniget,
30. oder wenn auf einen Mann der Geist der Eifersucht kommt,
daß er eifersüchtig ist auf sein Weib: so soll er das Weib vor
Jehova stellen, und der Priester soll ihr thun nach diesem Gesetze. 31. Und der Mann ist frey von Schuld, und dasselbe
Weib trägt ihre Schuld.

Cap. VI.

Gesetz von den Nasiräern oder Geweiheten.

1. Und Jehova redete zu Mose, und sprach: 2. rede
zu den Söhnen Israels, und sprich zu ihnen: Wenn ein
Mann, oder ein Weib sich absondert, und das Gelübd eines
Geweiheten gelobet, Jehova sich zu weihen: 3. so soll er
sich des Weines und starken Getränkes enthalten. Essig von
Wein und Essig von starkem Getränke soll er nicht trinken,
und nichts zubereitetes aus Trauben soll er trinken, und we-

der frische noch trockene Trauben soll er essen. 4. Die ganze
Zeit seiner Weihe soll er nichts, was vom Weinstock gemacht
wird, von den Kernen bis zur Schale, essen. 5. Die ganze
Zeit seines Weih=Gelübdes soll kein Scheermesser auf sein
Haupt kommen; bis die Tage voll sind, die er Jehova ge=
weiht, soll er heilig seyn; frey wachsen soll er lassen das
Haar seines Hauptes. 6. Die ganze Zeit, die er Jehova
geweihet, soll er zu keinem Todten kommen. 7. Auch an
seinem Vater und an seiner Mutter, an seinem Bruder und
an seiner Schwester soll er sich nicht verunreinigen, wenn sie
todt sind; denn die Weihe seines Gottes ist auf seinem
Haupte. 8. Die ganze Zeit seiner Weihe ist er Jehova hei=
lig. 9. Und wenn ein Todter bey ihm stürbe unversehens,
plötzlich, daß er sein geweihetes Haar verunreinigte, so soll
er sein Haupt bescheeren am Tage seiner Reinigung, am
siebenten Tage. 10. Und am achten Tage soll er zwo Tur=
teltauben bringen, oder zwo junge Tauben, zum Priester,
vor die Thüre des Versammlungszeltes. 11. Und der Priester
soll eine opfern zum Sündopfer und eine zum Brandopfer,
und soll ihn versöhnen wegen des, daß er sich versündiget
an dem Todten. Und er soll also sein Haupt heiligen an
demselben Tage, 12. und soll Jehova wieder die Zeit seiner
Weihe weihen, und soll ein jährig Lamm bringen zum Schuld=
opfer. Die erste Zeit aber ist verfallen, denn seine Weihe
war verunreiniget.

13. Und dieß ist das Gesetz vom Geweiheten. Wenn
die Tage seiner Weihe voll sind, so soll man ihn bringen
vor die Thüre des Versammlungszeltes. 14. Und er soll
sein Opfer Jehova darbringen, ein jährig Lamm, fehlerlos,
zum Brandopfer, ein weiblich jährig Lamm, fehlerlos, zum
Sündopfer, und einen Widder, fehlerlos, zum Freudenopfer,
15. und einen Korb mit ungesäuertem Kuchen, von Weiß=
mehl, begoßen mit Oel, und ungesäuerte Fladen, bestrichen
mit Oel, und dazu Speisopfer und Trankopfer. 16. Und
der Priester soll es darbringen vor Jehova, und sein Sünd=

opfer und sein Brandopfer verrichten. 17. Und den Widder soll er zum Freudenopfer Jehova opfern, mit dem Korbe des Ungesäuerten und mit dem Speisopfer und dem Trankopfer. 18. Und der Geweihete soll vor der Thüre des Versammlungs= zeltes sein geweihetes Haupt scheeren, und soll sein geweihetes Haar nehmen, und ins Feuer thun, welches unter dem Freu= denopfer brennet. 19. Und der Priester soll die gekochte Schulter vom Widder nehmen und einen ungesäuerten Kuchen aus dem Korbe und einen ungesäuerten Fladen, und auf die Hände des Geweiheten thun, nachdem er sein Geweihstes geschoren, 20. und soll es weben als Webe vor Jehova; es ist dem Priester heilig, außer der Webe=Brust und außer der Hebe=Schulter, und darnach mag der Geweihete Wein trinken. 21. Das ist das Gesetz vom Geweiheten, der sein Opfer Jehova gelobet wegen seiner Weihe, außer dem was er sonst vermag zu opfern; nach seinem Gelübd, das er gelobet, darnach muß er thun, außer dem Gesetz seiner Weihe.

Cap. VI, 22 — 27.

Hoherpriesterlicher Segen.

22. Und Jehova redete zu Mose, und sprach: 23. rede zu Aaron und zu seinen Söhnen, und sprich: so sollt ihr segnen die Söhne Israels, und zu ihnen sprechen:

24. Jehova segne dich, und behüte dich,

25. Jehova lasse dir strahlen sein Angesicht, und sey dir gnädig.

26. Jehova erhebe zu dir sein Angesicht, und gebe dir Frieden.

27. Also sollen sie meinen Namen auf die Söhne Israels legen, und ich will sie segnen.

Cap. VII, 1 — 88.

Geschenke der Stammfürsten zur Einweihung des heiligen Zeltes.

1. Und es geschah, als Mose vollendet, die Wohnung aufzurichten, und sie gesalbet und geweihet und alle ihre Geräthe und den Altar und alle seine Geräthe, als er dieß alles gesalbet und geweihet: 2. da brachten die Fürsten von Israel, die Häupter ihrer Stammhäuser, die Fürsten der Stämme, welche über das Heer gesetzt waren, 3. sie brachten ihre Gabe vor Jehova, sechs bedeckte Wagen und zwölf Rinder, je einen Wagen für zween Fürsten und je einen Ochsen für einen, die brachten sie vor die Wohnung. 4. Und Jehova sprach zu Mose: 5. nimm es von ihnen, und es sey zum Dienste des Versammlungszeltes, und vertheile es unter die Leviten, einem jeglichen nach Verhältniß seines Dienstes. 6. Da nahm Mose die Wagen und die Rinder, und gab sie den Leviten. 7. Zween Wagen und vier Rinder gab er den Söhnen Gersons nach Verhältniß ihres Dienstes. 8. Und vier Wagen und acht Rinder gab er den Söhnen Meraris nach Verhältniß ihres Dienstes, unter Aufsicht Ithamars, des Sohnes Aarons, des Priesters. 9. Aber den Söhnen Kahaths gab er nichts, denn auf ihnen ist der Dienst des Heiligthums, sie tragen es auf ihren Schultern. 10. Auch brachten die Fürsten Gaben zur Einweihung des Altars, als er gesalbet wurde, die Fürsten brachten ihre Gaben vor den Altar. 11. Und Jehova sprach zu Mose: je ein Fürst auf einen Tag sollen sie ihre Gaben darbringen zur Einweihung des Altars.

12. Und der seine Gabe darbrachte am ersten Tage, war Nahesson, Sohn Amminadabs, vom Stamme Juda. 13. Und seine Gabe war: eine silberne Schüssel, hundert und dreyßig Seckel ihr Gewicht, eine silberne Schale, siebenzig Seckel, nach dem Seckel des Heiligthums, beyde gefüllet mit Weißmehl, begoßen mit Oel, zum Speißopfer, 14. ein goldener Becher, zehen Seckel, gefüllet mit Räucherwerk, 15. ein junger Stier,

ein Widder, ein jährig Lamm, zum Brandopfer, 16. ein Zie=
genbock zum Sündopfer, 17. und zum Freudenopfer zwey Rin=
der, fünf Widder, fünf Böcke, fünf jährige Lämmer. Dieß
war die Gabe Nahessons, des Sohnes Amminadabs.

18. Am zweyten Tage brachte Nethaneel, Sohn Zuars,
Fürst von Issaschar, seine Gabe. 19. Er brachte als Gabe:
eine silberne Schüssel, hundert und dreyßig Seckel ihr Ge=
wicht, eine silberne Schale, siebenzig Seckel, nach dem Sek=
kel des Heiligthums, beyde gefüllet mit Weißmehl, begoßen
mit Oel, zum Speisopfer, 20. einen goldenen Becher, zehen
Seckel, gefüllet mit Räucherwerk, 21. einen jungen Stier,
einen Widder, ein jährig Lamm, zum Brandopfer, 22. einen
Ziegenbock zum Sündopfer, 23. und zum Freudenopfer zwey
Rinder, fünf Widder, fünf Böcke, fünf jährige Lämmer.
Dieß war die Gabe Nethaneels, des Sohnes Zuars.

24. Am dritten Tage der Fürst der Söhne Sebulons,
Eliab, Sohn Helons. 25. Seine Gabe: eine silberne
Schüssel, hundert und dreyßig Seckel ihr Gewicht, eine sil=
berne Schale, siebenzig Seckel, nach dem Seckel des Heilig=
thums, beyde gefüllet mit Weißmehl, begoßen mit Oel, zum
Speisopfer, 26. ein goldner Becher, zehen Seckel, gefüllet
mit Räucherwerk, 27. ein junger Stier, ein Widder, ein jäh=
rig Lamm, zum Brandopfer, 28. ein Ziegenbock zum Sünd=
opfer, 29. und zum Freudenopfer zwey Rinder, fünf Widder,
fünf Böcke, fünf jährige Lämmer. Dieß war die Gabe Eliabs,
des Sohnes Helons.

30. Am vierten Tage der Fürst der Söhne Rubens, Eli=
zur, Sohn Sedeurs. 31. Seine Gabe: eine silberne Schüs=
sel, hundert und dreyßig Seckel ihr Gewicht, eine silberne
Schale, siebenzig Seckel, nach dem Seckel des Heiligthums,
beyde gefüllet mit Weißmehl, begoßen mit Oel, zum Speis=
opfer, 32. ein goldner Becher, zehen Seckel, gefüllet mit
Räucherwerk, 33. ein junger Stier, ein Widder, ein jährig
Lamm, zum Brandopfer, 34. ein Ziegenbock zum Sündopfer,
35. und zum Freudenopfer zwey Rinder, fünf Widder, fünf

Böcke, fünf jährige Lämmer. Dieß war die Gabe Elizurs, des Sohnes Sedeurs.

36. Am fünften Tage der Fürst der Söhne Simeons, Selumiel, Sohn Zurisadais. 37. Seine Gabe: eine silberne Schüssel, hundert und dreyßig Seckel ihr Gewicht, eine silberne Schale, siebenzig Seckel, nach dem Seckel des Heiligthums, beyde gefüllet mit Weißmehl, begoßen mit Oel, zum Speisopfer, 38. ein goldener Becher, zehen Seckel, gefüllet mit Räucherwerk, 39. ein junger Stier, ein Widder, ein jährig Lamm, zum Brandopfer, 40. ein Ziegenbock zum Sündopfer, 41. und zum Freudenopfer zwey Rinder, fünf Widder, fünf Böcke, fünf jährige Lämmer. Dieß war die Gabe Selumiels, des Sohnes Zurisadais.

42. Am sechsten Tage der Fürst der Söhne Gads, Eliasaph, Sohn Deguels. 43. Seine Gabe: eine silberne Schüssel, hundert und dreyßig Seckel ihr Gewicht, eine silberne Schale, siebenzig Seckel, nach dem Seckel des Heiligthums, beyde gefüllet mit Weißmehl, begoßen mit Oel, zum Speisopfer, 44. ein goldner Becher, zehen Seckel, gefüllet mit Räucherwerk, 45. ein junger Stier, ein Widder, ein jährig Lamm, zum Brandopfer, 46. ein Ziegenbock zum Sündopfer, 47. und zum Freudenopfer zwey Rinder, fünf Widder, fünf Böcke, fünf jährige Lämmer. Dieß war die Gabe Eliasaphs, des Sohnes Deguels.

48. Am siebenten Tage der Fürst der Söhne Ephraims, Elisama, Sohn Ammihuds. 49. Seine Gabe: eine silberne Schüssel, hundert und dreyßig Seckel ihr Gewicht, eine silberne Schale, siebenzig Seckel, nach dem Seckel des Heiligthums, beyde gefüllet mit Weißmehl, begoßen mit Oel zum Speisopfer, 50. ein goldener Becher, zehen Seckel, gefüllet mit Räucherwerk, 51. ein junger Stier, ein Widder, ein jährig Lamm, zum Brandopfer, 52. ein Ziegenbock zum Sündopfer, 53. und zum Freudenopfer zwey Rinder, fünf Widder, fünf Böcke, fünf jährige Lämmer. Dieß war die Gabe Elisamas, des Sohnes Ammihuds.

54. Am achten Tage der Fürst der Söhne Manasses, Gamliel, Sohn Pedazurs. 55. Seine Gabe: eine silberne Schüs-

sel, hundert und dreyßig Seckel ihr Gewicht, eine silberne
Schale, siebenzig Seckel, nach dem Seckel des Heiligthums,
beyde gefüllet mit Weißmehl, begoßen mit Oel, zum Speis:
opfer, 56. ein goldener Becher, zehen Seckel, gefüllet mit
Räucherwerk, 57. ein junger Stier, ein Widder, ein jährig
Lamm, zum Brandopfer, 58. ein Ziegenbock zum Sündopfer,
59. und zum Freudenopfer zwey Rinder, fünf Widder, fünf
Böcke, fünf jährige Lämmer. Dieß war die Gabe Gamliels,
des Sohnes Pedazurs.

60. Am neunten Tage der Fürst der Söhne Benjamins,
Abidan, Sohn Gideonis. 61. Seine Gabe: eine silberne
Schüssel, hundert und dreyßig Seckel ihr Gewicht, eine sil:
berne Schale, siebenzig Seckel, nach dem Seckel des Heilig:
thums, beyde gefüllet mit Weißmehl, begoßen mit Oel, zum
Speisopfer, 62. ein goldener Becher, zehen Seckel, gefüllet
mit Räucherwerk, 63. ein junger Stier, ein Widder, ein jäh:
rig Lamm, zum Brandopfer, 64. ein Ziegenbock zum Sünd:
opfer, 65. und zum Freudenopfer zwey Rinder, fünf Widder,
fünf Böcke, fünf jährige Lämmer. Dieß war die Gabe Abi:
dans, des Sohnes Gideonis.

66. Am zehenten Tage der Fürst der Söhne Dans, Ahie:
ser, Sohn Ammisadais. 67. Seine Gabe: eine silberne Schüs:
sel, hundert und dreyßig Seckel ihr Gewicht, eine silberne
Schale, siebenzig Seckel, nach dem Seckel des Heiligthums,
beyde gefüllet mit Weißmehl, begoßen mit Oel, zum Speis:
opfer, 68. ein goldener Becher, zehen Seckel, gefüllet mit
Räucherwerk, 69. ein junger Stier, ein Widder, ein jährig
Lamm, zum Brandopfer, 70. ein Ziegenbock zum Sündopfer,
71. und zum Freudenopfer zwey Rinder, fünf Widder, fünf
Böcke, fünf jährige Lämmer. Dieß war die Gabe Ahiesers,
des Sohnes Ammisadais.

72. Am eilften Tage der Fürst der Söhne Assers, Pagiel,
Sohn Ochrans. 73. Seine Gabe: eine silberne Schüssel, hun:
dert und dreyßig Seckel ihr Gewicht, eine silberne Schale,
siebenzig Seckel, nach dem Seckel des Heiligthums, beyde

gefüllet mit Weißmehl, begoßen mit Oel, zum Speisopfer, 74. ein goldener Becher, zehen Seckel, gefüllet mit Räucherwerk, 75. ein junger Stier, ein Widder, ein jährig Lamm, zum Brandopfer, 76. ein Ziegenbock zum Sündopfer, 77. und zum Freudenopfer zwey Rinder, fünf Widder, fünf Böcke, fünf jährige Lämmer. Dieß war die Gabe Pagiels, des Sohnes Ochrans.

78. Am zwölften Tage der Fürst der Söhne Naphthalis, Ahira, Sohn Enans. 79. Seine Gabe: eine silberne Schüssel, hundert und dreyßig Seckel ihr Gewicht, eine silberne Schale, siebenzig Seckel, nach dem Seckel des Heiligthums, beyde gefüllet mit Weißmehl, begoßen mit Oel, zum Speisopfer, 80. ein goldener Becher, zehen Seckel, gefüllet mit Räucherwerk, 81. ein junger Stier, ein Widder, ein jährig Lamm, zum Brandopfer, 82. ein Ziegenbock zum Sündopfer, 83. und zum Freudenopfer zwey Rinder, fünf Widder, fünf Böcke, fünf jährige Lämmer. Dieß war die Gabe Ahiras, des Sohnes Enans.

84. Dieß waren die Gaben zur Einweihung des Altars, als er gesalbet worden, von den Fürsten von Israel, zwölf silberne Schüsseln, zwölf silberne Schalen, zwölf goldene Becher. 85. hundert und dreyßig Seckel Silbers eine Schüssel, und siebenzig Seckel eine Schale, alles Silber der Gefäße war zwey tausend vier hundert Seckel, nach dem Seckel des Heiligthums. 86. Die zwölf goldenen Becher, gefüllet mit Räucherwerk, jeder Becher von zehen Seckel, nach dem Seckel des Heiligthums, alles Gold der Becher war hundert und zwanzig Seckel. 87. Die Rinder zum Brandopfer waren zwölf Stiere; zwölf Widder, zwölf jährige Lämmer und das Speisopfer dazu, und zwölf Ziegenböcke zum Sündopfer. 88. Und alle Rinder zum Freudenopfer waren vier und zwanzig Stiere; sechzig Widder, sechzig Böcke, sechzig jährige Lämmer. Dieß waren die Gaben zur Einweihung des Altars, nachdem er gesalbet worden.

Cap. VII, 89.

Moses Unterredung mit Jehova.

89. Und wenn Mose ins Versammlungszelt ging, um mit ihm zu reden, so hörete er eine Stimme, die zu ihm redete vom Deckel auf der Lade des Gesetzes, zwischen den Cherubs, und er redete zu ihm.

Cap. VIII, 1—4.

Etwas vom Leuchter.

1. Und Jehova redete zu Mose, und sprach: 2. rede zu Aaron, und sprich zu ihm: wenn du die Lampen aufsetzest, so sollen sie vorne hin vor den Leuchter scheinen die sieben Lampen. 3. Und Aaron that also, vorne hin vor den Leuchter setzte er die Lampen auf, so wie Jehova Mosen geboten. 4. Und das war die Arbeit des Leuchters: aus dem Ganzen von Gold war er, sein Schaft und seine Blumen waren aus dem Ganzen, so wie es Jehova Mosen gezeigt, also machte er den Leuchter.

Cap. VIII, 5—26.

Einweihung der Leviten.

5. Und Jehova redete zu Mose, und sprach: 6. nimm die Leviten aus den Söhnen Israels, und reinige sie. 7. Und also sollst du mit ihnen thun bey ihrer Reinigung: sprenge gegen sie Wasser der Entsündigung, und sie sollen sich mit dem Scheermesser über ihren ganzen Leib abscheeren, und ihre Kleider waschen, daß sie rein seyen. 8. Darnach sollen sie einen jungen Stier nehmen, und Speisopfer dazu, Weißmehl, begossen mit Oel, und du sollst einen andern jungen Stier nehmen zum Sündopfer. 9. Und sollst die Leviten hinzuführen vor das Versammlungszelt, und die ganze Gemeine der Söhne Israels versammeln. 10. Und sollst also die Leviten

hinzuführen vor Jehova, und die Söhne Israels sollen ihre
Hände auf die Leviten legen. 11. Und Aaron soll die Leviten
weben als Webe vor Jehova, von den Söhnen Israels, auf
daß sie den Dienst des Heiligthums thun. 12. Und die Leviten sollen ihre Hände auf das Haupt der Stiere legen, und
man soll einen zum Sündopfer und einen zum Brandopfer Jehova opfern, die Leviten zu versöhnen. 13. Und stelle
die Leviten vor Aaron und vor seine Söhne, und webe sie als
Webe vor Jehova. 14. Und sondere also die Leviten aus von
den Söhnen Israels, daß sie mein seyen, die Leviten. 15.
Und darnach sollen die Leviten hineingehen, zu dienen am
Versammlungszelt, wenn du sie gereiniget und gewebet als
Webe. 16. Denn zu eigen sind sie mir gegeben von den Söhnen Israels; anstatt alles Erstgebornen, was die Mutter bricht,
unter den Söhnen Israels, hab ich sie mir genommen. 17.
Denn mein ist alles Erstgeborne unter den Söhnen Israels,
an Menschen und an Vieh; zur Zeit, da ich alles Erstgeborne
schlug im Lande Aegypten, habe ich es mir geheiliget. 18.
Und ich nahm die Leviten, anstatt alles Erstgebornen unter den
Söhnen Israels, 19. und gab sie Aaron und seinen Söhnen zu
eigen aus den Söhnen Israels, daß sie den Dienst der Söhne Israels am Versammlungszelt thun, und die Söhne Israels versöhnen, auf daß nicht über die Söhne Israels eine
Plage komme, so sie nahen zum Heiligthum. 20. Und es
thaten also Mose und Aaron und die ganze Gemeine der
Söhne Israels mit den Leviten; so wie Jehova Mosen geboten wegen der Leviten, also thaten mit ihnen die Söhne Israels. 21. Und die Leviten entsündigten sich, und wuschen
ihre Kleider, und Aaron webete sie als Webe vor Jehova,
und versöhnete sie zu ihrer Reinigung. 22. Und darnach
gingen die Leviten hinein, ihren Dienst zu thun am Versammlungszelt vor Aaron und vor seinen Söhnen; so wie Jehova Mosen geboten wegen der Leviten, also thaten sie mit
ihnen.

23. Und Jehova redete zu Mose und sprach: 24. also soll es mit den Leviten gehalten werden: wer fünf und zwanzig Jahr alt ist und drüber, soll zum Heere kommen, zum Dienste des Versammlungszeltes. 25. Und wer funfzig Jahr alt ist, soll abtreten vom Dienste, und soll nicht mehr dienen. 26. Er mag seine Brüder bedienen am Versammlungszelt, und besorgen was zu besorgen ist; aber Dienst soll er nicht thun. Also sollst du mit den Leviten thun wegen ihrer Verrichtungen.

Cap. IX, 1 — 14.

Gesetz über die, welche das Passah nicht zur gehörigen Zeit essen können.

1. Und Jehova redete zu Mose in der Wüste Sinai, im zweyten Jahre nach ihrem Auszug aus dem Lande Aegypten, im ersten Mond, und sprach: 2. die Söhne Israels sollen das Passah halten zu seiner Zeit. 3. Am vierzehnten Tage in diesem Mond gegen Abend sollt ihr es halten zu seiner Zeit; nach allen seinen Satzungen und nach all seinen Gebräuchen sollt ihr es halten. 4. Und Mose redete zu den Söhnen Israels, daß sie das Passah halten sollten. 5. Und sie hielten das Passah im ersten Mond, am vierzehnten Tage des Monden, gegen Abend, in der Wüste Sinai, so wie Jehova Mosen geboten, also thaten die Söhne Israels.

6. Und es waren etliche Männer durch Leichen verunreiniget, und konnten nicht das Passah halten an demselben Tage, die traten vor Mose und vor Aaron an demselben Tage, 7. und sprachen zu ihm: wir haben uns durch Leichen verunreiniget, warum sollen wir nachstehen, und nicht das Opfer Jehovas darbringen zu seiner Zeit mit den Söhnen Israels? 8. Und Mose sprach zu ihnen: harret, ich will hören, was euch Jehova gebieten wird. 9. Und Jehova redete zu Mose, und sprach: 10. rede zu den Söhnen Israels, und sprich: Wenn jemand unrein ist durch eine Leiche, oder

ist auf einem weiten Wege fern von euch, oder von euren
künftigen Geschlechtern; so soll er doch das Passah halten;
11. im zweyten Mond am vierzehnten Tage gegen Abend sollen
sie es halten, mit Ungesäuertem und bittern Kräutern sollen sie
es essen, 12. und sollen nichts übrig lassen bis an den Morgen, und kein Bein sollen sie daran brechen, nach aller Satzung
des Passahs sollen sie es halten. 13. Wer aber rein ist, und
nicht auf dem Wege ist, und unterläßt das Passah zu halten,
dieselbe Seele soll ausgerottet werden aus ihrem Volke, weil
er das Opfer Jehovas nicht dargebracht zu seiner Zeit; derselbe Mensch trägt seine Schuld. 14. Und wenn ein Fremdling sich aufhält bey euch, der soll auch das Passah Jehova
halten, nach der Satzung des Passahs und nach seinem Gebrauche
soll ers halten; Eine Satzung soll seyn für euch und für
den Fremdling und für den Einheimischen des Landes.

Cap. IX, 15 — 23.

Von der Wolken- und Feuersäule.

15. Und des Tages, da die Wohnung aufgerichtet ward,
bedeckte eine Wolke die Wohnung des Zeltes des Gesetzes, und des
Abends war sie auf der Wohnung anzusehen wie Feuer bis an den
Morgen. 16. Also war es allezeit, eine Wolke bedeckte die
Wohnung, und sie war wie Feuer anzusehen des Nachts.
17. Und so wie sich die Wolke erhob von dem Zelte, so brachen
darnach die Söhne Israels auf, und an dem Orte, wo die
Wolke stehen blieb, daselbst lagerten sich die Söhne Israels.
18. Nach dem Willen Jehovas brachen die Söhne Israels auf,
und nach dem Willen Jehovas lagerten sie sich. Die ganze
Zeit, daß die Wolke stehen blieb auf der Wohnung, lagerten
sie sich. 19. Und wenn die Wolke lange Zeit stehen blieb auf
der Wohnung, beobachteten die Söhne Israels den Gehorsam
gegen Jehova, und brachen nicht auf. 20. Und war es, daß
die Wolke wenige Tage auf der Wohnung blieb, so lagerten sie

sich nach dem Willen Jehovas, und brachen auf nach dem Willen Jehovas. 21. Und war es, daß die Wolke blieb vom Abend bis zum Morgen, und sich erhob am Morgen: so brachen sie auf; oder sie blieb Tag und Nacht, und erhob sich: so brachen sie auf; 22. oder sie blieb zween Tage oder einen Monden oder längere Zeit: so lange als die Wolke auf der Wohnung blieb, lagerten sich die Söhne Israels, und brachen nicht auf; wenn sie sich aber erhob, so brachen sie auf. 23. Nach dem Willen Jehovas lagerten sie sich, und nach dem Willen Jehovas brachen sie auf; sie beobachteten den Gehorsam gegen Jehova, nach dem Willen Jehovas durch Mose.

Cap. X, 1 — 10.

Von den heiligen Trompeten.

1. Und Jehova redete zu Mose, und sprach: 2. mache dir zwo Trompeten von Silber, aus dem Ganzen mache sie, daß du sie brauchest zur Berufung der Gemeine und beym Aufbruch der Lager. 3. Und wenn man in beyde Trompeten stößet, so soll sich zu dir die ganze Gemeine versammeln vor die Thüre des Versammlungszeltes. 4. Und wenn man in Eine stößet, so sollen sich zu dir die Fürsten versammeln, die Häupter der Stämme Israels. 5. Und blaset ihr Lerm, so sollen die Lager aufbrechen, die gelagert sind gegen Morgen. 6. Und blaset ihr Lerm zum zweyten Mal, so sollen die Lager aufbrechen, die gelagert sind gegen Mittag; Lerm sollt ihr blasen bey eurem Aufbruch. 7. Wenn ihr aber die Versammlung versammelt, so sollt ihr bloß in die Trompeten stoßen, und nicht Lerm blasen.

8. Die Söhne Aarons, die Priester, sollen mit den Trompeten blasen, und es soll euch eine ewige Satzung seyn auf eure künftigen Geschlechter. 9. Und wenn ihr in den Streit ziehet in eurem Lande wider eure Feinde, die euch befeinden, so sollt ihr mit den Trompeten blasen, dann wird

eurer gedacht werden vor Jehova, eurem Gott, und ihr werdet siegen über eure Feinde.. 10. Auch an euren Freudentagen und an euren Festen und an euren Neumonden sollt ihr mit den Trompeten blasen, bey euren Brandopfern und bey euren Freudenopfern, daß eurer gedacht werde vor eurem Gott. Ich bin Jehova, euer Gott.

Cap. X, 11 — 36.

Aufbruch der Israeliten aus der Wüste Sinai.

11. Und es geschah im zweyten Jahr, im zweyten Mond, am zwanzigsten des Monden, da erhob sich die Wolke von der Wohnung des Gesetzes. 12. Und es brachen auf die Söhne Israels aus der Wüste Sinai, und die Wolke blieb stehen in der Wüste Paran. 13. Und es brachen zuerst auf nach dem Worte Jehovas durch Mose, 14. es brach auf das Panier des Lagers der Söhne Judas zuerst mit seinen Heeren, über ihr Heer war Nahesson, Sohn Amminadabs, 15. und über das Heer des Stammes der Söhne Issaschars Nethaneel, Sohn Zuars, 16. und über das Heer des Stammes der Söhne Sebulons Eliab, Sohn Helons. 17. Da ward die Wohnung abgenommen, und es brachen auf die Söhne Gersons und die Söhne Meraris, welche die Wohnung trugen. 18. Darnach brach auf das Panier des Lagers Rubens mit seinen Heeren, und über ihr Heer war Elizur, Sohn Sedeurs, 19. und über das Heer des Stammes der Söhne Simeons Selumiel, Sohn Zurisadais, 20. und über das Heer des Stammes der Söhne Gads Eliasaph, Sohn Deguels. 21. Da brachen auch die Kahathiter auf, welche das Heiligthum trugen, und [Aaron und seine Söhne] stelleten die Wohnung auf, bis sie kamen. 22. Darnach brach auf das Panier der Söhne Ephraims mit seinen Heeren, und über ihr Heer war Elisama, Sohn Ammihuds, 23. und über das Heer des Stammes der Söhne Manasses Gamliel, Sohn Pedazurs,

24. und über das Heer des Stammes der Söhne Benjamins Abidan, Sohn Gideonis. 25. Darnach brach auf das Panier des Lagers der Söhne Dans, schließend alle Lager, mit seinen Heeren, und über ihr Heer war Ahieser, Sohn Ammisadais, 26. und über das Heer des Stammes der Söhne Assers war Pagiel, Sohn Ochrans, 27. und über das Heer des Stammes der Söhne Naphthalis Ahira, Sohn Enans. 28. Das war der Aufbruch der Söhne Israels mit ihren Heeren, als sie aufbrachen.

29. Und Mose sprach zu Hobab, dem Sohne Reguels, des Schwiegervaters Moses: wir brechen auf, nach dem Lande, wovon Jehova gesagt, ich will es euch geben: so ziehe nun mit uns, und wir wollen dir gutes thun, denn Jehova hat gutes geredet über Israel. 30. Und er sprach zu ihm: ich ziehe nicht mit, sondern zu meinem Lande und zu meiner Heimath will ich ziehen. 31. Und er sprach: verlasse mich doch nicht! denn du weißt ja, wo wir uns lagern sollen in der Wüste, darum sey unser Auge. 32. Und wenn du mit uns ziehest, und es geschiehet das Gute, das uns Jehova thun will, so wollen wir dir gutes thun.

33. Also brachen sie auf vom Berge Jehovas, und zogen drey Tagereisen, und die Lade des Bundes Jehovas zog vor ihnen her die drey Tagereisen, um ihnen einen Ruheort zu erspähen. 34. Und die Wolke Jehovas war über ihnen des Tages, wenn sie aufbrachen vom Lager.

35. Und wenn die Lade aufbrach, so sprach Mose: stehe auf, Jehova, daß sich zerstreuen deine Feinde, und fliehen deine Hasser vor dir! 36. Und wenn sie ruhete, so sprach er: kehre, Jehova, zu den Tausenden der Stämme Israels!

Cap. XI.

Feuer zu Tabeera; Wachteln, und darauf folgende Seuche.

XI. 1. Und das Volk klagte über Noth vor den Ohren Jehovas, und Jehova hörete es, und sein Zorn entbrannte,

und es entzündete sich unter ihnen ein Feuer Jehovas, und
fraß am Ende des Lagers. 2. Da schrie das Volk zu Mose,
und Mose betete zu Jehova, da legte sich das Feuer. 3. Und
man nannte den Namen des Ortes Tabeera [Feuersbrunst],
weil ein Feuer Jehovas unter ihnen brannte.

4. Und das Gesindel, das unter ihnen war, wurde lüstern,
und es weineten auch wiederum die Söhne Israels, und sprachen:
hätten wir doch Fleisch zu essen! 5. Wir gedenken der Fische,
welche wir umsonst aßen in Aegypten, der Kürbisse, Melonen,
des Lauchs und der Zwiebeln und des Knoblauchs; 6. und nun
ist unser Gaumen trocken, nichts ist da, außer das Man
haben wir vor uns. 7. (Das Man aber war wie Coriandersamen, und sein Ansehen wie das Ansehen des Bdellions.
8. Das Volk lief umher, und sammelte es, und zermalmete
es mit Mühlen, oder sie stießen es in Mörsern, und kochten
es in Töpfen, und machten daraus Kuchen, und sein Geschmack
war wie der Geschmack von Oelkuchen. 9. Und wenn der Thau
herabfiel aufs Lager des Nachts, so fiel das Man mit darauf.)
10. Und Mose hörete das Volk weinen nach ihren Geschlechtern,
einen jeglichen in der Thüre seines Zeltes, und es entbrannte
sehr der Zorn Jehovas, und Mose ward betrübt. 11. Und
Mose sprach zu Jehova: warum thust du so übel an deinem
Knechte, und warum finde ich nicht Gnade in deinen Augen,
daß du die Last dieses ganzen Volkes auf mich legest? 12. Hab
ich dieses ganze Volk empfangen, oder hab ichs geboren, daß
du sagen magst zu mir: trage es an deiner Brust, so wie der
Wärter den Säugling trägt, in das Land, welches ich ihren
Vätern geschworen? 13. Woher soll ich Fleisch nehmen, und
diesem ganzen Volke geben, denn sie weinen vor mir, und
sagen: gib uns Fleisch zu essen! 14. Ich vermag nicht allein,
dieses ganze Volk zu tragen, denn es ist zu schwer für mich.
15. Und willst du also mit mir thun, so tödte mich, wenn ich
Gnade gefunden in deinen Augen, auf daß ich mein Unglück
nicht mehr sehe. 16. Da sprach Jehova zu Mose: versammle
siebenzig Männer von den Aeltesten Israels, welche du kennest,

daß sie Aelteste des Volkes sind und seine Vorsteher, und bringe
sie vor das Versammlungszelt, und stelle sie neben dich daselbst.
17. Und ich will herabkommen, und mit dir reden daselbst,
und will von dem Geiste nehmen, der auf dir ist, und auf sie
legen, daß sie mit dir die Last des Volkes tragen, und du sie
nicht allein tragest. 18. Und zu dem Volke sprich: heiliget
euch auf morgen, ihr sollt Fleisch essen, denn euer Weinen ist
gekommen vor die Ohren Jehovas, da ihr sprachet: hätten
wir Fleisch zu essen, denn es ging uns wohl in Aegypten;
und Jehova will euch Fleisch geben, daß ihr essen sollt.
19. Nicht Einen Tag sollt ihr essen, und nicht zween und
nicht fünf Tage und nicht zehen Tage und nicht zwanzig Tage;
20. sondern einen Monden lang, bis daß es euch zur Nase
herausgehe, und euch zum Ekel sey, darum daß ihr Jehova
verworfen, der unter euch ist, und vor ihm geweinet, und
gesagt: warum sind wir ausgezogen aus Aegypten? 21. Und
Mose sprach: sechshundert tausend Mann ist das Volk, unter
dem ich bin, und du sprichst: ich will ihnen Fleisch geben,
daß sie essen einen Monden lang. 22. Soll man ihnen Schafe
und Rinder schlachten, daß es genug sey für sie, soll man
ihnen alle Fische des Meeres zusammenbringen, daß es genug
sey für sie? 23. Da sprach Jehova zu Mose: ist die Hand
Jehovas zu kurz? Jetzt sollst du sehen, ob das eintreffen
wird, was ich dir verheißen, oder nicht. 24. Und Mose
ging heraus, und redete zu dem Volke die Rede Jehovas, und
versammlete siebenzig Mann aus den Aeltesten des Volkes,
und stellete sie rings um das Zelt. 25. Da kam Jehova herab
in einer Wolke, und redete zu ihm, und nahm von dem
Geiste, der auf ihm war, und legte ihn auf die siebenzig Aeltesten, und als der Geist auf sie kam, so weissageten sie.
26. Es waren aber zween Männer nicht mit versammelt *)
und zurückgeblieben im Lager, der Namen des einen Eldad,

---

*) Nach Cod. Sam. Gew. X.: und sie fuhren nicht fort, oder: und sie hörten
    nicht auf.

und der Name des andern Medad, und es kam auf sie der Geist, (sie waren unter den Aufgeschriebenen, aber sie waren nicht herausgegangen zum Zelte), und sie weissageten im Lager. 27. Da lief ein Knabe, und berichtete es Mose, und sprach: Eldad und Medad weissagen im Lager. 28. Da antwortete Josua, der Sohn Nuns, der Diener Moses, einer von seinen Auserwählten, und sprach: mein Herr, Mose, wehre ihnen! 29. Aber Mose sprach zu ihm: bist du eifersüchtig? Möchte das ganze Volk Jehovas weissagen, und Jehova seinen Geist auf sie legen! 30. Und Mose ging zurück ins Lager, er und die Aeltesten Israels. 31. Da fuhr ein Wind aus von Jehova, und brachte Wachteln vom Meere, und streuete sie aufs Lager eine Tagereise hie und eine Tagereise da, rings um das Lager, und zwo Ellen hoch über der Erde. 32. Und das Volk machte sich auf den ganzen selbigen Tag und die ganze Nacht und den ganzen morgenden Tag, und sammelten die Wachteln; wer wenig sammelte, sammelte zehen Haufen, und sie hingen sie auf rings um das Lager. 33. Noch war das Fleisch zwischen ihren Zähnen, noch war es nicht verzehret, da entbrannte der Zorn Jehovas gegen das Volk, und Jehova schlug das Volk mit einer sehr großen Plage. 34. Und man nannte den Namen desselben Ortes Gräber der Lüsternheit, weil sie daselbst begruben die Lüsternen unter dem Volke. 35. Von den Gräbern der Lüsternheit brach das Volk auf, und sie kamen gen Hazeroth.

Cap. XII.

Aarons und Mirjams Unzufriedenheit. Mirjam wird mit dem Aussatz gestraft.

XII. 1. Und Mirjam und Aaron redeten wider Mose um des äthiopischen Weibes willen, welches er genommen, denn er hatte ein äthiopisches Weib genommen. 2. Und sie sprachen: hat denn Jehova bloß durch Mose geredet? Redet er nicht auch durch uns? Und Jehova hörete es. 3. (Der Mann

Mose aber war sehr geplagt, mehr denn alle Menschen auf dem ganzen Erdboden.) 4. Und plötzlich sprach Jehova zu Mose und zu Aaron und zu Mirjam: gehet hinaus ihr drey zum Versammlungszelt, und sie gingen hinaus alle drey. 5. Da kam Jehova herab in der Wolkensäule, und trat in die Thüre des Versammlungszeltes, und rief Aaron und Mirjam, und sie gingen beyde hinaus. 6. Und er sprach: höret meine Worte! Wenn jemand unter euch ein Prophet ist, so thue ich, Jehova, mich ihm kund im Gesicht, oder rede im Traume mit ihm. 7. Nicht also mein Knecht Mose: mein ganzes Haus ist ihm anvertrauet, 8. Mund zu Mund rede ich mit ihm, und lasse ihn schauen nicht in Räthseln; das Bild Jehovas schauet er. Wie fürchtet ihr euch nun nicht, zu reden wider meinen Knecht Mose? 9. Und es entbrannte der Zorn Jehovas gegen sie, und er ging weg, 10. und die Wolke wich vom Zelte, und siehe! Mirjam war aussätzig, wie Schnee, und Aaron blickte auf Mirjam, und siehe! sie war aussätzig. 11. Da sprach Aaron zu Mose: ach! mein Herr, lege die Schuld nicht auf uns, daß wir thöricht gewesen, und gesündiget. 12. Laß sie nicht seyn wie ein Todter, der aus Mutterleibe kommt, und dem die Hälfte des Fleisches verweset ist. 13. Da schrie Mose zu Jehova, und sprach: o! Gott, heile sie! 14. Und Jehova sprach zu Mose: hätte ihr Vater ihr gespieen ins Angesicht, sollte sie sich nicht schämen sieben Tage? Man schließe sie ein sieben Tage außerhalb des Lagers, und dann nehme man sie wieder auf. 15. Also ward Mirjam verschlossen sieben Tage außerhalb des Lagers, und das Volk brach nicht auf, bis Mirjam wieder aufgenommen war. XIII, 1. Und darnach brach das Volk auf von Hazeroth, und lagerte sich in der Wüste Paran.

Cap. XIII. XIV.

Ausspähung des Landes Canaan; Murren des Volkes und seine Strafe.

2. Und Jehova redete zu Mose, und sprach: 3. sende Männer aus, die das Land Canaan erkunden, welches ich

den Söhnen Israels geben will, je Einen aus einem Stamme
sende, alle Fürsten unter ihnen.

4. Und Mose sandte sie aus der Wüste Paran nach
dem Worte Jehovas, alle Häupter der Söhne Israels,
5. und das sind ihre Namen: vom Stamm Ruben, Sam-
mua, Sohn Zaccurs, 6. vom Stamm Simeon, Saphat,
Sohn Horis, 7. vom Stamm Juda, Caleb, Sohn Jephunnes, 8. vom Stamm Iffaschar, Jigal, Sohn Josephs,
9. vom Stamm Ephraim, Hosea, Sohn Nuns, 10. vom
Stamm Benjamin, Palti, Sohn Raphus, 11. vom Stamm
Sebulon, Gaddiel, Sohn Sodis, 12. vom Stamm Joseph,
vom Stamm Manasse, Gaddi, Sohn Susis, 13. vom
Stamm Dan, Ammiel, Sohn Gemallis, 14. vom Stamm
Asser, Sethur, Sohn Michaels, 15. vom Stamm Naphthali, Nachbi, Sohn Vaphsis, 16. vom Stamm Gad,
Geuel, Sohn Machis. 17. Das sind die Namen der Männer, welche Mose sandte, das Land zu erkunden. Und Mose
nannte Hosea, Sohn Nuns, Josua. 18. Da sie nun Mose
sandte, das Land Canaan zu erkunden, sprach er zu ihnen:
ziehet hinauf hier an der Gränze gegen Mittag, ziehet hinauf
nach dem Gebirge, 19. und sehet das Land, wie es ist,
und das Volk, das darinnen wohnet, ob es stark oder schwach
ist, wenig oder viel, 20. und wie das Land ist, in welchem
sie wohnen, ob gut oder schlecht, und wie die Städte, in
welchen sie wohnen, ob sie in Gezelten oder Festungen wohnen? 21. und wie das Land ist, ob fett, oder mager, ob
darin Bäume oder nicht? und fasset Muth, und nehmet von
den Früchten des Landes. Die Zeit aber war die Zeit der
ersten Trauben. 22. Also zogen sie hinauf, und erkundeten
das Land, von der Wüste Zin bis nach Rehob und Hamath:
23. sie zogen hinauf an der Gränze gegen Mittag, und kamen
bis nach Hebron, und daselbst waren Ahiman, Sesai und
Thalmai, die Söhne Enaks *), (Hebron aber ist sieben Jahre

---

*) Nach Riese; Höhlenbewohner.

gebauet vor Zoan in Aegypten). 24. Und sie kamen bis an das Thal Escol, und schnitten daselbst eine Rebe ab und eine Wein-Traube, und trugen sie an einem Stabe zu zwey, und auch von den Granatäpfeln und von den Feigen. 25. Denselben Ort nannte man Thal Escol, [Traubenthal], um der Trauben willen, welche daselbst abschnitten die Söhne Israels. 26. Und sie kehreten zurück vom Erkunden des Landes nach vierzig Tagen, 27. und gingen und kamen zu Mose und zu Aaron und zur ganzen Gemeine der Söhne Israels in die Wüste Paran gen Kades, und brachten ihnen Nachricht und der ganzen Gemeine, und ließen ihnen die Früchte des Landes sehen. 28. Und sie erzähleten ihm, und sprachen: wir kamen in das Land, wohin du uns gesendet: es ist ein Land fließend von Milch und Honig, und das ist seine Frucht. 29. Nur daß das Volk stark ist, das im Lande wohnet, und die Städte sind befestiget und sehr groß, und auch Söhne Enaks [Riesen] sahen wir daselbst. 30. Amalek wohnet im Lande gegen Mittag, und die Hethiter und Jebusiter und Amoriter wohnen auf dem Gebirge, und die Cananiter wohnen am Meere und am Jordan. 31. Und Caleb beruhigte das Volk gegen Mose, und sprach: lasset uns hinaufziehen, und es einnehmen, denn wir werden es überwältigen. 32. Aber die Männer, welche mit ihm gezogen, sprachen: wir können nicht hinaufziehen gegen das Volk, denn es ist stärker als wir. 33. Und sie verschrieen das Land, das sie erkundet, vor den Söhnen Israels, und sprachen: das Land, das wir durchzogen zu erkunden, ist ein Land, das seine Einwohner frisset, und alles Volk, welches wir darinnen gesehen, sind Leute von großer Länge, 34. auch sahen wir daselbst Riesen, Söhne Enaks, von den Riesen, und wir waren in unsern Augen wie Heuschrecken, und also waren wir auch in ihren Augen.

XIV. 1. Da erhob die ganze Gemeine ihre Stimme, und das Volk weinete in derselbigen Nacht. 2. Und alle Söhne Israels murreten gegen Mose und gegen Aaron, und die ganze Gemeine sprach zu ihnen: ach! daß wir gestorben wären im Lande Aegypten, oder noch stürben in dieser Wüste hier! 3. Warum führet uns Jehova in dieses Land, daß wir ins Schwert fallen, und daß unsere Weiber und unsere Kinder zur Beute werden? Ist es nicht besser für uns, zurückzukehren nach Aegypten? 4. Und sie sprachen einer zu dem andern: laßet uns ein Oberhaupt wählen, und zurückkehren nach Aegypten! 5. Da fielen Mose und Aaron auf ihr Angesicht vor der ganzen Versammlung der Gemeine der Söhne Israels. 6. Und Josua, der Sohn Nuns, und Caleb, der Sohn Jephunnes, von den Erkundern des Landes, zerrißen ihre Kleider, 7. und sprachen zu der ganzen Gemeine der Söhne Israels: das Land, das wir durchzogen zu erkunden, ist ein sehr gutes Land. 8. Wenn Jehova uns gnädig ist, so wird er uns bringen in dieses Land, und es uns geben, ein Land, fließend von Milch und Honig. 9. Nur seyd nicht widerspenstig gegen Jehova, und fürchtet nicht das Volk des Landes, denn wie Brod wollen wir sie freßen. Gewichen ist ihr Schutz von ihnen, und Jehova ist mit uns; fürchtet sie nicht. 10. Da sprach die ganze Gemeine, man sollte sie steinigen. 11. Da erschien die Herrlichkeit Jehovas im Versammlungszelt vor allen Söhnen Israels, und Jehova sprach zu Mose: wie lange soll mich dieses Volk verachten, und wie lange werden sie mir nicht vertrauen, bey allen Wundern, die ich unter ihnen gethan? 12. Ich will es schlagen mit der Pest, und es vertilgen, und will dich zu einem Volke machen, größer und stärker als dieses. 13. Da sprach Mose zu Jehova: es haben die Aegypter gehöret, daß du aus ihrer Mitte dieses Volk geführet mit deiner Kraft, 14. und haben es den Bewohnern dieses Landes gesagt, und diese haben gehöret, daß du Jehova unter diesem Volke bist, daß du Jehova mit Augen dich sehen läßest, und daß deine Wolke über ihnen stehet, und du in einer Wolkensäule vor ihnen hergehest des Tages, und in einer Feuerwolke des Nachts: 15. und tödtest du nun dieses Volk wie Einen Mann, so sagen die Völker, welche von deinem Ruhm gehöret: 16. weil Jehova nicht konnte dieses

Volk in das Land bringen, welches er ihnen geschworen, so schlachtete er sie in der Wüste. 17. So zeige sich nun groß die Kraft des Herrn, so wie du geredet und gesagt: 18. Jehova ist langmüthig und groß an Gnade, vergebend Vergehen und Uebertretung, der aber nicht immer lossspricht, strafend das Vergehen der Väter an den Söhnen bis ins dritte Glied und ins vierte. 19. O! vergieb das Vergehen dieses Volkes nach der Größe deiner Gnade, und so wie du diesem Volke verziehen von Aegypten an bis hieher. 20. Und Jehova sprach: ich vergebe, wie du sagest. 21. Aber sowahr ich lebe, und von der Herrlichkeit Jehovas voll ist die ganze Erde: 22. alle die Männer, welche meine Herrlichkeit geschauet und meine Wunder, die ich gethan in Aegypten und in der Wüste, und mich versuchet diese zehen Mal, und nicht meiner Stimme gehorchet, 23. sie sollen nicht das Land schauen, welches ich ihren Vätern geschworen, keiner von allen, die mich verachtet, soll es schauen. 24. Nur meinen Knecht Caleb, weil ein anderer Geist in ihm ist, und er vollkommen mir gefolgt ist, ihn will ich in das Land bringen, wohin er gekommen, und sein Same soll es besitzen. 25. Die Amalekiter und die Cananiter wohnen im Thale, morgen wendet euch, und ziehet in die Wüste nach dem Schilfmeer.

26. Und Jehova redete zu Mose und zu Aaron, und sprach: 27. wie lange will diese böse Gemeine murren wider mich? Ich habe das Murren der Söhne Israels, wie sie gemurret wider mich, gehöret. 28. Darum sprich zu ihnen: so wahr ich lebe, spricht Jehova, so wie ihr geredet vor meinen Ohren, also will ich euch thun. 29. In dieser Wüste sollen eure Leichname fallen, alle, die ihr gemustert seyd nach eurer Zahl, von zwanzig Jahren und drüber, die ihr gemurret wider mich. 30. Ihr sollt nicht in das Land kommen, wo ich meine Hand erhoben euch wohnen zu lassen, außer Caleb, dem Sohne Jephunnes, und Josua, dem Sohne Nuns. 31. Eure Kinder, von denen ihr sagtet, sie werden zur Beute werden, die bringe ich hin, und sie sollen das Land kennen, das ihr verschmähet. 32. Aber ihr, eure Leichname

sollen fallen in dieser Wüste, 33. und eure Söhne sollen
weiden in der Wüste vierzig Jahr, und sollen eure
Uebertretung tragen, bis eure Leichname alle gefallen in der
Wüste. 34. Nach der Zahl der Tage, in welchen ihr das
Land erkundetet, der vierzig Tage, je ein Tag auf ein Jahr, sollt
ihr eure Vergehungen tragen vierzig Jahr, und sollt erfahren,
was es sey, wenn ich die Hand abziehe. 35. Ich Jehova
hab es geredet, und will es thun an dieser ganzen bösen Gemeine, die sich wieder mich zusammenrottet: in dieser Wüste
sollen sie aufgerieben werden, und daselbst sterben. 36. Da
starben die Männer, welche Mose gesandt das Land zu erkunden, und welche wiederkamen, und die ganze Gemeine
wider ihn murren machten, indem sie das Land verschrieen, 37.
es starben die Männer, welche das Land verschrieen, durch
eine Plage vor Jehova. 38. Aber Josua, der Sohn Nuns,
und Caleb, der Sohn Jephunnes, blieben leben von den Männern, welche ausgezogen das Land zu erkunden.

39. Und Mose redete diese Worte zu allen Söhnen Is-
raels; da trauerte das Volk sehr, 40. und sie machten sich des
Morgens frühe auf, und zogen auf die Höhe des Gebirges,
und sprachen: hie sind wir, und wollen hinaufziehen an den
Ort, wohin Jehova gesagt, denn wir haben gesündiget. 41.
Und Mose sprach: warum übertretet ihr das Wort Jehovas?
Es wird nicht gelingen! 42. Ziehet nicht hinauf, denn Jehova
ist nicht unter euch, daß ihr nicht geschlagen werdet von euren
Feinden. 43. Denn die Amalekiter und Cananiter sind dort
vor euch, und ihr werdet durchs Schwert fallen, darum daß
ihr euch abgewandt von Jehova, und Jehova ist nicht mit euch.
44. Aber sie verachteten es, und zogen hinauf auf die Höhe
des Gebirges, aber die Lade des Bundes Jehovas und Mose
wichen nicht aus dem Lager. 45. Da kamen herab die Amalekiter und die Cananiter, die da wohneten auf demselben
Gebirge, und schlugen und jagten sie bis gen Horma.

Cap. XV, 1 — 31.

Verschiedene Opfergesetze.

XV. 1. Und Jehova redete zu Mose, und sprach: 2. rede zu den Söhnen Israels, und sprich zu ihnen: Wenn ihr in das Land eurer Wohnung kommt, welches ich euch gebe, 3. und ihr wollt Jehova Feuerung bringen, Brandopfer oder anders Opfer, wegen eines Gelübdes oder freywillig, oder an euren Festen, um Jehova einen lieblichen Geruch zu machen, von den Rindern oder vom Kleinvieh: 4. so soll, wer Jehova sein Opfer darbringt, dazu darbringen ein Speisopfer, Weißmehl ein Zehntheil, begoßen mit einem Viertheil Hin Oeles, 5. und Wein zum Trankopfer, ein Viertheil Hin, sollst du bringen zum Brandopfer oder zu den andern Opfern, zu jedem Schaf. 6. Ist es ein Widder, so sollst du als Speisopfer bringen zwey Zehntheile Weißmehl, begoßen mit einem Drittheil Hin; 7. und Wein zum Trankopfer sollst du ein Drittheil Hin darbringen, zum lieblichen Geruch für Jehova. 8. Und wenn du ein junges Rind opferst zum Brandopfer oder zu einem andern Opfer, wegen eines Gelübdes, oder zu einem Freudenopfer für Jehova: 9. so sollst du zum jungen Rind ein Speisopfer darbringen, Weißmehl drey Zehntheile, begoßen mit Oel, einem halben Hin, 10. und Wein sollst du darbringen zum Trankopfer, ein halbes Hin, zur Feuerung, zum lieblichen Geruch für Jehova. 11. Also soll gethan werden bey einem Ochsen oder bey einem Widder oder bey einem Schaf oder bey einer Ziege; 12. so viel ihr Thiere opfert, sollt ihr also thun bey jeglichem, nach ihrer Zahl. 13. Jeglicher Einheimische soll also thun, wenn er ein Opfer darbringt zum lieblichen Geruch für Jehova. 14. Und wenn ein Fremdling sich aufhält bey euch, oder unter euch ist bey euren künftigen Geschlechtern, und er bringt eine Feuerung zum lieblichen Geruch für Jehova: so soll er thun, wie ihr thut. 15. Eine Satzung sey für euch, die Gemeine, und für den Fremdling; eine ewige Satzung auf eure künftigen Geschlechter: wie ihr, so soll der Fremdling seyn vor

Jehova. 16. Ein Gesetz und Ein Recht soll für euch seyn und für den Fremdling, der sich aufhält bey euch.

17. Und Jehova redete zu Mose, und sprach: 18. rede zu den Söhnen Israels, und sprich zu ihnen: wenn ihr in das Land kommt, wahin ich euch führe, 19. und ihr esset vom Brode des Landes: so sollt ihr eine Hebe Jehova geben: 20. als Erstling eures Gebackenen soll ihr einen Kuchen zur Hebe geben, wie die Hebe von der Tenne, also sollt ihr dieß geben. 21. von den Erstlingen eures Gebackenen sollt ihr Jehova eine Hebe geben, auf eure künftigen Geschlechter.

22. Wenn ihr euch versehet, und nicht alle diese Gebote thut, welche Jehova geredet zu Mose, 23. alles was Jehova euch geboten durch Mose, von dem Tag an, da er euch Gebote gegeben, und fernerhin bis zu euren künftigen Geschlechtern; 24. und wenn es ohne Wissen der Gemeine gethan worden aus Versehen: so soll die ganze Gemeine einen jungen Stier opfern, als Brandopfer zum lieblichen Geruch für Jehova, und dazu ein Speisopfer und Trankopfer nach der Gebühr, und einen Ziegenbock als Sündopfer. 25. Und der Priester soll die ganze Gemeine der Söhne Israels versöhnen, daß ihnen vergeben werde, denn es war ein Versehen, und sie sollen ihre Opfer bringen als Feuerung Jehovas, und ihr Sündopfer vor Jehova wegen ihres Versehens. 26. So wird vergeben der ganzen Gemeine der Söhne Israels und dem Fremdling, der sich aufhält unter ihnen; denn es war ein Versehen von der ganzen Gemeine.

27. Und wenn ein einzelner Mensch sündiget aus Versehen, so soll er eine jährige Ziege darbringen als Sündopfer. 28. Und der Priester soll den Menschen, der sich versehen mit einer Sünde aus Versehen, vor Jehova versöhnen, daß ihm

Israels und für den Fremdling, der sich aufhält unter ihnen, Ein Gesetz soll für euch seyn, wer ein Versehen begehet. 30. Wer aber etwas thut mit Frevel, von den Einheimischen und von den Fremdlingen, derselbe lästert Jehova, und die-

selbe Seele soll ausgerottet werden aus ihrem Volke: 31. denn
das Wort Jehovas hat er verachtet, und seine Gebote
gebrochen; ausgerottet soll dieselbe Seele werden, sie trägt
ihre Schuld.

Cap. XV, 32 — 36.

Bestrafung der Entheiligung des Sabbaths.

32. Und als die Söhne Israels in der Wüste waren,
fanden sie einen Mann, der Holz las am Tage des Sabbaths.
33. Und es führeten ihn, die ihn gefunden Holz lesend, zu
Mose und zu Aaron und zur ganzen Gemeine. 34. Und sie
legten ihn in Verhaft, denn es war nicht entschieden, was
ihm geschehen sollte. 35. Da sprach Jehova zu Mose: der
Mann soll sterben, steinigen soll ihn die ganze Gemeine außerhalb des Lagers. 36. Da führete ihn die ganze Gemeine hinaus vor das Lager, und steinigten ihn, daß er starb, so wie
Jehova Mosen geboten.

Cap. XV, 37 — 41.

Gebot der Franzen an den Kleidern.

37. Und Jehova sprach zu Mose, und sagte: 38. rede
zu den Söhnen Israels, und sprich zu ihnen, daß sie sich
Franzen machen an den Ecken ihrer Kleider, auf ihre künftigen Geschlechter, und sie sollen an die Franzen an den Ecken Schnüren von
Hyacinth thun. 39. Und wenn ihr die Franzen ansehet, so gedenket aller Gebote Jehovas, und thut sie, und spähet nicht
eurem Herzen und euren Augen nach, daß ihr denselben nachhuret, 40. auf daß ihr gedenket und thut alle meine Gebote,
und heilig seyd eurem Gott. 41. Ich bin Jehova, euer Gott,
der euch ausgeführet aus dem Lande Aegypten, um euer Gott
zu seyn; ich bin Jehova, euer Gott.

Cap. XVI.

Empörung Korahs, Dathans und Abirams, und ihre Strafe.

1. Und Korah, Sohn Jezehars, des Sohnes Kahaths, des Sohnes Levis, und Dathan und Abiram, Söhne Eliabs, des Sohnes Pallus *), Söhne Rubens, 2. traten auf gegen Mose samt zweyhundert und funfzig Männern von den Söhnen Israels, Fürsten der Gemeine, Berufenen zur Volksversammlung, Männern von Namen, 3. und versammelten sich wider Mose und wider Aaron, und sprachen zu ihnen: ihr treibts zu weit! die ganze Gemeine, alle sind heilig, und Jehova ist unter ihnen, warum erhebet ihr euch über die Gemeine Jehovas? 4. Da das Mose hörete, fiel er auf sein Angesicht, 5. und redete zu Korah und zu seiner ganzen Rotte, und sprach: morgen wird Jehova kund thun, wer sein sey und wer heilig, und wird ihn zu sich nehmen; wen er erwählet, den wird er zu sich nehmen. 6. Thuet dieß: nehmet euch Räucherpfannen, Korah und seine ganze Rotte, 7. und thuet Feuer darin, und leget Räucherwerk darauf vor Jehova, morgen, und wen Jehova wählen wird, der sey heilig. Ihr treibts zu weit, ihr Söhne Levis! 8. Und Mose sprach zu Korah: höret, ihr Söhne Levis! 9. Ists euch zu wenig, daß euch der Gott Israels ausgesondert aus der Gemeine Israels, und zu sich genommen, um den Dienst der Wohnung Jehovas zu thun, und im Amt zu stehen vor der Gemeine? 10. Er hat dich und alle deine Brüder, die Söhne Levis, mit dir zu sich genommen, und ihr suchet nun auch das Priesterthum. 11. Darum rottet ihr euch zusammen, du und deine ganze Rotte wider Jehova, denn was ist Aaron, daß ihr wider ihn murret? 12. Und Mose sandte hin, und ließ Dathan und Abiram rufen, die Söhne Eliabs. Aber sie sprachen: wir kommen nicht hinauf!

---

*) Nach Conject. Gew. T. und Ou, der Sohn Peleths.

13. Ists nicht genug, daß du uns heraufgeführet aus einem Lande, fließend von Milch und Honig, uns zu tödten in der Wüste, daß du dich auch zum Herrscher aufwirfst über uns? 14. Wenigstens hast du uns nicht in ein Land, fließend von Milch und Honig, gebracht, und uns Aecker und Weinberge gegeben zum Eigenthum. Willst du diesen Leuten die Augen blenden? Wir kommen nicht hinauf! 15. Da ergrimmete Mose sehr, und sprach zu Jehova: wende dich nicht zu ihrem Opfer! Nicht einen Esel habe ich von ihnen genommen, und keinem unter ihnen etwas zu Leide gethan. 16. Und Mose sprach zu Korah: du und deine ganze Rotte seyd morgen vor Jehova, du und sie und Aaron, 17. und nehmet ein jeglicher seine Räucherpfanne, und leget Räucherwerk darauf, und bringet vor Jehova ein jeglicher seine Räucherpfanne, also zweyhundert und funfzig Räucherpfannen, und du und Aaron auch ein jeglicher seine Räucherpfanne. 18. Da nahmen sie ein jeglicher seine Räucherpfanne, und thaten Feuer darein, und legten Räucherwerk darauf, und traten vor die Thüre des Versammlungszeltes, und auch Mose und Aaron, 19. und Korah versammelte wider sie die ganze Gemeine vor die Thüre des Versammlungszeltes. Da erschien die Herrlichkeit Jehovas vor der ganzen Gemeine. 20. Und Jehova redete zu Mose und Aaron, und sprach: 21. scheidet euch von dieser Gemeine, ich will sie plötzlich vertilgen. 22. Und sie fielen auf ihr Angesicht, und sprachen: Gott, du Herr der Geister alles Fleisches, wenn ein Mensch sündiget, willst du auf die ganze Gemeine zürnen? 23. Und Jehova redete zu Mose, und sprach: 24. rede zu der Gemeine, und sprich: entfernet euch ringsum von der Wohnung Korahs, Dathans und Abirams. 25. Da stand Mose auf, und ging zu Dathan und Abiram, und es folgeten ihm die Aeltesten Israels, 26. und er redete zu der Gemeine, und sprach: weichet von den Zelten dieser Frevler, und rühret nichts an, was ihr ist, daß ihr nicht weggeraffet werdet in ihren Sünden! 27. Und sie entferneten sich von der Wohnung Korahs, Dathans und

Abirams ringsum, und Dathan und Abiram gingen heraus, und traten in die Thüre ihres Zeltes samt ihren Weibern und ihren Söhnen und ihren Kindern. 28. Und Mose sprach: daran sollt ihr erkennen, daß Jehova mich gesandt, zu thun alle diese Werke, und daß ich sie nicht that von mir selber: 29. werden diese sterben, wie alle Menschen sterben, und gestraft, wie alle Menschen gestraft werden, so hat Jehova mich nicht gesandt. 30. Wenn aber Jehova ein Wunder schaffet, daß die Erde ihren Mund aufthut, und sie verschlinget mit allem, was ihr ist, und sie lebendig zu den Todten fahren: so werdet ihr erkennen, daß diese Leute Jehova verachtet haben. 31. Und es geschahe, als er vollendet, zu reden alle diese Worte, da zerriß die Erde unter ihnen, 32. und die Erde that ihren Mund auf, und verschlang sie und ihre Familien und alle Menschen, welche Korah zugehöreten, und all ihre Habe, 33. und sie fuhren mit allem, was ihr war, lebendig zu den Todten hinab, und es deckete sie die Erde, und sie wurden vertilget aus der Gemeine. 34. Und ganz Israel, das rings um sie her war, flohe bey ihrem Geschrey, und sprachen: daß uns nicht auch die Erde verschlinge! 35. Und es ging aus Feuer von Jehova, und fraß die zweyhundert und funfzig Mann, welche das Räucherwerk dargebracht.

36. Und Jehova redete zu Mose, und sprach: 37. sprich zu Eleasar, dem Sohne Aarons, des Priesters, daß er die Räucherpfannen aufhebe zwischen den Verbrannten, und die Kohlen werfe er hinaus, 38. denn es haben geheiliget *) ihre Räucherpfannen diese Frevler durch ihren Tod, und man schlage daraus Platten zum Ueberzug des Altars, denn sie sind dargebracht vor Jehova, und heilig geworden, und sollen zum Zeichen seyn den Söhnen] Israels. 39. Und Eleasar, der Priester, nahm die kupfernen Räucherpfannen, welche die Verbrannten dargebracht, und man schlug sie breit zum Ueber-

---

*) Gew. Denn sie sind heilig.

zug des Altars, 40. zum Gedächtniß der Söhne Israels, damit kein Fremder hinzunahe, der nicht vom Samen Aarons ist, um Räucherwerk anzuzünden vor Jehova, und es ihm nicht gehe, wie Korah und seiner Rotte, so wie Jehova ihm geredet durch Mose.

41. Und es murrete die ganze Gemeine der Söhne Israels am andern Morgen wider Mose und wider Aaron, und sprach: ihr habt das Volk Jehovas getödtet! 42. Und als sich nun die Gemeine versammelte wider Mose und wider Aaron, so wandten sie sich zum Versammlungszelt, und siehe! die Wolke bedeckte es, und es erschien die Herrlichkeit Jehovas. 43. Und Mose und Aaron traten vor das Versammlungszelt. 44. Und Jehova redete zu Mose, und sprach: 45. hebet euch aus dieser Gemeine, ich will sie plötzlich vertilgen. Und sie fielen auf ihr Angesicht. 46. Und Mose sprach zu Aaron: nimm die Räucherpfanne, und thue Feuer darein vom Altar, und lege Räucherwerk auf, und gehe eilends unter die Gemeine, und versöhne sie, denn es ist ein Zorn ausgegangen von Jehova, und eine Plage hat begonnen. 47. Und Aaron that, wie Mose geredet, und lief mitten unter die Gemeine, und siehe! es hatte eine Plage begonnen im Volke, und er legte Räucherwerk auf, und versöhnete das Volk. 48. Und er stand zwischen den Todten und zwischen den Lebendigen, und es ward der Plage gewehret. 49. Derer aber, die starben an der Plage, waren vierzehn tausend und siebenhundert, ohne die, so wegen Korahs starben. 50. Und Aaron kam wieder zu Mose zur Thüre des Versammlungszeltes, und der Plage war gewehret.

Cap. XVII.

Aarons Priesterthum wird mit dem grünenden Stabe bestätiget.

1. Und Jehova redete zu Mose, und sprach: 2. rede zu den Söhnen Israels, und nimm von ihnen zwölf Stäbe, je einen Stab von einem Stamme, von ihren Fürsten, und

ein jeglicher soll seinen Namen schreiben auf seinen Stab. 3. Und den Namen Aarons schreibe auf den Stab Levis, denn für das Haupt eines jeglichen Stamms soll ein Stab seyn. 4. Und lege sie in das Versammlungszelt vor das Gesetz, wo ich mit euch zusammenkomme. 5. Und welchen ich erwählen werde, deß Stab wird blühen, und ich will also stillen vor mir das Murren der Söhne Israels, das sie wider euch erhoben. 6. Und Mose redete zu den Söhnen Israels, und es gaben ihm alle ihre Fürsten zwölf Stäbe, je einen Stab auf einen Fürsten, nach ihren Stämmen, und der Stab Aarons war unter denselben. 7. Und Mose legte die Stäbe vor Jehova in das Zelt des Gesetzes. 8. Und am andern Morgen als Mose in das Zelt des Gesetzes ging, siehe! da blühete der Stab Aarons vom Stamm Levi, es sproßete eine Knospe, und blühete eine Blume, und reiften Mandeln. 9. Und Mose trug alle die Stäbe heraus von Jehova vor alle Söhne Israels, und sie sahen sie, und nahmen ein jeglicher seinen Stab. 10. Und Jehova sprach zu Mose: trage den Stab Aarons wieder hinein vor das Gesetz zur Aufbewahrung, zum Zeichen gegen die Widerspenstigen, damit du ihr Murren endigest vor mir, und sie nicht sterben. 11. Und Mose that es; so wie Jehova ihm geboten, also that er.

Cap. XVII, 12. XVIII.

Neue Verordnung wegen des Priesterthums und seiner Rechte.

12. Und es sprachen die Söhne Israels zu Mose: siehe! wir vergehen, wir kommen alle um, wir kommen um! 13. Wer sich nahet zur Wohnung Jehovas, der stirbt; sollen wir alle vergehen?

XVIII. 1. Da sprach Jehova zu Aaron: du und deine Söhne und dein Geschlecht mit dir sollt die Vergehungen am Heiligthum tragen, und du und deine Söhne mit dir sollt die Vergehungen an eurem Priesterthum tragen. 2. Und auch

deine Brüder, den Stamm Levis, deinen väterlichen Stamm,
nimm mit dir hinzu, daß sie dir beystehen, und dich bedienen.
Du und deine Söhne mit dir ihr sollt vor dem Zelte des Ge=
setzes seyn, 3. und sie sollen besorgen, was für dich und am
ganzen Zelt zu besorgen ist; nur zu den heiligen Geräthen
und zu dem Altar sollen sie nicht nahen, daß sie nicht sterben,
beyde sie und ihr; 4. sie sollen dir beystehen, und besorgen,
was am Versammlungszelt zu besorgen ist beym ganzen Dienste
des Zeltes, und kein Fremder soll zu euch nahen. 5. So besor=
get nun das Heiligthum und den Altar, daß hinfort kein Zorn
mehr komme über die Söhne Israels. 6. Eure Brüder, die
Leviten, habe ich genommen aus den Söhnen Israels, und
euch und Jehova zu eigen gegeben, daß sie den Dienst des Ver=
sammlungszeltes thun. 7. Und du und deine Söhne mit dir
ihr sollt das Priesterthum verwalten, beym Altar oder inner=
halb des Vorhangs, und den Dienst thun; als eigenthümlichen
Dienst habe ich euch das Priesterthum geschenket, und der
Fremde, welcher nahet, soll sterben.

8. Und Jehova sprach zu Aaron: siehe! ich habe dir die
Besorgung meiner Heb=Opfer gegeben; von allem, was die
Söhne Israels heiligen, gebe ich dir sie zum Antheil und dei=
nen Söhnen zur ewigen Gebühr. 9. Dieß soll dir gehören
von dem Hochheiligen aus dem Feuer: alle ihre Opfer, alle
ihre Speisopfer und alle ihre Sündopfer und alle ihre Schuld=
opfer, welche sie mir bezahlen; hochheilig soll es dir seyn und
deinen Söhnen, 10. am hochheiligen Orte sollst du es essen,
alles, was männlich ist, soll es essen, heilig soll es dir seyn.
11. Und dieß soll dir gehören von ihren Heb=Opfern, von al=
len Web=Opfern der Söhne Israels, dir gebe ich es und deinen
Söhnen und deinen Töchtern mit dir als ewige Gebühr, wer rein
ist in deinem Hause, soll davon essen: 12. alles Beste vom Oel
und alles Beste vom Most und Getraide, die Erstlinge davon,
welche sie Jehova geben, gebe ich dir; 13. die ersten Früchte von
allem in ihrem Lande, welche sie Jehova bringen, sollen dir gehö=
ren; wer rein ist in deinem Hause, soll davon essen; 14. alles Ver=

bannete in Israel soll dir gehören; 15. alles, was die Mutter
bricht, von allem Fleisch, was sie Jehova darbringen, an
Mensch und an Vieh, soll dir gehören; nur sollst du die Erstge=
bornen der Menschen losgeben, und auch das Erstgeborne der
unreinen Thiere sollst du losgeben. 16. Und anlangend das
Lösegeld, so sollst du, was einen Monden alt ist, nach deiner
Schätzung losgeben, um fünf Seckel Silbers, nach dem Seckel
des Heiligthums, von zwanzig Gera. 17. Aber das Erstge=
borne eines Rindes oder das Erstgeborne eines Schafes oder das
Erstgeborne einer Ziege sollst du nicht losgeben, sie sind heilig;
ihr Blut sollst du auf den Altar sprengen, und ihr Fett anzün=
den als Feuerung zum lieblichen Geruch für Jehova. 18. Und
ihr Fleisch soll dir gehören, wie die Webe=Brust, und wie
die rechte Schulter, soll es dir gehören. 19. Alle Heb=Opfer,
welche die Söhne Israels Jehova geben, gebe ich dir und dei=
nen Söhnen und deinen Töchtern mit dir als ewige Gebühr;
dieß sey ein ewiger Salzbund vor Jehova für dich und deinen
Samen mir dir.

20. Und Jehova sprach zu Aaron: du sollst in ihrem
Lande nichts besitzen, und keinen Theil haben unter ihnen,
ich bin dein Theil und deine Besitzung unter den Söhnen
Israels. 21. Und den Söhnen Levis gebe ich allen Zehen=
ten in Israel zur Besitzung für ihren Dienst, den sie thun
am Versammlungszelt. 22. Und die Söhne Israels sollen
nicht mehr zum Versammlungszelt nahen, daß sie nicht eine
Schuld aufladen, und sterben; 23. sondern die Leviten sol=
len den Dienst des Versammlungszeltes thun, und sie sollen
ihre Vergehung tragen; dieß sey eine ewige Satzung auf
eure künftigen Geschlechter; und sie sollen unter den Söhnen
Israels nichts besitzen; 24. sondern die Zehenten der Söhne
Israels, welche sie Jehova als Hebe geben, gebe ich den Le=
viten zur Besitzung, darum sprach ich zu ihnen: ihr sollt
unter den Söhnen Israels nichts besitzen.

25. Und Jehova redete zu Mose, und sprach: 26. rede
zu den Leviten, und sprich zu ihnen: wenn ihr von den Söh=

nen Israels den Zehnten nehmet, den ich euch von ihnen gegeben
als eure Besitzung, so sollt ihr davon eine Hebe Jehova
geben, den Zehnten von dem Zehnten. 27. Und eure Hebe
soll gelten wie Getraide von der Tenne und wie Wein von
der Kelter. 28. Also sollt auch ihr die Hebe Jehovas geben
von allen euren Zehnten, welche ihr empfanget von den Söhnen Israels, und sollt davon die Hebe Jehovas geben für
Aaron, den Priester. 29. Von allem, was euch geschenkt wird,
sollt ihr die Hebe Jehovas geben, von allem Besten den heiligen Theil davon. 30. Und sprich zu ihnen: wenn ihr das
Beste davon hebet, so soll es [das Uebrige] gelten, wie der
Ertrag der Tenne und der Ertrag der Kelter, 31. und sollt
es essen an allen Orten, ihr und eure Familie, denn es ist
euer Lohn für euren Dienst am Versammlungszelt. 32. Und
ihr werdet deßhalb keine Schuld tragen, wenn ihr das Beste
davon hebet, und werdet nicht entheiligen, was die Söhne
Israels geheiliget, und nicht sterben.

Cap. XIX.

Gesetz von der rothen Kuh und dem Reini-gungswasser.

1. Und Jehova redete zu Mose und zu Aaron, und
sprach: 2. das ist die Satzung, welche Jehova geboten,
und gesagt: sage den Söhnen Israels, daß sie dir bringen,
eine rothe Kuh, fehlerlos, an welcher kein Fehl ist, auf
welche kein Joch gekommen, 3. und gebet sie Eleasar, dem
Priester, und jemand soll sie hinausführen vor das Lager,
und sie schlachten vor ihm. 4. Und Eleasar, der Priester,
soll von ihrem Blute nehmen mit seinem Finger, und von
demselben gegen das Versammlungszelt sprengen sieben Mal.
5. Darnach soll jemand die Kuh verbrennen vor ihm; ihre
Haut und ihr Fleisch und ihr Blut nebst ihrem Mist soll er
verbrennen. 6. Und der Priester soll Cedernholz nehmen und
Ysop und einen purpurnen Faden, und es in den Brand der

Kuh werfen, 7. und soll seine Kleider waschen, und seinen
Leib baden in Wasser, und darnach ins Lager gehen, und
soll unrein seyn bis an den Abend. 8. Und der sie verbrannt,
soll seine Kleider waschen mit Wasser, und seinen Leib baden
in Wasser, und soll unrein seyn bis an den Abend. 9. Und
ein reiner Mann soll die Asche der Kuh sammeln, und sie
außerhalb des Lagers schütten an einen reinen Ort, daß sie
daselbst aufbewahret werde für die Gemeine der Söhne Israels, zum Wasser der Reinigung; es ist ein Sündopfer.
10. Und der die Asche der Kuh gesammelt, soll seine Kleider waschen, und unrein seyn bis an den Abend.

Und es soll für die Söhne Israels und für den Fremdling,
der sich aufhält unter ihnen, eine ewige Satzung seyn: 11. wer
einen Todten anrühret, die Leiche irgend eines Menschen, der soll
unrein seyn sieben Tage. 12. Wenn sich nun derselbe mit diesem
Wasser entsündiget am dritten Tage und am siebenten Tage, so ist
er rein, und wenn er sich nicht entsündiget am dritten Tage
und am siebenten Tage, so ist er nicht rein. 13. Wer
einen Todten anrühret, die Leiche eines Menschen, der
gestorben, und sich nicht entsündiget, der verunreiniget die
Wohnung Jehovas, und dieselbe Seele soll ausgerottet werden aus Israel; denn ist das Wasser der Reinigung
nicht auf ihn gesprenget, so ist er unrein, seine Unreinigkeit
ist noch auf ihm. 14. Dieß ist das Gesetz: wenn ein
Mensch stirbt im Zelte, so wird unrein, wer in das Zelt
kommt, und wer im Zelte ist, sieben Tage. 15. Und alles
offene Gefäß, worauf kein Deckel noch Band ist, wird unrein. 16. Und wer auf dem freyen Felde einen mit dem
Schwert erschlagenen oder einen Todten anrühret, oder das
Gebein eines Menschen oder ein Grab, der soll unrein seyn
sieben Tage. 17. Und man soll für den Unreinen von der
Asche des verbrannten Sündopfers nehmen, und darauf lebendiges Wasser thun in ein Gefäß. 18. Und ein reiner Mann
soll Ysop nehmen, und ins Wasser tauchen, und damit über
das Zelt sprengen und über alle Geräthe und über alle Men-

schen, die daselbst sind, und über den, der das Gebein oder
den Erschlagenen oder den Todten oder das Grab angerühret.
19. Und der Reine soll den Unreinen besprengen am dritten
Tage und am siebenten Tage, und ihn entsündigen am sieben=
ten Tage, und dann soll er seine Kleider waschen, und sich
baden in Wasser, so ist er rein am Abend. 20. Und wer
sich verunreiniget, und sich nicht entsündiget, dieselbe Seele
soll ausgerottet werden aus der Gemeine: denn er hat das
Heiligthum Jehovas verunreiniget; ist das Wasser der Rei=
nigung nicht anf ihn gesprenget, so ist er unrein. 21. Dieß
sey für die Söhne Israels eine ewige Satzung. Und wer
das Wasser der Reinigung sprenget, soll seine Kleider waschen,
und wer das Wasser der Reinigung anrühret, soll unrein
seyn bis an den Abend, 22. und alles, was der Unreine
anrühret, soll unrein seyn, und wer ihn anrühret, soll unrein
seyn bis an den Abend.

Cap. XX, 1—13.

Wasser aus dem Felsen.

1. Und die Söhne Israels, die ganze Gemeine, kamen
in die Wüste Zin im ersten Mond, und das Volk lagerte sich
zu Kades, und daselbst starb Mirjam, und ward daselbst be=
graben. 2. Und die Gemeine hatte kein Wasser, und ver=
sammlete sich wider Mose und wider Aaron, 3. und das Volk
haderte mit Mose, und sprachen: ach! daß wir umkommen wä=
ren, da unsre Brüder umkamen vor Jehova! 4. Warum habt
ihr die Gemeine Jehovas heraufgeführet in diese Wüste, daß
wir hier sterben samt unserm Vieh? 5. und warum habt ihr
uns heraufgeführet aus Aegypten an diesen bösen Ort, da keine
Saat ist, noch Feigen, noch Weinstöcke noch Granatäpfel,
und kein Wasser zu trinken? 6. Da gingen Mose und Aaron
von der Gemeine zur Thüre des Versammlungszeltes, und
fielen auf ihr Angesicht, und es erschien die Herrlichkeit Jeho=
vas vor ihnen. 7. Und Jehova redete zu Mose, und sprach:

8. nimm den Stab, und versammle die Gemeine, du und Aaron, dein Bruder, und redet zu dem Felsen vor ihren Augen, daß er sein Wasser gebe; also wirst du ihnen Wasser hervorbringen aus dem Felsen, und die Gemeine tränken samt ihrem Vieh. 9. Da nahm Mose den Stab, der vor Jehova lag, so wie er ihm geboten, 10. und Mose und Aaron versammleten die Gemeine zu dem Felsen, und er sprach zu ihnen: höret, ihr Widerspenstigen, werden wir wohl aus diesem Felsen euch Wasser hervorbringen? 11. Und Mose erhob seine Hand, und schlug den Felsen mit seinem Stabe zwey Mal, da kam viel Wasser heraus, und es trank die Gemeine samt ihrem Vieh. 12. Aber Jehova sprach zu Mose und zu Aaron: darum daß ihr nicht mir vertrauet und mich verherrlichet vor den Augen der Söhne Israels, darum sollt ihr diese Gemeine nicht bringen in das Land, daß ich ihnen geben will. 13. Das ist das Wasser des Haders, wie die Söhne Israels haderten mit Jehova, und er unter ihnen verherrlicht ward.

Cap. XX, 14—21.

Die Edomiter verweigern den Israeliten den Durchzug.

14. Und Mose sandte Boten aus Kades an den König von Edom: so spricht dein Bruder Israel: du weißt alle die Mühen, die uns getroffen: 15. unsere Väter zogen hinab nach Aegypten, und wir wohneten in Aegypten lange Zeit, und die Aegypter behandelten uns übel und unsere Väter, 16. und wie schrieen zu Jehova, und er hörete unsere Stimme, und sandte einen Engel, und führete uns hinweg aus Aegypten, und siehe! wir sind zu Kades, einer Stadt an deiner Gränze. 17. Laß uns ziehen durch dein Land, wir wollen nicht durch Aecker noch Weinberge gehen, auch nicht Wässer aus den Brunnen trinken; die Heerstraße wollen wir ziehen, und nicht ausbeugen weder zur Rechten noch zur Linken, bis daß wir hindurchgezogen durch deine Gränze. 18. Aber Edom sprach zu ihm:

du sollst nicht bey mir durchziehen, oder ich will dir mit dem
Schwert entgegengehen. 19. Da sprachen zu ihm die Söhne
Israels: auf der Landstraße wollen wir ziehen, und wenn wir
dein Wasser trinken wir und unser Vieh, so will ich Zahlung
dafür geben, nur mit unsern Füßen (es ist ja nichts) wollen
wir durchziehen. 20. Er aber sprach: du sollst nicht durchziehen, und Edom zog ihnen entgegen mit mächtigem Volk und
starker Hand. 21. Also weigerte sich Edom, Israel durch seine Gränze ziehen zu lassen, und Israel wich vor ihm.

Cap. XX, 22 — 29.
Aarons Tod.

22. Und die Söhne Israels brachen auf von Kades, und
die ganze Gemeine kam zum Berge Hor, 23. Und Jehova
sprach zu Mose und zu Aaron am Berge Hor an der
Gränze des Landes Edom: 24. Aaron soll weggehen zu seinem
Volke, denn er soll nicht kommen in das Land, das ich der
Söhnen Israels geben will, darum weil ihr widerspenstig
waret gegen mein Wort beym Hader-Wasser. 25. Nimm
Aaron und Eleasar, seinen Sohn, und führe sie hinauf auf
den Berg Hor, 26. und ziehe Aaron seine Kleider aus, und
ziehe sie Eleasar an, seinem Sohne, und Aaron soll weggehen
und sterben daselbst. 27. Und Mose that, so wie ihm Jehova
geboten, und sie stiegen auf den Berg Hor, vor den Augen
der ganzen Gemeine, 28. und Mose zog Aaron seine Kleider
aus, und zog sie Eleasar an, seinem Sohne, und Aaron starb
daselbst auf der Höhe des Berges, und Mose und Eleasar stiegen
herab vom Berge. 29. Und da die ganze Gemeine sahe, daß
Aaron verschieden war, so beweinten sie Aaron dreyßig Tage,
das ganze Haus Israels.

Cap. XXI, 1 — 3.
Besiegung des Königes von Arad.

1. Und es vernahm der canaanitische König von Arad, der
gegen Mittag wohnete, daß Israel kam auf dem Wege von

Atharim, und er stritt wider Israel, und fing von ihm Gefangene. 2. Da gelobete Israel Jehova ein Gelübd, und sprach: wenn du dieses Volk in meine Hand gibst, so will ich ihre Städte verbannen. 3. Und Jehova erhörete die Stimme Israels, und gab die Cananiter in seine Hand, und sie verbanneten sie und ihre Städte, und man nannte den Namen des Ortes Horma [Verbannung].

Cap. XXI, 4—9.

Plage der Schlangen.

4. Und sie brachen auf vom Berge Hor nach dem Schilfmeer zu, um das Land Edom zu umgehen. Und das Volk ward auf dem Wege verdrossen, 5. und redete wider Gott und wider Mose: warum habt ihr uns heraufgeführet aus Aegypten, daß wir sterben in der Wüste, denn kein Brod ist da noch Wasser, und uns eckelt vor dieser losen Speise. 6. Da sandte Jehova unter das Volk Schlangen, Sarafs, die bissen das Volk, und es starb viel Volk aus Israel. 7. Da kam das Volk zu Mose, und sprach: wir haben gesündiget, daß wir geredet wider Jehova und wider dich, bete zu Jehova, daß er von uns nehme die Schlangen, und Mose bat für das Volk. 8. Da sprach Jehova zu Mose: mache dir einen Saraf, und hänge ihn auf an eine Stange, und wer gebissen ist, und ihn ansiehet, wird leben bleiben. 9. Da machte Mose eine Schlange von Kupfer, und hing sie auf an eine Stange, und wenn jemanden eine Schlange biß, so blickte er auf die kupferne Schlange, und blieb leben.

Cap. XXI, 10 — 20.

Einige Züge und Lagerungen der Israeliten.

10. Und die Söhne Israels brachen auf, und lagerten sich zu Oboth. 11. Und sie brachen auf von Oboth, und lagerten

sich zu Ije-Abarim, in der Wüste östlich von Moab, gegen Aufgang der Sonne. 12. Von dannen brachen sie auf, und lagerten sich im Thale Sared. 13. Von dannen brachen sie auf, und lagerten sich jenseit des Arnons, welcher in der Wüste fließet, hervor aus der Gränze der Amoriter. Denn der Arnon ist die Gränze von Moab, zwischen Moab und zwischen den Amoritern. 14. Darum heißt es im Buche von den Kriegen:

> Jehova erweist sich im Sturmwind,
>> Und gießet aus die Bäche Arnons,
> 15. Die Bäche, die sich wenden nach Schebeth-Ar.
>> Und sich lehnen an die Gränze Moabs. *)

16. Und von dannen nach Beer [Brunnen]. Das ist der Brunn, wo Jehova sprach zu Mose: versammle das Volk, ich will ihnen Wasser geben. 17. Damals sang Israel dieses Lied:

> Steig auf, Brunnen!
>> Singet ihm entgegen!
> 18. Brunnen, welchen Fürsten gegraben,
>> Den Edle des Volks entdecket,
>> Durch Scepter und ihre Stäbe.

Und aus der Wüste nach Mathana. 19. Und von Mathana nach Nahaliel, und von Nahaliel nach Bamoth. 20. Und von Bamoth nach Gai im Lande Moab, auf der Höhe des Pisga, die nach der Wüste hinsiehet.

Cap. XXI, 21 — 35.

Besiegung Sihons, Königs der Amoriter, und Ogs, Königs von Basan.

21. Und Israel sandte Boten zu Sihon, König der Amoriter, und ließ ihm sagen: 22. laß mich durch dein

---

*) Nach Conject. Gew. Waheb in Sufa und die Bäche Arnon, und der Ort, wo die Bäche entspringen, der sich gegen Ar wendet, und an der moabitischen Gränze weglauft.

Land ziehen, wir wollen nicht ausbeugen in die Aecker noch
Weinberge, auch nicht Wasser aus den Brunnen trinken, die
Heerstraße wollen wir ziehen, bis daß wir hindurchgezogen
durch deine Gränze.   23. Aber Sihon verstattete Israel
nicht, durch seine Gränze zu ziehen, und versammelte all
sein Volk, und zog Israel entgegen in die Wüste, und kam
nach Jahza, und stritt wider Israel.   24. Aber Israel
schlug ihn mit der Schärfe des Schwertes, und nahm sein
Land ein vom Arnon bis an den Jabbock, bis zu den Söhnen Ammons; denn die Gränze der Söhne Ammons war
fest.   25. Und Israel nahm alle diese Städte, und wohnete
in allen Städten der Amoriter, zu Hesbon und allen ihren
Töchtern.   26. Denn Hesbon war die Stadt Sihons,   des
Königs der Amoriter, und er hatte gestritten wider den König
von Moab, den vorigen, und hatte ihm sein ganzes Land
genommen bis an den Arnon.   27. Daher sagen die Dichter:

> Kommet nach Hesbon!
>   Gebaut und befestiget werde die Stadt Sihons!

28. Denn Feuer wird ausgehen von Hesbon,
       Eine Flamme aus der Stadt Sihons,
    Und fressen Ar in Moab
       Und die Herren der Höhen des Arnons.

29. Wehe dir Moab!
       Du bist verloren, Volk des Camos!
    Flüchtig läßt er seine Söhne seyn,
    Und seine Töchter gefangen
       Vom König der Amoriter, Sihon.

30. Wir schoßen auf sie,
       Verloren war Hesbon bis Dibon,
    Wir verwüsteten bis Nophah,
       Feuer fraß bis Medeba.

31. Also wohnete Israel im Lande der Amoriter.   32. Und
Mose sandte, und ließ Jaeser erspähen, und sie nahmen

ihre Töchter ein, und vertrieben die Amoriter, welche das
selbst waren.

33. Und sie wandten sich, und zogen hinauf nach Basan.
Da zog Og, König von Basan, ihnen entgegen mit all sei=
nem Volke zum Streite nach Edri. 34. Und Jehova sprach
zu Mose: fürchte dich nicht vor ihm, denn ich gebe ihn in
deine Hand samt seinem ganzen Volke und seinem Lande,
und du sollst mit ihm thun, wie du gethan mit Sihon,
König der Amoriter, welcher zu Hesbon wohnete. 35. Und
sie schlugen ihn und seine Söhne und all sein Volk, bis daß
nicht einer überblieb, und nahmen sein Land ein.

Cap. XXII.

Bileam wird von Balak gedungen, die Israeliten zu verfluchen.

1. Und die Söhne Israels brachen auf, und lagerten
sich in den Ebenen Moabs, jenseit des Jordans, Jericho
gegen über.

2. Und Balak, Sohn Zippors, sahe alles, was Israel
gethan an den Amoritern, 3. und die Moabiter fürchteten
sich sehr vor dem Volke, daß es so groß war, und es grauete
ihnen vor den Söhnen Israels. 4. Und die Moabiter spra=
chen zu den Aeltesten von Midian: nun wird dieser Haufe
alles rings um uns her auffressen, wie ein Ochse das Grüne
des Feldes auffrißt. Balak aber, Sohn Zippors, war König
von Moab zu derselben Zeit. 5. Und er sandte Boten zu
Bileam, dem Sohne Beors, nach Pethor am Strome
[Euphrat] ins Land seines Volkes, ihn zu rufen, und ließ
ihm sagen; siehe! ein Volk ist ausgezogen aus Aegypten,
siehe! es bedecket das Antlitz der Erde, und lieget mir gegen
über. 6. So komme nun, und verfluche mir dieses Volk,
denn es ist mir zu stark, vielleicht vermag ich dann, es zu
schlagen und zu vertreiben aus dem Lande: denn ich weiß, wen
du segnest, der ist gesegnet, und wen du verfluchest, der ist
verfluchet. 7. Also zogen hin die Aeltesten von Midian und

die Aeltesten von Moab, den Lohn des Weissagens in ihren Händen, und kamen zu Bileam, und sagten ihm die Worte Balaks. 8. Und er sprach zu ihnen: bleibet hier über Nacht, so will ich euch Antwort geben, so wie Jehova zu mir reden wird. Also blieben die Fürsten von Moab bey Bileam. 9. Und Gott kam zu Bileam, und sprach: wer sind diese Männer bey dir? 10. Und Bileam sprach zu Gott: Balak, Sohn Zippors, König von Moab, sendet zu mir: 11. siehe! ein Volk ist ausgezogen aus Aegypten, und bedecket das Antlitz der Erde, so komme nun, und verwünsche es mir, vielleicht vermag ich dann, zu streiten wider dasselbe, und es zu vertreiben. 12. Und Gott sprach zu Bileam: ziehe nicht mit ihnen, und verfluche nicht das Volk, denn es ist gesegnet. 13. Da stand Bileam des Morgens auf, und sprach zu den Fürsten Balaks; ziehet in euer Land, denn Jehova weigert sich, mir zu gestatten, daß ich mit euch ziehe. 14. Also machten sich auf die Fürsten Moabs, und kamen zu Balak, und sprachen: Bileam weigerte sich, mit uns zu ziehen. 15. Da sandte Balak wiederum Fürsten, noch mehrere und vornehmere als jene. 16. Und sie kamen zu Bileam, und sprachen zu ihm: so spricht Balak, der Sohn Zippors: laß dich nicht abhalten zu mir zu kommen, 17. denn ich will dich hoch ehren, und alles, was du mir sagest, das will ich thun: so komme nun, und verwünsche mir dieses Volk. 18. Und Bileam antwortete, und sprach zu den Knechten Balaks: wenn Balak mir gäbe sein Haus voll Silber und Gold, so könnte ich nicht das Wort Jehovas, meines Gottes, übertreten, und irgend etwas, kleines oder großes thun. 19. So bleibet nun hier auch diese Nacht, und ich will hören, was Jehova weiter reden wird mit mir. 20. Da kam Gott zu Bileam des Nachts, und sprach zu ihm: sind die Männer gekommen, dich zu rufen, so mache dich auf, und ziehe mit ihnen; aber nur das, was ich dir sagen werde, sollst du thun. 21. Da machte sich Bileam auf am Morgen, und gürtete seine Eselin, und zog mit den

Fürsten von Moab. 22. Aber es entbrannte der Zorn Gottes, daß er zog, und der Engel Jehovas stellete sich in den Weg, ihm zu widerstehen. Als er nun ritt auf seiner Eselin, und zween Knechte mit ihm, 23. da sahe die Eselin den Engel Jehovas im Wege stehen, ein bloßes Schwert in seiner Hand, und die Eselin wich aus dem Wege, und ging aufs Feld; Bileam aber schlug die Eselin, um sie auf den Weg zu lenken. 24. Da trat der Engel Jehovas in einen engen Pfad zwischen Weinbergen, wo Mauer auf der einen Seite und Mauer auf der andern. 25. Da nun die Eselin den Engel Jehovas sahe, preßte sie sich an die Wand, und preßte den Fuß Bileams an die Wand, und er schlug sie wieder. 26. Da ging der Engel Jehovas weiter, und trat an einen engen Ort, wo kein Weg war auszuweichen, weder zur Rechten noch zur Linken. 27. Und da die Eselin den Engel Jehovas sahe, legte sie sich nieder unter Bileam, da entbrannte der Zorn Bileams, und er schlug die Eselin mit dem Stabe. 28. Da that Jehova den Mund der Eselin auf, und sie sprach zu Bileam: was hab ich dir gethan, daß du mich geschlagen diese drey Mal? 29. Und Bileam sprach zur Eselin: weil du meiner spottest! hätte ich ein Schwert in meiner Hand, so wollte ich dich erwürgen! 30. Und die Eselin sprach zu Bileam: bin ich nicht deine Eselin, auf welcher du geritten von jeher bis auf diesen Tag? War ich gewohnet, dir solches zu thun? Und er sprach: nein! 31. Da enthüllete Jehova die Augen Bileams, und er sahe den Engel Jehovas im Wege stehen, ein bloßes Schwert in seiner Hand, und er bückete sich und neigete sich mit seinem Angesicht. 32. Und der Engel Jehovas sprach zu ihm: warum schlugest du deine Eselin diese drey Mal? Siehe! ich bin ausgegangen, dir zu widerstehen, denn der Weg ist verkehrt vor mir, 33. und die Eselin hat mich gesehen und ist vor mir gewichen diese drey Mal. Wäre sie nicht gewichen vor mir, so hätte ich dich getödtet, und sie leben gelassen. 34. Da sprach Bi leam zum Engel Jehovas: ich habe gesündiget, denn ich wußte nicht, daß du mir entgegenstandest auf dem Wege, und nun, wenn er dir mißfällt, so will ich zurückkehren. 35. Und der Engel Jehovas sprach zu Bileam: ziehe mit den Männern, aber außer dem, was ich dir sagen werde, rede nichts. Also zog Bileam mit den Fürsten Balaks. 36. Da nun Balak hörete, daß Bileam kam, ging er ihm entgegen bis an die Stadt Moabs an der Gränze des Arnons, an der äußersten Gränze. 37. Und Balak sprach zu Bileam: habe ich nicht zu dir gesandt, dich zu rufen, warum bist du nicht gekommen zu mir? Kann ich etwa dich nicht ehren? 38. Und Bileam sprach zu Balak: siehe! ich komme zu dir, aber vermag ich etwas anders zu reden, als was Jehova mir in den Mund legt? 39. Also zog Bileam mit Balak, und sie kamen nach Kirjath-Chuzoth. 40. Und Balak opferte Rinder und Schafe, und sandte Bileam und den Fürsten, die mit ihm waren, von den Opfern.

Cap. XXIII.

Die zwey ersten Weissagungen Bileam's von Israel.

41. Und am Morgen nahm Balak Bileam, und führete ihn auf die Höhen Baals, daß er von dannen das Ende des Volkes sehen konnte. XXIII. 1. Und Bileam sprach zu Balak: baue mir hier sieben Altäre, und schaffe mir hieher sieben Stiere und sieben Widder. 2. Und Balak that, so wie Bileam sagte, und Balak und Bileam opferten Stiere und Widder auf den Altären. 3. Und Bileam sprach zu Balak: tritt bey dein Brandopfer, ich will weggehen, vielleicht kommt mir Jehova entgegen, und was er mir offenbaret, will ich dir verkünden. Und er ging auf einen Hügel. 4. Und Jehova kam zu Bileam, und er sprach zu ihm: sieben Altäre habe ich gerichtet, und Stiere und Widder geopfert auf den Altären. 5. Da legte Jehova Bileam eine Rede in den Mund, und sprach: kehre zurück zu Balak, und rede also. 6. Und er kehrete zu ihm zurück, und siehe! er stand

bey seinem Brandopfer samt allen Fürsten Moabs. 7. Da
hob er an seinen Spruch, und sagte:

Aus Aram holte mich Balak,
Der König Moabs aus den Gebirgen des Ostens:
„Komm! verfluche mir Jakob,
Komm verwünsche Israel!"

8. Wie soll ich verfluchen? Gott verflucht sie nicht.
Und wie verwünschen? Gott verwünschet nicht. —

9. Von der Spitze der Felsen schau ich sie,
Und von den Höhen erblick ich sie.

Siehe! abgesondert wohnet dieß Volk,
Und unter die Völker rechnet es sich nicht.

10. Wer zählet den Staub Jakobs,
Und wer rechnet die Menge Israels?

Es sterbe meine Seele den Tod der Gerechten,
Und mein Ende sey, wie das ihre!

11. Da sprach Balak zu Bileam: was thust du mir?
meinen Feinden zu fluchen, holte ich dich, und siehe! du wüns
schest Segen. 12. Er aber antwortete und sprach: muß ich
nicht, was Jehova mir in den Mund legt, halten zu reden?
13. Und Balak sprach zu ihm: o! komme mit mir an einen
andern Ort, von dannen du das Volk siehest, aber nur sein
Ende, und nicht das Ganze siehest, und verfluche es mir von
dannen. 14. Und er führete ihn auf den Platz der Wächter
auf die Höhe des Pisga, und bauete sieben Altäre, und op
ferte Stiere und Widder auf den Altären. 15. Und Bileam
sprach zu Balak: tritt hier bey dein Brandopfer, ich will dort
warten. 16. Und Jehova kam zu Bileam, und legte eine
Rede in seinen Mund, und sprach: kehre zu Balak, und rede
also. 17. Und er kam zu ihm, und siehe! er stand bey sei
nem Brandopfer, und die Fürsten Moabs bey ihm, und Ba
lak sprach zu ihm: was hat Jehova geredet? 18. Da hob er
an seinen Spruch, und sagte:

Auf, Balak, und höre!
Horch auf mich, Sohn Zippors!

19. Nicht Mensch ist Gott, der löge,
Noch Menschensohn, den es reuete.

Sollte er sprechen, und es nicht thun,
Und reden, und es nicht halten?

20. Siehe! zu segnen hab ich empfangen,
Er segnete, und ich nehm es nicht zurück.

21. Er schauet keine Schuld an Jakob,
Und siehet kein Unrecht an Israel.

Jehova, sein Gott ist mit ihm,
Und des Königs Posaunenschall unter ihm.

22. Gott führet ihn aus Aegypten
Sein Lauf ist wie des Büffels.

23. Nicht Zauberey hilft bey Jakob,
Noch Wahrsagung bey Israel.

Zu seiner Zeit wird es Jakob verkündet,
Und Israel, was Gott thut.

24. Siehe! das Volk, gleich der Löwin stehet es auf,
Und gleich dem Löwen erhebet es sich.

Es legt sich nicht, bis es den Raub verzehret,
Und Blut der Erschlagenen trinket.

25. Da sprach Balak zu Bileam: du sollst es weder verwünschen, noch segnen. 26. Und Bileam antwortete, und sprach zu Balak: habe ich dir nicht gesagt, alles was Gott reden wird, das werde ich thun! 27. Und Balak sprach zu Bileam: komm! ich will dich an einen andern Ort führen, vielleicht gefällt es Gott, daß du mir es verfluchest von dannen. 28. Und Balak führete Bileam auf die Höhe des Peor, der nach der Wüste hinsiehet. 29. Und Bileam sprach zu Balak: baue mir hier sieben Altäre, und schaffe

mir hieher sieben Stiere und sieben Widder. 30. Und Balak that, so wie Bileam sagte, und opferte Stiere und Widder auf den Altären.

Cap. XXIV.

Fernere Weissagungen Bileams über Israel und andere Völker.

1. Da nun Bileam sahe, daß es Jehova gefiel, Israel
zu segnen, ging er nicht, wie das vorige Mal, nach Einge-
bungen aus, und richtete sein Angesicht nach der Wüste, 2.
und hob an seinen Spruch, und da er Israel sahe, gelagert
nach seinen Stämmen, kam auf ihn der Geist Gottes, 3.
und er hob an seinen Spruch, und sagte:

So spricht Bileam, der Sohn Beors,
Der Mann, dem geöffnet der Blick;

4. So spricht, der da höret Worte Gottes,
Der Gesichte des Allmächtigen siehet,
Dahingesunken, enthülltes Auges:

5. Wie schön sind deine Zelte, o Jakob,
Deine Wohnungen, o Israel!

6. Gleich Thälern breiten sie sich aus,
Gleich Gärten am Strome,
Gleich Aloestauden, die Jehova gepflanzet,
Gleich Cedern am Gewässer. —

7. Es strömet Wasser aus seinem Eimer,
In Wasserfluthen sein Geschlecht.
Höher als Agag ist sein König
Und erhaben sein Königreich.

8. Gott führet ihn aus Aegypten,
Sein Lauf ist wie des Büffels,

Er frisset die Völker, seine Feinde,
Und ihre Gebeine zermalmet er,
Mit seinen Pfeilen durchbohrt er sie.

9. Er legt sich zur Ruhe, gleich dem Löwen, der Löwin,
Wer reizet ihn aufzustehen?

Gesegnet, wer dich segnet,
Verflucht, wer dich verfluchet!

10. Da entbrannte der Zorn Balaks wider Bileam, und er schlug die Hände zusammen, und sprach zu Bileam: meine Feinde zu verwünschen, habe ich dich gerufen, und siehe! du hast sie gesegnet diese drey Mal! 11. Und nun fliehe an deinen Ort, ich gedachte dich zu ehren; aber siehe! Jehova hat dir die Ehre verwehret. 12. Und Bileam sprach zu Balak: hab ich nicht zu deinen Boten, welche du zu mir sandtest, gesagt: 13. wenn Balak mir gäbe sein Haus voll Silber und Gold, so könnte ich nicht das Wort Jehovas übertreten, und irgend etwas, gutes oder böses thun von mir selber; was Jehova reden wird, das will ich reden. 14. Und nun siehe! ich gehe zu meinem Volke. Aber komm! ich will dir verkünden, was dieß Volk deinem Volke thun wird in der Folge der Zeiten. 15. Und er hob an seinen Spruch, und sagte:

So spricht Bileam, der Sohn Beors,
So der Mann, dem geöffnet der Blick;

16. So spricht, der da höret Worte Gottes,
Der da kennet Kunde des Höchsten,

Der Gesichte des Allmächtigen siehet,
Dahingesunken, enthülltes Auges:

17. Ich seh ihn, noch ist er nicht,
Ich schau ihn, noch ist er nicht nahe.

Es tritt hervor ein Stern aus Jakob,
Es steiget ein Scepter aus Israel,

Und zerschmettert die Fürsten *) von Moab,
Und den Scheitel aller Uebermüthigen. **)

18. Und Edom ist seine Eroberung,
Und seine Eroberung Seir, seiner Feinde Land,
Und Israel thut große Thaten.

19. Er herrschet von Jakob aus,
Und vernichtet, was entronnen aus Städten.

20. Und da er die Amalekiter sahe, hob er an seinen Spruch,
und sagte:

Das erste der Völker ist Amalek,
Aber sein Letztes ist Untergang.

21. Und da er die Keniter sahe, hob er an seinen Spruch,
und sagte:

Dauernd ist deine Wohnung,
Gegründet auf Felsen dein Nest;

22. Dennoch geräth es in Brand, o Kain!
Wie lange, so führet dich Assur gefangen!

23. Und er hob an seinen Spruch, und sagte:

Wehe! wer überlebt, was Gott thut?

24. Schiffe kommen von Chittim,
Und sie demüthigen Assur,
Und demüthigen Eber,
Auch ihn trifft Untergang!

25. Und Bileam machte sich auf, und zog fort, und kehrete
an seinen Ort, und auch Balak zog seines Weges.

---

*) Nach den Vers. Gew. die Enden.

**) And. Und vertilgt alle Uebermüthigen,

1. Und Israel wohnete in Sittim, und das Volk begann zu huren mit den Töchtern Moabs, 2. die luden das Volk zu den Opfern ihrer Götter, und das Volk aß, und betete ihre Götter an, 3. und Israel trug Binden zu Ehren Baal Peors. Da entbrannte der Zorn Jehovas über Israel, 4. und Jehova sprach zu Mose: nimm mit dir alle Häupter des Volkes, und hänge sie auf zur Versöhnung Jehovas, beym Schein der Sonne, auf daß sich wende der Zorn Jehovas von Israel. 5. Und Mose sprach zu den Richtern Israels: tödtet ein jeglicher seine Leute, welche Binden tragen zu Ehren Baal Peors. 6. Und siehe! da kam ein Mann von den Söhnen Israels, und brachte zu seinen Brüdern eine Midianitin, vor den Augen Moses und der ganzen Gemeine der Söhne Israels, die da weineten vor der Thüre des Versammlungszeltes. 7. Da das Pinehas, Sohn Eleasars, des Sohnes Aarons, des Priesters, sahe, stand er auf aus der Gemeine, und nahm einen Spieß in seine Hand, 8. und ging dem israelitischen Manne nach in das Gemach, und durchstach sie beyde, den Mann und das Weib, durch ihren Bauch. Da ward die Plage gehemmt unter den Söhnen Israels. 9. Es starben aber in der Plage vier und zwanzig tausend.

10. Und Jehova redete zu Mose, und sprach: 11. Pinehas, der Sohn Aarons, des Priesters, hat meinen Grimm gewandt von den Söhnen Israels durch seinen Eifer um mich, daß ich nicht die Söhne Israels vertilge in meinem Eifer. 12. Darum sprich: siehe! ich mache mit ihm einen Bund der Gnade, 13. daß ihm und seinem Samen nach ihm das Priesterthum gehören soll ewiglich, darum, daß er eiferte um seinen Gott, und die Söhne Israels versöhnete. 14. Und der Name des israelitischen Mannes, der erschlagen wurde mit der Midianitin, war Simri, Sohn Salus, Fürst eines

Stammhauses der Simeoniter, 15. und der Name des Weibes, das erschlagen wurde, der Midianitin, Cosbi, Tochter Zurs, der ein Fürst eines Geschlechtes der Midianiter war.

16. Und Jehova redete zu Mose, und sprach: 17. befeindet die Midianiter, und schlaget sie, 18. denn sie haben euch
befeindet durch ihre List, die sie euch gestellet durch den Baal-
Peor und durch Cosbi, die Tochter eines Fürsten von Midian,
ihre Schwester, die erschlagen ward am Tage der Plage wegen
des Baal-Peor.

Cap. XXVI.

Neue Zählung der Israeliten.

19. Und es geschah nach dieser Plage: XXVI. 1. da
sprach Jehova zu Mose und zu Eleasar, dem Sohne Aarons,
des Priesters, und sagte: 2. zählet die ganze Gemeine der
Söhne Israels, von zwanzig Jahren und drüber, nach ihren
Stammhäusern, wer auszieht mit dem Heer in Israel. 3. Da
zählete sie Mose und Eleasar, der Priester, in den Ebenen
Moabs, am Jordan, Jericho gegen über *): 4. von zwanzig Jahren und drüber, so wie Jehova Mosen geboten und
den Söhnen Israels, welche ausgezogen aus dem Lande Aegypten.

5. Die Söhne Rubens, des Erstgebornen Israels, waren:
Hanoch, von welchem das Geschlecht der Hanochiter, Pallu,
von welchem das Geschlecht der Palluiter, 6. Hezron, von
welchem das Geschlecht der Hezroniter, Carmi, von welchem
das Geschlecht der Carmiter. Dieß waren die Geschlechter
der Rubeniter, und ihre Gemusterten waren drey und vierzig
tausend siebenhundert und dreyßig. 8. Und der Sohn Pallus
war Eliab. 9. Und die Söhne Eliabs waren Nemuel und
Dathan und Abiram. Das ist der Dathan und Abiram, Berufene zur Versammlung, welche sich auflehneten wider Mose und

_____

*) Ausgel. und sprach.

wider Aaron in der Rotte Korahs, da sie sich wider Jehova auflehneten. 10. Und die Erde that ihren Mund auf, und verschlang sie und Korah, und die Rotte starb auch, indem das Feuer die zweyhundert und funfzig Männer fraß, und sie wurden zum Zeichen. 11. Aber die Söhne Korahs starben nicht.

12. Die Söhne Simeons waren nach ihren Geschlechtern: von Nemuel das Geschlecht der Nemueliter, von Jamin das Geschlecht der Jaminiter, von Jachin das Geschlecht der Jachiniter, 13. von Serah das Geschlecht der Serahiter, von Saul das Geschlecht der Sauliter. 14. Dieß waren die Geschlechter der Simeoniter, zwey und zwanzig tausend und zweyhundert.

15. Die Söhne Gads waren nach ihren Geschlechtern: von Ziphon das Geschlecht der Ziphoniter, von Haggi das Geschlecht der Haggiter, von Suni das Geschlecht der Suniter, 16. von Osni das Geschlecht der Osniter, von Eri das Geschlecht der Eriter, 17. von Arod das Geschlecht der Aroditer, von Ariel das Geschlecht der Arieliter. 18. Dieß waren die Geschlechter der Söhne Gads, und ihre Gemusterten vierzig tausend und fünfhundert.

19. Die Söhne Judas waren: Er und Onan, aber Er und Onan starben im Lande Canaan. 20. Und es waren die Söhne Judas nach ihren Geschlechtern: von Sela das Geschlecht der Selaniter, von Perez das Geschlecht der Pereziter, von Serah das Geschlecht der Serahiter. 21. Und die Söhne Perez waren: von Hezron das Geschlecht der Hezroniter, von Hamul das Geschlecht der Hamuliter. 22. Dieß waren die Geschlechter Judas, und ihre Gemusterten sechs und siebenzig tausend und fünfhundert.

23. Die Söhne Issaschars waren nach ihren Geschlechtern: Thola, von ihm das Geschlecht der Tholaiter, von Phura das Geschlecht der Phuraniter, 24. von Jasub das Geschlecht der Jasubiter, von Simron das Geschlecht der Simroniter.

25. Dieß waren die Geschlechter Iſſaſchars, und ihre Gemuſterten vier und ſechzig tauſend und dreyhundert.

26. Die Söhne Sebulons waren nach ihren Geschlechtern: von Sered das Geschlecht der Serediter, von Elon das Geschlecht der Eloniter, von Jahleel das Geschlecht der Jahleeliter. 27. Dieß waren die Geschlechter der Sebuloniter, und ihre Gemuſterten ſechzig tauſend und fünfhundert.

28. Die Söhne Josephs waren nach ihren Geschlechter: Manaſſe und Ephraim. 29. Die Söhne Manaſſes: von Machir, das Geschlecht der Machiriter, und Machir zeugete Gilead, von Gilead das Geschlecht der Gileaditer. 30. Dieß waren die Söhne Gileads: Hieſer, von ihm das Geschlecht der Hieſeriter, von Helek das Geschlecht der Heleliter, 31. und Aſriel, von ihm das Geschlecht der Aſrieliter, und Sichem, von ihm das Geschlecht der Sichemiter, 32. und Smida, von ihm das Geschlecht der Smiditer, und Hepher, von ihm das Geschlecht der Hepheriter. 33. Und Zelaphehad war der Sohn Hephers; er hatte keine Söhne, ſondern Töchter, und die Namen der Töchter Zelaphehads waren: Mahela und Noa, Hagla, Milca und Thirza. 34. Dieß waren die Geschlechter Manaſſes, und ihre Gemuſterten zwey und funfzig tauſend und ſiebenhundert.

35. Dieß waren die Söhne Ephraims nach ihren Geschlechtern: von Suthela das Geschlecht der Suthelahiter, von Becher das Geschlecht der Becheriter, von Thahan das Geschlecht der Thahaniter. 36. Und dieß waren die Söhne Suthelas: von Eran das Geschlecht der Eraniter. 37. Dieß waren die Geschlechter der Söhne Ephraims, und ihre Gemuſterten zwey und dreyßig tauſend und fünfhundert. Dieß waren die Söhne Josephs nach ihren Geschlechtern.

38. Die Söhne Benjamins waren nach ihren Geschlechtern: von Bela das Geschlecht der Belaiter, von Aſbel das Geschlecht der Aſbeliter, von Ahiram das Geschlecht der Ahiramiter; 39. von Sephupham das Geschlecht der Sephuphamiter, von Hupham das Geschlecht der Huphamiter. 40. Und die

Söhne Belas: Ard und Naeman, von ihm das Geschlecht der Arditer, von Naeman das Geschlecht der Naemaniter. 41. Dieß waren die Söhne Benjamins nach ihren Geschlechtern, und ihre Gemusterten fünf und vierzig tausend und sechshundert.

42. Dieß waren die Söhne Dans nach ihren Geschlechtern: von Suham das Geschlecht der Suhamiter, dieß die Geschlechter Dans nach ihren Geschlechtern. 43. Alle Geschlechter der Suhamiter nach ihren Gemusterten waren vier und sechzig tausend und vierhundert.

44. Die Söhne Assers waren nach ihren Geschlechtern: von Jimna das Geschlecht der Jimnaiter, von Jisri das Geschlecht der Jisriter, von Beria das Geschlecht der Beriiter. 45. Von den Söhnen Berias; von Heber das Geschlecht der Heberiter, von Malchiel das Geschlecht der Malchieliter. 46. Und der Name der Tochter Assers war Sarah. 47. Dieß waren die Geschlechter der Söhne Assers, und ihre Gemusterten drey und funfzig tausend und vierhundert.

48. Die Söhne Naphthalis waren nach ihren Geschlechtern: von Jaheziel das Geschlecht der Jahezieliter, von Guni das Geschlecht der Guniter, 49. von Jezer das Geschlecht der Jezeriter, von Sillem das Geschlecht der Sillemiter. 50. Dieß waren die Geschlechter Naphthalis nach ihren Geschlechtern, und ihre Gemusterten fünf und vierzig tausend und vierhundert.

51. Dieß waren die Gemusterten der Söhne Israels, sechs hundert und ein tausend siebenhundert und dreyßig.

52. Und Jehova redete zu Mose, und sprach: 53. diesen soll das Land vertheilet werden zur Besitzung, nach den einzelnen Namen, 54. den vielen sollst du viel zutheilen, und den wenigen wenig, jeglichem Stamm soll nach Verhältniß seiner Gemusterten zugetheilet werden. 55. Aber nach dem Loose soll das Land vertheilet werden, nach den Namen ihrer Stämme sollen sie besitzen; 56. nach dem Loose soll ihre Besitzung vertheilet werden zwischen vielen und wenigen.

57. Und dieß waren die Gemusterten des Stammes Levis nach ihren Geschlechtern: von Gerson das Geschlecht der Gersoniter, von Kahath das Geschlecht der Kahathiter, von Merari das Geschlecht der Merariter. 58. Dieß waren die Geschlechter Levis: das Geschlecht der Libniter, das Geschlecht der Hebroniter, das Geschlecht der Maheliter, das Geschlecht der Musiter, das Geschlecht der Korahiter, und Kahath zeugete Amram. 59. Und der Name des Weibes Amrams war Jocheved, Tochter Levis, welche Atha *) dem Levi geboren in Aegypten, und sie gebar dem Amram Aaron und Mose und Mirjam, deren Schwester. 60. Und Aaron ward geboren Nadab und Abihu, Eleasar und Ithamar. 61. Und Nadab und Abihu starben, als sie fremdes Feuer darbrachten vor Jehova. 62. Und ihre Gemusterten waren drey und zwanzig tausend, alles, was männlich war, von einem Monden und drüber, denn sie wurden nicht gemustert unter den Söhnen Israels, denn ihnen wurde keine Besitzung gegeben unter den Söhnen Israels.

63. Dieß waren die Gemusterten durch Mose und Eleasar, den Priester, wie sie die Söhne Israels musterten in den Ebenen Moabs, am Jordan, Jericho gegen über. 64. Und unter diesen war kein Mann von den Gemusterten, da Mose und Aaron, der Priester, die Söhne Israels musterten in der Wüste Sinai. 65. Denn Jehova sprach: sie sollen sterben in der Wüste, und nicht ein Mann war von ihnen übrig, außer Caleb, dem Sohne Jephunnes, und Josua, dem Sohne Nuns.

Cap. XXVII, 1—11.
Auf Veranlassung der Töchter Zelaphehads eine Verordnung über die Stammgüter.

1. Und es traten herzu die Töchter Zelaphehads, des Sohnes Hephers, des Sohnes Gileads, des Sohnes Machirs, des Sohnes Manasses, von den Geschlechtern Manasses, des

---

*) Vocalveränderung.

Sohnes Josephs, und dieß waren die Namen seiner Töchter:
Mahela, Noa und Hagla und Milca und Thirza, 2. die traten vor Mose und vor Eleasar, den Priester, und vor die
Fürsten und die ganze Gemeine, vor der Thüre des Versammlungszeltes, und sprachen: 3. unser Vater ist gestorben in der
Wüste, und er war nicht unter der Rotte, die sich zusammen-
rottete wider Jehova, unter der Rotte Korahs, sondern starb
um seiner Sünde willen, und er hatte keine Söhne. 4. Warum
soll nun der Name unsers Vaters ausgelassen werden aus
seinem Geschlechte, weil er keine Söhne hat? Gib uns eine
Besitzung unter den Brüdern unsers Vaters! 5. Und Mose
brachte ihre Sache vor Jehova. 6. Und Jehova sprach zu
Mose, und sagte: 7. die Töchter Zelaphehads haben recht
geredet, du sollst ihnen ein Eigenthum zur Besitzung geben
unter den Brüdern ihres Vaters, und sollst auf sie übertragen
die Besitzung ihres Vaters. 8. Und rede zu den Söhnen
Israels, und sprich: wenn jemand stirbt, und hat keinen
Sohn, so sollt ihr seine Besitzung übertragen auf seine Tochter.
9. Und wenn er keine Tochter hat, so sollt ihr seine Besitzung seinem Bruder geben. 10. Und wenn er keinen Bruder hat, so sollt ihr seine Besitzung den Brüdern seines Vaters geben. 11. Und wenn sein Vater keine Brüder hat,
so sollt ihr seine Besitzung seinem nächsten Blutsverwandten
aus seinem Geschlechte geben, daß er es erbe, und dieß
soll den Söhnen Israels eine Rechts-Satzung seyn; so wie
Jehova Mosen geboten.

Cap. XXVII, 12 — 23.

Josua wird zu Moses Nachfolger bestimmt.

12. Und Jehova sprach zu Mose: steige auf den Berg
Abarim, und siehe das Land, welches ich den Söhnen Israels geben werde. 13. Und wenn du es gesehen, so sollst du

weggehen zu deinem Volke, so wie Aaron, dein Bruder, weg=
gegangen, 14. darum weil ihr widerspenstig waret gegen
mein Wort in der Wüste Zin, beym Hader der Gemeine,
da ihr mich verherrlichen solltet durch das Wasser vor ihren
Augen. (Das ist das Haderwasser zu Kades in der Wüste
Zin.) 15. Und Mose redete zu Jehova, und sprach: 16. aber es
setze Jehova, der Herr der Geister alles Fleisches, einen Mann
über die Gemeine, 17. der ausziehe und einziehe vor ihnen her,
und der sie ausführe und einführe, daß die Gemeine Jehovas
nicht sey wie eine Heerde, die keinen Hirten hat. 18. Und
Jehova sprach zu Mose: nimm Josua, den Sohn Nuns, ei=
nen Mann, in dem Geist ist, und lege deine Hand auf ihn,
19. und stelle ihn vor Eleasar, den Priester, und vor die
ganze Gemeine, und gebiete ihm vor ihren Augen, 20. und
lege von deiner Würde auf ihn, daß ihm gehorche die ganze
Gemeine der Söhne Israels. 21. Und er soll vor Eleasar,
den Priester, treten, und dieser soll Jehova für ihn fragen
durch die Weise des Lichtes, und nach seinem Worte soll er
ausziehen und einziehen, samt allen Söhnen Israels und der
ganzen Gemeine. 22. Und Mose that, so wie Jehova ihm
geboten, und nahm Josua, und stellete ihn vor Eleasar, den
Priester, und vor die ganze Gemeine, 23. und legte seine
Hände auf ihn, und gebot ihm, so wie Jehova geredet durch
Mose.

Cap. XXVIII. XXIX.

Verzeichniß der verschiedenen Festopfer.

1. Und Jehova redete zu Mose und sprach: 2. gebiete
den Söhnen Israels, und sprich zu ihnen: meine Opfer, meine
Speise zu meinen Feuerungen zum lieblichen Geruch für mich,
sollt ihr beobachten, mir darzubringen zu ihrer Zeit. 3. Und
sprich zu ihnen: Das ist das Opfer, welches ihr Jehova dar=
bringen sollt als tägliches Brandopfer: zwey jährige Lämmer,
fehlerlos, 4. das eine Lamm am Morgen, und das zweyte

Lamm gegen Abend, 5. dazu ein Zehntheil Epha Weißmehl zum Speisopfer, begoßen mit gepreßtem Oel, einem Viertheil Hin. 6. Dieß ist das tägliche Brandopfer, das geopfert wurde auf dem Berge Sinai, zum lieblichen Geruch als Feuerung für Jehova. 7. Und dazu soll man ein Trankopfer, ein Vierstheil-Hin Wein zu jedem Lamme, im Heiligthum Jehova opfern. 8. Und das zweyte Lamm sollst du opfern gegen Abend, wie am Morgen sollst du ein Speisopfer und ein Trankopfer dazu opfern, als Feuerung zum lieblichen Geruch für Jehova.

9. Und am Tage des Sabbaths zwey jährige Lämmer, fehlerlos, und zwey Zehntheile Weißmehl zum Speisopfer, begoßen mit Oel, und ein Trankopfer dazu. 10. Dieß ist das Brandopfer des Sabbaths für den Sabbath, außer dem täglichen Brandopfer mit dem Trankopfer dazu.

11. Und an euren Neumonden sollt ihr ein Brandopfer Jehova darbringen, zween junge Stiere und einen Widder, sieben jährige Lämmer, fehlerlos, 12. und drey Zehntheile Weißmehl zum Speisopfer, begoßen mit Oel, zu jedem Stiere, und zwey Zehntheile Weißmehl zum Speisopfer, begoßen mit Oel, zu dem Widder, 13. und je ein Zehntheil Weißmehl zum Speisopfer, begoßen mit Oel, zu jedem Lamme; ein Brandopfer zum lieblichen Geruch als Feuerung für Jehova. 14. Und Trankopfer dazu, ein halbes Hin Wein, zu jedem Stiere, und ein Drittheil-Hin zu dem Widder, und ein Viertheil-Hin zu jedem Lamme. Dieß ist das Brandopfer des Neumonden, an jedem Neumond des Jahres. 15. Und dazu soll ein Ziegenbock zum Sündopfer Jehova geopfert werden, außer dem täglichen Brandopfer, mit dem Trankopfer dazu.

16. Und im ersten Mond, am vierzehnten des Monden, ist das Passah Jehovas. 17. Und am funfzehnten dieses Monden ist Fest, sieben Tage soll Ungesäuertes gegessen werden. 18. Am ersten Tage soll heiliger Ausruf seyn, kein Geschäft noch Arbeit sollt ihr thun, 19. und sollt Feuerung von

Brandopfer Jehova darbringen, zween junge Stiere und einen Widder und sieben jährige Lämmer, fehlerlos sollen sie seyn; 20. und sollt Speisopfer dazu opfern, Weißmehl, begossen mit Oel, drey Zehntheile zu jedem Stiere, und drey Zehntheile zu dem Widder, 21. und je ein Zehntheil zu jedem Lamme, von den sieben Lämmern, 22. und dazu einen Ziegenbock zum Sündopfer, euch zu versöhnen. 23. Ausser dem Brandopfer des Morgens, dem täglichen Brandopfer, sollt ihr das alles opfern. 24. Dieses alles sollt ihr jeden Tag von den sieben Tagen opfern, als Speise und Feuerung zum lieblichen Geruch für Jehova; ausser dem täglichen Brandopfer mit dem Trankopfer dazu. 25. Und am siebenten Tage soll wiederum heiliger Ausruf seyn, kein Geschäft noch Arbeit sollt ihr thun.

26. Und am Tage der ersten Früchte, wenn ihr neues Speisopfer Jehova darbringet nach den sieben Wochen, soll heiliger Ausruf seyn, kein Geschäft noch Arbeit sollt ihr thun, 27. und sollt Brandopfer darbringen zum lieblichen Geruch für Jehova, zween junge Stiere, einen Widder, sieben jährige Lämmer, 28. und ein Speisopfer dazu, Weißmehl, begossen mit Oel, drey Zehntheile zu jedem Stiere, zwey Zehntheile zu dem Widder, 29. je ein Zehntheil zu jedem Lamme von den sieben Lämmern, 30. und dazu einen Ziegenbock, euch zu versöhnen; 31. ausser dem täglichen Brandopfer und dem Speisopfer dazu, sollt ihr diese Opfer thun, fehlerlos sollen sie seyn, mit den Trankopfern dazu.

XXIX, 1. Und im siebenten Mond, am ersten des Monden, soll heiliger Ausruf seyn, kein Geschäft noch Arbeit solle ihr thun, es ist der Tag des Jubelklanges, 2. und ihr sollt Brandopfer opfern zum lieblichen Geruch für Jehova, einen jungen Stier, einen Widder, sieben jährige Lämmer, fehlerlos, 3. und ein Speisopfer dazu, Weißmehl, begossen mit Oel, drey Zehntheile zu dem Stiere, zwey Zehntheile zu dem Widder, 4. und je ein Zehntheil zu jedem Lamme von den sieben Lämmern, 5. und dazu einen Ziegenbock zum Sündopfer, euch zu versöhnen; 6. ausser dem Brandopfer des Neumonden

mit dem Speisopfer dazu, und dem täglichen Brandopfer mit
dem Speisopfer und den Trankopfern dazu, nach ihrer Gebühr,
zum lieblichen Geruch als Feuerung für Jehova.

7. Und am zehenten Tage dieses siebenten Monden soll
heiliger Ausruf seyn, und ihr sollt euch casteyen, kein Geschäft
sollt ihr thun, 8. und sollt Brandopfer Jehova darbringen
zum lieblichen Geruch, einen jungen Stier, einen Widder,
sieben jährige Lämmer; fehlerlos sollen sie seyn; 9. und
Speisopfer dazu, Weißmehl begossen mit Oel, drey Zehntheile
zu dem Stiere, zwey Zehntheile zu dem Widder, 10. je ein
Zehntheil zu jedem Lamme von den sieben Lämmern, 11. und
dazu einen Ziegenbock zum Sündopfer; ausser dem Sündopfer
der Versöhnung und dem täglichen Brandopfer mit dem
Speisopfer dazu und den Trankopfern dazu.

12. Und am funfzehnten Tage des siebenten Monden soll
heiliger Ausruf seyn, kein Geschäft noch Arbeit sollt ihr thun,
und sollt ein Fest Jehova feyern sieben Tage, 13. und sollt
Brandopfer darbringen als Feuerung zum lieblichen Geruch
für Jehova: dreyzehn junge Stiere, zween Widder, vierzehn
jährige Lämmer; fehlerlos sollen sie seyn; 14. und Speisopfer
dazu, Weißmehl, begossen mit Oel, drey Zehntheile zu jedem
Stiere von den dreyzehn Stieren, zwey Zehntheile zu jedem
Widder von den zween Widdern, 15. und je ein Zehntheil zu
jedem Lamme von den vierzehn Lämmern, 16. und dazu einen
Ziegenbock zum Sündopfer; ausser dem täglichen Brandopfer
mit dem Speisopfer und dem Trankopfer dazu.

17. Und am zweyten Tage zwölf junge Stiere, zween Widder,
vierzehn jährige Lämmer, fehlerlos, 18. und Speisopfer dazu
und Trankopfer dazu, zu den Stieren und den Widdern und
den Lämmern, nach ihrer Zahl, nach der Gebühr, 19. und dazu einen Ziegenbock zum Sündopfer; ausser dem täglichen
Brandopfer mit dem Speisopfer und dem Trankopfer dazu.

20. Und am dritten Tage eilf Stiere, zween Widder, vierzehn jährige Lämmer, fehlerlos, 21. und Speisopfer dazu,
und Trankopfer dazu, zu den Stieren und den Widdern und

den Lämmern, nach ihrer Zahl, nach der Gebühr, 22. und dazu einen Ziegenbock zum Sündopfer; auſſer dem täglichen Brandopfer mit dem Speisopfer und dem Trankopfer dazu.

23. Und am vierten Tage zehen Stiere, zween Widder, vierzehn jährige Lämmer, fehlerlos, 24. und Speisopfer und Trankopfer dazu, zu den Stieren und den Widdern und den Lämmern nach ihrer Zahl, nach der Gebühr, 25. und dazu einen Ziegenbock zum Sündopfer; auſſer dem täglichen Brandopfer mit dem Speisopfer und dem Trankopfer dazu.

26. Und am fünften Tage neun Stiere, zween Widder, vierzehnjährige Lämmer, fehlerlos, 27. und Speisopfer und Trankopfer dazu, zu den Stieren und den Widdern und den Lämmern, nach ihrer Zahl, nach der Gebühr, 28. und dazu einen Ziegenbock zum Sündopfer; auſſer dem täglichen Brandopfer mit dem Speisopfer und dem Trankopfer dazu.

29. Und am sechsten Tage, acht Stiere, zween Widder, vierzehn jährige Lämmer, fehlerlos, 30. und Speisopfer und Trankopfer dazu, zu den Stieren und den Widdern und den Lämmern, nach ihrer Zahl, nach der Gebühr, 31. und dazu einen Ziegenbock zum Sündopfer; auſſer dem täglichen Brandopfer mit dem Speisopfer und dem Trankopfer dazu.

32. Und am siebenten Tage, sieben Stiere, zween Widder, vierzehn jährige Lämmer, fehlerlos, 33. und Speisopfer und Trankopfer dazu, zu den Stieren und den Widdern und den Lämmern, nach ihrer Zahl, nach der Gebühr, 34. und dazu einen Ziegenbock; auſſer dem täglichen Brandopfer mit dem Speisopfer und dem Trankopfer dazu.

35. Und am achten Tage soll hoher Festtag seyn, kein Geschäft noch Arbeit sollt ihr thun, 36. und sollt Brandopfer darbringen als Feuerung zum lieblichen Geruch für Jehova: einen Stier, einen Widder, sieben jährige Lämmer, fehlerlos, 37. und Speisopfer und Trankopfer dazu, zu dem Stiere und dem Widder und den Lämmern, nach ihrer Zahl, nach der Gebühr, 38. und dazu einen Ziegenbock zum Sündopfer; auſſer dem täglichen Brandopfer mit dem Speisopfer und dem Trankopfer

dazu. 39. Diese Opfer sollt ihr Jehova opfern an euren Festen, ausser euren Gelübden und euren freywilligen Opfern, an Brandopfern und Speisopfern und Trankopfern und Freudenopfern.

XXX, 1. Und Mose sagte den Söhnen Israels alles, was Jehova Mosen geboten.

Cap. XXX.

Verordnungen über die Gelübde.

2. Und Mose redete zu den Häuptern der Stämme der Söhne Israels, und sprach: also hat Jehova gebeten: 3. Wenn jemand Jehova ein Gelübde gelobet, oder einen Schwur schwöret, daß er sich zu einem Verbindniß verbindet: so soll er sein Wort nicht brechen, nach dem, was sein Mund ausgesprochen, soll er thun. 4. Und wenn ein Weib Jehova ein Gelübde gelobet, und sich zu einem Verbindniß verbindet im Hause ihres Vaters, in ihrer Jugend; 5. und ihr Vater höret ihr Gelübd und das Verbindniß, wozu sie sich verbindet, und schweiget dazu: so gelten alle ihre Gelübde, und all das Verbindniß, wozu sie sich verbunden. 6. Wenn aber ihr Vater ihr wehret, wenn er es höret, so sollen ihre Gelübde und ihr Verbindniß, wozu sie sich verbunden, nicht gelten. Jehova wird ihr vergeben, weil ihr Vater ihr gewehret. 7. Und wenn sie einen Mann hat, und nimmt Gelübde auf sich, oder etwas, das ihren Lippen entfahren, wozu sie sich verbunden; 8. und ihr Mann hörets, und schweiget dazu: so sollen ihre Gelübde gelten und ihr Verbindniß, wozu sie sich verbunden. 9. Wenn aber ihr Mann, da er es höret, ihr wehret, und vereitelt ihr Gelübd, das sie auf sich genommen, und was ihren Lippen entfahren, wozu sie sich verbunden: so wird Jehova ihr vergeben. 10. Das Gelübd einer Wittwe oder einer Verstoßenen, alles wozu sie sich verbunden, ist gültig. 11. Und wenn Eine im Hause ihres Mannes etwas gelobet, oder sich zu einem Verbindniß verbindet durch einen Schwur,

12. und ihr Mann höret, und schweiget dazu, und wehret ihr nicht: so sollen alle ihre Gelübde und all ihr Verbindniß, wozu sie sich verbunden, gelten. 13. Wenn aber ihr Mann es vereitelt, da er es höret, so soll alles, was ihre Lippen ausgesprochen von Gelübden und Verbindniß, nicht gelten; ihr Mann hats vereitelt, und Jehova wird ihr vergeben. 14. Alle Gelübde und alle Schwüre zu einem Verbindniß, sich zu casteyen, kann ihr Mann giltig machen, und kann ihr Mann vereiteln. 15. Und wenn ihr Mann dazu schweiget von einem Tage zum andern, so machet er alle ihre Gelübde giltig und all ihre Verbindniße, die sie auf sich genommen, weil er dazu geschwiegen, da er es gehöret. 16. Wenn er es aber vereiteln will, nachdem er es gehöret, so soll er ihre Schuld tragen. 17. Dieß sind die Satzungen, welche Jehova Mosen geboten, zwischen Mann und Weib, zwischen Vater und Tochter, in ihrer Jugend, im Hause ihres Vaters.

Cap. XXXI.

Sieg der Israeliten über die Midianiter; Vertheilung der Beute.

1. Und Jehova redete zu Mose, und sprach: 2. räche die Söhne Israels an den Midianitern, darnach sollst du weggehen zu deinem Volke. 3. Und Mose redete zu dem Volke, und sprach: rüstet unter euch Männer zum Heere wider die Midianiter, um Rache für Jehova zu nehmen an den Midianitern; 4. je tausend vom Stamm, von allen Stämmen Israels, sollt ihr zum Heere senden. 5. Da traten hervor aus den Stämmen Israels tausend von jedem Stamm, zwölf tausend, gerüstet zum Heere. 6. Und Mose sandte sie, tausend vom Stamm, zum Heere, mit Pinehas, dem Sohne Eleasars, des Priesters, die heiligen Geräthe und die Trompeten in seiner Hand. 7. Und sie zogen wider die Midianiter, so wie Jehova Mosen geboten, und tödteten alles, was männlich war. 8. Auch waren die Könige von

Midian unter ihren Erschlagenen, Evi und Rekem und Zur
und Hur und Reba, fünf Könige von Midian, und auch
Bileam, den Sohn Beors, tödteten sie mit dem Schwerte.
9. Und die Söhne Israels führten die Weiber der Midianiter
und ihre Kinder gefangen, und all ihr Vieh und all ihre
Heerden und all ihre Habe machten sie zur Beute; 10. und
all ihre Städte, ihre Wohnörter, und all ihre Schlösser verbrannten sie mit Feuer, 11. und nahmen alle Leute und allen
Raub, an Mensch und an Vieh, 12. und brachten alles zu
Mose und Eleasar, dem Priester, und zu der Gemeine der
Söhne Israels, die Gefangenen und den Raub und die Beute,
ins Lager, in den Ebenen Moabs, am Jordan, Jericho
gegenüber. 13. Und Mose und Eleasar, der Priester, und
alle Fürsten der Gemeine zogen ihnen entgegen, hinaus vor
das Lager. 14. Und Mose zürnete über die Hauptleute des
Heeres, die Obersten über tausend und die Obersten über
hundert, die von dem Kriegszuge kamen, 15. und sprach
zu ihnen: ihr habt alle Weiber leben lassen? 16. Siehe! sie
waren es, welche die Söhne Israels auf den Rath Bileams
lehreten, sich an Jehova zu vergehen wegen des Baal-Peor,
worauf die Plage kam auf die Gemeine Jehovas. 17. So
tödtet nun alles, was männlich ist unter den Kindern, und
alle Weiber, welche einen Mann erkannt im Beyschlaf;
18. aber alle Kinder unter den Weibern, welche nicht den
Beyschlaf eines Mannes kennen, lasset leben. 19. Ihr aber
lagert euch ausserhalb des Lagers sieben Tage, alle, die ihr
Menschen getödtet und Erschlagene angerühret, sollt euch
entsündigen am dritten Tage und am siebenten Tage, samt
euren Gefangenen. 20. Und alle Kleider und alle Geräthe
von Fell und alles von Ziegenhaaren gemachte und alle Geräthe
von Holz sollt ihr entsündigen. 21. Und Eleasar, der Priester,
sprach zu den Kriegsleuten, welche im Streite gewesen: dieß
ist die Satzung, welche Jehova Mosen geboten: 22. Gold
und Silber, Kupfer, Eisen, Zinn und Bley, 23. alles,
was ins Feuer gehet, sollt ihr durchs Feuer gehen lassen, daß

es rein werde, und dann soll es mit dem Reinigungs=Waſſer entſündiget werden; was aber nicht ins Feuer gehet, ſollt ihr durchs Waſſer gehen laſſen, 24. und ſollt eure Kleider waſchen am ſiebenten Tage, ſo ſeyd ihr rein, und darnach ſollt ihr ins Lager kommen.

25. Und Jehova ſprach zu Moſe und ſagte: 26. zähle den Raub und die Gefangenen, an Menſch und Vieh, mit Eleaſar, dem Prieſter, und den Häuptern der Stämme des Volkes, 27. und theile den Raub zwiſchen denen, welche den Krieg geführet, die ausgezogen mit dem Heere, und zwiſchen der ganzen Gemeine. 28. Und hebe eine Abgabe für Jehova von den Kriegsleuten, welche ausgezogen mit dem Heere, eins von fünfhundert, von Menſchen und von Rindern und von Eſeln und vom Kleinvieh. 29. Dieß ſollt ihr von ihrer Hälfte nehmen, und gib es Eleaſar, dem Prieſter, als Hebe Jehovas. 30. Und von der Hälfte der Söhne Iſraels nimm eins von funfzig, von Menſchen, von Rindern, von Eſeln und vom Kleinvieh, von allem Vieh, und gib es den Leviten, welche die Wohnung Jehovas beſorgen. 31. Und Moſe und Eleaſar, der Prieſter, thaten, ſo wie Jehova Moſen geboten. 32. Und es war der Raub, das Uebrige von der Beute, welche das Kriegsvolk erbeutet; an Schafen ſechshundert fünf und ſiebenzig tauſend, 33. und an Rindern zwey und ſiebenzig tauſend, 34. und an Eſeln ein und ſechzig tauſend, 35. und an Menſchen, von den Weibern, welche nicht den Beyſchlaf eines Mannes erkannt, alle zuſammen zwey und dreyßig tauſend. 36. Und es war die Hälfte, der Antheil derer, die ausgezogen im Heere: die Zahl der Schafe dreyhundert ſieben und dreyßig tauſend und fünfhundert, 37. und die Abgabe an Jehova von den Schafen ſechshundert fünf und ſiebenzig; 38. und Rinder: ſechs und dreyßig tauſend, und die Abgabe davon an Jehova zwey und ſiebenzig, 39. und Eſel: dreyßig tauſend und fünfhundert, und die Abgabe davon an Jehova ein und ſechzig, 40. und Menſchen: ſechzehn tauſend, und die Abgabe davon an Jehova zwey und dreyßig. 41. Und

Mose gab die Abgabe der Hebe Jehovas Eleasar, dem Priester, so wie Jehova Mosen geboten. 42. Und von der
Hälfte der Söhne Israels, welche Mose von den Kriegsleuten nahm, 43. es war aber die Hälfte der Gemeine: von
den Schafen dreyhundert sieben und dreyßig tausend und fünfhundert, 44. und Rinder sechs und dreyßig tausend, 45. und
Esel dreyßig tausend und fünfhundert, 46. und Menschen
sechzehn tausend, 47. von der Hälfte der Söhne Israels
nahm Mose eins von funfzig, von Menschen und Vieh, und
gab es den Leviten, welche die Wohnung Jehovas besorgten,
so wie Jehova Mosen geboten.

48. Und es traten zu Mose die Hauptleute über das
Kriegsvolk, die Obersten über tausend und die Obersten über
hundert, 49. und sprachen zu Mose: deine Knechte haben
die Kriegsleute gezählet, welche unter unsern Händen waren,
und nicht Ein Mann ward von ihnen vermisset. 50. Und wir
bringen Jehova Geschenke, was ein jeglicher erbeutete an goldenen Geräthen, Armbänder und Handbänder, Ringe, Ohren-
gehänge und goldene Kugeln, um uns zu versöhnen vor
Jehova. 51. und Mose und Eleasar, der Priester, nahmen
das Gold von ihnen, allerley gearbeitete Geräthe. 52. Und
alles Gold der Gaben, welche sie Jehova darbrachten, war
sechzehn tausend siebenhundert und funfzig Seckel, von den
Obersten über tausend und von den Obersten über hundert.
53. Denn die Leute des Heeres hatten ein jeglicher für sich ge-
raubet. 54. Und Mose und Eleasar, der Priester, nahmen
das Gold von den Obersten über tausend und über hundert,
und brachten es zum Versammlungszelt, zum Gedächtniß der
Söhne Israels vor Jehova.

Cap. XXXII.

Den Stämmen Ruben, Gad und dem halben Stamm Manasse
wird das jenseitige Land zugetheilt.

1. Die Söhne Rubens und Gads hatten sehr starke Heerden, und sie sahen das Land Jaeser und das Land Gilead,

und siehe! die Gegend war eine Gegend für Heerden. 2. Da kamen die Söhne Gads und die Söhne Rubens, und sprachen zu Mose und zu Eleasar, dem Priester, und zu den Fürsten der Gemeine, und sagten: 3. Ataroth und Dibon und Jaser und Nimra und Hesbon und Eleale und Sebam und Nebo und Beon, 4. das Land, welches Jehova geschlagen vor der Gemeine Israels, ist ein Land für Heerden, und deine Knechte haben Heerden. 5. Und sie sprachen: haben wir Gnade gefunden in deinen Augen, so gib dieß Land deinen Knechten zur Besitzung, laß uns nicht über den Jordan gehen. 6. Da sprach Mose zu den Söhnen Gads und zu den Söhnen Rubens: sollen eure Brüder in den Streit ziehen, und ihr wollt hier bleiben? 7. Warum macht ihr die Söhne Israels abwendig, daß sie nicht hinüberziehen ins Land, welches ihnen Jehova gibt? 8. Also thaten eure Väter, da ich sie aussandte von Kades-Barnea, das Land zu sehen. 9. und sie gingen hinauf bis zum Bach Escol, und sahen das Land, und machten die Söhne Israels abwendig, daß sie nicht in das Land gehen wollten, welches ihnen Jehova gibt. 10. Da entbrannte der Zorn Jehovas an demselben Tage, und er schwur, und sprach: 11. keiner der Männer, welche aus Aegypten gezogen, von zwanzig Jahren und drüber, soll das Land sehen, welches ich Abraham und Isaak und Jakob geschworen, denn sie sind mir nicht vollkommen nachgefolget; 12. ausgenommen Caleb, Sohn Jephunnes, des Kenisiters, und Josua, Sohn Nuns, weil sie Jehova vollkommen nachgefolget. 13. Also entbrannte der Zorn Jehovas über Israel, und er ließ sie irren in der Wüste vierzig Jahr, bis das ganze Geschlecht umkam, welches übel gethan in den Augen Jehovas. 14. Und siehe! ihr tretet an die Stelle eurer Väter, als Nachwuchs der Sünder, um noch den Grimm und Zorn Jehovas über Israel zu vermehren. 15. Wenn ihr euch abwendet von ihm, so wird er es noch länger in der Wüste lassen, und ihr werdet dieß ganze Volk verderben. 16. Da traten sie zu ihm, und sprachen: wir wollen Schafhürden für unser Vieh hier bauen, und Städte für unsere Kinder, 17. wir aber wollen gerüstet herziehen vor den Söhnen Israels, bis wir sie an ihren Ort bringen, und unsere Kinder sollen in den festen Städten wohnen, sicher vor den Einwohnern des Landes. 18. Wir wollen nicht zu unsern Häusern kehren, bis die Söhne Israels ein jeglicher seine Besitzung eingenommen. 19. Denn wir wollen nicht mit ihnen Besitz nehmen jenseit des Jordans und weiterhin, sondern unsere Besitzung soll uns zufallen dießeit des Jordans, gegen Aufgang. 20. Da sprach Mose zu ihnen: wenn ihr dieses thut, wenn ihr vor Jehova herziehet in den Streit, 21. und von euch alle Gerüsteten über den Jordan gehen vor Jehova her, bis er seine Feinde vor sich vertrieben, 22. und das Land unterjocht ist von Jehova: so könnt ihr darnach zurückkehren, und seyd ohne Schuld gegen Jehova und Israel, und dieses Land soll eure Besitzung seyn vor Jehova. 23. Wo ihr aber nicht also thut, siehe! so sündiget ihr gegen Jehova, und ihr werdet eure Sünde erkennen, wenn sie euch trifft. 24. So bauet euch nun Städte für eure Kinder, und Hürden für eure Schafe, was euer Mund ausgesprochen, das thuet. 25. Und die Söhne Gads und die Söhne Rubens sprachen zu Mose, und sagten: deine Knechte werden thun, so wie unser Herr gebietet. 26. Unsere Kinder, unsere Weiber, unsere Heerden und all unser Vieh sollen daselbst seyn in den Städten von Gilead; 27. aber deine Knechte, alle Gerüsteten zum Heer, werden vor Jehova herziehen in den Streit, so wie unser Herr redet. 28. Und Mose gebot ihret halben Eleasar, dem Priester, und Josua, dem Sohne Nuns, und den Häuptern der Stämme Israels, 29. und sprach zu ihnen: wenn die Söhne Gads und die Söhne Rubens, alle Gerüsteten zum Kriege, mit euch über den Jordan ziehen, vor Jehova her, und das Land ist unterjocht von euch: so sollt ihr ihnen das Land Gilead zur Besitzung geben. 30. Wenn sie aber nicht gerüstet mit euch ziehen, so sollen sie Besitz nehmen unter euch im Lande Canaan. 31. Da antworteten die Söhne Gads und die Söhne Rubens, und sprachen: so wie Jehova geredet zu deinen Knechten, also wollen wir thun. 32. Wir wollen gerü stet vor Jehova herziehen ins Land Canaan, und unsere Besitzung soll dießeit des Jordans seyn. 33. Also gab Mose den Söhnen Gads und den Söhnen Rubens und der Hälfte des Stammes Manasses, des Sohnes Josephs, das Königreich Sihons, des Königs der Amoriter, und das Königreich Ogs, des Königs von Basan, das Land mit seinen Städten, nach seinem Umfang, die Städte des Landes ringsum. 34. Und die Söhne Gads baueten Dibon und Ataroth und Aroer, 35. und Atroth-Sofan und Jaeser und Jogbeha, 36. und Beth-Nimra und Beth-Haran, feste Städte und Schafhürden. 37. Und die Söhne Rubens baueten Hesbon und Eleale und Kirjathaim, 38. und Nebo und Baal-Meon, deren Namen geändert wurden, und Sibma, und gaben den Städten Namen, welche sie baueten. 39. Und die Söhne Machirs, des Sohnes Manasses, zogen nach Gilead, und nahmen es ein, und vertrieben die Amoriter daselbst. 40. Und Mose gab Gilead Machir, dem Sohne Manasses, und er wohnete daselbst. 41. Und Jair, Sohn Manasses, zog hin, und nahm ihre Dörfer ein, und nannte sie Dörfer Jairs. 42. Und Nobah zog hin, und nahm Kenath und ihre Töchter, und nannte sie Nobah nach seinem Namen.

Cap. XXXIII, 1 — 49.

Verzeichniß der Züge und Lagerstätten der Israeliten.

1. Dieß sind die Züge der Söhne Israels, wie sie ausgingen aus dem Lande Aegypten mit ihren Heeren, unter Mose und Aaron. 2. Und Mose schrieb ihren Ausgang und ihre Züge, nach dem Worte Jehovas, und dieß sind ihre Züge bey ihrem Ausgang. 3. Sie brachen auf von Raemses im ersten Mond, am funfzehnten des ersten Monden; den andern Morgen nach dem Passah zogen die Söhne Israels aus durch eine hohe Hand, vor den Augen aller Aegypter. 4. Und die Aegypter begruben alle Erstgebornen, die Jehova unter ihnen

schlug, und an ihren Göttern übte Jehova Strafe. 5. Also brachen die Söhne Israels auf von Raemses, und lagerten sich zu Succoth. 6. Und sie brachen auf von Succoth, und lagerten sich zu Etham, welches am Anfang der Wüste lieget. 7. Und sie brachen auf von Etham, und wandten sich gen Pi-Hahiroth, welches vor Baal-Zephon lieget, und lagerten sich morgenwärts von Migdol. 8. Und sie brachen auf von Hahiroth, und gingen durchs Meer in die Wüste, und zogen drey Tagereisen in der Wüste Etham, und lagerten sich zu Mara. 9. Und sie brachen auf von Mara, und kamen gen Elim, und zu Elim waren zwölf Wasserquellen und siebenzig Palmbäume, und sie lagerten sich daselbst. 10. Und sie brachen auf von Elim, und lagerten sich am Schilfmeere. 11. Und sie brachen auf vom Schilfmeere, und lagerten sich in der Wüste Sin. 12. Und sie brachen auf aus der Wüste Sin, und lagerten sich zu Dophka. 13. Und sie brachen auf von Dophka, und lagerten sich zu Alus. 14. Und sie brachen auf von Alus, und lagerten sich zu Raphidim, und daselbst hatte das Volk kein Wasser zu trinken. 15. Und sie brachen auf von Raphidim, und lagerten sich in der Wüste Sinai. 16. Und sie brachen auf aus der Wüste Sinai, und lagerten sich bey den Gräbern der Lüsternheit. 17. Und sie brachen auf von den Gräbern der Lüsternheit, und lagerten sich zu Hazeroth. 18. Und sie brachen auf von Hazeroth, und lagerten sich zu Rithma. 19. Und sie brachen auf von Rithma, und lagerten sich zu Rimon-Parez. 20. Und sie brachen auf von Rimon-Parez, und lagerten sich zu Libna. 21. Und sie brachen auf von Libna, und lagerten sich zu Rissa. 22. Und sie brachen auf von Rissa, und lagerten sich zu Kehelatha. 23. Und sie brachen auf von Kehelatha, und lagerten sich am Berge Sapher. 24. Und sie brachen auf vom Berge Sapher, und lagerten sich zu Harada. 25. Und sie brachen auf von Harada, und lagerten sich zu Makheloth. 26. Und sie brachen auf von Makheloth, und lagerten sich zu Thahath. 27. Und sie brachen auf von Thahath, und lagerten sich zu Tharah. 28. Und sie brachen

auf von Tharah, und lagerten sich zu Mithka. 29. Und sie
brachen auf von Mithka, und lagerten sich zu Hasmona.
30. Und sie brachen auf von Hasmona, und lagerten sich zu
Moseroth. 31. Und sie brachen auf von Moseroth, und lagerten sich zu Bne-Jackan. 32. Und sie brachen auf von Bne-
Jackan, und lagerten sich zu Hor-Gidgad. 33. Und sie brachen auf von Hor-Gidgad, und lagerten sich zu Jothbatha.
34. Und sie brachen auf von Jothbatha, und lagerten sich zu
Abrona. 35. Und sie brachen auf von Abrona, und lagerten
sich zu Ezeon-Geber. 36. Und sie brachen auf von Ezeon-Geber, und lagerten sich in der Wüste Zin, das ist Kades.
37. Und sie brachen auf von Kades, und lagerten sich am
Berge Hor, an der Gränze des Landes Edom. 38. Da stieg
Aaron, der Priester, auf den Berg Hor, nach dem Worte
Jehovas, und starb daselbst im vierzigsten Jahre nach dem
Auszug der Söhne Israels aus dem Lande Aegypten, im fünf-
zehnten Mond, am ersten des Monden. 39. Und Aaron war
hundert und drey und zwanzig Jahr alt, als er starb auf
dem Berge Hor. 40. Und es vernahm der cananitische König
von Arad, der gegen Mittag wohnete im Lande Canaan, daß
die Söhne Israels kamen..... 41. Und sie brachen auf vom
Berge Hor, und lagerten sich zu Zalmona. 42. Und sie brachen auf von Zalmona, und lagerten sich zu Phunon. 43. Und
sie brachen auf von Phunon, und lagerten sich zu Oboth.
44. Und sie brachen auf von Oboth, und lagerten sich zu Jie-
Abarim, an der Gränze von Moab. 45. Und sie brachen
auf von Jjim, und lagerten sich zu Dibon-Gad. 46. Und
sie brachen auf von Dibon-Gad, und lagerten sich zu Almon-
Diblathaim. 47. Und sie brachen auf von Almon-Diblathaim,
und lagerten sich am Gebirge Abarim, morgenwärts von Nebo.
48. Und sie brachen auf vom Gebirge Abarim, und lagerten sich
in den Ebenen Moabs, am Jordan, Jericho gegen über.
49. Und sie lagerten sich am Jordan von Beth-Jesimoth bis
nach Abel-Sittim in den Ebenen Moabs.

Cap. XXXIII, 50 — 56.

Befehl zur Einnahme des Landes und Vertreibung der Einwohner.

50. Und Jehova redete zu Mose in den Ebenen Moabs, am Jordan, Jericho gegenüber, und sprach: 51. rede zu den Söhnen Israels, und sprich zu ihnen: wenn ihr über den Jordan gehet in das Land Canaan: 52. so vertreibet alle Einwohner des Landes vor euch, und verderbet ihre Säulen, und alle ihre gegoßenen Bilder, und vertilget alle ihre Höhen, 53. und nehmet das Land ein, und wohnet darin, denn euch gebe ich das Land einzunehmen. 54. Und vertheilet das Land durch das Loos nach euren Geschlechtern, den vielen sollt ihr viel zutheilen, und den wenigen wenig, wie einem das Loos fällt, so soll ers haben, nach euren Stämmen sollt ihr es vertheilen. 55. Wenn ihr aber die Einwohner des Landes nicht vertreibet vor euch, so werden, die ihr übrig lasset von ihnen, Dornen seyn in euren Augen, und Stacheln in euren Seiten, und werden euch bedrängen im Lande, in welchem ihr wohnet. 56. Dann wird es geschehen, daß ich, so wie ich gedachte, ihnen zu thun, euch thun werde.

Cap. XXXIV.

Gränze des gelobten Landes; wie und durch welche es auszutheilen.

1. Und Jehova redete zu Mose, und sprach: 2. gebiete den Söhnen Israels, und sprich zu ihnen: wenn ihr in das Land Canaan kommet: so ist dieß das Land, das euch zur Besitzung fallen soll, das Land Canaan nach seinen Gränzen. 3. Die Ecke gegen Mittag gehe bis zur Wüste Zin an der Gränze von Edom, und die Gränze gegen Mittag gehe vom Ende des Salzmeeres gegen Morgen. 4. Und es lenke sich die Gränze mittäglich von der Höhe Akrabbim, und gehe durch Zin, und laufe aus mittäglich von Kades-Barnea, und gehe nach Ha

zar-Addar und nach Azmon. 5. Und sie lenke sich von Azmon nach dem Bach Aegyptens, und laufe aus bis ans Meer.
6. Und anlangend die Gränze gegen Abend, so sey euch das
große Meer die Gränze, eure Gränze gegen Abend. 7. Und
dieß soll eure Gränze gegen Mitternacht seyn: vom großen
Meere sollt ihr messen an den Berg Hor; 8. vom Berge Hor
sollt ihr messen bis nach Hamath, und die Gränze laufe aus
nach Zedad, 9. und gehe nach Siphron, und laufe aus nach
Hazar-Enan. Dieß sey eure Gränze gegen Mitternacht. 10.
Und die Gränze gegen Morgen sollt ihr messen von Hazar-
Enan nach Sepham. 11. Und die Gränze gehe von Sepham
herab nach Ribla, morgenwärts von Ain [der Quelle des Jor-
dans], und gehe weiter herab und streife die Ufer des Sees
Chinnereth [Gennesareth] gegen Morgen, 12. und gehe an den
Jordan herab, und laufe aus am Salzmeer. Dieß sey euer
Land nach seinen Gränzen ringsum.

13. Und Mose gebot den Söhnen Israels, und sprach:
dieß ist das Land, welches ihr vertheilen sollt durchs Loos,
welches Jehova geboten, den neun Stämmen und der Hälfte
von Manasse zu geben. 14. Denn der Stamm der Söhne
der Rubeniter nach ihrem Stammhaus und der Stamm der
Söhne der Gaditer nach ihrem Stammhaus und die Hälfte
des Stammes Manasse haben ihre Besitzung empfangen; 15.
die beyden Stämme und der halbe Stamm haben ihre Besitzung empfangen dießseit des Jordans Jericho gegen über, gegen Morgen, gegen den Aufgang.

16. Und Jehova redete zu Mose, und sprach: 17. dieß
sind die Namen der Männer, welche euch das Land vertheis
len sollen: Eleasar, der Priester, und Josua, Sohn Nuns.
18. Und je einen Fürsten vom Stamme sollt ihr zur Vertheilung
des Landes nehmen. 19. Und dieß sind die Namen der Männer:
vom Stamme Juda, Caleb, Sohn Jephunnes; 20. und vom
Stamme der Söhne Simeons, Semuel, Sohn Ammihuds;
21. vom Stamme Benjamin, Elidad, Sohn Chislons; 22.
und vom Stamme der Söhne Dans, der Fürst Buki, Sohn

Jaglis; 23. von den Söhnen Josephs, vom Stamme der Söhne Manasses, der Fürst Hanniel, Sohn Ephods; 24. und vom Stamme der Söhne Ephraims, der Fürst Kemuel, Sohn Siphtans; 25. und vom Stamme der Söhne Sebulons, der Fürst Elizaphan, Sohn Pharnachs; 26. und vom Stamme der Söhne Issaschars, der Fürst Paltiel, Sohn Assans; 27. und vom Stamme der Söhne Assers, der Fürst Ahihud, Sohn Selomis; 28. und vom Stamme der Söhne Naphthalis, der Fürst Pedahel, Sohn Ammihuds. 29. Dieß sind die, welchen Jehova gebot, das Land Canaan zu vertheilen unter die Söhne Israels.

Cap. XXXV, 1—8.

Von den Städten der Leviten.

1. Und Jehova redete zu Mose in den Ebenen Moabs, am Jordan, Jericho gegen über, und sprach: 2. gebiete den Söhnen Israels, daß sie den Leviten von ihren Besitzungen Städte geben zur Wohnung, und daß sie einen Bezirk um die Städte ringsum den Leviten geben. 3. Und die Städte sollen ihnen zur Wohnung seyn, und ihre Bezirke sollen für ihr Vieh seyn und für ihre Habe und für all ihre Thiere. 4. Und die Bezirke der Städte, welche ihr den Leviten gebet, sollen von der Mauer der Stadt hinaus tausend Ellen weit gehen ringsum. 5. Und messet also außer der Stadt gegen Morgen, zwey tausend Ellen, und gegen Mittag zwey tausend Ellen, und gegen Abend zwey tausend Ellen, und gegen Mitternacht zwey tausend Ellen, und die Stadt in der Mitte: dieß soll der Bezirk ihrer Städte seyn. 6. Und die Städte, welche ihr den Leviten geben sollt, sind die sechs Freystädte, welche ihr bestimmen sollt, daß dahin fliehe, wer einen Todtschlag begangen, und außer denselben sollt ihr ihnen noch zwey und vierzig Städte geben: 7. so daß alle Städte, welche ihr den Leviten gebet, zusammen acht und vierzig seyen nebst ihren

Bezirken. 8. Und dieselben Städte sollt ihr ihnen geben von den Besitzungen der Söhne Israels, von den vielen sollt ihr viele geben, und von den wenigen wenige, jeglicher Stamm soll nach Verhältniß seiner Besitzung von seinen Städten den Leviten geben.

Cap. XXXV, 9 — 34.

Von den Freystädten und deren Bestimmung.

9. Und Jehova redete zu Mose, und sprach: 10. rede zu den Söhnen Israels, und sprich zu ihnen: wenn ihr über den Jordan gehet ins Land Canaan, 11. so sollt ihr euch Städte auswählen, welche euch Freystädte seyen, daß dahin fliehe, wer einen Todtschlag begangen, wer einen Menschen erschlagen aus Versehen. 12. Und es sollen die Städte euch zur Zuflucht seyn vor dem Rächer, auf daß, wer einen Todtschlag begangen, nicht sterbe, bis er vor der Gemeine gestanden zum Gericht. 13. Und solcher Freystädte sollt ihr sechs bestimmen. 14. Drey Städte sollt ihr bestimmen dießeit des Jordans und drey Städte im Lande Canaan, zu Freystädten: 15. den Söhnen Israels und dem Fremdling und Beysaßen unter euch sollen diese drey Städte zur Zuflucht seyn, daß dahin fliehe, wer einen Menschen erschlagen aus Versehen.

16. Wer jemand mit einem Eisen schlägt, daß er stirbt, der ist ein Todtschläger, sterben soll der Todtschläger. 17. Und wer jemand mit einem Steine in der Hand, wovon man sterben kann, schlägt, daß er stirbt, der ist ein Todtschläger: sterben soll der Todtschläger. 18. Und wer jemand mit einem Holze in der Hand, wovon man sterben kann, schlägt, daß er stirbt, der ist ein Todtschläger, sterben soll der Todtschläger, 19. der Rächer des Bluts soll den Todtschläger tödten; wo er ihn trifft, soll er ihn tödten. 20. Wenn er aus Haß ihn stößet, oder auf ihn wirft mit Absicht, daß er stirbt, 21. oder er schlägt ihn aus Feindschaft mit der Hand, daß er stirbt:

so soll, der ihn geschlagen, sterben, er ist ein Todtschläger; der Rächer des Bluts soll den Todtschläger tödten, wo er ihn trifft. 22. Wenn er aber durch Ohngefähr, ohne Feindschaft, ihn stößet, oder auf ihn irgend etwas wirft, ohne Absicht; 23. oder er läßet einen Stein, wovon man sterben kann, unversehens auf ihn fallen, daß er stirbt, und er war nicht sein Feind, und hat seinen Schaden nicht gesucht: 24. so soll die Gemeine richten zwischen dem, der geschlagen, und zwischen dem Rächer des Bluts, nach diesem Recht, 25. und die Gemeine soll den Todtschläger erretten aus der Hand des Blut-Rächers, und ihn zurückbringen in die Freystadt, wohin er geflohen, und er soll daselbst bleiben bis zum Tode des Hohenpriesters, welcher gesalbt ist mit dem heiligen Oele. 26. Wenn aber der Todschläger herausgehet über die Gränze seiner Freystadt, wohin er geflohen, 27. und es findet ihn der Blut-Rächer ausserhalb der Gränze seiner Freystadt, und tödtet ihn: so hat er keine Blutschuld. 28. Denn er soll in seiner Freystadt bleiben, bis zum Tode des Hohenpriesters, und nach dem Tode des Hohenpriesters mag er zurückkehren in das Land seiner Besitzung. 29. Und dieß sey euch eine Rechts-Satzung auf eure künftigen Geschlechter in allen euren Wohnungen. 30. Wenn jemand einen Menschen erschlagen: so tödte man nach der Aussage der Zeugen den Todtschläger; aber Ein Zeuge soll nicht gegen einen Menschen zeugen zum Tode. 31. Und nehmet nicht Lösegeld für das Leben des Mörders, welcher schuldig ist zu sterben, sondern er soll sterben. 32. Und nehmet nicht Lösegeld für das Fliehen in eine Freystadt, um zurückzukehren, und im Lande zu wohnen, bis zum Tode des Hohenpriesters. 33. Und entweihet nicht das Land, in welchem ihr seyd, denn Blut entweihet das Land, und das Land wird nicht versöhnet wegen des Blutes, das darinnen vergossen worden, ausser durch das Blut des, der es vergossen. 34. Und verunreiniget nicht das Land, in welchem ihr wohnet, und in welchem ich meinen Sitz habe, denn ich Jehova habe meinen Sitz unter den Söhnen Israels.

Cap. XXXVI.

Verordnung wegen der Erb-Töchter, daß sie
nicht ausser ihrem Stamme heyrathen
sollen.

1. Und es traten herzu die Stammhäupter der Geschlechter der Söhne Gileads, des Sohnes Machirs, des Sohnes Manasses, von den Söhnen Josephs, und redeten zu Mose und zu den Fürsten, den Stammhäuptern der Söhne Israels, 2. und sprachen: unserm Herrn hat Jehova geboten, das Land durchs Loos zu vertheilen unter die Söhne Israels, und unserm Herrn ward geboten von Jehova, die Besitzung Zelaphehads, unsers Bruders, seinen Töchtern zu geben. 3. Wenn sie nun die Weiber eines der Söhne der andern Stämme der Söhne Israels werden, so wird ihre Besitzung der Besitzung unsers Stammes entzogen, und der Besitzung des Stammes zugelegt, in den sie kommen, und dem Loos unserer Besitzung wirds entzogen. 4. Wenn dann das Jubeljahr der Söhne Israels kommt, so wird ihre Besitzung der Besitzung des Stammes zugelegt, in den sie kommen, und der Besitzung unsers Stammes wird ihre Besitzung entzogen. 5. Da gebot Mose den Söhnen Israels, nach dem Worte Jehovas, und sprach: der Stamm der Söhne Josephs hat recht geredet. 6. Also gebietet Jehova wegen der Töchter Zelaphehads, und spricht: nach ihrem Gutdünken mögen sie Männer freyen, nur in ihrem väterlichen Stamme sollen sie freyen, 7. daß nicht die Besitzungen der Söhne Israels übergehen von einem Stamme zum andern, sondern die Söhne Israels sollen ein jeglicher bey der Besitzung seines Stammes bleiben. 8. Und jegliche Tochter, welche eine Besitzung erbet in einem der Stämme der Söhne Israels, soll einen vom Geschlecht ihres väterlichen Stammes freyen, auf daß die Söhne Israels ein jeglicher seine väterliche Besitzung erben, 9. und nicht die Besitzungen übergehen von einem Stamme zum andern; sondern die Stämme der Söhne Israels sollen ein jeglicher bey seiner Besitzung bleiben.

10. So wie Jehova Mosen geboten, also thaten die Töchter Zelaphehads. 11. Und es freyeten Mahela, Thirza und Hagla und Milca und Noa, die Töchter Zelaphehads, die Söhne ihrer Vettern; 12. aus den Geschlechtern der Söhne Manasses, des Sohnes Josephs, freyeten sie, und es blieb ihre Besitzung im Stamme ihres väterlichen Geschlechtes.

13. Dieß sind die Gebote und die Rechte, welche Jehova den Söhnen Israels geboten durch Mose in den Ebenen Moabs, am Jordan, Jericho gegen über.

Ende des vierten Buchs Mose.

~~~~~~~~~~~~~~~~~~~~~~~~~~~~~~~~~~~~

Das fünfte

Buch Mose.

~~~~~~~~

Cap. I. IV, 40.

Eine Rede Moses an das Volk, worin er die
Geschichte des Auszugs aus Aegypten
warnend und ermahnend wiederholet.

I. 1. Dieß sind die Reden, welche Mose zum ganzen Israel redete jenseit des Jordans, in der Wüste in der Ebene
gegen Suf zu, zwischen Paran und Thophel und Laban und
Hazeroth und Disahab, 2. eilf Tagereisen von Horeb, auf
dem Wege vom Berge Seir bis gen Kades-Barnea. 3. Und
es geschah im vierzigsten Jahre im eilften Mond, am ersten
des Monden, da redete Mose zu den Söhnen Israels alles,
was Jehova ihm an sie geboten, 4. nachdem er Sihon geschlagen, König der Amoriter, welcher wohnete zu Hesbon,
und Og, König von Basan, welcher wohnete zu Astaroth,
bey Edrei. 5. Jenseit des Jordans, im Lande Moab, fing
Mose an, dieß Gesetz auszulegen, und sprach:

6. Jehova, unser Gott, redete zu uns am Horeb, und
sprach: lange genug seyd ihr geblieben an diesem Berge.

7. Wendet euch, und brechet auf, und ziehet zu dem Gebirge der Amoriter, und in dessen ganze Nachbarschaft, in die Ebene, auf das Gebirge und in die Niederung und gegen Mittag und an das Ufer des Meeres, in das Land der Cananiter, und auf den Libanon bis an den großen Strom, den Strom Phrath. 8. Stehe! ich gebe euch preiß das Land, gehet hin, und nehmet ein das Land, welches Jehova euren Vätern, Abraham, Isaak und Jakob geschworen, ihnen zu geben und ihrem Samen nach ihnen. 9. Und ich sprach zu euch zu derselben Zeit: ich kann nicht allein euch tragen. 10. Jehova, euer Gott, hat euch gemehret, und siehe! ihr seyd anjetzt wie die Sterne des Himmels an Menge. 11. Jehova, der Gott eurer Väter, thue zu euch noch hinzu tausend Mal mehr, und segne euch, so wie er euch verheißen; 12. aber wie kann ich allein eure Last tragen und eure Bürde und eure Streitsachen? 13. Schaffet weise und verständige und einsichtsvolle Männer, nach euren Stämmen, die will ich setzen zu euren Häuptern. 14. Da antwortetet ihr mir, und sprachet: das ist gut, was du gesprochen zu thun. 15. Da nahm ich die Häupter eurer Stämme, weise und einsichtsvolle Männer, und setzte sie zu Häuptern über euch, als Oberste über tausend und als Oberste über hundert und als Oberste über funfzig und als Oberste über zehen und als Vorsteher eurer Stämme. 16. Und ich gebot euren Richtern zu derselben Zeit, und sprach: höret eure Brüder unter einander, und richtet Recht zwischen einem Mann und seinem Bruder und dem Fremdling. 17. Sehet nicht die Person an im Gericht, den Kleinen wie den Großen höret, fürchtet euch vor niemand, denn das Gericht ist Gottes. Und die Händel, die zu schwer für euch sind, bringet vor mich, daß ich sie höre. 18. Also gebot ich euch zu derselben Zeit alles, was ihr thun solltet. 19. Und wir brachen auf von Horeb, und zogen durch die ganze Wüste, die große und schreckliche, (wie ihr gesehen), auf dem Wege nach dem Gebirge der Amoriter, so wie Jehova, unser Gott, uns geboten, und kamen nach Kades-Barnea. 20. Da sprach ich zu euch: ihr seyd

gekommen an das Gebirge der Amoriter, welches Jehova, euer Gott, uns geben wird. 21. Siehe! Jehova, dein Gott, gibt dir das Land preiß, ziehe hin, nimm es ein, so wie Jehova, der Gott deiner Väter, dir verheißen, fürchte dich nicht und erschrick nicht. 22. Da kamet ihr zu mir alle, und sprachet: lasset uns Männer senden vor uns hin, die uns das Land erspähen, und uns Nachricht bringen von dem Wege, auf welchem wir hinaufziehen, und von den Städten, zu denen wir kommen werden. 23. Die Rede gefiel mir, und ich nahm aus euch zwölf Männer, je einen Mann vom Stamme. 24. Und sie wandten sich, und zogen hinauf nach dem Gebirge, und kamen bis zum Thal Escol, und erkundeten es. 25. Und sie nahmen von den Früchten des Landes, und brachten sie zu uns herab, und brachten uns Nachricht, und sprachen: das Land ist gut, welches Jehova, unser Gott, uns geben will. 26. Aber ihr wolltet nicht hinaufziehen, und waret widerspenstig gegen das Wort Jehovas, eures Gottes, 27. und murretet in euren Zelten, und sprachet: aus Haß hat uns Jehova herausgeführet aus dem Lande Aegypten, um uns in die Hand der Amoriter zu geben, uns zu vertilgen. 28. Wohin sollen wir ziehen? Unsere Brüder haben unser Herz verzagt gemacht, und gesagt: das Volk ist größer und höher denn wir, die Städte groß und befestiget bis an den Himmel, und auch Söhne Enaks sahen wir daselbst. 29. Und ich sprach zu euch: entsetzet euch nicht, und fürchtet euch nicht vor ihnen, 30. Jehova, euer Gott, der vor euch herziehet, er wird für euch streiten, so wie er euch gethan in Aegypten vor euren Augen, 31. und in der Wüste, da du gesehen, daß Jehova, dein Gott, dich trug, so wie ein Mann seinen Sohn trägt auf dem ganzen Wege, den ihr zoget, bis ihr kamet an diesen Ort. 32. Aber demungeachtet vertrauetet ihr nicht auf Jehova, euren Gott, 33. der vor euch herging auf dem Wege, euch den Ort zu erspähen zum Lager, im Feuer des Nachts, euch den Weg zu zeigen, darauf ihr ziehen solltet, und in der Wolke des Tages. 34. Und Jehova hörete eure Reden, und ward zornig, und schwur, und sprach: 35. keiner unter diesen Männern, diesem bösen Geschlecht, soll das gute Land sehen, welches ich geschworen euren Vätern zu geben, 36. ausgenommen Caleb, den Sohn Jephunnes, er soll es sehen, und ihm will ich das Land geben, worauf er getreten, und seinen Söhnen, darum, daß er vollkommen Jehova nachgefolget. 37. Auch über mich zürnete Jehova um euretwillen, und sprach: auch du sollst nicht hineinkommen. 38. Josua, der Sohn Nuns, der vor dir stehet, soll hineinkommen, denselben stärke, denn er soll es vertheilen den Söhnen Israels. 39. Und eure Kinder, von denen ihr sagtet, sie werden zur Beute werden, und eure Söhne, welche noch nicht gutes oder böses erkennen, die sollen hineinkommen, und denselben will ichs geben, und sie sollen es einnehmen. 40. Und ihr, wendet euch, und brechet auf nach der Wüste zu, auf dem Wege zum Schilfmeer. 41. Da antwortetet ihr mir, und sprachet zu mir: wir haben gesündiget gegen Jehova, wir wollen hinaufziehen, und streiten, so wie uns Jehova geboten, unser Gott, und ihr umgürtetet ein jeglicher seine Waffen, und waret leichtsinnig, und zoget hinauf zum Gebirge. 42. Und Jehova sprach zu mir: sprich zu ihnen: ziehet nicht hinauf, und streitet nicht, denn ich bin nicht unter euch, auf daß ihr nicht geschlagen werdet von euren Feinden. 43. Und ich redete zu euch, aber ihr höretet nicht, und waret widerspenstig gegen das Wort Jehovas, und waret vermessen, und zoget hinauf zum Gebirge. 44. Da zogen die Amoriter aus, welche auf diesem Gebirge wohneten, euch entgegen, und jagten euch, so wie die Bienen thun, und schlugen euch zu Seir bis nach Horma. 45. Da ihr nun zurückkehretet, und weinetet vor Jehova, wollte Jehova eure Stimme nicht hören, und nicht auf euch merken. 46. Also bliebet ihr zu Kades lange Zeit, so lang als ihr bliebet.

II. 1. Da wandten wir uns, und brachen auf nach der Wüste auf den Weg zum Schilfmeer, so wie Jehova zu mir geredet, und wir umzogen das Gebirg Seir eine lange Zeit. 2. Und Jehova sprach zu mir, und sagte: 3. lang ge-

nug habt ihr dieses Gebirg umzogen, wendet euch gegen Mitternacht. 4. Und gebiete dem Volke, und sprich: ihr werdet
durch die Gränze eurer Brüder, der Söhne Esaus, ziehen,
welche wohnen zu Seir, und sie fürchten sich vor euch: 5.
nehmet euch wohl in Acht, daß ihr sie nicht bekrieget, denn
ich werde euch nichts von ihrem Lande geben, auch nicht einen Fuß breit, denn Esau zur Besitzung habe ich das Gebirg
Seir gegeben. 6. Die Speise, die ihr esset, sollt ihr
von ihnen kaufen um Geld, und das Wasser, das ihr
trinket, sollt ihr von ihnen kaufen um Geld, 7. denn Jehova,
dein Gott, hat dich gesegnet in allem Thun deiner Hände, er
hat gewußt um deinen Zug durch diese große Wüste, diese vierzig
Jahr ist Jehova, dein Gott, mit dir gewesen, und es hat
dir an nichts gemangelt. 8. Und wir zogen weiter von uns-
sern Brüdern, den Söhnen Esaus, welche wohneten zu Seir,
auf dem Wege der Ebene, von Elath und Ezeongeber, und
wandten uns, und zogen nach der Wüste von Moab. 9. Da
sprach Jehova zu mir: befeinde Moab nicht, und führe nicht
mit ihm Krieg, denn ich werde dir von seinem Lande keine
Besitzung geben, denn den Söhnen Lots habe ich Ar gegeben
zur Besitzung. 10. (Die Emiter wohneten vor Zeiten darin,
ein großes und starkes und hohes Volk, wie die Enakiter. 11.
Auch sie werden unter die Riesen gerechnet, wie die Enakiter,
und die Moabiter nannten sie Emiter. 12. Und in Seir
wohneten die Horiter vor Zeiten, und die Söhne Esaus vertrieben sie, und vertilgten sie vor sich, und wohneten an ihrer
Statt, so wie Israel gethan dem Lande seiner Besitzung, das
ihnen Jehova gegeben.) 13. So machet euch nun auf, und
ziehet über den Bach Sared. Und wir zogen über den Bach
Sared. 14. Und die Zeit, welche wir von Kadesbarnea aus
zogen, bis wir über den Bach Sared kamen, war acht und
und dreißig Jahr, bis das ganze Geschlecht der Kriegsleute
umkam aus dem Lager, so wie ihnen Jehova geschworen. 15.
Und die Hand Jehovas war wider sie, sie zu vertilgen aus
dem Lager, bis sie alle umkamen. 16. Und nachdem alle

Kriegsleute umgekommen und gestorben aus dem Volke, 17. redete Jehova zu mir, und sprach: 18. du ziehest heute über die Gränze von Moab, vor Ar vorbey, 19. und kommst nahe den Söhnen Ammons: befeinde sie nicht, und kriege nicht mit ihnen, denn ich werde dir vom Lande der Söhne Ammons keine Besitzung geben, denn den Söhnen Lots habe ich es gegeben zur Besitzung. 20. (Für ein Land der Riesen wird auch dieses gerechnet, es wohneten Riesen darin vor Zeiten, und die Ammoniter nannten sie Samsumiter, 21. ein großes und starkes und hohes Volk, wie die Enakiter, und Jehova vertilgte sie vor ihnen, und sie vertrieben sie, und wohneten an ihrer Statt, 22. so wie er den Söhnen Esaus gethan, welche wohnen zu Seir, da er die Horiter vertilgte vor ihnen, und sie vertrieben sie, und wohneten an ihrer Statt bis auf diesen Tag. 23. Und die Aviter, welche in Horden wohneten bis Gaza, wurden von den Caphthoritern vertilget, die aus Caphthor kamen, und sie wohneten an ihrer Statt.) 24. Machet euch auf, ziehet aus, und gehet über den Bach Arnon. Siehe! ich gebe in deine Hand Sihon, König von Hesbon, den Amoriter, und nimm sein Land ein, und führe mit ihm Krieg. 25. An diesem Tage will ich beginnen, Furcht und Schrecken vor dir zu verbreiten über die Völker unter dem ganzen Himmel, welche von dir hören, und sie sollen zittern und beben vor dir. 26. Da sandte ich Boten aus der Wüste Kedemoth an Sihon, König von Hesbon, mit Worten des Friedens, und ließ ihm sagen: 27. laß mich durch dein Land ziehen, bloß auf der Straße will ich ziehen, ich will nicht ausbeugen weder zur Rechten noch zur Linken. 28. Die Speise, die ich esse, sollst du mir um Geld verkaufen, und das Wasser, das ich trinke, sollst du mir um Geld geben, nur mit meinen Füßen will ich durchziehen, 29. so wie mir gethan die Söhne Esaus, welche wohnen zu Seir, und die Moabiter, welche wohnen zu Ar, bis daß ich über den Jordan komme, in das Land, welches Jehova, unser Gott, uns gibt. 30. Aber Sihon, der König von Hesbon, wollte nicht uns bey

sich durchziehen laſſen, denn Jehova, dein Gott, hatte ſeinen
Geiſt verhärtet, und ſein Herz verſtocket, auf daß er ihn in
deine Hand gäbe, wie es anjetzt iſt. 31. Und Jehova ſprach
zu mir: ſiehe! ſchon gebe ich dir preiß Sihon und ſein Land,
auf! nimm ſein Land ein! 32. Und Sihon zog aus uns ent‑
gegen mit all ſeinem Volke zum Streite nach Jahza. 33.
Und Jehova, unſer Gott, gab ihn uns preiß, und wir ſchlu‑
gen ihn und ſeine Söhne und ſein ganzes Volk. 34. Da
nahmen wir alle ſeine Städte zu derſelben Zeit, und verbanne‑
ten alle Städte, Männer und Weiber und Kinder, wir ließen
nichts überbleiben. 35. Nur das Vieh machten wir zur Beute
für uns und den Raub der Städte, welche wir nahmen. 36.
Von Aroer an, welches am Ufer des Baches Arnon lieget,
und von der Stadt im Thale, bis nach Gilead war keine
Stadt, welche zu feſt war für uns, alles gab Jehova, unſer
Gott, uns preiß. 37. Nur zum Lande der Söhne Ammons
kameſt du nicht, noch zum ganzen Strich des Baches Jabbok,
noch zu den Städten des Gebirges, noch zu allem was Jehova,
unſer Gott, uns verboten.

III, 1. Und als wir uns wandten, und hinauf
zogen den Weg nach Baſan, da zog Og, König von Baſan,
uns entgegen mit all ſeinem Volke, zum Streite nach Edrei.
2. Und Jehova ſprach zu mir: fürchte ihn nicht, denn ich
gebe ihn und all ſein Volk und ſein Land in deine Hand, und
du ſollſt ihm thun, ſo wie du Sihon gethan, dem Könige der
Amoriter, welcher wohnete zu Hesbon. 3. Alſo gab Jehova,
unſer Gott, auch Og, den König von Baſan, und all ſein
Volk in unſere Hand, und wir ſchlugen ihn, ſo daß von ihm
nichts überblieb. 4. Da nahmen wir alle ſeine Städte zu
derſelben Zeit, keine Stadt war, welche wir ihnen nicht nah‑
men, ſechzig Städte, den ganzen Strich Argob, das König‑
reich Ogs in Baſan. 5. Alle dieſe Städte waren befeſtiget
mit hohen Mauern, Thoren und Riegeln, ohne die Städte
auf dem Lande, ſehr viel. 6. Und wir verbanneten ſie, ſo

wie wir Sihon gethan, König von Hesbon, daß wir alle
Städte verbanneten, Männer, Weiber und Kinder. 7. Aber
alles Vieh und den Raub der Städte machten wir uns zur
Beute. 8. Also nahmen wir zu derselben Zeit das Land von den
zween Königen der Amoriter jenseit des Jordans, vom Bach
Arnon an, bis an den Berg Hermon; 9. (die Zidoner nennen den Hermon Sirion, und die Amoriter nennen ihn Se-
nir;) 10. alle Städte der Ebene und ganz Gilead und ganz
Basan bis nach Salcha und Edrei, die Städte des König-
reichs Ogs zu Basan. 11. (Nur Og, König von Basan-
war übrig von den Riesen: siehe! sein Sarg von Eisen stehet
er nicht zu Rabba, im Lande der Söhne Ammons, neun Ellen
seine Länge und vier Elle seine Breite, nach dem Ellenbogen
eines Mannes?) 12. Dieses Land nahmen wir ein zu derselben Zeit, von Aroer an, welches am Bache Arnon lieget.
Und die Hälfte des Gebirges Gilead und seiner Städte gab
ich den Rubenitern und Gaditern, 13. und das übrige Gilead und ganz Basan, das Königreich Ogs, gab ich dem halben Stamm Manasse, den ganzen Strich Argob zum ganzen
Basan, das wird genannt das Land der Riesen. 14. Jair,
der Sohn Manasses, nahm den ganzen Strich Argob bis an
die Gränze der Gessuriter und Maachathiter, und nannte Basan nach seinem Namen Dörfer Jairs bis auf diesen Tag.
15. Und Machir gab ich Gilead. 16. Und den Rubenitern
und Gaditern gab ich von Gilead einen Theil bis an den
Bach Arnon, das Innere des Baches, bis an den Bach Jabbok, die Gränze der Söhne Ammons, 17. und die Ebene
bis an den Jordan, von Chinnereth bis zum Meere der Ebene,
dem Salzmeer, am Fuße des Pisga gegen Morgen. 18. Und
ich gebot euch zu derselben Zeit, und sprach: Jehova, euer
Gott, hat auch dieses Land gegeben einzunehmen. Aber ihr
müßet gerüstet herziehen vor euren Brüdern, den Söhnen Israels, alle streitbaren Männer. 19. Nur eure Weiber und
eure Kinder und euer Vieh (ich weiß, daß ihr viel Vieh habt)
mögen bleiben in den Städten, welche ich euch gegeben,

20. bis daß Jehova eure Brüder zur Ruhe bringet, so wie euch, und bis auch sie das Land einnehmen, welches Jehova, euer Gott, ihnen gibt jenseit des Jordans, dann sollt ihr ein jeglicher zu seiner Besitzung kehren, die ich euch gegeben. 21. Und Josua gebot ich zu derselben Zeit, und sprach: deine Augen haben gesehen alles, was Jehova, euer Gott, diesen zween Königen gethan: also wird Jehova allen den Königreichen thun, zu welchen du hinüberziehest. 22. Fürchtet sie nicht, denn Jehova, euer Gott, streitet für euch.

23. Und ich stehete zu Jehova zu derselben Zeit, und sprach: 24. Herr, Jehova, du hast begonnen deinem Knechte zu zeigen deine Größe und deine starke Hand; denn wo ist ein Gott im Himmel und auf Erden, welcher thut gleich deinen Thaten und deiner Macht? 25. Laß mich hinübergehen, und das schöne Land schauen, jenseit des Jordans, dieses schöne Gebirg und den Libanon! 26. Aber Jehova zürnete mir nur euretwillen, und erhörete mich nicht, und sprach zu mir: es ist genug, rede nicht wieder zu mir von dieser Sache. 27. Steige auf die Höhe des Pisga, und erheb deine Augen gen Abend und gen Mitternacht und gen Mittag und gen Morgen, und schaue mit deinen Augen, denn du sollst nicht über diesen Jordan gehen. 28. Und gebiete Josua, und stärke ihn und befestige ihn, denn er soll hinübergehen vor diesem Volke her, und soll ihnen das Land vertheilen, welches du schauen wirst. 29. Also blieben wir zu Gai, Beth Peor gegen über.

IV, 1. Und nun Israel, gehorche den Satzungen und Rechten, welche ich euch lehre zu thun, auf daß ihr lebet, und hinkommt, und das Land einnehmet, welches Jehova, der Gott eurer Väter, euch giebt. 2. Thuet nichts hinzu zu dem, was ich euch gebiete, und thuet nichts davon, sondern haltet die Gebote Jehovas, eures Gottes, welche ich euch gebiete. 3. Eure Augen haben gesehen, was Jehova gethan an Baal Peor; denn alle, welche Baal Peor nachgingen, hat Jehova, dein Gott, vertilget aus deiner Mitte; 4. und ihr, die ihr Jehova, eurem Gott, anhinget, lebet alle heute.

5. Siehe! ich lehre euch Satzungen und Rechte, so wie mir Jehova, mein Gott, geboten, daß ihr also thuet im Lande, wohin ihr kommet, es einzunehmen. 6. So haltet sie nun und thuet sie, denn das wird eure Weisheit und eure Einsicht seyn vor den Augen der Völker, welche, wenn sie alle diese Gesetze vernehmen, sagen werden: ja! weise und verständig ist dieses große Volk. 7. Denn wo ist ein so großes Volk, dem Gott so nahe ist, wie Jehova, unser Gott, so oft wir zu ihm rufen? 8. Und wo ist ein so großes Volk, das so gerechte Satzungen und Rechte hätte, wie dieses ganze Gesetz, welches ich euch heute gebe? 9. Nur hüte dich, und nimm dich wohl in Acht, daß du die Dinge nicht vergessest, welche deine Augen gesehen, und daß sie nicht aus deinem Herzen kommen all dein Leben lang. 10. Und thue sie kund deinen Söhnen und den Söhnen deiner Söhne, wie ihr an jenem Tage vor Jehova, eurem Gott, standet, auf Horeb, als Jehova zu mir sprach: versammle mir das Volk, ich will ihnen meine Worte verkünden, die sie lernen sollen, daß sie mich fürchten all ihr Leben lang auf Erden, und die sie ihren Söhnen lehren sollen. 11. Und ihr tratet herzu, und standet unten am Berge, und der Berg brannte mit Feuer bis hoch in den Himmel, dabey Finsterniß, Gewölk und Dunkel. 12. Und Jehova redete zu euch aus dem Feuer, den Ton der Rede höretet ihr, aber keine Gestalt sahet ihr ausser dem Tone. 13. Und er verkündete euch seinen Bund, den er euch gebot zu thun, die zehen Worte, und schrieb sie auf zwo steinerne Tafeln. 14. Und mir gebot Jehova zu derselben Zeit, euch Gesetze und Rechte zu lehren, daß ihr sie thuet im Lande, wohin ihr übergehet es einzunehmen. 15. So nehmet euch nun wohl in Acht, denn ihr habt keine Gestalt gesehen des Tages, da Jehova zu euch redete auf Horeb aus dem Feuer, 16. daß ihr nicht übel thuet, und euch ein Bild machet, irgend ein Gleichniß, die Gestalt eines Mannes oder eines Weibes, 17. die Gestalt irgend eines Thieres auf der Erde, die Gestalt irgend eines geflügelten Vogels, welcher am Himmel flieget, 18. die Gestalt ir-

gend eines Gewürmes auf dem Erdboden, die Gestalt irgend
eines Fisches im Wasser unter der Erde; 19. und daß du deine Augen nicht erhebest gen Himmel, und die Sonne schauest
und den Mond und die Sterne, das ganze Heer des Himmels, und lassest dich verführen sie anzubeten, und denselben
zu dienen, welche Jehova, euer Gott, allen Völkern zugetheilet unter dem ganzen Himmel. 20. Euch aber hat Jehova
genommen, und euch ausgeführt aus dem eisernen Ofen Aegyptens, daß ihr sein eigenthümlich Volk wäret, wie es anjetzt ist. 21. Und Jehova zürnete mir um euretwillen, und
schwur, daß ich nicht über den Jordan gehen sollte, und nicht
kommen in das schöne Land, welches Jehova, euer Gott, euch
gibt zum Eigenthum; 22. denn ich muß sterben in diesem Lande,
ich werde nicht über den Jordan gehen. Ihr aber werdet
über gehen, und dieses schöne Land einnehmen. 23. So hütet euch nun, daß ihr des Bundes Jehovas, eures Gottes,
nicht vergesset, den er mit euch geschlossen, und euch kein Bild
und Gleichniß machet von allem, was Jehova, dein Gott, dir
verboten. 24. Denn Jehova, dein Gott, ist ein fressend
Feuer, ein eifersüchtiger Gott.

25. Wenn du nun Söhne zeugest und Enkel, und ihr wohnet schon lange im Lande, und ihr thut übel, und machet euch
ein Bild und Gleichniß von irgend etwas, und sündiget vor
den Augen Jehovas, eures Gottes, daß ihr ihn reizet: 26. so
rufe ich heute den Himmel und die Erde zu Zeugen gegen
euch an, daß ihr umkommen werdet aus dem Lande, wohin
ihr übergehet über den Jordan, es einzunehmen: ihr werdet
nicht lange darin bleiben, sondern vertilget und ausgerottet
werden. 27. Und Jehova wird euch zerstreuen unter die Völker, und ihr werdet überbleiben in geringer Zahl unter den Nationen, wohin Jehova euch vertreiben wird. 28. Daselbst
möget ihr den Göttern dienen, welche das Werk von Men-
schenhänden sind, von Holz und Stein, die nicht sehen, noch
hören, noch essen, noch riechen. 29. Wenn ihr aber von dannen Jehova, deinen Gott, suchet, so wirst du ihn finden,

wenn du ihn suchest mit ganzem Herzen und mit ganzer Seele.
30. In deiner Noth, und wenn dich alle diese Dinge treffen
in der Folge der Zeiten, so wirst du dich kehren zu Jehova,
deinem Gott, und seiner Stimme gehorchen. 31. Denn ein
barmherziger Gott ist Jehova, dein Gott, er wird dich nicht
lassen, noch dich verderben, und wird nicht des Bundes mit
deinen Vätern vergessen, den er ihnen geschworen.

32. Frage nach den vorigen Zeiten, welche vor dir gewesen,
von dem Tage an, da Gott den Menschen geschaffen auf der
Erde, und von dem einen Ende des Himmels bis zum andern,
ob je solch Großes geschehen, oder gehöret worden deßgleichen?
33. Ob ein Volk die Stimme Gottes sprechend aus dem Feuer
gehöret, so wie du sie gehöret, und doch lebest? 34. Oder ob
Gott hat versuchet zu kommen, und sich ein Volk zu nehmen aus
der Mitte der Völker, durch Versuchungen und Zeichen und
Wunder und Krieg und durch starke Hand und ausgereckten
Arm und durch große und schreckliche Thaten, wie das alles
Jehova, euer Gott, für euch gethan in Aegypten vor deinen
Augen. 35. Du hast es sehen sollen, um zu lernen, daß Jehova Gott ist, keiner mehr ausser ihm. 36. Vom Himmel
hat er dich seine Stimme hören lassen, dich zu unterrichten,
und auf der Erde hat er dich sein großes Feuer sehen lassen,
und seine Worte hast du gehöret aus dem Feuer. 37. Und
darum daß er eure Väter liebte, und ihren Samen erwählete
nach ihnen, so führete er euch selbst mit seiner großen Macht
aus Aegypten, 38. und vertreibet Völker, größer und stärker,
als du, vor dir, um dich hinzubringen, und dir ihr Land zu
geben zur Besitzung, wie es anjetzt ist. 39. So wisse nun
anjetzt, und nimm es zu Herzen, daß Jehova Gott ist im
Himmel oben und auf der Erde unten, und keiner mehr.
40. Und halte seine Satzungen und Gebote, welche ich dir
heute gebiete, auf daß dirs wohlgehe und deinen Söhnen nach
dir, und damit du lange bleibest im Lande, welches Jehova,
dein Gott, dir gibt ewiglich.

Cap. IV, 41 — 43.

Aussonderung der Freystädte jenseit des Jordans.

41. Damals sonderte Mose drey Städte aus jenseit des Jordans, gegen Aufgang der Sonne, 42. daß dahin flöhe, wer einen Todtschlag begangen, wer seinen Nächsten erschlagen ohne Wissen, und ihm nicht feind gewesen vor dem, der soll fliehen in eine dieser Städte, daß er sein Leben rette: 43. Bezer in der Wüste, im Lande der Ebene, unter den Rubenitern, und Ramoth in Gilead unter den Gaditern, und Golan in Basan unter den Manassitern.

Cap. IV, 44. XXVI.

Das zweyte Gesetz.

———

Cap. IV, 44—49.

Einleitung.

44. Dieß ist das Gesetz, welches Mose den Söhnen Israels vorlegte, 45. dieß die Verordnungen, Satzungen und Rechte, welche Mose zu den Söhnen Israels redete, als sie aus Aegypten gezogen, 46. jenseit des Jordans zu Gai, Beth-Peor gegenüber, im Lande Sihons, des Königs der Amoriter, welcher wohnete zu Hesbon, welchen Mose schlug und die Söhne Israels, als sie aus Aegypten gezogen. 47. Und sie nahmen sein Land ein, und das Land Ogs, des Königs von Basan, der zween Könige der Amoriter, jenseit des Jordans, gegen Aufgang der Sonne, 48. von Aroer an, welches am Ufer des Baches Arnon lieget, bis an den Berg Sion, das ist Hermon, 49. und die ganze Ebene jenseit des Jordans, gegen Aufgang, und bis an das Meer der Ebene, am Fuße des Pisga.

Cap. V.

**Wiederholung der zehen Gebote und der Art
ihrer Bekanntmachung.**

1. Und Mose rief dem ganzen Israel, und sprach zu ihnen: höre, Israel, die Satzungen und die Rechte, welche ich heute vor euren Ohren rede, und lernet sie, und haltet und thut sie. 2. Jehova, unser Gott, hat mit uns einen Bund geschlossen auf Horeb. 3. Nicht mit unsern Vätern hat Jehova diesen Bund geschlossen, sondern mit uns, die wir hier heute alle leben, 4. Von Angesicht zu Angesicht redete Jehova mit euch auf dem Berge aus dem Feuer. 5. Ich stand zwischen Jehova und euch zu derselben Zeit, um euch die Worte Jehovas zu verkünden, denn ihr fürchtetet euch vor dem Feuer, und stieget nicht auf den Berg, und er sprach: 6. Ich bin Jehova, dein Gott, der dich ausgeführet aus dem Lande Aegypten, aus dem Hause der Knechtschaft. 7. Du sollst keine anderen Götter haben neben mir. 8. Du sollst dir kein Bild machen, kein Gleichniß von irgend etwas, das im Himmel oben, oder auf der Erde unten, oder im Wasser unter der Erde ist; 9. du sollst dergleichen nicht anbeten, noch ihnen dienen, denn ich bin Jehova, dein Gott, ein eifersüchtiger Gott, strafend das Vergehen der Väter an den Söhnen bis ins dritte und vierte Glied derer, die mich hassen, 10. und übend Gnade bis ins tausendste Glied derer, die mich lieben, und meine Gebote halten. 11. Du sollst den Namen Jehovas, deines Gottes, nicht zur Unwahrheit aussprechen: denn nicht ungestraft wird Jehova den lassen, der seinen Namen zur Unwahrheit ausspricht. 12. Halte den Sabbathtag, und heilige ihn, so wie Jehova, dein Gott, dir geboten. 13. Sechs Tage sollst du arbeiten, und thun alle deine Geschäfte; 14. aber der siebente Tag ist der Sabbath Jehovas, deines Gottes, kein Geschäft sollst du thun, noch dein Sohn, noch deine Tochter, noch dein Knecht, noch deine Magd, noch dein Ochs, noch dein Esel, noch all dein Vieh, noch der Fremd-

ling in deinen Thoren, auf daß dein Knecht und deine Magd
ruhe, gleichwie du. 15. Und gedenke, daß du Knecht warest
im Lande Aegypten, und Jehova, dein Gott, dich ausführ-
rete von dannen mit starker Hand und ausgerecktem Arm,
darum hat dir Jehova, dein Gott, geboten, den Sabbath
zu halten. 16. Ehre deinen Vater und deine Mutter, so wie
Jehova, dein Gott, dir geboten, auf daß du lange lebest,
und es dir wohlgehe im Lande, welches Jehova, dein Gott,
dir gibt. 17. Du sollst nicht tödten. 18. Du sollst nicht
ehebrechen. 19. Du sollst nicht stehlen. 20. Du sollst nicht
falsch Zeugniß geben wider deinen Nächsten. 21. Du sollst
nicht begehren das Weib deines Nächsten. Und laß dich nicht
gelüsten des Hauses deines Nächsten, noch seines Feldes, noch
seines Knechtes, noch seiner Magd, noch seines Ochsen, noch
seines Esels, noch alles, was deines Nächsten ist. 22. Diese
Worte redete Jehova zu eurer ganzen Versammlung auf dem
Berge aus dem Feuer, dem Gewölk und dem Dunkel, mit
lauter Stimme, und nichts mehr, und schrieb sie auf zwo steinerne Tafeln, und gab sie mir. 23. Und es geschah, als ihr
die Stimme aus dem Dunkel höretet, und der Berg mit Feuer
brannte, da tratet ihr zu mir, alle Häupter eurer Stämme
und eure Aeltesten, 24. und sprachet: siehe! Jehova, unser
Gott, hat uns seine Herrlichkeit und seine Größe sehen lassen,
und wir haben seine Stimme aus dem Feuer gehöret, an diesem Tage haben wir gesehen, daß Jehova mit dem Menschen
redet, und sie leben: 25. aber nun, warum sollen wir sterben?
denn fressen wird uns dieß große Feuer, wenn wir die Stimme Jehovas, unsers Gottes, weiter hören, und wir werden
sterben. 26. Denn was ist alles Fleisch, daß es die Stimme
des lebendigen Gottes höre, redend aus dem Feuer, so wie
wir, und lebe? 27. Tritt du hinzu, und höre alles, was Jehova, unser Gott, sprechen wird, und rede du zu uns alles, was Jehova, unser Gott, zu dir redet, und wir wollen
es hören und thun. 28. Und Jehova höretet eure Rede, wie
ihr zu mir redetet, und sprach zu mir: ich habe die Rede

dieses Volkes gehöret, welche sie zu dir geredet, es ist gut alles, was sie geredet. 29. Möchten sie ein solches Herz haben, mich zu fürchten, und alle meine Gebote zu halten alle Zeit, auf daß es ihnen wohl gehe und ihren Kindern ewiglich! 30. Gehe hin, und sprich zu ihnen: kehret in eure Zelte. 31. Du aber bleibe hier bey mir, und ich will dir alle Gebote und Satzungen und Rechte sagen, welche du sie lehren sollst, daß sie darnach thun im Lande, welches ich ihnen gebe einzunehmen. 32. So haltet nun und thut, so wie Jehová, euer Gott, euch geboten, weichet nicht weder zur Rechten noch zur Linken; 33. sondern wandelt auf allen Wegen, welche Jehova, euer Gott, euch geboten, auf daß ihr lebet, und es euch wohl gehe, und ihr lange bleibet im Lande, welches ihr werdet einnehmen.

Cap. VI.

Auseinandersetzung der Pflichten gegen Jehova.

1. Und dieß sind die Gebote, die Satzungen und die Rechte, welche Jehova, euer Gott, geboten, euch zu lehren, daß ihr sie thuet im Lande, wohin ihr übergehet, es einzunehmen, 2. auf daß du Jehova, deinen Gott, fürchtest, und alle seine Satzungen und Gebote haltest, welche ich dir gebiete, du und dein Sohn und der Sohn deines Sohnes, all euer Leben lang, auf daß ihr lange lebet. 3. So höre nun, Israel, und halte und thue sie, daß dirs wohl gehe, und daß ihr euch sehr mehret, sintemal Jehova, der Gott deiner Väter, dir ein Land verheißen, fließend vom Milch und Honig.

4. Höre, Israel, Jehova, unser Gott, Jehova ist Einer. 5. So liebe nun Jehova, deinen Gott, mit ganzem Herzen und mit ganzer Seele und mit allen Kräften. 6. Und diese Worte, welche ich dir heute gebiete, nimm zu Herzen. 7. Und schärfe sie deinen Söhnen ein, und rede von denselben, wenn du in deinem Hause sitzest, und wenn du auf dem Wege

gehest, und wenn du dich niederlegest, und wenn du aufstehest. 8. Und binde sie zum Zeichen auf deine Hand, und trage sie als Denkzettel zwischen deinen Augen, 9. und schreibe sie an die Pfosten deines Hauses und an deine Thore. 10. Und wenn dich nun Jehova, dein Gott, in das Land bringet, welches er deinen Vätern, Abraham, Isaak und Jakob geschworen, dir zu geben, mit großen und schönen Städten, welche du nicht gebauet, 11. und mit Häusern, voll von allem Gut, die du nicht gefüllet, und mit gehauenen Brunnen, welche du nicht gehauen, mit Weinbergen und Oelgärten, welche du nicht gepflanzet; und du issest, und wirst satt: 12. so hüte dich, daß du Jehovas nicht vergessest, welcher dich ausgeführet aus dem Lande Aegypten, aus dem Hause der Knechtschaft. 13. Jehova, deinen Gott, sollst du fürchten, und ihm dienen, und bey seinem Namen schwören. 14. Gehet nicht andern Göttern nach, von den Göttern der Völker rings um euch her. 15. Denn ein eifersüchtiger Gott ist Jehova, dein Gott, in deiner Mitte, daß nicht der Zorn Jehovas, deines Gottes, entbrenne über dich, und er dich vertilge aus dem Lande. 16. Versuchet nicht Jehova, euren Gott, so wie ihr ihn versuchtet zu Massa, 17. sondern haltet die Gebote Jehovas, eures Gottes, und seine Verordnungen und seine Satzungen, welche er dir geboten. 18. Und thue, was recht und gut ist in den Augen Jehovas, auf daß dirs wohl gehe, und du hinkommest, und das schöne Land einnehmest, welches Jehova, dein Gott, deinen Vätern geschworen; 19. indem er alle deine Feinde ausstoßen wird vor dir, so wie Jehova geredet.

20. Wenn dich nun dein Sohn in Zukunft fragen wird, und spricht: was sind das für Verordnungen und Satzungen und Rechte, welche Jehova, unser Gott, euch geboten? 21. so sprich zu deinem Sohne: wir waren Knechte Pharaos in Aegypten, und Jehova führete uns aus Aegypten mit starker Hand, 22. und Jehova that große und schlimme Zeichen und Wunder gegen Aegypten, gegen Pharao und gegen sein ganzes Haus vor unsern Augen, 23. und führete uns von

dannen, um uns hieher zu bringen, und uns das Land zu geben, welches er unsern Vätern geschworen. 24. Und Jehova gebot uns, alle diese Satzungen zu thun, und Jehova, unsern Gott, zu fürchten, auf daß es uns wohl gehe alle Zeit, und wir leben wie am heutigen Tage. 25. Und wir werden Gerechtigkeit erlangen, wenn wir alle diese Gebote halten und thun, vor Jehova, unserm Gott, so wie er uns geboten.

Cap. VII.

Ausrottung der Cananiter und Zerstörung ihres Götzendienstes geboten.

1. Wenn dich Jehova, dein Gott, in das Land bringet, wohin du kommst, es einzunehmen, und große Völker vor dir vertreibet, die Hethiter und Gergesiter und Amoriter und Cananiter und Pheresiter und Heviter und Jebusiter, sieben Völker, größer und stärker als du; 2. und Jehova, dein Gott, gibt sie dir preiß, und du schlägest sie: so verbanne sie, schließe mit ihnen kein Bündniß, und begnadige sie nicht, 3. und verschwägere dich nicht mit ihnen, deine Töchter gib nicht ihren Söhnen, und ihre Töchter nimm nicht für deine Söhne; 4. denn sie werden deine Söhne abwendig machen von mir, daß sie andern Göttern dienen, und dann wird der Zorn Jehovas entbrennen über euch, und er wird dich schnell vertilgen; 5. sondern also thuet mit ihnen: zerstöret ihre Altäre, und zerbrechet ihre Säulen, und hauet ihre Haine um, und verbrennet ihre Bilder mit Feuer. 6. Denn du bist ein heiliges Volk Jehova, deinem Gott, dich hat Jehova, dein Gott, erwählet zu seinem eigenthümlichen Volke aus allen Völkern, welche auf dem Erdboden sind. 7. Nicht weil eurer mehr sind denn alle Völker, hat euch Jehova angenommen und erwählet, denn ihr seyd das kleinste unter allen Völkern; 8. sondern weil euch Jehova liebte, und den Schwur hielt, welchen er euren Vätern geschworen, führete euch Jehova aus mit starker Hand, und erlöste dich aus dem Hause der Knechtschaft, aus

der Hand Pharaos, des Königs von Aegypten. 9. So wiſſe nun, daß Jehova, dein Gott, Gott iſt, ein treuer Gott, haltend Bund und Liebe denen, die ihn lieben, und ſeine Gebote halten, bis ins tauſendſte Geſchlecht, 10. und vergeltend denen, die ihn haſſen, auf der Stelle mit Vertil= gung, er ſäumet nicht gegen die, welche ihn haſſen, auf der Stelle vergilt er ihnen. 11. So halte nun die Gebote und die Satzungen und die Rechte, welche ich dir heute gebiete, daß du darnach thueſt,

12. Und wenn ihr dieſen Rechten gehorchet, und ſie haltet und ſie thut: ſo wird Jehova, dein Gott, dir den Bund und die Gnade halten, welche er deinen Vätern geſchwo= ren, 13. und wird dich lieben, und dich ſegnen, und dich mehren, und wird ſegnen die Frucht deines Mutterleibes und die Frucht deines Landes, dein Getraide und deinen Moſt und dein Oel, die Frucht deiner Rinder und die Frucht deiner Schafe, im Lande, welches er deinen Vätern geſchworen, dir zu geben. 14. Geſegnet wirſt du ſeyn vor allen Völkern, kein Unfruchtbarer, noch Unfruchtbare wird unter dir ſeyn, noch unter deinem Vieh. 15. Und Jehova wird von dir alle Krank= heiten entfernen, und keine der Krankheiten Aegyptens, der böſen, welche du kenneſt, auf dich legen, und wird ſie auf alle deine Feinde bringen. 16. Und du wirſt alle Völker vertilgen, welche Jehova, dein Gott, dir gibt; ſchone ihrer nicht, und diene nicht ihren Göttern, denn das iſt ein Fallſtrick für dich. 17. Wenn du ſprichſt in deinem Herzen: dieſe Völker ſind größer denn ich, wie kann ich ſie vertreiben? 18. ſo fürchte dich nicht vor ihnen; gedenke, was Jehova, dein Gott, gethan an Pharao und an allen Aegyptern, 19. gedenke der großen Verſuchungen, welche deine Augen geſehen, und der Zeichen und der Wunder und der ſtarken Hand und des ausgereckten Armes, womit dich Jehova, dein Gott, ausgeführet: alſo wird Jehova, dein Gott, allen den Völkern thun, vor denen du dich fürchteſt. 20. Und auch Landplagen wird Jehova, dein Gott, über ſie ſenden, bis die übergebliebenen und ver=

borgenen vertilget sind vor dir. 21. Erschrick nicht vor ihnen, denn Jehova, dein Gott, ist in deiner Mitte, ein großer und furchtbarer Gott. 22. Jehova, dein Gott, wird diese Völker ausrotten vor dir, nach und nach, du kannst sie nicht eilend vertilgen, auf daß sich nicht bey dir mehre das Wild des Feldes. 23. Und Jehova, dein Gott, wird sie dir preiß geben, und große Bestürzung unter sie senden, bis sie vertilgt sind. 24. Und wird ihre Könige in deine Hand geben, und du wirst ihren Namen vernichten unter dem Himmel, keiner wird dir widerstehen, bis du sie vertilgest. 25. Die Bilder ihrer Götter verbrennet mit Feuer, begehre nicht das Gold und Silber an denselben, und nimm es nicht, daß du nicht dadurch verführet werdest, denn es ist ein Greuel Jehova, deinem Gott. 26. Bringe keinen Greuel in dein Haus, daß du nicht verbannet werdest gleich demselben; das Scheusal sollst du verabscheuen, und es für einen Greuel halten, denn es ist verbannet.

Cap. VIII.

Warnung, Gottes Wohlthaten zu vergessen.

1. Alle Gebote, welche ich dir heute gebiete, haltet und thuet, auf daß ihr lebet, und euch mehret, und hinkommet, und das Land einnehmet, welches Jehova euren Vätern geschworen. 2. Und gedenke des ganzen Weges, auf dem euch Jehova, dein Gott, geleitet diese vierzig Jahr in der Wüste, um dich zu demüthigen und zu versuchen, auf daß er erführe, wie du gesinnet seyest, ob du seine Gebote halten wirst oder nicht. 3. Also demüthigte er dich, und ließ dich hungern, und speisete dich mit Man, welches du nicht kanntest, noch deine Väter kannten, um dir kund zu thun, daß nicht vom Brod allein der Mensch lebet, sondern von allem, was der Mund Jehovas gebietet. 4. Deine Kleider veralteten nicht an dir, und deine Füße schwollen nicht diese vierzig Jahr. 5. So erkenne nun in deinem Herzen, daß, so wie ein Mann seinen

Sohn ziehet, Jehova dich gezogen; 6. und halte die Gebote
Jehovas, deines Gottes, daß du wandelst in seinen Wegen,
und ihn fürchtest. 7. Denn Jehova, dein Gott, führet dich
in ein schönes Land, ein Land mit Wasserbächen und Brunnen
und Seen, die in Thälern und Bergen entspringen; 8. ein
Land voll Weizen und Gerste und Weinstöcke und Feigenbäume
und Granatäpfel, ein Land voll Oelbäume und Honig; 9. ein
Land, worin du nicht in Dürftigkeit dein Brod issest, worin
es dir an nichts mangelt; ein Land, dessen Steine Eisen sind,
und aus dessen Bergen du Erz hauest. 10. Und wenn du nun
issest, und dich sättigest, so segne Jehova, deinen Gott, für
das schöne Land, das er dir gegeben. 11. Hüte dich, daß
du Jehovas, deines Gottes, nicht vergessest, so daß du nicht
seine Gebote und Rechte und Satzungen haltest, welche ich dir
heute gebiete; 12. daß wenn du nun issest und dich sättigest,
und schöne Häuser bauest, und darinnen wohnest, 13. und
deine Rinder und Schafe sich mehren, und Silber und
Gold und alles, was du hast, sich mehret: 14. daß
dein Herz sich nicht erhebe, und Jehovas, deines Gottes, ver-
gesse, welcher dich ausführete aus dem Lande Aegypten, aus
dem Hause der Knechtschaft, 15. welcher dich leitete durch
die große und schreckliche Wüste, wo Schlangen, Saraf's und
Skorpionen und Dürre und kein Wasser war, welcher dir Wasser gab aus dem harten Felsen; 16. welcher dich speisete mit
Man in der Wüste, das deine Väter nicht kannten, um dich
zu demüthigen, und zu versuchen, und dir wohl zu thun nachher;
17. und daß du nicht sprechest in deinem Herzen: meine
Kraft und die Stärke meiner Hand hat mir diesen Reichthum
erworben; 18. sondern, daß du Jehovas, deines Gottes,
gedenkest, daß er es ist, der dir Kraft gibt, Reichthum zu er-
werben, auf daß er seinen Bund halte, welchen er deinen Vätern geschworen, wie es anjetzt ist. 19. Wo du aber Jehovas, deines Gottes, vergissest, und andern Göttern nachgehest,
und ihnen dienest, und sie anbetest: so bezeuge ich euch heute,
daß ihr umkommen werdet; 20. gleich den Völkern, welche

Jehova vertilget vor euch, werdet ihr umkommen, darum daß ihr nicht gehorchet der Stimme Jehovas, eures Gottes.

Cap. IX. X, 11.

Warnende Erinnerung an die früheren öfteren Vergehungen des Volkes.

1. Höre, Israel! du gehest anjetzt über den Jordan, um Völker zu bezwingen, größer und stärker denn du, und Städte, groß und befestiget bis an den Himmel, 2. ein großes und hohes Volk, die Söhne Enaks, welche du kennest, und von denen du gehöret: wer kann stehen gegen die Söhne Enaks? 3. So wisse nun, daß Jehova, dein Gott, vor dir hergehet, als ein fressend Feuer, er wird sie vertilgen, und er wird sie dir unterwerfen, und ihr werdet sie bald vertreiben und vernichten, so wie Jehova dir verheißen. 4. Sprich aber nicht in deinem Herzen, wenn Jehova, dein Gott, sie von dir ausgestoßen: um meiner Gerechtigkeit willen hat mich Jehova hieher geführet, dieß Land einzunehmen; und um der Gottlosigkeit dieser Völker willen vertreibet sie Jehova vor dir. 5. Nicht um deiner Gerechtigkeit und deines rechtschaffenen Herzens willen kommst du in ihr Land, und nimmst es ein; sondern um der Gottlosigkeit dieser Völker willen vertreibet sie Jehova vor dir, und daß er das Wort halte, welches Jehova deinen Vätern geschworen, Abraham, Isaak und Jakob. 6. So wisse nun, daß nicht um deiner Gerechtigkeit willen Jehova, dein Gott, dir dieß schöne Land gibt einzunehmen, denn du bist ein halsstarriges Volk. 7. Gedenke und vergiß nicht, wie du Jehova, deinen Gott, erzürnetest in der Wüste; von dem Tage an, da du auszogest aus dem Lande Aegypten, bis ihr an diesen Ort kamet, seyd ihr widerspenstig gewesen gegen Jehova. 8. Auf Horeb erzürnetet ihr Jehova, und Jehova ergrimmete über euch, so daß er euch vertilgen wollte, 9. da ich auf den Berg stieg, die steinernen Tafeln zu empfangen,

die Tafeln des Bundes, welchen Jehova mit euch machte, und
ich blieb auf dem Berge vierzig Tage und vierzig Nächte, und
aß kein Brod, und trank kein Wasser, 10. und Jehova gab
mir die zwo steinernen Tafeln, geschrieben mit dem Finger
Gottes, und darauf alle Worte, welche Jehova mit euch gere=
det aus dem Feuer am Tage der Versammlung; 11. und am
Ende der vierzig Tage und der vierzig Nächte gab mir Jehova
die zwo steinernen Tafeln, die Tafeln des Bundes, 12. und
sprach zu mir: mache dich auf! steige eilend hinab von hin=
nen, denn dein Volk handelt übel, das ich ausgeführet aus
dem Lande Aegypten, sie sind schnell abgewichen vom Wege,
den ich ihnen geboten, sie haben sich ein gegoßenes Bild ge=
macht. 13. Und Jehova sprach zu mir, und sagte: ich sehe,
daß dieses Volk ein halsstarriges Volk ist, 14. laß mich, daß
ich sie vertilge und ihren Namen austösche unter dem Himmel,
und ich will dich zu einem Volke machen, stärker und größer
denn dieses. 15. Also wandte ich mich, und stieg herab vom
Berge, der mit Feuer brannte, die zwo Tafeln des Bundes
in meinen beyden Händen, 16. und ich schauete, und siehe!
ihr hattet gesündiget gegen Jehova, euren Gott, und euch
ein gegoßenes Kalb gemacht, und waret schnell abgewichen vom
Wege, welchen Jehova euch geboten. 17. Da faßete ich die
beyden Tafeln, und warf sie aus meinen beyden Händen, und
zerbrach sie vor euren Augen. 18. Und ich fiel vor Jehova nie=
der, wie zuerst, vierzig Tage und vierzig Nächte, ich aß kein
Brod, und trank kein Wasser, um all eurer Sünden willen,
welche ihr gesündiget, da ihr übel thatet vor Jehova, und
ihn reiztet; 19. denn ich fürchtete den Zorn und Grimm,
womit Jehova gegen euch entbrannte, daß er euch vertilgen
wollte. Aber Jehova erhörete mich auch dieß Mal. 20. Auch
über Aaron zürnete Jehova sehr, so daß er ihn vertilgen
wollte, und ich bat auch für Aaron zu derselben Zeit. 21. Und
eure Sünde, das Kalb, das ihr gemacht, nahm ich, und
verbrannte es mit Feuer, und zerschlug und zermalmete es,

wohl zu Staub, und warf den Staub in den Bach, der vom
Berge fließet. 22. Auch zu Thabeera und zu Massa und bey
den Gräbern der Lüsternheit erzürnetet ihr Jehova; 23. und
auch als Jehova euch aus Kades-Barnea sandte, und sprach:
ziehet hinauf, und nehmet das Land ein, welches ich euch
gebe, waret ihr widerspenstig gegen das Wort Jehovas, eures
Gottes, und vertrauetet ihm nicht, und gehorchtet nicht seiner
Stimme. 24. Widerspenstig waret ihr gegen Jehova, seitdem ich
euch kenne. 25. Da fiel ich nieder vor Jehova vierzig Tage
und vierzig Nächte, die ich niederfiel, denn Jehova gedachte
euch zu vertilgen, 26. und ich betete zu Jehova, und sprach:
Herr, Jehova, verderbe nicht dein Volk und dein Eigenthum, welches du erlöset durch deine große Kraft, welches du
ausgeführet aus Aegypten mit starker Hand. 27. Gedenke
deiner Knechte, Abrahams, Isaats und Jakobs, kehre dich
nicht an die Halsstarrigkeit dieses Volkes und an seine Gottlosigkeit und an seine Sünde, 28. daß nicht das Land,
woraus du uns geführet, spreche: weil Jehova sie nicht
konnte in das Land bringen, welches er ihnen verheißen,
und weil er sie hassete, führete er sie aus, sie zu tödten in
der Wüste. 29. Sie sind ja dein Volk und dein Eigenthum,
das du ausgeführet mit deiner großen Kraft und mit deinem
ausgereckten Arme.

X, 1. Zu derselben Zeit sprach Jehova zu mir: haue dir
zwo steinerne Tafeln, wie die vorigen, und komme zu mir
auf den Berg, und mache dir eine hölzerne Lade, 2. und ich
will auf die Tafeln die Worte schreiben, welche auf den vorigen Tafeln waren, die du zerbrochen, und du sollst sie in
die Lade legen. 3. Also machte ich eine Lade von Acazienholz, und hieb zwo steinerne Tafeln, wie die vorigen, und
stieg auf den Berg, die zwo Tafeln in meiner Hand. 4. Da
schrieb er auf die Tafeln, wie die vorige Schrift, die zehen
Worte, welche Jehova zu euch geredet auf dem Berge aus
dem Feuer, am Tage der Versammlung, und Jehova
gab sie mir. 5. Und ich wandte mich, und stieg vom Berge,

und legte die Tafeln in die Lade, welche ich gemacht, daß sie
daselbst wären, so wie Jehova mir geboten. 6. Und die Söh=
ne Israels brachen auf von Beeroth=Bne=Jakan nach Moser.
Daselbst starb Aaron, und ward daselbst begraben, und Elea=
sar, sein Sohn, ward Priester an seiner Statt. 7. Von
dannen brachen sie auf nach Gudegoda, und von Gudegoda
nach Jatbath, ein Land mit Wasserbächen. 8. Zu derselben
Zeit sonderte Jehova den Stamm Levi aus, die Lade des
Bundes Jehovas zu tragen, und vor Jehova zu stehen, ihm
zu dienen, und zu segnen in seinem Namen, bis auf diesen
Tag. 9. Darum ward Levi kein Theil noch Besitzung mit sei=
nen Brüdern, Jehova ist seine Besitzung, so wie Jehova, dein
Gott, ihm geredet. 10. Und ich stand auf dem Berge, wie
vorher, vierzig Tage und vierzig Nächte, und Jehova erhörete
mich auch dieß Mal, Jehova wollte dich nicht verderben. 11. Und
Jehova sprach zu mir: mache dich auf, und gehe hin,
und ziehe vor dem Volke her, daß sie hinkommen, und das
Land einnehmen, welches ich ihren Vätern geschworen, ihnen
zu geben.

Cap. X, 12. — XI, 32.

Ermahnung, alle Gebote Gottes zu beobachten, vor allem die Abgötterey zu fliehen.

12. Und nun, Israel, was fodert Jehova, dein Gott,
von dir, als daß du Jehova, deinen Gott fürchtest, daß du
wandelst in allen seinen Wegen, und ihn liebest, und Jeho=
va, deinem Gott, dienest mit ganzem Herzen und mit ganzer
Seele; 13. daß du die Gebote Jehovas haltest und seine
Satzungen, welche ich dir heute gebiete, zu deinem Wohl.
14. Siehe! Jehovas, deines Gottes, ist der Himmel und aller
Himmel Himmel, die Erde und alles, was darinnen ist; 15. und
doch nur deine Väter hat Jehova auserkohren zu seiner Liebe,
und hat ihren Samen erwählet nach ihnen, euch aus allen
Völkern, wie es anjetzt ist. 16. So beschneidet nun die Vor=

haut eures Herzens, und seyd nicht weiter halsstarrig. 17. Denn Jehova, euer Gott, ist der Gott der Götter und der Herr der Herren, ein großer Gott, mächtig und furchtbar, welcher keine Person ansiehet, und keine Geschenke nimmt, 18. Recht schaffend Waisen und Wittwen, liebend den Fremdling, daß er ihnen Brod und Kleider gibt. 19. So liebet nun die Fremdlinge, denn ihr seyd auch Fremdlinge gewesen im Lande Aegypten. 20. Jehova, deinen Gott, fürchte, ihm diene, ihm hange an; und bey seinem Namen schwöre. 21. Er sey dein Ruhm, und er dein Gott, welcher an dir jene großen und schrecklichen Dinge gethan, welche deine Augen gesehen. 22. Mit siebenzig Seelen zogen deine Völker hinab nach Aegypten, und nun hat dich, Jehova, dein Gott, gemacht wie die Sterne des Himmels an Menge.

XI, 1. So liebe nun Jehova, deinen Gott, und beobachte, was gegen ihn zu beobachten, seine Satzungen und seine Rechte und seine Gebote, dein Leben lang. 2. Ihr wisset und kennet (denn nicht zu euren Söhnen, welche nichts wissen, und nichts gesehen, rede ich) die Züchtigungen Jehovas, eures Gottes, seine Herrlichkeit, seine starke Hand und seinen ausgereckten Arm, 3. und seine Zeichen und seine Thaten, die er gethan unter den Aegyptern, an Pharao, dem Könige von Aegypten, und an seinem ganzen Lande 4. und was er gethan an der Macht der Aegypter, an ihren Rossen und ihren Wagen, über die er das Wasser des Schilfmeeres führete, da sie euch nachjageten, und Jehova sie vertilgete bis auf diesen Tag; 5. und was er euch gethan in der Wüste, bis ihr kamet bis an diesen Ort; 6. und was er gethan an Dathan und Abiram, den Söhnen Eliabs, des Sohnes Rubens, wie die Erde ihren Mund aufthat, und sie verschlang mit ihren Familien und Zelten und allem, was ihnen angehörete, mitten unter ganz Israel. 7. Denn eure Augen haben alle die großen Thaten Jehovas gesehen, welche er gethan. 8. Darum haltet alle Gebote, welche ich euch heute gebiete, auf daß es euch gelinge, hinzukommen, und das Land einzunehmen, wohin ihr übergehet, es einzunehmen, 9. und daß ihr lange bleibet im Lande, welches Jehova euren Vätern geschworen zu geben und ihrem Saamen, ein Land, fließend von Milch und Honig. 10. Denn das Land, wohin du kommest, es einzunehmen, ist nicht wie das Land Aegypten, woraus ihr gezogen, wo du die Saat, die du gesäet, wässertest mit dem Rade *). wie einen Kohlgarten. 11. Das Land, wohin ihr übergehet, es einzunehmen, ist ein Land mit Bergen und Thälern, und trinket Wasser vom Regen des Himmels; 12. ein Land, worauf Jehova, dein Gott, Acht hat, auf welches die Augen Jehovas, deines Gottes, immerdar sehen, vom Anfange des Jahres bis zum Ende des Jahres. 13. Wenn ihr nun meinen Geboten gehorchet, welche ich euch heute gebiete, daß ihr Jehova, euren Gott liebet, und ihm dienet mit ganzem Herzen und mit ganzer Seele: 14. so will ich eurem Lande Regen geben zu seiner Zeit, Frühregen und Spatregen, daß du dein Getraide einsammlest und deinen Most und dein Oel; 15. und ich will deinem Vieh Gras geben auf deinem Felde, und du sollst essen und dich sättigen. 16. Hütet euch aber, daß euer Herz nicht verführet werde, und daß ihr abweichet, und andern Göttern dienet, und sie anbetet, 17. und daß dann der Zorn Jehovas entbrenne über euch, und er den Himmel verschließe, daß kein Regen komme, und das Land nicht seinen Ertrag gebe, und ihr bald vertilget werdet von dem schönen Lande, welches Jehova euch gibt. 18. So nehmet nun diese Worte zu Herzen und zu Gemüthe, und bindet sie zum Zeichen auf eure Hand, und traget sie als Denkzettel zwischen euren Augen. 19. Und lehret sie euren Söhnen, und rede davon, wenn du in deinem Hause sitzest, und wenn du dich niederlegest, und wenn du aufstehest, 20. und schreibe sie an die Pfosten deines Hauses und an deine Thore: 21. auf daß ihr lange bleibet und

---

*) Eigentl. mit dem Fuße (womit man das Wässerungsrad trat).

eure Söhne im Lande, welches Jehova euren Vätern geschworen zu geben, so lang als der Himmel über der Erde stehet. 22.
Denn wo ihr alle diese Gebote halten werdet, welche ich euch
heute gebiete, daß ihr darnach thuet, daß ihr Jehova, euren
Gott, fürchtet, daß ihr in allen seinen Wegen wandelt, und
ihm anhanget: 23. so wird Jehova alle diese Völker vertreiben vor euch, und ihr werdet Völker bezwingen, größer und
stärker denn ihr. 24. Alles wohin euer Fuß treten wird,
soll euer seyn, von der Wüste bis zum Libanon, vom Strome, dem Strome Phrath, bis an das westliche Meer soll
eure Gränze gehen. 25. Niemand wird euch widerstehen,
eure Furcht und Schrecken wird Jehova über das ganze Land
verbreiten, auf welches ihr tretet, so wie er auch geredet.

26. Siehe! ich lege euch heute Segen und Fluch vor:
27. den Segen, so ihr den Geboten Jehovas, eures Gottes,
gehorchet, welche ich euch heute gebiete; 28. den Fluch aber,
so ihr den Geboten Jehovas, eures Gottes, nicht gehorchet,
und abweichet von dem Wege, welchen ich euch heute gebiete,
daß ihr andern Göttern nachgehet, welche ihr nicht kennet.
29. Wenn dich nun Jehova, dein Gott, in das Land bringet, wohin du kommest, es einzunehmen: so sollst du den
Segen aussprechen auf dem Berge Garism und den Fluch auf
dem Berge Ebal, 30. (sie liegen jenseit des Jordans, am
Wege, gegen den Untergang der Sonne, im Lande der Cananiter, die in der Ebene wohnen, Gilgal gegen über, bey
den Terebinthen More.) 31. Denn ihr gehet über den Jordan, hinzukommen und das Land einzunehmen, welches Jehova, euer Gott, euch gibt, und ihr werdet es einnehmen,
und darin wohnen.

32. So haltet nun und thuet alle die Satzungen und alle
die Rechte, welche ich euch heute vorlege.

Cap. XII.

Verordnung über die Einheit des Gottesdienstes.

1. Dieß sind die Satzungen und Rechte, welche ihr halten und thun sollt im Lande, welches, Jehova, der Gott deiner Väter, dir gibt einzunehmen, so lang als ihr lebet im Lande. 2. Zerstöret alle Orte, wo die Völker, welche ihr bezwinget, ihren Göttern dieneten auf den hohen Bergen, auf den Hügeln und unter allen grünen Bäumen; 3. und reißet um ihre Altäre, und zerbrechet ihre Säulen, und verbrennet ihre Haine mit Feuer, und hauet die Bilder ihrer Götter ab, und vertilget ihre Namen von demselben Orte. 4. Thuet nicht also Jehova, eurem Gott, 5. sondern an dem Orte, welchen Jehova, euer Gott, erwählen wird aus allen euren Stämmen zum Sitze seines Namens, da sollt ihr nach seiner Wohnung fragen, und dahin kommen, 6. und sollt dahin eure Brandopfer bringen und eure andern Opfer und eure Zehenten und die Hebe eurer Hände und eure Gelübde und eure freywilligen Opfer und das Erstgehorne eurer Rinder und eurer Schafe, 7. und sollt daselbst essen vor Jehova, eurem Gott, und euch freuen all der Arbeit eurer Hände, samt euren Familien, worin dich Jehova, dein Gott, gesegnet. 8. Ihr sollt nicht thun, so wie wir allhier thun anjetzt, ein jeglicher nach seinem Gutdünken. 9. Denn ihr seyd bis jetzt noch nicht zur Ruhe gekommen und zur Besitzung, welche Jehova, dein Gott, dir gibt: 10. Seyd ihr aber übergegangen über den Jordan, und wohnet ihr in dem Lande, welches Jehova, euer Gott, euch zu eigen gibt, und hat er euch Ruhe gegeben vor allen euren Feinden ringsum, und wohnet ihr sicher: 11. so sollt ihr an den Ort, welchen Jehova, euer Gott, erwählen wird zur Wohnung seines Namens, dahin sollt ihr bringen alles, was ich euch gebiete, eure Brandopfer und eure andern Opfer, eure Zehenten und die Hebe eurer Hände und alle Auswahl eurer Gelübde, welche ihr Jehova gelobet, 12. und sollt fröhlich

seyn vor Jehova, eurem Gott, samt euren Söhnen und
Töchtern und euren Knechten und Mägden und dem Leviten,
welcher in euren Thoren ist, denn er hat keinen Theil
noch Besitzung mit euch. 13. Hüte dich, daß du nicht deine
Brandopfer opferst an allen Orten, welche du siehest; 14. sondern
an dem Orte, welchen Jehova erwählen wird, in einem deiner
Stämme, daselbst sollst du deine Brandopfer opfern, und dahin
bringen alles, was ich dir gebiete. 15. Doch magst du nach aller
Lust deiner Seele schlachten und Fleisch essen, je nachdem Jehova, dein Gott, dich segnet, in allen deinen Städten; der
unreine und der reine mag es essen, so wie Reh oder Hirsch:
16. nur das Blut sollt ihr nicht essen, auf die Erde sollt ihrs
gießen wie Wasser. 17. Du kannst aber in deinen Thoren
nicht den Zehnten deines Getraides und deines Mostes und
deines Oeles essen, noch das Erstgeborne deiner Rinder und
deiner Schafe, noch all deine Gelübde, welche du gelobest,
noch deine freywilligen Opfer, noch die Hebe deiner Hände;
18. sondern vor Jehova, deinem Gott, sollst du es essen, an
dem Orte, welchen Jehova, dein Gott, erwählen wird, samt
deinem Sohn und deiner Tochter, und deinem Knecht und deiner Magd, und dem Leviten, welcher in deinen Thoren ist,
und sollst dich freuen vor Jehova, deinem Gott, aller Arbeit
deiner Hände. 19. Hüte dich, daß du den Leviten nicht ver-
lassest, so lange als du lebest in deinem Lande.

20. Wenn Jehova, dein Gott, deine Gränze erweitern
wird, so wie er dir geredet, und du sprichst: ich will Fleisch
essen, weil deine Seele gelüstet Fleisch zu essen: so magst du
nach aller Lust deiner Seele Fleisch essen. 21. Ist der Ort,
welchen Jehova, dein Gott, erwählen wird zum Sitze seines
Namens, zu fern von dir: so schlachte von den Rindern und
von den Schafen, welche Jehova dir gegeben, so wie ich dir
geboten, und iß in deinen Städten nach aller Lust deiner Seele;
22. aber, so wie ein Reh oder ein Hirsch gegessen wird,
sollt ihr es essen, der unreine und der reine zugleich mögen es
essen. 23. Nur nimm dich wohl in Acht, daß du nicht das

Blut effeft, denn das Blut ift die Seele, und du follft nicht
die Seele effen mit dem Fleifche; 24. du follft es nicht effen,
auf die Erde follft dus gießen wie Waffer; 25. iß es nicht,
auf daß dirs wohl gehe und deinen Söhnen nach dir, wenn du
thueft, was recht ift in den Augen Jehovas. 26. Aber was du
von Geheiligtem haft, und deine Gelübde follft du nehmen,
und damit an den Ort kommen, welchen Jehova erwählen wird,
27. und follft deine Brandopfer, das Fleifch und das Blut,
auf den Altar Jehovas, deines Gottes, bringen, und das Blut
deiner andern Opfer foll an den Altar Jehovas, deines Gottes,
gegoffen werden, und das Fleifch follft du effen. 28. Be=
wahre und höre alle diefe Worte, welche ich dir gebiete, auf
daß dirs wohl gehe und deinen Söhnen nach dir in Ewigkeit,
wann du thueft, was gut und recht ift in den Augen Jehovas,
deines Gottes.

29. Wenn Jehova, dein Gott, die Völker ausrottet, zu
welchen du kommft, fie zu bezwingen, vor dir, und du haft
fie bezwungen, und wohneft in ihrem Lande: 30. fo hüte dich,
daß du nicht in den Fallftrick geheft, und ihnen nachfolgeft, nach=
dem fie vor dir vertilget worden, und daß du nicht nach ihren
Göttern frageft, und fprecheft: wie haben diefe Völker ihren
Göttern gedienet? alfo will auch ich thun: 31. thue nicht
alfo Jehova, deinem Gott, denn alles, was Jehova ein
Greuel ift, was er haffet, haben fie ihren Göttern gethan,
denn auch ihre Söhne und ihre Töchter verbrannten fie mit
Feuer ihren Göttern.

32. Alles, was ich dir gebiete, das follt ihr halten und
thun, und follt nichts hinzufügen, noch davon thun.

Cap. XIII.

Strafe der falfchen Propheten und Ver=
führer zum Götzendienft.

1. Wenn ein Prophet oder Träumer unter euch aufftehet,
und dir ein Zeichen oder Wunder gibt; 2. und das Zeichen

und Wunder kommt, das er dir gesagt, indem er sprach: lasset uns andern Göttern nachgehen (die du nicht kennest), und ihnen dienen: 3. so gehorche nicht den Worten desselben Propheten, oder desselben Träumers: denn Jehova, euer Gott, versuchet euch, zu erfahren, ob ihr Jehova, euren Gott, liebet mit ganzem Herzen und mit ganzer Seele. 4. Jehova, eurem Gott, folget nach, und ihn fürchtet, und seine Gebote haltet, und seiner Stimme gehorchet, und ihm dienet und ihm hanget an. 5. Und derselbe Prophet oder derselbe Träumer soll sterben, weil er Abfall gelehret von Jehova, eurem Gott, der euch ausgeführet aus dem Lande Aegypten, und euch erlöset aus dem Hause der Knechtschaft, und weil er euch zu verleiten gesucht von dem Wege, welchen Jehova, dein Gott, dir geboten zu wandeln; und sollst also das Böse von dir thun.

6. Wenn dein Bruder, der Sohn deiner Mutter, oder dein Sohn, oder deine Tochter, oder das Weib in deinen Armen, oder der Freund, den du wie dein Herz liebest, dich heimlich anreizen würde, und sagen: laß uns gehen, und andern Göttern dienen, (welche du nicht kennest, noch deine Väter, 7. von den Göttern der Völker rings um euch her, nahe bey dir oder fern von dir, von einem Ende der Erde bis zum andern Ende): 8. so willige nicht ein, und gehorche ihm nicht, und schone seiner nicht, noch erbarme dich seiner, noch verbirg ihn; 9. sondern tödte ihn, deine Hand sey die erste gegen ihn, ihn zu tödten, und die Hand des ganzen Volkes darnach; 10. steinige ihn zu Tode, weil er gesucht dich zu verführen von Jehova, deinem Gott, der dich ausgeführet aus dem Lande Aegypten, aus dem Hause der Knechtschaft: 11. auf daß ganz Israel es höre, und sich fürchte, und nicht mehr solch Böses thue unter euch.

12. Wenn du hörest von irgend einer Stadt, welche Jehova, dein Gott, dir gibt, darin zu wohnen, daß man saget: 13. es sind böse Leute ausgegangen aus eurer Mitte, und haben die Bewohner der Stadt verführet, und gesagt:

laſſet uns gehen, und andern Göttern dienen, (die ihr nicht
kennet); 14. ſo unterſuche und forſche und frage wohl, und
beſtätigt ſich die Wahrheit der Sache, iſt dieſer Greuel geſche-
hen unter euch: 15. ſo ſchlage die Bewohner derſelben Stadt
mit der Schärfe des Schwertes, verbanne ſie mit allem, was
darinnen iſt, und mit ihrem Vieh, mit der Schärfe des
Schwertes. 16. Und alle ihre Beute trage zuſammen auf
ihren Markt, und verbrenne mit Feuer beyde die Stadt und ihre
Beute, als Brandopfer für Jehova, deinen Gott, und ſie
ſey ein Steinhaufen ewiglich, und werde nicht wieder gebauet.
17. Und laß nichts an deiner Hand kleben vom Verbanneten,
auf daß Jehova ablaſſe von ſeinem Grimme, und dir Erbarmen erweiſe, und ſich deiner erbarme, und dich mehre, ſo
wie er deinen Vätern geſchworen, 18. wenn du gehorcheſt der
Stimme Jehovas, deines Gottes, und ſeine Gebote hältſt,
welche ich dir heute gebiete, daß du thueſt, was recht iſt in
den Augen Jehovas, deines Gottes.

Cap. XIV, 1 — 21.

Verbot gewiſſer Trauer-Gebräuche; wieder-
holte Speiſe-Geſetze.

1. Ihr ſeyd Söhne Jehovas, eures Gottes: ſchneidet
euch keine Mäler, und ſcheeret euch nicht kahl über den Augen
wegen eines Todten. 2. Denn du biſt ein heiliges Volk, Jehova, deinem Gott; und dich hat Jehova erwählet zu ſeinem
Eigenthum, aus allen Völkern, welche auf dem Erdboden ſind.

3. Du ſollſt keinen Greuel eſſen. 4. Dieß ſind die Thiere,
die ihr eſſen ſollt: Ochſe, Schaf und Ziege, 5. Hirſch und
Reh und Jachmur und Steinbock und Diſchon und Büffelochſe
und Samer. 6. Und alles unter den Thieren, was geſpaltene Klauen hat, ganz durchgeſpalten, unten und oben, und
was wiederkäuet unter den Thieren, das möget ihr eſſen.
7. Nur dieſe ſollt ihr nicht eſſen von den wiederkäuenden und
von denen mit ganz durchgeſpaltenen Klauen: das Kameel und

den Hasen und die Bergmaus, denn sie wiederkäuen, aber
sie haben keine gespaltenen Klauen; unrein sollen sie euch seyn:
8. und das Schwein, denn es hat gespaltene Klauen, aber
es wiederkäuet nicht; unrein soll es euch seyn. Von ihrem
Fleisch sollt ihr nicht essen, und ihr Aas nicht anrühren. —
9. Diese sollt ihr essen von allem, was im Wasser ist: alles,
was Floßfedern und Schuppen hat. 10. Aber was keine Floßfedern und Schuppen hat, sollt ihr nicht essen; unrein soll es
euch seyn. — 11. Alle reinen Vögel sollt ihr essen. 12. Und
diese sind es, welche ihr nicht essen sollt von ihnen: der Adler
und der Geyer und der Meeradler 13. und der Falke und der
Habicht und der Weihe nach ihren Arten, 14. und alle Raben
nach ihren Arten, 15. und der Strauß und die Eule und die
Steineule und der Sperber nach seinen Arten, 16. der Wasser-
rabe und der Ibis und der Schwan, 17. und der Pelikan
und der Storch und die Meeve, 18. und der Reiher und der
Anapha nach seinen Arten und der Wiedehopf und die Fleder-
maus. 19. Und alles Ungeziefer mit Flügeln soll euch unrein
seyn, und nicht gegessen werden. 20. Aber alle reinen Vögel
sollt ihr essen. 21. Ihr sollt nichts Gefallenes essen: dem
Fremdlinge, der in deinen Thoren ist, magst du es geben,
daß er es esse, oder verkaufe einem Ausländer: denn du bist
ein heiliges Volk Jehova, deinem Gott. — Du sollst das
Böckchen nicht kochen in der Milch seiner Mutter.

Cap. XIV, 22 — 29.

Ein Gesetz über die Verwendung der Zehnten.

22. Du sollst allen Ertrag deiner Saat verzehenten, was
dein Feld trägt Jahr für Jahr. 23. Und sollt den Zehenten
deines Getraides, deines Mostes und deines Oeles und das
Erstgeborne deiner Rinder und Schafe essen vor Jehova, deinem
Gott, an dem Orte, welchen er erwählen wird zur Wohnung
seines Namens, auf daß du lernest Jehova, deinen Gott,

fürchten dein Leben lang. 24. Und wenn dir der Weg zu weit ist, daß du solches nicht hintragen kannst, weil der Ort zu fern ist von dir, welchen Jehova, dein Gott, erwählen wird zum Sitze seines Namens, da dich Jehova, dein Gott, gesegnet: 25. so verkaufe es um Geld, und binde das Geld zusammen, und nimms, und gehe an den Ort, welchen Jehova, dein Gott, erwählen wird. 26. Und kaufe um das Geld alles, das deine Seele gelüstet, Rinder und Schafe und Wein und starkes Getränke und wornach deine Seele verlanget, und iß daselbst vor Jehova, deinem Gott, und sey fröhlich mit deinem Hause. 27. Und verlasse nicht den Leviten, der in deinen Thoren ist, denn er hat keinen Theil noch Besitzung mit dir. — 28. Aber am Ende von drey Jahren sollst du alle Zehnten deines Einkommens aussondern von demselben Jahre, und es in deinen Thoren lassen, 29. und der Levit, der keinen Theil noch Besitzung hat mit dir, und der Fremdling und der Waise und die Wittwe, die in deinen Thoren sind, sollen kommen, und essen und sich sättigen: auf daß Jehova, dein Gott, dich segne in allem Thun deiner Hände, was du thuest.

Cap. XV, 1 — 11.

Vom Erlaßjahr.

1. Im siebenten Jahre sollst du Erlaß geben. 2. Und darin bestehet der Erlaß: jeglicher Schuldherr, der seinem Nächsten etwas leihet, soll erlassen; er soll nicht seinen Nächsten und seinen Bruder zwingen, wenn man den Erlaß Jehovas ausrufet. 3. Den Ausländer magst du zwingen, aber wer dein Bruder ist, dem sollst du erlassen; 4. es sey denn, daß er nicht arm ist *): denn Jehova wird dich segnen im Lande, das dir Jehova, dein Gott, gibt, einzunehmen zur Besitzung.

―――――――――

*) And. Es sey denn, daß kein Armer unter dir ist.
And. Obgleich kein Armer unter dir seyn wird.
And. Nur daß kein Armer unter dir sey.

5. Nur daß du gehorcheſt der Stimme Jehovas, deines Gottes, und halteſt und thueſt alle die Gebote, welche ich dir heute ge= biete: 6· denn Jehova, dein Gott, wird dich ſegnen, ſo wie er dir geredet, und du wirſt vielen Völkern leihen, und von niemand borgen, und wirſt über viele Völker herrſchen, und über dich wird niemand herrſchen. 7. Wenn unter dir ein Armer iſt von deinen Brüdern in einer deiner Städte in deinem Lande, welches Jehova, dein Gott, dir gibt: ſo verhärte nicht dein Herz, und verſchließe nicht deine Hand vor deinem Bruder, dem Armen; 8. ſondern thue ihm auf deine Hand, und leihe ihm, ſo viel er bedarf. 9. Hüte dich, daß nicht in deinem Herzen der böſe Gedanke ſey, daß du denkeſt: es nahet das ſiebente Jahr, das Erlaßjahr, und daß du hartherzig ſeyeſt gegen deinen Bruder, den Armen, und ihm nichts gebeſt. Er wird über dich zu Jehova rufen, und du wirſt eine Sünde auf dir haben. 10. Gib ihm, und laß es dein Herz nicht verdrießen, wenn du ihm gibſt: denn um deſſentwillen wird Jehova, dein Gott, dich ſegnen in allem deinen Thun und allem Beginnen deiner Hände. 11. Denn es wird nie an Ar= men fehlen im Lande, darum gebiete ich dir, und ſpreche: thue deine Hand auf deinem Bruder, dem Dürftigen und dem Armen in deinem Lande.

Cap. XV, 12—18.

Von der Freylaſſung der Sklaven und Sklabinnen.

12. Wenn dir dein Bruder, ein Ebräer, oder eine Ebräerin, verkaufet worden, ſo ſoll er dir dienen ſechs Jahre, und im ſiebenten Jahre ſollſt du ihn freylaſſen von dir. 13. Und wenn du ihn freyläſſeſt von dir, ſollſt du ihn nicht leer entlaſſen; 14. du ſollſt ihm ein Geſchenk machen von deinen Schafen und von deiner Tenne und von deiner Kelter; wo= mit dich Jehova, dein Gott, geſegnet, ſollſt du ihm geben.

15. Und gedenke, daß du Knecht wareſt im Lande Aegypten, und dich Jehova, dein Gott erlöſete, darum gebiete ich dir ſolches heute. 16. Wenn er aber ſpricht zu dir: ich will nicht ausgehen von dir, denn ich liebe dich und dein Haus, weil ihm wohl iſt bey dir: 17. ſo nimm eine Pfrieme, und ſtich ſie durch ſein Ohr und durch die Thüre, ſo iſt er dein Knecht ewiglich, und auch mit deiner Magd ſollſt du alſo thun. 18. Und laß dichs nicht ſchwer dünken, ihn frey zu laſſen von dir, denn doppelt ſo viel, als der Lohn eines Miethlings, hat er dir gedienet ſechs Jahre, und Jehova, dein Gott, wird dich ſegnen in allem, was du thuſt.

Cap. XV, 19 — 23.

Von der Verwendung der Erſtgeburt.

19. Alles Erſtgeborne, was dir geboren wird unter deinen Rindern und unter deinen Schafen, das männliche, ſollſt du Jehova heiligen, deinem Gott. Du ſollſt nicht arbeiten mit dem Erſtgebornen deines Rindes, und ſollſt nicht ſcheeren das Erſtge- borne deiner Schafe; 20. vor Jehova, deinem Gott, ſollſt du es eſſen Jahr für Jahr, an dem Orte, welchen Jehova er- wählen wird, du ſamt deinem Hauſe. 21. Wenn es aber ei- nen Fehl hat, daß es lahm iſt, oder blind, oder irgend einen Fehl hat: ſo ſollſt du es, Jehova, deinem Gott, nicht opfern; 22. in deinen Thoren ſollſt du es eſſen, der unreine und der reine zugleich, wie Reh oder Hirſch. 23. Nur ſein Blut ſollſt du nicht eſſen, auf die Erde ſollſt dus gießen wie Waſſer.

Cap. XVI, 1 — 17.

Feſtgeſetze.

1. Halte den Aehrenmond, und feyre das Paſſah Jehova, deinem Gott, denn im Aehrenmond hat dich Jehova, dein Gott, ausgeführet aus Aegypten des Nachts. 2. Und ſchlachte

Jehova, deinem Gott, das Passah, Schafe und Rinder, an dem Orte, welchen Jehova erwählen wird zur Wohnung seines Namens. 3. Du sollst dabey kein Gesäuertes essen, sieben Tage sollst du dabey ungesäuertes Brod des Elends essen; denn in Eilfertigkeit zogest du aus dem Lande Aegypten: auf daß du gedenkest des Tages deines Auszugs aus dem Lande Aegypten all dein Leben lang. 4. Es soll bey dir kein Sauerteig gesehen werden in allen deinen Gränzen sieben Tage, und es soll nichts über Nacht bleiben vom Fleische, das du am Abend geschlachtet am ersten Tage, bis zum Morgen. 5. Du kannst das Passah nicht schlachten in einer deiner Städte, welche Jehova, dein Gott, dir gibt; 6. sondern an dem Orte, welchen Jehova, dein Gott, erwählen wird zur Wohnung seines Namens, da sollst du das Passah schlachten am Abend, beym Untergange der Sonne, zur Zeit deines Auszuges aus Aegypten. 7. Und sollst es kochen und essen an dem Orte, welchen Jehova, dein Gott, erwählen wird, und am Morgen magst du dich wenden und ziehen zu deinen Zelten. 8. Sechs Tage sollst du Ungesäuertes essen, und am siebenten Tage ist hoher Festtag Jehovas, deines Gottes, da sollst du kein Geschäft thun.

9. Darnach sollst du sieben Wochen zählen; von der Zeit an, da man die Sichel zuerst an die Saat legt, sollst du anheben zu zählen sieben Wochen. 10. Und sollst das Fest der Wochen Jehova feyern, deinem Gott, daß du eine freywillige Gabe deiner Hand gebest, nach dem dich Jehova, dein Gott, gesegnet, 11. und sollst fröhlich seyn vor Jehova, deinem Gott, samt deinem Sohn und deiner Tochter und deinem Knechte und deiner Magd und dem Leviten, welcher in deinen Thoren ist, und dem Fremdling und dem Waisen und der Wittwe, die unter dir sind, an dem Orte, welchen Jehova, dein Gott, erwählen wird zur Wohnung seines Namens. 12. Und gedenke, daß du Knecht gewesen in Aegypten, und halte und thue diese Satzungen.

13. Das Fest der Laubhütten sollst du feyern sieben Tage, wenn du eingesammelt von deiner Tenne und von deiner Kelter. 14. Und sollst fröhlich seyn an deinem Feste samt deinem Sohne und deiner Tochter und deinem Knechte und deiner Magd und dem Leviten und dem Fremdling und dem Waisen und der Wittwe, welche in deinen Thoren sind. 15. Sieben Tage sollst du Jehova, deinem Gott, das Fest feyern an dem Orte, welchen Jehova erwählen wird. Denn Jehova, dein Gott, wird dich segnen in all deinem Einkommen und in allem Thun deiner Hände, darum sollst du fröhlich seyn.

16. Dreymal im Jahre sollen erscheinen alle deine Mannsbilder vor Jehova, deinem Gott, an dem Orte, welchen er erwählen wird, am Fest des Ungesäuerten und am Fest der Wochen und am Fest der Laubhütten, und man soll vor Jehova nicht erscheinen mit leerer Hand; 17. sondern ein jeglicher mit der Gabe seiner Hand nach dem Segen, den dir Jehova, dein Gott gegeben.

Cap. XVI, 18—20.

Ueber die Gerechtigkeitspflege.

18. Du sollst dir Richter und Vorsteher setzen in allen deinen Städten, welche Jehova, dein Gott, dir gibt nach deinen Stämmen, daß sie das Volk richten mit gerechtem Gericht. 19. Du sollst das Recht nicht beugen, und sollst kein Ansehn achten, und keine Geschenke nehmen: denn Geschenke blenden die Augen der Weisen, und verkehren die Sachen der Gerechten. 20. Der Gerechtigkeit sollst du nachtrachten, auf daß du lebest, und das Land besitzest, welches Jehova, dein Gott, dir gibt.

Cap. XVI, 21. XVII, 7.

Verbot abgöttischer und anderer Mißbräuche; Strafe der Abgötterey.

21. Du sollst dir keinen Hain von Bäumen pflanzen neben den Altar Jehovas, deines Gottes, den du dir machest. 22

Und sollst dir keine Säule aufrichten, welche Jehova, dein Gott, hasset. — XVII, 1. Du sollst Jehova, deinem Gott, kein Rind oder Schaf opfern, an welchem ein Fehl ist, oder irgend etwas Gebrechliches, denn das ist ein Greuel Jehova, deinem Gott.

2. Wenn in einer deiner Städte, welche Jehova, dein Gott, dir gibt, ein Mann oder Weib sich findet unter dir, welche in den Augen Jehovas, deines Gottes, böses thun, daß sie seinen Bund übertreten, 3. und hingehen, und andern Göttern dienen, und sie anbeten, Sonne oder Mond oder das ganze Heer des Himmels, was ich nicht geboten; 4. und es wird dir berichtet, und du hörest es: so untersuche wohl; und bestätigt sich die Wahrheit der Sache, ist dieser Greuel geschehen in Israel: 5. so führe denselben Mann oder dasselbe Weib, welche solch Böses gethan, hinaus zu deinen Thoren, und steiniget den Mann oder das Weib zu Tode. 6. Auf Aussage zweener Zeugen oder dreyer Zeugen soll sterben, wer des Todes schuldig ist; aber auf Aussage Eines Zeugen soll er nicht sterben, 7. Die Hand der Zeugen soll zuerst wider ihn seyn, ihn zu tödten, und die Hand des ganzen Volkes darnach. Also sollst du das Böse von dir thun.

Cap. XVII, 8 — 13.

Oberstes Gericht am heiligen Orte.

8. Wenn dir ein Handel zu schwer ist im Gericht, es sey über Blut, oder über einen Rechts = Streit, oder über Beschädigung, worüber gehadert wird in deinen Thoren: so mache dich auf und ziehe hinauf zu dem Orte, welchen Jehova, dein Gott, erwählen wird. 9. Und gehe zu den Priestern, den Leviten, und zu den Richtern, welche zu derselben Zeit seyn werden, und frage sie, die werden dir sagen, was Rechtens ist. 10. Und thue nach dem Worte, das sie dir sagen an demselben Orte, den Jehova erwählen wird, und halte

und thue alles, was sie dich lehren werden. 11. Nach dem
Gesetze, daß sie dich lehren, und nach dem Rechte, daß sie dir
sagen, sollst du thun; weiche nicht von dem Worte, daß sie
dir sagen weder zur Rechten noch zur Linken. 12. Und der
Mann, der vermessen handeln würde, daß, er nicht gehorcht
dem Priester, der im Dienste stehet daselbst vor Jehova, deis
nem Gott, oder dem Richter, derselbe Mann soll sterben, und
also sollst du das Böse aus Israel thun: 13. auf daß alles
Volk es höre, und sich fürchte, und nicht mehr vermessen sey.

Cap. XVII, 14 — 20.

Gesetz über den König.

14. Wenn du ins Land kommst, welches Jehova, dein
Gott, dir gibt, und es einnimmst, und darin wohnest, und du
sprichst: ich will einen König über mich setzen, gleich allen Völkern
rings um mich her: 15. so sollst du den zum Könige setzen über
dich, welchen Jehova, dein Gott, erwählen wird; aus deinen Brüs
dern sollst du einen König setzen über dich, du kannst nicht einen aus:
ländischen Mann über dich setzen, der nicht dein Bruder ist. 16.
Nur soll er nicht viele Rosse haben, und soll das Volk nicht zurück:
führen nach Aegypten, um viele Rosse zu haben; denn Jehova
hat euch gesagt: ihr sollt nicht wieder zurückkehren auf dies
sem Wege. 17. Und er soll nicht viele Weiber haben, auf
daß sein Herz nicht abwendig werde, und soll nicht viel Sils
ber und Gold haben. 18. Und wenn er nun sitzet auf dem
Throne seines Königreiches, so soll er sich eine Abschrift von
diesem Gesetz schreiben lassen in ein Buch, von der Hand:
schrift der Priester, der Leviten. 19. Und er soll es bey sich
haben, und soll darin lesen all sein Leben lang, auf daß er
erne, Jehova, seinen Gott, fürchten, und alle Worte dies
ses Gesetzes und diese Satzungen halten und thun: 20. daß
sein Herz sich nicht erhebe über seine Brüder, und daß er nicht
abweiche vom Gebote weder zur Rechten noch zur Linken, auf
daß er lange herrsche samt seinen Söhnen in Israel.

Cap. XVIII. 1 — 8.

Von den Einkünften der Priester.

1. Es sollen die Priester, die Leviten, der ganze Stamm Levi, keinen Theil noch Besitzung haben mit Israel; von den Opfern Jehovas und seinem Eigenthum sollen sie leben; 2. keine Besitzung sollen sie haben unter ihren Brüdern, Jehova sey ihre Besitzung, so wie er ihnen geredet. 3. Das soll aber das Recht der Priester seyn vom Volke und von denen, welche Opfer opfern, es sey Rind oder Schaf: man gebe dem Priester ein Schulterstück, beyde Kinnbacken und den Magen. 4. Auch sollst du ihm das Erstling deines Getraides, deines Mostes und deines Oeles und das Erstling von der Schur deiner Schafe geben. 5. Denn ihn hat Jehova, dein Gott, erwählet aus allen deinen Stämmen, daß er im Dienste stehe im Namen Jehovas samt seinen Söhnen auf alle Zeiten. — 6. Wenn ein Levit aus einer deiner Städte in ganz Israel, worin er sich als Fremdling aufhält, nach irgend einer Lust seiner Seele an den Ort kommt, welchen Jehova erwählen wird: 7. so soll er dienen im Namen Jehovas, wie alle seine Brüder, die Leviten, welche daselbst stehen vor Jehova, 8. und zu gleichen Theilen sollen sie essen, außer dem Eigenthum ihrer Väter. *)

Cap. XVIII, 9 — 22.

Gesetz gegen Abgötterey, Zauberey und falsche Propheten.

9. Wenn du ins Land kommst, welches Jehova, dein Gott, dir gibt, so lerne nicht thun nach den Greueln jener Völker. 10. Es soll nicht unter dir gefunden werden, der

---

*) And. Außer dem, was sie verkauft von ihrem väterlichen Eigenthum. Und. Das ungerechnet, was er noch als Familiendeputat verkaufen kann.

seinen Sohn und seine Tochter durchs Feuer gehen lässet, kein Wahrsager durchs Loos *), oder aus den Wolken, oder durch Schlangen, kein Zauberer, 11. kein Beschwörer, keiner, der Bauchredner befraget, oder Weissager, keiner, der die Todten rufen lässet. 12. Denn ein Greuel Jehovas sind alle, die solches thun, und um dieser Greuel willen hat Jehova, dein Gott, sie vertrieben vor dir. 13. Ganz sollst du an Jehova, deinem Gott, halten. 14. Denn diese Völker, welche du vertreibest, hören auf Wahrsager und Zeichendeuter, aber dir hat Jehova, dein Gott, nicht also verliehen. 15. Propheten aus deiner Mitte, aus deinen Brüdern, wie ich bin, wird dir Jehova, dein Gott, erwecken, auf sie höret. 16. So wie du von Jehova, deinem Gott, erbatest am Horeb, am Tage der Versammlung, da du sagtest: ich will nicht mehr die Stimme Jehovas, meines Gottes, hören, und dieses große Feuer will ich nicht mehr sehen, daß ich nicht sterbe. 17. Und Jehova sprach zu mir: sie haben wohl geredet. 18. Propheten will ich ihnen erwecken aus ihren Brüdern, wie du bist, und will meine Worte in ihren Mund legen, und sie sollen zu ihnen reden alles, was ich gebiete. 19. Und wer nicht höret auf meine Worte, die sie reden in meinem Namen, von dem will ichs fordern. 20. Nur der Prophet, welcher sich vermisset, zu reden in meinem Namen, was ich ihm nicht geboten zu reden, und welcher redet im Namen anderer Götter, derselbe Prophet soll sterben. 21. Und wenn du sprichst in deinem Herzen: wie sollen wir wissen, was Jehova nicht geredet? 22. wenn der Prophet redet in meinem Namen, und das nicht geschiehet und eintrifft, so ist es das, was Jehova nicht geredet, aus Vermessenheit hats der Prophet geredet, scheue dich nicht vor ihm.

---

*) And. Aus dem Eingeweide.

Cap. XIX, 1—13.

Gesetze, von den Freystädten.

1. Wenn Jehova, dein Gott, die Völker ausgerottet, deren Land Jehova, dein Gott, dir gibt, und du hast sie vertrieben, und wohnest in ihren Städten und in ihren Häusern: so sollst du drey Städte aussondern in deinem Lande, welches Jehova, dein Gott, dir gibt einzunehmen. 3. Du sollst den Weg dahin in Stand erhalten, und sollst den Umfang deines Landes, das dir Jehova, dein Gott, vertheilen wird, in drey Kreise theilen, daß dahin fliehe, wer einen Todtschlag begangen. 4. So solls aber gehalten werden mit dem Todtschläger, welcher dahin fliehen und leben bleiben soll: wer seinen Nächsten erschlägt ohne Wissen, da er ihn nicht gehasset vordem, 5. oder wer mit seinem Nächsten in den Wald gehet, Holz zu hauen, und seine Hand holet aus mit der Art, das Holz abzuhauen, und das Eisen fähret aus dem Stiele, und trifft seinen Nächsten, daß er stirbt: ein solcher soll in eine dieser Städte fliehen, und leben bleiben, 6. auf daß nicht der Bluträcher den Todtschläger verfolge, weil sein Herz entbrannt ist, und ihn erreiche, weil der Weg lang ist, und schlage ihn todt, so doch kein Grund des Todes an ihm ist, da er ihn nicht gehasset vordem. 7. Darum gebiete ich dir heute, und spreche: drey Städte sollst du dir aussondern. 8. Und wenn Jehova, dein Gott, deine Gränze erweitert, so wie er deinen Vätern geschworen, und dir das ganze Land gibt, welches er deinen Vätern zu geben verheißen, 9. (wenn du alle diese Gebote hältst und thuest, die ich dir heute gebiete, daß du Jehova, deinen Gott, liebest, und in seinen Wegen wandelst allezeit): so sollst du noch drey Städte hinzufügen zu diesen dreyen, 10. auf daß nicht unschuldig Blut vergoßen werde in deinem Lande, welches Jehova, dein Gott, dir gibt zur Besitzung, und keine Blutschuld auf dir sey. — 11. Wenn aber jemand seinen Nächsten hasset, und lauret ihm auf, und macht sich über ihn, und schlägt ihn todt, und fliehet

in eine dieser Städte: 12. so sollen die Aeltesten seiner Stadt hinsenden, und ihn von dannen holen lassen, und ihn in die Hände des Bluträchers geben, daß er sterbe. 13. Du sollst seiner nicht schonen, und sollst also das unschuldige Blut aus Israel thun, zu deinem Wohl.

Cap. XIX, 14.

Heiligkeit der Gränze.

14. Du sollst nicht die Gränze deines Nächsten verrücken, welche die Vorfahren gezogen in deiner Besitzung, welche du besitzest im Lande, welches Jehova, dein Gott, dir gibt, einzunehmen.

Cap. XIX, 15 — 21.

Gesetz über die Zeugen.

15. Es soll nicht Ein Zeuge auftreten wider jemand über irgend eine Missethat oder Sünde, über irgend eine Sünde, die man sündiget; auf Aussage zweener Zeugen oder auf Aussage dreyer Zeugen soll eine Sache bestätigt werden. 16. Wenn ein ungerechter Zeuge auftritt wider jemand, und bezeuget wider ihn etwas Böses: 17. so sollen die beyden Männer, welche den Hader haben, vor Jehova treten, vor die Priester und die Richter, welche seyn werden zu derselben Zeit. 18. Und die Richter sollen wohl forschen; und ist der Zeuge ein falscher Zeuge, hat er Falsches bezeuget wider seinen Bruder: 19. so sollt ihr ihm thun, so wie er gedachte seinem Bruder zu thun, und also sollst du das Böse von dir thun, 20. auf daß die Uebrigen es hören, und sich fürchten, und nicht wieder solch Böses thun unter dir. 21. Schone seiner nicht. Leben um Leben, Auge um Auge, Zahn um Zahn, Hand um Hand, Fuß um Fuß.

Cap. XX.

Gesetze das Kriegswesen betreffend.

1. Wenn du ausziehest zum Streite wider deine Feinde, und siehest Roß und Wagen, ein größeres Volk denn du: so fürchte dich nicht vor ihnen, denn Jehova, dein Gott, ist mit dir, der dich heraufgeführet aus dem Lande Aegypten. 2. Und wenn ihr nun nahe kommt zum Streite, so soll der Priester hervortreten, und zum Volke reden, 3. und soll sprechen zu ihnen: höre, Israel, ihr nahet euch heute zum Streite wider eure Feinde; es verzage euer Herz nicht, fürchtet euch nicht und zittert nicht und erschrecket nicht vor ihnen: 4. denn Jehova, euer Gott, ziehet mit euch, zu streiten für euch mit euren Feinden, euch den Sieg zu verleihen. 5. Und die Vorsteher sollen zu dem Volke reden, und sprechen: wer ist, der ein neues Haus gebauet, und es noch nicht bezogen? der gehe, und kehre zu seinem Hause, daß er nicht sterbe im Streite, und ein anderer es beziehe. 6. Und wer ist, der einen Weinberg gepflanzet, und noch nicht von ihm die ersten Früchte genossen? der gehe, und kehre zu seinem Hause, daß er nicht sterbe im Streite, und ein anderer die ersten Früchte von ihm genieße. 3. Und wer ist, der sich mit einem Weibe verlobet, und es noch nicht genommen? der gehe, und kehre zu seinem Hause, daß er nicht sterbe im Streite, und ein anderer es nehme. 8. Und die Vorsteher sollen weiter zum Volke reden, und sprechen: wer ist, der sich fürchtet und verzagt ist? der gehe und kehre zu seinem Hause, daß nicht das Herz seiner Brüder feig werde wie sein Herz. 9. Und wenn die Vorsteher vollendet, zum Volke zu reden: so sollen sie Hauptleute stellen an die Spitze des Volkes.

10. Wenn du vor eine Stadt kommst, wider sie zu streiten: so rufe sie auf zum Frieden. 11. Und wenn sie dir friedlich antwortet, und dir aufthut: so soll alles Volk, das in ihr sich findet, dir zinsbar seyn, und dir dienen. 12. Und wenn sie nicht friedlich handelt mit dir, und streitet mit dir, so be-

lagere ſie. 13. Und gibt ſie Jehova, dein Gott, in deine Hand, ſo ſollſt du alles, was männlich darinnen iſt, ſchlagen mit der Schärfe des Schwertes. 14. Nur die Weiber und die Kinder und das Vieh und alles, was ſonſt in der Stadt iſt, all ihre Beute ſollſt du unter dich austheilen, und ſollſt von der Beute deiner Feinde eſſen, welche Jehova, dein Gott, dir gibt. 15. Alſo ſollſt du allen Städten thun, die ſehr fern von dir liegen, welche nicht ſind von den Städten dieſer Völker hier. 16. Aber von den Städten dieſer Völker, welche Jehova, dein Gott, dir gibt zur Beſitzung, ſollſt du nichts leben laſſen, was Odem hat; 17. ſondern ſollſt ſie verbannen: die Hethiter und die Amoriter, die Cananiter und die Phereſiter, die Heviter und die Jebuſiter, ſo wie Jehova, dein Gott, dir geboten: 18. auf daß ſie euch nicht lehren nach all ihren Greueln thun, die ſie ihren Göttern thun, daß ihr ſündiget wider Jehova, euren Gott.

19. Wenn du eine Stadt belagerſt lange Zeit, und wider ſie ſtreiteſt, ſie zu erobern: ſo ſollſt du ihre Bäume nicht verderben, und die Axt nicht daran legen, ſondern du ſollſt davon eſſen, und ſie nicht abhauen (wenn die Bäume des Feldes nutzbar ſind für den Menſchen), daß du ſie gebraucheſt zum Belagerungswerk. 20. Nur die Bäume, von welchen du weißt, daß ſie keine eßbaren Bäume ſind, die magſt du verderben und abhauen, und Belagerungswerke davon bauen wider die Stadt, welche mit dir ſtreitet, bis du ſie bezwingeſt.

Cap. XXI, 1 — 9.

Sühnung des Mordes, deſſen Thäter man nicht weiß.

1. Wenn ein Erſchlagener gefunden wird im Lande, welches Jehova, dein Gott, dir gibt einzunehmen, liegend auf dem Felde, und man nicht weiß, wer ihn erſchlagen: 2. ſo ſollen deine Aelteſten und deine Richter ausgehen, und meſſen

bis zu den Städten, welche rings um den Erschlagenen liegen, 3. und welche Stadt die nächste ist an dem Erschlagenen, die Aeltesten derselben Stadt sollen eine junge Kuh nehmen, mit welcher noch nicht gearbeitet worden, und welche noch nicht gezogen am Joche; 4. und die Aeltesten derselben Stadt sollen die Kuh hinabführen zu einem immer fließenden Bache, worin nicht gepflüget noch gesäet wird, und sollen die Kuh schlachten daselbst im Bache. 5. Da sollen die Priester, die Söhne Levis, hinzutreten (denn sie hat Jehova, dein Gott, erwählet, ihm zu dienen, und zu segnen im Namen Jehovas, und nach ihrem Ausspruch wird jeglicher Rechts-Streit und Beschädigung entschieden). 6. Und alle Aeltesten derselben Stadt, welche die nächste ist an dem Erschlagenen, sollen ihre Hände waschen über der Kuh, welche geschlachtet im Bache, 7. und sollen anheben, und sprechen: unsere Hände haben dieses Blut nicht vergoßen, und unsere Augen haben es nicht gesehen: 8. vergib es deinem Volke Israel, welches du erlöset, Jehova, und lege nicht unschuldiges Blut auf dein Volk Israel. Alsdann werden sie über dem Blute versöhnet seyn. 9. Also sollst du das unschuldige Blut von dir thun, daß du thuest, was recht ist in den Augen Jehovas.

Cap. XXI, 10 — 14.

Behandlung der geehlichten Sklavinnen.

10. Wenn du ausziehest zum Streite wider deine Feinde, und Jehova, dein Gott, gibt sie dir in deine Hand, und du fängest Gefangene von ihnen; 11. und du siehest unter den Gefangenen ein schönes Weib, und hast Lust zu ihr, und nimmst sie dir zum Weibe: 12. so führe sie in dein Haus, und sie soll sich das Haupt scheeren, und ihre Nägel wachsen laßen*), 13. und soll die

---

*) Und. Abschneiden.

Kleider ihrer Gefangenschaft ablegen, und soll in deinem Hause ihren Vater und ihre Mutter beweinen einen Monden lang, und darnach magst du bey ihr liegen, und sie ehelichen, daß sie dein Weib sey. 14. Wenn du aber keinen Wohlgefallen mehr an ihr hast, so sollst du sie freylassen, und sollst sie nicht verkaufen um Geld, noch als Leibeigene gebrauchen, darum daß du sie beschlafen.

Cap. XXI, 15 — 17.
Recht der Erstgeburt.

15. Wenn jemand zwey Weiber hat, eine, die er liebet, und eine, die er hasset, und sie haben ihm Söhne geboren, beyde die geliebte und die gehaßte, und der erstgeborne Sohn ist der gehaßten; 16. wenn er nun seinen Söhnen vertheilet was sein ist: so kann er nicht den Sohn der geliebten zum Erstgebornen machen vor dem Sohne der gehaßten, dem Erstgebornen; 17. sondern den Erstgebornen, den Sohn der gehaßten, soll er anerkennen, und ihm zweyfältig geben von allem, was er besitzet, denn derselbe ist der Erstling seiner Kraft, sein ist das das Recht seiner Erstgeburt.

Cap. XXI, 18 — 21.
Strafe der ungehorsamen Söhne.

18. Wenn jemand einen bösartigen, widerspenstigen Sohn hat, ungehorsam der Stimme seines Vaters und der Stimme seiner Mutter, und sie züchtigen ihn, und er gehorchet ihnen nicht: 19. so sollen ihn sein Vater und seine Mutter greifen und ihn zu den Aeltesten der Stadt führen, und zum Thore des Ortes, 20. und sollen sprechen zu den Aeltesten der Stadt: dieser unser Sohn ist bösartig und widerspenstig, ungehorsam unsrer Stimme, und ist liederlich und ein Trunkenbold;

21. und es sollen ihn alle Leute der Stadt steinigen, daß er sterbe, und also sollst du das Böse von dir thun, daß es ganz Israel höre, und sich fürchte.

Cap. XXI, 22. 23.

Abnahme der Gehenkten.

22. Wenn auf jemand eine Sünde, des Todes würdig, ist, und er wird getödtet, und du hängest ihn an einen Baum: 23. so soll sein Leichnam nicht über Nacht bleiben am Baume; sondern du sollst ihn begraben an demselben Tage, denn ein Gehenkter ist bey Gott verflucht, daß du nicht dein Land verunreinigest, welches Jehova, dein Gott, dir gibt zur Besitzung.

Cap. XXII, 1—12.

Vermischte Gesetze.

1. Wenn du den Ochsen deines Bruders oder sein Schaf siehest irregehen, so entziehe dich ihnen nicht, bringe sie deinem Bruder zurück. 2. Wenn aber dein Bruder nicht nahe ist bey dir, und du kennest ihn nicht, so nimm sie in dein Haus, und behalte sie bey dir, bis sie dein Bruder suchet, und dann gib sie ihm zurück. 3. Und also thue mit seinem Esel, und also thue mit seinem Kleide, und also thue mit allem Verlornen deines Bruders, was ihm verloren gehet; findest du es, so kannst du dich dem nicht entziehen. — 4. Wenn du den Esel deines Bruders oder seinen Ochsen siehest fallen auf dem Wege, so entziehe dich ihnen nicht, hilf ihnen auf.

5. Ein Weib soll nicht Mannskleider tragen, und ein Mann soll nicht das Gewand eines Weibes anziehen, denn wer solches thut, ist ein Greuel Jehovas, deines Gottes.

6. Wenn du ein Vogelnest findest auf dem Wege, auf irgend einem Baume, oder auf der Erde, mit Jungen oder mit Eyern, und die Mutter sitzet auf den Jungen oder auf

den Eyern: so nimm die Mutter nicht mit den Jungen; 3. laß die Mutter fliegen, und nimm die Jungen, auf daß dirs wohlgehe, und du lange lebest.

8. Wenn du ein neues Haus bauest, so mache eine Lehne auf dein Dach, auf daß du nicht Blut auf dein Haus bringest, wenn jemand davon herabfiele.

9. Du sollst deinen Weinberg nicht besäen mit zweyerley Samen, damit du nicht die Erstlinge des Samens, den du gesäet, mit den Erstlingen des Einkommen deines Weinbergs heiligest. 10. Du sollst nicht pflügen mit Ochsen und Esel zugleich. 11. Du sollst nicht zweyerley Zeug anziehen, Wolle und Leinen zugleich.

12. Du sollst dir Quasten machen an die vier Enden deiner Decke *), womit du dich bedeckest.

Cap. XXII, 13 — 30.

Gesetze die Jungfrauschaft und Hurerey betreffend.

13. Wenn jemand ein Weib nimmt, und lieget bey ihr, und wird ihr gram darnach; 14. und gibt ihr was Schändliches Schuld, und bringet auf sie einen bösen Namen, und spricht: dieß Weib hab ich genommen, und da ich mich zu ihr that, so fand ich sie nicht Jungfrau: 15. so soll der Vater der Dirne und ihre Mutter die Zeichen ihrer Jungfrauschaft nehmen, und zu den Aeltesten der Stadt bringen zum Thore, 16. und der Vater der Dirne soll zu den Aeltesten sprechen: ich habe meine Tochter diesem Manne gegeben zum Weibe, und er ist ihr gram geworden, 17. und siehe! er gibt ihr was Schändliches Schuld, und spricht: ich habe deine Tochter nicht Jungfrau gefunden, und hier sind die Zeichen der Jungfrauschaft meiner Tochter; und sie sollen das Tuch ausbrei-

---

*) And. Oberkleides.

ten vor der Aeltesten der Stadt: 18. Da sollen die Aeltesten
derselben Stadt den Mann nehmen, und ihn züchtigen, 19.
und sollen ihn strafen um hundert Seckel Silber, und sollen
es dem Vater der Dirne geben, weil er einen bösen Namen
auf eine Jungfrau gebracht in Israel. Und er soll sie zur
Frau haben, er kann sie nicht entlassen sein Leben lang. —
20. Wenn aber die Sache Wahrheit ist, die Dirne ist nicht
Jungfrau gefunden worden: 21. so soll man die Dirne her-
ausführen vor die Thüre des Hauses ihres Vaters, und die
Leute der Stadt sollen sie steinigen, daß sie sterbe, weil sie
eine Thorheit begangen in Israel, daß sie hurete im Hause ihres Vaters; und also sollst du das Böse von dir thun.

22. Wenn jemand betroffen wird, der bey einem Weibe
lieget, einem Eheweibe, so sollen sie beyde sterben, der Mann,
der bey dem Weibe gelegen, und das Weib; und also sollst
du das Böse aus Israel thun.

23. Wenn eine Dirne, eine Jungfrau, verlobet ist an
einen Mann, und es trifft sie jemand in der Stadt, und lieget bey ihr: 24. so sollt ihr sie beyde hinausführen vor das
Thor derselben Stadt, und sollt sie steinigen, daß sie sterben,
die Dirne, darum daß sie nicht geschrieen in der Stadt, und
den Mann, darum daß er das Weib eines andern beschlafen;
und also sollst das Böse von dir thun. 25. Wenn aber jemand auf dem Felde eine Dirne trifft, die verlobt ist, und
ergreifet sie, und lieget bey ihr; so soll der Mann sterben,
welcher bey ihr gelegen, allein. 26. Aber der Dirne sollst du
nichts thun, denn es ist keine Sünde, des Todes würdig, auf
ihr, denn gleichwie jemand sich erhebet wider seinen Nächsten,
und schlägt ihn todt, also verhält es sich mit diesem. 27.
Denn auf dem Felde traf er sie, sie schrie die verlobte Dirne,
aber keiner hörete sie. — 28. Wenn jemand eine Dirne
trifft, eine Jungfrau, welche nicht verlobet ist, und ergreift
sie, und lieget bey ihr, und findet sie Jungfrau: 29. so soll
der Mann, der bey ihr gelegen, dem Vater der Dirne fünf-

zig Seckel geben, und sie soll sein Weib seyn, dafür daß er
sie beschlafen, er kann sie nicht entlassen sein Leben lang.

30. Niemand soll das Weib seines Vaters nehmen, und
die Decke seines Vaters aufdecken.

Cap. XXIII, 1 — 8.

Wer vom Volke Gottes ausgeschlossen seyn soll.

1. Es soll kein Zerstoßener noch Verschnittener in die Gemeine Jehovas kommen. — 2. Es soll kein Hurenkind in die
Gemeine Jehovas kommen, auch das zehnte Geschlecht soll
nicht von ihm in die Gemeine Jehovas kommen. — 3. Die Ammoniter und Moabiter sollen nicht in die Gemeine Jehovas kommen; auch das zehnte Geschlecht soll nicht von ihnen in
die Gemeine Jehovas kommen in Ewigkeit: 4. darum, daß
sie euch nicht zuvorkamen mit Brod und Wasser auf dem
Wege, als ihr auszoget aus Aegypten, und daß sie wider dich
Bileam dingeten, den Sohn Beors, aus Pethor in Mesopotamien, dich zu verfluchen. 5. Aber Jehova, dein Gott,
wollte nicht Bileam hören, und Jehova, dein Gott, wandelte
dir den Fluch in Segen, weil Jehova, dein Gott, dich liebte.
6. Du sollst nicht ihr Heil noch ihr Wohl suchen ewiglich. —
7. Den Edomiter sollst zu nicht verabscheuen, denn er ist dein
Bruder. Den Aegypter sollst du auch nicht verabscheuen, denn
du hast dich aufgehalten in seinem Lande. 8. Die Söhne, die
ihnen geboren werden im dritten Geschlecht, sollen von ihnen
in die Gemeine Jehovas kommen.

Cap. XXIII, 9 — 14.

Reinigkeits-Gesez für das Heer.

9. Wenn du im Heer ausziehest wider deine Feinde, so
hüte dich vor allem Unreinen. 10. Wenn jemand unter dir
ist, der nicht rein ist von nächtlicher Befleckung, so soll er
hinausgehen ausserhalb des Lagers, er soll nicht in das Lager

kommen, 11. und am Abend soll er sich baden in Wasser,
und nach Untergang der Sonne mag er ins Lager kommen. —
12. Und du sollst einen Platz haben ausserhalb des Lagers,
und sollst daselbst hinausgehen. 13. Und eine Schaufel sollst
du haben ausser deinen Waffen *), und wenn du dich setzest
draussen, so sollst du darüber graben, und wieder bedecken,
was von dir gegangen. 14. Denn Jehova, dein Gott, wandelt in deinem Lager, dich zu erretten, und deine Feinde in
deine Hand zu geben: darum soll dein Lager heilig seyn,
und nichts Unanständiges unter dir gesehen werden, daß er
sich nicht wende von dir.

Cap. XXIII, 15.—25.

Vermischte Gesetze.

15. Du sollst nicht den Knecht seinem Herrn überliefern,
der sich zu dir geflüchtet von seinem Herrn. 16. Unter euch
soll er wohnen in eurer Mitte, an dem Orte, den er wählen wird in einer eurer Städte, wo es ihm gefällt; du
sollst ihn nicht drücken.

17. Es soll keine Buhlerin seyn unter den Töchtern
Israels, und kein Buhler soll seyn unter den Söhnen Israels. 18. Du sollst keinen Hurenlohn bringen, noch das Kauf-
geld eines Hundes **) ins Haus Jehovas, deines Gottes,
nach irgend einem Gelübd; denn beydes ist Jehova, deinem
Gott, ein Greuel.

19. Du sollst keinen Wucher nehmen von deinem
Bruder, weder Wucher von Geld, noch von Speise, noch
von irgend etwas, womit man wuchert. 20. Vom Ausländer
magst du Wucher nehmen, aber nicht von deinem Bruder,
auf daß dich Jehova, dein Gott, segne in allem Beginnen
deiner Hand im Lande, wohin du kommst, es einzunehmen.

---

*) And. an deinem Gürtel.
**) Den Lohn für Knabenschande.

21. Wenn du ein Gelübde gelobest Jehova, deinem Gott, so verziehe nicht, es zu erfüllen: denn Jehova, dein Gott, wird es fodern von dir, und du wirst eine Sünde auf dir haben. 22. Wenn du unterlässest zu geloben, so hast du keine Sünde auf dir. 23. Aber was deine Lippen ausgesprochen, sollst du halten und thun, so wie du Jehova, deinem Gott, gelobest freywillig, und redest mit deinem Munde.

24. Wenn du in dem Weinberg deines Nächsten kommst, so magst du Trauben essen nach deiner Lust, bis du satt bist, aber in dein Gefäß sollst du nichts thun. 25. Wenn du in die Saat deines Nächsten kommst, so magst du Aehren ab= rupfen mit deiner Hand; aber die Sichel sollst du nicht legen an die Saat deines Nächsten.

Cap. XXIV, 1—5.

Ehe=Gesetze.

1. Wenn jemand ein Weib nimmt, und sie ehelichet, und sie findet nicht Wohlgefallen in seinen Augen, weil er etwas Häßliches an ihr findet, und er schreibet und gibt ihr einen Scheidebrief, und entlässet sie aus seinem Hause; 2. und sie gehet aus seinem Hause, und gehet hin, und wird das Weib eines andern Mannes; 3. und der andere Mann wird ihr gram, und schreibet und gibt ihr einen Scheidebrief, und entlässet sie aus seinem Hause; oder so der andere Mann stirbt, welcher sie zum Weibe genommen: 4. so kann der erste Mann, der sie entlassen, sie nicht wiederum nehmen zum Weibe, nachdem sie verunreinigt worden; denn das ist ein Greuel vor Jehova, und du sollst nicht das Land mit Sün= den beflecken, welches Jehova, dein Gott, dir gibt zur Besitzung.

5. Wenn jemand neulich ein Weib genommen, so soll er nicht mit dem Heere ausziehen, und es soll ihm nichts

aufgelegt werden, frey soll er seyn in seinem Hause ein Jahr, daß er sich freue mit seinem Weibe, das er genommen.

Cap. XXIV, 6. — XXV, 4.

Vermischte Geseze, besonders zu Gunsten der Armen.

6. Man soll nicht die Mühle und den Mühlstein zum Pfande nehmen, denn man nimmt das Leben zum Pfande.

7. Wird jemand betroffen, der eine Seele von seinen Brüdern gestohlen, von den Söhnen Israels, und braucht ihn als Leibeigenen, und verkauft ihn, derselbe Dieb soll sterben, und also sollst du das Böse aus Israel thun.

8. Hüte dich vor der Plage des Aussazes, daß du mit Fleiß alles haltest und thuest, was euch die Priester lehren, die Leviten; so wie ich ihnen geboten, haltet und thuet.

9. Gedenke, was Jehova, dein Gott, gethan an Mirjam auf dem Wege, da ihr auszoget aus Aegypten.

10. Wenn du deinem Nächsten irgend ein Darlehen leihest, so sollst du nicht in sein Haus kommen, ihm ein Pfand zu nehmen; 11. draussen sollst du stehen bleiben, und der Mann, dem du geliehen, soll das Pfand zu dir herausbringen vor das Haus. 12. Und ist er ein Dürftiger, so lege dich nicht schlafen mit seinem Pfande; 13. gib ihm das Pfand wieder, nach Untergang der Sonne, daß er in seinem Mantel schlafe, und dich segne, und dir wirds als Gerechtigkeit gelten vor Jehova, deinem Gott.

14. Thue nicht Unrecht dem Miethling, dem Dürftigen und Armen, er sey von deinen Brüdern oder von den Fremdlingen, welche in deinem Lande, in deinen Thoren, sind. 15. Jeden Tag gib ihm seinen Lohn, laß nicht darüber die Sonne untergehen, denn er ist dürftig, und sehnet sich nach demselben, auf daß er nicht wider dich zu Jehova rufe, und du eine Sünde auf dich ladest.

16 Die Väter sollen nicht sterben um ihrer Söhne willen, und die Söhne sollen nicht sterben um der Väter willen, ein jeglicher soll für seine Sünde sterben.

17. Beuge nicht das Recht des Fremdlings, des Waisen und nimm nicht das Kleid der Wittwe zum Pfande. 18. Und gedenke, daß du Knecht warest in Aegypten, und daß dich Jehova, dein Gott, erlösete von dannen, darum gebiete ich dir, solches zu thun.

19. Wenn du deine Ernte erntest auf deinem Felde, und vergissest eine Garbe auf dem Felde, so kehre nicht um, sie zu holen; für den Fremdling, für den Waisen soll sie seyn, auf daß dich Jehova, dein Gott, segne in allem Thun deiner Hände. — Wenn du deinen Oelbaum schüttelst, so stoppele nicht hinterdrein; für den Fremdling, für den Waisen und für die Wittwe soll es seyn. 22. Wenn du deinen Weinberg liesest, so halte nicht Nachlese; für den Fremdling, für den Waisen und für die Wittwe soll es seyn. 21. Und gedenke, daß du Knecht warest im Lande Aegypten, darum gebiete ich dir, solches zu thun.

XXV, 1. Wenn ein Hader ist zwischen Männern, so soll man sie vor Gericht bringen, und die Richter sollen sie richten, und dem Gerechten Recht sprechen und den Schuldigen verdammen. 2. Und so der Schuldige Schläge verdienet, so soll der Richter ihn niederlegen und ihn schlagen lassen vor seinen Augen, nach der Größe seiner Schuld, so viel er verdienet. 3. Vierzig Schläge soll er ihm geben lassen, nicht mehr, daß er ihn nicht darüber schlagen lasse zu viel, und dein Bruder zerschlagen werde vor deinen Augen.

4. Du sollst dem Ochsen, wenn er drischet, nicht das Maul verbinden.

Cap. XXV, 5 — 10.
Ueber die Levirats-Ehe.

5. Wenn Brüder zusammen wohnen, und es stirbt einer von ihnen, und hat keinen Sohn: so soll das Weib des Ver-

storbenen nicht außer dem Hause einen fremden Mann nehmen; sondern ihr Schwager [Levir] soll sie beschlafen, und sie
zum Weibe nehmen und ehelichen. 6. Und der Erstgeborne,
den sie gebieret, soll auf den Namen des verstorbenen Bruders kommen, auf daß nicht sein Name erlösche aus Israel.
7. Wenn aber der Mann nicht Lust hat, seine Schwägerin
zu nehmen, so soll seine Schwägerin ins Thor gehen zu den
Aeltesten, und soll sprechen: es weigert sich mein Schwager,
seinem Bruder Samen zu erwecken in Israel, er will mich
nicht ehelichen. 8. Da sollen ihn die Aeltesten seiner Stadt
rufen, und mit ihm reden; und bleibt er dabey, und spricht:
ich habe keine Lust sie zu nehmen: 9. so soll seine Schwägerin zu ihm treten, vor den Augen der Aeltesten, und soll ihm
seinen Schuh ausziehen von seinem Fuße, und ihm ins Gesicht speyen, und soll anheben und sprechen: also thut man
dem Manne, der das Haus seines Bruders nicht erbauen will.
10. Und sein Name soll in Israel heißen d a s H a u s d e s
B a r f ü ß e r s.

Cap. XXV. 11 — 16.

Vermischte Gesetze.

11. Wenn sich Männer schlagen mit einander, und das
Weib des einen läuft hinzu, um ihren Mann zu erretten aus
der Hand des, der ihn schlägt, und strecket ihre Hand aus,
und ergreifet ihn bey der Schaam: 12. so sollst du ihr die
Hand abhauen, und ihrer nicht schonen.

13. Du sollst nicht zweyerley Pfunde haben in deiner
Tasche, ein großes und ein kleines. 14. Du sollst nicht in
deinem Hause zweyerley Epha haben, ein großes und ein kleines.
15. Volles und gerechtes Pfund sollst du haben, und volles
und gerechtes Epha, auf daß du lange bleibest im Lande, welches Jehova, dein Gott, dir gibt. 16. Denn ein Greuel

Jehovas, deines Gottes, ist, wer solches thuet, wer Un=
recht thuet.

Cap. XXV, 17 — 19.

Wiederholung des Befehls zur Ausrottung der Amalekiter.

17. Gedenke, was dir die Amalekiter thaten auf dem
Wege, da ihr auszoget aus Aegypten; 18. wie sie dir auf=
lauerten auf dem Wege, und die schwachen Zurückgebliebenen
überfielen, da du matt und müde warest, und Gott nicht
fürchteten. 19. Wenn dich nun, Jehova, dein Gott, zur
Ruhe bringet vor allen deinen Feinden ringsum, im Lande,
welches Jehova, dein Gott, dir gibt zur Besitzung einzuneh=
men: so sollst du das Andenken Amaleks unter dem Himmel
vertilgen, und es nicht vergessen.

Cap. XXVI, 1 — 15.

Von den Erstlingen der Früchte und Zehnten.

1. Wenn du ins Land kommst, welches Jehova, dein
Gott, dir gibt zur Besitzung, und du nimmst es ein, und
wohnest darin: 2. so nimm von den Erstlingen aller Früchte
des Feldes, welche dein Land trägt, welches Jehova, dein
Gott, dir gibt, und lege sie in einen Korb, und gehe hin an
den Ort, welchen Jehova, dein Gott, erwählen wird zur
Wohnung seines Namens, 3. und gehe zum Priester, wel=
cher zu derselben Zeit seyn wird, und sprich zu ihm: ich be=
kenne anjetzt vor Jehova, deinem Gott, daß ich ins Land
gekommen, welches Jehova unsern Vätern geschworen, uns
zu geben. 4. Und der Priester soll den Korb nehmen von dei=
ner Hand, und ihn legen vor den Altar Jehovas, deines
Gottes. 5. Und du hebe an, und sprich vor Jehova, deinem
Gott: ein irrender Aramäer war mein Vater, und er zog
hinab nach Aegypten, und hielt sich daselbst auf mit wenigen

Leuten, und ward daselbst zu einem großen starken und zahlreichen Volke; 6. und die Aegypter mißhandelten uns, und drücketen uns, und legten auf uns harte Arbeit; 7. da schrieen wir zu Jehova, dem Gott unserer Väter, und Jehova hörete unsere Stimme, und sahe unser Elend und unsere Noth und unsere Unterdrückung; 8. und Jehova führete uns aus Aegypten mit starker Hand und mit ausgerecketem Arme und mit großem Schrecken und mit Zeichen und Wundern; 9. und brachte uns an diesen Ort, und gab uns dieses Land, ein Land, fließend von Milch und Honig; 10. und nun siehe! ich bringe die Erstlinge der Früchte des Landes, welches du mir gegeben, Jehova. Darnach lege sie vor Jehova, deinen Gott, und bete an vor Jehova, deinem Gott, 11. und freue dich all des Guten, das Jehova, dein Gott, dir gegeben und deinem Hause, samt dem Leviten und dem Fremdling in deiner Mitte.

12. Wenn du alle Zehnten von deinem Einkommen völlig gibst im dritten Jahre, dem Jahre des Zehnten, so gib dem Leviten und dem Fremdling und dem Waisen und der Wittwe, daß sie essen in deinen Thoren, und sich sättigen. 13. Und sprich vor Jehova, deinem Gott: ich habe das Heilige aus dem Hause gethan, und habe es dem Leviten gegeben und dem Fremdling und dem Waisen und der Wittwe, nach all deinem Gebot, welches du mir geboten, ich habe deine Gebote nicht übertreten noch vergessen. 14. Ich habe nichts davon gegessen in Trauer, und nichts davon gethan zu Unreinigkeit, und nichts davon einem Todten gegeben. Ich habe gehorchet der Stimme Jehovas, meines Gottes, und gethan alles, was du mir geboten. 15. Blicke herab von deiner heiligen Wohnung, vom Himmel, und segne dein Volk Israel und das Land, welches du uns gegeben, so wie du unsern Vätern geschworen, ein Land, fließend von Milch und Honig.

Cap. XXVI, 16 — 19.

Allgemeine Schluß-Ermahnung.

16. An diesem Tage heute gebietet dir Jehova, dein Gott, alle diese Satzungen zu thun und diese Rechte, so halte und thue sie mit ganzem Herzen und mit ganzer Seele. 17. Du hast mit Jehova einen Bund gemacht heute, daß er dein Gott sey, und daß du in seinen Wegen wandelst, und seine Satzungen haltest und seine Gebote und seine Rechte, und seiner Stimme gehorchest; 18. und Jehova hat auch mit dir einen Bund gemacht heute, daß du sein eigenthümlich Volk seyest, so wie er dir geredet, und seine Gebote haltest, 19. und daß er dich mache zum höchsten über alle Völker, die er gemacht, gepriesen, gerühmet und geehret, und daß du ein heiliges Volk seyest Jehova, deinem Gott, so wie er geredet.

Cap. XXVII — XXX.

Verpflichtungen und Ermahnungen zur Haltung des Gesetzes.

―――――

Cap. XXVII.

Aufzeichnung und Sanction des Gesetzes.

1. Und Mose und die Aeltesten Israels geboten dem Volke, und sprachen: bewahret diese Gebote, welche ich euch heute gebiete: 2. und wenn ihr übergehet über den Jordan in das Land, welches Jehova, euer Gott, euch gibt, so richte große Steine auf, und bekalke sie mit Kalk, 3. und schreibe darauf alle Worte dieses Gesetzes, wenn du übergehest, daß du kommest in das Land, welches Jehova, dein Gott, dir gibt, ein Land, fließend von Milch und Honig, so wie Jehova, der Gott deiner Väter, dir verheißen. 4. Und wenn

ihr nun übergehet über den Jordan, so richtet diese Steine
auf, davon ich euch heute gebiete, auf dem Berge Ebal, und
bekalke sie mit Kalk.   5. Und baue daselbst einen Altar Jehova,
deinem Gott, einen Altar von Steinen; schwinge aber nicht
das Eisen darüber, 6. sondern von ungehauenen Steinen baue
den Altar Jehovas, deines Gottes, und opfere darauf Brandopfer Jehova, deinem Gott. 7. Und opfere Freudenopfer,
und iß daselbst, und sey fröhlich vor Jehova, deinem Gott.
8. Und schreibe auf die Steine alle Worte dieses Gesetzes recht
deutlich.

9. Und Mose und die Priester, die Leviten, redeten zum
ganzen Israel, und sprachen: merk auf, und höre, Israel!
heute bist du das Volk Jehovas, deines Gottes, geworden.
10. So gehorche nun der Stimme Jehovas, deines Gottes,
und thue seine Gebote und seine Satzungen, welche ich dir
heute gebiete.

11. Und Mose gebot dem Volke an demselben Tage,
und sprach: 12. diese sollen stehen, das Volk zu segnen,
auf dem Berge Garisim, wenn ihr übergehet über den Jordan: Simeon und Levi und Juda und Issaschar und Joseph
und Benjamin. 13. Und diese sollen stehen zum Fluchen auf
dem Berge Ebal: Ruben, Gad und Asser und Sebulon, Dan
und Naphthali.   14. Und die Leviten sollen anheben und sprechen zu allen Männern Israels mit lauter Stimme: 15. verflucht sey, wer ein geschnitztes oder gegoßenes Bild macht, einen
Greuel Jehovas, ein Werk von Künstlers-Hand, und es
heimlich aufstellet! Und alles Volk soll antworten, und sprechen: es geschehe! 16. Verflucht sey, wer seinem Vater und
seiner Mutter fluchet! *) Und alles Volk soll sprechen: es
geschehe! 17. Verflucht sey, wer die Gränze seines Nächsten
verrücket! Und alles Volk soll sprechen: es geschehe! 18. Verflucht sey, wer einen Blinden irre führet auf dem Wege! Und
alles Volk soll sprechen: es geschehe! 19. Verflucht sey, wer

---

*) And. Entehret.

das Recht des Fremdlings, des Waisen und der Wittwe beu=
get! Und alles Volk soll sprechen: es geschehe! 20. Verflucht
sey, wer beym Weibe seines Vaters lieget, daß er aufdecket
die Decke seines Vaters! Und alles Volk soll sprechen: es ge=
schehe! 21. Verflucht sey, wer bey irgend einem Vieh lieget!
Und alles Volk soll sprechen: es geschehe! 22. Verflucht sey,
wer bey seiner Schwester, der Tochter seines Vaters, oder
der Tochter seiner Mutter, lieget! Und alles Volk soll sprechen:
es geschehe! 23. Verflucht sey, wer bey seiner Schwiegermut=
ter lieget! Und alles Volk soll sprechen: es geschehe! 24. Ver=
flucht sey, wer seinen Nächsten heimlich erschlägt! Und alles
Volk soll sprechen: es geschehe! 25. Verflucht sey, wer Ge=
schenke nimmt, um eine Seele, unschuldig Blut, zu erschlagen!
Und alles Volk soll sprechen: es geschehe! 26. Verflucht sey,
wer nicht erfüllet die Worte dieses Gesetzes, darnach zu thun!
Und alles Volk soll sprechen: es geschehe!

Cap. XXVIII.

Verheißener Segen, gedroheter Fluch.

1. Wenn du nun gehorchest der Stimme Jehovas, deines
Gottes, und hältst und thust alle seine Gebote, welche ich dir
heute gebiete, so wird dich Jehova, dein Gott, machen zum
höchsten über alle Völker der Erde, 2. und es werden über
dich kommen alle diese Segnungen, und dich treffen, wenn du
gehorchest der Stimme Jehovas, deines Gottes. 3. Gesegnet
wirst du seyn in der Stadt, und gesegnet auf dem Felde.
4. Gesegnet wird seyn die Frucht deines Mutterleibes und die
Frucht deines Feldes und die Frucht deines Viehes, die Frucht
deiner Rinder und die Frucht deiner Schafe. 5. Gesegnet wird
seyn dein Korb und dein Backtrog. 6. Gesegnet wirst du seyn
im Eingang, und gesegnet im Ausgang. 7. Deine Feinde,
welche aufstehen wider dich, wird Jehova von dir schlagen las=
sen, auf Einem Wege werden sie ausziehen gegen dich, und
auf sieben Wegen werden sie fliehen vor dir. 8. Segen wird
Jehova zu dir senden in deine Kornböden, zu allem Beginnen

deiner Hand, und wird dich segnen im Lande, welches Jehova, dein Gott, dir gibt. 9. Bestätigen wird dich Jehova zu seinem heiligen Volke, so wie er dir geschworen, wenn du die Gebote Jehovas, deines Gottes, hältst, und wandelst auf seinen Wegen. 10. Und alle Völker der Erde werden sehen, daß du genannt bist noch dem Namen Jehovas, und werden sich fürchten vor dir. 11. Und Ueberfluß wird dir Jehova geben an Gütern, an der Frucht deines Mutterleibes und an der Frucht deines Viehes und an der Frucht deines Landes, welches Jehova deinen Vätern geschworen, dir zu geben. 12. Seinen reichen Schatz, den Himmel, wird Jehova dir aufthun, und Regen deinem Lande geben zu seiner Zeit, und wird alle Werke deiner Hand segnen, und du wirst vielen Völkern leihen, und sollst nicht borgen. 13. Und zum Haupt, und nicht zum Schwanz wird dich Jehova machen, und du wirst nur oben seyn, und nicht unten, wenn du gehorchest den Geboten Jehovas, deines Gottes, welche ich dir heute gebiete, und sie hältst und thust, 14. und nicht weichest von allen Worten, welche ich euch heute gebiete, weder zur Rechten noch zur Linken, daß du nicht andern Göttern nachgehest, ihnen zu dienen.

15. Wenn du aber nicht gehorchest der Stimme Jehovas deines Gottes, und nicht hältst und thust alle seine Gebote und seine Satzungen, welche ich dir heute gebiete; so werden über dich kommen alle diese Flüche, und dich treffen. 16. Verflucht wirst du seyn in der Stadt, und verflucht auf dem Felde. 17. Verflucht wird seyn dein Korb und dein Backtrog. 18. Verflucht wird seyn die Frucht deines Mutterleibes und die Frucht deines Feldes, die Frucht deiner Rinder und die Frucht deiner Schafe. 19. Verflucht wirst du seyn im Eingang, und verflucht im Ausgang. 20. Senden wird Jehova wider dich Fluch, Schrecken und Zorn, wider alles Beginnen deiner Hand, was du thust, bis du bald vertilgt werdest und umkommest wegen deiner bösen Handlungen, weil du mich verlassen. 21. Verfolgen wird dich Jehova mit der Pest,

und dich vertilgen aus dem Lande, wohin du kommst, es einzunehmen. 22. Schlagen wird dich Jehova mit Auszehrung und mit Fieber und mit Hitze und Entzündung und mit Dürre und mit Rost und mit Brandkorn, die werden dich verfolgen, bis du umkommest. 23. Und der Himmel über deinem Haupte wird Erz seyn, und die Erde unter dir Eisen. 24. Als Regen deines Landes wird Jehova dir Staub geben, und Asche wird vom Himmel auf dich herabfallen, bis du vertilgt werdest. 25. Schlagen wird dich Jehova lassen von deinen Feinden, auf Einem Wege wirst du ausziehen gegen sie, und auf sieben Wege wirst du fliehen vor ihnen, und du wirst zum Spott seyn allen Reichen der Erde. 26. Und dein Leichnam wird zum Fraß seyn allen Vögeln des Himmels und den Thieren des Feldes, und keiner wird sie wegscheuchen. 27. Schlagen wird dich Jehova mit den Geschwüren Aegyptens und mit Beulen und mit Grind und mit Krätze, daß du nicht kannst geheilet werden. 28. Schlagen wird dich Jehova mit Wahnwitz und Blindheit und Blödsinnigkeit. 29. Und du wirst tappen am Mittage, so wie ein Blinder tappet im Finstern, und wirst kein Glück haben auf deinen Wegen, und wirst gedrückt und beraubt seyn alltäglich, und keiner wird dir helfen. 30. Ein Weib wirst du dir freyen, und ein andrer Mann wird sie beschlafen, ein Haus wirst du bauen, und nicht darin wohnen, Weinberge wirst du pflanzen, und sie nicht benützen. 31. Dein Ochse wird vor deinen Augen geschlachtet werden, und du wirst nicht davon essen. Dein Esel wird vor deinem Angesicht geraubt werden, und nicht zu dir zurückkehren, deine Schafe werden deinen Feinden preiß gegeben werden, und keiner wird dir helfen. 32. Deine Söhne und deine Töchter werden der Raub eines fremden Volkes seyn, und deine Augen werden schauen und schmachten nach ihnen den ganzen Tag, und du kannst dir nicht helfen. 33. Die Frucht deines Landes und alle deine Arbeit wird ein Volk verzehren, das du nicht kennest, und wirst nichts als gedrückt und gestoßen seyn alltäglich. 34. Und du wirst wahnsinnig

werden vom Anblick deiner Augen, was du siehest. 35.
Schlagen wird dich Jehova mit bösen Geschwüren an den
Knieen und an den Schenkeln, daß du nicht kannst geheilet
werden, von deiner Fußsohle bis zu deiner Scheitel. 36.
Vertreiben wird dich Jehova und deinen König, den du über
dich setzen wirst, zu einem Volke, welches du nicht kennest,
noch deine Väter, und wirst daselbst andern Göttern dienen,
von Holz und Stein. 37. Und wirst zum Entsetzen seyn,
zum Sprichwort und zum Spott unter allen den Völkern,
wohin dich Jehova führen wird. 38. Vielen Samen wirst
du hinausführen aufs Feld, und wenig wirst du einsammeln,
denn die Heuschrecken werdens abfressen. 39. Weinberge wirst
du pflanzen und bearbeiten, aber Wein wirst du nicht trinken,
noch lesen, denn die Würmer werden ihn fressen. 40. Oelbäume wirst du haben in deinem ganzen Lande, aber mit
Oel wirst du dich nicht salben, denn die Beeren werden abfallen.
41. Söhne und Töchter wirst du zeugen, aber sie werden nicht
dein seyn, denn sie werden wandern in die Gefangenschaft.
42. Alle deine Bäume und die Frucht deines Feldes wird das
Ungeziefer einnehmen. 43. Der Fremdling, der unter dir ist,
wird hoch über dich steigen, und du wirst tief herabkommen.
44. Er wird dir leihen, und du wirst ihm nicht leihen, er
wird das Haupt seyn, und du wirst der Schwanz seyn. 45.
Und es werden über dich kommen alle diese Flüche, und dich
verfolgen und dich treffen, bis du vertilgt werdest, weil du
nicht der Stimme Jehovas deines Gottes, gehorchet, und seine
Gebote und seine Satzungen nicht gehalten, welche er dir geboten. 46. Und sie werden an dir zum Zeichen und Wunder
seyn und an deinem Samen in Ewigkeit. 47. Darum daß
du nicht Jehova, deinem Gott, gedienet mit Freuden und
Lust deines Herzens, bey Ueberfluß an allem, 48. so wirst du
deinen Feinden dienen, welche Jehova senden wird gegen dich,
in Hunger und Durst und Nacktheit und Mangel an allem,
und er wird ein eisern Joch auf deinen Hals legen, bis er
dich vertilget. 49. Jehova wird über dich bringen ein Volk

aus der Ferne, vom Ende der Erde, so schnell wie der Adler flie=
get, ein Volk, dessen Sprache du nicht verstehest; 50. ein Volk
grausamen Blickes, das nicht den Greis achtet, und des Kna=
ben sich nicht erbarmet. 51. Und es wird die Frucht deines
Viehes verzehren und die Frucht deines Landes, bis du ver=
tilgt werdest, und wird dir nicht Getraide überlassen, noch
Most, noch Oel, noch Rindvieh, noch Schafvieh, bis es dich
umbringet. 52. Und es wird dich ängstigen in allen deinen
Städten, bis es umstürzt deine Mauern, die hohen und fe=
sten, auf welche du dich verlässest in deinem ganzen Lande,
und wird dich ängstigen in allen deinen Städten, in deinen
ganzen Lande, das Jehova, dein Gott, dir gegeben. 53.
Da wirst du deine Leibesfrucht essen, das Fleisch deiner Kinder
und deiner Töchter, welche Jehova, dein Gott, dir gegeben,
in der Angst und Bedrängniß, womit dich dein Feind wird
drängen. 54. Der Verzärtelte und der Weichliche unter dir
wird seinem Bruder und dem Weibe in seinen Armen und den
Uebrigen seiner Söhne, die er übergelassen, es mißgönnen,
55. ihnen vom Fleische seiner Söhne zu geben, welches er
isset, da ihm nichts übrig ist in der Noth und Bedrängniß,
womit dich dein Feind drängen wird in allen deinen Städ=
ten. 56. Die Verzärtelte unter dir und die Weichliche, wel=
che sich scheuet, mit ihrer Fußsohle die Erde zu berühren vor
Weichlichkeit und vor Verzärtelung, wird dem Manne in ih=
ren Armen und ihrem Sohne und ihrer Tochter 57. die
Nachgeburt mißgönnen, die aus ihrem Leibe gegangen,
und ihre Söhne, die sie geboren: denn sie wird sie heimlich
essen im Mangel an allem, in der Noth und Bedrängniß,
womit dich dein Feind drängen wird in deinen Städten. 58.
Wenn du nicht hältst und thust alle Worte dieses Gesetzes, die
geschrieben sind in diesem Buche, daß du diesen herrlichen und
und furchtbaren Namen fürchtest, Jehova, deinen Gott: 59.
so wird Jehova ausserordentliche Plagen über dich verhängen
und über deinen Samen, große und anhaltende Plagen und
böse und anhaltende Krankheiten. 60. Und er wird wieder

über dich bringen alle Seuchen Aegyptens, vor denen du dich fürchtest, daß sie dir anhangen. 61. Auch alle Krankheiten und alle Plagen, die nicht geschrieben sind in dem Buche dieses Gesetzes, wird Jehova über dich führen, bis du vertilgt werdest. 62. Und es werden von euch wenige überbleiben, statt daß ihr waret wie die Sterne des Himmels an Menge, weil du nicht gehorchet der Stimme Jehovas, deines Gottes. 63. Und so wie Jehova sich freuete über euch, euch wohl zu thun, und euch zu mehren, also wird Jehova sich über euch freuen, euch zu vertilgen und umzubringen, und ihr werdet herausgerißen werden aus dem Lande, wohin du kommest, es einzunehmen. 64. Und Jehova wird dich zerstreuen unter alle Völker, von einem Ende des Himmels bis zum andern, und wirst daselbst andern Göttern dienen, welche du nicht kennest, noch deine Väter, von Holz und Stein. 65. Und unter denselben Völkern wirst du nicht rasten, und dein Fuß wird keine Ruhe haben, und Jehova wird dir daselbst ein zitternd Herz geben, und dein Antlitz wird verfallen, und deine Seele verschmachten. 66. Und du wirst immer in Todesgefahr schweben, und wirst beben Tag und Nacht, und wirst deines Lebens nicht sicher seyn. 67. Am Morgen wirst du sagen: ach! daß ich den Abend erleben möchte! und am Abend wirst du sagen: ach! daß ich den Morgen erleben möchte! vor Beben des Herzens, wie du bebest, und vor dem Anblick deiner Augen, was du siehest. 68. Und Jehova wird dich nach Aegypten zurückführen auf Schiffen, auf dem Wege, davon ich dir sagte, du sollst ihn nicht wieder sehen, und ihr werdet daselbst euren Feinden verkauft werden zu Knechten und zu Mägden, und keiner wird kaufen.

Cap. XXIX. XXX.

Eine Ermahnungsrede Moses an das Volk.

1. Dieß sind die Worte des Bundes, welchen Jehova Mosen gebot zu schließen mit den Söhnen Israels im Lande

Moab, ausser dem Bunde, den er mit ihnen geschlossen zu Horeb. 2. Und Mose rief dem ganzen Israel, und sprach zu ihnen: Ihr habt gesehen alles, was Jehova that vor euren Augen im Lande Aegypten an Pharao und an allen seinen Knechten und an seinem ganzen Lande: 3. die großen Versuchungen, welche deine Augen sahen, die großen Zeichen und Wunder. 4. Aber Jehova hat euch keinen Sinn gegeben, zu denken, keine Augen, zu sehen, und keine Ohren, zu hören, bis auf den heutigen Tag. 5. Er hat euch ziehen lassen vierzig Jahr in der Wüste; eure Kleider veralteten nicht an euch, und deine Schuhe veralteten nicht an deinem Fuße; 6. Brod aßet ihr nicht, und Wein und starkes Getränke tranket ihr nicht, auf daß ihr erführet, daß ich Jehova euer Gott bin. 7. Und du kamest an diesen Ort, da zog Sihon, König von Hesbon, und Og, König von Basan uns entgegen zum Streite, und wir schlugen sie, 8. und nahmen ihr Land ein, und gaben es zur Besitzung den Rubenitern und den Gaditern und dem halben Stamme der Manassiter. 9. So bewahret nun die Worte dieses Bundes, und thut sie, auf daß ihr weise handelt in allem, was ihr thut.

10. Ihr stehet heute alle vor Jehova, eurem Gott, die Obersten eurer Stämme, eure Aeltesten und eure Vorsteher, ein jeglicher von Israel, 11. eure Kinder, eure Weiber und die Fremdlinge in eurem Lager, von deinem Holzhauer bis zu deinem Wasserschöpfer, 12. um dich zu verpflichten zum Bunde Jehovas, deines Gottes, samt seinen Flüchen, welchen Jehova dein Gott, mit dir schließet heute, 13. auf daß er dich heute bestätige zu seinem Volke, und er dein Gott sey, so wie er dir geredet, und so wie er deinen Vätern geschworen, Abraham, Isaak und Jakob. 14. Und nicht mit euch allein schließe ich diesen Bund samt diesen Flüchen; sondern beyde mit denen, welche heute hier mit uns vor Jehova stehen, unserm Gott, und mit denen, welche nicht heute hier mit uns sind. 16. Ihr wisset, wie wir wohneten im Lande Aegypten, und wie wir durchzogen durch die Völker, durch welche ihr zoget; 17. und ihr

sahet ihre Scheusale und ihre Götzen, von Holz und Stein, von Silber und Gold, die sie hatten: 18. daß nun keiner unter euch sey, weder Mann noch Weib, oder Geschlecht oder Stamm, der sein Herz abwende von Jehova, unserm Gott, daß er hingehe, und den Göttern derselben Völker diene, daß nicht unter euch eine Wurzel sey, die da Gift und Wermuth trage; 19. keiner, der, hörend die Worte dieses Fluches, sich segne in seinem Herzen, und spreche: es wird mir doch wohl gehen, wenn ich auch in der Bosheit meines Herzens wandele, so daß er alles ins Verderben bringe. 20. Jehova wird demselben nicht vergeben, denn der Zorn Jehovas und sein Eifer wird erglühen über denselben Mann, und es werden auf ihn alle die Flüche kommen, die geschrieben sind in diesem Buche, und Jehova wird seinen Namen auslöschen unter dem Himmel, 21. und wird ihn aussondern zum Verderben aus allen Stämmen Israels, nach den Flüchen des Bundes, der geschrieben ist in diesem Gesetz=Buche. 22. Dann wird sprechen das kommende Geschlecht, eure Söhne, welche nach euch aufkommen werden, und der Ausländer, der aus fernen Lande kommen wird, wenn sie die Strafen dieses Landes sehen, und das Verderben, womit es Jehova beladen, 23. wie mit Schwefel und Salz das ganze Land verbrannt ist, so daß nicht gesäet wird, und nichts wächset, und kein Kraut darin aufgehet, gleich der Umkehrung von Sodom und Gomorra, Adama und Zeboim, welche Jehova umkehrete in seinem Zorn und seinem Grimm: 24. dann werden alle Völker sprechen: warum hat Jehova also gethan diesem Lande, worüber ist dieser große Zorn entbrannt? 25. Und man wird sprechen: darum, daß sie den Bund Jehovas, des Gottes ihrer Väter, verließen, den er mit ihnen geschlossen, als er sie ausführete aus dem Lande Aegypten; 26. und sie gingen hin, und dieneten andern Göttern, und beteten sie an, Götter, die sie nicht kannten, und die er ihnen nicht zugetheilet: 27. da entbrannte der Zorn Jehovas über dasselbe Land, daß er über dasselbe alle die Flüche brachte, die geschrieben sind in diesem

Buche, 28. und Jehova vertilgte sie aus ihrem Lande in Zorn und Grimm und großem Unwillen, und warf sie in ein ander Land, wie es anjetzt ist. 29. Das Verborgene ist für Jehova, unsern Gott; aber das Offenbare für uns und unsere Kinder in Ewigkeit, auf daß wir thun alle Worte dieses Gesetzes.

XXX, 1. Wenn nun auf dich kommen alle diese Worte, der Segen oder der Fluch, welchen ich dir vorlege, und du kehrest in dich, unter all den Völkern, wohin dich, Jehova, dein Gott, vertrieben, 2. und du kehrest zu Jehova, deinem Gott, und gehorchest seiner Stimme in allem, was ich dir heute gebiete, du und deine Söhne, mit ganzem Herzen und mit ganzer Seele: 3. so wird dich auch Jehova, dein Gott, aus der Gefangenschaft kehren lassen, und sich deiner erbarmen, und dich wieder sammeln aus allen Völkern, wohin Jehova, dein Gott, dich zerstreuet. 4. Wenn du vertrieben wärest ans Ende des Himmels, auch von dannen wird dich Jehova, dein Gott, sammeln, und von dannen dich holen. 5. Und Jehova, dein Gott, wird dich ins Land bringen, welches deine Väter besaßen, daß du es besitzest, und wird dir wohlthun, und dich mehren mehr als deine Väter. 6. Und Jehova, dein Gott, wird dein Herz beschneiden und das Herz deines Samens, daß du Jehova, deinen Gott, liebest mit ganzem Herzen und mit ganzer Seele, auf daß du lebest. 7. Und Jehova, dein Gott, wird alle diese Flüche auf deine Feinde legen und auf die, welche dich hassen und verfolgen. 8. Und du wirst umkehren, und der Stimme Jehovas gehorchen, daß du alle seine Gebote thuest, welche ich dir heute gebiete. 9. Und Jehova, dein Gott, wird dir Glück geben in allem Thun deiner Hand, an der Frucht deines Mutter-Leibes und an der Frucht deines Viehes und an der Frucht deines Landes, denn Jehova wird sich wieder über dich freuen, über dein Wohl, so wie er sich freuete über deine Väter, 10. wenn du gehorchest der Stimme Jehovas, deines Gottes, und seine Gebote hältst und seine Satzungen, die geschrieben sind in diesem Gesetz-Buche, wenn du zurückkehrest zu Jehova, deinem Gott, mit ganzem Herzen und mit ganzer Seele. 11. Denn dieß Gebot, das ich dir heute gebiete, ist nicht verborgen vor dir, noch fern; 12. es ist nicht im Himmel, daß du sagen müßtest: wer wird in den Himmel steigen, und es uns holen, und uns verkündigen, daß wir es thun? 13. Noch ist es jenseit des Meeres, daß du sagen müßtest: wer wird über das Meer fahren, und es uns holen, und uns verkündigen, daß wir es thun? 14. sondern ganz nahe ist es dir, in deinem Munde und in deinem Herzen, daß du es thuest.

15. Siehe! ich habe dir heute vorgelegt Leben und Glück und Tod und Unglück. 16. [Thust du], was ich dir heute gebiete, Jehova, deinen Gott, zu lieben, in seinen Wegen zu wandeln, und seine Gebote und Satzungen und Rechte zu halten, so wirst du leben und dich mehren, und Jehova, dein Gott, wird dich segnen im Lande, wohin du kommst, es einzunehmen. 17. Wo sich aber dein Herz wendet, und du gehorchest nicht, und lässest dich verführen, und betest andere Götter an, und dienest ihnen, 18. so verkündige ich euch heute, daß ihr umkommen, und nicht lange bleiben werdet im Lande, wohin du übergehst über den Jordan, es einzunehmen. 19. Himmel und Erde rufe ich heute zu Zeugen gegen euch, Leben und Tod habe ich euch vorgeleget, Segen und Fluch: so wähle denn das Leben, auf daß du lebest, du und dein Same, 20. daß du Jehova, deinen Gott, liebest, und seiner Stimme gehorchest, und ihm anhangest; denn dadurch wirst du leben, und lange bleiben im Lande, welches Jehova euren Vätern, Abraham, Isaak und Jakob, geschworen, zu geben.

Cap. XXXI — XXXIV.

Moses Abschied und Tod.

———

Cap. XXXI.

Mose legt sein Amt nieder und bestellet Josua zum Heerführer des Volkes; Uebergabe des Gesetzbuchs an die Leviten.

1. Und Mose ging hin, und redete diese Reden zu ganz Israel, 2. und sprach zu ihnen: ich bin heute hundert und zwanzig Jahr alt, ich vermag nicht mehr auszugehen und einzugehen, und Jehova hat zu mir gesagt: du sollst nicht über den Jordan gehen. 3. Jehova, dein Gott, wird selber vor dir hergehen, er wird diese Völker vertilgen vor dir, daß du ihr Land einnehmest. Josua soll vor dir hergehen, so wie Jehova geredet. 4. Und Jehova wird ihnen thun, so wie er Sihon und Og gethan, den Königen der Amoriter, und ihrem Lande, welche er vertilgete. 5. Wenn sie aber Jehova euch preiß gibt, so thuet ihnen nach all dem Gebot, welches ich euch geboten. 6. Seyd muthig und tapfer, fürchtet euch nicht und erschrecket nicht vor ihnen, denn Jehova, euer Gott, stehet selber mit dir; er wird die Hand nicht von dir abziehen, und dich nicht verlassen. 7. Und Mose rief Josua, und sprach zu ihm vor den Augen von ganz Israel: sey muthig und tapfer, denn du sollst mit diesem Volke kommen in das Land, welches Jehova ihren Vätern geschworen, ihnen zu geben, und du sollst es unter sie vertheilen. 8. Und Jehova selber ziehet vor dir her, er wird mit dir seyn, er wird die Hand nicht von dir abziehen, und dich nicht verlassen, fürchte dich nicht und erschrick nicht.

9. Und Mose schrieb dieses Gesetz, und gabs den Priestern, den Söhnen Levis, welche die Lade des Bundes Jehovas trugen, und allen Aeltesten Israels. 10. Und Mose gebot ihnen, und sprach: im siebenten Jahre, zur Zeit des Erlaßjahres, am Fest der Laubhütten, 11. wenn ganz Israel

kommt zu erscheinen vor Jehova, deinem Gott, an dem Orte, welchen er erwählen wird, sollst du dieses Gesetz vorlesen vor ganz Israel. 12. Versammle das Volk, die Männer und die Weiber und die Kinder und den Fremdling, der in deinen Thoren ist, daß sie hören und lernen, und Jehova, euren Gott, fürchten, und halten und thun alle Worte dieses Gesetzes. 13. Und eure Söhne, die es nicht kennen, sollen es hören und lernen, daß sie Jehova, euren Gott, fürchten, so lang als ihr lebet im Lande, wohin ihr über den Jordan gehet, es einzunehmen.

14. Und Jehova sprach zu Mose: siehe! deine Tage nahen sich dem Tode, rufe Josua, und tretet in das Versammlungszelt, daß ich ihm gebiete. Und Mose und Josua gingen hin, und traten in das Versammlungszelt. 15. Und Jehova erschien im Zelt in einer Wolkensäule, und es stand die Wolkensäule in der Thüre des Zeltes. 16. Und Jehova sprach zu Mose: siehe! du wirst bey deinen Vätern liegen, und dieß Volk wird sich erheben, und den fremden Göttern dieses Landes nachhuren, wohin es kommt, und wird mich verlassen, und meinen Bund brechen, welchen ich mit ihnen geschloßen. 17. Und es wird mein Zorn entbrennen zu derselben Zeit, und ich werde sie verlassen, und mein Angesicht vor ihnen verbergen, und es wird andern zum Raube seyn, und es werden es viele Uebel und Bedrängnisse treffen, und es wird sagen zu derselben Zeit: treffen mich nicht diese Uebel darum, weil mein Gott nicht bey mir ist? 18. Und ich werde mein Angesicht verbergen zu derselben Zeit, um all des Bösen willen, das es gethan, daß es sich zu andern Göttern gewendet. 19. So schreibet euch nun dieses Lied, und lehre es den Söhnen Israels, und befiehls ihrem Munde, daß mir das Lied Zeuge sey gegen die Söhne Israels. 20. Wenn ich sie gebracht ins Land, welches ich ihren Vätern geschworen, fließend von Milch und Honig, und sie essen, und sättigen sich, und werden fett, und wenden sich zu andern Göttern, und dienen ihnen, und mich verwerfen, und brechen meinen Bund; 21. und wenn sie dann viele Uebel

und Bedrängnisse treffen, so soll dieses Lied für mich Zeuge seyn, denn es soll nicht vergessen werden unter ihrem Samen. Denn ich weiß ihre Gedanken, die sie schon heute haben, bevor ich sie bringe ins Land, welches ich geschworen. 22. Also schrieb Mose dieses Lied an demselben Tage, und lehrete es den Söhnen Israels.

23. Und er gebot Josua, dem Sohne Nuns, und sprach: sey muthig und tapfer, denn du sollst die Söhne Israels bringen ins Land, welches ich ihnen geschworen, und ich will mit dir seyn.

24. Und als Mose vollendet, die Worte dieses Gesetzes in ein Buch zu schreiben bis zu Ende, 25. so gebot Mose den Leviten, welche die Lade des Bundes Jehovas trugen, und sprach: 26. nehmet das Buch dieses Gesetzes, und leget es zur Seite der Lade des Bundes Jehovas, eures Gottes, daß es daselbst Zeuge gegen dich sey. 27. Denn ich kenne deine Widerspenstigkeit und Halsstarrigkeit: siehe! während ich noch bey euch lebe heute, seyd ihr widerspenstig gegen Jehova, und wie viel mehr nach meinem Tode! 28. Versammlet zu mir alle Aeltesten eurer Stämme und eure Vorsteher, und ich will vor ihren Ohren diese Worte reden, und gegen sie zu Zeugen rufen Himmel und Erde. 29. Denn ich weiß, daß ihr nach meinem Tode übel handeln und vom Wege abweichen werdet, den ich euch geboten, und es wird euch Unglück begegnen in der Folge der Zeiten, weil ihr Böses thun werdet vor Jehova, und ihn beleidigen durch das Thun eurer Hände. 30. Also redete Mose vor den Ohren der ganzen Versammlung Israels die Worte dieses Liedes bis zu Ende.

Cap. XXXII.

Lied Moses, das er zum Volke redet.

1. Merket auf, ihr Himmel, ich will reden,
   Höre, Erde, die Worte meines Mundes!
2. Fließen soll meine Lehre wie Regen,
   Träufeln meine Rede wie Thau,

Wie Regenschauer auf junges Grün;
Wie Regengüsse auf Gras.

3. Den Namen Jehovas verkünd ich,
Gebet Ehre unserm Gott!

4. Dem Felsen — herrlich ist sein Werk,
Alle seine Wege Gerechtigkeit.
Ein Gott der Treue, ohne Falsch,
Gerecht und gerad ist er.

5. Sie sündigen gegen ihn — nicht seine Söhne,
zu ihrer Schande *),
Ein falsches, treuloses Geschlecht.

6. Dankest du Jehova so,
Du thörichtes und unverständiges Volk?
Ist er nicht dein Vater, dem du angehörest,
Der dich gemacht und dich geschaffen?

7. Gedenke der Tage der Vorzeit,
Betrachte die Jahre der vergangenen Geschlechter,
Frag deinen Vater, er wird dirs verkünden,
Deine Aeltesten, sie werden dirs sagen.

8. Als der Höchste Sitze gab den Völkern,
Und von einander schied die Menschenkinder:
Da setzte er die Gränzen der Stämme,
Nach der Zahl der Söhne Israels.

9. Denn Jehovas Erbtheil ist sein Volk,
Jakob sein Eigenthum.

10. Er fand es in der Wüste,
In der Einöde des Gebrülls, der Wildniß:
Da beschützt' er es, und achtete darauf,
Bewahrt' es wie seinen Augapfel.

11. Wie der Adler sein Nest aufregt,
Und über seinen Jungen schwebet,
Die Flügel breitet, und sie darauf nimmt,
Und sie emporträgt auf seinen Schwingen:

---

*) Und. Ihr eigner Schandfleck.

12. So leitete sie Jehova, Er allein,
    Und kein fremder Gott mit ihm.

13. Er führte sie über die Höhen des Landes,
    Und sie aßen die Früchte des Feldes,
    Er tränkte sie mit Honig aus der Klippe,
    Und mit Oel aus Kieselfelsen,

14. Mit Milch der Kühe, Milch der Schafe,
    Samt dem Fette der Lämmer,
    Mit Widdern Basans und Böcken,
    Samt dem Mark des Waizens.
    Und Blut der Trauben trankest du, Wein.

15. Aber Israel ward fett, und schlug aus,
    Du wurdest fett und dick, und bissest:
    Israel verließ Gott, der es geschaffen,
    Und verachtete den Felsen seines Glückes.

16. Sie reizten seine Eifersucht durch fremde Götter,
    Durch Greuel seinen Unwillen.

17. Sie opferten Götzen, die nicht Gott sind,
    Göttern, die sie nicht kannten,
    Neuen, gekommen aus der Nachbarschaft,
    Die eure Väter nicht fürchteten.

18. Den Felsen, der dich gezeugt, vergaßest du,
    Und dachtest nicht mehr an Gott, der dich geboren.

19. Und Jehova sahs, und verwarf
    Mit Unwillen seine Söhne und seine Töchter,

20. Und sprach: ich berge mein Angesicht vor ihnen,
    Ich will sehen, welches ihr Ende seyn wird.
    Denn sie sind ein verkehrtes Geschlecht,
    Kinder, in denen keine Treue.

21. Sie reizten meine Eifersucht durch After=Götter,
    Und meinen Unwillen durch nichtige Götzen:
    Und ich will ihre Eifersucht reizen durch ein After=Volk,
    Und durch eine rohe Nation ihren Unwillen.

22. Denn das Feuer meines Zornes ist entzündet,
    Und brennet bis in die Unterwelt,

Und frisset die Erd und ihre Früchte,
Und entflammet die Grundfesten der Berge.

23. Häufen will ich über sie Unglück,
Meinen Köcher gegen sie leeren,

24. Verzehrt vom Hunger, gefressen von Raubvögeln
und giftiger Seuche,
Den Zahn wilder Thiere send' ich gegen sie
Samt dem Gift der Schlangen.

25. Von aussen soll morden das Schwert
Und in den Kammern das Schrecken
Beyde Jünglinge und Jungfrauen,
Säuglinge samt dem grauen Alten.

26. Sprechen würd' ich: ich will sie vernichten,
Vertilgen unter den Menschen ihr Andenken,

27. Wenn ich den Uebermuth der Feinde nicht scheute,
Daß nicht ihre Widersacher es verkennen,
Daß sie nicht sprechen: unsere starke Hand,
Und nicht Jehova hat dieß gethan.

28. Es ist ein Volk verderblichen Rathes,
Und Verstand ist nicht in ihnen.

29. O! wären sie weise und merkten darauf,
Dächten an ihre Zukunft!

30. Wie könnte einer tausend verfolgen,
Und zween zehntausend jagen,
Wenn nicht ihr Gott sie verkaufte,
Und Jehova sie preiß gäbe.

31. Denn nicht wie unser Gott ist ihr Gott,
Unsre Feinde selbst mögen richten.

32. Von den Reben Sodoms sind ihre Reben,
Und von dem Acker Gomorras,
Ihre Trauben Trauben von Gift,
Tödtlich ihre Beeren,

33. Wuth der Drachen ihr Wein,
Und grausames Gift der Nattern.

34. Solches war verborgen in meinem Rath,
    Und versiegelt in geheimer Verwahrung:
35. Mein ist die Rache, und Vergeltung,
    Wenn ihre Füße wanken.
    Nahe ist der Tag ihres Verderbens,
    Und es eilet, was ihnen bereitet ist.
36. Recht schaffet Jehova seinem Volke,
    Und bereuet, was er that seinen Knechten.
    Wenn er dann siehet, daß verschwunden die Hilfe,
    Und alles dahin ist,
37. Wird er sagen: wo sind ihre Götter,
    Der Fels, auf den sie traueten,
38. Welche das Fett ihrer Opfer aßen,
    Und tranken den Wein ihrer Trankopfer?
    Sie mögen aufstehen, und euch helfen,
    Und euer Schirm seyn.
39. Nun so schauet, daß ich, daß ich es bin,
    Und kein Gott neben mir.
    Ich kann tödten, und beleben,
    Ich zerschlage und ich heile,
    Und aus meiner Hand rettet keiner.
40. Ja! zum Himmel heb' ich meine Hand,
    Und spreche: so wahr ich lebe ewiglich!
41. Ich schärfe den Blitz meines Schwertes,
    Und meine Hand greifet zur Strafe:
    Rache bezahl' ich meinen Feinden,
    Und meinen Hassern vergelt' ich.
42. Meine Pfeile berausch' ich von ihrem Blut,
    Und mein Schwert frisset Fleisch,
    Blut der Erschlagenen und Gefangenen,
    Schädel der Fürsten des Feindes.

43. Frohlocket ihr Stämme, sein Volk!
    Denn das Blut seiner Knechte rächet er,
    Und Rache bezahlt er seinen Feinden,
    Und entsündiget sein Land, sein Volk.

44. Und Mose kam und redete alle Worte dieses Liedes vor dem Volke, er und Josua, der Sohn Nuns. 45. Da nun Mose vollendet, alle diese Worte zu reden zu ganz Israel, 46. sprach er zu ihnen: nehmet alle die Worte zu Herzen, die ich euch betheure heute, daß ihr sie euren Söhnen befehlet, um alle Worte dieses Gesetzes zu halten und zu thun. 47. Denn es ist kein leeres Wort für euch, sondern durch dieses Wort werdet ihr leben, und lange bleiben im Lande, wohin ihr über den Jordan gehet, es einzunehmen.

Cap. XXXII, 48—52.

Moses Tod angekündiget.

48. Und Jehova redete zu Mose an jenem selben Tage, und sprach: 49. steige auf den Berg Abarim hier, den Berg Nebo, welcher im Lande Moab lieget, Jericho gegen über, und schaue das Land Canaan, welches ich den Söhnen Israels gebe zum Eigenthum. 50. Und stirb auf dem Berge, wohin du steigest, und gehe weg zu deinem Volke, so wie Aaron, dein Bruder, gestorben auf dem Berge Hor, und wegging zu seinem Volke: 51. darum daß ihr gegen mich gesündiget unter den Söhnen Israels beym Haderwasser zu Kades, in der Wüste Zin, darum daß ihr mich nicht verherrlichet unter den Söhnen Israels. 52. Vor dir sollst du das Land sehen, aber hinein sollst du nicht kommen in das Land, welches ich den Söhnen Israels gebe.

Cap. XXXIII.

Segen Moses.

1. Und das ist der Segen, womit Mose, der Mann Gottes, die Söhne Israels segnete, vor seinem Tode. 2. Und er sprach:

Jehova kam von Sinai,
Und stieg ihnen auf von Seir,
Erglänzete vom Berge Paran,
Er kam mit heiligen Myriaden,
Zu seiner Rechten die Starken. *)

3. Er liebet deine Stämme, Israel,
Alle seine Heiligen sind bey dir,
Sie bleiben bey deinem Zug,
Er übernimmt deine Leitung!

4. Das Gesetz hat uns Mose geboten,
Und Besitzung ward der Gemeine Jakobs,

5. Und Er ist König über Israel,
Wenn sich versammeln die Häupter des Volks,
Zusamt den Stämmen Israels.

6. Es lebe Ruben, und sterbe nicht,
Und seine Menge sey ohne Zahl! **)

7. Und also sprach er zu Juda:
Höre, Jehova, die Stimme Judas,
Und bring ihn zurück zu seinem Volke.
Weit dehn' er sich aus zur Seite ***),
Und gib ihm Hilfe wider die Feinde.

8. Zu Levi sprach er:
Dein Recht und Licht trägt dein Frommer,
Den du versuchtest bey Massa,
Mit dem du hadertest bey Meriba;

9. Der da spricht zum Vater und zur Mutter: ich sah
sie nicht!
Und seinen Bruder nicht erkennet,
Und von seinen Söhnen nichts weiß.

---

*) Gew. ein feuriges Gesetz. And. Wassergüsse. And. Feuersäule. And. beständiges Feuer.
**) Vocalverand.
***) And. seine Hand sey ihm genug.

Denn ob deinen Sprüchen halten sie, Jehova,
Und bewahren deinen Bund,

10. Sie lehren Jakob deine Rechte,
Und Israel dein Gesetz,
Sie bringen Weihrauch deiner Nase,
Und Brandopfer auf deinen Altar.

11. Segne, Jehova, seine Kraft,
Und das Werk seiner Hände laß dir gefallen,
Zerschmettere die Hüften seiner Widersacher
Daß seine Hasser sich nicht erheben *).

12. Zu Benjamin sprach er:
Der Liebling Jehovas wohnet sicher,
Er schirmet ihn Tag für Tag,
Und wohnet auf seinen Bergen **).

13. Und zu Joseph sprach er:
Gesegnet sey von Jehova sein Land,
Mit dem Köstlichsten des Himmels, mit Thau
Und mit Wasserfüll' in der Tiefe,

14. Mit den köstlichsten Früchten der Sonne,
Und dem köstlichsten Erzeugniß der Monden,

15. Mit dem Herrlichsten der uralten Berge,
Mit dem Köstlichsten der ewigen Hügel,

16. Und dem Köstlichsten der Erd' und ihrer Fülle.
Und die Gnade des, der im Busche wohnete,
Sie komme auf das Haupt Josephs,
Auf die Scheitel des Auserwählten seiner Brüder.

17. Ein erstgeborner Stier, voll Hoheit ***),
Wie Hörner des Büffels, seine Hörner.
Mit ihnen stößt er die Völker nieder,
Allesamt, bis an die Gränzen des Landes:

---

*) Conject.
**) Eig. Schultern.
***) Eig. Ein Erstgeborn ist sein Stier.

Das sind die Myriaden Ephraims,
Und das die Tausende Manasses.

18. Und zu Sebulon sprach er:

Freue dich, Sebulon, deines Ausgangs,
Und Issaschar, deiner Zelte.

19. Die Stämme rufen sie zum Berge,
Daselbst opfern sie Opfer der Gebühr,
Denn sie saugen den Zufluß der Meere,
Und die verborgenen Schätze der Tiefe.

20. Und zu Gad sprach er:

Gepriesen sey, der Gad Raum gab!
Wie ein Löwe liegt er,
Und zerreißet Arm und Schädel.

21. Das Erste ersah er sich,
Daselbst ist ihr Erbtheil,
Sie verlangten es vom Führer *).
Aber sie gehen voran vor dem Volke **)
Und vollstrecken die Gerechtigkeit Jehovas
Und seine Gerichte mit Israel.

22. Und zu Dan sprach er:

Dan ist ein junger Löwe,
Der aufspringet aus Basan.

23. Und zu Naphthali sprach er:

Naphthali sey gesättigt mit Huld,
Und voll von Segen Jehovas;
In West und Süden sein Eigenthum.

24. Und zu Asser sprach er:

Gesegnet unter den Söhnen ist Asser,
Ist seiner Brüder Wohlgefallen,
Und tauchet in Oel seinen Fuß.

---

*) Conject. und Vocalveränd. Gew. Denn daselbst ist der Theil
des geehrten Führers; Oder: des Führers aufgehoben.
**) And. Es kommen die Häupter des Stammes.

25. Eisen und Erz sind deine Riegel,
   Wie dein Leben, so deine Ruhe *).

26. Keiner ist, wie der Gott Israels!
   Der am Himmel daher fährt dir zur Hilfe,
   In seiner Majestät auf Wolken.

27. Helfer ist der alte Gott,
   Und unten wirken die ewigen Arme.
   Und er treibet von dir hinweg den Feind,
   Und spricht: sey vertilget!

28. Israel wohnet sicher, besonders,
   Vor sich schauet Jakob ein Land von Korn
      und Wein,
   Und sein Himmel träufelt Thau.

29. Heil dir Israel! wer ist wie du,
   Ein Volk beglückt von Jehova,
   Dem Schilde deiner Hilfe,
   Dem Schwerte deiner Hoheit!
   Und es schmeicheln dir die Völker,
   Und du ersteigest ihre Höhen.

Cap. XXXIV.

Moses Tod.

1. Und Mose stieg von den Ebenen Moabs auf den Berg Nebo, die Spitze des Pisga, Jericho gegenüber, und Jehova ließ ihn das ganze Land schauen, Gilead bis nach Dan, 2. und ganz Naphthali und das Land Ephraim und Manasse und das ganze Land Juda bis zu dem hinteren Meere, 3. und das mittägliche Land und die Aue des Jordans und das Thal von Jericho (der Palmenstadt) bis nach Zoar. 4. Und Jehova sprach zu ihm: dieß ist das Land, welches ich Abraham Isaak und Jakob geschworen, und gesagt: deinem Samen will ich es geben. Ich lasse dich es schauen mit deinen Augen, aber hinüber sollst du nicht kommen. 5. Also starb

---

*) And. deine Stärke. And. dein Reichthum.

daselbst Mose, der Knecht Jehovas, im Lande Moab, nach dem Worte Jehovas. 6. Und er *) begrub ihn im Thale, im Lande Moab, Beth = Peor gegen über, und kein Mensch kennet sein Grabmal bis auf diesen Tag. 7. Und Mose war hundert und zwanzig Jahr alt, als er starb, sein Auge war nicht schwach geworden, und seine Kraft nicht geschwunden. 8. Und die Söhne Israels beweineten Mose in den Ebenen Moabs dreyßig Tage, bis die Tage des Weinens und der Trauer über Mose voll waren. 9. Und Josua, der Sohn Nuns, ward erfüllet mit dem Geiste der Weisheit, denn Mose hatte seine Hände auf ihn gelegt, und es gehorchten ihm die Söhne Israels, und thaten, so wie Jehova Mosen geboten.

10. Und es stand hinfort kein Prophet in Israel auf wie Mose, den Jehova kannte von Angesicht zu Angesicht, 11. in Ansehung aller der Zeichen und Wunder, welche ihn Jehova sandte zu thun im Lande Aegypten an Pharao und an allen seinen Knechten und an seinem ganzen Lande, 12. und in Ansehung der mächtigen Hand und der großen und fürchter= lichen Thaten, welche Mose that vor den Augen des ganzen Israels.

---

*) Und. man.

Das

Buch Josua.

Das
Buch Josua.

~~~~~~~~

Cap. I.

Josua erhält von Gott den Auftrag, über den
Jordan zu gehen, um das Land Canaan
in Besitz zu nehmen. Die Israeliten
versprechen ihm Gehorsam.

1. Und es geschah nach dem Tode Moses, des Knechtes
Jehovas, daß Jehova zu Josua, dem Sohne Nuns, dem
Diener Moses, also sprach: 2. Mose, mein Knecht, ist
todt, und nun mache dich auf, und geh über diesen Jordan,
du und dieses ganze Volk, in das Land, welches ich ihnen
[den Söhnen Israels] gebe. 3. Jeden Ort, welchen
eure Fußsohlen betreten, habe ich euch gegeben, wie ich es
Mose zugesagt. 4. Von der Wüste und dem Libanon hier
bis zum großen Strome, zum Strome Phrat [Euphrat] —
das ganze Land der Hethiter — und bis zum großen Meere
gegen den Untergang der Sonne, sollen eure Gränzen seyn.
5. Es soll dir niemand widerstehen dein ganzes Leben lang;
wie ich mit Mose gewesen bin, so will ich auch mit dir seyn.
Ich lasse dich nicht sinken, ich verlasse dich nicht. 6. Sey

fest und männlich, denn du wirst diesem Volke zum Besitz
des Landes verhelfen, welches ich ihren Vätern geschworen,
ihnen zu geben. 7. Nur sey fest und ganz männlich in
Beobachtung und Erfüllung des ganzen Gesetzes, was dir
Mose, mein Knecht, geboten hat. Weiche nicht davon, weder
zur Rechten noch zur Linken, damit du weislich handelst in
allen deinen Unternehmungen. 8. Es müsse sich nicht entfernen dieses Buch des Gesetzes von deinem Munde; sondern
lies darin mit Bedacht Tag und Nacht, damit du beobachtest,
wie alles, was darin geschrieben ist, zu erfüllen sey. Alsdann wird dein Unternehmen einen glücklichen Fortgang haben,
alsdann wirst du weislich handeln. 9. Hab ich dir nicht geboten: sey fest und männlich? Laß dich nicht von der
Furcht überwältigen, und bebe nicht, denn Jehova, dein
Gott, ist mit dir in allem, was du unternehmen wirst.

10. Und Josua gebot den Vorstehern des Volks, und
sprach: 11. gehet durch das Lager, und gebietet dem Volke,
und sprecht: schaffet euch Lebensmittel an, denn nach drey
Tagen sollt ihr über diesen Jordan gehen; um zur Besitz-
nahme des Landes zu kommen, welches Jehova, euer Gott,
euch zum Besitze geben wird.

12. Zu den Rubenitern, Gaditern und dem halben Stamme
Manasse aber sprach Josua: 13. gedenket an das Wort,
welches euch Mose, der Knecht Jehovas, gebot, da er
sprach: Jehova, euer Gott, hat euch zur Ruhe gebracht, und euch dieses Land gegeben. 14. Eure Weiber,
Kinder und Heerden sollen in dem Lande bleiben, das euch
Mose angewiesen dießeit des Jordans. Ihr aber sollt in gerüsteten Haufen zu funfzig Mann vor euern Brüdern herziehen, alle streitbaren Männer nämlich, und sie unterstützen,
15. so lange bis Jehova auch eure Brüder, wie euch, zur
Ruhe bringet, und bis auch sie das Land in Besitz nehmen,
welches Jehova, euer Gott, ihnen gibt. Alsdann sollt
ihr wieder umkehren in das Land eures Eigenthums, und
sollt es in Besitz nehmen, welches euch Mose, der Knecht

Jehovas, gegeben, dießeit des Jordans gegen Sonnen-
Aufgang.

16. Und sie antworteten Josua, und sprachen: alles,
was du uns geboten hast, wollen wir thun, und wohin du
uns sendest, wollen wir gehen. 17. Wie wir in allem
Mose gehorsam gewesen, so wollen wir auch dir gehorsam
seyn. Nur, daß Jehova, dein Gott, auch mit dir sey, wie
er mit Mose war! 18. Jeder, der deinem Munde ungehorsam ist, und nicht gehorchet deinen Worten, in allem, was
du uns gebietest, der soll sterben. Nur sey fest und männlich!

Cap. II.

Josua schickt zwey Kundschafter aus, welche in
Jericho von Rahab glücklich verborgen werden
und mit guter Nachricht zurückkommen.

1. Und Josua, der Sohn Nuns, sandte von Sittim
zween Kundschafter heimlich aus, und sagte ihnen: gehet
hin, besehet das Land und Jericho. Und sie gingen hin,
und kamen in das Haus einer Hure *), deren Name Rahab
war, und blieben daselbst. 2. Und es ward dem Könige von
Jericho gemeldet: siehe! es sind in dieser Nacht Leute hieher
gekommen von den Söhnen Israels, um das Land auszuspähen. 3. Da sandte der König von Jericho zu Rahab, und
ließ ihr sagen: gib die zu dir gekommenen Männer heraus
[welche in dein Haus gekommen sind], denn sie sind gekommen, um das ganze Land auszuspähen. 4. Aber das Weib
nahm die zween Männer, und verbarg einen jeden, und
sprach: es ist an dem, daß diese Männer zu mir kamen,
aber ich wußte nicht, woher sie waren; 5. und da man die
Thore schließen wollte, als es finster war, gingen die Männer fort, ohne daß ich weiß, wohin sie gegangen. Jaget
ihnen eiligst nach, so werdet ihr sie einholen. 6. Und sie

*) Andere: Gastwirthin. Andere: Heidin (Nicht-Israelitin) a) von Ge-
burt, b) die von der jüdischen Religion abgefallen war.

ließ sie [die Männer] auf das Dach steigen, und ver-
steckte sie unter Baumwollen-Stengel *), welche sie auf dem
Dache aufgeschichtet hatte. 7. Aber die Leute jagten ihnen
nach auf dem Wege nach dem Jordan bis an die Furthen,
und man schloß das Thor zu, nachdem sie hinausgegangen,
um ihnen nachzujagen.

8. Ehe sie sich nun niederlegten, stieg sie zu ihnen auf
das Dach, und sprach zu ihnen: 9. ich weiß, daß Jehova euch
dieses Land gegeben, und daß die Furcht vor euch uns über-
fallen hat, und daß alle Einwohner dieses Landes vor euch
beben. 10. Denn wir haben gehöret, wie Jehova das Wasser des Schilf-Meeres ausgetrocknet vor euch her bey
eurem Auszuge aus Aegypten, und was ihr den beyden Königen der Amoriter jenseit des Jordans, Sihon und Og, gethan, wie ihr sie gänzlich vertilgt habt. 11. Und seitdem
wir solches gehöret haben, ist unser Muth dahin geschwunden,
und es reget sich vor euch der Geist der Tapferkeit in keinem
Manne mehr; denn Jehova, euer Gott, ist der Gott im
Himmel oben und auf der Erde unten. 12. So schwöret
mir nun bey Jehova, daß auch ihr, weil ich Barmherzigkeit an euch gethan habe, an meines Vaters Hause Barmherzigkeit thut, und gebet mir ein Zeichen der Sicherheit,
13. daß ihr am Leben erhaltet meinen Vater, meine Mutter, meine Brüder, meine Schwestern, und alle, welche
ihnen angehören, und errettet unsere Seelen vom Tode.
14. Und die Männer sprachen zu ihr: unsere Seele soll für
euch des Todes seyn! wenn ihr diesen unsern Auftrag nicht
verrathet, so wollen wir, wenn uns Jehova das Land gibt,
Barmherzigkeit und Treue an dir erweisen. 15. Darnach ließ
sie dieselben an einem Seile durch das Fenster hernieder, denn
ihr Haus war in einem Einschnitte der Mauer, und sie wohnete auf der Mauer. 16. Zuvor aber sprach sie noch zu
ihnen: gehet auf das Gebirge, damit euch eure Verfolger

---

*) Andere: Flachs-Stengel.

nicht begegnen, und verberget euch daselbst drey Tage, bis eure Verfolger wieder zurück sind, hernach setzet euern Weg weiter fort. 17. Die Männer aber sprachen zu ihr: wir sind von dem Eide, welchen du uns abgenommen, frey [wenn du nicht folgendermaßen handelst]: 18. siehe! sobald wir in das Land kommen, so binde das Seil mit dem rothen Faden, woran du uns herabläſſeſt, in das Fenſter; auch verſammle deinen Vater, deine Mutter, deine Brüder und deine ganze Familie bey dir im Hauſe. 19. Wer aber zur Thüre deines Hauſes herausgehet, deſſ Blut ſey auf ſeinem Haupte [oder iſt ſelbſt Schuld an ſeinem Tode], und wir ſind unſchuldig daran. Was aber alle, die bey dir im Hauſe ſind, betrifft, ſo ſoll ihr Blut auf unſerm Haupte ſeyn, wenn Hand an ſie geleget würde. 20. Auch dann, wenn du etwas von dieſem unſerm Auftrage verräthſt, ſind wir von dem Eide frey, welchen du uns abgenommen haſt. 21. Und ſie ſprach: es ſey, wie ihr ſaget, und entließ ſie. Sie aber gingen ihres Weges. Und ſie knüpfte [nachher] das rothe Seil ins Fenſter.

22. Alſo gingen ſie fort, und kamen an das Gebirge, und verweileten drey Tage daſelbſt; bis ihre Verfolger wieder zurück waren. Die Verfolger aber hatten ſie auf allen Straßen geſucht, ohne ſie zu finden. 23. Und die beyden Männer kehreten, indem ſie vom Gebirge herabgingen, und überſetzten [über den Jordan], wieder zurück, und kamen zu Joſua, dem Sohne Nuns, und erzähleten ihm alles, wie ſie es gefunden, und ſprachen zu Joſua: 24. ja! Jehova hat in unſere Hand gegeben das ganze Land, ſchon beben alle Einwohner des Landes vor unſerer Ankunft.

Cap. III. IV.

Die Iſraeliten gehen durch den Jordan, und errichten ein Denkmal zum Andenken an dieſe wunderbare Begebenheit.

1. Und Joſua machte ſich am andern Morgen frühe auf, und ſie brachen mit dem Lager von Sittim auf, und kamen

an den Jordan, er und alle Söhne Israels, und sie verweilten daselbst, ehe sie übersetzten. 2. Und nach Verlauf von drey Tagen gingen die Volks-Vorsteher im ganzen Lager umher, und geboten dem Volke, und sprachen: 3. wenn ihr sehet die Bundeslade Jehovas, eures Gottes, und die Priester und Leviten, welche sie tragen, so brechet auf von euren Lagerplätzen, und folget ihr nach — 4. jedoch so, daß zwischen euch und ihr ein Zwischenraum von zweytausend Ellen sey in die Länge. Nähert euch derselben nicht, damit ihr den Weg erfahret, welchen ihr gehen sollt; denn ihr seyd diesen Weg weder gestern noch vorgestern [zuvor noch nicht] gegangen. 5. Und Josua sprach zum Volke: heiliget euch, denn Morgen wird Jehova mitten unter euch ein Wunder thun! 6. Zu den Priestern aber sprach Josua: traget die Bundeslade, und gehet vor dem Volke hinüber. Und sie nahmen die Bundeslade, und gingen vor dem Volke her. 7. Und Jehova sprach zu Josua: an dem heutigen Tage will ich den Anfang machen, deine Größe vor den Augen von ganz Israel zu zeigen, damit sie erkennen, daß ich, wie ich mit Mose gewesen, auch mit dir seyn werde. 8. Du aber gebiete den Priestern, welche die Bundeslade tragen, und sprich: sobald ihr an den Anfang des Wassers im Jordan kommt, so bleibet im Jordan stehen! 9. Zu den Söhnen Israels aber sprach Josua also: tretet näher hieher, und höret die Worte Jehovas, eures Gottes! 10. Daran, so sprach Josua weiter, sollt ihr erkennen, daß ein lebendiger Gott unter euch ist, und daß er bey eurer Ankunft aus ihrem Besitze vertreiben wird die Cananiter, Hethiter, Heviter, Pheresiter, Gergesiter, Amoriter und Jebusiter. 11. Siehe! die Bundeslade des Herrschers über alle Welt wird vor euch durchgehen durch den Jordan. 12. Und nun nehmet euch zwölf Männer aus den Stämmen Israels, einen Mann, ja einen Mann nach jedem Stamme. 13. Und wenn dann die Fußsohlen der Priester, welche die Bundeslade Jehovas, des Herrschers über alle Welt, tragen, in dem Wasser des Jordans ruhen, so wird das Wasser des Jordans getrennt werden, und das von oben herabfließende Waſſer wird ſich in einem Haufen zuſammenſtellen. 14. Als nun das Volk aufbrach aus ſeinen Zelten, um über den Jordan zu gehen, und die Prieſter die Bundeslade vor dem Volke her trugen, 15. und als die Träger der Bundeslade an den Jordan kamen, und die Füße der tragenden Prieſter den Anfang des Waſſers berührten (der Jordan aber iſt voll an allen ſeinen Ufern die ganze Zeit der Ernte hindurch), 16. da blieb das von oben herabfließende Waſſer ſtehen, und ſtand in einem Haufen in großer Entfernung von der Stadt Adama *), welche ſeitwärts Zarthan lieget: Das Waſſer aber, welches in das Meer der Ebene, oder in das Salz-Meer, fließet, nahm ab und verſchwand. Und das Volk bewerkſtelligte ſeinen Uebergang, Jericho gegenüber 17. Die Prieſter aber, welche die Bundeslade Jehovas trugen, ſtanden in der Mitte des ausgetrockneten Jordans ganz ſicher. Und ganz Israel ging durch den ausgetrockneten Fluß, [welcher trocken blieb], bis das ganze Volk ſeinen Uebergang über den Jordan beendiget hatte.

IV, 1. Als nun das ganze Volk ſeinen Uebergang über den Jordan beendiget hatte, ſprach Jehova zu Joſua: 2. nehmet aus dem Volke zwölf Männer, einen aus jeglichem Stamme, 3. und gebietet ihnen und ſprecht: nehmet von dieſem Platze in der Mitte des Jordans, wo die Füße der Prieſter ſicher ſtanden, zwölf Steine, und bringet ſie mit euch hinüber, und leget ſie nieder in der Herberge, wo ihr dieſe Nacht übernachtet. 4. Und Joſua rief die zwölf Männer, welche er aus den Söhnen Israels dazu beſtimmt hatte, einen aus jeglichem Stamme, 5. und ſprach zu ihnen: gehet vor der Lade Jehovas, eures Gottes, her, in die Mitte des Jordans, und ein

---

*) Die Lesart Meadam verdient den Vorzug vor Beadam, welches aber, wenn es auch richtig wäre, auf keinen Fall durch: von den Leuten der Stadt überſetzt werden darf. Die Stadt Adam oder Adama iſt nicht mit der Stadt gleiches Namens Cap. XIX, 36 zu verwechſeln.

jeglicher hebe einen Stein auf seine Schulter, nach der Zahl der Stämme der Söhne Israels, 6. damit dieß ein Erinnerungszeichen unter euch bleibe. Wenn einst eure Kinder fragen: was thut ihr mit diesen Steinen? 7. so sollt ihr ihnen sagen: wie das Wasser des Jordans getrennt wurde vor der Bundeslade Jehovas, wie, als sie durch den Jordan ging, das Wasser des Jordans getrennt wurde, und wie, diese Steine für die Söhne Israels ein ewiges Denkmal bleiben sollen. 8. Und die Söhne Israels thaten, so wie ihnen Josua geboten, und nahmen zwölf Steine aus der Mitte des Jordans, wie Jehova zu Josua gesagt hatte, nach der Zahl der Stämme der Söhne Israels, und brachten sie mit sich hinüber in die Herberge, und legten sie dort nieder. 9. Und Josua errichtete zwölf Steine in der Mitte des Jordans auf dem Platze, wo die Füße der Priester, welche die Bundeslade trugen, standen, und sie sind noch daselbst bis auf diesen Tag. 10. Die Priester aber, welche die Lade trugen, standen in der Mitte des Jordans so lange, bis der ganze Auftrag vollzogen war, welchen Jehova Josua geboten hatte, dem Volke zu sagen, (so wie dieß alles Mose Josua geboten hatte). Und das Volk eilete mit seinem Uebergange. 11. Als nun das ganze Volk seinen Uebergang beendiget hatte, da ging die Lade Jehovas auch hinüber, und die Priester vor dem Volke her.

12. Und die Söhne Rubens, und die Söhne Gads und der halbe Stamm Manasse zogen in gerüsteten Haufen zu funfzig Mann vor den [übrigen] Söhnen Israels her, so wie es ihnen Mose geboten. 13. Gegen vierzig tausend zum Heereszug Gerüstete zogen vor Jehova her zum Streite in die Ebene von Jericho.

14. An diesem Tage zeigte Jehova Josuas Größe vor den Augen von ganz Israel, und sie fürchteten ihn, so wie sie Mose gefürchtet hatten, sein ganzes Leben lang. 15. Und Jehova sprach zu Josua: 16. gebiete den Priestern, welche die Lade des [schriftlichen] Gesetzes tragen, aus dem Jordan herauf zu steigen. 17. Und Josua gebot den Priestern: steiget herauf

aus dem Jordan! 18. Als aber die Priester, welche die Bun= desslade Jehovas trugen, aus dem Jordan heraussstiegen, und ihre Fußsohlen den ausgetrockneten Fluß wieder verließen, da kehrete das Wasser des Jordans wieder an seine vorige Stelle zurück, und strömete wie gestern und vorgestern [wie zuvor] in allen seinen Ufern.

19. Und das Volk zog über den Jordan am zehnten Tage des ersten Monden [April], und lagerte sich zu Gilgal an der öslichen Seite von Jericho. 20. Und jene zwölf Steine, welche man aus dem Jordan mitgenommen hatte, ließ Josua zu Gilgal aufrichten. 21. Und er sprach zu den Söhnen Is= raels: wenn eure Kinder einst ihre Väter fragen: was sollen diese Steine? — 22. so sollt ihr euren Kindern kund thun und sagen: durch den ausgetrockneten Fluß ging Israel über diesen Jordan, 23. weil Jehova, euer Gott, das Wasser des Jordans vor euch her austrocknen ließ, bis ihr hinüber gegan= gen waret, so wie Jehova, euer Gott, auch that beym Schilf= Meer [rothen Meer], welches er vor uns trocken werden ließ, bis wir hinüber waren. 24. Damit alle Völker der Erde er= kennen die Hand Jehovas, wie mächtig sie sey; damit ihr fürchtet Jehova, euren Gott, zu jeder Zeit.

Cap. V, 1 — 12.

Furcht der Cananiter bey der Nachricht von der Annäherung der Israeliten. Wiedereinführung der Beschneidung und der gewohnlichen Nah= rungsmittel bey den Israeliten.

1. Als nun höreten alle Könige der Amoriter, diesseit des Jordans nach dem Meere zu, und alle Könige der Cananiter am Meere, daß Jehova das Wasser des Jordans ausgetrocknet hatte vor den Söhnen Israels, bis sie hinüber gegangen wa= ren *), da schwand ihr Muth dahin, und es war kein Geist

---

*) Der recipirte Text hat: bis wir hinüber gegangen waren. Die bessere Lesart aber wird durch sieben und dreißig Handschriften, das Keri und die alten Uebersetzungen empfohlen.

der Tapferkeit mehr in ihnen vor den Söhnen Israels. 2.
Um dieselbe Zeit sprach Jehova zu Josua: verfertige dir stei-
nerne Messer, und fange die Beschneidung an den Söhnen
Israels zum zweyten Male an. 3. Da verfertigte sich Josua
steinerne Messer, und beschnitt die Söhne Israels an dem
Hügel Araloth [der Vorhäute]. 4. Das aber war die
Sache, warum Josua die Beschneidung vornahm: das
ganze Volk männlichen Geschlechts, welches aus Aegypten gezogen war, alle waffenfähigen Leute, waren gestorben in der
Wüste auf dem Wege seit dem Auszuge aus Aegypten. 5.
Beym Auszuge war das ganze Volk beschnitten; aber alles
Volk, das in der Wüste geboren war auf dem Wege seit
dem Auszuge aus Aegypten, war nicht beschnitten. 6. Denn
vierzig Jahre wanderten die Söhne Israels in der Wüste,
bis ausstarb das ganze Volk der waffenfähigen Leute, welche
aus Aegypten gezogen, und der Stimme Jehovas nicht gehorsam gewesen waren, weshalb ihnen Jehova zuschwur, daß er
sie das Land nicht sehen lassen wolle, welches Jehova ihren
Vätern geschworen ihnen *) zu geben, das Land, welches
fließet von Milch und Honig. 7. Ihre Söhne aber sollten die Stelle derselben ersetzen **), und diese beschnitt Josua,
weil sie noch die Vorhaut hatten, und auf dem Zuge nicht
waren beschnitten worden. 8. Als nun die Beschneidung an
dem ganzen Volke vollzogen war, so blieben sie auf ihren
Plätzen im Lager, bis sie außer Lebensgefahr waren.

9. Und Jehova sprach zu Josua: heute habe ich die
Schande Aegyptens von euch abgewälzet! Daher nannte man
den Namen dieses Orts Gilgal [Abwälzung] bis auf diesen
Tag. 10. Und die Söhne Israels blieben gelagert zu Gilgal,
und feyerten das Passah-Fest am vierzehnten Tage dieses

---

*) Gewöhnlicher Text: uns.

**) Man kann auch übersetzen: ihre Söhne aber ließ Josua von ih-
ren Lagerplätzen sich erheben, um die Beschneidung an
ihnen zu vollziehen.

Monden am Abend, in der Ebene von Jericho. 11. Und sie
aßen vom Getraide des Landes am nächstfolgenden Tage des
Passah = Festes, nämlich ungesäuertes Brod und Geröstetes,
bestimmt an diesem Tage [fing diese Nahrung wieder an].
12. Das Man [Himmels = Brod] aber hörete auf von dem
folgenden Tage an, wo sie von dem Getraide des Landes aßen,
so daß die Söhne Israels nun kein Man mehr hatten, sondern
die Erzeugnisse des Landes Canaan von diesem Jahre genossen.

Cap. V, 13. VI.

Die Stadt Jericho wird erobert und zerstört.

13. Und es geschah, daß Josua, als er vor Jericho war,
seine Augen aufhob, und um sich blickete, und siehe! da stand
ein Mann vor ihm mit einem gezogenen Schwerte in seiner
Hand. Und Josua ging auf ihn zu, und sprach zu ihm: ge=
hörest du uns, oder unsern Feinden an? 14. Und er antwor=
tete: nein! sondern ich bin ein Anführer vom Heere Jehovas,
und komme jetzt, ... , Da fiel Josua auf sein Angesicht zur
Erde, und bezeigte ihm seine Ehrfurcht, und sprach zu ihm:
was hat mein Gebieter seinem Knechte zu befehlen? 15. Und
der Anführer vom Heere Jehovas sprach zu Josua: zieh die
Schuhe von deinen Füßen, denn der Ort, wo du stehest, ist
heilig. Und Josua that also.

VI, 1. Jericho aber hatte seine Thore geschlossen,
und war verschlossen vor den Söhnen Israels. Niemand ging
heraus, und niemand kam hinein. 2. Aber Jehova sprach zu
Josua: siehe! ich habe Jericho in deine Hand gegeben, und
dessen König [und dessen] tapfere Krieger. 3. Laß die Stadt
umschließen von sämtlichen waffenfähigen Leuten, und sie [täg=
lich] einmal um die Stadt herumgehen. Dieß sollst du sechs
Tage hindurch thun lassen. 4. Und sieben Priester sollen sie=

den Posaunen, nämlich von der gewundenen Art*) vor der
Lade [des Bundes] hertragen, und am siebenten Tage soll ihr
siebenmal um die Stadt herumgehen, und die Priester sollen
die Posaunen blasen. 5. Und wenn nun des gewundenen
Horns gedehnter Ton erschallet, und ihr die Stimme der Posaune höret, so soll das ganze Volk ein großes Geschrey erheben, und die Mauer der Stadt wird unter sich zusammen-
stürzen, und das Volk wird sie übersteigen, ein jeder in seiner Richtung.

6. Und Josua, der Sohn Nuns, rief die Priester, und
sprach zu ihnen: nehmet auf die Lade des Bundes, und sieben Priester sollen sieben Posaunen von der gewundenen Art
vor der Lade Jehovas tragen. 7. Zum Volke aber sprach
er**): ziehet hin, und gehet um die Stadt herum, und jeder Gerüstete gehe vor der Lade Jehovas her.

8. Und als Josua dieß dem Volke befohlen hatte, trugen
die sieben Priester sieben Posaunen von der gewundenen Art
vor dem Heere, und bliessen während des Gehens die Posaunen, und die Bundeslade Jehovas folgte ihnen nach. 9. Und
die Gerüsteten gingen vor den blasenden Priestern her, und der den
Zug beschließende Haufe zog der Lade nach, er zog nach und bließ
die Posaunen. 10. Dem Volke aber hatte Josua geboten, und gesagt: ihr sollt kein Geschrey erheben, noch eure Stimme hören
lassen, noch soll ein Wort aus eurem Munde gehen, bis auf den
Tag, wo ich euch befehlen werde: erhebet ein Geschrey. Dann
aber erhebet euer Geschrey. 11. Also ging die Lade Jehovas
um die Stadt ringsum einmal, und sie [die Lade nebst den
Priestern und Gerüsteten] kamen zurück ins Lager, und über-

---

*) Man kann auch übersetzen: Widder-Hörner (welche die Gestalt ei-
nes Widder-Horns hatten). Und. Posaunen des Halljahres (deren
man sich beym Jubel-Jahre zu bedienen pflegte). Andere beziehen das Wort
auf die Priester: blasende (welche bliessen).

**) Nach einer andern Lesart: Sie (die Priester) sprachen (im Namen Jo-
suas).

nachteten im Lager. 12. Und Josua machte sich des Morgens früh auf, und die Priester trugen die Lade Jehovas. 13. Und sieben Priester trugen sieben Posaunen von der gewundenen Art vor der Lade Jehovas her, und gingen allenthalben umher, und bließen die Posaunen. Die Gerüsteten zogen vor ihnen her, und der Haufe, welcher den Zug schloß, zog hinter der Lade Jehovas hin und her, und bließ die Posaunen. 14. Und sie gingen am zweyten Tage einmal um die Stadt herum, und kehreten dann ins Lager zurück. Also thaten sie sechs Tage. 15. Am siebenten Tage aber machten sie sich früh auf beym Aufgang der Morgenröthe, und zogen, nach jener Verordnung, sieben Mal um die Stadt. Bloß an diesem Tage zogen sie sieben Mal um die Stadt. 16. Als aber die Priester zum siebenten Male die Posaunen bließen, sprach Josua zum Volke: erhebet das Geschrey, denn Jehova hat euch die Stadt gegeben. 17. Die Stadt aber, und alles, was darin ist, soll Jehova verbannet seyn [von Jehova der Zerstörung geweihet]. Nur die Hure Rahab soll am Leben bleiben, sie und alle, die bey ihr im Hause sind, denn sie verbarg die Boten, welche wir aussandten. 18. Allein hütet euch vor dem Verbanneten, damit ihr euch nicht, durch die Wegnahme von etwas Verbanntem, selbst verbannet [in den Bann bringet], und auch über das Lager der Israeliten den Bann und das Unglück bringet. 19. Alles Silber und Gold, alle kupfernen und eisernen Geräthe, sollen Jehova geheiliget seyn, und zum Schatz Jehovas kommen. 20. Da erhub das Volk das Geschrey, und [die Priester] bließen die Posaunen. Und als das Volk den Posaunen = Hall vernahm, da erhub es ein großes Geschrey. Und die Mauer stürzte unter sich zusammen, und das Volk erstieg die Stadt, ein jeder in seiner Richtung, und also nahmen sie die Stadt ein. 21. Und sie verbanneten alles, was in der Stadt war, Mann und Weib, Knaben und Greise, Rinder, Schaafe und Esel — alles mit der Schärfe des Schwertes.

22. Den beyden Männern aber, welche das Land ausge=
kundschaftet hatten, befahl Josua: gehet in das Haus des
Weibes, der Hure, und führet aus demselben heraus das
Weib, nebst allem, was ihr angehöret, wie ihr es ihr zuge=
schworen. 23. Da gingen die Kundschafter hinein, und füh=
reten heraus Rahab, ihren Vater, ihre Mutter, ihre Brüder,
und alles, was ihr angehörte — kurz, ihre ganze Familie füh=
reten sie heraus, und brachten sie in Sicherheit außerhalb der
Stadt im Lager der Israeliten: 24. Die Stadt aber ver=
brannten sie mit Feuer, und alles was darin war, ausgenom=
men das Silber und Gold und die kupfernen und eisernen
Geräthe, welche sie zum Schatz des Hauses Jehovas [Stifts=
hütte] ablieferten. 25. Die Hure Rahab aber und das Haus
ihres Vaters und alles, was ihr angehörte, ließ Josua leben,
und [diese Familie] sie wohnet unter den Israeliten bis auf
diesen Tag, weil sie die Boten verborgen, welche Josua aus=
gesandt hatte, Jericho auszukundschaften.

26. Und es schwur Josua zu derselben Zeit: verflucht sey
der Mann vor Jehova, der sich daran macht, diese Stadt,
dieses Jericho, wieder aufzubauen *). Auf der Leiche seines
Erstgebornen lege er den Grund dazu, und auf der Leiche sei=
nes jüngsten Sohnes stelle er die Thore wieder her. 27. Und
Jehova war mit Josua, und sein Ruf erscholl in allen Landen.

Cap. VII.

Achans Habsucht bringt Unglück über die Isra=
eliten; sie wird entdeckt und bestraft.

1. Aber die Söhne Israels begingen eine treulose That
an dem Verbanneten; es nahm nämlich Achan, der Sohn
Charmis, des Sohnes Sabdis, des Söhnes Serahs vom
Stamme Juda, etwas von dem Verbanneten. Da entbrannte

---

*) Andere übersetzen: wieder zu befestigen, wegen Richt. III, 13, und
2 Sam. X, 5.

der Zorn Jehovas wider die Söhne Israels. 2. Und es sandte Josua Leute von Jericho gen Ai, welches bey Beth-Aven lieget, östlich von Bethel, und sprach zu ihnen: gehet vorwärts, und kundschaftet das Land aus! Und die Leute gingen vorwärts, und kundschafteten bis Ai. 3. Und als sie wieder zu Josua kamen, sprachen sie zu ihm: es müsse nicht das ganze Volk hinaufziehen, sondern nur ohngefähr zwey bis drey tausend Mann mögen hinaufziehen, und Ai erobern; beschwere nicht das ganze Volk mit dem Zuge dorthin, denn ihrer [der Einwohner] sind wenig. 4. Also zogen von dem Volke etwa drey tausend Mann hinauf, aber sie flohen vor den Einwohnern von Ai. 5. Und es tödteten von ihnen die Einwohner von Ai etwa sechs und dreyßig Mann, und jagten die andern in die Flucht vom Thore an, bis sie dieselben ganz zerstreuet *), und geschlagen am Abhange des Berges. Da schwand der Muth des Volks dahin, wie Wasser.

6. Josua aber zerriß seine Kleider, und fiel auf sein Angesicht zur Erde vor der Lade Jehovas, bis auf den Abend, er und die Aeltesten Israels, und sie streueten Staub auf ihre Häupter. 7. Und Josua sprach: ach! Herr, Jehova, warum hast du doch dieses Volk über den Jordan herüberziehen lassen, daß du uns gäbest in die Hand der Amoriter, uns umzubringen? O! daß wir doch bey unserm Vorsatze beharret, und jenseit des Jordans geblieben wären! 8. O! du mein Herr, was soll ich nun sagen, nachdem Israel seinen Feinden den Rücken gekehret? 9. Wenn das die Cananiter und alle Einwohner des Landes hören, so werden sie uns umringen, und unsern Namen vertilgen von der Erde. Und was willst du [dann] thun für die Größe deines Namens? 10. Und Jehova sprach zu Josua: stehe auf! warum liegest du hier so auf deinem Angesichte! 11. Israel hat sich versündiget; ja, sie haben den Bund gebrochen, welchen ich mit ihnen gemacht hatte; ja, sie haben

---

*) Nach einer von mehrern alten Versionen befolgten Lesart. And: bis gen Sabarim (ein völlig unbekannter Ort.)

von dem Verbannten genommen; ja, sie haben gestohlen; ja,
sie habens verheimlichet; ja, sie habens unter ihre Geräthe
versteckt. 12. Und darum konnten die Söhne Israels nicht
stehen vor ihren Feinden, darum mußten sie ihren Feinden
den Rücken kehren, denn sie sind im Bann. Ich werde nicht
mehr mit euch seyn, wenn ihr nicht vertilget das Verbannete
aus eurer Mitte. 13. Wohlan! heilige [reinige] das Volk,
und sprich: heiliget euch auf Morgen. Denn also spricht Jehova, der Gott Israels: es ist Verbannetes unter dir, Israel; darum kannst du nicht stehen vor deinen Feinden, bis
ihr das Verbannete weggeschafft habt aus eurer Mitte. 14.
Tretet am Morgen in meiner Nähe zusammen nach euern
Stämmen; und der Stamm, welchen Jehova treffen [bestim-
men] wird, soll nach seinen Geschlechtern zusammentreten, und
jedes Geschlecht, welches Jehova treffen [bestimmen] wird, soll
nach seinen Häusern [Familien] zusammentreten, und jedes
Haus [jede Familie], welches Jehova treffen [bestimmen]
wird, soll nach den einzelnen Personen [Mann für Mann]
zusammentreten. 15. Und wer nun betroffen wird beym Verbannten, der soll mit Feuer verbrannt werden, sammt allem,
was ihm angehöret; weil er den Bund mit Jehova gebrochen,
und weil er eine schändliche That in Israel verübt hat.

16. Und Josua machte sich des Morgens frühe auf, und
ließ Israel zusammentreten nach seinen Stämmen, und es
ward getroffen der Stamm Juda. 17. Er ließ nun die Geschlechter Judas zusammentreten, und da ward getroffen das
Geschlecht Serah; er ließ das Geschlecht Serah zusammentreten nach den Häusern [Familien] *), und da ward getroffen [das Haus] Sabdi. 18. Und als er das Haus desselben
nach den einzelnen Personen [Mann für Mann] zusammen-

---

*) Die gewöhnliche Lesart: nach den einzelnen Personen (Luther:
Hauswirthen) paßt, wegen V. 14, nicht hieher. Die unsrige wird durch mehrere Handschriften bestätiget.

treten ließ, da ward getroffen Achan, der Sohn Charmis,
des Sohnes Sabdis, des Sohnes Serahs, vom Stamme Juda.

19. Und Josua sprach zu Achan: mein Sohn, gib
Jehova, dem Gott Israels, die Ehre, und lege ihm dein
Bekenntniß ab. Entdecke mir, was du gethan hast, und
verheimliche nichts vor mir! 20. Und es antwortete Achan dem
Josua, und sprach: ja, es ist wahr, daß ich mich an
Jehova, dem Gott Israels, versündiget habe, und so und
so hab ich gethan: 21. ich sah unter der Beute einen
schönen sinearischen *) Mantel, und zweyhundert Seckel
[Viertel-Pfund] Silber, und eine Gold-Stange, funfzig
Seckel am Gewicht — deß gelüstete mich, und ich nahm es.
Und siehe! es ist verscharrt in der Erde mitten in meinem
Zelte, und das Silber darunter. 22. Da sandte Josua Boten
hin, die liefen zum Zelte, und siehe! da lag es verscharrt in
seinem Zelte, und das Silber darunter. 23. Und sie nahmen
es aus dem Zelte, und brachten es zu Josua und allen Söh-
nen Israels, und sie legtens vor Jehova [bey der Bundes-
lade] nieder. 24. Da nahm Josua Achan, den Nachkommen
Serahs, das Silber, den Mantel, die Gold-Stange, seine
Söhne und Töchter, seine Rinder, Esel und Heerden, sein
Zelt und alles, was ihm angehörte, und mit ihm alle Söhne
Israels, und führeten sie hinauf in das Thal Achor. 25. Und
Josua sprach: wie du uns gekränkt hast, so müsse dich auch
Jehova kränken an diesem Tage. Und sämtliche Israeliten
steinigten ihn, und verbrannten die ihm zugehörigen Sachen
mit Feuer, und warfen Steine darüber. 26. Und sie errich-
teten über seinem Leichnam einen großen Steinhaufen, welcher
noch bis auf den heutigen Tag da ist. Darnach wendete sich Jehova von seinem brennenden Zorne.

Von diesem Vorfall nannte man den Namen dieses Ortes:
das Thal Achor [der Kränkung] bis auf diesen Tag.

*) Und babylonischen Mantel. Andere übersetzen, nach einer Verände-
rung der Lesart (Sear statt Schinear): einen Mantel von Haaren,
u. dgl.

Cap. VIII, 1 — 29.

Belagerung und Eroberung der Stadt Ai.

1. Und Jehova sprach zu Josua: fürchte dich nicht, und bebe nicht. Nimm mit dir alles Kriegs-Volk, und brich damit auf gegen Ai. Siehe! ich habe in deine Hand gegeben den König von Ai, sein Volk, seine Stadt und sein Land. 2. Und du sollst thun mit Ai und seinem Könige, wie du thatest mit Jericho und dessen Könige, mit der Ausnahme, daß ihr die Beute und das Vieh dieser Stadt unter euch theilen sollt. Aber lege einen Hinterhalt der Stadt im Rücken.

3. Darnach erhob sich Josua und alles Kriegs-Volk zum Zuge gegen Ai. Und Josua erwählete dreyßigtausend Mann der tapfersten Leute, und schickete sie bey der Nacht ab, 4. und gebot ihnen, und sprach: ihr, die ihr im Hinterhalt der Stadt im Rücken seyd, sehet euch wohl vor, daß ihr euch nicht zu weit entfernet von der Stadt, und damit ihr alle zugleich bereit seyd. 5. Ich aber, und alles Volk, was bey mir ist, wollen auf die Stadt losgehen. Und wenn sie nun herausziehen uns entgegen, wie das erste Mal, so wollen wir vor ihnen fliehen. 6. Und sie werden uns nachjagen, bis wir sie von der Stadt abgeschnitten haben, denn sie werden sagen: sie fliehen vor uns, wie das erste Mal! Und wir werden vor ihnen fliehen. 7. Dann aber sollt ihr hervorbrechen aus euerm Hinterhalte, und die Stadt in Besitz nehmen; denn Jehova, euer Gott, hat sie in eure Hände gegeben. 8. Und sobald ihr die Stadt genommen, sollt ihr die Stadt in Brand stecken. Nach dem Worte Jehovas thuet, sehet, ich gebiete es euch.

9. Also sandte sie Josua hin, und sie zogen in den Hinterhalt, und hielten zwischen Bethel und zwischen Ai, auf der westlichen Seite der Stadt. Josua aber blieb diese Nacht unter dem Volke [im Lager]. 10. Und am andern Tage machte sich Josua frühe auf, und ordnete das Volk, und er und die Aeltesten Israels zogen an der Spitze des Volks gegen Ai. 11. Und

alles Kriegs-Volk, das bey ihm war, brach auf, und rückete vorwärts, und kamen der Stadt gegenüber, und sie lagerten sich auf der nördlichen Seite von Ai, so daß nur ein Thal zwischen ihnen und Ai war. 12. (Er [Josua] hatte aber ungefähr fünftausend Mann genommen, und in den Hinterhalt geleget zwischen Bethel und zwischen Ai, auf der westlichen Seite der Stadt. 13. Und das Volk hatte sich in das ganze Lager gestellt, welches auf der nördlichen Seite der Stadt war, und dessen äußerster Theil westlich an die Stadt reichte *). Und Josua zog in dieser Nacht in die Mitte des Thals.)

14. Als aber der König von Ai es sahe, so eileten er und die Einwohner der Stadt in aller Frühe, den Söhnen Israels entgegen zu ziehen zum Kampfe, er mit seinem ganzen Volke, zur bestimmten Zeit und an dem bestimmten Ort, beym Anfang der Ebene. Er wußte aber nicht, daß ein Hinterhalt gegen ihn war im Rücken der Stadt. 15. Und Josua und ganz Israel geriethen mit ihnen zusammen, und flohen dann auf dem Wege nach der Wüste. 16. Da schrie man dem ganzen Volke, das in der Stadt war, zu, daß man sie, [die Israeliten] verfolgen sollte; und sie verfolgeten Josua, und wurden so von der Stadt abgeschnitten. 17. Und es blieb kein [streitbarer] Mann zurück in Ai (und Bethel), welcher nicht ausgezogen wäre, Israel zu verfolgen. Sie ließen die Stadt offen stehen, um Israel zu verfolgen.

18. Da sprach Jehova zu Josua: recke aus die Lanze, welche du in deiner Hand hältst, gegen Ai; denn ich habe sie in deine Hand gegeben. Und Josua reckete aus die Lanze, welche er in seiner Hand hielt, gegen die Stadt. 19. Und der Hinterhalt brach eiligst auf von seinem Platze, und drang vorwärts, sobald er seine Hand ausreckete. Und sie kamen in die Stadt, und gewannen sie, und eileten, sie in Brand zu stecken.

---

*) Man kann auch übersetzen: Und hatte einen Hinterhalt (Hinterlist) auf die westliche Seite der Stadt gestellt.

20. Und als die Einwohner von Ai hinter sich blickten, siehe! da sahen sie, wie der Rauch von der Stadt emporstieg himmelwärts. Und sie konnten nach keiner Seite hinfliehen, weder hin noch her; denn das nach der Wüste fliehende Volk kehrete sich um gegen seinen Verfolger. 21. Denn als Josua und ganz Israel sahen, daß der Hinterhalt die Stadt genommen, und daß der Rauch von der Stadt emporstieg, kehreten sie um, und schlugen die Einwohner von Ai. 22. Und jene [in der Stadt befindlichen Israeliten] zogen aus der Stadt ihnen entgegen, so daß sie mitten zwischen Israel geriethen, von dieser und jener Seite. Und sie schlugen sie so, daß ihnen nicht übrig blieb ein [der Schlacht] Entronnener oder [durch die Flucht] Geretteter. 23. Und den König von Ai fingen sie lebendig, und brachten ihn zu Josua.

24. Als nun Israel fertig war mit dem Würgen aller Einwohner von Ai, welche sie auf das Feld und nach der Wüste verfolgt hatten, und als sie alle gefallen durch die Schärfe des Schwertes, bis auf den letzten Mann, da wendete sich ganz Israel gegen Ai, und schlug es mit der Schärfe des Schwertes. 25. Und die Zahl der an diesem Tage Gefallenen, Männer und Weiber, war zwölftausend, alle Einwohner von Ai. 26. Josua aber zog seine Hand, womit er die Lanze ausreckte, nicht eher wieder zurück, als bis man vertilget hatte alle Bewohner von Ai. 27. Nur das Vieh und die Beute in der Stadt theileten die Israeliten bey der Plünderung unter sich, nach dem Worte Jehovas, welches er Josua geboten. 28. Und Josua verbrannte Ai, und verwandelte es in einen Schutthaufen ewiger Verwüstung, bis auf diesen Tag. 29. Und den König von Ai ließ er aufhängen an einen Baum, bis zur Abendzeit. Als aber die Sonne untergegangen, gebot Josua, daß man seinen Leichnam herabnahm vom Baume, und ihn hinwarf an den Eingang des Stadt-Thores. Und man errichtete darüber einen großen Steinhaufen, der bis auf diesen Tag da ist.

Cap. VIII, 30 — 35.

Feyerliche Erneyerung des Bundes mit Gott
nach der von Mose gegebenen Vorschrift.

30. Darnach bauete Josua einen Altar Jehova, dem
Gott Israels, auf dem Berge Ebal, 31. so wie Mose, der
Knecht Jehovas, geboten den Söhnen Israels, wie es geschrie=
ben stehet im Gesetz=Buch Moses: „Einen Altar von
ganzen (unbehauenen) Steinen, worüber man
nicht das Eisen geschwungen. Darauf sollen sie
Jehova Brandopfer darbringen, und Freuden=
opfer opfern." 32. Und er [Josua] schrieb daselbst auf
Steine die Wiederholung des Gesetzes Moses, welches er ge=
schrieben unter den Augen der Söhne Israels.

33. Und ganz Israel und dessen Aeltesten und die Vorste=
her und Richter standen zu beyden Seiten der Lade [des Bun=
des] gerade über vor den Priestern und Leviten, welche die
Bundeslade Jehovas trugen, die Fremdlinge sowohl als die
Einheimischen, ein Theil am Abhange des Berges Garisim,
der andere Theil am Abhange des Berges Ebal — ganz so wie
Mose, der Knecht Jehovas, geboten, so daß über das Volk
Israel zuerst der Segen gesprochen wurde. 34. Und darnach las
er vor alle Worte des Gesetzes vom Segen und Fluch [Dro=
hung], ganz so wie es geschrieben stehet im Buche des Ge=
setzes. 35. Es war kein Wort von allem, was Mose geboten,
das Josua nicht vorgelesen hätte vor der ganzen Versammlung
Israels, vor den Weibern, Kindern und Fremdlingen, welche
in ihrer Mitte lebten.

Cap. IX.

Die Gideoniten erlangen den Frieden durch
List, werden aber zu ewiger Sclaven=
Arbeit verdammt.

1. Und es geschah, als dieß höreten alle Könige diesseit
des Jordans, sowohl auf dem Gebirge, als auf dem platten

Lande, als auch an den Küsten des großen Meeres, am Ab=
hange des Libanon, nämlich die Hethiter, Amoriter, Cana=
niter, Pheresiter, Heviter und Jebusiter, 2. da versammel=
ten sie sich allzumal zum Streite wider Josua und Israel
einträchtiglich.

3. Da nun auch die Bürger von Gibeon höreten, was
Josua gethan an Jericho und an Ai, 4. handelten sie mit
Hinterlist, und zogen aus, und versahen sich mit Reisezeh=
rung, und luden alte Säcke (Reisebündel) auf ihre Esel, und
alte zerrissene und geflickte Weinschläuche, 5. und alte, ge=
flickte Schuhe hatten sie an ihren Füßen, und alte Kleider auf
dem Leibe; und alles Brod, das sie als Zehrung bey sich
führeten, war hart und schimmelig. 6. Also gingen sie zu
Josua ins Lager zu Gilgal, und sprachen zu ihm und den isra=
elitischen Männern: aus fernen Landen kommen wir her,
schließet einen Bund mit uns. 7. Da sprachen die israeliti=
schen Männer zu dem Heviter [dem vornehmsten Gesandten der
Gibeoniten]: vielleicht wohnest du mitten unter uns; wie könn=
ten wir dann einen Bund mit dir schließen? 8. Und sie spra=
chen zu Josua: wir sind deine Knechte. Josua aber sprach zu
ihnen: wer seyd ihr? Woher kommet ihr? 9. Und sie ant=
worteten ihm: aus einem sehr entfernten Lande kommen deine
Knechte, um des Namens Jehovas, deines Gottes, willen.
Denn sein Ruf ist uns kund worden, und alles, was er gethan in
Aegypten; 10. auch alles, was er gethan an den beyden Königen
der Amoriter jenseit des Jordans, Sihon, dem Könige von
Hesbon, und Og, dem Könige von Basan, welcher zu Astaroth
wohnete. 11. Darum sprachen unsere Aeltesten und alle Ein=
wohner unsers Landes: nehmet Zehrung mit euch auf die
Reise, und gehet ihnen entgegen, und sprechet zu ihnen: wir
sind eure Knechte; wohlan! schließet einen Bund mit uns!
12. Dieses, unser Brod, nahmen wir warm zu unserer Zehrung
aus unsern Häusern am Tage unserer Abreise zu euch, und
siehe! schon ist es hart und schimmelig geworden. 13. Und diese
Weinschläuche, welche wir frisch fülleten, siehe! wie sie zer=

riffen find: auch diese unsere Kleider und Schuhe sind alt ge=
worden über der sehr langen Reise. 14. Da nahmen die isra=
elitischen Männer von ihrer Zehrung, und fragten nicht den
Mund Jehovas. 15. Und Josua machte Frieden mit ihnen,
und schloß mit ihnen den Bund, daß sie leben bleiben sollten.
Und es schwuren ihnen die Fürsten der Versammlung.
16. Aber nach Verlauf von drey Tagen, nachdem sie den Bund
mit ihnen geschlossen, erfuhren sie, daß sie ihnen nahe waren,
und mitten unter ihnen wohneten. 17. Denn da die Israeliten
vorwärts rückten, kamen sie zu ihren Städten am dritten Tage.
Diese Städte aber hießen: Gibeon, Caphira, Beeroth und
Kiriath=Jearim. 18. Und die Söhne Israels schlugen sie
nicht, weil ihnen die Fürsten der Versammlung geschworen bey
Jehova, dem Gott Israels. Da murrete die ganze Volks=
versammlung über ihre Fürsten. 19. Und sie sprachen zu der
ganzen Volksversammlung: wir haben ihnen geschworen bey
Jehova, dem Gott Israels; darum können wir sie nicht an=
tasten. 20. Also wollen wir thun mit ihnen: wir wollen sie
leben lassen, damit nicht der Zorn [Gottes] über uns komme,
wegen des Eides, den wir ihnen geschworen. 21. Weiter
sprachen die Fürsten zu ihnen: sie mögen leben; aber sie sollen Holz=
hauer und Wasserträger der ganzen Volksversammlung werden.
Dieß ward von der Volksversammlung gebilliget, und sie wurden
Holzhauer und Wasserträger *), so wie die Fürsten ihnen gesagt
hatten.

22. Da ließ sie Josua rufen, und redete zu ihnen, und
sprach: warum habt ihr uns betrogen, daß ihr sagtet: wir
sind sehr weit von euch, da ihr doch mitten unter uns wohnet?
23. Darum sollt ihr verflucht [verdammt] seyn, und es soll
nicht aufhören bey euch der Sclavendienst. Ihr sollt Holzhauer
und Wasserträger seyn für das Haus [Tempel] meines Gottes.

*) Diesen nothwendigen Zwischensatz hat schon die Syrische Uebersetzung.
Außerdem müßte man übersetzen: wie wir, die Fürsten ge=
sagt (verordnet) haben.

24. Sie aber antworteten Josua, und sprachen: es war die Kunde zu deinen Knechten gekommen, daß Jehova, dein Gott, Mose, seinem Knechte, geboten, euch dieß ganze Land zu geben, und zu vertilgen alle Einwohner des Landes vor euch her; darum waren wir sehr besorgt vor euch wegen unsers Lebens, und darum thaten wir so, wie ihr gesagt [uns vorgeworfen]. 25. Nun aber, siehe! wir sind in deiner Hand [Gewalt], wie es dich gut und recht dünket, uns zu thun, also thue uns. 26. Und er that ihnen so: er errettete sie von der Hand [Gewalt] der Söhne Israels, so daß sie dieselben nicht tödteten; 27. aber er [Josua] bestimmte sie von diesem Tage an zu Holzhauern und Wasserträgern für die Volksversammlung und für den Altar Jehovas, bis auf diesen Tag, an dem Orte, den er [Jehova] erwählen würde.

Cap. X.

Josuas wunderbarer Sieg über fünf cananitische Könige und Eroberung ihrer Länder.

1. Als aber Adoni = Zedek, der König von Jerusalem, hörete, daß Josua Ai eingenommen und verbannet [zerstöret], und daß er Ai und dessen Könige gethan, so wie er Jericho und dessen Könige that, und daß sie [Josua und die Israeliten] den Einwohnern Gibeons den Frieden mit Israel zugestanden, und in ihre Mitte gekommen waren: 2. da fürchteten sie [der König und die Seinigen] sich sehr. Denn Gibeon war eine große Stadt, so groß wie irgend eine Königs=Stadt, und sie war größer denn Ai, und alle ihre Einwohner waren streitbar. 3. Und es sandte Adoni Zedek, der König von Jerusalem, an Hoham, den König von Hebron, und an Piream, den König von Jarmuth, und an Japhia, den König von Lachis, und an Debir, den König von Eglon, und ließ ihnen sagen: 4. ziehet herauf mir zur Hülfe, damit wir Gibeon züchtigen, denn es hat Friede gemacht mit Josua und den Söhnen Israels. 5. Da versammelten sich, und zogen heran die fünf Könige der Amoriter, der König von Jerusa=

lem, der König von Hebron, der König von Jarmuth, der
König von Lachis und der König von Eglon — sie und ihr
ganzes Lager, und sie lagerten sich vor Gibeon, und griffen
es an. 6. Die Männer von Gibeon aber schickten an Josua
ins Lager zu Gilgal, und ließen ihm sagen: ziehe deine Hand
nicht ab von deinen Knechten, komm eiligst herangezogen zu
unserer Rettung, und steh uns bey; denn es haben sich gegen
uns verbunden alle Könige der Amoriter, die auf dem Gebirge
wohnen. 7. Da brach Josua von Gilgal auf, er und alles
Kriegsvolk mit ihm und alle streitbaren Männer. 8. Und Jehova sprach zu Josua: fürchte dich nicht vor ihnen, denn ich
habe sie in deine Hände gegeben. Nicht ein einziger Mann unter ihnen wird dir widerstehen. 9. Und Josua überfiel sie
plötzlich. Die ganze Nacht zog er gegen sie heran von Gilgal
aus. 10. Und Jehova jagte ihnen ein Schrecken ein vor den
Israeliten, und sie schlugen sie in einer großen Schlacht bey
Gibeon, und verfolgten sie auf dem Wege nach den Anhöhen
nach Beth-Horon, und schlugen sie bis nach Aseka und Makeda hin. 11. Und als sie flohen vor Israel am Abhange des
Berges von Beth-Horono ließ Jehova auf sie herabfallen große
Steine vom Himmel bis gen Aseka, daß sie umkamen. Und
viel mehr kamen ihrer um durch die Hagel-Steine, als die
Söhne Israels erwürgten mit dem Schwerte. 12. Damals
redete Josua mit Jehova, an dem Tage, wo Jehova die
Amoriter Preis gab vor den Söhnen Israels, und sprach in
Gegenwart der Israeliten: Sonne zu Gibeon, stehe stille, und
Mond im Thale Ajalon! 13. Und es stand stille die Sonne,
und der Mond blieb stehen, bis sich rächte das Volk an seinen Feinden. Stehet dieß nicht geschrieben im Buche der
Helden *): „Und es blieb stehen die Sonne mitten
am Himmel, und eilete nicht unterzugehen beynah einen vollen Tag. Und es war kein Tag die-

---

*) And. Im Buche der Frommen, oder: Redlichen. And: Im
National-Liederbuche. And: In der Blumenlese (Anthologie).
Eigentlich: Buch der Tapferkeit, Bravheit.

sem gleich, weder zuvor noch darnach, daß nämlich Jehova Gehör gab der Stimme eines Menschen. Denn Jehova stritt für Israel"?

15. (Und Josua und das ganze Israel mit ihm kehreten
zurück ins Lager von Gilgal.) *)

16. Jene fünf Könige aber waren geflohen, und hatten
sich versteckt in die Höhle zu Makeda. 17. Da ward Josua
gemeldet: wir haben gefunden die fünf Könige, versteckt in
der Höhle zu Makeda! — 18. Und Josua sprach: wälzet
große Steine vor den Eingang der Höhle, und stellet Leute
davor, sie zu bewachen. 19. Ihr aber machet keinen Halt,
sondern verfolget eure Feinde, und fallet über ihren Nachzug
her, und lasset sie nicht kommen in ihre Städte, denn es hat
sie Jehova, euer Gott, in eure Hände gegeben.

20. Nachdem nun Josua und die Söhne Israel beendiget
diese sehr große Schlacht, bis zu ihrer [der Feinde] Vertil-
gung — der Rest der aus der Schlacht Geretteten gelangete
in die festen Städte — 21. da kehrete das ganze Volk glücklich
zurück ins Lager zu Josua bey Makeda. Und es durfte niemand gegen die Söhne Israel seine Zunge regen [mucken].
22. Und Josua sprach: eröffnet den Eingang der Höhle, und
führet aus derselben hervor zu mir jene fünf Könige. 23.
Und man that also, und führete vor ihn die fünf Könige aus
der Höhle, nämlich den König von Jerusalem, den König
von Hebron, den König von Jarmuth, den König von Lachis
und den König von Eglon. 24. Da aber diese fünf Könige
vor Josua geführt wurden, rief Josua ganz Israel zusammen,
und sprach zu den Obersten des Kriegsvolks, die mit ihm gezogen waren: herbey, und tretet mit euern Füßen auf die
Hälse dieser Könige! Und sie kamen herbey, und traten mit
den Füßen auf ihre Hälse. 25. Und Josua sprach zu ihnen:

---

*) Vielleicht standen auch diese am Ende des Kapitels wiederholten Worte in
dem Helden - Buche.

seyd unbesorgt, und erschrecket nicht! Seyd fest und männlich; denn also wird Jehova thun allen euren Feinden, wider die ihr streitet. 26. Und darnach ließ sie Josua schlagen, und sie tödten, und ließ sie aufhängen an fünf Bäume, und sie hingen an den Bäumen bis zum Abend. 27. Um die Zeit von Sonnenuntergang aber gebot Josua, daß man sie von den Bäumen nahm, und sie hinwarf in die Höhle, wohin sie sich versteckt, und man legte große Steine vor den Eingang der Höhle [und diese sind noch da] bestimmt bis auf diesen Tag.

28. Und auch [die Stadt] Makeda nahm Josua an dem= selben Tage ein, und schlug sie mit der Schärfe des Schwer= tes, und verbannete sie [weihte sie der Zerstörung]; ihren Kö= nig, und alle in ihr befindlichen Seelen. Er ließ niemand entrinnen. Und dem Könige von Makeda that er, so wie er dem Könige von Jericho that. 29. Darnach zog Josua und ganz Israel mit ihm von Makeda vor Libna, und griff Libna an. 30. Und es gab Jehova auch diese [Stadt] in die Hand Israels mit ihrem Könige, und er schlug sie mit der Schärfe des Schwertes, und alle darin befindlichen Seelen. Er ließ niemand entrinnen. Und mit ihrem Könige that er, so wie er mit dem Könige von Jericho that. 31. Darnach zog Josua und ganz Israel mit ihm von Libna vor Lachis, und schlug das Lager daselbst auf, und griff die Stadt an. 32. Und es gab Jehova auch Lachis in die Hand Israels, so daß er sie nahm am zweyten Tage, und sie schlug mit der Schärfe des Schwertes, und alle darin befindlichen Seelen — ganz so wie er mit Libna that.

33. Damals zog Horam, der König von Geser, Lachis zur Hülfe; aber Josua schlug ihn und sein ganzes Volk, so daß keiner davon überblieb. 34. Darnach zog Josua und ganz Israel mit ihm von Lachis vor Eglon, und sie schlugen das Lager daselbst auf, und griffen die Stadt an, 35. und nah= men sie noch an demselben Tage, und schlugen sie mit der Schärfe des Schwertes, und alle darin befindlichen Seelen verbannete er an demselben Tage, [weihte Josua der Vernich=

nung], ganz so wie er mit Lachis that. 36. Darnach zog Jo=
sua und ganz Israel mit ihm von Eglon nach Hebron, und
griff es an. 37. Und sie nahmen die Stadt, und schlugen
sie mit der Schärfe des Schwertes, ihren [neuen] König, alle
ihre Städte *) und alle darin befindlichen Seelen, so daß kei=
ner davon überblieb, ganz so wie er mit Eglon that. Und
er verbannete sie und alle Seelen, die darin waren. 38. Dar=
nach zog Josua wieder rückwärts und ganz Israel mit ihm
nach Debir, und griff sie an, 39. und er nahm sie und ihren
König und alle ihre Städte, und sie schlugen sie mit der
Schärfe des Schwertes, und verbanneten alle darin befindlichen
Seelen, so daß keiner davon überblieb; wie er mit Hebron
that, also that er mit Debir und ihrem Könige, und wie er
mit Libna und ihrem Könige that.

40. Also bezwang Josua den ganzen Landstrich nach dem
Gebirge zu und gegen Süden und die Ebene und die am
Abhange der Berge liegenden Gegenden **) und alle ihre Kö=
nige, so daß keiner daran überblieb, und alles, was Odem
hatte, verbannete er [weihte er der Vernichtung], so wie Je=
hova, der Gott Israels, geboten. 41. Und Josua bezwang
sie [die Einwohner] von Kades = Barnea an bis nach Gasa
[Gaza], und das ganze Land Gosen bis nach Gibeon. 42.
Und aller jener Könige und ihrer Lande bemächtigte sich Jo=
sua auf Ein Mal [in einem Feldzuge]; denn Jehova, der
Gott Israels, stritt für Israel. 43. Und Josua und das
ganze Israel mit ihm kehreten zurück ins Lager von Gilgal.

---

*) Alle kleineren, unter der Bothmäßigkeit des Königs von Hebron stehenden
Städte. Man kann aber auch übersetzen: die ganze Stadt.

**) Und. An den Bächen. Und. Vieh = und Weide = Plätze.
And. die Stadt Asdod.

Cap. XI.

Die nördlich wohnenden Einwohner Canaans werden besiegt.

1. Als dieß Jabin, der König von Hazor, hörete, schickte er eine Gesandschaft an Jobab, den König von Madon, an den König von Simron und an den König von Achsaph, 2. und an die Könige, welche gegen Mitternacht auf dem Gebirge und auf der Ebene südlich von Chinneroth, und in den niedrigen Gegenden und in Naphoth = Dor westlich *) wohneten, 3. die Cananiter gegen Osten und Westen, die Amoriter, Hethiter, Pheresiter und Jebusiter auf dem Gebirge, auch die Heviter am Fuße des Hermon im Lande Mizpa. 4. Und diese zogen aus mit ihrem ganzen Heere — ein großes Volk, so zahlreich wie der Sand am Ufer des Meeres, und der Rosse und Streitwagen eine große Menge. 5. Alle diese Könige versammelten sich, und lagerten sich zusammen an dem Wasser [See] Merom, zum Streite wider Israel. 6. Da sprach Jehova zu Josua: fürchte dich nicht vor ihnen; denn Morgen **) um diese Zeit will ich sie alle erschlagen lassen von den Israeliten. Ihre Rosse sollst du verlähmen, und ihre Streitwagen mit Feuer verbrennen. 7. Und Josua und alles Kriegsvolk mit ihm griffen sie plötzlich an am Wasser Merom, und fielen über sie her. 8. Und Jehova gab sie in die Hand Israels, und sie schlugen sie, und verfolgten sie bis nach Groß= Zidon ***) und bis Misrephot = Maim †), und bis ins Thal Mizpa gegen Osten, und schlugen sie so, daß keiner davon

---

*) And. Am Meere.

**) And. Nächstens (bald).

***) And. Zidon, jene große Stadt (Hauptstadt).

†) And. bis an die warmen Wasser (warmen Bäder, Thermen). And. Salinen. And. Sarepta, welches nach dem Meere zu liegt.

überblieb. 9. Und Josua that mit ihnen, so wie es ihm Jehova geboten. Ihre Rosse verlähmte er, und ihre Streitwagen verbrannte er mit Feuer.

10. Und Josua wendete sich wieder rückwärts um dieselbe Zeit, und nahm Hazor ein, und schlug ihren König mit
dem Schwerte, (dieses Hazor war ehemals die Hauptstadt aller dieser Königreiche). 11. Und sie schlugen alle darin befindlichen Seelen mit der Schärfe des Schwertes; er verbannete sie; nichts blieb übrig, was Odem hatte, und Hazor verbrannte er mit Feuer. 12. Und aller Städte jener Könige
und ihrer sämmlichen Könige bemächtigte sich Josua, und
schlug sie mit der Schärfe des Schwertes, und verbannete
sie, so wie es Mose, der Knecht Jehovas, geboten. 13. Doch
alle auf Anhöhen liegenden Städte verbrannten die Israeliten
nicht, ausgenommen Hazor allein verbrannte Josua. 14. Alle
Leute dieser Städte und das Vieh theilten die Söhne Israels
bey der Plünderung unter sich, nur alle Menschen [Einwoh-
ner] schlugen sie mit der Schärfe des Schwertes, bis sie dieselben ganz vertilgt hatten, und nichts mehr überblieb von
allem, was Odem hatte. 15. So wie es Jehova Mosen, seinem Knechte, geboten, also gebot es Mose Josua, und also voll-
zog es Josua. Er ließ es an keinem Punkte fehlen in allem,
wie es Jehova Mosen geboten hatte.

16. Also nahm Josua alle diese Gebirgs-Länder ein,
und den ganzen Mittag [die mittäglichen Provinzen], das
ganze Land Gosen und die Niederung und die Ebene und das
Gebirge Israel [das Gebirgsland des nachherigen Reichs Israel
oder Ephraim] nebst seinen Niederungen, 17. von dem kahlen *) Gebirge, aufwärts Seir, bis nach Baal-Gad, im
Thale des Libanon unter dem Berge [Gebirge] Hermon. Auch
aller ihrer Könige bemächtigte er sich, und schlug und tödtete

---

*) And. Von dem Gebirge an, welches das Land hinauf gen
Seir scheidet. And. vom Gebirge Chalak an u. s. w.

sie. 18. Lange Zeit [sechs Jahre] führete Josua mit allen diesen Königen Krieg. 19. Es war aber keine Stadt, die sich
friedlich ergab an die Söhne Israels, ausgenommen die Heviter, welche zu Gibeon wohneten; sondern sie gewannen alle
mit Streit. 20. Denn durch Jehova geschah es, daß ihr
Herz verhärtet wurde, mit Streit zu begegnen den Israeliten *),
damit sie verbannet würden, und ihnen keine Schonung wider-
führe, sondern daß sie vertilget würden, so wie Jehova Mosen
geboten hatte.

21. Auch kam Josua um dieselbe Zeit, und rottete aus
die Enakim **) von dem Gebirge, von Hebron, von Debir,
von Anab, von dem ganzen Gebirge Juda und von dem ganzen Gebirge Israel. Josua verbannete sie samt ihren Städten.
22. Es blieben keine Enakim übrig im Lande der Söhne Israels,
nur zu Gasa [Gaza], zu Gath und zu Asdod blieb noch ein
Ueberrest derselben. 23. Also nahm Josua alle diese Länder
ein, ganz so wie Jehova Mosen verheißen. Und Josua gab
sie Israel zum Eigenthum, nach der Eintheilung ihrer Stämme.
Und das Land genoß der Ruhe nach dem Kriege.

Cap. XII.

Verzeichniß von ein und dreyßig Königen,
welche theils schon früher von Mose,
theils jetzt von Josua auf beyden
Seiten des Jordans besiegt wurden.

1. Dieß sind die Könige des Landes, welche die Söhne
Israels schlugen, und deren Länder sie in Besitz nahmen, jenseit des Jordans gegen Sonnen-Aufgang, vom Bach Arnon
bis zum Berge [Gebirge] Hermon und die ganze Ebene gen

---

*) And. Gott ließ es geschehen, daß die Cananiter den Israeli-
ten im Kriege sich hartnäckig widersetzten.

**) And. Höhlen-Bewohner oder Troglodyten. S. IV. Mos. XIII.
23. Richt. VI, 20. XX, 33.

Osten: 2. Sihon, der König der Amoriter, dessen Sitz zu Hesbon war, herrschend von Aroer an, welches am Ufer des Baches Arnon und mitten im Bache liegt, und über halb Gilead bis an den Bach Jabok, die Gränze der Söhne Ammons, 3. und über die Ebene bis an den See Chinneroth [Genesareth] gegen Osten, und bis zum Meere der Ebene, oder dem Salzmeere, gegen Osten, auf dem Wege nach Beth-Jesimoth, und gegen Süden über die am Abhange des [Gebirges] Pisga liegenden Gegenden, 4. und die Gränze des Königs Og von Basan, der noch von den Riesen übrig war, und seinen Sitz zu Astharoth und Edrei hatte. 5. Und er herrschete über den Berg [das Gebirge] Hermon, über Salcha und über ganz Basan, bis an die Gränze Gessuri und Maachati, und halb Gilead, die Gränze Sihons, des Königes von Hesbon. 6. Mose, der Knecht Jehovas, und die Söhne Israels schlugen sie. Und Mose, der Knecht Jehovas, gab es zum Besitz den Rubenitern, Gaditern und dem halben Stamme Manasse.

7. Und dieß sind die Könige, welche Josua und die Söhne Israels schlugen dießeit des Jordans, westlich, von Baal-Gad an, im Thale des Libanon, bis an das kahle Gebirge, aufwärts Seir. Und Josua gab den Stämmen Israels, nach ihrer Eintheilung, zum Besitz, 8. was auf den Gebirgen, in den Niederungen, in der Ebene, an den Abhängen, in der Wüste, und gegen Süden war: die Hethiter, Amoriter, Cananiter, Pheresiter, Heviter und Jebusiter.

9. Der König von Jericho.

Der König von Ai (auf der Seite von Bethel).

10. Der König von Jerusalem.

Der König von Hebron.

11. Der König von Jarmuth.

Der König von Lachis.

12. Der König von Eglon.

Der König von Geser.

13. Der König von Debir.

Der König von Geder.

14. Der König von Harma (Horma).
   Der König von Arad.
15. Der König von Libna.
   Der König von Adullam.
16. Der König von Makeda.
   Der König von Bethel.
17. Der König von Tapuah.
   Der König von Hepher.
18. Der König von Aphek.
   Der König von Lasaron (Saron).
19. Der König von Madon.
   Der König von Hazor.
20. Der König von Simron-Meron.
   Der König von Achsaph.
21. Der König von Thaenach.
   Der König von Megiddo.
22. Der König von Kedes (Kades).
   Der König von Jakneam (Jockneam) am Carmel.
23. Der König von Naphoth-Dor.
   Der König der Gojiten *) von Gilgal.
24. Der König von Thirza.

Das sind zusammen ein und dreyßig Könige.

Cap. XIII.

Die Vertheilung des Landes wird vorgenommen.
Gränz-Bestimmung der drittehalb Stämme
jenseit des Jordans.

1. Da nun Josua alt und in die Tage [Jahre] gekommen
war, sprach Jehova zu ihm: du bist alt geworden und in die
Tage [Jahre] gekommen, und noch ist sehr viel Land übrig
einzunehmen. 2. Dieß ist das noch übrige Land: ganz Gali-

---

*) And. Heiden. And. gemischtes Volk. Beherrscher des von ver-
schiedenen Volks-Stämmen bewohnten Landes.

läa, das Land der Philister und ganz Gessuri, 3. vom Si-
hor an, welcher vor Aegypten fließet, bis an die Gränze von
Ekron nördlich, das wird zum canaanitischen [Gebiet] gerechnet: die fünf Kreise *) der Philister: der Gasitische (Gaza),
Asdodische, Askelonische, Gathitische und Ekronitische, desglei-
chen die Aviter. 4. Südlich aber erstrecket sich das ganze canaanitische Land von der Höhle **) der Zidonier bis Aphek,
bis an die Gränze der Amoriter. 5. Auch [gehört dazu] das
Land der Gibliter und der ganze Libanon gegen Sonnen-Aufgang, von Baal-Gad, am Fuße des Hermon, bis man nach
Hamath kommt. 6. Alle Gebirgs-Bewohner vom Libanon
bis Misrephot-Maim bey Zidon ***) will ich vertreiben vor
den Söhnen Israels, lose nur darum, sie auszutheilen unter
Israel, wie ich dir geboten. 7. Wohlan! vertheile dieses
Land zur Besitzung unter die neun Stämme und den halben
Stamm Manasse. 8. Mit diesem haben die Rubeniter und
Gaditer ihre Besitzung empfangen, welche ihnen Mose gab
jenseit des Jordans gegen Osten, ganz so wie sie ihnen gab
Mose, der Knecht Jehovas, 9. von Aroer an, welches am
Ufer des Baches Arnon liegt, und die Stadt, welche mitten
im Bache [auf einer Insel] liegt †), und den geraden (ebenen)
Landstrich von Madba bis nach Dibon; 10. und alle Städte
Sihons, des Königes der Amoriter, welcher zu Hesbon regierte, bis zur Gränze der Söhne Ammons; 11. auch Gilead und die Gränze von Gessuri und Maachati und das
ganze Gebirge Hermon und ganz Basan bis nach Salcha,
12. das ganze Reich des Königs Og von Basan, welcher re-

*) Kreise [Districte] oder Statthalterschaften. And. Fürsten oder
    Herren.

**) And. Meara [Meora] der Zidonier.

***) Man lese entweder: al Zidon [wie Cap. XI, 8.], oder: lazido-
    nim [wie V. 4]. And. alle Zidonier. Da diese aber nicht unter-
    jocht worden sind, so versteht man darunter: alle Colonien der Zidonier.

†) And. die Stadt, welche in den Zwischenräumen zwischen
    dem Bache und der Ebene Medba liegt.

gierte zu Astharoth und Edrei [dieser war noch übrig vom Rest der Riesen.] Und Mose schlug, und vertrieb sie. 13. Aber die Söhne Israels vertrieben nicht die Gessuriten und Maachater; sondern es wohnet Gassur und Maachat unter Israel, bis auf diesen Tag.

14. Aber dem Stamme Levi gab er keine Besitzung [Grund = Eigenthum]. Die Opfer Jehovas, des Gottes Israels, diese sind ihre Besitzung, so wie er ihnen geredet. 15. Und Mose gab dem Stamme der Söhne Rubens nach ihren Geschlechtern. 16. Und ihre Gränzen waren von Aroer an, welches am Ufer des Baches Arnon lieget, und die Stadt, welche mitten im Bache liegt, und der ganze gerade Landstrich von Madba, 17. Hesbon und alle dazu gehörigen Städte des geraden Landstrichs, Dibon, Bamoth = Baal, und Bethbaal Meon, 18. Jahza, Kedemoth, Mephaath, 19. Kiriathaim, Sibma, Zereth = Sohar auf dem Thal = Berge *), 20. Beth = Peor, die am Abhange von Pisga liegenden Gegenden und Beth = Jesimoth. 21. Und alle Städte des geraden Landstrichs und das ganze Reich Sihons, des Königes der Amoriter, welcher zu Hesbon regierte, welchen Mose schlug, sammt den Fürsten von Midian, Evi, Rekam, Zur, Hur und Reba, Unter = Königen Sihons, welche in diesem Lande wohneten. 22. Auch Bileam, den Sohn Bears, den Weissager, erwürgten die Söhne Israels, nebst andern Erschlagenen. 23. Die Gränze der Söhne Rubens war der Jordan, und die [so eben angegebene] Gränze. Dieß war die Besitzung der Söhne Rubens nach ihren Geschlechtern, Städten und Dörfern.

24. Und Mose gab dem Stamme Gad, den Söhnen Gads, nach ihren Geschlechtern [folgendes]: 25. ihre Gränzen waren Jaeser und alle Städte Gileads und die Hälfte des Landes der Söhne Ammons, bis Aroer, gegenüber von

---

*) Wahrscheinlich ein mitten im Thale stehender, von den übrigen abgesonderter Berg. Und. auf dem Berge und im Thale. And. auf dem Enias [oder Enak].

Rabba, 26. und von Hesbon bis Ramath-Mizpe und Beto-
nim, und von Mahanaim bis an die Gränze von Debir;
27. im Thale aber: Beth-Haram, Beth-Nimra, Suchoth
und Zaphon, als Rest vom Reiche Sihons, des Königes von
Hesbon — bis an den Jordan und die [angegebene] Gränze,
nämlich bis ans Ende des Sees Chinneroth, jenseit des Jordans gegen Osten. 28. Dieß ist die Besitzung der Söhne
Gads, nach ihren Geschlechtern, Städten und Dörfern.

29. Und Mose gab dem halben Stamme Manasse, nach
seinen Geschlechtern [folgendes]: 30. ihre Gränzen waren
von Mahanaim an: ganz Basan, das ganze Reich Ogs, des
Königes von Basan, und alle Flecken Jairs, die in Basan
liegen, sechzig Städte; 31. und halb Gilead, Astharoth
und Edrei, die Städte des Reiches Ogs von Basan, [gab er]
den Söhnen Machirs, des Sohnes Manasses. Das ist die
Hälfte der Söhne Machirs, nach ihren Geschlechtern. 32. Das
ist es, was Mose austheilete in den Ebenen Moabs, jenseit
des Jordans, Jericho gegenüber, gegen Osten.

33. Aber dem Stamme Levi gab Mose keine Besitzung.
Jehova, der Gott Israels, ist ihre Besitzung, wie er ihnen
geredet.

Cap. XIV.

Die Stadt Hebron wird Caleb und seinen Nachkommen zugetheilt.

1. Dieß ist es, was die Söhne Israels zur Besitzung erhielten
im Lande Canaan, was ihnen zur Besitzung austheilten Eleasar,
der Priester, und Josua, der Sohn Nuns, und die Stammväter der Söhne Israels, 2. durchs Loos theileten sie die Besitzungen aus, so wie Jehova durch Mose geboten hatte, nämlich
den neun Stämmen und einem halben Stamme. 3. Denn
Mose hatte die Besitzung gegeben zween Stämmen und einem
halben Stamme jenseit des Jordans. Den Leviten aber hatte

er keine Beſitzung unter ihnen gegeben. 4. Denn die Söhne Joſephs wurden in zween Stämme getheilt: Manaſſe und Ephraim, darum gab man den Leviten keinen Antheil am Lande [Ländereyen], ſondern nur Städte, darin zu wohnen, und Bezirke für ihre Heerden und Habe. 5. So wie Jehova Moſen geboten, alſo thaten die Söhne Israels bey der Vertheilung des Landes.

6. Und es traten herzu die Söhne Judas zu Joſua zu Gilgal, und Caleb, der Sohn Jephunnes, des Keniſiters, ſprach zu ihm: du weißt die Rede, welche Jehova geredet zu Moſe, dem Manne Gottes, in Betreff meiner und deiner, zu Kades-Barnea. 7. Ich war vierzig Jahre alt, als Moſe, der Knecht Jehovas, mich ausſandte von Kades-Barnea, um das Land auszukundſchaften, und ich brachte ihm Nachricht zurück, nach meiner Ueberzeugung *). 8. Und meine Brüder, die mit mir ausgezogen, erſchütterten den Muth des Volkes. Ich aber folgete vollkommen Jehova, meinem Gott, nach [erfüllte pünctlich, was ich nach dem Auftrage Jehovas, meines Gottes, ſollte]. 9. Da ſchwur Moſe deſſelben Tages, und ſprach: gewiß, das Land, das du mit deinem Fuße betreten haſt, ſoll dein und deiner Kinder ewige Beſitzung ſeyn, denn du biſt vollkommen nachgefolget Jehova, meinem Gott. 10. Und nun ſiehe! Jehova hat mich leben laſſen, wie er geredet, es ſind nun ſchon fünf und vierzig Jahr, ſeitdem Jehova zu Moſe dieſe Rede geredet, daß Israel in der Wüſte herumziehen ſollte. Und nun ſiehe! ich bin heute fünf und achtzig Jahre alt, 11. und noch bin ich ſo ſtark, wie an dem Tage, wo mich Moſe ausſandte; wie meine Kraft damals war, ſo iſt ſie auch noch jetzt [geſchickt], zu ſtreiten, und aus- und einzuziehen. 12. Wohlan, gib mir alſo dieſen Gebirgs-Strich, ſo wie Jehova geredet an jenem Tage. Du haſt gehöret an jenem Tage: daß die Enakim dort wohneten, und daß ſie große,

---

*) Nach einer andern Lesart: nach ſeinem [Moſes] Wunſche.

feste Städte hätten. Vielleicht ist Jehova mit mir, daß ich sie vertreibe, so wie Jehova befohlen.

13. Da segnete ihn [wünschte ihm Glück] Josua, und gab Hebron Caleb, dem Sohne Jephunnes, zur Besitzung. 14. Also ward Hebron Calebs, des Sohnes Jephunnes, des Kenisiters, Besitzung bis auf diesen Tag, darum, daß er vollkommen Jehova, dem Gott Israels, nachgefolget war. 15. Der Name Hebrons aber war vor Zeiten Kiriath-Arba [die Stadt Arbas]. Dieser [Arba] war der große Mann *) unter den Enakim.

Und das Land genoß der Ruhe nach dem Kriege.

Cap. XV.

Das Gebiet des Stammes Juda.

1. Das Loos [der durchs Loos bestimmte Antheil] des Stammes der Söhne Judas, nach ihren Geschlechtern, war dieses: an der Gränze Edoms [Idumäas] war die Wüste Zin, südlich, an der äußersten Seite von Theman. 2. Ihre [eigentliche] Süd-Gränze war die äußerste Seite des Salz-Meeres von der südlich gebogenen Zunge [Meer-Zunge]. 3. Und sie gehet südlich hinaus zum Hohlweg [Gebirgs-Paß] Akrabbim, durch Zin hindurch, und steiget nach Süden bis Kades-Barnea, dann ziehet sie sich über Hezron, erhebet sich gegen Adar, und lenket sich um Karkaa. 4. Sodann gehet sie durch Azmon, hinaus bis an den Bach Aegyptens, daß das Ende der Gränze das Meer wird. Das sey eure Gränze gegen Mittag.

5. Und die östliche Gränze ist das Salz-Meer bis ans Ende [an den Ausfluß] des Jordans. Die Gränze der nörd-

*) And. der größte Mensch, oder: ein großer Mensch. And. Arba ist der Adam, oder: Stammvater der Enakim [Troglodyten].

lichen Seite aber gehet von der Meer-Zunge und vom Ende
[Ausfluß] des Jordans.   6. Und die Gränze steiget aufwärts
nach Beth-Hagla, und ziehet sich nordwärts auf Beth-Araba;
dann steiget sie aufwärts bis Eben-Bohen [Stein-Bohens].
(Dieser Bohen war ein Sohn Rubens.)   7. Und es erhebt
sich die Gränze nach Debir, vom Thal Achor, und wendet sich
nordwärts gegen Gilgal, gegenüber dem Hochwege Adumim, südlich vom Bache [Thale].   Sodann gehet die Gränze
zum Wasser En-Semes [Sonnen-Quelle] und ihr Ausgang
ist bey En-Rogel [Walker- oder Kundschafter-Quelle].   8. Darnach gehet die Gränze herauf zum Thale Ben-Hinnom *),   auf
der Jebusitischen Seite, das ist Jerusalem.   Dann steiget die
Gränze hinauf auf den Gipfel des Berges vor dem Thale Hinnom westlich, an der äußersten Seite des Thales Rephaim gegen Norden.   9. Und es wendet sich die Gränze von dem Gipfel des Berges zu der Quelle Nephthoa, und läuft nach den
Städten des Gebirges Ephron, und wendet sich dann gegen
Baal oder Kiriath-Jearim [Wald-Stadt].   10. Und von
Baal lenket sich die Gränze herum westlich zum Gebirge Seir,
und gehet südwärts von Har-Jearim [Wald-Berg] nach
Norden zu, das ist Cheffalon; dann kommt sie herab nach
Beth-Semes, und gehet durch Thimna.   11. Dann gehet die
Gränze heraus nach der Seite von Ekron, nördlich, und wen-
det sich gegen Sichron, und gehet über den Berg Baala, und
gehet heraus bey Jabneel.   Und die Ausgänge der Gränze
gehen bis ans Meer.

12. Und die Gränze gegen Abend gehet nach dem großen
Meere hin, und dieses macht die Gränze.   Dieß ist die Gränze
der Söhne Judas ringsum nach ihren Geschlechtern.

13. Und Caleb, dem Sohne Jephunnes, gab er [Josua]
seinen Antheil unter den Söhnen Judas, nach dem Befehle
Jehovas an Josua, nämlich Kiriath-Arba (Enaks Vater),

---

*) And. das Thal des Sohnes Hinnoms; d. h. das Thal, wel-
ches von einer Familie Hinnom den Namen führte.

oder Hebron. 14. Und Caleb vertrieb von dannen die drey
Söhne Enaks: Sesai, Ahiman und Thalmai, Söhne [Nach:
kommen] Enaks. 15. Von dannen zog er hinauf gegen die
Einwohner von Debir, (der Name von Debir aber war vor
Zeiten Kiriath:Sepher). 16. Und Caleb sprach: wer Kiriath:
Sepher besieget und einnimmt, dem will ich Achsa, meine
Tochter, zum Weibe geben. 17. Und es nahm sie ein Ath:
niel, der Sohn Kenas, des Bruders Calebs. Und er [Caleb]
gab ihm Achsa, seine Tochter, zum Weibe. 18. Als sie nun
[ins Haus des Bräutigams] kommen sollte, gab sie ihm den
Rath, daß er einen Acker fordern sollte von ihrem Vater,
[und, als Athniel dieß nicht thun wollte], stieg sie herab, von
dem Esel [worauf sie ritt]. Und als Caleb sie fragte: was ist
dir? 19. sprach sie: gib mir einen Segen [ein Geschenk]! du
hast mir ein Mittags:Land gegeben, gieb mir aber auch Was:
ser:Quellen. Und er gab ihr ein Stück Land, wo Quellen
waren oben und unten.

20. Dieß ist die Besitzung des Stammes der Söhne Ju:
das, nach ihren Geschlechtern. 21. Und die Städte vom
äußersten Ende des Stammes der Söhne Judas, von der
Gränze Edoms, im Süden, waren: Kabzeel, Eder, Jagur,
22. Kina, Dimona, Adada, 23. Kedes, Hazor, Ithnan,
24. Siph, Telem, Bealoth, 25. Hazor:Hadata, Kirioth,
Hezron [das ist Hazor], 26. Amam, Sema, Molada, 27.
Hazor:Gadda, Hesmon, Beth:Palet, 28. Hazar:Sual,
Beer:Seba, Bisjoth:Ja, 29. Baela, Jjim, Azem, 30.
El:Tholad, Chesil, Harma, 31. Ziklag, Madmanna, San:
Sanna, 32. Lebaoth, Silhim, Ain, Rimon — zusammen
neun und zwanzig Städte und die dazu gehörigen Dörfer *).

33. In der Niederung aber liegen: Esthaol, Zarea, Asna,
34. Sannoah, En:Gannim, Thapuach, Enam, 35. Jar:

---

*) Es sind sieben und dreyßig Städte:Namen angeführt. Nach Cap. XIX, 2. 7.
wurden in der Folge acht Städte an den Stamm Ruben abgetreten. Diese ab:
gerechnet, kommt die Zahl neun und zwanzig heraus.

muth, Adullam, Socho, Aseka, 36. Saaraim, Adithaim,
Gedera oder Gederothaim *) — vierzehn Städte und die das
zu gehörigen Dörfer. 37. Ferner: Zenan, Hadasa, Migdal:
Gad, 38. Dilean, Mizpa, Jakthiel, 39. Lachis, Bazekath,
Eglon, 40. Chabon, Lahmam, Chithlis 41. Gaderoth,
Beth : Dagon, Naema, Makeda — sechzehn Städte und
die dazu gehörigen Dörfer. 42. Ferner: Libna, Ether,
Asan, 43. Jephthah, Asna, Nezib, 44. Kegila, Achsib, Ma:
resa — neun Städte und die dazu gehörigen Dörfer. 45. Ef:
ron und ihre Tochter : Städte und Dörfer. 46. Und von
Ekron an westlich alles, was auf der Seite von Asdod und
dessen Dörfern liegt. 47. Asdod, mit ihren Tochter: Städten
und Dörfern; Gasa mit ihren Tochter: Städten und Dör:
fern, bis an den Bach Aegyptens und das große Meer, wel:
ches die Gränze ist.

48. Und auf dem Gebirge: Samir, Jathir, Socho, 49.
Danna, Kiriath : Sanna (oder Debir), 50. Anab, Esthemo,
Anim, 51. Gosen, Holon, Gilo — eilf Städte und die da:
zu gehörigen Dörfer. 52. Ferner: Arab, Duma, Esean, 53.
Janum, Beth:Thapuach, Apheka, 54. Humta, Kiriath:Arba
(oder Hebron), Zior — neun Städte und die dazu gehörigen
Dörfer. 55. Ferner Maon, Carmel, Siph, Juta, 56. Jes:
reel, Jakdeam, Sanoah, 57. Kain, Gibea, Thimna —
zehn Städte und die dazu gehörigen Dörfer. 58. Ferner:
Halhul, Beth:Zur, Gedor, 59. Maarath, Beth:Anoth,
Elthekon — sechs Städte und die dazu gehörigen Dörfer**).
60. Ferner: Kiriath : Baal (oder Kiriath : Jearim), Ha:
rabba — zwo Städte und die dazu gehörigen Dörfer.

---

*) Und. Gedera und Gederothaim, als zwey Städte. Dann sind es
aber funfzehn Städte.

**) Die Alexandrinische Uebersetzung hat hier folgenden, von vielen Auslegern ge
billigten, Zusatz: Thekoa, Ephrata [oder Bethlehem], Phagor,
Aetam, Kulon, Latam, Thobes [Sores], Karem, Galem
[Gallim], Phethär [Bäther], Manocho — eilf Städte und
ihre Dörfer.

61. In der Wüste aber sind: Beth-Araba, Middin, Sechacha, 62. Nibsan, Jr-Hamelach [Salz-Stadt] und En-Geddi — sechs Städte und die dazu gehörigen Dörfer. 63. Aber die Jebusiter, die Einwohner von Jerusalem, vermochten nicht die Söhne Judas zu vertreiben. Und also wohneten die Jebusiter, mit den Söhnen Judas, zu Jerusalem bis auf diesen Tag.

Cap. XVI. XVII.

Besitzungen der Nachkommen Josephs, des Stammes Ephraim und Manasse.

1. Und das Loos fiel den Söhnen Josephs vom Jordan bey Jericho bis zum Wasser [Bach] Jerichos gegen Osten, die Wüste, welche sich erhebet von Jericho nach dem Gebirge von Bethel. 2. Und von Bethel gehet [die Gränze] heraus nach Lus, und gehet durch die Gränze von Archi-Ataroth; 3. und ziehet sich herunter westlich nach der Gränze von Japhleti bis zur Gränze von Beth-Horon, dem unteren, und bis nach Gaser; und die Ausgänge der Gränze sind nach dem Meere zu. 4. Das haben zur Besitzung erhalten die Söhne Josephs, Manasse und Ephraim.

5. Die Gränze der Söhne Ephraims, nach ihren Geschlechtern, die Gränze ihrer Besitzung war von Osten her: Ataroth-Adar bis Beth-Horon, das obere. 6. Und die Gränze lief aus gegen Abend [nach dem Meere zu] nach Michmethat, nordwärts, und lenket sich herum östlich nach Thaenath-Silo, und gehet hier durch östlich bis Janoha. 7. Und von Janoha läuft sie abwärts auf Atharath und Naaratha, und stößt an Jericho, und gehet aus am Jordan. 8. Von Thapuah gehet die Gränze westlich nach Nahal-Kana [Rohr-Thal] und hat ihre Ausgänge am Meere. Das ist die Besitzung des Stammes der Söhne Ephraims nach ihren Geschlechtern. 9. Und die Söhne Ephraims hatten auch abgesonderte Städte unter den Besitzungen der Söhne Manasses, alle Städte mit ihren

Dörfern [waren abgesondert]. 10. Und sie vertrieben die Cananiter nicht, die zu Gaser wohneten, und also blieben die Cananiter unter Ephraim wohnen bis auf diesen Tag, und wurden zinsbar.

XVII, 1. Und das Loos fiel auf den Stamm Manasse, weil dieser Josephs Erstgeborner war; [eigentlich aber] fiel es auf Machir, den Erstgebornen *) Manasses, den Vater Gileads [welchem eigentlich das Loos zufiel], weil er [Gilead] ein streitbarer Mann war; darum ward ihm [das Land] Gilead und Basan. 2. Auch nahmen daran Theil die übrigen Nachkommen Manasses, nach ihren Geschlechtern, nämlich die Söhne Abiesers, die Söhne Heleks, die Söhne Asriels, die Söhne Sechems, die Söhne Gephers, und die Söhne Semidas. Das sind die Söhne [Nachkommen] Manasses, des Sohnes Josephs, Stammväter ihrer Geschlechter. 3. Aber Zelaphehad, der Sohn Hephers, des Sohnes Gileads, des Sohnes Machirs, des Sohnes Manasses, hatte keine Söhne, sondern Töchter, und die Namen dieser Töchter waren: Mahela, Noa, Hagla, Milca, Thirza. 4. Die traten vor Eleasar, den Priester, und vor Josua, den Sohn Nuns, und vor die Fürsten, und sprachen: Jehova hat Mosen geboten, daß er uns eine Besitzung geben sollte unter unsern Brüdern! Und er [Josua] gab ihnen, nach dem Befehl Jehovas, eine Besitzung unter den Brüdern ihres Vaters. 5. Es fielen aber auf Manasse zehn Schnüre [Theile] außer dem Lande Gilead und Basan, jenseit des Jordans. 6. Denn die Töchter [weiblichen Nachkommen] Manasses erhielten Besitzung unter seinen Söhnen, und das Land Gilead ward den übrigen Nachkommen Manasses.

7. Und die Gränze [des Stammes] Manasse ist von Asfer an nach Michmethath, welches vor Sechem lieget; und die Gränze läuft zur Rechten [südlich] bis zu den Einwohnern

*) Und: den einigen Sohn, wegen IV. Mos. XXVI, 29. f.

von En = Thapnach. 8. An Manasse fiel das Land Thapuach; aber die Stadt Thapuach, welche Manasses Gränze macht, gehöret den Söhnen Ephraims. 9. Sodann läuft die Gränze abwärts von Nahal = Kana südlich auf Nahal = Arim [die Bach = Städte]. Diese gehören Ephraim, ob sie gleich mitten unter den Städten Manasses liegen. Und die Gränze Manasses ist nördlich am Bach [Nahal], und ihre Ausgänge sind nach dem Meere zu. 10. Südlich hat Ephraim, nördlich Manasse seine Besitzungen, und das Meer ist ihre Gränze. An Asser stößt sie gegen Norden, an Issaschar gegen Osten. 11. Es hat aber Manasse in Issaschar und Asser [die Stadt] Beth = Sean, und ihre Tochter = Städte, Jeblaam, und ihre Tochter = Städte, die Einwohner von Dor, und ihre Tochter= Städte, die Einwohner von En = Dor, und ihre Tochter= Städte, die Einwohner von Thaanach, und ihre Tochter= Städte, und die Einwohner von Megiddo, und ihre Tochter= Städte — zusammen drey Landschaften *).

12. Und die Söhne Manasses vermochten nicht, die Einwohner dieser Städte zu vertreiben, und die Cananiter behaupteten sich hartnäckig im Besitze dieses Landes. 13. Als aber die Söhne Israels stärker wurden, machten sie die Cananiter zinsbar; aber vertreiben konnten sie sie nicht.

14. Und die Söhne [Nachkommen] Josephs sprachen zu Josua: warum hast du mir nur Ein Loos und nur Eine Schnur [Einen Theil] der Besitzung gegeben, da ich doch ein so zahlreiches Volk bin, indem mich Jehova in solchem Maaße gesegnet hat? 15. Und Josua sprach zu ihnen: wenn du ein so zahlreiches Volk bist, so ziehe hinauf in die Wald = Gegend, und siedle dich dort an, in dem Lande der Pheresiter und der Rephaim [Riesen], weil dir doch zu enge ist das Gebirge Ephraim. 16. Und die Söhne Josephs sprachen: es wird

---

*) Diese drey Districte sind: Endor, Thaanach und Megiddo. Und: Das dritte Theil von Nophet [ein unbekannter Ort].

uns nicht bleiben *) das Gebirge, denn es sind eiserne Wagen [Streit ; Wagen] bey allen Cananitern, welche in dem Thal; Lande wohnen, bey Beth ; Sean und ihren Tochter ; Städ; ten, und im Thale Jesreel. 17. Und Josua sprach zum Hause Josephs, zu Ephraim und Manasse: du bist ein zahl; reiches Volk und von großer Stärke — du sollst nicht Ein Loos haben. 18. Das Gebirge soll dir gehören, auch die Wald ; Gegend, da magst du dich ansiedeln, und dir sollen auch die Ausgänge [äußersten Enden] desselben gehören. Denn du wirst die Cananiter vertreiben, ob sie gleich eiserne Wagen haben, und mächtig sind.

Cap. XVIII.

Die Stiftshütte kommt nach Silo. Beschreibung des noch zu vertheilenden Landes. Antheil des Stammes Benjamin.

1. Und es ward zusammenberufen die ganze Volksver; sammlung der Söhne Israels zu Silo, und sie bestimmten das selbst dem Versammlungszelt seinen Aufenthalt, weil das Land ih; nen unterworfen war. 2. Es waren aber übrig von den Söhnen Israels, welchen sie ihre Besitzungen noch nicht vertheilet hat; ten, sieben Stämme. 3. Und Josua sprach zu den Söhnen Israels: wie lange wollt ihr so lässig sey, euch in den Besitz des Landes zu setzen, welches euch Jehova, der Gott eurer Väter, gegeben? 4. Wählet euch drey Männer aus jeglichem Stamme [unter den sieben Stämmen], damit ich sie aussende und damit sie sich aufmachen, und in demselben umher gehen, und dasselbe aufnehmen [aufschreiben], nach ihren Besitzungen, und dann [wieder] zu mir kommen. 5. Theilet das Land in sieben Theile. Juda soll bleiben bey seiner Gränze, nach

---

*) Und: Wir werden das Gebirge nicht erlangen [erobern]. Und: Das Gebirge und der Wald allein sind nicht genug für uns.

Süden, und das Haus Joseph soll bleiben bey seiner Gränze, nach Norden. 6. Ihr aber nehmet [schreibet] das Land auf in sieben Theile [Abtheilungen] und bringet mir es [den Aufsatz] hieher, damit ich euch das Loos ziehe, hier vor Jehova, unserm Gott. 7. Denn die Leviten haben keinen Theil unter euch, sondern das Priesterthum Jehovas ist ihre Besitzung. Auch Gad, Ruben und der halbe Stamm Manasse haben ihre Besitzung erhalten jenseit des Jordans, gegen Osten, welches ihnen gegeben Mose, der Knecht Jehovas. 8. Da machten sich die Männer auf, und gingen hin. Und Josua gebot denen, welche hingingen das Land aufzunehmen, und sprach: gehet hin und durchwandelt das Land, und nehmet dasselbe auf; dann kommt wieder zu mir, damit ich euch hier das Loos werfe vor Jehova zu Silo.

9. Also gingen die Männer hin, und durchzogen das Land, und nahmen dasselbe auf, nach den Städten in sieben Theile [Abtheilungen], in ein Buch [Rolle, Charte], und kamen [damit] zu Josua ins Lager zu Silo. 10. Da warf für sie [jene Stämme] Josua das Loos zu Silo vor Jehova. Und Josua theilete daselbst das Land aus unter die Söhne Israels, nach ihrer Eintheilung.

11. Und es kam [zuerst] heraus das Loos des Stammes der Söhne Benjamins nach ihren Geschlechtern. Und es ging aus die Gränze ihres Looses zwischen den Söhnen Judas und zwischen den Söhnen Josephs. 12. Und ihre Gränze war nach dem nördlichen Winkel des Jordans zu. Und die Gränze steiget hinauf nach der Seite von Jericho, nördlich, und steiget dann nach dem Gebirge, westlich, und ihre Ausgänge sind nach der Wüste Beth-Aven. 13. Und von dannen gehet die Gränze durch gegen Lus [oder Bethel], nach der Seite von Lus, südlich; dann läuft die Gränze herab auf Atharoth-Adar an dem Gebirge, welches lieget südlich von Beth-Horon, dem unteren. 14. Darnach neiget sich die Gränze, und lenket sich nach dem Winkel des Meeres, südlich von dem Gebirge, welches im Süden vor Beth-Horon lieget; und die Ausgänge

sind gegen Kiriath-Baal [oder Kiriath-Jearim], eine den Söhnen Judas gehörige Stadt. Das ist der Winkel des Meeres. 15. Der südliche Winkel aber ist an der äußersten Seite von Kiriath-Jearim. Dann gehet die Gränze heraus westlich *), und endiget sich bey der Quelle Me-Nephthoa **), 16. Weiter läuft die Gränze herab nach der äußersten Seite des Gebirges, welches vor dem Thale Ben-Hinnom [des Sohnes Hinnom] lieget, bey dem Thale Rephaim [Riesen-Thale], nördlich. Und sie läuft herab am Thale Hinnom auf der Jebusitischen Seite südlich, und läuft dann weiter bis En-Rogel [Quelle Rogel]. 17. Und von da wendet sie sich nord-wärts, und gehet heraus bey En-Semes, und kommt wieder heraus bey Geliloth ***), auf der entgegengesetzten Seite von der Anhöhe [dem Hoch-Wege] Adumim. Dann läuft sie her-ab auf Eben-Bohen [Stein Bohens], des Sohnes Rubens. 18. Dann gehet sie zur Seite abwärts nach der Ebene, nörd-lich, und läuft herab in die Ebene selbst. 19. Hier gehet die Gränze durch nach der Seite von Beth-Hagla, nördlich, und die Ausgänge der Gränze sind nach der Zunge des Salz-Meeres, nördlich, nach der äußersten Seite des Jordans, nach Süden. Dieß ist die südliche Gränze, 20. und der Jordan soll es im östlichen Winkel begränzen. Das ist die Besitzung der Söhne Benjamins nach ihren Gränzen ringsum, nach ih-ren Geschlechtern.

21. Und die Städte des Stammes der Söhne Benja-mins, nach ihren Geschlechtern, sind: Jericho, Beth-Hagla [Beth-Hogla], Emek-Keziz [Thal Keziz], 22. Beth-Araba, Zemaraim, Beth-El [Bethel], 23. Abim, Hapara [Hapora], Ophra, 24. Caphar-Amonai, Aphni [Ophni], Gaba — zwölf

*) Oder: Gegen das Meer (Salz-Meer) hin. Die alexandrinische Uebersetzung hat: Gasin oder Gain.

**) Oder: bey der Wasser-Quelle (Wasser-Brunnen) Naphthoa.

***) Derselbe Ort, welcher Cap. XV, 7. Gilgal heißt. And: zu den Hau-fen, die gegen Adumin hinauf liegen:

Städte und die dazu gehörigen Dörfer. 25. Ferner: Gibeon,
Rama, Beeroth, 26. Mizpe, Caphira, Moza, 27. Rekem,
Jerpeel, Tharoala, 28. Zela, Eleph, Jebus *) (oder Jerusalem), Gibeath, Kiriath — vierzehn Städte und die dazu gehörigen Dörfer. Das ist die Besitzung der Söhne Bejamins,
nach ihren Geschlechtern.

Cap. XIX.

Vertheilung der noch übrigen Besitzungen an
den Stamm Simeon, Sebulon, Issaschar, Asser,
Naphthali und Dan. Auch Josua erhält eine
eigene Besitzung.

1. Darnach kam das zweyte Loos heraus, für Simeon,

e Judas. 2. Und sie erhielten zu ihrer Besitzung: Beer-
Seba oder Seba **), Molada, 3. Hazar-Sual, Bala, Azem,
4. El-Tholod, Bethul, Harma [Horma], 5. Ziklag, Beth-
Marcaboth, Hazar-Sussa, 6. Beth-Lebaoth, Saruhen —
dreyzehn Städte und die dazu gehörigen Dörfer. 7. Ferner:
Ain, Rimon, Ether, Ason, vier Städte und die dazu gehörigen
Dörfer. 8. Dazu alle Dörfer im Umkreise dieser Städte bis nach
Baalath-Beer und das südliche Romath, ***) Dieß ist die
Besitzung des Stammes der Söhne Simeons, nach ihren Ge-
schlechtern. 9. Von der Schnur [dem Antheile] der Söhne
Judas wurde die Besitzung der Söhne Simeons genommen,
weil der Antheil der Söhne Judas zu groß für sie war; daher erhielten die Söhne Simeons ihre Besitzungen mitten unter
ihrer [des Stammes Juda] Besitzung.

---

*) Man lese Jebus statt Jebusi, welches die Jebusiter sind.

**) Andere halten Seba für eine (sonst aber nirgends vorkommende) besondere
    Stadt. Dann kommen aber vierzehn, statt dreyzehn Städte heraus. Andere
    lassen es ganz aus.

***) Oder: Ramath-Negeb (des Südens).

10. Und das dritte Loos kam heraus für die Söhne Se- bulons, nach ihren Geschlechtern. Und die Gränze ihrer Be- sitzung ging bis nach Sarid. 11. Und es steiget ihre Gränze aufwärts nach Westen gegen Mareala, und stößt an Debaseth, und stößt an den Bach, der von Jakneam [Jokneam] fließet. 12. Und von Sarid wendet sie sich gegen Sonnen : Aufgang bis an die Gränze von Chisloth : Thabor *), und gehet heraus bey Dabrath, und steiget hinauf bis Japhia. 13. Und von dannen gehet sie nach Osten hin nach Githa : Hepher, Itha, Kazin, und läuft hinaus nach Rimon, Mithoar **) und Nea. 14. Und es wendet sich die Gränze nördlich auf Nathon, und ihre Ausgänge sind im Thale Jephthah : El. 15. Ferner: Katath, Nahalal, Simron, Jedeala und Beth : Lehem — zwölf Städte und die dazu gehörigen Dörfer. 16. Dieß ist die Besitzung der Söhne Sebulons, nach ihren Geschlechtern. Das sind ihre Städte und Dörfer.

17. Für Issaschar kam heraus das vierte Loos, für die Söhne Issaschars nach ihren Geschlechtern. 18. Und ihre Gränze war: Jesreel, Chesulloth, Sunem, 19. Hapheraim, Sion, Anaharath, 20. Rabith, Kiseon, Abez, 21. Re- meth, En : Gannim, En : Hada, Beth : Pazez. 22. Und die Gränze stößt an' Thabor, Sahazima [Sahazuma] und Beth : Semes, und die Ausgänge ihrer Gränze sind am Jordan. 23. Dieß ist die Besitzung des Stammes der Söhne Issaschars, nach ihren Geschlechtern, Städten und Dörfern.

24. Und es kam heraus das fünfte Loos für den Stamm der Söhne Assers, nach ihren Geschlechtern. 25. Und ihre Gränze war: Helkath, Hali, Beten, Achsaph, Alame- lech, Amead und Miseal. 26. Und sie stößt an den Carmel,

---

*) Oder: Kisloth am Berge Thabor. And: der Seite des Berges Thabor.

**) Andere halten Methoar oder Methaer nicht für einen Eigennamen, sondern übersetzen es: sie begreift, beschreibt ꝛc. In der Zusammen- rechnung der Städte aber ist Mithoar als Stadt mitgezählt.

westlich, und an Sihor=Libnath, 27. und wendet sich gegen
Sonnen=Aufgang auf Beth=Dagon, und stößt an Sebulon
und an das Thal Jephthah=El, und nördlich auf Beth=Emek
und Negiel, und kommt heraus bey Cabul zur Linken [nach
Norden]. 28. [Hier sind die Städte]: Ebron, Rehob,
Hamon und Kana bis an Groß=Zidon. 29. Dann wendet sich
die Gränze nach Rama bis zu der festen Stadt Zor [Tyrus],
und wendet sich nach Hossa, und ihre Ausgänge sind am Meere
bey dem Bezirke Achsib. 30. [Hier sind die Städte]: Uma,
Aphek, Rehob — [zusammen] zwey und zwanzig Städte und
die dazu gehörigen Dörfer. 31. Das ist die Besitzung des
Stammes der Söhne Assers, nach ihren Geschlechtern, und
dieß sind ihre Städte und Dörfer.

32. Für die Söhne Naphthalis kam heraus das
sechste Loos, für die Söhne Naphthalis nach ihren Geschlechtern.
33. Und ihre Gränze war von Heleph, Elon *), bey Zae=
nannim, Adami=Nekeb, Jabneel bis Lakum, und ihre Aus=
gänge sind am Jordan. 34. Dann wendet sich die Gränze
westlich nach Asnoth=Thabor, und läuft von dannen nach
Hukok, und stößt an Sebulon gegen Süden, und an Asser
gegen Westen [nach dem Meere hin], und an Juda **) am
Jordan, gegen Sonnen=Aufgang. 35. Und feste Städte
sind: Zidim, Zer, Hamath, Rakath, Chinnareth, 36.
Adama, Rama, Hazor, 37. Kades, Edrei, En=Hazor,
38. Jereon, Migdal=El, Harem, Beth=Anath, Beth=
Sames — neunzehn ***) Städte und die dazu gehörigen
Dörfer. 39. Das ist die Besitzung des Stammes der Söhne

---

*) And. Ihre Gränze fing von Heleph und der Terebinthe
[Eiche, alon] bey Zaenannim an.

**) Andere halten Juda für unächt, und übersetzen bloß: und an den
Jordan gegen Abend. Andere mit veränderter Lesart: an die
Ufer des Jordans — weil Juda nicht so an Naphthali angränzt.

***) Diese Zahl kommt nicht heraus. B. 35 — 38 sind nur funfzehn Städte an=
gegeben; zählt man aber B. 34 dazu, so kommen sechs und zwanzig heraus.
Wahrscheinlich sind einige Namen hier ausgefallen.

Naphthalis, nach ihren Geschlechtern, Städten und Dörfern.

40. Für den Stamm der Söhne Dans, nach ihren Geschlechtern, kam heraus das siebente Loos. 41. Und die Gränze ihrer Besitzung war: Zorea [Zora], Esthaol, Ir-Sames, 42. Saelabin, Ajalon, Jethla, 43. Elon, Thimnatha, Ekron, 44. Eltheka, Gibethon, Baalath, 45. Jehud, Bne-Barak, Gath-Rimon, 46. Me-Jarkon, Rakon nebst der Gränze abwärts nach Japho [Joppe]. 47. Aber [in der Folge] ging noch weiter hinaus *) die Gränze der Söhne Dans. Denn es zogen die Söhne Dans hinauf, und griffen [die Stadt] Lesem an, und nahmen sie ein, und schlugen sie mit der Schärfe des Schwertes, und nahmen Besitz davon, und wohneten darin, und nannten Lesem [von nun an] Dan, nach Dan, dem Namen ihres Stammvaters. 48. Das ist die Besitzung des Stammes der Söhne Dans, nach ihren Geschlechtern, und dieß sind ihre Städte und Dörfer.

49. Und als beendiget war die Vertheilung des Landes, nach seinen Gränzen, da gaben die Söhne Israels Josua, dem Sohne Nuns, [auch] eine Besitzung unter sich. 50. Nach dem Befehle Jehovas gaben sie ihm die Stadt, die er wünschte, nämlich Thimnath-Serah, auf dem Gebirge Ephraim. Und er bauete die Stadt [neu auf], und wohnete darin.

51. Das sind die Besitzungen, welche durchs Loos austheilten Eleasar, der Priester, und Josua, der Sohn Nuns, und die Stamm-Häupter der Söhne Israels zu Silo, vor Jehova, nämlich vor der Thüre des Versammlungszeltes. Und sie vollendeten [hier] die Vertheilung des Landes.

---

*) Nach einer andern Lesart (Conjectur) übersetzen andere: weil den Daniten ihre Gränzen zu enge wurden, so zogen sie hinauf u. s. w.

Cap. XX.

Einrichtung in Ansehung der Asyle, oder Frey-Städte.

1. Und Jehova redete zu Josua, und sprach: 2. rede zu den Söhnen Israels, und sprich: erwählet euch Frey-Städte, wovon ich zu euch geredet durch Mose, 3. wohin sich flüchten möge der Todtschläger, welcher eine Seele [Person] tödtet aus Irrthum und ohne Vorsatz, damit er unter euch einen Zuflucht-Ort habe vor dem Bluträcher. 4. Wer aber sich flüchtet nach diesen Städten, der soll hintreten vor die Oeffnung des Stadt-Thores, und vor den Ohren der Aeltesten dieser Stadt seine Sache ansagen [den Vorfall erzählen], und diese sollen ihn zu sich aufnehmen in die Stadt, und ihm einen Ort bestimmen, daß er bey ihnen wohne. 5. Und wenn ihn der Bluträcher bis dahin verfolget; so sollen sie den Todtschläger nicht in seine Hände liefern, weil er [vorausgesetzt, daß er] ohne Vorsatz seinen Mitbürger getödtet hat, ohne Haß gegen ihn zu haben weder gestern noch vorgestern [zuvor]. 6. Er wohne also in dieser Stadt, bis er sich vor der Volksversammlung gestellt zum Gerichte *), bis zum Tode des hohen Priesters, der zu derselben Zeit seyn wird. Alsdann kehre der Todtschläger zurück, und komme [wieder] in seine Stadt und in sein Haus, [nämlich] in die Stadt, woraus er geflohen war.

7. Und sie weiheten [zu Frey-Städten]: Kades, in Galiläa auf dem Gebirge Naphthali, und Sechem [Sichem], auf dem Gebirge Ephraim, und Kiriath-Arba (oder Hebron), auf dem Gebirge Juda. 8. Und jenseit des Jordans, vor Jericho östlich, bestimmten sie dazu: Bezer, in der Wüste, in dem geraden [ebenen] Landstriche des Stammes Ruben,

---

*) Vielleicht: er wohne in der Stadt, von der Zeit an, wo er sich vor der Volksversammlung zum Gerichte gestellt hat, bis zum Tode u. s. w. Und: er bleibe in der Stadt bis er sich vor Gericht gestellt hat; und, wenn er unschuldig befunden wird, noch weiter bis zum Tode des hohen Priesters.

und Ramoth, in Gilead, aus dem Stamme Gad, und Golan, in Basan, aus dem Stamme Manasse. 9. Das waren die Städte, welche nach der Verfassung für alle Söhne Israels und für die unter ihnen sich aufhaltenden Fremden dazu bestimmt waren, daß sich dahin flüchte, wer eine Seele [Person] getödtet aus Irrthum, und daß er nicht sterbe durch die Hand des Bluträchers, bis er gestanden vor der Volksversammlung [zum Gerichte].

Cap. XXI, 1 — 42.

Versorgung des Stammes Levi nebst einem Namens-Verzeichnisse der Leviten-Städte.

1. Und es traten die Stammhäupter [Familien = Ober = häupter] der Leviten zu Eleasar, dem Priester, und zu Josua, dem Sohne Nuns, und zu den Stammhäuptern der Söhne Israels, 2. und redeten zu ihnen zu Silo, im Lande Canaan, und sprachen: Jehova hat geboten durch Mose, daß man uns geben soll Städte zum Wohnen, und die Bezirke derselben für unser Vieh. 3. Da gaben die Söhne Israels den Leviten von ihren Besitzungen, nach dem Befehle Jehovas, folgende Städte nebst ihren Bezirken [freyen Plätzen um die Städte herum].

4. Und es kam heraus das Loos für das Geschlecht [die Familie] Kahat [der Kahathiter]. Und es fielen an die Söhne Aarons, des Priesters, aus den Leviten, von dem Stamme Juda und von dem Stamme Simeon und von dem Stamme Benjamin, durchs Loos dreyzehn Städte. 5. Den Söhnen Kahats aber, welche [außer Aarons Familie] noch von diesem Geschlechte übrig waren, fielen durchs Loos, von dem Stamme Ephraim und von dem Stamme Dan und von dem halben Stamme Manasse, zehen Städte. 6. Und den Söhnen Gersons nach ihren Geschlechtern fielen durchs Loos, vom Stamme Issaschar und vom Stamme Asser und vom

Stamme Naphthali und vom [andern] halben Stamme Manasse zu Basan, dreyzehn Städte. 7. Und den Söhnen Meraris, nach ihren Geschlechtern, fielen durchs Loos, von dem Stamme Ruben und von dem Stamme Gad und von dem Stamme Sebulon, zwölf Städte. 8. Also gaben die Söhne Israels den Leviten diese Städte und ihre Bezirke durchs Loos, wie Jehova durch Mose geboten hatte.

9. Und sie gaben ihnen von dem Stamme der Söhne Judas und von dem Stamme der Söhne Simeons diese Städte, deren Namen man ihnen ausrief. 10. Es kam [zuerst] an die Söhne Aarons, aus dem Geschlechte der Kahathiter, aus den Söhnen Levis, denn für sie war das erste Loos. 11. Und sie gaben ihnen Kiriath=Arba, welcher [Arba] Enaks Vater war (oder Hebron), auf dem Gebirge Juda, nebst den Bezirken um sie herum. 12. Aber die Ländereyen der Stadt und die dazu gehörigen Dörfer hatten sie Caleb, dem Sohne Jephunnes, in Besitz gegeben. 13. Also gaben sie den Söhnen Aarons, des Priesters, die Frey=Stadt für [unvorsätzliche] Todtschläger, Hebron, und ihren Bezirk, und Libna, und ihren Bezirk, 14. Jathir, und ihren Bezirk, Esthemoa, und ihren Bezirk, 15. Holon, und ihren Bezirk, Debir, und ihren Bezirk, 16. Ain, und ihren Bezirk, Jutta, und ihren Bezirk, Beth=Semes, und ihren Bezirk — neun Städte von diesen beyden Stämmen.

17. Von dem Stamme Benjamin [aber gaben sie]: Gibeon, und ihren Bezirk, Geba, und ihren Bezirk, 18. Anathoth, und ihren Bezirk, Almon, und ihren Bezirk — vier Städte. 19. Sämmtliche Städte der Söhne Aarons, der Priester, waren dreyzehn Städte, und ihre Bezirke.

20. Den Geschlechtern der Söhne Kahats, den Leviten, welche [außer Aarons Familie] noch übrig waren von den Söhnen Kahats, wurden noch durch ihr Loos einige Städte vom Stamme Ephraim. 21. Und sie gaben ihnen die Frey= Stadt für Todtschläger, Sechem [Sichem], und ihren Be-

zirk, auf dem Gebirge Ephraim, Geser, und ihren Bezirk,
22. Kibzaim, und ihren Bezirk, Beth-Horon, und ihren
Bezirk — vier Städte. 23. Vom Stamme Dan: Eltheka,
und ihren Bezirk, Gibthon, und ihren Bezirk, Ajalon, und
ihren Bezirk, 24. Gath-Rimon, und ihren Bezirk —
vier Städte. 25. Und von der einen Hälfte des Stammes
Manasse: Thaenach, und ihren Bezirk, und Gath-Rimon,
und ihren Bezirk — zwo Städte. 26. Zusammen zehn
Städte, und ihre Bezirke, gaben sie den Geschlechtern der
noch übrigen Söhne Kahats.

27. Und den Söhnen Gersons, aus den Geschlechtern
der Leviten [gaben sie] von dem halben Stamme Manasse:
die Frey-Stadt für Todtschläger, Golan, und Basan, und
ihren Bezirk, und Beesthra, und ihren Bezirk — zwo
Städte. 28. Und von dem Stamme Issaschar: Kisjon, und
ihren Bezirk, Dabrath, und ihren Bezirk, 29. Jarmuth,
und ihren Bezirk, En-Gannim, und ihren Bezirk — vier
Städte. 30. Von dem Stamme Asser: Miseal, und ihren
Bezirk, Abdon, und ihren Bezirk, 31. Helkath, und ihren
Bezirk, Rehob, und ihren Bezirk — vier Städte. 32. Und
von dem Stamme Naphthali: die Frey-Stadt der Todtschläger, Kedes, in Galiläa, und ihren Bezirk, Hamoth-Dor,
und ihren Bezirk, Karthan, und ihren Bezirk — drey Städte.
33. Sämmtliche Städte der Gersoniter, nach ihren Geschlechtern, waren dreyzehn Städte und ihre Bezirke.

34. Und den Geschlechtern der Söhne Meraris, welche
von den Leviten noch übrig waren, [wurden zugetheilt] vom
Stamme Sebulon: Jakneam [Jockneam], und ihr Bezirk,
Kartha, und ihr Bezirk, 35. Dimna, und ihr Bezirk, Nahalal, und ihr Bezirk — vier Städte. 36. Vom Stamme
Ruben aber: Bezer, und ihr Bezirk, Jahza, und ihr Bezirk,
37. Kedemoth, und ihr Bezirk, Mephaath, und ihr Bezirk —
vier Städte. 38. Vom Stamm Asser die Frey-Stadt für
Todtschläger Ramoth, in Gilead, und ihr Bezirk, 39. Mahanaim, und ihr Bezirk, Hesbon, und ihr Bezirk, Jaeser,

und ihr Bezirk — zusammen vier Städte. 40. Sämmtliche
Städte, welche den Söhnen Meraris, nach ihren Geschlechtern,
die noch von den Geschlechtern der Leviten übrig waren, durch
ihr Loos zufielen, waren zwölf an der Zahl. 41. Sämmtliche
Städte der Leviten, innerhalb der Besitzungen der Söhne Israel, waren acht und vierzig Städte, und ihre Bezirke. 42.
Und diese Städte hatten, Stadt für Stadt, ihre Bezirke um
sich her. So war es bey allen diesen Städten.

Cap. XXI, 43. XXII.

Der Stamm Ruben, Gad und der halbe Stamm
Manasse gehen über den Jordan zurück; Mißver-
standniße wegen eines Altars werden
gütlich beygelegt.

XXI, 43. Und Jehova gab Israel das ganze Land, das
er ihren Vätern [Vorfahren] zu geben geschworen, und sie
nahmen es in Besitz, und wohneten darinnen. 44. Und Jehova verschaffte ihnen Ruhe von allen Seiten, ganz so wie
er es ihren Vätern geschworen hatte. Und es widerstand ihnen kein einziger von allen ihren Feinden; ihre sämmtlichen
Feinde gab Jehova in ihre Hände. 45. Es fiel kein Wort
durch [blieb unerfüllt] von allen guten Verheißungen, welche
Jehova verheißen dem Hause Israels, alles kam in Erfüllung.

XXII, 1. Damals [nach Beendigung des Krieges] rief
Josua zusammen die Rubeniter und die Gaditer und den halben Stamm Manasse, und sprach zu ihnen: 2. ihr habt erfüllet alles, was euch geboten Mose, der Knecht Jehovas; auch
habt ihr Gehör gegeben meiner Stimme in allem, was ich
euch geboten habe. 3. Ihr habt nicht verlassen eure Brüder
diese lange Zeit [sieben Jahre] hindurch bis auf diesen Tag,
und habt erfüllt, mit treuer Erfüllung, das Gebot Jehovas,
eures Gottes. 4. Nun aber hat Jehova, euer Gott, Ruhe
verschafft euern Brüdern, wie er ihnen zugesagt. Darum kehret ihr nun zurück, und ziehet hin nach euren Hütten [Woh-

nungen] in das Land, welches euch zum Besitz bestimmte Mose, der Knecht Jehovas, jenseit des Jordans. 5. Nur seyd
wohl auf eurer Hut, daß ihr handelt nach dem Gebote und
nach dem Gesetze, das euch Mose, der Knecht Jehovas, geboten: zu lieben Jehova, euren Gott, zu wandeln auf allen seinen Wegen, seine Gebote zu beobachten, ihm anzu-
hängen, und ihm zu dienen von ganzem Herzen und von ganzer Seele. 6. Also segnete sie Josua, und entließ sie, und sie
zogen nach ihren Hütten. 7. Der einen Hälfte des Stammes
Manasse hatte Mose Basan gegeben; der andern Hälfte dieses Stammes gab Josua [ein Land] unter ihren Brüdern,
disseit des Jordans gegen Abend. Auch diese [von der ersten
Hälfte] entließ Josua nach ihren Hütten, und segnete sie, und
sprach zu ihnen: 8. mit großen Reichthümern kehret ihr
zurück in eure Hütten, mit sehr vielem Vieh, und mit Silber, Gold, Kupfer, Eisen, und Kleidern in großer Menge.
Theilet diesen Raub eurer Feinde mit euren Brüdern.

9. Also kehreten zurück die Söhne Rubens und die Söhne
Gads und der halbe Stamm Manasse von den Söhnen Israels von Silo, im Lande Canaan, um zu ziehen in das Land
Gilead, in das Land ihres Besitzes, in dessen Besitz sie gesetzt
wurden nach dem Befehle Jehovas durch Mose. 10. Und da
sie kamen an die hohe Seite *) des Jordans [noch] im Lande
Canaan, erbaueten die Söhne Rubens und die Söhne Gads
und der halbe Stamm Manasse daselbst einen Altar am Jordan, einen großen Altar zum Anschauen **).

11. Und es höreten dieß die Söhne Israels [welche in Canaan
blieben] indem man sagte: siehe! es haben erbauet die Söhne Rubens, und die Söhne Gads und der halbe Stamm Manasse einen Altar gegenüber dem Lande Canaan, an der hohen Seite des

_____

*) And: Gränzen. And: Haufen. And: Dämme.

**) And: einen großen, schönen Altar. And: einen großen, an
sehnlichen A Der erbauete Altar sollte ein bloßes Denkmal, Erinne-
rungs = Zeichen seyn. S. V. 23. 26. 27.

Jordans, bey der Furt der Söhne Israels. 12. Als die
Söhne Israel dieß höreten, versammelten sie die ganze Volksversammlung der Söhne Israels zu Silo, um gegen sie zu
ziehen mit einer Heeresmacht. 13. [Zuvor] aber sandten die
Söhne Israels zu den Söhnen Rubens, zu den Söhnen
Gads, und zu dem halben Stamme Manasse ins Land Gilead, Pinehas, den Sohn Eleasars, des Priesters, 14. und zehen
Fürsten mit ihm, einen Fürsten aus jedem Hause [jeder Fa-
milie] von allen Stämmen Israels; jeder von ihnen war das
Haupt eines Hauses [Familien-Haupt], und [sie machten zusammen aus] die Stammhäupter Israels. 15. Diese kamen
zu den Söhnen Rubens, und zu den Söhnen Gads und zu
dem halben Stamme Manasse ins Land Gilead, und redeten
mit ihnen, und sprachen:

16. So spricht die ganze Versammlung Jehovas: welch
ein Vergehen ist dieß, womit ihr euch vergehet an dem Gott
Israels, daß ihr heute abfallet von Jehova dadurch, daß
ihr euch einen Altar erbauet, wodurch ihr euch heute empöret
gegen Jehova! 17. Haben wir noch nicht genug an der Frevelthat Peors, wovon wir noch nicht gereiniget sind bis auf diesen Tag, und um derentwillen jenes Unglück kam über die
Gemeine [Versammlung] Jehovas? 18. Und ihr fallet heute
von Jehova ab, und empöret euch heute gegen Jehova, damit morgen [nächstens] gegen die ganze Gemeine Israels sein Zorn entbrenne? 19. Haltet ihr für unrein
das Land eures Besitzes so kommt herüber in das Land, welches das Eigenthum Jehovas ist, und wo die Wohnung Jehovas stehet, und nehmet Besitz unter uns; aber empöret
euch nur nicht gegen Jehova, und empöret euch nicht auch gegen uns dadurch, daß ihr euch einen Altar erbauet, außer
dem Altare Jehovas, unsers Gottes! 20. Versündigte sich
nicht Achan, der Sohn Serahs, indem er sich vergriff am
Verbanneten? Ueber die ganze Gemeine Israels kam der
Zorn [Gottes], und dieser Mann war nicht der einzige, welcher umkam wegen seiner Frevelthat!

21. Da antworteten die Söhne Rubens und die Söhne Gads und der halbe Stamm Manasse, und redeten zu den Oberhäuptern und Fürsten Israels: 22. der Gott der Götter, Jehova, der Gott der Götter, , Jehova, weiß es, und Israel soll es auch wissen! Liegt darin Empörung, oder Vergehung gegen Jehova, so sollst du [o Jehova!] uns heute nicht helfen! 23. Haben wir uns erbauet einen Altar [in der Absicht], um von Jehova abzufallen, oder um auf demselben Brandopfer zu opfern oder Speisopfer [unblutige Opfer], oder darauf Dankopfer Jehova darzubringen, so möge er es [an uns] ahnden. 24. Vielmehr thaten wir so, aus Besorgniß der Sache, indem wir dachten: in Zukunft [morgen] möchten eure Kinder zu unsern Kindern sprechen: was gehet euch Jehova, der Gott Israels, an? 25. Jehova hat eine Gränze bestimmt zwischen uns und zwischen euch, den Söhnen Rubens und den Söhnen Gads [und dem halben Stamme Manasse *)], nämlich den Jordan. Ihr habt keinen Theil an Jehova! Und so könnten eure Kinder unsere Kinder abweisen, daß sie Jehova nicht verehren dürften. 26. Darum spra̶chen [beschloßen] wir: lasset uns einen Altar erbauen weder für das Brandopfer, noch das [gewöhnliche] Opfer, 27. sondern vielmehr, daß er ein Zeuge [Denkmal] sey zwischen euch und zwischen unseren künftigen Nachkommen, daß wir Jehova dienen dürfen vor ihm durch unsere Brandopfer, Freudenopfer und anderen Opfer, und damit eure Kinder nicht in der Zukunft einmal zu unsern Kindern sagen: ihr habt keinen Theil an Jehova! 28. Und wir sprachen: wenn sie nun so sprechen zu uns, oder zu unsern Nachkommen in der Zukunft, so sprechen wir: sehet diesen von uns erbaueten **) Altar, welchen unsere Väter gebauet weder zum Brandopfer noch zu

---

*) Diesen ergänzenden Zusatz scheint die von unserm Schriftsteller stets beobachtete Ordnung zu erfordern. Eben so auch V. 32, 33 und 34

**) Und das Gleichniß [Modell, Umriß, Nachbildung] des Altars [zu Silo].

einem [gewöhnlichen] Opfer, sondern als Zeugen [Denkmal] zwischen uns und zwischen euch! 29. Ferne sey es von uns, uns zu empören wider Jehova, und heute von ihm abzufallen durch die Erbauung eines Altars für Brandopfer, Speisopfer und [gewöhnliche] Opfer — außer dem Altare Jehovas, unseres Gottes, der vor seiner Wohnung [Stiftshütte zu Silo] stehet.

30. Als nun Pinehas, der Priester, und die Fürsten der Volksversammlung, und die Stammhäupter Israels, die mit ihm waren, die Reden höreten, welche die Söhne Rubens und die Söhne Gads und die Söhne Manasses redeten, gefielen sie ihnen wohl. 31. Und es sprach Pinehas, der Sohn Eleasars, der Priester, zu den Söhnen Rubens und zu den Söhnen Gads und zu den Söhnen Manasses: heute erkennen wir, daß Jehova unter uns ist, weil ihr euch nicht vergangen an Jehova durch ein solches Vergehen. Jetzt habt ihr errettet die Söhne Israels von der [strafenden] Hand Jehovas.

32. Und es kehreten zurück Pinehas, der Sohn Eleasars, der Priester, und die Fürsten von den Söhnen Rubens und von den Söhnen Gads [und von den Söhnen Manasses], aus dem Lande Gilead ins Land Canaan zu den [übrigen] Söhnen Israels, und brachten ihnen Nachricht. 33. Und die Nachricht gefiel den Söhnen Israels wohl, und sie prießen [dafür] den Gott der Söhne Israels, und gedachten nicht mehr, gegen sie zu ziehen mit Heeresmacht, um das Land zu verwüsten, worin die Söhne Rubens und die Söhne Gads [und die Söhne Manasses] wohneten. 34. Und die Söhne Rubens und die Söhne Gads [und die Söhne Manasses] nannten diesen Altar Ed *); denn [sagten sie], er ist ein Zeuge [Denkmal] unter uns, daß Jehova [unser] Gott sey.

---

*) Das Wort Ed [Zeuge] oder Edud [Zeugniß] haben nicht nur mehrere Handschriften, sondern auch die alten Uebersetzungen ausgedrückt. Will man indeß diesen Zusatz nicht machen, so kann man auch übersetzen: die

25. Und Adam erkannte abermal sein Weib, und sie gebar einen Sohn und nannte seinen Namen S e t h, „denn gesetzt hat mir Gott, einen anderen Saamen statt Habels, welchen Kain getödtet." 26. Und auch dem Seth ward ein Sohn geboren, und er nannte seinen Namen Enos. Damals begann man den Namen Jehovas anzurufen.

Cap. V.

Geschlechtsregister der Patriarchen von Adam bis Noah.

V. 1. Dieß ist das Buch des Geschlechtes des Menschen [Adams]. Als Gott den Menschen schuf, machte er ihn nach dem Bilde Gottes, 2. Mann und Weib schuf er sie, und segnete sie, und nannte sie Menschen, als er sie erschaffen. 3. Und der Mensch [Adam] war hundert und dreyßig Jahr alt, da zeugete er einen Sohn nach seinem Bilde und Gleichniß, und nannte seinen Namen Seth. 4. Und die Tage Adams waren nach Erzeugung Seths achthundert Jahre, und er zeugete Söhne und Töchter. 5. Und alle Tage Adams, die er lebte, waren neunhundert und dreyßig Jahr, und er starb.

6. Seth war hundert und fünf Jahr alt, da zeugete er Enos. 7. Und Seth lebte nach Erzeugung des Enos achthundert und sieben Jahr, und zeugete Söhne und Töchter. 8. Und alle Tage Seths waren neunhundert und zwölf Jahr, und er starb.

9. Und Enos war neunzig Jahr alt, da zeugete er Kenan. 10. Und Enos lebte nach Erzeugung Kenans achthundert und funfzehn Jahr, und zeugete Söhne und Töchter. 11. Und alle Tage des Enos waren neunhundert und fünf Jahr, und er starb.

12. Und Kenan war siebenzig Jahr alt, da zeugete er Mahalaleel. 13. Und Kenan lebte nach Erzeugung Mahalaleels achthundert und vierzig Jahr, und zeugete Söhne und Töchter. 14. Und alle Tage Kenans waren neunhundert und zehen Jahr, und er starb,

15. Und Mahalaleel war fünf und sechzig Jahr alt, da zeugete er Jared. 16. Und Mahalaleel lebte nach Erzeugung Jareds achthundert und dreyßig Jahr, und zeugete Söhne und Töchter. 17. Und alle Tage Mahalaleels waren achthundert und fünf und neunzig Jahr, und er starb.

18. Und Jared war hundert und zwey und sechzig Jahr alt, da zeugete er Henoch. 19. Und Jared lebte nach Erzeugung Henochs achthundert Jahr, und zeugete Söhne und Töchter. 20. Und alle Tage Jareds waren neunhundert und zwey und sechzig Jahr, und er starb.

21. Und Henoch war fünf und sechzig Jahr alt, da zeugete er Methusalah. 22. Und Henoch wandelte mit Gott nach Erzeugung Methusalahs dreyhundert Jahr, und zeugete Söhne und Töchter. 23. Und alle Tage Henochs waren dreyhundert und fünf und sechzig Jahr. 24. Und Henoch wandelte mit Gott, und er ward nicht mehr gefunden, denn Gott nahm ihn weg.

25. Und Methusalah war hundert und sieben und achtzig Jahr alt, da zeugete er Lamech. 26. Und Methusalah lebte nach Erzeugung Lamechs sieben hundert und zwey und achtzig Jahr, und zeugete Söhne und Töchter. 27. Und alle Tage Methusalahs waren neunhundert und neun und sechzig Jahr, und er starb.

28. Und Lamech war hundert und zwey und achtzig Jahr alt, da zeugete er einen Sohn, 29. und nannte seinen Namen Noah, denn er sprach: dieser wird uns trösten in unserer Mühe und in der Beschwerde unserer Hände ob der Erde, welche Jehova verflucht hat. 30. Und Lamech lebte nach Erzeugung Noahs fünfhundert und fünf und neunzig Jahr, und zeugete Söhne und Töchter. 31. Und alle Tage Lamechs waren siebenhundert und sieben und siebenzig Jahr, und er starb.

32. Und Noah war fünfhundert Jahr alt, da zeugete er Sem, Ham, und Japhet.

dachte, ich möchte vielleicht sterben müssen um ihret willen? 10. Und Abimelech sprach: warum haft du uns das gethan! Es konnte leicht geschehen, daß einer aus dem Volke bey deinem Weibe lag, und so hätteft du über uns eine Schuld gebracht. 11. Da gebot Abimelech allem Volke, und sprach: wer diesen Mann und sein Weib antaftet, der soll sterben. 12. Und Isaak säete in demselben Lande, und erntete in demselben Jahre hundertfältig, denn ihn segnete Jehova. 13. Und der Mann war reich, und wurde immerfort reicher, so daß er sehr reich ward. 14. Und er hatte Schafvieh und Rindvieh, und viel Gesinde, und es beneideten ihn die Phi= lifter. 15. Und sie verstopften alle die Brunnen, welche die Knechte seines Vaters gegraben, zu den Zeiten Abrahams, sei= nes Vaters, und füllten sie mit Erde. 16. Und Abimelech sprach zu Isaak: ziehe von uns weg, denn du bist uns zu mächtig worden. 17. Da zog Isaak von dannen, und schlug sein Lager auf im Grunde Gerar, und wohnte allda. 18. Und Isaak grub die Wasserbrunnen wieder auf, welche sie gegraben zu den Zeiten Abrahams, seines Vaters, und welche die Phi= lifter verftopfet nach dem Tode Abrahams, und gab ihnen die Namen, welche ihnen sein Vater gegeben. 19. Und die Knechte Isaaks gruben im Grunde, und fanden daselbst einen Brunnen lebendigen Wassers. 20. Und die Hirten von Gerar zanketen mit den Hirten Isaaks, und sprachen: das Wasser ist unser. Und er nannte den Brunnen Esek [Zank], weil sie mit ihm gezankt hatten. 21. Und sie gruben einen andern Brunnen, und sie zanketen auch über diesen, und er nannte seinen Namen Sitna [Streit]. 22. Da brach er auf von dannen, und grub einen andern Brunnen, und sie zankten nicht über denselben, und er nannte ihn Rehoboth [Raum], und sprach: jetzo hat uns Jehova Raum gemacht, und wir werden wachsen im Lande. 23. Darnach zog er von dannen gen Verfaba. 24. Und es erschien ihm Jehova in derselben Nacht, und sprach: ich bin der Gott Abrahams, deines Vaters, fürchte dich nicht, denn ich bin mit dir, und segne dich, und mehre deinen Saamen

um Abrahams willen, meines Knechtes. 25. Und er bauete
daselbst einen Altar, und rief den Namen Jehovas an, und
schlug daselbst sein Zelt auf, und seine Knechte gruben daselbst
einen Brunnen. 26. Da kam Abimelech zu ihm von Gerar,
nebst Achusath, seinem Freunde, und Phichol, seinem Heerführer.
27. Und Isaak sprach zu ihnen: warum kommet ihr zu mir?
Ihr hasset mich doch, und habt mich von euch getrieben! 28.
Und sie sprachen: wir sehen, daß Jehova mit dir ist, darum
sprachen wir: es soll ein Eid zwischen uns seyn, zwischen uns
und zwischen dir, und wir wollen einen Bund mit dir machen,
29. daß du uns keinen Schaden thuest, gleichwie wir dich
nicht angetastet, und wie wir an dir lauter Gutes gethan, und
dich haben ziehen lassen in Frieden. Du aber bist nun gesegnet von Jehova! 30. Da machte er ihnen ein Mahl, und sie
aßen und tranken. 31. Und des Morgens frühe standen sie
auf, und schwuren einer dem andern, und Isaak entließ sie,
und sie gingen von ihm in Frieden. 32. Und desselben Tages
kamen Isaaks Knechte, und berichteten ihm von einem Brunnen, welchen sie gegraben, und sprachen zu ihm: wir haben
Wasser gefunden. 33. Und er nannte ihn Siba [Schwur],
daher ist der Name Bersaba bis auf diesen Tag.

Cap. XXVI, 34. 35.

Esaus Weiber

34. Und Esau war vierzig Jahr alt, da nahm er zum
Weibe Judith, die Tochter Beris, des Hethiters, und Basmath, die Tochter Elons, des Hethiters. 35. Und sie waren
ein Herzenskummer für Isaak und Rebecka.

Cap. XXVII.

Jakob entwendet Esau den Segen Isaaks.

XXVII. 1. Und es geschah, als Isaak alt geworden, und
seine Augen schwach waren zu sehen, rief er Esau, seinen älteren
Sohn, und sprach zu ihm: mein Sohn! Und er sprach zu
ihm: hie bin ich! 2. Und er sprach: siehe! ich bin alt, und

Cap. XXIII.

In einer allgemeinen Volksversammlung warnet Josua vor der Verbindung mit den Cananitern, und vermahnet zur Fortsetzung
des gegen sie angefangenen Vertil-
gungs-Krieges.

1. Und es geschah nach langer Zeit [vierzehn Jahren],
nachdem Jehova Israel Ruhe verschafft vor allen seinen Feinden umher, und Josua alt geworden, und in die Tage
[Jahre] gekommen war, 2. da rief Josua ganz Israel zusammen, dessen Aeltesten, Oberhäupter, Richter und Vorsteher, und sprach zu ihnen: ich bin alt geworden und in die
Tage [Jahre] gekommen. 3. Ihr habt gesehen alles, was
Jehova, unser Gott, gethan an allen diesen Völkern vor
euch her. Denn Jehova, euer Gott, hat selber für euch gestritten. 4. Sehet, ich habe euch [durchs Loos] zugetheilet
jene noch übrigen Völker zur Besitzung für eure Stämme,
vom Jordan an und von allen Völkern, welche ich schon ausgerottet habe, bis zum großen [mittelländischen Meere] gegen
Sonnen-Untergang. 5. Und Jehova, euer Gott, wird sie
ausstoßen vor euch her, und sie von euch vertreiben, und ihr
werdet ihr Land in Besitz nehmen, wie euch zugesaget Jehova,
euer Gott. 6. Nur seyd fest in Beobachtung und Erfüllung
alles dessen, was geschrieben stehet im Gesetz-Buche Moses,
daß ihr nicht davon weichet weder zur Rechten noch zur Linken, 7.
daß ihr nicht kommet unter diese Völker, die noch unter euch sind,
und daß ihr den Namen ihrer Götter nicht feyret, und nicht
bey ihnen schwöret, und ihnen nicht dienet, noch vor ihnen
[anbetend] niederfallet; 8. sondern daß ihr Jehova, eurem
Gott, anhanget, wie ihr gethan bis auf diesen Tag. 9. Es hat
ja Jehova vertrieben vor euch her große und mächtige Völker;

Söhne Rubens u. s. w. gaben dem Altare den Namen,
den er noch jetzt führt, indem sie sagten: er sey uns
ein Zeuge [Zeugniß] u. s. w.

und, was euch anbetrifft *), so konnte niemand vor euch bestehen, bis auf diesen Tag. 10. Ein Mann von euch jagte tausend; denn Jehova, euer Gott, war es, der für euch stritt, wie er euch zugesaget. 11. Darum nehmet euch wohl in Acht, daß ihr Jehova liebet, euern Gott.

12. Wenn ihr aber abfallet [von euerm Gott], und anhanget dem Ueberreste dieser Völker, welche von jenen noch übrig sind unter euch, und euch mit ihnen verheyrathet, und unter sie kommt, und sie unter euch: 13. so wisset, daß Jehova, euer Gott, nicht mehr vertreiben wird jene Völker vor euch, sondern sie werden euch seyn zum Fallstrick und zum Netz und zur Geißel in euern Seiten, und zum Stachel in euren Augen, bis daß ihr umkommet aus diesem guten Lande, welches euch gegeben Jehova, euer Gott.

14. Siehe! ich gehe heute [bald] den Weg alles Irdischen. Und ihr wisset von ganzem Herzen und von ganzer Seele [seyd fest überzeugt], daß nicht ein einziges Wort durchgefallen ist von allen guten Verheißungen [Verheißungen des Guten], welche Jehova euch verheißen. Alles ist euch eingetroffen, und nicht Ein Wort davon ist durchgefallen. 15. Aber so, wie euch eingetroffen jede gute Verheißung, welche euch Jehova, euer Gott, verheißen: also wird Jehova auch eintreffen lassen jede böse Drohung [Androhung des Bösen], bis er euch vertilgt hat aus diesem guten Lande, welches euch gegeben Jehova, euer Gott. 16. Wenn ihr übertretet den Bund [die Vorschrift] Jehovas, eures Gottes, den er euch geboten, und wenn ihr hingehet, und andern Göttern dienet, und [anbetend] vor ihnen niederfallet: dann wird der Zorn Jehovas gegen euch entbrennen, und er wird euch schnell aufreiben und wegbringen aus dem guten Lande, welches er euch gegeben.

---

*) Einige lassen dieses Wort [atem] ganz aus. Andere verändern die Lesart [reitem]: ihr selbst habt es gesehen, daß u. s. w.

Cap. XXIV, 1—28.

Josuas letzte Volksversammlung und feyerliche Rede, worin er das Volk aufs neue zum Gehorsam, gegen seinen Schutzgott verpflichtet.

1. Und es versammelte Josua sämtliche Stämme Israels zu Sichem, und rief zusammen die Aeltesten von Israel, dessen Oberhäupter, Richter und Vorsteher, und sie traten zusammen vor dem Angesichte Gottes [vor der Bundes-Lade]. 2. Und Josua sprach zu dem ganzen Volke: so spricht Jehova, der Gott Israels; jenseit des Stromes [Euphrat] wohneten vor Zeiten eure Väter [Vorfahren], [bis auf] Tharah, den Vater Abrahams und den Vater Nahors, und dieneten andern Göttern. 3. Da nahm ich euren Vater Abraham jenseit des Stromes, und ließ ihn herumwandern im ganzen Lande Canaan, und mehrete seinen Saamen und gab ihm Isaak. 4. Und Isaak gab ich Jakob und Esau; und Esau gab ich das Gebirge Seir zu seinem Besitz, und Jakob und seine Söhne zogen hinab nach Aegypten. 5. Und ich sandte Mosen und Aaron, und plagte Aegypten durch das, was ich in dessen Mitte that, und darnach führete ich euch aus. 6. Ich führete eure Väter aus Aegypten, und da ihr an das Meer kamet, verfolgten die Aegypter eure Väter mit Wagen und Reitern bis ans Schilf-Meer. 7. Da schrieen sie zu Jehova, und er setzte [brachte] eine Finsterniß zwischen euch und zwischen die Aegypter, und führete das Meer über sie, und bedeckete sie damit. Und nachdem eure Augen gesehen, was ich that in Aegypten [an den Aegyptern], wohnetet ihr in der Wüste lange Zeit. 8. Darnach brachte ich euch in das Land der Amoriter, welche jenseit des Jordans wohneten; und als sie wider euch stritten, gab ich sie in eure Hände, daß ihr das Land derselben in Besitz nahmet, und vertilgte sie vor euch her. 9. Da machte sich auf Balak, der Sohn Zipors, der König von Moab, zum Streite wider Israel, und sandte hin, und ließ rufen Bileam, den Sohn Beors, daß er euch verfluchen sollte. 10. Aber ich wollte nicht Bileam erhören,

und er segnete euch, und ich errettete euch aus seinen [Balaks] Händen. 11. Und da ihr über den Jordan ginget, und vor Jericho kamet, stritten wider euch die Machthaber*) von Jericho, die Amoriter, Pheresiter, Cananiter, Hethiter, Gergesiter, Heviter, und Jebusiter; aber ich gab sie in eure Hände. 12. Und ich schickte vor euch her Hornissen**), die vertrieben sie vor euch her, [nämlich] die beyden Könige der Amoriter; [dieß geschah] nicht durch dein Schwert und nicht durch deinen Bogen. 13. Und ich gab euch ein Land, welches du nicht bearbeitet, und Städte, die ihr nicht gebauet, und ihr wohnet darinnen; Weinberge und Oelberge, welche ihr nicht gepflanzet habt, genießet ihr.

14. Wohlan! so fürchtet nun Jehova, und dienet ihm mit Aufrichtigkeit und Wahrheit. Entfernet [von euch] die Götter, welchen eure Väter gedient haben jenseit des Stromes [Euphrats] und in Aegypten, und dienet Jehova. 15. Gefället es euch aber nicht, Jehova zu dienen, so erwählet euch heute, wem ihr dienen wollet; entweder den Göttern, welchen eure Väter gedienet haben jenseit des Stromes [Euphrats], oder den Göttern der Amoriter, in deren Lande ihr wohnet. Ich aber und mein Haus [Familie] wollen Jehova dienen!

16. Da antwortete das Volk, und sprach: das sey ferne von uns, Jehova zu verlassen, und zu dienen andern Göttern! Ja! Jehova ist unser Gott! 17. Er hat uns und unsere Väter geführet aus dem Lande Aegypten, aus dem Hause der Knechtschaft. Er ist es, der gethan vor unsern Augen jene großen Wunder-Zeichen, der uns behütet hat auf dem ganzen Wege, den wir durch deren Mitte [Länder] wir gegangen sind. 18. Und Je-

---

*) Auch: die Einwohner, oder, Bürger von Jericho.

**) Auch: umschreiben das Wort durch: Unglück, Landplagen, Strafen u. s. w.

dich, daß du mit Jakob nicht anders redest denn freundlich! 25. Also erreichte Laban den Jakob, und Jakob hatte sein Zelt auf dem Gebirge aufgeschlagen, und Laban lagerte sich auch mit seinen Brüdern auf dem Gebirge Gilead. 26. Da sprach Laban zu Jakob: was hast du gethan, daß du dich weggestohlen, und meine Töchter weggeführet, als wie gefangen mit dem Schwerte? 27. Warum flohest du so heimlich, und stahlest dich weg, und hast es mir nicht berichtet, daß ich dich hätte geleitet in Freuden, mit Liedern und Pauken und Harfen, 28. und hast mich nicht lassen meine Söhne und Töchter küssen? Dießmal hast du thöricht gethan! 29. Ich habe wohl die Macht in Händen, Böses an euch zu thun, aber der Gott eures Vaters hat gestern zu mir gesagt: hüte dich, daß du mit Jakob nicht anders redest denn freundlich. 30. Aber, wenn du denn zogest, weil du dich sehnetest nach dem Hause deines Vaters, warum stahlest du mir meine Götter? 31. Da antwortete Jakob, und sprach zu Laban: ich fürchtete mich, und dachte, du würdest deine Töchter mir entreißen. 32. Bey wem du aber deine Götter findest, der soll sterben! Hier vor unsern Brüdern durchsuche alles bey mir, und nimm sie dir. Jakob wußte aber nicht, daß Rahel sie gestohlen. 33. Da ging Laban ins Zelt Jakobs und ins Zelt Leas und ins Zelt der beyden Mägde, und fand nichts, und er ging aus dem Zelte Leas, und kam ins Zelt Rahels. 34. Aber Rahel nahm die Götzen, und legte sie unter einen Kameelsattel, und setzte sich darauf, und Laban durchtastete das ganze Zelt, und fand nichts. 35. Und sie sprach zu ihrem Vater: mein Herr werde nicht zornig, daß ich nicht kann vor dir aufstehen, denn es gehet mir nach der Weiber Weise. Also durchsuchte er, und fand die Götzen nicht. 36. Da ward Jakob zornig, und schalt Laban, und sprach zu ihm: was ist mein Vergehen und meine Sünde, daß du mir so hitzig nachgesetzet, 37. und daß du alle meine Geräthe betastest? Was hast du gefunden von den Geräthen deines Hauses? leg es hieher vor die Augen deiner und meiner Brüder, sie mögen richten zwischen uns! 38. Diese

zwanzig Jahr bin ich bey dir gewesen; deine Schafe und deine
Ziegen haben nicht verworfen, und die Widder deiner Heerde
habe ich nicht gegessen; 39. was zerrissen war, brachte ich dir
nicht, ich mußte es büßen, du fordertest es von meiner Hand,
es mochte mir gestohlen seyn bey Tag oder bey Nacht; 40. des
Tages verzehrete mich die Hitze, und der Frost des Nachts,
und der Schlaf floh von meinen Augen. 41. Diese zwanzig
Jahr habe ich in deinem Hause gedienet, [vierzehn Jahr um
deine beyden Töchter, und sechs Jahr um deine Heerde, und
du hast meinen Lohn geändert zehen Mal; 42. wäre nicht der
Gott meines Vaters, der Gott Abrahams, und der, den Isaak
fürchtet, für mich gewesen, leer ließest du mich jetzo ziehen;
aber Gott hat mein Elend und die Arbeit meiner Hände angesehen, und hat gestern für mich geredet. 43. Da antwortete
Laban, und sprach zu Jakob: die Töchter sind meine Töchter,
und die Söhne sind meine Söhne, und die Heerde ist meine
Heerde, und alles, was du siehest, ist mein. Meinen Töchtern,
was kann ich ihnen jetzo thun, oder ihren Söhnen, welche
sie geboren? 44. So komme nun, und laß uns ein Bündniß
machen, ich und du, daß es Zeuge sey zwischen mir und
zwischen dir. 45. Da nahm Jakob einen Stein, und richtete
ihn auf zu einem Maal, 46. und sprach zu seinen Brüdern:
leset Steine auf! Und sie nahmen Steine, und machten einen
Haufen, und sie aßen daselbst auf dem Haufen. 47. Und
Laban nannte ihn Jegar Sahadutha, und Jakob nannte
ihn Galed [Haufe des Zeugnisses]. 48. Und Laban sprach:
dieser Haufe sey Zeuge zwischen mir und dir heute. Darum
heißt sein Name Galad [Gilead], 49. und Mizpa [Warte],
weil er sagte: Jehova sey Wächter zwischen mir und dir, wenn
wir getrennt sind einer von dem andern, 50. daß du meine
Töchter nicht mißhandelst, und keine Weiber nehmest, außer
meinen Töchtern. Kein Mensch ist bey uns, aber siehe!
Gott ist Zeuge zwischen mir und dir. 51. Und Laban sprach
zu Jakob: siehe! dieser Haufe da, und diese Warte
da, welche ich aufgerichtet zwischen mir und dir: 52. Zeuge

14. Es hörens die Völker, sie beben,
    Schrecken ergreift die Bewohner Philistäas.

15. Bestürzt sind die Fürsten Edoms,
    Die Gewaltigen Moabs, sie ergreift Zittern,
    Es schmelzen vor Furcht die Bewohner Canaans.

16. Laß auf sie fallen Schrecken und Furcht,
    Ob deiner Thaten Größe laß sie starren gleich
                     Steinen,
    Bis hindurchgezogen dein Volk, Jehova,
    Bis hindurchgezogen das Volk, das du dir erworben.

17. Bringe sie hin, pflanze sie auf dein heilig Gebirg,
    Dahin, wo du deine Wohnung gemacht, Jehova!
    Wo du, o Herr! dein Heiligthum bereitet.

18. Jehova herrschet in Ewigkeit und immerdar!

19. Denn Pharaos Rosse und seine Wagen und Reuter
               kamen ins Meer,
    Und Jehova führete über sie die Wasser des
               Meeres,
    Und die Söhne Israels gingen trocken mitten
               durchs Meer.

20. Und Mirjam, die Prophetin, Schwester Aarons, nahm die Pauke in ihre Hand, und es folgten ihr alle Frauen mit Pauken und mit Reigen. 21. Und sie antwortete den Männern:

    Singet Jehova, denn großes that er,
    Rosse und Wagen stürzt' er ins Meer.

Cap. XV, 22 — 27.
Fortsetzung des Zuges bis nach Mara und Elim.

22. Und Mose ließ Israel aufbrechen vom Schilfmeere, und sie kamen in die Wüste Sur, und zogen drey Tage in der Wüste, und fanden kein Wasser. 23. Da kamen sie gen Mara, und sie konnten das Wasser von Mara nicht trinken, denn es war bitter, darum nennt man den Namen des Ortes

Mara [Bitterkeit.]. 24. Da murrete das Volk wider Mose, und sprach: was sollen wir trinken? 25. Und er schrie zu Jehova, und Jehova zeigte ihm ein Holz, und er warf es ins Wasser, da wurde das Wasser süß. Daselbst stellete er ihnen Gesetz und Recht, daselbst versuchte er sie, 26. und sprach: wenn du der Stimme Jehovas, deines Gottes, gehorchest, und thust, was recht ist in seinen Augen, und merkest auf seine Gebote, und beobachtest alle seine Gesetze: so will ich keine der Krankheiten, welche ich auf Aegypten gelegt, auf dich legen: denn ich bin Jehova, dein Arzt.

27. Und sie kamen gen Elim, und daselbst waren zwölf Wasserbrunnen und siebenzig Palmbäume, und sie lagerten sich daselbst am Wasser.

Cap. XVI.
Gabe des Manna und der Wachteln.

XVI. 1. Und sie brachen auf von Elim, und es kam die ganze Gemeine der Söhne Israels in die Wüste Sin, die da lieget zwischen Elim und zwischen dem Sinai, am funfzehnten Tag des zweyten Monden, seit ihrem Ausgang aus dem Lande Aegypten. 2. Da murrete die ganze Gemeine der Söhne Israels wider Mose und wider Aaron in der Wüste, 3. und sprachen zu ihnen: wollte Gott, wir wären in Aegypten gestorben durch die Hand Jehovas, da wir saßen bey den Fleischtöpfen, und Brod aßen die Fülle, denn ihr habt uns geführet in diese Wüste, um dieses ganze Volk sterben zu lassen durch Hunger. 4. Da sprach Jehova zu Mose: siehe! ich will euch Brod regnen lassen vom Himmel, und das Volk soll ausgehen und sammeln, was es bedarf Tag für Tag, auf daß ich es versuche, ob es nach meinem Gesetze wandelt, oder nicht? 5. Und am sechsten Tage sollen sie aufheben, was sie eingebracht, und es soll doppelt so viel seyn, als sie sonst gesammelt haben Tag für Tag. 6. Und Mose und Aaron sprachen zu allen Söhnen Israels: am Abend sollt ihr erfahren, daß Jehova euch ausgeführet aus dem Lande Aegypten. 7. Und des Morgens

hova hat vertrieben alle Völker, und [besonders] die Amoriter,
bey unserer Ankunft. Darum wollen wir auch Jehova dienen,
denn er ist unser Gott.

19. Und Josua sprach zum Volke: ihr könnet Jehova
nicht [würdig] dienen; denn er ist ein heiliger Gott, ein Gott
voll Eifers, der eure Vergehungen und Versündigungen [gegen
ihn] nicht vergeben wird. 20. Wenn ihr Jehova verlasset, und
fremden Göttern dienet, so wird er sich von euch abwenden,
und Unglück über euch bringen, ja er wird euch gänzlich aufreiben, nachdem er euch [vorher] Wohlthaten erwiesen. 21.
Und das Volk sprach zu Josua: nein! Jehova wollen wir
dienen. 22. Da sprach Josua zum Volke: wollet ihr Zeugen
seyn gegen euch selbst, daß ihr euch selbst Jehova gewählet
habt, ihm [allein] zu dienen? Und sie antworteten: wir sind
Zeugen! 23. So entfernt nun [sprach Josua weiter] die fremden Götter, die unter euch sind, und neiget euer Herz zu Jehova, dem Gott Israels! 24. Und das Volk sprach zu Josua:
Jehova, unserm Gott, wollen wir dienen, und auf seine
Stimme hören!

25. Also schloß Josua den Bund des Volkes [mit Jeho-
va] an diesem Tage, und legte denselben vor das Gesetz und
Recht zu Sichem. 26. Und Josua schrieb diese Verhandlungen
in das Gesetz-Buch Gottes, und nahm einen großen Stein,
und errichtete ihn daselbst unter der Eiche, welche an dem Jehova geheiligten Orte stand. 27. Und Josua sprach zum
ganzen Volke: siehe! dieser Stein soll Zeuge gegen uns seyn,
denn er hat gehöret alle Worte Jehovas, die er mit uns geredet; er soll Zeuge gegen euch seyn, damit ihr nicht verleugnet
euren Gott.

28. Und es entließ Josua das Volk, einen jeglichen in
seine Besitzung.

Cap. XXIV, 29—33.

Josuas und Eleasars Tod.

29. Und es geschah nach diesen Dingen, da starb Josua, der Sohn Nuns, der Knecht Jehovas — hundert und zehn Jahr alt. 30. Und sie [die Israeliten] begruben ihn in der Gränze seiner Besitzung zu Thimnath = Serah, auf dem Gebirge Ephraim, nördlich vom Berge Gaas. 31. Und es dienete Israel Jehova, so lange Josua lebte, und so lange die Aeltesten lebten, welche lange Zeit lebten nach Josua, und welche alle Werke Jehovas kannten, welche er für Israel gethan hatte.

32. Und die Gebeine Josephs, welche die Söhne Israels mit sich genommen aus Aegypten, begruben sie zu Sichem, auf dem Eigenthums = Acker, welchen Jakob erkauft hatte von den Söhnen Hemors, des Vaters Sichems, um hundert Kesiten, und sie [die Gebeine Josephs und der Ort, wo sie begraben wurden] blieben das Eigenthum der Söhne [Nachkommen] Josephs.

33. Und es starb auch Eleasar, der Sohn Aarons. Und sie [die Israeliten] begruben ihn auf dem Hügel Pinehas *), seines Sohnes, welcher ihm war gegeben worden, auf dem Gebirge Ephraim.

---

*) Nach And: bey der Stadt Gibea (Gibeath, Gebaoth), welche seinem Sohne Pinehas war geschenkt worden

Lightning Source UK Ltd.
Milton Keynes UK
UKHW012156210219
337686UK00016B/1391/P